제5공화국
전두환
시대 **2**

제5공화국 전두환 시대

2
한강의
기적을
완성하다

김용삼 지음

자작
나무숲

들어가며

한강의 기적을 완성한 위대한 기록

대한민국 근현대사는 격동과 파고의 연속이었으나, 그중에서도 제5공화국이 차지하는 7년의 시간은 종종 이념의 장막과 감성적 선동에 가려진 채 온당한 평가를 받지 못하고 있다. 세간에서는 이 시기를 단순히 군인 출신 리더십에 의한 권위주의의 시대 혹은 박정희 시대의 잔재로 치부하곤 한다.

하지만 차가운 이성과 확고한 학문적 근거로 그 내부를 들여다보면, 이 시기는 정부 주도의 국가 경영을 민간과 시장 주도로 대전환시킨 '개방화, 안정화, 자율화'의 황금기였음을 발견하게 된다. 박정희 통치 시대 못지않게 국가 정책의 질이 우수했고, 통치력이 굳건했으며, 국가 주요 정책에 대한 의사결정 구조가 대단히 민주적이었고, 자율화에 따른 개성과 창의력의 발현이 왕성한 시대였다.

제2권에서는 바로 이 '기적의 7년 5개월'이 어떻게 대한민국을 선진국의 반열에 올려놓았는지 그 실체적 진실을 규명하고자 한다.

제5공화국의 출범은 단순히 특정인의 권력 야욕에 의한 군사반란, 정권 찬탈의 결과물이라는 국내 정치적 변동이 아니었다. 그것은 미국의 글로벌 전략과 동북아 안보의 절박함이 맞물려 돌아간 세계사적 선택이었다. 미국은 1979년 이란 사태에 대한 적절한 대처에 실패하면서 반미 이슬람 원리주의자들의 회교 혁명으로 중동의 맹방이자 보루를 상실하게 된다.

이 와중에 한국에서 발생한 박 대통령 시해와 '서울의 봄'은 미국의 대소(對蘇) 봉쇄정책이라는 글로벌 안보 전선의 결정적 위기로 다가왔다. 만약 핵심 맹방인 대한민국마저 흔들리게 될 경우 동북아 정세는 간단치 않은 상황으로 전개될 가능성을 배제할 수 없었다.

당시 미국 카터 행정부는 한국의 야권 지도자들이 집권할 경우 초래될 안보 리스크와 친북·반미 정권의 출범 가능성을 심각하게 우려했다. 이러한 국제정치적 역학 관계 속에서 미국은 강력한 리더십과 확고한 친미·반공 노선을 견지한 신군부의 등장을 묵시적으로 용인하며 한반도의 안정을 꾀했다.

전두환 대통령은 이러한 세계사적 흐름을 정확히 읽어냈고, 박정희 시대의 핵 개발 시도로 난마처럼 얽혔던 한미·한일 관계를 냉철한 현실주의로 수습하며 국가 존립의 토대를 다시 세웠다.

제5공화국은 만년 적자에 허덕이던 대한민국을 근본적으로 탈바꿈시킨 경제 체질 개선의 시기였다. 당시 리더십은 자신의 정치적 인기를 포기하면서까지 정부 재정 건전화를 추진했다. 특히 총선을 앞둔 시점임에도 불구하고 정부 예산 동결과 국방 예산 감축이라는 극약 처방을 내린 것은, 당장의 표심보다 국가의 백년대계를 우선시한 고독한 결단이었다.

당시 집권 여당이었던 민주정의당의 표밭은 농촌이었다. 농촌의 표심을 얻기 위해 추곡수매가 인상을 하면 돈이 많이 풀려 인플레는 기승을 부리고 물가도 덩달아 상승한다. 이런 식의 포퓰리즘적 정책으로는 한국 경제를 좀먹던 인플레의 망령을 잠재울 수 없다고 판단한 전두환은 정치적 인기를 포기하고, 미래를 위한 선택을 한다. 그런 지도자의 절실한 심정을 표현한 발언이 "그런 선거는 져도 좋다"라는 것이었다.

정부가 먼저 허리띠를 졸라매는 '제로 베이스 예산 편성'에 이어 정부 예산 동결을 통해 흑자 재정 구조를 정착시켰다. 집권 기간 내내 일관되게 추진된 이러한 안정화 정책은 대한민국을 수백억 달러의 흑자 구조를 유지하는 탄탄한 경제 강국으로 변모시켰다.

제5공화국 경제 정책의 정수는 안정화 정책에 이어 자율화와 개방화를 통한 '시장주의'의 확립이었다. 중고생 두발·교복 자율화, 야간 통행금지 해제, 해외여행 및 유학 자율화는 타율적이었던 국민의 의식구조를 해방시키는 일종의 정신혁명이었다.

나아가 시장보호 명목으로 외국 제품의 수입을 규제함으로써 국내 기업을 과보호하여 경쟁력을 약화시켰던 정책을 과감히 청산하고 국내 시장을 활짝 개방했다. 그 결과 외국 제품과 경쟁하기 위해 피나는 노력을 한 국내 기업들이 국제 경쟁력을 갖추게 되어 제2의 도약에 성공한다. 이러한 개방화, 자율화, 안정화 정책은 타의에 의한 결정이 아니라 국내의 위기 상황을 스스로 발견하고 이를 극복하기 위해 적극 나선 국내 관료들이 앞장 선 결과였다는 점에서 세계적인 주목을 받았다.

전두환 대통령은 군 출신임에도 불구하고 "경제는 당신이 대통령이야"라는 파격적인 신뢰 아래 김재익이라는 시장경제의 파수꾼을 기용했다. 중국의 공산혁명을 성공시킨 마오쩌둥(毛澤東)은 "권력은 총구에서 나온다"라고 주장했다. 반면에 한국 근대화 혁명의 주인공 박정희와 전두환은 "권력은 경제에서 나온다. 정치가 아무리 잘 되어도 경제가 잘못되면 잘된 정치라고 할 수 없다"라는 입장이었다.

전두환은 정치적 인기를 포기하면서까지 정부 재정 건전화를 밀어붙였고, 관료가 주도하던 시장의 결정권을 기업과 시장 참여자들에게 돌려주었다. 당시 일본이 관료 주도의 타성에 젖어 잃어버린 시대로 진입할 준비를 하던 것과 달리, 한국은 이 시기에 자동차, 반도체, 전자, 통신 등 고부가가치 산업의 기반을 시장 중심으로 재편했다.

이러한 고통스러운 체질 개선과 안정화 노력이 뒷받침되었기에, 대한민국은 비로소 만년 적자의 늪을 벗어나 단군 이래 최대의 무역 흑자 구조로 진입할 수 있었다. 성장의 과실은 두터운 중산층의 형성으로 이어졌고, 이는 한국 다원주의 민주주의가 뿌리내릴 수 있는 비옥한 토양이 되었다.

제5공화국은 대한민국을 산업 사회에서 정보화 사회로 도약시킨 '디지털 혁명의 발상지'였다. 흔히 정보화의 공적을 후대 정권의 것으로 돌리곤 하지만, 그 실질적인 인프라와 국가 전략은 전두환 시대에 수립되었다. 이 책은 통신 불모지에서 전자교환기(TDX) 개발을 성공시키고, 슈퍼컴퓨터와 반도체 산업에 국운을 건 투자를 감행한 '과학기술 대통령' 전두환의 리더십을 생생하게 증언한다.

특히 세계 정상에 오른 반도체 산업은 국가지도자의 강력한 의지와 집념이 낳은 산물이다. 정책 수립에서부터 민간 기업들의 참여 유도, 공장 건설 과정에서의 파격적인 지원, 그리고 반도체 산업이 위기에 처했을 때 정부가 막대한 자금을 투입하여 4MD램을 정부·기업·연구소 합동으로 개발한다는 '국가적 결단'이 없었다면 오늘날의 반도체 신화는 존재할 수 없었을 것이다.

인터넷 온라인 문명에 대한 개념조차 정립되어 있지 않았던 시기에 전두환 정부는 오늘날의 인터넷 개념과 흡사한 국가기간 전산망 사업을 추진했다. 오늘날 전 국민이 향유하고 있는 행정전산망은 전두환 시대가 국

8

제5공화국 전두환 시대 2

민에게 준 기술적 선물이다.

박정희 대통령의 핵 개발은 한미 동맹관계를 위기에 빠뜨리는 요인이었다. 5공 들어서도 '핵 확산 억지'라는 미국의 전략은 냉엄하게 가동되었다. 전두환은 미국의 의지를 거슬러가며 독자적 핵 개발은 득보다는 실이 더 많다는 점을 파악하고 방향 전환을 결정한다.

한국이 스리마일 원전 사고, 체르노빌 사고로 전 세계 원전 산업이 초토화되었을 때 '원전 기술 자립'을 선언하고 한국 표준형 원전 개발에 나섰다. 그것은 에너지원 확보와 원전의 수출산업화라는 두 마리 도끼를 다 잡는 '신의 한 수'였다. 오늘날 한국이 세계적인 원전 수출국으로서의 경쟁력을 확보한 것은 박정희 정부 시절 축적된 핵무기 개발 역량을 원전 국산화로 전환시키는 결단을 내린 전두환 대통령의 의지 덕분이다.

그와 함께 과학기술 진흥을 위한 전두환의 열정은 가히 독보적이었다. 대통령이 직접 과학기술진흥회의를 주재하며 '기술 드라이브 정책'을 진두지휘했고, 이는 연구개발 분야에서의 놀라운 성취로 이어졌다. 대통령이 직접 주재한 과학기술진흥회의는 오늘날 우리가 누리는 IT 강국의 인프라를 구축한 용광로였으며, 88서울올림픽을 통해 선보인 무결점 전산 시스템은 전 세계가 경탄한 '장외 금메달'의 실체였다.

외교와 문화면에서도 제5공화국은 한국인의 역동성을 폭발시켰다. 88서울올림픽 유치와 성공적 준비는 약소국 콤플렉스를 씻어낸 국가적 성인식이었다. 서울 올림픽은 이승만의 건국과 박정희의 산업화가 제5공화국에 이르러 마침내 국가건설의 완성을 선포한 찬란한 축제였다.

전두환 대통령은 누구도 감히 엄두를 내지 못하던 올림픽 유치를 리더십의 강력한 의지로 성공시켰고, 단순한 경기장 건설을 넘어 대회 운영에 필요한 전산망 등 모든 소프트웨어 인프라를 총체적으로 구축했다. 전 세계가 참여한 이 평화의 제전을 통해 대한민국은 변방의 약소국에서 세계사의 주류로 당당히 편입되었으며, 이는 국가의 위상이 완성 단계에 도달했음을 보여주는 실증적 지표였다.

88서울올림픽의 성공은 한국인들을 세계적 안목을 갖춘 당당한 현대적 시민으로 거듭나게 했다. 강성산 북한 총리의 사위 강명도가 증언했듯이, 북한 지도부조차 전두환 대통령의 우직하고 강한 지도력에 전율하며 감히 도발을 꿈꾸지 못했다. 그는 안보에서는 사자처럼 용맹했고, 국익을 위한 외교와 경제에서는 여우처럼 영민했던 마키아벨리적 지도자의 전형이었다.

이 시기가 우리에게 남긴 가장 소중한 유산은 단순히 눈에 보이는 차가운 통계 수치나 거대한 물리적 건축물이 아니다. 그것은 우리 민족의 심장에 깊이 뿌리내린 '자신감'이라는 무형의 국가적 자산이다. 과거 원조에 의존하던 수동적인 자세에서 벗어나, 기술의 불모지에서 세계 최고를 꿈꾸고 마침내 오륜기를 서울의 하늘에 드높여 전 세계의 경탄을 이끌어냈던 그 뜨거운 성취의 기억은 한국인의 DNA에 '하면 된다'를 넘어 '우리가 최고다'라는 승리의 서사를 각인시켰다.

혹독한 겨울의 동토를 견뎌낸 대지 위에서 비로소 찬란한 봄꽃이 만개하듯, 제5공화국이 일관되게 추진한 물가 안정과 경제적 풍요는 두터운 중산층을 형성하는 결정적 계기가 되었다. 이렇게 형성된 중산층은 대한민국의 다원주의 민주주의가 일시적인 정치적 구호를 넘어 실질적이고 지속 가능한 생명력을 갖게 한 비옥한 토양이 되었으며, 경제적 자립이 뒷받침되지 않은 정치는 사상누각에 불과하다는 냉엄한 진리를 실천으로 증명했다.

결국 이 시기는 단순히 특정 정권의 통치 기록을 넘어, 시대를 관통한 민족의 응축된 에너지가 국가 지도자의 확고한 결단 및 혜안과 만나 폭발했던 거대한 서사시였다. 이는 대한민국이라는 국가가 개발도상국의 허물을 벗고 진정한 선진 강국으로 거듭나기 위해 치러낸, 가장 고통스러우면서도 찬란했던 성년식이었던 것이다.

　　이 책이 증언하고자 하는 것은 제5공화국은 결코 '역사적 잉여'가 아니었다는 사실이다. 그것은 이승만이 설계하고 박정희가 지어 올린 국가라는 거대한 건축물이 비로소 국민의 삶과 풍요를 담아내는 공간으로 완결된 '완성의 시대'였다. 제5공화국이 닦아놓은 안정된 물가와 기술적 자생력이 없었더라면 오늘날의 대한민국은 존재할 수 없었을 것이다.

　　이 책은 편향된 시각에 의해 굴절된 역사의 거울을 닦고, 차가운 사실(Fact) 위에서 우리 현대사의 자부심을 회복하고자 하는 학문적 투쟁의 산물이다. 제5공화국이 일궈낸 안정과 번영, 그리고 과학기술의 역사가 오늘날 방향을 잃은 대한민국에 새로운 이정표가 되기를 간절히 소망한다. 이 기록이 진실을 갈망하는 독자들에게 지적인 해갈을 주고, 우리 현대사의 위대한 성취를 바로 보는 혜안을 열어주기를 기대한다.

차례

정치인이란 표를 먹고사는 동물이다. 선거에서 당선을 위해서라면 어떤 정치인이 포퓰리즘을 마다하겠는가. 누군가는 해야 할 역사적 과업인 것은 분명하다. 하지만 표에 목숨 거는 정치인들은 선거에서 패해 정권이 날아갈 수도 있는 위험한 도박이었다. 전두환은 두 눈 딱 감고 '선거에서의 승리'가 아닌, '역사적 과업'을 선택했다.

제1장

대한민국을 살려라

1

박정희 대통령 핵 개발의 파장

전두환 대통령은 1980년 초부터 미국이 한국이 외환위기에 빠지지 않도록 음으로 양으로 돕는 모습을 예의주시했다. 그 결과 박정희 정부 시절부터 난마처럼 꼬여 해결의 실마리를 찾지 못하던 한미·한일 관계의 정상화 없이는 국가 존립이 어렵다는 사실을 절감하게 된다.

그는 군 출신 지도자였지만 국가의 핵심은 경제이며, 경제가 안정되어야만 한강의 기적의 완성도 가능하다는 사실을 정확하게 꿰뚫어 보았다. 더구나 한국은 경제의 상당 부분을 미국과 일본에 의존하고 있었기에, 국가 정상화를 위한 최우선 순위를 한미·한일 관계의 개선에 두어야 했다.

박정희 대통령은 근대화 혁명가로서 한국사에 엄청난 업적을 남긴 위대한 인물이다. 하지만 18년 재임 과정에서 여러 가지 문제를 야기한 사실도 냉철하게 기억해야 한다. 미국, 일본 양국과의 관계가 난마처럼 얽히게 된 것은 박정희 대통령의 독특한 민족주의적 성향 덕분이다.

박 대통령은 약소 민족 대통령에 불과한 자신의 국제적 위치를 절감하고 시종 굴욕감을 느꼈다. 그래서 그의 안보 철학은 고슴도치 이론이었다. "우리같이 작은 나라는 고슴도치가 돼야 한다. 온몸을 바늘로 둘러싸서 사자나 코끼리 같은 큰 동물들이 작다고 깔보고 함부로 짓밟지 못하게 만

들어야 한다"는 것이었다.

박정희의 고슴도치 전략에 가장 적합한 무기 체계는 핵무기였다. 박 대통령 재임 중 가장 심각하고 복잡한 문제를 야기한 이슈는 핵무기 독자 개발이었다. 민족주의에 심취했던 박정희 대통령의 핵무기 개발 의지에 불을 당긴 것은 북한과 일본, 미국이었다. 북한의 남침 위기가 고조되던 1970년 2월 11일, 일본의 인공위성 발사 소식을 들은 박 대통령은 정일권에게 원자폭탄 개발에 대한 의견을 제시했다.[1] 이것이 박 대통령의 핵 개발 의지가 외부로 드러난 최초의 사건이었다.

1971년 후반 '890 사업' 개시

1970년 3월 미국 정부는 닉슨 독트린에 의해 주한미군 감축 결정을 공식 통보했고, 주한미군 7사단의 철수가 시작됐다. 국가 안보를 위해 전 국민이 죽창이라도 깎아 들고 나서야 할 상황이 되자 박정희 정부는 독자적인 핵무장을 모색하기 시작했다. 박 대통령은 1971년 6월 15일 최형섭을 과학기술처 장관에 임명했다. 그와 동시에 '원자력 개발 15년 계획'을 지시했다. 핵무기 개발을 총괄 지휘한 곳은 1971년 11월 신설된 청와대 제2경제수석실이었다.[2]

박정희가 구체적으로 핵무기와 미사일 개발을 포함하는 전략무기 개발을 지시한 것은 1971년 후반으로 추정된다. 당시 국방과학연구소(ADD)와 원자력연구소에는 각각 별도의 '특수사업팀'이 운용되고 있었다.

원자력연구소는 핵연료 분야의 권위자인 주재양 박사를 중심으로 한 특수사업팀이 핵연료 주기(Nuclear Fuel Cycle) 자립화를 위한 기술 연구와

1   정일권, 『정일권회고록』, 고려서적, 1996, 499~500쪽.
2   조철호a, 「1970년대 초반 박정희의 독자적 핵무기 개발과 한미관계」, 『평화연구』 제9호, 2000, 189~207쪽.

장비 도입을 주임무로 하고 있었다. ADD에서는 선임 부소장인 현경호 박사를 중심으로 한 특수사업팀이 원자력 에너지의 군사력 이용에 관한 연구를 담당했다. 율곡사업이 시작되면서 이 팀은 '890 사업팀'으로 불렸다.[3]

오원철 수석은 1972년 9월 8일 박 대통령에게 '원자 핵연료 개발 계획'(보고번호 제48호)이라는 비밀 보고서를 제출했다.[4] 보고서의 핵심 내용은 첫째, 우리가 핵무기를 개발한다면 과대한 투자를 요하지 않고 약간의 기술도입과 국내 기술 개발로 생산이 가능한 플루토늄탄이 현실적이다. 둘째, 플루토늄탄의 원료 확보를 위해 캐나다의 중수로형 원자로, 즉 캔두(CANDU, Canada Deuterium Uranium)로 가야 한다는 두 가지였다.

ADD와 원자력연구소의 특수사업 연구진은 오원철의 비밀 보고서를 근거로 상세한 핵폭탄 개발 계획서를 작성했다. 이 계획에 의하면 소요 예산은 15억~20억 달러, 소요 기간은 6~10년이었다. 박 대통령은 1974년 12월, 암호명 '890 계획'으로 명명된 핵무기 개발 계획을 승인했다. 이로써 박정희의 원자탄 개발은 플로투늄탄으로 결정되었고, 기술 지원 협조자는 프랑스였다.

재처리 시설 확보가 관건

박정희 정부는 핵무기 개발을 위해 부처별로 역할을 분담했다. 총체적인 기획 및 종합 추진은 청와대 경제 제2수석비서실이 담당했다. 과기처는 한국원자력연구소를 통해 핵물질 개발을 전담했고, 국방부 예하 ADD는 운반수단인 미사일 개발, 상공부는 필요한 자본 확보를 맡았다. 이를 위해 청와대에 무기개발위원회라는 임시 비밀위원회를 운영했다. 참여 멤버는

3　조영길, 『자주국방의 길』, 플래닛미디어, 2019, 105~106쪽.
4　오동룡, 「박정희의 원자폭탄 개발 비밀 계획서 원문 발굴」, 『월간조선』, 2003년 8월호, 190~199쪽.

오원철 경제 제2수석비서관, 최형섭 과기처 장관, 유재흥 국방부 장관, 신응균 ADD 소장, 이낙선 상공부 장관 등 5명이었다.[5]

1971년 3월 19일, 한국 최초의 원자력발전소인 고리 원전 기공식이 거행되었다. 이 원전은 1978년 7월 20일 준공되어 상업 발전을 개시했다. 원자력발전소는 원자로에서 농축 우라늄으로 만든 핵연료를 연소시킬 때 발생하는 에너지로 전기를 생산한다. 말하자면 원자로는 아궁이, 핵연료는 연탄인 셈이다.

일정 기간 핵연료를 연소시키면 폐기물이 발생하는데, 이것을 사용 후 핵연료(spent nuclear fuel)라고 한다. 사용 후 핵연료를 계속 쌓아두면 엄청난 양이 될 뿐만 아니라, 독성이 강해 아무 곳에나 쌓아둘 수도 없다. 이를 특수 기술로 가공하여 다시 핵연료로 만드는 과정을 재처리(Nuclear reprocessing)라고 한다.

문제는 재처리 과정에서 핵폭탄의 원료인 플루토늄(Pu 239)이 생성된다는 점이다. 핵폭탄 제조를 원하는 나라는 원료인 플루토늄을 얻기 위해 재처리 기술 확보에 모든 노력을 다 기울인다.

핵무기는 극소수 강대국만이 보유하고 있어야 그 전술 전략적 가치가 높아진다. 기존의 핵무기 보유국은 자신들의 핵 기득권 유지를 위해 다른 나라들이 핵무기를 만들지 못하도록 관련 기술을 엄격히 통제할 필요성이 제기되었다. 그중에서도 핵심은 재처리 기술이다. 이를 통제하기 위해 1970년부터 핵 확산 금지조약(NPT, Nuclear nonproliferation treaty)이란 족쇄를 탄생시켰다.

---

5 조철호b, 『박정희 핵외교와 한미관계 변화』, 고려대학교 대학원 정치외교학과 박사학위 논문, 2000, 195~196쪽.

프랑스와 원자력 협정 체결

　원전을 가동하는 나라는 해마다 사용 후 핵연료가 발생한다. 이를 재처리하지 않으면 심각한 문제가 발생하므로 원전 보유국은 재처리 시설이 필요하다. 이때 재처리 과정에서 플루토늄을 빼돌려 핵폭탄을 만들 위험성을 배제할 수 없게 된다. 만약 불량국가로 낙인찍힌 존재들이 핵무기를 보유하면 인류의 재앙이 될 수 있으니 이를 원천 봉쇄해야 한다. 이것이 NPT의 존재 이유였다.

　NPT의 핵심은 재처리 시설 통제였다. 이 문제를 둘러싸고 심각한 견해차를 보인 나라는 미국과 프랑스였다. 미국은 비핵국가의 재처리공장 건설 시도는 이유 여하를 막론하고 핵무기 제조를 위한 목적으로 간주했다. 이를 봉쇄하기 위해 무력행사, 경제제재도 마다하지 않았다. 반면에 프랑스는 NPT에 가입하고 국제원자력기구(IAEA)와 안전조치 협정을 체결하면 재처리 시설을 판매할 수 있다는 유연한 입장이었다.[6]

　박정희 정부는 1974년 10월 19일, 프랑스와 원자력 협력 협정을 체결했다. 이 협정으로 우리나라는 프랑스와 훈련생과 전문가 교환, 핵물질과 장비, 기술과 정보를 제공받을 수 있게 되었다. 겉으로는 원자력의 평화적 이용을 요란하게 내세웠지만, 근본 목적은 핵무기 개발이었다. 이 협정을 통해 한국 연구진은 프랑스 발둑에 위치한 핵폭탄 제조 연구소에서 핵폭탄 제조 기술, 기폭 기술을 연구할 수 있었다.

　1975년 4월 12일, 한국원자력연구소와 프랑스의 재처리 국영회사인 생고방 사(SGN·Saint Gobin Nouvelles)는 '핵연료 재처리공장 설계 및 기술 용역 도입계약'을 체결했다. 한국 정부는 5월 15일 이 계약을 승인했다. 9월 22일에는 한국·프랑스·IAEA 3자 간 안전조치 협정을 체결했다. 프랑스 정

6　심융택, 『굴기(10)−핵 개발 프로젝트』, 동서문화사, 2015, 27~28쪽.

부의 주선으로 체결된 이 협정은 프랑스로부터 도입하는 기술 및 물질이 핵무기 등 군사적 목적으로 전용되는 것을 막기 위한 일종의 보험 성격이었다.

한편에선 캐나다와 중수로 원자로인 캔두형 원자로 도입 협상을 벌였다. 캐나다 측은 한국이 캔두형 원자로를 도입할 경우 '연구용 원자로(NRX)'를 제공하겠다고 제안했다. 우리 정부는 이를 수락하여 900MW급 캔두형 중수로 4기 건설계약을 체결했다.

미국이 한국의 핵 개발 움직임을 포착한 것은 1974년 후반기로 추정된다. 1974년 11월, 주한 미국대사관은 한국이 핵무기 개발의 첫 단계를 추진 중이라는 1급 기밀정보를 본국에 보냈다. 미국의 유관 기관들이 여러 경로로 확인한 결과 한국은 10년 내로 제한적 핵무기와 운반 능력을 개발할 수 있고, 이것이 이웃 나라에 중대한 정치적 영향을 미칠 것이라고 우려했다. 그런 우려는 키신저(Henry Alfred Kissinger) 국무장관이 주한 미국대사관 앞으로 보낸 다음 전문에 잘 나타나 있다.

'한국의 경우 전략적 위치를 고려할 때, 그리고 한국이 핵무기 제조 능력을 획득하게 되면 이웃 나라들, 그중에서도 특히 북한과 일본에 영향을 미칠 것이기 때문에 한국의 핵무기 개발에 대해 우려하지 않을 수 없다. 한국의 핵무기 보유는 일본뿐만 아니라 소련과 중국 및 미국과 관련된 동북아 지역의 안정을 해치는 중대 요소가 될 것이다.'[7]

미국이 한국의 핵 개발 막은 까닭은?

미국이 한국의 핵무기 개발을 막아야 할 또 하나의 이유가 잠복해 있었다. 예나 지금이나 인간사에서 '이익'은 모든 갈등의 원초적 본능이다. 국가

---

7 돈 오버도퍼 저, 뉴스위크 한국판 편집국 번역, 『두 개의 코리아』, 중앙일보사, 1998, 75쪽.

라고 예외일 수는 없다. NPT에 의해 재처리 시설에 엄격한 통제가 가해지다 보니, 이를 필요로 하는 나라는 값비싼 대가를 주고라도 손에 넣으려는 심리 기저가 작동한다. 한마디로 재처리 시설은 수지맞는 장사였다.

그동안 한국의 원자력 분야는 미국의 독점적 이익이 보장된 황금어장이었다. 만약 한국이 프랑스 기술로 재처리 시설을 건설하여 핵연료를 자급자족하고, 원자로를 캐나다 제품으로 바꾸면 미국의 국익에 하자가 발생할 우려가 있다. 미국이 한국 원자력 시장이란 황금어장을 계속 확보하려면 한국의 재처리 시설 도입을 봉쇄해야만 했다. 이로써 미국이 추구하는 '상업적 차원의 국가 이익'과 박정희와 한국이 절실하게 원했던 '안보적 차원의 국가 이익'이 충돌하는 지점에서 박정희의 핵 개발은 파경을 맞게 된다.[8]

한 나라가 핵무기를 개발하기 위해서는 고도의 과학기술과 공업력, 자금과 연구 인력이 요구된다. 게다가 NPT와 IAEA 등이 엄중한 감시망을 작동하고 있어 누구나 마음만 먹는다고 해서 개발할 수 있는 분야가 아니었다. 그런 삼엄한 국제 감시망을 뚫고 인도가 1974년 핵실험에 성공하자 국제 사회에 비상이 걸렸다. 확인 결과 인도는 한국이 도입을 준비 중인 캐나다의 연구용 원자로(NRX)에서 사용 후 핵연료를 얻었고, 이를 재처리하여 플루토늄을 확보한 것으로 밝혀졌다.

충격을 받은 핵보유국은 런던 클럽을 결성하고 핵 물질 및 장비의 수출과 재처리, 농축, 중수 생산 등 민감한 기술의 국제간 이전을 제한하는 등 NPT 체제를 대대적으로 강화하기 시작했다. 그 직접적인 불똥이 한국으로 튀었다. 미국 정보당국은 핵무기 개발 관련 물질에 대한 각국의 수입자료를 면밀히 조사했다. 그 결과 한국의 핵무기 개발 착수에 관한 확증을

---

8   김용삼e, 『박정희 혁명(2)』, 지우출판, 2019, 352쪽.

얻었다.[9]

1975년 6월 12일, 박정희 대통령은 미국 워싱턴포스트와의 인터뷰에서 "만약 미국의 핵우산이 철거된다면 한국은 독자적으로 핵무기를 개발할 수도 있다"라며 한국의 독자적 핵무기 개발을 최초로 공식 선언했다.[10] 당장 미국 정부에 비상이 걸렸다. 스나이더(Richard Lee Sneider) 주한 미국대사는 최형섭 과기처 장관에게 "재처리 시설 도입을 취소하지 않으면 한미간 원자력협정도 어렵게 될 뿐만 아니라 군사원조도 어렵게 될 것"이라고 직설적으로 발언했다.

8월 27일에는 슐레진저(James Rodney Schlesinger) 미 국방 장관이 서울에 급파됐다. 슐레진저는 박 대통령에게 "미국은 핵확산금지조약을 대단히 중요하게 취급한다"라는 점을 강조했고, 박정희로부터 "한국은 핵무기 개발을 하지 않겠다"는 각서를 얻어냈다.[11]

재처리 시설 도입계약 파기

미국 정부의 집요한 반대에도 불구하고 한·프랑스 양국은 재처리 시설 도입 교섭을 진척시켰다. 그 결과 1975년 11월 13일 11시 30분, 프랑스 외무성에서 '한·프랑스 간의 원자력 협력 사업에 대한 양해각서'를 교환하기로 합의했다. 그런데 교환 예정 시간 30분 전, 느닷없이 프랑스 측 서명자인 데스트레모 정무차관이 양해각서 교환 연기를 통보해왔다.

결국 1976년 1월 26일 박정희 정부는 프랑스 정부에 핵연료 재처리 시설 도입계약 파기를 통보했다. 캐나다로부터 도입하려던 연구용 원자로

---

9 돈 오버도퍼, 앞의 책, 75쪽.

10 서울신문, 1975년 6월 13일.

11 노재현, 『청와대 비서실(2)』, 중앙일보사, 1993, 80쪽.

(NRX)도 미국의 압력으로 포기했다. 온갖 난관을 뚫고 핵무기 개발을 추진해온 박 대통령이 이 시기에 뜻을 접은 이유는 무엇이었을까?

이와 관련하여 카터 행정부의 국가안보 보좌관 브레진스키(Zbigniew Brzezinski)는 "카터 대통령은 프랑스의 지스카르 데스탱(Valéry Marie René Giscard d'Estaing) 대통령과의 사적인 회담을 통해 핵확산에 따른 문제, 핵확산 금지협정의 준수 문제를 강력히 이야기하여 프랑스가 핵연료 재처리에 관한 공장을 한국과 파키스탄에 판매하려던 계획을 취소시켰다"[12]라고 밝혔다.

보다 더 직설적인 이유를 밝힌 사람은 미 CIA의 서울 주재 책임자였던 도널드 그레그(Donald P. Gregg)였다. 그는 한국 근무를 마친 후 귀국하여 1976년 10월 미국의 텍사스대학 강연회에서 "한국의 정권이 현재와 같은 정치를 해나간다면 임기 중반쯤에 가서 쿠데타가 일어날 것"이라고 발언했다.

그레그가 한국에서 쿠데타 발생을 예단한 시기는 미국이 한국 정부가 핵 개발 계획을 취소하지 않을 경우 "모든 부문에서 한미 관계를 끊어버리겠다"고 최후통첩을 한 시기와 거의 일치한다.[13] 미국 정보기관에 따르면 박 대통령은 1976년 12월 '프로젝트 890'을 중단한 것으로 보았다.

박정희, 1976년 9월 핵 개발 재개

박정희의 핵 개발 의지는 이것으로 끝났을까? 그렇지 않다. 박정희의 핵 개발 의지에 또다시 불을 붙인 주인공은 미국 민주당 대통령 후보 지미 카터(Jimmy Carter)였다. 그는 1976년 3월 17일, 워싱턴포스트와의 인터뷰

---

12 박실, 『박정희 대통령과 미국대사관』, 백양출판사, 1993, 193쪽.
13 심융택(10), 앞의 책, 310쪽.

에서 "한국에서 핵무기를 완전 철수시키고 4~5년 내에 주한 미 지상군을 단계적으로 모두 철수시키겠다"고 선언했다. 이 발언이 평지풍파를 일으켜 박정희가 다시 핵 개발에 나선 것이다.

박정희가 핵 개발 재개 의지를 밝힌 것은 미 정보기관이 파악한 '프로젝트 890'을 중단시킨 시점 직후로 추정된다. 박 대통령은 1차 핵 개발 시도의 실패 원인을 냉철하게 분석했다. 그 결과, 재처리 시설과 연구용 원자로를 외국에 의존하려 했던 것이 주된 실패 요인이란 사실을 발견했다. 따라서 이 분야를 국내 기술로 자체 개발하면 간섭 및 압력을 피할 수 있을 것으로 판단했다.

외부로부터 이중적 핵기술(평화적 이용과 군사용 목적) 도입이 미국의 압력으로 차단되자 박정희 정권은 독자적으로 관련 기술을 개발하는 방향으로 선회했다. 표면적으로는 평화적 이용의 목적에 부합하고, 잠재적으로는 군사적 이용을 목표로 하나 철저하게 평화적 이용의 모습을 갖춘 방식, 그 해법은 원자력발전 산업의 국산화였다.[14]

박정희 정부는 원자력발전 산업을 육성한다는 명목 아래 국내 기술로 원자로 및 원전 설계, 발전설비 제작, 핵연료 제작 등을 추진하고, 그 과정에서 이중적 핵기술을 확보하는 길을 선택했다. 이를 위해 원자력발전소 국산화와 핵연료 기술 자립화를 목표로 잡았다. 원전 국산화를 통해 이중적 핵기술을 확보한다는 전략을 수립한 것이다. 이러한 의지는 1976년 9월 수립된 '주요 사업 계획: 제4차 5개년 계획을 중심으로 원자력산업의 국산화'라는 계획서에 담겼다.

이 계획서에는 45MW급 재료시험로와 150MW급 원형로의 독자 건설이

---

14 홍덕화, 「한국 원자력산업의 형성과 변형」, 서울대학교 대학원 사회학과 박사학위 논문, 2016, 57쪽.

포함되어 있었다. 핵연료 국산화 역시 주요 목표로 책정되었다. 재료시험로 사업은 무산된 캐나다의 연구용 원자로(NRX) 도입을 대체해 독자적으로 연구로를 건설하는 계획이었다.[15] 이 밖에 혼합 핵연료(MOX) 가공시설, 조사후(照射後, 사용 후) 시험시설 등 재처리 기술로 전환될 수 있는 사업도 추진되었다. 원전산업 육성계획 곳곳에 민감한 핵기술 개발이 포함된 것이다.[16]

필요한 시설 국산화 개발

원자력연구소는 1977년부터 1단계 사업으로 재료시험로의 상세 설계를 추진했다. 이 프로젝트는 TFTF(Thermal Flux Test Facility, 열중성자 시험시설)라는 명칭으로 위장했다. 1977년부터는 혼합 핵연료 가공시설도 재개되었다. 시험시설은 표면적으로는 방사성 폐기물을 연구하기 위한 시설이었으나, 이것은 재처리 기술 개발의 사전단계로 활용될 수 있었다.[17]

박정희 정부 시절 청와대 공보·정무비서관을 역임한 심융택은 박정희 정부가 중수로용 연료봉(원자로용 연탄)의 국내 자급을 위해 1976년 12월 1일 한국핵연료개발공단을 출범시켰다고 한다. 핵연료개발공단은 극비리에 '화학처리 대체사업(일명 핵연료 국산화 사업)'을 시작했다. 1981년 완성을 목표로 한 이 사업은 재처리공장을 직접 개발하는 프로젝트의 위장 명칭이었다.

연구용 원자로의 국산화 개발은 원자력연구소의 장치개발부가 담당했다. 이 사업은 '기기장치 개발사업'으로 위장했고, 1981년 완료한다는 목표

---

15 한국원자력연구소, 『한국원자력연구소 30년사』, 한국원자력연구소, 1990, 298쪽.
16 홍덕화, 「한국 원자력산업의 형성과 변형」, 서울대학교 대학원 사회학과 박사학위 논문, 2016, 67쪽.
17 홍덕화(2016), 68쪽.

였다. 원자력연구소와 핵연료개발공단은 1981~1982년 무렵이면 핵무기 보유가 가능할 것으로 판단했다.[18]

박정희 대통령이 핵무기 개발을 재개한 사실을 감지한 미국은 주한 미국 대사관에 로버트 스텔라라는 과학 무관을 파견했다. 그는 원자력 분야의 전문 훈련을 받고 파견된 미 CIA 요원이었다. 이들은 핵연료개발공단과 원자력연구소를 집중적으로 감시했다. 미국 정보기관은 지속적인 정보수집에도 불구하고 한국에서 결정적인 핵무기 개발 증거를 발견하지는 못했다.

미국은 국방과학연구소(ADD)의 서울본부(홍릉)에도 사무실을 운영했다. 1978년 6월 작성되어 2005년에 공개된 '한국: 핵 개발과 전략적 의사결정'이라는 미 CIA 보고서는 핵탄두 설계는 수많은 고폭 실험이 필요하며, 실험을 수행할 장소에는 초고속 카메라, 플래시 X-레이 시스템, 오실로스코프 등 정밀 기기와 발사대 및 벙커를 갖추고 있어야 하는데, 한국 정부는 몇몇 장비를 획득했지만, 이 장비가 어디에 설치되었는지는 알 수 없다고 되어 있다. 또 핵탄두팀은 내부 불협화음과 기술 부족으로 별다른 진전이 없었던 것으로 기술되어 있었다.[19]

종합적으로 박정희의 핵 개발에 대한 미 CIA의 평가는 "현시점에서 (남한이) 핵무기 설계 작업을 진행 중이라는 증거는 없다. 남한이 우라늄 농축 능력을 확보하려는 증거는 없다. 재처리 능력의 확보와 관련된 현재 활동에 대한 증거는 없다. 핵분열 물질을 비축하려는 증거는 없다. 핵무기 제작에 대한 증거는 없다"는 것이었다.

---

18 심융택(10), 앞의 책, 242~243쪽.

19 서우덕·신인호·장삼열, 서우덕·신인호·장삼열, 한국방위산업학회, 『방위산업 40년 끝없는 도전의 역사』, 플래닛미디어, 2017, 122~123쪽.

"빵이냐 핵 개발이냐 양자택일하라"

"한국 핵 개발 증거 없음"이란 미 정보기관의 분석에도 불구하고 미국의 압박은 집요하고 전방위적이었다. 1978년 8월, 슐레신저 미 에너지부 장관(그는 포드 행정부에서 국방부 장관, 카터 행정부에서 에너지부 장관 역임)이 "빵이냐, 핵 개발이냐 양자택일하라"라면서 박정희 대통령에게 핵 개발 포기각서에 서명할 것을 요구했다. 정 끝까지 가겠다면 결정적인 제재를 가할 수밖에 없다는 미국의 최후통첩이었다.

대체 왜 이런 일이 벌어졌을까? 이를 유추할 수 있는 내용이 미국 존스홉킨스대학교 국제관계대학원 교수이자 한미관계연구소장을 지낸 돈 오버도퍼(Don Oberdorfer)의 저서에서 발견된다. 박정희가 핵무기 개발 계획을 완전히 포기하지 않기 때문이라는 것이다. 오버도퍼는 강창성 전 보안사령관을 인터뷰하여 그로부터 "박 대통령이 1978년 9월 자신에게 핵무기 개발의 95%가 완료됐으며, 1981년 상반기부터는 핵무기 생산이 시작될 것이라고 말했다"는 내용을 자신의 저서를 통해 공개했다.[20]

슐레신저가 빵과 핵무기 중 양자택일을 강요한 지 한 달여 후인 9월 26일, 한국이 세계 7번째로 백곰 지대지(地對地) 미사일 발사에 성공했다. 다음 날 일본 아사히신문은 "남한 유도탄의 원시적인 포물선 비행방식과 정밀도 부족"을 지적하며 이는 핵 개발과 연관되어 있다고 논평했다.

9월 29일에는 소련 국방성이 한국의 핵무기 개발을 경고하고 나섰다. 한국의 백곰 미사일 개발로 주변국들이 민감한 반응을 보이자 미국은 7명으로 구성된 시찰단을 한국에 파견했다. 며칠 후에는 위컴 주한미군 사령관이 합참의 임동원 대령 안내로 ADD를 방문, ADD 소속 한국 과학자들과 한국이 왜 미사일을 개발해야 하는지 5시간 동안 열띤 논쟁을 벌

---

20 돈 오버도퍼, 앞의 책, 78쪽.

였다.[21]

미국은 직접 한국 상황을 시찰하기 위해 고위 인사들을 중심으로 방문단을 꾸렸다. 11월 8일, 해럴드 브라운(Harold Brown) 미 국방장관이 이끄는 17명의 고위 관료들(미 국무부·국방부·국가안전보장회의 소속)이 한국을 방문했다. 열흘 후에는 멜빈 프라이스(Charles Melvin Price) 의장을 선두로 미 하원 군사위원회 의원 13명이 한국으로 날아왔다.

1979년 9월 16일, 야당 지도자 김영삼 의원이 뉴욕타임스와 기자회견에서 "카터 행정부는 박정희 정부에 대한 지지를 종식하라"라고 발언했다. 이를 문제 삼아 여당 의원들이 10월 4일 김 의원을 국회에서 제명하자 10월 5일, 미국 정부는 글라이스틴 대사를 본국으로 소환했다. 대사 소환은 양국 간의 정상적인 관계를 일시적으로 단절한다는 강력한 의사 표현이었다. 한미 수교 이후 주한 미국대사가 소환된 사례는 1958년에 다울링(Walter Charles Dowling)에 이어 이때가 두 번째였다.

10·26이 그 시기에 일어난 까닭은?

10월 13일에는 카터 미국 대통령이 직접 나서서 김영삼 의원 제명을 공개 비난했다. 이로써 한미 관계는 돌이킬 수 없는 파국 국면으로 돌입했다. 10월 15일, 김영삼 의원의 정치적 고향인 부산에서 학생 시위가 발생했고, 시민이 이에 가세하여 부마사태로 확대되었다. 박 대통령은 10월 18일 0시를 기해 부산 지역에 계엄령을 선포했고, 10월 26일 저녁 김재규 중앙정보부장이 궁정동 만찬장에서 박 대통령을 시해했다.

흥미로운 사실은 10·26 사태와 관련하여 미 국무부는 최초의 공식 성명에서 "우리는 한국에서 쿠데타가 발생한 것을 확인했다"라고 발표한 사

---

21 서우덕·신인호·장삼열, 앞의 책, 137쪽.

실이다. 미국 정부가 10·26을 '쿠데타'로 표현한 것과, 도널드 그레그가 말한 1976년 핵 개발을 막기 위해 쿠데타를 준비한 것과는 어떤 연관 관계가 있는 것일까?

글라이스틴은 주한 미국대사에서 물러난 후 1986년 미 조지타운대학교 외교문제연구소에서 발행한 『인권외교』라는 책자에 '한국, 미국 관심의 특별한 대상'이라는 제목의 논문을 기고했다. 이 논문에서 글라이스틴은 박정희의 시해와 관련하여 "미국의 지나친 압력과 불만 표시는 박 대통령의 정통성에 영향을 미쳤으며, 우리의 조치와 발언들이 그의 죽음에 간접적인 압력을 가했을 것이다. … 한미 관계의 다른 문제들로 인해 대통령의 생존에 대한 위협이 악화되어갔다. 미국의 총체적인 행동과 발언이 박정희의 몰락에 알지 못하는 사이에 막대한 영향을 끼쳤는지에 대해 자문해봐야 한다"라고 밝혔다.[22]

글라이스틴이 언급한 '미국의 총체적인 행동과 발언' 그리고 '다른 문제'란 무엇을 뜻하는 것일까? 카터 대통령이 인권과 도덕을 앞세워 박정희 정권과 대립각을 세운 것은 박정희의 핵 개발에 브레이크를 걸기 위한 고도의 외교적 수사였다. 박정희는 핵 개발을 통해 주한미군이 철수하더라도 안보를 담보하고 자주국방을 이루고자 했다.

하지만 박 대통령의 핵 개발은 핵확산 저지를 세계 전략의 핵심축으로 삼고 있는 미국과 정면충돌하여 한국의 안보에 치명적 상황을 초래할 수도 있는 국가적 모험이었다. 과연 박 대통령이 미국과 정면충돌해가며 핵무기 개발에 성공할 수 있었을까? 만약 그렇게 되었다면 한국의 운명은 어떻게 변했을까?

---

[22] 김형아 지음·신명주 옮김, 『유신과 중화학공업-박정희 양날의 선택』, 일조각, 2005, 335~336쪽.

미국이 김대중 구명에 나선 진짜 이유

박 대통령이 10·26 사건으로 퇴장하자 카터 행정부는 김대중 구명 문제로 신군부와 대립각을 세우기 시작한다. 1980년 5월 17일 밤 김대중이 체포된 직후부터 미국 정부는 김대중의 석방을 위해 총력전을 전개했다. 1980년 5·17 이후 김대중 문제는 난마처럼 얽힌 한미·한일 관계를 푸는 핵심 연결고리로 등장했다. 미국 정부는 워싱턴 주재 한국 대사와 이희성 계엄사령관, 최규하 대통령에게 김대중 석방을 위한 고도의 외교적 압력을 가했다.

글라이스틴 주한 미국대사는 1980년에만 전두환을 10여 차례 만나 김대중 구명을 위한 노력을 기울였다. 미국 관리들은 한국의 주요 인사를 만날 때마다 김대중 문제를 거의 빼놓지 않고 거론했다. 글라이스틴 대사는 자신의 외교관 생활을 통틀어 한 개인을 위해 미국 정부가 그 정도로 노력을 경주한 예는 찾아보기 힘들다고 평할 정도였다.[23]

미국의 김대중 구명 운동에 대한 관심은 워싱턴 국무부와 주한 미국대사관 사이에 오고 간 전문 횟수에서도 명백히 드러난다. 예를 들면 1980년 한 달간 양쪽에서 오고 간 총전문 130여 개 중 김대중에 관한 전문이 무려 40여 개로, 35%가량을 차지하고 있다. 이런 점으로만 보아도 미국의 김대중 문제에 대한 관심 및 집착이 어느 정도였는지 쉽게 파악할 수 있다.[24]

여기서 흥미로운 쟁점이 제기된다. 미국 정부 입장에서 볼 때 김대중은 재야 급진 세력의 핵심이자, 한국을 탈미(脫美) 성향으로 이끌 수 있는 위험 인물이었다. 김대중은 미국의 이익과는 반대되는 성향의 정치인이다. 그런 반미 성향 정치인의 구명을 위해 미국 정부와 주한 미국대사가 전력투

---

23 윌리엄 글라이스틴, 앞의 책, 242쪽.
24 신현익(2006), 199쪽.

구한다는 것은 앞뒤가 맞지 않는 행보다. 그렇다면 미국이 김대중 구명운동에 나선 진짜 이유는 무엇이었을까?

우선 미국은 12·12에서부터 5·18 광주 진압에 이르기까지 냉정한 중립을 표방하면서도 신군부의 득세를 눈감았다. 광주 진압 작전과 관련하여 미국의 병력 이동 승인은 결과적으로 신군부 세력의 부상을 촉진시켰다. 이로 인해 야권 및 재야 운동권, 광주 시민에게 팽배한 반미 정서를 어떤 식으로든 무마해야 할 현실적 필요성이 제기됐다.

야권으로부터 제기되는 반미감정의 무마는 미국이 해결해야 할 일종의 정신적 부채였다. 미국이 전두환 정권 출범 후 야권 세력에게 '당근'을 제공함으로써 반미 정서를 누그러뜨릴 수 있는 회심의 카드가 김대중 석방 운동이었다.

군부 인사 대부분 김대중 처형 주장

신군부와 보안사 핵심 세력은 대법원이 김대중 내란음모사건을 어떻게 선고할 것인지 지대한 관심을 가지고 지켜보았다. 미국, 일본 정부의 입장과는 달리 한국의 군부에서는 사회 정치 불안의 근원인 김대중을 제거함으로써 원천적 해결을 요구하는 목소리가 강했다.

미국 정부는 한국의 영향력 있는 위치에 있던 인사들 중 놀랄 만큼 많은 사람들이 김대중의 처형을 강력하게 요구하고 있는 사실에 놀랐다. 특히 한국 군부에서는 김대중이 처형되지 않으면 정치무대에 다시 등장해 자신들의 '구국'을 위한 노력은 허사가 될 것이며, 그의 처형에 대한 외국인들의 비난도 시간이 지나면 사라질 것이라며 공공연히 그의 처형을 주장했다.[25]

---

25 윌리엄 글라이스틴, 앞의 책, 254쪽.

이런 분위기를 감지한 주한 미국대사관과 주한미군 수뇌부는 한국군의 젊은 대령들을 포함해 자신들이 알고 있는 영향력 있는 군 장교, 민간 관리들을 대상으로 김대중 구명을 위한 조직적인 운동을 벌였다. 1980년 8월 8일 육군 대장으로 진급한 전두환과 만난 위컴 사령관은 김대중의 구속과 앞으로 시행될 재판에 대해 언급했다. 전두환은 "우리는 야만인이 아니므로 김대중은 당신 나라의 법과는 다른 우리의 법에 따라 처리될 것"이라고 답했다.[26]

카터 행정부는 1980년 여름, 크리스토퍼 국무장관 주재로 열린 회의에서 김대중 석방에 최선을 다할 것을 결의했다. 돈 오버도퍼 기자는 자신의 저서 『두 개의 코리아』에서 "인도주의적 견지에서 내린 미 행정부의 이 결정은 훗날 전두환의 손아귀에 모든 것을 쥐어주는 결과를 초래했다"라고 비판했다.[27]

전두환이 대통령에 취임한 지 16일 후인 9월 16일, 글라이스틴 대사는 전두환을 면담하여 김대중이 사형보다 낮은 형량이었으면 좋겠다는 점, 만약 사형선고가 내려질 경우 감형을 요청했다. 전두환은 한국의 운명과 직결된 우방국과의 외교관계 정상 회복을 위해서는 어떤 형태로든 김대중 문제를 해결하지 않으면 안 되는 상황에 처하게 되었다.

이날 면담을 통해 전두환은 카터 행정부가 김대중 구명을 최우선으로 하고 있다는 사실을 파악했다. 이때부터 전두환은 '김대중의 운명'을 무기로 미국과의 관계에서 주도권을 쥐게 된다.

1980년 9월 17일 1심 선고공판에서 재판부는 김대중 의장에게 내란음모 및 국가보안법, 반공법, 계엄법, 외국환관리법 위반죄로 사형, 나머지 피

---

26 존 위컴, 앞의 책, 231~232쪽.
27 돈 오버도퍼, 앞의 책, 134쪽.

고인에게는 최고 징역 20년에서 최하 징역 2년을 선고했다. 11월 3일 항소심 재판부는 김대중 등 17명은 항소 기각, 문익환 등 7명은 원심을 파기하고 감형 혹은 집행유예를 선고했다.

김대중을 한미 관계 정상화와 연계한 전두환

김대중은 박정희 대통령의 정적이었기 때문에 굳이 전두환 대통령이 그를 사형시켜 독재자라는 오명을 뒤집어쓸 필요가 없는 사안이었다. 김대중 재판에 대해 국내외의 압력이 거세지자 전두환 정권은 김대중의 운명을 냉랭한 한미 양국 관계 정상화와 연계시켰다.

이 과정에서 중요한 역할을 한 사람이 루치아노 안젤로니(Most Rev. Luciano Angeloni) 주한 교황청 대사와 일본의 한국통인 세지마 류조(瀨島龍三)였다. 주한 교황청 대사가 여러 차례 김대중 구명 의견을 전달했고, 세지마가 수차 서울에 와서 전두환을 만나 "김대중 사형을 집행하면 한일 관계에 중대한 문제가 발생할 것"이라는 일본 정가의 우려를 전달했다.[28]

일본 정부도 김대중 체포 직후부터 그의 석방을 위해 전방위적인 압박을 가했다. 그것은 김대중 납치 사건으로 자신들의 주권이 무시당한 것에 대한 외교적 복수였다. 김대중에게 사형선고가 내려지자 일본에서는 1천여 명의 군중이 히비야 공원에서 항의 시위를 벌이는 등[29] 김대중 구출을 위한 국민대회와 서명운동이 활발히 전개됐다.

일본의 부두 노동자들은 김대중 재판과 관련하여 한국 물건에 대한 하역을 거부하는 일도 발생했다. 또 김대중이 처형될 경우 일본 내 사회당, 공산당 등 좌익 세력과 자민당 내 친북파 세력이 대한(對韓) 협력을 제약

---

28 김용삼b(1999.2), 598쪽.
29 정진석, 『총성 없는 전선』, 한국문원, 1999, 245쪽.

제5공화국 전두환 시대 2

하자는 등의 움직임을 보였다. 일부에서는 이 기회에 북한과의 교류를 확대하자는 주장도 제기했다.[30]

스즈키 젠코(鈴木善幸) 일본 총리는 최경록 주일 한국대사에게 만약 김대중이 처형되면 한국에 대한 일본의 원조는 어려울 것이며, 일본 내에서 북한과의 관계 개선 요구가 강해질 것이라고 통고했다.[31] 1980년 11월 14일 전두환 대통령은 일본 NHK TV와 인터뷰에서 김대중에 대하여 다음과 같이 발언했다.

"김대중과 나와의 관계는 정치적으로 라이벌 관계가 전혀 없고 그 사람은 내가 만나보지도 못한 사람이므로 그 사람에 대해 나하고 관계를 연결시키면 안 될 것입니다. 그 사람은 이번에 폭력에 의해서 정권을 잡으려고 한 것이 죄고, 그 사람으로 인해서 우리 한국의 많은 사람들이 희생되었기 때문에 법에 의한 정당한 재판은 불가피한 것이 아니냐 하는 것입니다."[32]

케네디(Edward Moore Kennedy) 상원의원을 중심으로 한 미국 국내 여론의 압력도 만만치 않았다. 이 와중에 1980년 11월 13일, 레이건 공화당 대통령 후보가 현직 대통령 카터를 물리치고 미국 대통령에 당선됐다. 김대중 문제는 카터의 퇴임, 레이건 행정부로의 정권 교체와 맞물리면서 복잡한 양상으로 전개되었다.

신군부 직설적으로 압박한 미국

레이건 당선 후 글라이스틴 대사는 노신영 외무부 장관과 회동하여 "김

---

30 송재호, 「제5공화국에 있어서의 한일 관계」, 동서대학교 대학원 일본지역연구과 석사학위 논문, 2008, 15쪽.

31 오기평, 「5공의 국제환경과 대외정책」, 동아일보사, 『5공평가 대토론』, 1994, 376쪽.

32 대통령비서실, 『전두환 대통령 연설문집-제5공화국 출범 편 1980년 8월~1981년 4월』, 대통령비서실, 1981, 125쪽.

대중이 처형되면 한국은 국제사회에서 고립될 것이고, 미국 언론과 의회의 비난이 고조될 것이며 미국의 대북한 태도의 변화 가능성이 많다"라고 압박했다.[33] 신군부가 김대중을 처형하면 미국은 한국을 제끼고 북한과 접촉하여 모종의 외교적 거래를 할 수도 있음을 경고한 것이다. 글라이스틴 대사는 11월 21일 노태우 보안사령관과의 회동에서도 북한 카드를 내밀었다.

1980년 12월 중순, 퇴임이 얼마 남지 않은 카터 대통령은 각료급 관리의 방한 금지 조치에 대한 예외로 브라운(Harold Brown) 국방부 장관을 한국에 파견했다. 방한 목적은 브라운이 전두환과 만나 김대중에 대한 관용을 호소하는 것이었다.

브라운을 수행한 도널드 그레그(Donald Phinney Gregg)에 따르면 전두환은 브라운 장관에게 "나는 군부로부터 김대중을 처형하라는 강력한 압박을 받고 있다"고 말했다.[34] 전두환은 또 해외 여론이 안 좋은 것은 알고 있지만 "외국의 압력에 굴복할 수는 없을 것 같다"고 말했다.[35]

당시 신군부는 김대중 문제에 관한 한 한 치의 양보도 기대할 수 없을 정도로 강경한 입장이었다. 미국이 북한 카드로 압박하자 김대중에 대한 미국의 분위기가 심상치 않음을 파악한 노태우 보안사령관이 움직였다. 노태우는 신군부 핵심 장성들을 맨투맨 식으로 만나 설득했고, 이런 노력 덕분에 김대중에 대한 군부의 분위기가 온건론으로 전환되기 시작했다.

노태우는 또 신군부에 적대적인 위컴 사령관과의 관계 개선에 나섰다. 12·12에 대한 노태우의 적극적인 설명 덕분에 위컴과 노태우의 관계가 가까워져 두 사람은 부부 동반으로 테니스 시합까지 즐기는 관계가 되었다.[36]

---

33 신현익(2006), 204쪽.
34 돈 오버도퍼, 앞의 책, 135쪽.
35 돈 오버도퍼, 앞의 책, 135쪽.
36 김용삼b(1999.2), 599쪽.

전두환, 유병현 합참의장에게 임무 부여

김대중에 대한 군부 분위기가 유화적으로 바뀌자 노태우는 김종휘 국방대학원(현 국방대학교) 교수(6공 시절 청와대 외교안보수석비서관 역임)에게 김대중 구명 방안 수립을 부탁했다. 김종휘는 김대중의 사형 집행은 내치와 외교 양 분야에서 전혀 득이 없으며, 신정부의 안정에도 역효과를 초래할 것이라고 보고했다.

보고를 받은 노태우 사령관은 한용원 보안사 정보처장에게 김종휘 교수의 보고서를 토대로 김대중 살리기 방안을 연구하라고 지시했다. 한용원은 김대중 사면과 대미·대일 관계 개선을 위한 광범위한 주제들을 검토했다.

한국은 정치적 격변기였고, 미국은 정권 교체기였다. 때마침 유병현 합참의장이 방미하게 되자 전두환 대통령은 미 군부에 인맥이 두터운 유병현 의장에게 다음과 같은 임무를 부여했다.

"주미 대사와 안기부에도 지시하였으나 별다른 보고가 없어 의장께 부탁하고자 합니다. 나는 가급적 조속한 시일 내에 새로 당선된 레이건 대통령을 만나고 싶습니다. 시기는 대통령 취임식 때가 좋겠지요. 만일 일이 성사되면 미국이 바라는 김대중의 감형도 고려해보겠습니다. 의장께서는 미국 각계에 지인이 많다고 알고 있습니다. 이번 출장 동안에 나의 뜻이 성사되도록 노력해주십시오."[37]

유병현 의장은 "외국의 군인이 워싱턴에서 정치적 교섭을 하는 데는 한계가 있을 겁니다. 특별한 지시이기에 최선의 노력은 다해보겠습니다만, 큰 기대를 갖지는 마시지요"라고 말했다.

도미한 유병현 의장은 베이커(Howard Baker) 공화당 원내총무와의 면

---

37 유병현, 『한미연합사 창설의 주역, 유병현 회고록』, 조갑제닷컴, 2013, 252쪽.

담에서 "전두환 대통령을 워싱턴으로 초대해 정상회담을 열어 양국 관계의 개선과 안보협력을 협의해달라. 이렇게만 되면 한미 간의 현안이 해결될 획기적인 계기가 될 것"이라며 지원을 요청했다. 베이커 원내총무는 긍정적인 반응을 보이면서 리처드 앨런(Richard Vincent Allen) 국가안보 특별보좌관 예정자와의 면담을 주선해주었다.[38]

1980년 11월 21일, 유병현 합참의장은 앨런 국가안보 특보와의 면담에서 "귀국 즉시 전두환 대통령에게 김 씨를 감형 조치하도록 건의하겠다. 나의 건의가 받아들여지면 레이건 대통령 당선자는 취임식 때 전 대통령을 워싱턴으로 초청하여 정상회담을 열어 주한 미 지상군의 철수를 포함한 양국 관계의 근본적 개선과 경제협력 증진을 협의해주기 바란다"라고 제안했다.[39]

레이건 캠프의 김대중 살리기 작전

전두환 대통령은 유병현 의장이 앨런 특보와 협의한 내용과, 그가 작성한 후속 조치 사항을 모두 승인했다. 레이건 대통령 당선인도 유병현 합참의장과 앨런 특보 간의 협의 내용을 승인함으로써 한미 정상회담은 '신춘계획'이라는 이름으로 추진되었다.[40]

1980년 11월 중순부터 1981년 1월까지 한미 간에 워싱턴에서 전두환-레이건 정상회담을 위한 세 차례 비밀 교섭이 진행되었다. 한국 측 실무책임자는 손장래 주미공사, 미국 측 창구는 리처드 앨런 특보였다. 앨런 특보는 "한국이 김대중 씨를 사형시킨다면 한미 관계는 하늘에서 벼락이 떨어

---

38 유병현, 앞의 책, 272~274쪽.
39 유병현, 앞의 책, 280~281쪽.
40 유병현, 앞의 책, 286~291쪽.

지는 것 같은 악영향을 가져올 것"이라며 "김대중 씨를 처형한다면 미국 여론이 미국 행정부에 압력을 가할 것이고, 어떤 정치인도 감히 한국을 지지하지 못할 것이다. 이런 분위기하에서 정상회담은 생각할 수도 없을 것"이라고 말했다.[41]

이에 대해 손장래 공사는 다음과 같이 반박했다.

"우리 대통령은 국민들로부터 김대중을 사형시키라는 상당한 압력을 받고 있다. 이 문제는 우리의 사법부만이 다룰 수 있는 문제다. 그것은 우리의 안보에 심각한 영향을 미치는 문제며, 결정하기가 매우 어려운 문제다. 많은 한국인들은 만약 그가 살아남는다면 제2, 제3의 광주사태가 발생할 것으로 우려하고 있다. 법적인 입장에서 본다면, 그리고 한국의 계속적인 안정과 안보를 위해서, 많은 우리 국민들은 김대중이 처형되어야 한다고 믿고 있다."[42]

노신영 외무부 장관은 미국과의 교섭 진행 상황을 대통령에게 보고하는 과정에서 김대중 사형 문제가 중요 쟁점이란 사실을 보고했다. 이 과정에서 노 장관은 전 대통령이 김대중 씨를 사형에 처해서는 안 된다는 것을 알고 있으면서도 주위의 분위기 때문에 침묵을 지키고 있음을 감지했다.[43]

레이건 캠프는 김대중 구명 문제를 5공화국 승인 문제와 연계해 레이건 대통령 취임 초기 전두환을 백악관으로 초청키로 하여 전두환-레이건 정상회담이 성사되었다. 1981년 1월 20일 취임한 레이건 대통령은 다음 날인 21일, 전두환 대통령 초청 계획을 발표했다.

---

41 조선일보사b, 앞의 책, 377쪽.
42 조선일보사b, 앞의 책, 377쪽.
43 노신영, 앞의 책, 238쪽.

김대중, 사형에서 무기로 감형

레이건 행정부의 국가안보보좌관에 임명된 앨런은 "한국이야말로 격동하는 국제정세 속에서 유사시 미국과 손잡고 즉각 대응조치를 취할 수 있는 나라"라고 생각했고, 이런 인식은 레이건의 측근 모두가 공유하고 있는 것이었다.[44] 레이건 행정부의 초대 국무장관 알렉산더 헤이그(Alexander Meigs Haig, Jr)는 1월 10일 의회 증언에서 "한반도의 안전보장을 확보하는 것은 미국이 전 세계에 전달하려는 기본 방침과 관련하여 사활적인 중요성을 갖는다"고 발언했다.[45]

1981년 1월 23일 대법원의 상고 기각으로 김대중의 사형이 확정됐다. 이날 전 대통령은 국민 화합을 이유로 김대중을 무기로 감형하고 다음 날인 1월 24일, 비상계엄을 해제했다. 당시 급박했던 한미 관계 일지를 정리하면 다음과 같다.

- 1월 21일 레이건 대통령 취임
- 1월 22일 백악관과 청와대, 한미 정상회담 개최 발표
- 1월 23일 국무회의에서 김대중, 무기징역으로 감형 의결
- 1월 24일 계엄령 전면 해제
- 1월 28일 전두환 대통령, 레이건 대통령과 정상회담 위해 미국 공식 방문
- 2월 2일 워싱턴에서 전두환-레이건 대통령 정상회담

노태우 정부 시절 정무수석, 공보처장관을 역임한 손주환의 증언에 의하면 김대중 구명 움직임의 배후에는 노태우 보안사령관의 적극적인 역할

---

44 오코노기 마사오, 「신냉전에서의 한미일 체제: 한일 경제협력 교섭과 삼국 전략협조의 형성」, 문정인, 오코노기 마사오 공편, 『시장·국가·국제체제』, 아연출판부, 2002, 195쪽.

45 오코노기 마사오(2002), 196쪽.

이 있었다고 한다.[46]

누가 무슨 역할을 했든, 김대중 구명을 위한 최초의 결심자 및 법정 결정권자는 전두환 대통령이었다. 이승만 대통령은 사형선고를 받은 박정희를 사면시켜 5·16과 근대화의 거시구조적 기원을 이루어냈다. 그렇다면 전두환 대통령은 김대중을 살려냄으로써 이 나라 역사 전개에서 어떤 역할을 한 것으로 평가 받을 수 있을까?

전두환 회고록의 의하면 김대중에 대한 형 집행을 면제하는 문제가 양측 간에 주요 관심사의 하나로 논의된 것은 사실이었다. 하지만 세간에 알려진 것처럼 김대중 문제가 정상회담 개최의 전제조건은 아니었다고 한다.[47] 그렇다면 레이건 대통령은 왜 수많은 주요국 정상을 제치고 가장 먼저 자신의 정상회담 파트너로 국제적 이미지가 좋지 않게 나 있던 전두환 대통령을 선택한 것일까?

---

46 김용삼b(1999.2), 600쪽.
47 전두환 회고록(2), 앞의 책, 299쪽.

2

한미일 삼각 안보협력관계 태동

전두환 대통령은 레이건 행정부가 출범한 지 1주일 만인 1981년 1월 28일, 10박 11일간의 미국 국빈 방문에 나섰다. 전두환의 대통령 취임 5개월 만의 일이었다. 2월 2일 오전 11시 전두환은 백악관의 미국 대통령 집무실에서 레이건 대통령과 1시간 20분 동안 정상회담을 했다. 레이건 대통령 취임 후 불과 13일 만에, 그것도 영국, 일본 등 전통적 우방국 국가원수들을 제치고 갖게 된 첫 번째 정상회담이었다.

레이건 행정부가 전두환과의 정상회담을 전격적으로 결정한 중대한 이유가 있다. 당시 미국은 전임 카터 대통령의 무분별한 인권 도덕외교 덕분에 곤욕을 치렀다. 소련 등 적대국의 인권 개선 효과는 전혀 거두지 못하고 주요 동맹국인 이란의 회교 혁명을 자초했고, 박 대통령의 핵무기 개발 의지만을 부추겼다.

커크패트릭 독트린의 첫 수혜국

이러한 인권외교정책에 대한 근본적 전환을 제기한 사람은 레이건 행정부에서 유엔 대사를 지낸 진 커크패트릭(Jeane Duane Kirkpatrick) 조지타운대 교수였다. 그는 카터의 인권외교 정책을 비판하며 레이건 후보의 외교정책 참모가 되었는데, 그녀를 레이건 후보에게 소개한 사람이 리처드 앨런이었다.

그녀는 커크패트릭 독트린(Kirkpatrick Doctrine)을 내놓았는데, 이것은 미국의 목표에 부합한다면 어떤 정권과도 손을 잡는다는 대외정책이었다. 카터의 경직된 인권 도덕외교와는 가치관과 철학이 완전히 다른 정책이었다. 레이건 행정부가 출범하면서 새로운 패러다임의 외교정책을 선보이는 첫 케이스가 전두환의 미국 국빈 방문이었다.[48]

레이건 대통령은 전두환 대통령과의 정상회담에서 "한반도에서의 미군 철수에 관한 어떠한 논의도 앞으로는 없을 것으로 다짐한다. 미국은 한반도에 대한 방위공약을 재확인한다. 미국은 북한과 일방적으로 접촉하는 일은 없을 것이며, 접촉해야 할 경우가 있게 되면 그때는 한미 양국이 반드시 다 같이 나란히 갈 것"이라고 단호한 어조로 말했다.[49]

한미 양국은 이 회담을 통해 전통적인 우방국 관계를 복원하는 데 성공했다. 정상회담 후 발표된 14개항의 공동성명은 첫째, 안보 면에서 주한 미군 철수계획을 백지화했고, 한국군 전력 증강에 대한 미국의 협력을 명시했다. 둘째, 남북 관계에서는 한국 정부의 입장을 전폭 지지하여 한국의 참석 없이는 북한과 접촉하지 않을 것을 분명히 했다. 셋째, 경제협력 면에서는 미국이 한국을 주요 교역국으로 재인식하고 있다는 점을 표명했다.[50] 이로써 한미 양국 간의 현안 문제는 깨끗이 해결되었다.[51]

레이건 대통령은 한국은 미국의 충실한 동맹국이며, 공산주의에 대한 저

---

48 전두환 회고록(2), 앞의 책, 300~301쪽.

49 전두환 회고록(2), 앞의 책, 307쪽.

50 행정안전부 국가기록원, 「전두환-레이건 정상회담」, https://www.archives.go.kr/next/newsearch/listSubjectDescription.do?id=002841&subjectTypeId=07&pageFlag=C&sitePage=1-2-2.

51 오기평, 『한국외교론』, 오름, 1994, 227쪽.

항에 있어 용감한 상징으로 생각했다. 때문에 민주적 절차와는 거리가 먼 비정상적 과정을 통해 집권한 한국의 군부 지도자를 최초의 정상회담 상대로 초대했다. 김대중 구명을 담보로 한 한미 정상회담을 통해 전두환 정권은 미국 정부의 승인과 안보 확약이라는 보상을 받아내는 데 성공했다.

두 달 후인 1981년 4월 샌프란시스코에서 개최된 제13차 한미연례안보협의회에서 와인버거(Caspar Weinberger) 국방부 장관은 한국에 대한 방위 공약을 재확인하고, 주한 미 2사단의 수준 향상을 포함한 주한미군 현대화 계획을 발표했다.[52] 그리고 12·12 이래 중단시켰던 한미 간의 모든 협의기구를 다시 가동키로 합의했다.

박정희와 전두환의 전략적 차이

미국은 한국군의 방위력 개선을 지원하기 위해 카터 행정부가 거부했던 F-16 전투기 판매를 승인했다. 게다가 주한미군을 4만 3천 명으로 증원하여 1972년 이래 최대 규모를 유지했다. 1976년부터 매년 실시해온 한미 연합기동훈련은 참가하는 병력 수준이 최소 10만 명 수준이었다. 1981년 2월 1일부터 4월 10일까지 진행된 '팀 스피릿 81' 한미 연합훈련은 10만 명의 한국군과 주한미군을 포함한 태평양 지역 및 미국 본토 병력 6만여 명이 참가했다. 또 하와이에 주둔한 미 25사단 사령부가 훈련 기간 중 한국으로 이동했다.[53]

그런데 레이건 행정부 출범 후부터 훈련 규모가 점차 확대되어 1983년부터는 그 두 배에 달하는 규모로 발전했다. 주요 훈련은 을지 포커스 렌즈, 지휘소 연습 훈련, 팀 스피릿 훈련, 독수리 훈련, 쌍용 훈련으로 구분되

---

52 신현익(2006), 215~216쪽.
53 국무총리기획조정실 편, 『행정백서 1981』, 대한민국 정부, 1981, 92쪽.

어 매년 1회씩 일정 기간 동안 실시하게 되었다.[54]

미국은 주한 미 공군력 강화를 위해 1981년 8월, 최신예 F-16 전투기로 편성된 2개 비행대대를 주한 미 공군기지에 이동 배치했다. F-16기를 해외 주둔군에 배치한 것은 우리나라가 처음이었다. 미국은 또 육군의 방위력 강화를 위해 주한 미 육군의 AH1G 코브라 헬리콥터를 대전차 미사일을 적재한 신형 S모델로 교환했다.[55]

전두환-레이건 정상회담을 계기로 한미 양국은 카터 행정부 시절 불편했던 관계를 말끔히 청산하고 급속도로 정상 관계가 복원되었다. 박 대통령은 '핵무기 개발'을 바탕으로 안보를 담보하려 한 반면, 전 대통령은 '전통적 한미관계의 복원'을 통해 이를 성취하려 했고, 상당한 성공을 거두었다.

전두환은 레이건과의 정상회담을 통해 전통적인 한미동맹의 회복 그 이상의 것을 추구했다. 한미일 3국을 굳건하게 연결하는 안보협력의 태동이었다. 전두환이 레이건 대통령의 협조를 얻어 일본에 요구한 100억 달러 규모의 안보협력차관이 그 기폭제였다.

한미 정상회담과 관련하여 전두환은 1979년 12월 소련의 아프가니스탄 침공을 계기로 급변하는 미국의 국제 전략을 검토했다. 미국은 이 사건을 '제2차 세계대전 이래 최대의 평화에 대한 위협'으로 규정하고 서태평양, 지중해에 배치했던 항모 기동함대의 일부를 인도양에 배치했다.

미국은 소련의 군비증강에 대해 힘으로 대항할 수밖에 없다는 인식이 높아지고 있었다. 이것이 레이건 정권의 '힘에 의한 평화(Peace through Strength)' 전략을 통한 대소 봉쇄정책으로 표출되었다. 이로써 1970년대

---

54 전두환 회고록(2), 앞의 책, 319쪽.
55 전두환 회고록(2), 앞의 책, 314쪽.

초부터 동서 진영 간에 진행되어왔던 데탕트(Détente)가 무너지고 신냉전 체제로 돌입하게 된다.

일본에 안보 역할 분담 요구한 미국

1981년 1월, 레이건은 대통령에 취임하면서 2차 대전 후 미국의 대외정책 기조인 반공·반소(反蘇)·봉쇄정책, 그리고 세계주의를 강력히 추진하겠다고 천명했다.[56] 레이건 행정부는 앙골라, 아프가니스탄은 물론 한국, 파키스탄을 소련과의 대결장으로 보았다. 특히 소련 태평양함대의 태평양 진출 통로인 대한해협 방어가 대단히 중요했다. 1970년대 후반 소련의 극동 군사력은 미국의 극동 군사력을 뒤따르는 정도로 성장해 있었다.[57]

레이건 행정부는 소련을 견제하기 위해 동북아 정책에 중점을 두고 대소(對蘇) 연합전선을 형성하기 위해 한미일 삼국 관계를 중시하기 시작했다.[58] 하지만 이를 뒷받침하기 위해서는 막대한 군사비가 지출되어야 하는데, 경제가 문제였다. 미국은 1980년 수출 2,206억 달러, 수입 2,570억 달러로 무역수지 적자 상태로 돌아섰고, 급격한 물가 상승과 함께 경기침체에 시달렸다. 반면에 일본은 막대한 대미 무역흑자를 기록하면서 전성기를 구가했다.

미국은 일본에 대해 서방 진영의 일원으로서 방위 책임분담과 방위비 증액을 요구했다. 미국은 1970년대 초부터 미중 관계 개선을 계기로 동북아에서 군사적 비중을 대폭 줄이고, 여기서 생긴 힘의 공백을 당시 경제 대국으로 성장한 일본이 메꾸도록 일본의 공헌을 요구한 것이다.[59]

---

56 송영우, 「레이건 독트린과 국제정치」, 『정치논총』, VOL 20 NO.1, 1986, 29쪽.
57 구영록 외, 『미국과 동북아』, 서울대학교 미국학연구소, 1984, 18쪽.
58 구영록 외, 앞의 책, 19~20쪽.
59 구영철, 「미국과 동북아」, 『미국과 동북아』, 서울대학교 미국학연구소, 1984, 10쪽.

이러한 미국의 요구에 대해 일본은 '종합안보'를 통해 서방 세계의 일원으로 공헌한다는 입장을 보였다. 스즈키 젠코(鈴木善幸) 내각은 요시다 시게루(吉田茂) 총리가 창안한 '요시다 독트린'을 일관되게 유지한다는 전략이었다. 1950년, 미국은 소련과의 냉전에서 동맹국의 군사력이 필요하자 일본을 재무장하여 군사적 지원을 받고자 했다. 당시 일본 총리 요시다 시게루는 미국의 재무장 요구를 거부했다. 즉 안보는 미일 동맹을 축으로 미국에 의존하여 군사 부문은 최소한의 비용만을 지출하여 경무장하고, 국가 역량을 경제발전에 집중한다는 정책이 '요시다 독트린'의 핵심이었다.

스즈키 총리는 1981년 1월 26일 국회 시정방침 연설에서 1985년까지 5년간 공적개발원조(ODA)를 과거 5년간(1976~1980)의 실적 107억 달러의 두 배 이상, 즉 214억 달러 이상으로 늘리겠다고 약속했다.[60] 즉, 군사적 수단이 아닌 경제적 수단으로 협조하겠다는 의사 표현이었다.

일본이 모호한 행보를 선언하자 서방 국가들은 일본이 자신들의 안보 노력에 무임 승차하여 경제적 번영에만 매달리고 있다고 비난했다. 이른바 일본을 향한 '안보 무임승차론'이 등장한 것이다.

전두환의 안보협력자금 구상

미국의 세계 전략 변화를 감지한 전두환 대통령은 어떤 형태로든 동북아에서 한일의 안보 태세 강화는 필연적인 문제라고 예측했다. 이런 상황 변화를 잘 활용하여 미국을 설득하고 일본을 이해시키면 일본으로부터 안보협력 명목의 차관 도입이 가능하다고 판단했다. 전두환이 레이건과의 정상회담에서 밝힌 경제협력자금의 기본 구상은 다음과 같았다.

---

60 고모다 마유미(薦田眞由美), 「한일 '안보경협' 분석: 역사적 전개와 이론적 함의」, 고려대학교 대학원 정치외교학과 박사학위 논문, 2013, 90쪽.

"한국은 GNP 600억 달러 중에서 6%를 국방비로 지출하고 있다. 이에 비해 일본은 1조 6천억 달러의 GNP 중 불과 0.9%만 국방비로 부담하고 있다. 미국과 한국은 동북아의 공산주의 세력에 대한 방파제와 전초기지 역할을 담당함으로써 일본은 평화 속에서 경제대국으로 성장했다. 일본은 미국이 2개 사단을 한국에 주둔시키는 데 소요되는 비용에 해당하는 금액을 (한국에) 경제협력 방식으로 지원하는 것이 바람직하다. 이 일이 성사될 수 있도록 미국이 일본을 설득해주길 바란다. 각하의 도움으로 일본으로부터 차관을 받게 되면 우리는 그 돈으로 국방력 강화를 위해 미국으로부터 비행기와 탱크 등 무기를 구입할 생각이다. 그러면 미국에 도움을 드릴 수 있지 않겠는가."[61]

전두환 대통령이 일본으로부터 거액의 차관 도입을 구상한 이유 중의 하나는 날로 늘어나는 대일 무역적자였다. 1965년 한일 국교 정상화 후 한국은 일본을 모델로 산업구조를 만들었다. 또 대일 청구권자금을 바탕으로 생산 기반이 형성되었기 때문에 관련 산업기술과 원료, 부품은 거의 대부분 일본에서 유입되었다.

한국은 수출주도형 공업화 전략에 필요한 중간재, 자본재를 일본에 크게 의존했다. 그 결과 1970년대 한국의 일본에 대한 수출은 누적 총액이 175억 달러인 반면, 수입은 340억 달러가 넘어 무려 167억 달러의 무역적자를 기록했다. 더 심각한 문제는 한일 간 무역량이 늘어날수록 적자액도 덩달아 커진다는 점이었다.

---

61 전두환 회고록(2), 318쪽.

한일 무역 추이

연도	수출	수입	수지
1978	2,627.3	5,981.5	−3,354.2
1979	3,353.0	6,646.4	−3,293.4
1980	3,039.0	5,857.0	−2,818.0
1971~1980	17,554.7	34,285.5	−16,730.8

출처: 한국무역협회 수출입통계.

스즈키 총리, "방위비 1% 고수"

경제 우선주의 정책 덕분에 일본은 경제 대국으로 성장하는 데 성공했다. 하지만 이란의 회교 혁명으로 인한 중동정세 급변, 소련의 아프간 침공으로 신냉전이 격화되는 상황에서 요시다 독트린은 더 이상 생명력을 유지하기 힘들었다. 일본이 미국에 안보를 전적으로 의지하면서 막대한 대미 무역흑자를 기록하자 미국 내에서 일본에 대한 곱지 않은 시각이 팽배했다.

신임 레이건 행정부는 어떻게 하든 일본이 미국의 안보 부담, 특히 동북아 안보에 확실하게 기여하도록 만들어야 하는 과제를 안고 있었다. 이 와중에 스즈키 총리는 "일본 방위비는 국내 총생산(GDP)의 1%를 절대 넘지 않는다"라는 원칙을 엄수하겠다고 발표했다.

방위비 1% 원칙이란 1976년 미키 다케오(三木武夫) 총리가 일본의 군사 대국화에 제동을 걸기 위해 일본의 방위비 수준을 국내 총생산의 1% 내로 제안하겠다고 밝힌 기준을 뜻한다. 이후 일본 정부는 다소의 부침이 있긴 했지만 이 원칙을 준수해왔다. 스즈키 총리가 이 원칙을 천명함으로써 소련과의 대결을 선언한 레이건 행정부와의 마찰을 피할 수 없게 되었다.

소련의 아프가니스탄 침공으로 신냉전 시대를 맞은 서방 세계의 최대 화두는 공산주의 세력의 봉쇄였다. 동북아에서 공산주의자들의 침략을 막는 안보 방파제 역할을 수행하고 있는 나라는 한국이었다. 한국이 안보 방파제 역할을 굳건히 수행하기 위해서는 미국제 첨단 무기가 필요했다. 하지만 경제위기 덕분에 미국제 무기를 구입할 여력이 없었다. 또, 경제위기 상황에 몰려 있는 한국으로서는 안정적인 달러가 필요했다.

미국은 해마다 폭증하는 대일 무역적자로 곤욕을 치르고 있었고, 일본은 막대한 대미 무역 흑자로 달러가 넘쳐났다. 레이건 대통령과의 정상회담을 위해 미국으로 가는 비행기 안에서 후지산을 내려다보며 전두환은 한국의 지정학적 중요성을 활용하여 세 나라의 모순 상황을 하나로 꿰어 합리적인 방안을 도출해냈다. 그것이 일본에 요구한 안보협력 차관 100억 달러 구상이다. 전두환이 100억 달러라는 수치를 구상한 내용은 그의 회고록에 다음과 같이 기록되어 있다.

"미국이 우리나라에 미군 1개 사단을 유지하는 데 1년에 드는 비용이 약 10억 달러가 소요된다고 했다. 나는 머릿속으로 계산을 해보았다. 과거 제국주의 일본은 한반도에 2개 사단을 주둔시켰다. 일본이 한반도를 계속 강점 상태로 유지하기 위한 전략 때문이기도 했지만, 대륙으로부터의 위협에 대처하기 위해서도 2개 사단을 주둔시킬 필요가 있었던 것이다. 그렇다면 지금 일본은 최소한 그 정도의 안보 비용은 덕을 보고 있는 것이 아닌가."[62]

전두환은 10억 달러×2개 사단×5년=100억 달러를 도출하고, 100억 달러를 일본으로부터 안보협력자금으로 지원받자는 생각을 하게 된다. 이 일을 성사시키려면 미국을 움직여야 했다. 그래서 레이건과의 정상회담에서

---

62 전두환 회고록(2), 앞의 책, 303쪽.

이 문제를 중요 의제로 제기한 것이다.

김대중 납치사건으로 악화된 한일 관계

그렇다면 당시 상황에서 100억 달러는 어느 정도 액수였을까? 박정희 정부 시절인 1965년 한일 국교정상화 이후 15년간 일본이 한국에 제공한 경협자금 총액이 유상, 무상 합쳐 13억 달러였다. 1981년 우리나라의 GNP(국민 총생산)가 겨우 600억 달러, 총외채는 150억 달러를 안고 있었다. 일본이 경제 위기가 닥쳐 신용도가 급격히 추락한 한국에 100억 달러라는 거액의 차관을 제공할 것인가는 미지수였다. 당시 한일 관계는 한미 관계와 비슷하게 악화일로를 걷고 있었기 때문이다.

한미 관계 악화는 박 대통령의 핵 개발을 둘러싼 갈등이 주된 요인이었다면, 한일 관계는 1973년 8월 8일, 중앙정보부 요원들이 도쿄에 망명해 있던 김대중 당시 한국민주회복통일촉진국민회의(한민통) 의장을 납치한 것이 기폭제였다. 일본 수도인 도쿄 한복판에서 한국의 정보기관 요원들이 김대중을 백주에 납치하여 한국으로 끌고 간 사건은 일본 정부의 주권을 침해한 행위로, 국제적으로도 큰 물의를 일으켰다.

다음 해인 1974년 8월 15일 조총련 문세광의 육영수 여사 저격 사망 사건이 벌어지자 일본 정부는 철저한 비협조 자세로 일관했다. 김대중 납치 당시 자신들의 주권을 침해한 한국에 대한 외교적 보복이었다. 분노한 박정희 대통령은 일본 여행객에 대한 비자 발급 지연, 정부 간 회의 중단 및 지연, 스포츠 분야에서 홈 앤드 어웨이를 제외하고는 일본 원정경기 제한 방침을 정했다.

김동조 당시 외무부 장관은 에릭스 주한 미국대사 대리에게 "일본이 성의 있는 조치를 취하지 않으면 국교 단절, 대사 소환까지를 포함한 정치 경제상 제반 조치를 취하겠다"라고 밝혔다. 이 와중에 반일 시위대가 주한 일본대사관에 난입하는 사건이 발생하자 일본 측은 주한 일본인들의 안전을 위해 소개를 검토하기도 했다.[63]

박정희 정부 요인들 중 다수는 만주군관학교, 일본 육사를 비롯하여 일본식 교육을 받았고, 일본과의 주종관계에 익숙해 있었다. 반면, 미국식 민주주의 교육을 받고 배출된 신군부는 한일 관계에 임하는 스타일은 물론 기본 철학 자체가 완전히 달랐다. 신군부는 1980년 5·17 조치를 통해 한일 관계의 중추적 역할을 담당했던 김종필·이후락·박종규 등을 권력형 부정 축재자로 체포했다. 김종필은 한일의원친선협회장직을, 이병희는 한일의원연맹 간사장직을 사퇴했다.

한국에서 지일파들이 퇴장하면서 한일 관계도 근본적인 변화가 요구되었다. 한글세대에 속하는 신군부 리더들은 박정희 정부에서 한일 관계를 자문했던 인물들이 지나치게 일본에 저자세 외교를 추구했다고 보고 대등한 일본과의 관계를 추구했다.[64] 박정희 시대의 한일 외교가 상호 이해관계 추구에 중점을 둔 맨투맨식 외교 시대였다면, 전두환 정부는 당 대 당, 국가 대 국가 차원의 외교를 지향했다.[65] 한일 유착을 없애고 한일 관계를 새롭게 한다는 뜻에서 '한일 관계 재정립'이란 용어를 자주 사용했다.

레이건 대통령, 흔쾌히 협조 약속

전두환은 일본으로부터 안보경협차관 도입의 실마리를 미국과의 관계에서 찾았다. 전두환은 레이건과의 정상회담에서 "일본이 오늘의 번영

---

63 이정환, 「박정희 저격사건의 한일관계: 국제구조의 제약과 국내 정치의 영향」, 현대일본학회, 『일본연구논총』 제37호, 2013, 66쪽.

64 이태희, 「일본의 대한 차관협상(1981~1983)의 배경과 과정 연구」, 고려대 석사학위 논문, 1992, 25쪽.

65 조선일보, 1981년 6월 5일.

을 누릴 수 있는 것은 한국과 미국이 공산 진영에 대한 방파제 역할을 하고 있기 때문이므로, 미국이 2개 사단 병력을 한국에 주둔시키는 데 필요한 만큼의 비용을 일본은 방위비 형태가 아닌 경제협력 방식으로 한국을 도와야 한다"라고 강조했다. 이어 한국이 600억 달러의 GNP 중에서 6%를 국방비에 충당하고 있는 데 비해, 일본은 1조 1,600억 달러의 GNP 중 0.9%만을 국방비로 사용하고 있음도 지적했다.[66]

전 대통령의 안보 방파제론과 일본의 지역적 역할에 대한 강조는 미국 입장에서는 환영할 만한 일이었다. 레이건 대통령이 안보협력 차관 도입에 필요한 지원 요청을 흔쾌히 수락함으로써 한미일 삼각 안보협력관계 정립을 위한 움직임이 본격화되었다.

한미 정상회담을 마치고 귀국한 전 대통령은 1981년 2월 7일, 내각에 "일본에 100억 달러 차관을 요청하는 외교문서를 작성하라"라고 지시했다. "100억 달러"라는 차관 액수를 들은 신병현 부총리는 길게 침묵하더니 "불가능한 일"이라고 답변했다. 국가 간 경제협력에서 100억 달러라는 차관 액수는 들어본 일조차 없는 거액이었기 때문이다.

관가에는 "경제도, 외교도 모르는 군인 출신 대통령이 말도 안 되는 지시를 하고 있다"라는 목소리가 퍼져나갔다. 일본에 100억 달러 차관을 요청하면 국제사회의 웃음거리가 될 것이라고 비판하는 관료도 있었다. 당시 외무부의 분위기는 동북아 1과장이었던 이재춘 회고록에 다음과 같이 나타나 있다.

"전 대통령이 지시했다는 공공차관(ODA) 100억 달러라는 금액은 주일 대사관에서 경제협력 실무를 담당해 본 나는 물론이고 경제 참사관을 역임했던 최 국장으로서도 너무나 무리한 금액이었다. 한일 국교 정상화를

---

66 노신영, 앞의 책, 243~244쪽.

통해 우리가 일본으로부터 들여온 청구권자금이 총 6억 달러였고, 이 자금이 한국의 근대화와 경제개발에 커다란 밑거름이 되었음을 생각하면 100억 달러라는 액수는 보통 사람으로서는 상상할 수 없는 거액임이 분명했다."[67]

대통령의 거듭된 설명에도 불구하고 한동안 말이 없다가 긴 한숨만 내쉬었던 신병현 부총리는 2월 말, 50억 달러 규모의 대일 차관 요청안을 만들어 보고했다. 전두환은 "우리가 일본에 요구할 금액은 50억 달러가 아니라 100억 달러"라며 다시 작성해오라고 엄명했다. 경제기획원이 소극적 자세로 나오자 전두환은 주영복 국방부 장관에게 100억 달러 차관자금 사용계획서를 만들어오라고 지시했다.

국방부는 1982~1986년까지 제2차 전력증강 5개년 계획에 소요되는 자금을 일본에 요청한다는 계획을 수립했다. 한국이 5년 후 북한과 비슷한 군사력 수준에 도달하려면 238억 달러의 자금이 필요한 것으로 조사되었다. 한국이 매년 GNP의 6%를 군사비로 계속 투입해도 150억 달러가 부족하다는 계산이 나왔다. 그중 100억 달러를 일본 차관으로 해결한다는 구상이었다.[68]

안보경협차관은 세지마 류조 아이디어?

한편에선 안보 경협 아이디어는 전두환의 독자적 아이디어가 아니라, 일본 이토추상사 상담역 세지마 류조의 발상이었다는 주장이 제기되었다. 조갑제의 주장에 의하면 안보 경협은 한국과 일본이 공산주의 위협에 직면한 공동운명체라는 전략적 판단을 가지고 있던 세지마 류조에 의해 연

---

67   이재춘, 『외교관으로 산다는 것』, 기파랑, 2011, 148쪽.
68   국가안전보장회의, 『일본방위력 증강과 한일안보협력 방안』, 국가안전보장회의, 1981, 63쪽.

출·교섭·타결된 국제적 막후 드라마였다는 것이다.

조갑제의 취재에 의하면 1980년 6월 세지마는 고토 노보루(伍島昇) 일본상공회의소장(도큐그룹 회장)과 함께 한국을 방문해 권익현의 소개로 신군부 실력자 전두환·노태우를 만났다. 당시 일본 정계는 한국이 공산주의 위협을 막는 데 있어 일본의 방파제 역할을 하고 있다는 생각을 하고 있었으며, 한국의 혼란상이 북한의 남침을 부르지 않을까 우려했다. 특히 세지마는 전두환 국보위 상임위원장을 만난 자리에서 한국의 방위 부담에 대해 일본이 일조할 수 있도록 제안했다고 한다.[69]

이 주장과 관련하여 일본 학자 고모다 마유미(薦田真由美)는 사실관계를 증명하는 객관적 자료가 부족하며, 한미일 외교문서나 주요 인사 회고록에서도 관련 내용이 언급된 경우를 찾기 힘들다고 지적했다.[70] 안보경협 차관 100억 달러가 세지마의 발상이라는 조갑제의 주장은 좀 더 신중한 검토가 필요할 것 같다.

전 대통령은 100억 달러 차관 요청 제안서를 노신영 외무부 장관에게 주면서 "일본 정부와 협상해서 성사시키되, 100억 달러에서 한 푼도 삭감하지 않도록 장관직을 걸고 추진하라"라고 지시했다. 졸지에 국제관례의 상식을 뛰어넘는 거액의 차관 도입을 성사시켜야 할 책임이 노신영에게 주어졌다.

당시 한국의 국민총생산(GNP)이 600억 달러일 때 100억 달러 차관 요청은 누가 봐도 무리한 요구였다. 전두환 대통령이 무리수라는 사실을 알면서도 이를 강행한 이유는 무엇이었을까?

100억 달러 차관에 대한 전두환의 입장은 "과거 우리가 일본으로부터

---

69 조갑제, 「한일경협은 세지마의 발상」, 『월간조선』, 1990년 8월호, 291~293쪽.
70 고모다 마유미(2013), 174쪽.

빌린 것은 상업 차관, 즉 경제협력 차관이었다. 이번에 우리가 요구하는 것은 그와는 완전히 다른 안보협력 차관이다. 차관의 성격이 전혀 다르니 접근방식을 달리 해야 한다. 더구나 이 사안은 나와 레이건 대통령과의 정상회담에서 방침이 결정된 것이니 주저할 이유가 없다"는 것이었다.

대일 안보협력 차관에는 또 한 가지 중요한 이유와 목적이 잠복되어 있었다. 일본은 1965년 한일 국교 정상화 이후에도 줄기차게 남북한 등거리 외교를 추진해왔다. 북한과 경제·문화·학술 등 비정치적 교류를 확대한 결과 1981년 일본의 대북한 무역량이 현저하게 늘었다. 일본 정부는 자국 기업의 대북 전략물자 수출을 방관했고, 수출입은행 자금을 지원하기도 했다. 이를 계기로 일본 정치인들의 평양 방문 등 인적 교류도 활발해졌다.

전두환의 다목적 노림수

1981년 초 일·북 양국은 경제 관계 정상화 촉진을 위해 '동아시아 무역연구회'를 설립했다. 은행을 비롯한 제지, 자동차 관련 일본 기업의 북한 진출을 위해 대북 무역 조사와 경제인 상호 교류 추진 계획도 발표되었다. 1981년 3월에는 북한노동당이 일본사회당 대표단을 평양에 초청했다.

일본 정부는 이에 대한 답방 형식으로 추진된 1981년 6월 북한 대외문화연락협회 부위원장 현준극 등 7명의 일본 입국을 허용했다. 한국 정부와 정치권은 일본의 남북 등거리 외교 행보에 크게 반발했다. 한일의원연맹 한국 측 회장인 이재형 의원은 "이는 한국을 크게 자극하는 일"이라고 비난했다.[71]

이 와중에 돌출된 100억 달러 안보경협 차관 제공 요구는 누가 봐도 현실과는 동떨어진 무리한 요구로 보였다. 전두환 대통령이 100억 달러 차관

---

71 서울신문, 1981년 6월 18일.

카드를 일본에 던진 이유는 일·북 접촉을 일거에 무력화시키기 위한 '고도로 계산된 전략'이 숨어 있었다.

전두환 대통령의 한미 정상회담이 끝난 지 3개월 후인 1981년 5월 7일, 레이건 미국 대통령과 스즈키 젠코 일본 총리가 워싱턴에서 미일 정상회담을 한다는 사실이 발표되었다. 의제를 사전 협의하기 위해 이토 마사요시(伊東正義) 외상이 3월 하순 워싱턴에 파견되어 레이건 대통령 등 미국 지도층과 회담했다. 이때 이토 외상은 미 국방부 평가와는 달리 "한반도가 긴장 상태에 있는 것은 사실이지만 북한의 전면적인 남침 가능성이 긴박하지 않다"는 요지의 발언을 했다.

헤이그 미 국무장관은 이토 외상의 한반도 정세 평가는 근거 없는 내용이라고 지적했다. 미국은 레이건 행정부 출범 후 안보 정책을 신냉전으로 전환했고, 전두환 정부는 이에 발빠르게 대응했다. 반면에 일본 정부의 국제정세 인식은 1970년대 데탕트 수준에 머물러 있음이 이토 외상의 발언을 통해 노출되었다.

한미일 3국이 얽히고설킨 100억 달러 안보경협 차관의 불꽃은 미일 정상회담을 앞둔 1981년 4월 22일 서울에서 본격 점화되었다. 이날 노신영 장관은 이임을 앞둔 스노베 료조(須之部量三) 주한 일본대사를 불렀다. 노 장관은 스노베 대사에게 한국은 소련의 위협과 불가분의 관계인 북한 위협에 대응하기 위해 600억 달러 GNP 중 6%, 국가 예산의 37%를 국방비로 지출하고 있다면서 "향후 5년간 정부개발협력자금(ODA) 60억 달러, 수출입은행 자금 40억 달러, 합계 100억 달러를 안보경협자금으로 지원해달라"면서 한국 정부의 차관 요청서를 교부했다. 노 장관의 100억 달러 차관 요청서에는 다음과 같은 내용이 적혀 있었다.

"한국은 지금 박정희 대통령 사망 후 커다란 전환기에 있으며, 여러 가지 곤란한 상황에 직면해 있다. 이에 대해 지금 풍요로운 이웃 나라이며 역사적으로 깊은 관계가 있는 일본으로부터 과감한 방위, 경제협력을 부탁하고 싶다. 구체적으로는 현행 일본의 대한(對韓) 협력 자금을 10배 이상으로 늘려 연간 20억 달러, 그리고 그것을 향후 5년간에 걸쳐 합계 100억 달러의 자금을 한국에 제공해주기 바란다."[72]

100억 달러 '요구'에 경악한 일본

노신영 장관은 스노베 대사에게 경제협력의 용의가 있는지를 타진한 것이 아니다. 일본은 한국의 방위 노력 덕분에 번영을 이루었으니 당연히 그에 대한 대가로 어려움에 처한 한국을 도와야 할 의무가 있다는 입장이었다. 경제협력을 '요청'한 것이 아니라, '안보 방파제론' 논리로 일본이 한국에 자금을 제공해야 할 의무가 있다는 점을 강조하면서 경제협력을 '요구'한 것이다.[73]

스노베 대사는 100억 달러라는 숫자를 듣고 경악했다. 한일 수교 후 15년간 일본이 한국에 제공한 경협 자금 총액은 13억 달러에 불과했다. 게다가 일본은 평화헌법상 교전권을 포기했기 때문에 동맹국이 아닌 제3국과 안보·군사협력은 현실적으로 불가능했다. 그런데 한국의 차관 요청이 국방비 부담이라는 안보적 성격을 띠고 있는 데 놀란 스노베 대사는 관련 내용을 곧바로 본국 정부에 타전했다.

스노베 대사의 전문을 받은 일본 외무성 아시아국장 기우치 아키다네(木內昭胤)는 "도대체 이번 신정권의 장관은 외교를 뭐라고 생각하고 있는 거야? 일국의 외무부 장관이 느닷없이 주재국 대사를 불러 100억 달러를 달라고, 그것도 국방 예산을 대신 부담하라는 것 같은 말투로 일본에게 요

---

72 오구라 카즈오(小倉和夫) 지음, 조진구·김영근 옮김, 『한일 경제협력자금 100억 달러의 비밀』, 디오네, 2015, 16쪽.

73 고모다 마유미(2013), 25쪽.

구해? 조잡해도 너무 조잡하잖아. 한국 정부 미친 것 아니야?"[74]라고 격하게 반응했다.

다카시마 마스오(高島益郎) 외무차관도 "이 전보는 받아들일 수 없어. 이런 당돌하고 불합리한 요구는 우선 현지에 있는 대사가 뺑 차버리지 않으면 안 되는 거야"[75]라고 외쳤다. 한국 측 요구는 국제 외교 상식으로는 도저히 이해할 수 없는 폭거라는 입장이었다. 이 한 통의 전보가 100억 달러 드라마의 시작을 알리는 요란한 포성이었다.

사실 한국은 1970년대 '한강의 기적'이라 불리는 고도성장을 이룩한 결과 일본 정부가 경제협력 규모를 결정하는 기준인 국민소득 수준이 1977년 1인당 GDP 1,028달러로 1천 달러 수준을 넘어섰다. 이에 따라 일본은 1979년부터 한국을 중진국으로 간주하여 대한(對韓) 무상자금 협력을 종료했다.

유상자금 협력도 한국의 경제발전으로 1977년 240억 엔, 1978년 210억 엔, 1979 · 1980년에는 190억 엔으로, 갈수록 감소되었다. 유상자금 협력 축소는 한국의 경제발전에 의해 앞으로의 경제협력은 주로 민간 베이스로 옮기기로 한 양국 협의에 따라 실행된 것이다.[76]

스노베 대사의 전문이 접수된 지 일주일 후 다카시마 차관은 최경록 주일대사에게 한국 측 안보경협자금 요청을 수용할 수 없다는 거부 메시지를 전달했다. 4월 중순 스노베 대사는 이임 인사를 위해 남덕우 총리를 방문했다. 이 자리에서 남 총리는 "미국도 일본이 한국에 더 많은 경제적 지원을 해주길 바라고 있다"라고 발언했다. 이로 인해 한국이 제기한 거액의

---

74 오구라 카즈오, 앞의 책, 17쪽.
75 오구라 카즈오, 앞의 책, 18쪽.
76 고모다 마유미(2013), 54~55쪽.

차관 요청의 배후에 미국의 지지가 있지 않은가 하는 추측이 일본 관가에 퍼져나갔다.

힘이 있어야 평화도 가능

이 무렵 전두환 대통령의 안보경협자금 문제와 관련하여 한일 관계를 바라보는 심정은 일한의원연맹 대표단에게 말한 다음과 같은 발언을 통해 확인할 수 있다.

"가장 중요한 것은 힘없는 자가 강자에게 싸움을 그만하자고 말해도 그 효과가 없다는 점입니다. 따라서 한국보다 두 배의 군사력을 가지고 있으며, 또한 소련의 지지를 받고 있는 북한에 대해서는 우리들 자신이 이에 대응하는 방위력 수준을 높이고, 이걸 바탕으로 한 제안을 통해 평화를 추구해가야 합니다."

"가난한 한국에게 있어 최근 연평균 30억 달러라는 커다란 적자를 내고 있다는 것은(한국이 매년 30억 달러의 대일 무역적자를 기록하고 있다는 뜻-저자 주) 아무리 장사다, 거래다 해도 조금은 심하지 않은가요."[77]

이에 대한 일본 측 입장은 일본 정부가 주일미군의 주둔 비용을 부담하는 형태로 미군의 극동에서의 안전보장 체제를 지원하고 있으며, 이를 통해 한국의 안전보장에도 기여하고 있다는 것이었다. 한국과 일본은 미군을 매개로 공동으로 극동의 안전보장을 위해 노력해왔으며, 일본이 한국의 방위 노력을 통해 일방적으로 은혜를 입고 있는 것은 아니라는 논리였다.

한미 정상회담 3개월 후인 5월, 워싱턴에서 레이건 대통령과 스즈키 총리가 만나 미일 정상회담이 열렸다. 레이건 대통령은 "일본의 개도국 원조가 소련의 침략을 억지한다는 견지에서 가장 효과가 큰 국가들에게 중점적

---

77 오구라 카즈오, 앞의 책, 69쪽.

으로 향할 수 있도록 더욱 밀접한 협의가 필요하다"라고 의미심장한 발언을 했다. 또 미국 정부는 전두환 대통령이 방미 시 일본의 대한(對韓) 경제협력 강화에 대해 미국에 협력을 요청했다는 사실을 간접적으로 언급했다.

"안보차관은 곤란, 경제협력차관은 가능"

정상회담을 마친 양국 정상은 공동성명 제1항에서 공식 문서로는 처음으로 미일 양국 관계를 '동맹(alliance) 관계'라고 표현했다. 이 조항이 일본 국내에서 큰 논란을 불러일으키자 스즈키 총리는 여론 진화 작업에 나섰다. 그는 "동맹관계에 군사적 의미는 포함되지 않는다"라면서 동맹은 민주주의, 자유 가치관을 공유하는 양국의 긴밀한 관계를 상징하는 말이라는 해석을 내놓았다.[78]

이렇게 되자 미국은 "동맹이란 표현에는 당연히 '군사'를 포함한다"는 입장을 밝혔다. 스즈키 총리의 해명을 발길로 걷어찬 셈이다. 다카시마 마스오 일본 외무차관도 "군사·안보를 포함하지 않는 동맹은 넌센스"라고 스즈키 총리의 해석을 반박했다. 논란을 서둘러 진화하기 위해 이토 외상과 다카시마 외무차관이 사임하고 소노다 스나오(園田直) 외상, 스노베 료조(須之部量三) 외무차관이 등장하는 것으로 사태를 겨우 수습했다. 결과적으로 이 문제는 일본에 미국과의 '동맹' 관계를 확실하게 각인시키는 계기가 되었다.

미일 정부는 또 공동성명을 통해 한반도의 전략적 중요성에 대해서도 의견이 일치한다는 사실을 확인했다. 이와 관련하여 스즈키 총리는 5월 20일 일본 기자클럽에서 다음과 같이 발언했다.

"한반도에 대해서는 레이건 대통령과 인식의 일치를 보았다. 다만 일본

---

78 고모다 마유미(2013), 93쪽.

은 헌법과 기타 '다테마에(명분)'에 의해 군사적으로 협력하는 집단적 자위권은 인정되지 않는다. 군사 이외의 면에서 평화를 위한 대가를 지불하겠다. 한국의 민생 향상과 경제발전 등을 위해 가능한 한 협력을 해야 한다고 본다."[79]

일본은 평화헌법에 의해 미국이 아닌 제3국과의 안보나 군사협력은 현실적으로 불가능했다. 또 1978년 4월과 1981년 3월 일본 중의원 외교위원회는 군사적 목적이나 국제 분쟁지역과의 경제협력을 금지하는 법안을 통과시켰다.[80] 이런 제약 요인에도 불구하고 일본 정부는 전두환의 요구를 통째로 거부하지는 않았다.

스즈키 총리의 발언을 해석하면 "한국은 공산 세력에 맞서기 위한 군사력 건설을 전제로 일본에 차관을 요청했다. 일본은 헌법상 타국의 국방비 부담 등 군사협력은 어려우니 경제개발 목적이나 국민의 복리증진과 같은 경제적 차관으로 성격을 바꾸면 긍정적으로 토의하겠다"는 입장을 밝힌 것이다.

한국, 차관의 성격을 전환하다

1981년 8월 20일 도쿄 외무성에서 한일 외교 장관 회담이 열렸다. 소노다 일본 외상은 한국이 군비증강 필요성과 같은 안전보장 문제와 관련시키는 형태로 대일 경제협력을 요청하는 한 일본은 "한 푼도 원조할 수 없다"는 입장을 보였다. 이 발언은 안전보장과 경제협력을 분리하면 '상당히 무리가 되더라도' 협력을 마다하지 않을 것임을 시사한 것이다.[81]

---

79 요미우리신문(讀賣新聞), 1981년 5월 21일.
80 송용선·이태희, 「일본의 대한국 정부개발원조 정책」, 『목원대학교 논문집』, vol.30, 1996, 325쪽.
81 오구라 카즈오, 앞의 책, 88쪽.

일본이 전향적 입장을 보이자 노신영 장관은 1981년 10월 20일, "일본이 제공할 공공차관은 군사적 목적이 아닌 제5차 경제개발 5개년 계획을 위해서만 사용될 것"[82]이라고 밝혔다. 이로써 안보협력 차관은 그 성격이 순수 경제차관 형태로 변화되었다.

1981년 11월 30일, 한국과의 관계가 원활치 않았던 소노다 외상이 물러나고 스포츠 단체 교류를 통해 한국과도 친분이 있는 사쿠라우치 요시오(櫻内義雄)가 신임 외상에 임명되었다. 사쿠라우치는 12월, 세지마 류조에게 비공식 특사로 방한하여 전두환 대통령과 회담하고 정부 간 교섭을 위한 정지 작업을 해줄 것을 요청했다. 세지마는 1982년 1월, 한국을 방문하여 전두환 대통령과 면담했다.[83] 양국은 비공식 채널을 통해 서로의 입장 조율에 나섰다.

1982년 6월 초 개각에서 노신영 외무부 장관이 안기부장에 임명되었고, 그 후임에 이범석을 임명했다. 전 대통령은 이범석 장관에게 대일경협차관의 최후 양보선은 60억 달러라고 못 박고, 장관직을 걸고 반드시 목표 금액을 관철시키라고 단단히 일러뒀다.

한 달 후 7월 5일, 도쿄에서 열린 한일외무장관 회담에서 이범석 장관은 전 대통령의 지침대로 경협자금 액수를 100억 달러에서 60억 달러로 줄여 제시했다. 이에 대해 일본 측에서는 40억 달러를 제시했다. 일본 측이 구체적 액수를 내놓은 것은 이때가 처음이었다. 한국은 일본 정부가 전혀 상상할 수도 없었던 명목과 근거를 제시하며 100억 달러라는 거액을 제시했는데, 최소한 40억 달러는 확보하게 된 셈이다.[84]

---

82 정진석, 앞의 책, 251쪽.
83 오구라 카즈오, 앞의 책, 176쪽.
84 전두환 회고록(2), 앞의 책, 357쪽.

한국은 60억 달러, 일본은 40억 달러, 양측 주장이 맞선 상태에서 타결점을 찾기 위해 노력하는 와중에 역사 교과서 문제가 돌출했다. 1982년 6월, 일본 언론은 자국 역사 교과서의 문부성 검정 과정에서 종래의 '침략'이 '진출'로 수정되는 등 역사를 미화하는 내용으로 변경되었다고 보도했다.

일본 역사 교과서 문제 돌출

일본 정부와 경제협력 차관 교섭을 추진 중이던 한국 정부는 일본 역사 교과서 왜곡 사건에 대한 대응 수위를 놓고 고민에 빠졌다. 한미일 반공연대를 재결집하기 위해서는 일본과의 협력이 필요한 반면, 대일(對日) 신사고와 반일 국민 정서를 중시하는 입장에서는 일본 정부를 비판해야 하는 딜레마와 마주해야 했다. 안보와 경제 논리를 우선해야 할지, 역사 문제에 대한 국민 정서를 우선해야 할지의 어려운 선택이었다.[85]

이 과정에서 일본 문부성이 1983년부터 사용될 역사 교과서의 검정 과정에서 8·15 광복을 "일본이 지배권을 상실했다"로 표현하고, '침략'을 '출병'으로, '출병'을 '파견'으로, '수탈'을 '양도'로, '3·1 운동'을 '데모와 폭동'으로, 그리고 강압적이었던 신사참배에 대해서는 '신사참배도 장려되었다'라는 식으로 지도했다는 사실이 보도되었다.

이 사실이 알려지면서 한국 정부도 강력 대응에 나섰다. 두 달간의 외교교섭을 거쳐 8월에 미야자와 기이치(宮澤喜一) 관방장관은 근린제국(近隣諸國)과의 친선에 배려한다는 새로운 검정 기준을 추가하여 차기 검정에 반영하고, 그때까지는 경과조치로 이러한 취지가 교육 현장에서 실

---

85 조양현, 「제5공화국 대일외교와 한일 역사 갈등: 1982년 일본 교과서 왜곡 사건을 사례로」, 『일본연구논총』 제49호, 현대일본학회, 2019, 51쪽.

천되도록 지도한다는 일본 정부 입장을 발표했다. 이로써 교과서 사건은 1982년 11월 일단락되었다.[86]

스즈키 젠코 총리 갑작스럽게 퇴진

이 소란의 와중이던 1982년 10월 12일, 스즈키 총리가 돌연 사임했다. 차기 자민당 총재에 재선될 것이 확실한 상황에서 갑작스럽게 출마를 포기하고 사임한 것이다. 사임 이유가 명확하지 않자 한일 경협 교섭이 지지부진한 상황과 관련 있는 것 아닌가 하는 추측이 나돌았다. 한미일 소식통들은 스즈키 총리의 갑작스러운 퇴진은 동북아 안보 진형을 강화하려는 레이건 행정부의 강력한 의지가 반영된 결과로 해석했다.

그의 사임 발표 두 달 전인 9월에 아마코스트 미 국무부 아시아태평양 담당 부차관보는 일본 언론과의 회견에서 의미심장한 발언을 했다. "미국으로서는 한국과 일본은 같은 우방이다. 한국은 서방 진영에서 전략적으로 중요한 곳이다. 따라서 미국은 한국에 대한 일본의 경제적 지원을 환영한다. 원조의 성격을 설명하고 액수를 정하기 위해 어떤 명분을 붙여야 하는지는 일본 정부가 결정할 문제"라고 한 것이다.[87]

당시 일본 정부 일각에서 한국에 제공하게 될 차관이 경제협력이 아니라 안보협력이라고 거부감을 보이고, 발목을 잡자 미국이 간접적으로 경고했고, 이것이 총리 사임으로 연결되었음을 유추할 수 있는 대목이다. 스즈키 총리가 사임하고 나카소네 야스히로(中曾根康弘)가 자민당 총재에 선임되어 1982년 11월 27일 총리에 취임했다. 이때부터 한일 간의 현안이었던 경협차관 교섭이 급진전을 이루게 된다.

---

86 조양현(2019), 49쪽.
87 전두환 회고록(2), 앞의 책, 358쪽.

3

40억 달러 경협차관 성사되다

나카소네는 취임하자마자 대미 중시, 안보 중시 정책을 내세웠다. 그는 방위비 '1% 틀'은 경우에 따라 탄력적으로 대처하겠다고 밝혔다. 그의 슬로건은 '전후(戰後) 정치 총결산'이었다. 일본의 경제 대국화를 바탕으로 자국의 경제력에 걸맞은 국제적 책임을 다하기 위해 정치 군사적 대국화를 이룩하고, 그러한 국제관계의 변화와 일본의 계급구조 변화에 대응하여 그것을 담당할 국가체제를 재정비하려는 정치노선이었다.[88]

세지마 특사 한국 파견

나카소네 총리는 자신의 '전후 정치 총결산' 노선 추진을 위한 최고 긴급 현안이 한일 경협 안건이라고 파악했다. 한일 경협차관은 그동안 동맹 해석과 통상마찰로 악화된 미일 관계를 호전시킬 수 있는 주요한 변수라고 생각했다.[89] 그는 11월 30일 총리 취임 후 처음 열린 각료회의에서 난항을 겪고 있는 대한국 정부 차관 문제 해결을 위해 가능하면 연내 한국을

---

88 조성렬, 「나카소네 야스히로(中 根康弘)의 '전후정치의 총결산' 노선」, 성균관대학교 대학원 정치외교학과 석사학위 논문, 1992, 55쪽.

89 손기섭, 「한일 안보경협 오교의 결정과정」, 『국제정치논총』 제49집 1호, 2009, 320쪽.

방문하여 전두환 대통령과 회담하고 싶다는 의사를 표명했다.

이날 오후 5시, 나카소네 총리는 전두환 대통령에게 전화를 걸어 상호 방문과 관계 정상화의 강한 의지를 표명했다.[90] 그리고 저녁에 한일 간의 막후 밀사 역할을 수행한 세지마 류조 이토추 상사 고문과 회담을 가졌다.[91] 나카소네 총리로부터 경협 차관 문제 해결을 의뢰받은 세지마는 외무성, 대장성 관료들과 협의하여 일본 측 제안을 재조정했다. 그리고 12월 초 한국의 민정당 사무총장 권익현과 접촉하여 나카소네의 방한 의향을 한국 측에 전했다.

전두환 대통령을 만난 세지마 특사는 일본이 제시한 40억 달러를 그대로 수용해줄 것을 간곡히 요청했다. 그는 40억 달러 제의를 그대로 받아들여 준다면 현금 차관 이외에 기술지원 등 다른 분야에서 도움을 줄 수 있을 것이라고 했다. 전두환 대통령은 이를 수락했다. 이로써 한일경협 문제의 큰 틀이 합의되었고, 나카소네 총리의 한국 방한이 이루어지게 되었다.

나카소네 총리의 방한과 관련한 마지막 걸림돌은 김대중 문제였다. 당시 김대중은 전두환 대통령이 사형에서 무기징역으로 감형시켜 수형 생활을 하고 있었다. 이런 상태에서 나카소네 총리가 한국을 방문할 경우 양국 국민의 격렬한 반대에 직면할 위험이 있었다. 미국도 김대중 문제에 지대한 관심을 표명하고 있었다.

리처드 워커(Richard Louis Walker)는 글라이스틴의 후임으로 1981년 8월 12일부터 1986년 10월 25일까지 주한 미국대사를 역임했다. 그는 대사 부임을 앞둔 1981년 5~6월, 미 국무부에서 브리핑을 받는 동안 김대중을 연구했다. 워커의 평가에 의하면 김대중은 격정적이면서도 놀랄 만큼

---

90 손기섭(2009), 320쪽.
91 오코노기 마사오(2002), 206쪽.

지략이 풍부했으며, 예측하기 힘든 인물이었다. 김대중의 대변자들은 자신이 주한 미국대사로 재임한 5년 3개월 동안 단 한시도 자기를 편하게 놔두지 않았다고 한다.[92]

워커 대사는 한국 부임과 동시에 김대중 사건과 관련하여 미국으로부터 수많은 방문객을 맞았고 서신, 전신을 받았다. 여러 사람의 노력 덕분에 1982년 3월 2일 김대중은 20년으로 감형되었다. 전두환 대통령은 1982년 8·15 특사 때 김대중 씨의 석방을 고려했으나 주위의 반대로 뜻을 이루지 못했다.[93]

미·일의 김대중 석방 운동

1982년 9월 23일 오후 3시, 김대중 씨 부인 이희호 여사와 이태영 변호사, 미국 선교사이자 워커 대사의 친구인 소니아 스트론(Sonia Reid Strawn)이 워커 대사를 방문했다. 이들은 김대중 씨가 신병 치료를 위해 석방돼 미국을 방문할 수 있도록 도와달라고 간청했다. 이날 이희호 여사는 워커 대사가 남편의 석방을 보장하면 남편이 다시는 정치에 관여하지 않도록 맹세하는 데 일조하겠다고 약속했다.[94]

워커 대사는 이범석 외무부 장관, 노신영 국가안전기획부장, 함병춘 대통령 비서실장을 통해 김대중 석방을 위해 전두환 대통령을 설득했다. 12월이 되자 전 대통령은 노신영 안기부장에게 김대중 씨 문제를 상의하면서 가까운 시일 내에 이희호 여사를 만날 것과, 김대중 씨가 석방된 후 미국으로 갈 수 있도록 미국 측과 협의하라고 지시했다.

---

92 리처드 워커 지음, 이종수·황유석 옮김, 『한국의 추억-워커 전 주한 미국대사 회고록』, 한국문원, 1998, 40~41쪽.
93 노신영, 앞의 책, 327쪽.
94 리처드 워커, 앞의 책, 42쪽.

김대중 씨의 석방과 미국행을 극비리에 추진해오던 전 대통령은 김 씨를 서울대학병원으로 이송하기 전날 저녁 6시, 관계 장관과 측근 인사들을 청와대 회의실로 불렀다. 모인 사람들과 차를 마신 후 자리에서 일어서면서 엄숙한 표정으로 "김대중 씨를 석방하여 미국으로 보내기로 했습니다"라고 말했다. 일체의 반론을 듣지 않겠다는 단호한 태도였고, 예기치 않았던 대통령의 말에 참석자들은 모두 놀랐다.[95]

1982년 12월 16일, 전 대통령은 김대중 씨를 크리스마스 특사로 석방하여 서울대병원으로 이송시켰다. 김대중이 석방되자 함병춘 비서실장은 워커 대사에게 "김대중 씨 석방은 전적으로 대통령의 결단이었다. 하지만 이 문제를 놓고 몇 주 전 대사(워커)와 내가 나눈 대화가 대통령을 설득하는 데 결정적 역할을 했다는 사실을 전해주고 싶다"라는 편지를 보냈다.[96] 몇몇 한국 신문도 워커 대사와 함병춘 비서실장 간의 긴밀한 관계가 전 대통령의 김대중 석방에 영향을 주었음이 틀림없다고 보도했다.

청와대는 외환관리법 규정보다 훨씬 많은 돈을 가지고 미국으로 갈 수 있도록 요청해온 김대중과 힘겨운 협상을 벌였다. 한국 정부는 나카소네 총리의 방한 이전인 12월 23일 김대중 씨를 석방하고 신병 치료를 명분으로 미국으로 망명시켰다.[97]

나카소네 총리 한국 방문

모든 준비가 완료되자 1983년 1월 5일, 나카소네 총리의 방한 및 한일 정상회담 사실이 발표되었다. 나카소네 총리는 1983년 1월 11일, 일본 총리

---

95 노신영, 앞의 책, 327~328쪽.
96 리처드 워커, 앞의 책, 43쪽.
97 오기평, 앞의 책, 1994, 241쪽.

로서는 최초로 한국을 공식 방문했다. 그는 총리 취임 불과 한 달 후 첫 방문국으로 한국을 택한 것이다. 나카소네 총리는 성대한 환영을 받았고, 김포공항에는 해방 후 처음으로 일본 국기 히노마루가 게양되고 일본 국가가 연주되었다.

이틀간 한국에 머물며 나카소네 총리는 전 대통령과 두 차례 한일 정상회담을 했다. 만찬 석상에서 나카소네는 만찬사의 첫 부분과 마지막 부분을 한국어로 연설하여 한국 측 참석자들을 놀라게 했다. 만찬 후에는 전두환 대통령과 어깨동무를 하고 '노란 셔츠의 사나이'를 한국어로 불렀다. 나카소네 총리는 행정관리청 장관 시절부터 한국어를 공부했다고 한다.

나카소네 총리는 한국의 방위 노력을 높이 평가하고 한국에 대한 장기저리의 정부 차관을 포함한 일본의 경제협력을 약속했다. 일본 정부가 약속한 대한 차관은 공여 기간 7년, 공적개발원조(ODA) 총액 18.5억 달러, 수출입은행 자금 21.5억 달러, 총 40억 달러를 6%의 금리로 제공키로 했다. 일본이 제공한 40억 달러는 당시 한국 순외채의 13%, GNP의 5% 이상, 1983년 총투자의 5분의 1에 해당하는 거액이었다.

이 차관은 액수 자체도 큰 것이었지만 미국의 지원 아래 이루어진 것이었던 만큼 이 자금이 보증 역할을 하여 대외신용을 유지할 수 있었고, 해외 차입으로 외환 수급의 어려움을 넘기게 되었다.[98] 정상회담 직후 발표된 공동성명에 "한반도에 있어서 평화와 안정의 유지가 일본을 포함한 동아시아의 평화와 안정에 긴요하다"라는 내용이 포함되었다. 이 내용은 1969년 사토-닉슨 회담에서 처음 표현된 것이다.

한국을 방문하여 40억 달러 경협차관 문제를 해결한 나카소네 총리는 5일 후인 1월 17일 워싱턴을 방문했다. 나카소네 총리는 1월 17일 슐츠 국

---

98 강만수, 『현장에서 본 한국경제 30년』, 삼성경제연구소, 2005, 387~388쪽.

재임 중 맺어진 나카소네 총리와의 친교는 30년 넘게 이어졌다.
나카소네의 한국 방문, 전두환의 일본 방문 등 두 사람의 관계는
정치인을 넘어 사나이들 간의 오랜 우정과도 같았다.

무장관과 만난 자리에서 "나는 미국에 정신적 채무를 갚을 생각으로 방문했다"고 답했다.[99] 나카소네 총리의 일련의 행보를 보면 한국이 일본에 요구한 안보 경협차관은 한미 간의 긴밀한 연계 속에서 이루어졌고, 미국의 일본에 대한 강력한 요구가 잠복되어 있음을 유추할 수 있다.

이어 나카소네 총리는 레이건 대통령과 정상회담을 가졌다. 이때 레이건 대통령은 "미일 동맹관계는 세계평화와 번영에 사활적으로 중요하다"고 밝혔고, 나카소네는 "미일 양국은 태평양을 사이에 둔 운명공동체"라고 평가했다.[100] 뿐만 아니라 나카소네는 1월 18일 "일본열도를 소련의 백파이어 폭격기의 침입을 막는 거대한 방벽을 가지는 큰 배처럼 만들겠다"라면서 이른바 일본 불침(不沈) 항모론(unsinkable aircraft carrier)을 제기했다.

한국은 안보 경협 성사를 통해 국내 정치적 성과, 경제적 성과, 군사 안보적 성과 등 세 가지 값진 성과를 얻었다. 일본도 한일 관계 개선, 미일 관계 강화, 동북아에서 일본의 정치적 역할 확대라는 성과를 얻었다.[101]

히로히토 천황의 과거사 사과

전두환 대통령은 나카소네 총리의 방한에 대한 답방 형식으로 1984년 9월 6일부터 8일까지 2박 3일간 일본을 국빈 방문했다. 이로써 전후 한일 양국 관계에 있어 최초로 한일 양국 정상의 상호 교차 방문이 이루어졌다. 과거 이승만 대통령이 1948년과 1950년, 1953년 일본을 방문했고, 박정희 국가재건최고회의 의장이 1961년 방미 길에 일본에 들른 적이 있지만, 모

---

99 오코노기 마사오(2002), 209~210쪽.
100 고모다 마유미(2013), 191쪽.
101 고모다 마유미(2013), 187~189쪽.

두가 비공식 방문이었다.

전두환 대통령의 방일에서 가장 큰 관심을 집중시킨 것은 일본 천황과의 만남이었다. 전 대통령이 도쿄에 도착한 9월 6일, 일본 천황 주최 만찬에서 히로히토 천황은 "금세기의 한 시기에 있어서 양국 간에 불행한 과거가 있었던 것은 진심으로 유감이며 다시 되풀이되어서는 안 된다고 생각한다"라고 발언했다. 일본 국민통합의 상징인 천황이 일본에 의한 식민 지배에 대한 유감의 뜻을 표명한 것이다.

외교 관례상 한 나라의 국가원수가 상대국에 대해 '유감'이라는 용어를 사용하는 것은 공식 사과의 표현으로는 가장 높은 수위로 인식되고 있다. 일본 천황은 이날 '유감'이라는 말 앞에 '진심으로'라는 표현을 사용했고, 재발 방지를 다짐하고 있어 지금까지 다른 나라에 대해 표명했던 사과와 반성의 표현에 비해 한결 수준이 높은 것으로 평가되었다.[102]

한국 정부도 이를 '공식 사과'로 받아들였고, 한국 언론도 대대적으로 보도했다. 일본에서는 영빈관에서 거행된 환영 행사가 생방송으로 전국에 중계되었고, 한국에서도 천황의 만찬사를 TV에서 되풀이 방영했다.

다음 날 나카소네 총리는 전두환 대통령과의 오찬에서 좀 더 구체적으로 식민 지배에 대한 사과를 했다. 일본이 한국과 한국 국민으로 하여금 숱한 고난을 겪게 한 사실을 반성하면서 "일본 정부와 국민이 이러한 과오에 대해 깊이 유감스럽게 생각하는 동시에 장래를 위하여 엄숙히 계심하려고 결의하고 있음을 표명"한 것이다. 일본 천황과 일본 총리의 식민 지배에 대한 진심 어린 사과 발언은 1965년 형식상의 국교 정상화에 이은 상호 동반자적 관계를 향한 '제2의 국교 정상화'라는 평가를 받았다.[103]

---

102 전두환 회고록(2), 앞의 책, 365쪽.
103 서울신문, 1984년 8월 18일.

대한민국의 대통령을 맞는 히로히토 천황의 태도는 공손했다.

천황은 만찬사를 통해 "금세기의 한 시기에 있어서 양국 간에
불행한 과거가 있었던 것을 유감"이라 말하며 사과의 뜻을 밝혔고,
전두환 대통령은 "불행한 과거는 이제 보다 밝고 가까운 한일 간의 미래를 여는
소중한 밑거름이 되어야 할 것"이라고 강조했다.

나카소네 총리는 이날 "한일 양국은 단순한 인접우방으로서만이 아니라 자유진영의 일원이라는 대국적 관점에서 우호협력관계를 보다 더 다져나갈 필요가 있다"고 강조했다.

동북아에 구축된 한미일 삼각동맹 방파제

1980년 9월 한국에서 전두환, 1981년 1월 미국에서 레이건, 1982년 11월 일본에서 나카소네 정권이 등장했다. 한미일 3국에 신보수주의 지도자가 차례로 등장하여 한미·한일·미일 정상회담을 통해 굳건한 협력관계가 공고화되었다. 레이건 대통령, 나카소네 총리, 전두환 대통령 사이에 '지도자 수준의 전략적 파트너십'이 형성되었고, 동아시아에서는 '소련의 위협에 대항할 수 있는 냉전 연합이 구축되었다.[104]

카터-박정희 사이의 불편한 관계, 한국과 마찬가지로 카터의 주한미군 철수계획을 불안하게 바라보았던 일본, 김대중 납치 사건 등으로 우여곡절을 겪던 한일 관계 등을 생각해보면 새롭게 등장한 한미일 세 지도자의 관계는 대단히 새로운 것이다.[105]

미국은 국가이익에 따라 우방 관계에 있는 국가를 ①사활적 이해 상관 지역(vital interest area), ②매우 긴요한 이해 상관 지역(significant interest area), ③중요한 이해 상관 지역(important interest area), ④이해 상관 지역(interest area) 등 네 가지로 구분한다. 한국은 카터 행정부 시기에는 ③의 지위였다. 그런데 레이건 행정부 시절인 1983년 4월 워싱턴에서 개최된 제15차 한미 연례 안보협의회에서 와인버거 국방장관은 한반도를 "지정학적으로 사활적 이해가 걸린 지역"이라고 규정했다. 미국의 최고 이해관계가

104 오코노기 마사오(2002), 212쪽.
105 박영대(2013), 88쪽.

걸린 ①의 지위로 격상된 것이다.[106]

일본 정부가 전두환 정부에 제공한 40억 달러의 안보 경협차관은 한국 안보에 대한 정치적 지원이자 경제적 지원이라는 의미가 내포되어 있었다. 현실주의적 관점에서 보면 국력이 약한 약소국의 외교정책은 선택의 폭이 크지 않은 것으로 이해된다. 약소국의 외교정책은 소극적이며, 강대국인 외세에 영향을 받게 마련이다.[107] 기존의 통념과는 달리 한일 안보 경협차관은 협상에서 약소국인 한국이 주도성을 가지고 성공적인 결과를 가져온 대표적 사례로 평가된다.[108]

일본이 제공한 안보 경협차관은 그보다 더 중요한 의미가 함축되어 있었다. 1945년 이후 1980년대 초반까지 한일 간에는 특별한 안보적 유대가 없었다. 해방 직후 한국은 일본에 적대적인 정책을 전개했다. 일본이 후방 기지 역할을 수행한 6·25 때도 이승만 정권은 '평화선'을 설정하고, 이 선을 침범한 일본 어선을 나포하여 선박은 몰수하고, 어민은 구속했다.

한일을 안보협력으로 묶는 데 성공한 전두환

박정희 정권은 국내의 강력한 반대 여론을 비상계엄을 통해 잠재우고 1965년 한일 국교 정상화를 통해 한일 협력 시대를 개막했다. 하지만 그도 안보 측면에서는 협력관계 구축을 시도하지 않았다. 일본에 대한 뿌리 깊은 불신, 역사 문제, 영토 문제를 둘러싸고 갈등 구조가 잠복해 있었기 때문이다. 일본도 식민지배에 대한 역사적 부담 때문에 전후(戰後) 오랜 기간 한반도에 대한 안보적 관심을 표명하는 데 신중한 자세를 취했다.

---

106 동아일보 1983년 4월 16일.
107 이호재, 『한국외교정책의 이상과 현실』, 법문사, 1962, 11쪽.
108 고모다 마유미(2013), 207쪽.

전두환 대통령이 일본에 요청하여 성사된 안보 경협차관은 한일 관계 최초로 '안보'를 의제로 삼았다는 점에서 역사적 의미가 있다. 즉, 전두환이 한일 양국의 상호 불신, 경계심을 깨고 안보를 이슈로 차관을 요청했고, 양국 간의 상호 불신과 경계심, 국내 여론의 반대 등에도 불구하고 한일 양국이 안보를 촉매로 교섭을 진행했으며, 다층적인 대화와 협상을 통해 교섭을 타결한 것은 특기할 만한 사건이다.[109]

이후 한일 양국은 긴밀한 안보협력 관계를 구축했다. 그 결과 탈냉전 후 북한의 핵무기, 미사일 개발 등 군사적 위협이 지속되었을 때 한일은 동맹 관계가 아님에도 불구하고 안보협력의 중요성을 함께 인식하게 되었다. 일본에서 손꼽히는 한국 전문가 오코노기 마사오(小此木政夫)는 신냉전하에서 한미일의 전략 협조 관계가 형성된 이유는 전두환 대통령이 제안한 안보 경협차관이 결정적 계기였다고 분석했다. 이때부터 한미일 3국 전략 협조가 신냉전 전 기간을 통해 유지되었고, 그 결과 냉전에서 서방 진영이 승리하여 소련 붕괴를 촉진했다는 것이다.[110]

한미·한일 관계에서 첨예한 갈등 요인 중의 하나가 김대중이었다. 전두환은 주변 인사들의 우려를 물리치고 사형수 김대중을 특사로 석방하여 미국으로 보냈다. 난마처럼 얽힌 미일과의 관계를 정상화하기 위한 고도의 정치적 결단이었다. 1982년 크리스마스 특사로 석방된 김대중은 부인과 두 아들과 함께 미국으로 갔다.

김대중은 워싱턴에 도착한 일성으로 "나의 석방을 위해 애써준 에드워드 케네디 미 상원의원에게 감사를 드린다"고 말했다. 워커 주한 미국대사는 케네디 의원은 김대중 석방과는 전혀 무관했다면서 "그런 케네디를 들

---

109 고모다 마유미(2013), 2쪽.
110 오코노기 마사오, 「신냉전하의 한미일 체제: 일한 경제협력 교섭과 삼국전략협조의 형성」, 212쪽.

먹으며 감사를 표시한 김대중 씨에게 나는 애정을 느낄 수 없었다"[111]라고 비판했다.

김대중을 비판한 워커 대사

워커 대사는 회고록에서 김대중과 부인 이희호 여사 및 그의 지지자들의 정직하지 못한 언행을 가감 없이 폭로했다. 예를 들면 다음과 같은 내용이다.

'이희호 여사나 김 씨 지지자들은 나의 사무실에 찾아왔을 때 DJ(김대중)의 병세가 심각하며 즉각적인 치료가 필요하다고 수개월 동안 강조했었다. 그러나 서울대병원 의사들은 관절염을 제외하고는 어떠한 증상도 발견하지 못했다. 나는 김 씨의 육체적 상황이 정말로 심각하다는 간청을 받아들이면서 치료에 큰 관심을 기울였다. 그러나 DJ가 미국에 도착한 이후 병원에 입원했다거나 치료를 받았다는 보도는 전혀 없었다.

김 씨는 석방의 조건으로 정치에 관여하지 않겠다고 맹세했다. 그러나 그는 미국 도착 즉시 순회 연설과 전두환 정권 타도를 목표로 한 한국 교포의 지지 기반 구축에 나섰다. 그는 미국 전역에서 수많은 연설을 했다. 1983년 5월 샌프란시스코의 세계문제위원회(WAC) 연설에서 그는 박정희 씨와 전두환 씨의 독재를 비난했다.'[112]

누구보다 김대중을 열렬하게 지지했고, 그의 구명에 앞장섰던 사람이 헨리 스톡스 뉴욕타임스 도쿄지국장이다. 그랬던 스톡스가 세월이 흐르자 김대중에 대한 입장을 180도로 전환하게 된다. 스톡스는 2013년 12월, 도쿄

---

111 리처드 워커, 앞의 책, 44쪽.
112 리처드 워커, 앞의 책, 44쪽.

에서 『한 영국 기자가 본 연합군 전승(戰勝) 사관의 허망: 나의 역사관은 어떻게 변천했는가?(Fallacies in the Allied Nation's Historical Perception as Observed by a British Journalist)』라는 책을 출간했다. 이 책의 제4장이 '내가 만난 아시아의 지도자들'이다.

헨리 스톡스 기자의 김대중 비판

이 책에서 스톡스는 자신이 김대중과 30회 이상 단독으로 회견했을 정도로 그와 밀착된 언론인이었는데, 후에 보니 그는 오직 자신의 권력과 이익 추구만을 탐닉하는 카멜레온 같은 사기꾼이자 위선자였다고 비난했다. 전 경향신문 기자였으며 미국 로스앤젤레스에서 거주하는 양준용 씨가 번역한 이 책의 일부 내용을 소개한다.

'김대중이란 인물은 가짜(fake) 인물이었다. 진짜 인물(real person)과는 거리가 먼 사람이었다. 사기꾼(imposter)이었고 위선자(pretender)였다. 언제나 술수를 노리는 연기자였다. 사람들의 속마음을 교묘하게 이용해서 뒤에서 조종하는 데 몰두했다. 교활하기 짝이 없는 사람이었다. 나도 그의 연기에 놀아난 한 사람이었다. 수많은 한국인들도 그에게 속아 넘어갔다. 김대중 씨의 대단한 능력은 이같은 그의 술수가 오랫동안 발각되지 않은 채 계속되었다는 점이다. (중략)

김대중 씨가 저지른 최대의 범죄행위는 민주주의의 대의(大義)를 그의 속임수의 소재로 이용했다는 것이다. '광주 사건'이야말로 김대중 씨의 기만행위를 그대로 드러낸 사건이었다. 1980년 5월, 김대중 씨는 신군부의 정점에 있던 전두환 세력에 의해 체포되었다. 광주에서 소란 사태가 발생하자 김대중 씨는 그 배경을 누구보다도 잘 알고 있었다. 김대중 씨가 탐한 것은 권력이었다. 그는 항상 자신의 입장만을 생각했다. '광주사태'가 발생한 시기에 그가 가장 마음을 쏟은 것은 자신이었고 이 '광주사태'를 이용해서 자신이 권력을 장악하는 일이었다.

'광주 봉기'의 참모습은 '김대중 폭동'이었다. 광주 사건은 김대중 씨 자신이 민주화의 기수라는 가면을 쓰고 폭동을 사주해서 대통령이 되고자 했던 폭동이었다. 우리 저널리스트들도 그의 연출에 영락없이 속은 꼴이었다. 우리들은 꼭두각시(puppet)에 불과했다. 나의 처는 전업주부이지만 예리한 감각을 지니고 있었다. 당시에 그녀는 김대중 씨가 깔아놓은 연극에 놀아나지 않도록 주의하라고 나에게 계속 주의를 주었다. 지금 생각하면 '광주 봉기'는 그 발단부터 김대중 씨가 깔아놓은 연극이었다. (중략)

김대중 씨는 뼛속 깊은 곳까지 부패해 있었다. 한국의 서민들 사이에서 그가 대통령에 취임한 후 얼마 되지 않아 그의 본명은 김대중이 아니라 돈(금)을 너무 많이 사랑한다는 뜻의 '금대호(金大好)'로 불리어야 한다는 조크가 나돌기까지 했었다. 그는 물욕과 명예욕을 주체할 수 없었다. 말 그대로 사리사욕의 화신 그 자체였다. (중략)

나의 주변 인사 중의 한 사람은 오래전부터 "김대중은 신뢰할 수 없는 사람이다. 북조선의 포켓 속에 있는 사람이다. 그는 북한을 위해 헌신하는 것이지 한국을 위해 일하는 사람은 아니다"라고 말해왔다. 나는 "그런 바보 같은 소리가 어디 있어. 그는 한국의 민주화를 위해 노력해온 정치지도자이다. 크리스천이며 선량한 사람이다"라고 반론을 제기해왔다.

하지만 김대중에 대한 나의 당시의 진단은 과녁 밖으로 한참 빗나가버렸다. 그는 대통령에 당선되어 얼마 되지 않은 시기에 자신이 북한의 괴뢰임을 스스로 드러내었다. 나는 저널리스트로서 자신의 불민했음을 부끄럽게 여길 수밖에 없다. 정말 부끄럽고 죄송하다는 생각이다.'[113]

---

113 https://wuohyun.tistory.com/14954797, 검색일 2025년 3월 17일.

4

선진국 도약을 위한 산업구조 재편

한 사회가 성장 발전하기 위해서는 적절한 전략이 필요하다. 특히 저개발국이나 개발도상국은 저성장, 심각한 소득 불평등과 빈곤, 낮은 생산성, 높은 농업 의존도, 후진적 산업구조, 높은 소비 비중과 낮은 저축, 높은 인구 증가율과 실업률, 불완전한 고용, 기술의 후진성이 복합되어 있다.

학자들은 이런 상황에서 경제를 발전시키려면 무엇을 어떻게 해야 하는가를 고민하는 과정에서 균형성장 전략, 불균형 성장 전략 두 가지 방식으로 갈렸다. 균형성장 전략의 대표자는 넉시(Ragnar Wilhelm Nurkse), 로젠슈타인 로단(P. Rosenstein Rodan)이다. 이들은 한 나라에서 동원 가능한 자원을 여러 산업에 동시에 투자하여 각 산업을 고르게 발전시켜야 성장이 가능하다고 주장했다.

'선택과 집중' 발전 전략

이와는 반대되는 불균형 발전 이론의 대표자는 허슈만(Albert O. Hirschman)이다. 자본이 부족한 저개발국이 무슨 수로 동시에 여러 산업에 투자를 할 수 있겠는가. 따라서 저개발국이 부족한 재원으로 효과를 내려면 발전을 이끄는 선도 분야를 정하고, 그곳에 집중적으로 투자하여 발전의 기점으로 키우는 '선택과 집중' 방식이 필요하다는 방법론을 제기했다.

박정희 정부 시절 저개발국이었던 한국은 투자 재원은 한정되어 있는 반면, 투입해야 할 곳은 많으니 '선택과 집중'을 할 수밖에 없는 구조였다. 때문에 허슈만의 이론에 따라 정부가 유망한 분야를 선정하고, 그곳에 재원을 우선 투입하여 발전을 유인했다. 호남보다는 영남을, 농촌보다는 도시를, 중소기업보다는 대기업을, 경공업보다는 중화학공업 분야에 재원을 집중 투입한 것이 그 사례다. 이 전략 덕분에 경제가 빠르게 성장하여 저개발국에서 개도국으로의 진입에 성공했다.

하지만 18년에 걸친 불균형 성장 전략 추진 과정에서 지역 간, 산업 간, 도농(都農) 간, 계층 간 불균형 현상에 직면했다. 전보다 잘살게 된 것은 확실하지만, 상대적 빈곤감·박탈감이 심화되었다. 발전 과정에서 소외된 집단의 반발이 1979년 민주화 요구로 표출되기에 이른다.

이와 동시에 한국은 이란 회교 혁명의 소용돌이, 소련의 아프간 침공, 이란·이라크 전쟁으로 인한 신냉전의 전개라는 글로벌 리스크에 직면했다.

제2차 석유 위기로 인한 전 세계적인 불황이 닥치자 미국은 산유국으로 흘러간 달러 회수를 위해 금리를 21%까지 인상했다. 해외에서 막대한 외채를 도입하여 중화학공업화를 추진하던 한국은 국제금리 인상으로 결정타를 얻어맞았다. 선진국들이 긴축정책을 시행하자 한국 중화학공업 제품의 수출이 급감했다. 대부분의 중화학공업 분야는 가동률 저하, 매출 감소, 자금 부족, 부채 증가 현상에 직면했다. 이제 막 가동을 시작한 한국의 중화학공업은 국제경쟁력을 갖추기도 전에 심대한 타격을 입었다.

위기에 처한 중화학공업

박정희의 퇴장에 따른 정치적 격변에 이어 글로벌 경제 위기가 겹치면서 박정희의 근대화 성과인 중화학공업이 단숨에 붕괴될 수도 있는 위태로운 상황에 직면했다. 전두환이 대통령으로서 시급히 해결해야 할 과제는 전통적 우방인 미국·일본과의 관계 개선뿐만 아니라, 총체적 난국을 맞은 경제를 정상으로 회복하는 일이었다.

흔히 위기는 기회라고 말한다. 위기는 고통과 침체를 불러오지만, 변화의 기회를 제공하기 때문이다. 위기로 인해 기존의 방법론으로는 안 되니 자연스럽게 변화와 개혁이 불가피하다는 공감대를 형성한다. 게다가 위기가 닥치면 기득권 세력의 저항도 약해져 기득권 세력의 저항을 뚫고 개혁을 하기 위한 분위기 쇄신, 개혁의 동력을 얻을 수 있다.

전두환은 1980년의 심각한 경제 위기를 기회로 활용하기 위해 개혁의 칼을 빼 들었다. 박 대통령 말기부터 신현확 부총리와 강경식 경제기획원 기획차관보가 중심이 되어 중화학 투자조정의 시동이 걸렸다. 하지만 5·25 조치의 핵심이었던 4개사에서 2개사로 통합하기로 한 발전설비 통합작업은 지지부진했다. 이유는 5·25 투자조정이 안정화 시책을 바탕으로 업계의 자율적 합병과 전문화 유도 방식으로 진행됐기 때문이다. 5·25 투자조정이 정부가 주체가 되어 추진한 사업 외에는 답보상태를 면치 못하는 사이 1980년 국보위가 출범했다.

1973부터 1979년 사이, 중화학공업 분야에 투자한 자금은 20조 원이 넘었고, 공장 건설 자금은 거의 대부분 은행의 정책 금융이었다. 은행 돈 빌려 지었으니 생산 제품을 판매하여 이자라도 제때 갚아야 지속 성장이 가능했다. 문제는 글로벌 경제 위기였다. 공장 돌려 제품을 생산해도 팔리지 않으니 창원기계공단 입주 공장의 70%가 멈춰 섰고, 수입된 값비싼 공작기계들이 포장도 뜯기지 않은 채 야적장에 산처럼 쌓여 있었다. 현대자동차 근로자들은 일거리가 없어 편을 갈라 하루 종일 축구를 했다.[114] 자동

---

114 이장규a, 앞의 책, 39쪽.

차산업은 1979년 사상 최초로 생산량 20만 대를 돌파했으나, 1980년에는 12만 대로 급락했다.

그 결과 1980년 중화학공업 분야 가동률은 1차 금속만이 74.8%로 제조업 평균 71.8%를 웃돌았을 뿐, 기계 42.3%, 수송기기 44.0%, 전기기기 58.6%, 비철금속 62.0% 등 대부분 업종의 가동률이 극히 부진한 상황이었다.[115]

"한국중공업을 불태워라"

어려운 사정이 겹치면서 관련 분야 기업들은 수익은커녕 차입금 이자 상환도 어려워 매년 부채가 쌓여갔다. 은행 돈을 빌려 지은 공장이 망하면 은행도 부도가 나 걷잡을 수 없는 금융위기가 닥칠 형국이었다. 진퇴양난의 수렁에 빠진 대표적인 기업이었던 한국중공업이 처한 상황에 대해 전두환은 이렇게 회고했다.

"한국중공업은 하루에 이자만 1억 원이 나가고 있었다. 공장은 안 도는데 사람은 많고 유지비 등 해서 1년에 몇백 억 원이 나가는 거야. 그래서 남덕우 총리, 신병현 부총리, 서석준 상공 장관, 김재익 경제수석한테 불태우라고 했다. 1년에 수백억씩 나가는 돈 손비 처리하면 될 게 아니냐고, 장난이 아니고 진심으로 했어. 시간을 조금만 주시면 연구해보겠다고 해서 그러라고 했는데, 그런 것이 비일비재했어."[116]

---

115 김창근, 「유신 체제의 자본축적 메커니즘」, 배성인 외, 『유신을 말하다』, 나름북스, 2013, 107쪽.

116 김성익, 앞의 책, 282쪽.

중화학 투자조정 조치

일시	주요 내용
1979년 5월 25일	경제 안정화 조치의 일환으로 제1차 투자조정
1980년 8월 20일	제1차 투자조정 작업 지연에 따라 국보위 주관으로 발전설비, 자동차, 건설 중장비 부문 투자조정 단행
1980년 9월 13일	국보위 주관으로 중전기기, 디젤엔진, 전자교환기, 동제련 등 4개 부문 17개 업체에 대한 2차 조정방침 확정
1980년 9월 27일	기업 체질강화조치 발표
1980년 10월 7일	2차 조정방침에 의한 관련 업체의 자율 조정 실패로 직권조정 단행
1981년 11월	비료공업 합리화 방안
1982년 12월	해운산업 산업합리화 계획
1986년 1월	공업발전법에 의한 산업합리화 계획
1987년 9월	발전설비제조업의 산업합리화 기준
1988년 12월	석탄산업 합리화 방안
1989년 8월	조선산업 합리화 계획

출처: 행정안전부국가기록원

(https://www.archives.go.kr/next/newsearch/listSubjectDescription.do?id=001645&pageFlag= &sitePage=)

국보위가 출범하면서 중화학공업 투자조정의 주체는 경제기획원에서 국보위 상공분과위원회로 넘어갔다. 국보위는 중화학공업 실태를 면밀히 검토한 후 "과잉투자, 비능률, 수준 이하의 생산성 등이 겹쳐 경제 전체를 심각히 위협하고 있다"라는 결론을 내렸다.[117] 당시 기업의 평균 부채와 자산 비율이 4대 1로, 지극히 위험한 수준에 이르고 있었다.

국보위의 중화학공업 투자조정

결국 과잉 중복투자와 제2차 석유 위기에 따른 극심한 불황으로 빈사 상태에 빠진 중화학공업 부문에 대한 전면적인 수술을 위한 작업에 돌입

---

117 김충남, 앞의 책, 336쪽.

했다. 이것이 1980년 8월 20일 시행된 제2차 중화학공업 투자조정이다. 이 작업은 금진호 국보위 상공자원분과위원장 주도하에 신병현 상공부 장관이 참여했고, 실무 작업은 재무부에서 국보위로 파견된 박판제 국고국장 주도하에 진행되었다.

중화학 투자조정은 기업 간의 이해관계가 첨예하게 얽혀 있어 업계의 자율 조정은 기대하기 어려웠다. 결국 국보위의 투자조정은 시장경제 원칙이 아니라, 정부가 주체가 되어 추진할 수밖에 없었다. 국보위는 추진력이 강하고 박력이 넘쳤지만 존속 기간이 너무 짧았고, 방법이 급진적이라는 문제를 안고 있었다.

2차 중화학공업 투자조정은 발전설비와 자동차 분야가 주된 대상이었다. 국보위는 발전설비와 건설 중장비, 자동차를 일원화하기로 하고 현대와 대우에게 선택권을 주기로 방침을 정했다.[118] 그 결과 대우는 발전설비와 건설 중장비 분야를, 자동차는 현대자동차로 일원화한다는 계획이 수립됐다. 기아산업은 승용차 생산을 중단하고 1톤 이상 5톤 이하 트럭과 중소형 버스 생산 전문 업체로 육성한다는 내용도 담겨 있었다.

하지만 기업 수 축소라는 필요성의 공감에도 불구하고 왜 꼭 일원화이어야 하고, 또 현대와 대우그룹이 통합 주체가 되어야 하는지에 대한 이유는 명확하지 않았다.[119] 국보위가 만든 투자조정 안에 대해 정주영 회장은 "해당 기업의 기술력과 기업 구조, 경영 능력의 차이를 완전히 무시한 바보 같은 조정안"이라고 비판했다. 승용차와 발전설비를 핵심 주력사업으로 키우고 있던 현대그룹 입장에서는 절대 받아들일 수 없는 내용이었으며, 시

---

118 매일경제, 「다큐멘터리 재계 50년(33)-중화학 투자조정」, 1995년 11월 22일.

119 박영구, 「1980년 중화학공업 조정에 대한 경제사적 평가」, 『외대논총』 제14집, 부산외국어대학교, 1996, 551쪽.

행 방법도 위협적이고 모욕적인 강요였다는 것이다.[120]

정주영 회장이 우려했던 대로 승용차 구조조정 계획은 6개월 만에 난관에 부딪혔다. 새한자동차의 합작 파트너인 미국 GM이 걸림돌이었다. GM은 현대 측에 현대와 새한의 합병으로 통합되는 회사의 지분 50%를 요구했고, 현대는 25%를 주장하여 협상이 결렬되었다. 결국 승용차·버스·8톤이상 트럭 등은 현대와 새한의 경쟁 체제로 환원하고, 기아는 1~5톤 트럭을, 동아는 특장차만을 생산하는 것으로 1981년 2월 28일 마무리했다.[121]

자동차산업 포기 결정한 김재익

제2차 석유 위기의 와중에 한국의 자동차산업은 존폐 위기에 처했다. 기계공업 연륜이 워낙 짧은 데다가 비좁은 내수시장의 한계, 선진국 메이커와 비교할 때 너무나 뒤떨어진 기술력 덕분에 국제경쟁력 확보가 쉽지 않았기 때문이다. 1980년 초 우리 정부는 세계은행으로부터 외채 원리금 상환을 위한 산업구조조정 자금 2억 달러를 차입했다. 이때 세계은행은 차입 조건으로 우리 정부가 자동차산업에 정책적 지원을 하지 말아야 한다는 조건을 붙였다.

당시 국보위의 산업·경제·과학 분야를 총괄하고 있던 김재익을 비롯하여 국보위에 참여한 자유주의 경제학자들은 비교우위론의 화신이었다. 이들은 "자동차산업은 내수시장이 작은 한국에 맞지 않으므로 외국의 큰 회사에 넘겨야 한다"는 논리를 주장했다. 정부 차원에서는 현대자동차를 사실상 미국 GM에 넘기기로 최종 결정했다. 하지만 청와대의 허화평 비서관의 이의제기로 인해 간신히 살아났다. 하마터면 오늘의 현대차가 국보위

---

120 정주영, 앞의 책, 255쪽.
121 이만희, 『EPB는 기적을 낳았는가: 한국 산업정책의 이상과 현실』, 해돋이, 1993, 268~269쪽.

로 인해 없어질 뻔했다.[122]

이때 정주영 회장이 완강히 버티는 데다, 한시적 일정에 쫓기는 국보위가 결정할 문제가 아니라는 판단으로 결정이 유보되었다. 전두환 대통령은 정주영·정세영 형제의 뚝심과 고집이 오늘의 한국 자동차산업을 존재하게 만든 힘이라고 말했다.[123]

반면에 현대의 발전설비와 건설 중장비 부분은 대우그룹에 넘어갔다. 하지만 이 사업을 감당하기 힘들었던 대우가 한 달 만에 손을 떼면서 난항을 겪자 정부는 한전과 산업은행, 외환은행을 주주로 공사화하여 상호를 한국중공업으로 바꾸었다. 자금 조달은 1980년 말까지 정부가 1천억 원, 산업은행 450억 원, 외환은행이 650억 원을 출자하고, 1981년 정부가 다시 1천억 원, 산업은행이 500억 원을 추가 출자하여 총 3,600억 원을 직접 투자하기로 했다.[124] 한국중공업은 후에 두산중공업으로 민영화했다.

자동차산업 살려낸 전두환 대통령

이후 누구보다 자동차산업 발전에 대한 강력한 의지를 가진 주인공은 전두환 대통령이었다. 그는 대구공고 기계과 출신이었다. 따라서 자동차산업이 기계공업의 꽃이며, 전후방 연관 산업의 범위가 넓어 이 분야를 잘 키우면 한국의 공업 전반에 지대한 도약의 전기를 마련할 수 있다는 확고한 신념을 가지고 있었다. 그는 자동차를 수출 전략 품목으로 육성하기 위해 규제 완화와 수요 창출 등 간접적 지원을 아끼지 않았다.

전두환 대통령은 1983년 초 새해 업무보고를 받는 자리에서 공무원들

---

122 이장규a, 앞의 책, 41쪽.
123 전두환 회고록(2), 앞의 책, 198쪽.
124 한국중공업주식회사, 『한중발전사』, 한국중공업, 1995, 275~276쪽.

에게 운전 기능을 생활화할 것을 지시했다. 경찰은 누구나 운전면허를 취득해야 하며, 경찰대 교육과정에서 운전 교습이 포함된 것도 전 대통령의 의지 덕분이었다.

당시엔 관료주의가 기승을 부리던 시절이어서 정부 고위 공무원의 자가운전은 낯선 풍경이었다. 5공 정부는 관료주의의 벽을 허물고, 자동차산업 활성화를 위해 고위 공직자의 자가운전 제도 확대에 나섰다.

이 무렵 정부 부처 국장급 이상 공무원에게는 업무용 관용차와 운전기사가 배치되었다. 고급 공무원의 관용차 1대에 들어가는 비용은 매달 70만 원 정도였다. 전두환 정부는 국장급 이상 고급 공무원이 자가운전을 하면 매달 30만 원의 교통비를 지원했다. 공직자 승용차 자가운전제가 시행되면서 해당 공무원 1인당 40만 원 정도의 정부 예산을 절감할 수 있게 되었다.[125]

권위주의 체질이 지배하던 사회에서 고급 관료가 직접 핸들을 잡고 운전하는 모습이 퍼져나가면서 사회 전반에 자가운전 붐이 일었다. 이때부터 마이카 붐이 일어나 국산 자동차 내수기반 확대로 이어졌다. 이 제도 시행으로 정부 부처를 중심으로 승용차 수요가 2배가량 증가했다.

제2차 석유 위기의 파도를 간신히 넘기며 기사회생한 현대자동차는 1982년 소형 승용차 포니2에 이어 1984년에는 엑셀이 미국 시장에 진출했다. 포니2와 엑셀은 1986년부터 3년 연속 미국에서 베스트 판매 차량에 선정되었다. 덕분에 자동차는 한국의 3대 수출 품목의 하나로 급성장하게 된다.

전두환 대통령이 취임한 후인 1980년 10월 7일에는 제3차 중화학공업 투자조정이 단행되었다. 이때 동(銅) 제련 부문은 한국광업제련이 온산동제련을 흡수 합병하여 일원화했다. 디젤엔진은 3원화 유지, 전자교환기는

---

125 정홍식, 『한국 IT정책 20년-천달러 시대에서 만달러 시대로』, 전자신문사, 2007, 38쪽.

4원화했다. 6개 업체가 난립해 있던 중전기 부문은 초고압 변압기는 효성중공업으로 일원화했고, 현대중전기는 수출용과 자가용만 생산토록 하는 등 기업별로 전문화했다. 이로써 4개 분야의 17개 관련 기업에 대한 정리가 마무리되었다.

국보위 투자조정의 문제점

중화학 투자조정은 개별 기업의 사활이 걸려 있는 문제여서 업계 자율조정으로 해결을 기대하기 어려웠다. 결국 최단 시간 내에 확실한 조정 결과를 얻기 위해 정부가 직접 개입하여 기업의 생산 제품을 조정하고, 시장을 확보해주는 방식으로 투자조정을 진행했다. 정부가 직접 시장을 구획해서 다른 기업의 경쟁을 배제시킨 것이다.

더 심각한 문제는 자본주의 시장경제 사회에서 사유재산의 처분을 국가가 강제하는 방식으로 진행되었다는 점이다. 이와 관련하여 김동노 연세대 사회학과 교수는 "민간의 경제활동에 국가가 개입하여 각 기업의 투자 방향을 임의적, 강제적으로 결정하는 방식인 만큼 자본주의 시장경제 원리로는 도저히 설명될 수 없는 국가에 의한 경제 개입의 극단적 표현"[126]이라고 비판했다.

정부 부처 관계자들과 기업 인사들은 군부 실세들을 설득해 자기들의 주장을 반영하고자 했다. 국보위의 동명목재 해체, 중화학 투자조정 등은 권력이 경제에 직접 관여한 조치였다.[127] 그 결과 기업의 사활이 시장에서 결정되는 것이 아니라 정부 관료가 결정하게 되는 문제를 야기했다.

예를 들면 국보위의 8·20 조치 덕분에 기아는 승용차 생산은 포기하고

---

126 김동노, 「국가의 정당성 결여와 생활 세계의 왜곡」, 『현상과 인식』 21권 1호, 1997, 86쪽.
127 강경식, 앞의 책, 452쪽.

5톤 미만의 소형 상용차를 전문 생산키로 했다. 5톤 이상의 버스·트럭은 자유 경쟁체제가 되었다. 이 조치로 인해 존폐 위기에 몰린 기아는 사력을 다해 다인승 다목적 차량인 봉고를 개발하여 선풍적 인기를 끌었다. 봉고 신화 덕분에 기아는 자동차 메이커로 기사회생했다. 국보위의 8·20 투자 조정 조치 덕분에 봉고 신화가 탄생한 것이다.

1980년 당시 자동차·엔진·중전기·발전설비·전자교환기 생산업체는 거의 모두 적자에 허덕였다. 정부 주도에 의한 세 차례 중화학공업 투자조정과 후속 조치 시행 과정에서 우여곡절이 많았지만 나름대로 성과도 거두었다. 8·20 조치로 중화학공업 분야에 대한 추가 투자를 중지시켰고, 기업들의 경영 합리화와 전문 생산 체제 확립으로 인한 신제품 개발 노력 강화 등으로 경영 개선 효과를 거두었다. 또 투자 재원의 균형 있는 배분의 계기를 마련하는 데 성공했다.

그 결과 1980년 30% 선에 머물렀던 가동률이 1985년엔 평균 70% 선을 회복했고, 1984년 말엔 대부분의 중화학공업 분야 기업들이 흑자로 전환되었다. 반면에 기업의 대형화·독점화로 인해 대기업에 경제력이 집중되는 현상이 발생했다. 과잉설비 및 폐기 설비의 처리가 지연되었고, 재무구조 개선 효과 미진 등 부작용도 노출되었다.

전두환, 중소기업 육성 노력

전두환 대통령은 중소기업이 산업의 밑바탕을 이루고 있고, 고용 흡수력이 커서 균형 분배의 촉매제 기능을 하는 존재로 보았다. 또 소량 다품종 생산 체제에 적합하며, 지역사회의 균형발전을 촉진하는 역할을 한다고 보았다.[128]

---

128 전두환 회고록(2), 앞의 책, 145쪽.

그는 우리나라 경제가 잘되려면 중소기업과 중견기업의 수출 비중이 전체 수출액의 60%는 되어야 한다고 보았다. 그래야 대기업과 중소기업이 동반 성장하면서 나라의 산업구조 전반도 건전해지고 안정을 이룰 수 있다고 믿었다.

전 대통령은 1982년부터 1991년까지 10년간 '중소기업진흥 장기 10개년 계획'의 수립을 지시했다. 또 중소기업 보호 육성을 제도적으로 뒷받침하기 위해 1982년 10월 '유망 중소기업 발굴 육성계획'을 확정했다. 12월에는 중소기업기본법 등 5개 중소기업 관련법을 전면 개정하라고 지시했다. 1983년 초부터 '중소기업 성공사례 발표회'를 직접 주재하며 관계자들을 격려했다. 1980년대 초 중소기업의 고유업종은 성냥 등 23개에 불과했으나, 그 뒤 타월, 가방 등 100여 개 업종으로 확대되었다.[129]

전두환은 은행의 신규 융자 가운데 35%는 중소기업에 할당하도록 권장했다. 1985년부터는 중소기업이나 중소기업의 범위를 초과하는 업체 가운데 1천만 달러대의 수출이 가능한 기업을 중견 수출기업으로 선정하여 1985년부터 3년간 1천 개를 발굴, 유망 중소기업에 대한 것과 같은 지원을 하도록 했다. 또 근로환경이 대기업에 비해 상대적으로 열악한 중소기업 근로자들의 건강 보호와 재해예방을 위해 1986년부터 중소기업에 대한 재해예방시설 자금 융자를 늘리고, 산업재해보상보험의 적용 범위를 영세 사업장까지 확대해나가도록 했다.[130]

1981년에는 '중소기업제품 판매촉진법'을 제정하여 정부 및 공공기관이 매년 중소기업, 특히 지방 소재 중소기업 제품 구매를 확대하도록 했다. 이에 따라 1986년 한해에만도 4조 3천억 원어치의 중소기업 제품을 정부 등

---

129 전두환 회고록(2), 앞의 책, 146쪽.
130 전두환 회고록(2), 앞의 책, 146~147쪽.

공공기관에서 구매했다.[131]

해외 건설 구조조정

중화학 분야에 대한 구조조정이 자리를 잡아가자 5공 정부는 건설과 해운산업 구조조정에 나섰다. 1974년의 제1차 석유 위기는 비산유국에게는 재앙이었지만, 중동 산유국들은 10년에 걸친 장기 호황의 시작이었다. 이들은 막대한 오일 머니를 기반으로 도로, 항만 등 사회간접자본(SOC) 건설에 나섰다. 이러한 중동 건설 붐의 기회를 잡은 나라가 한국이었다.

한국 건설 기업의 중동 진출 효시는 삼환기업이었다. 삼환기업은 1973년 사우디아라비아의 알울라-카이바를 잇는 164km의 고속도로 공사를 수주하면서 '중동 진출 1호 기업'이라는 타이틀을 얻었다. 뒤를 이어 현대건설, 대림산업, 삼성물산, 동아건설, 대우건설 등 주요 건설사들이 중동에 진출하여 글로벌 기업으로 성장할 수 있었다.

동아건설의 리비아 대수로 공사, 현대건설의 사우디아라비아 주베일 산업항 공사, 대우건설의 리비아 건설 공사 등 한국은 중동에서 1985년까지 700억 달러의 공사를 수주했다. 이는 1981년부터 1984년까지 석유 수입 대금의 36%에 해당하는 금액이었다. 현대건설의 주베일 산업항 공사 계약금액이 9억 4천만 달러였는데, 이 금액은 당시 우리나라 정부 1년 예산의 25%에 해당하는 거액이었다.[132]

해외건설협회의 해외 취업 건설 노동자 수 통계에 의하면 1978년 8만 4천여 명부터 시작하여 1982년에는 17만 1천여 명까지 늘었다. 매년 해외 취업 건설 노동자 가운데 93~98%가 중동으로 파견되었다.

---

131 전두환 회고록(2), 앞의 책, 147쪽.
132 「중동 건설 붐」, 파이낸셜 리뷰, 2025년 4월 28일.

문제는 해외 건설업체들이 우후죽순 격으로 난립하여 중동에 83개 사, 특히 사우디아라비아 한 나라에만 69개 회사가 진출해 있었다는 점이다. 이들은 한정된 시장을 놓고 한국 업체끼리 과당 경쟁을 벌였다. 이 와중에 1980년대 초부터 국제유가가 폭락하면서 중동 산유국들은 대규모 인프라 건설 프로젝트를 취소 혹은 축소했다. 또 1980년 발발한 이란-이라크 전쟁으로 정치적 불안정이 높아지면서 중동 건설 붐이 시들해졌다.

중동에서 활동하던 국내 건설기업들은 1980년대 초 대부분 파산 위기에 처했다. 부도 처리한 신승기업에 대한 은행의 지급보증 규모가 1천억 원을 넘었다. 주거래은행이었던 제일은행(현 스탠다드차터드 은행)은 당시 자본금이 500억 원에 불과했는데, 일개 건설회사에 물린 돈이 그 배가 되었다.[133] 해외 건설업체의 경우 한 회사가 무너지면 연쇄도산 우려가 있으며, 지급 보증한 은행도 부도 가능성이 우려되었다.

해운산업도 구조조정

부실 위기에 처한 해운산업도 심각성이 건설회사 못지않았다. 1970년대 수출이 크게 늘면서 해운 물동량이 급증했다. 박정희 대통령은 우리 수출품을 한국 해운회사가 운송토록 하기 위해 자국선 적취율(수출입 화물 중 국적 선박이 운송하는 화물의 비율)을 높이라고 지시했다. 이 지시로 해운업체들은 경쟁적으로 차관을 도입하여 선박을 구입했다.

해운 입국을 내세워 발족한 해운항만청은 안보적 관점에서 무리한 해운진흥계획을 수립하여 추진했다. 해운회사별 선복량(船腹量) 증강 목표까지 할당하며 7년 사이에 한국산업은행 자금으로 중고선을 대량 매입하여 1983년에 70개 사, 선복량 680만 톤으로 2배 넘게 늘었다. 그 결과 한국

---

133 이장규a, 앞의 책, 164쪽.

은 세계 13위의 해운 대국으로 부상했다. 미국, 일본 등 해운 선진국들이 에너지를 3분의 1로 줄이는 경제선을 중심으로 구조조정을 할 때 한국은 너도나도 정부가 주선한 돈으로 다른 나라에서 폐기 처분하려는 중고 노후선을 사들인 회사들이 많았다.[134]

이 와중에 제2차 석유 위기로 수출입 물동량이 급감한 데다, 유가 폭등, 국제 차관 이자율이 급등하면서 해운사들이 직격탄을 맞았다. 운임 수입은 줄어드는 와중에 과당경쟁과 유가 상승으로 매년 1,000억 원이 넘는 적자가 누적되었다. 에너지 다소비형 노후선이 많아 유가 상승의 충격은 더욱 컸다.

국내 해운회사의 대내외 총채무는 3조 원 정도, 원리금 상환액은 매년 4,000억 원에 달하는 것으로 추정되었다. 이대로 놔두면 해운산업 전체가 붕괴할 위험이 제기되자 전두환 정부는 건설산업에 이어 해운산업에 대한 '합리화 계획'을 추진했다.

당시 해운산업 합리화 계획을 추진한 강만수 재무부 이재 1과장의 증언에 의하면 일본도 우리와 비슷한 해운회사에, 선복량 700만 톤이 되었을 때 과당경쟁으로 도산 위기에 처하게 되었다고 한다. 이때 노선별로 6개 그룹으로 합리화 계획을 추진했는데, 이것을 참고로 한국도 원양 노선을 6개 정도로 상정하여 계획을 수립했다.[135]

주요 내용은 벌크선의 경우 대형사는 130만 톤, 중소형사는 50만 톤을 기준으로 통합하고, 컨테이너선은 대형사는 100만 톤, 소형사는 30만 톤을 기준으로 통합하며, 근해 노선은 일본 노선과 동남아 노선으로 구분하여 정기 해운회사와 부정기 해운회사로 합병키로 했다.

---

134 강만수, 앞의 책, 192~194쪽.
135 강만수, 앞의 책, 193쪽.

합리화 대상 68개 사 중 53개 사가 참여하여 원양 노선 8개 그룹, 일본 노선 3개 그룹, 동남아 노선 4개 그룹, 특수선 1개 그룹의 총 16개 그룹으로 합리화 계획을 제출받고, 이들 그룹에 대해 3년간 부채 상환을 유예하기로 했다.[136] 1차 해운산업 합리화 계획 이후에도 세계적인 초과 선복량이 해결되지 않아 적자와 부채는 더 늘어났다. 1985년과 1987년 두 차례 추가 지원을 했지만 끝내 해결되지 않았다.

결국 1987년 4월 19일, 국내 최대 해운회사였던 범양상선 박건석 회장이 자살하는 사태가 벌어졌다. 해운산업은 무모한 정부와 무책임한 경영인이 과도한 차입경영으로 빚어낸 부실 산업의 전형이었다.

전두환 대통령은 1985년 5월부터 1988년 2월까지 부실기업 처리를 위한 산업정책심의회를 설치하고 김만제 재무장관을 책임자로 임명했다. 그리고 5차례에 걸쳐 78개의 부실기업 정리를 단행했다. 이 과정에서 건설회사는 3분의 1로 통폐합되었고, 해운사는 67개에서 17개로 줄였다. 이 과정에서 이해관계가 얽힌 기업들은 크게 저항하거나 불만을 제기했다.

국제그룹 해체의 진실

전두환 정부의 부실기업 정리 과정에서 가장 강력하게 저항한 기업은 21개 계열사를 거느려 한때 재계 순위 7위에 올랐던 국제그룹이었다. 양정모 국제그룹 회장은 자신이 5공 정부에 정치자금을 제공하지 않은 괘씸죄 덕분에 정치적으로 타살되었다고 주장했다. 그런데 전문가들은 당시 국제그룹의 경영 실태를 고려할 때 양정모 회장의 주장은 신빙성이 그다지 높지 않다고 보았다.

국제그룹은 1980년대 초, 무리한 사업 확장과 계열사인 연합철강 창업

---

136 강만수, 앞의 책, 194쪽.

주인 권철현과의 경영권 분쟁 등으로 유동성이 크게 모자라 주거래은행인 제일은행으로부터 여러 차례 구제 금융을 받았다. 부채 비율이 964%, 단자회사 빚이 5,500억 원에 달했다. 특히 변형된 신종 사채인 완매채(일정 기간 후에 일정한 이율로 되사거나 파는 조건으로 이루어지는 조건부 채권 매매)라는 것으로 조달한 부채가 800억 원에 이르렀는데, 그런 자금 사정 속에서 용산에 신사옥을 지어 올렸다. 재무부가 편법 사채를 단속하면서 국제그룹의 자금난은 빠르게 악화되어갔다.[137]

이와 관련하여 당시 국제그룹의 주거래은행인 제일은행장이었던 이필선은 다음과 같이 말했다.

"국제그룹이 해체되기 전 4개월 동안 지원했던 구제 금융만도 2천억 원이 넘었다. 그룹의 경영이 방만했을 뿐 아니라, 전반적인 경기 전망도 어두웠고, 국제그룹에 무한정 돈을 대주기도 어려운 상황이었다. 매일매일 돌아오는 어음이 수백억 원씩이었다. 양 씨는 '설마 재벌을 망하게 하랴' 하는 생각을 갖고 있는 듯했다. 정치적 입김 얘기는 말도 안 된다."[138]

국제그룹 해체와 관련하여 김만제 재무부 장관도 양정모 회장을 다음과 같이 적나라하게 비판했다.

"그룹을 부실하게 해놓고 경영을 잘해서 이를 풀려고 하기보다 청와대와 고위층 주위를 들쑤셔서 해결하려 했다. 주거래은행이나 재무부에 한마디 안 한 것은 물론이다. 은행이나 당국을 우습게 봤거나, 사태 자체를 안일하게 생각하고 있었던 것 같다. 경영은 부실한데 족벌 경영으로 일관하고 있었다. 해결책으로 군 출신 인사를 동원할 생각도 했다. 결국에는 국제상사 사장을 지낸 손상모 씨에게 국제의 수습을 부탁했다. 그는 당시 미

---

137 이장규a, 앞의 책, 178쪽.
138 이종재, 『재벌이력서』, 한국일보사, 1993, 314쪽.

국 하버드 유학까지 마친 사람이었다. 부탁을 받은 손 씨는 양 회장에게
가서 정부가 내놓은 수습 방안을 설명했다고 한다. 그러나 양 회장은 '영감
이나 사위를 모두 아는데 나로서는 그렇게 할 수 없다'고 말했다. 결국 손
씨를 통해 전달한 수습 방안이 국제 해체의 시그널이 되었다."[139]

5공 정부 부실기업 정리의 성과

1988년 4월 양정모 회장은 서울민사지방법원(현 서울중앙지방법원 민사
부)에 국제그룹 해체는 정치적 동기에서 이루어졌다는 이유로 주식 반환
청구소송을 제기했고, 1989년에는 그룹 해체에 관해 헌법재판소에 헌법소
원을 냈다. 1993년 7월 29일 헌법재판소는 "전두환 정부가 국제그룹 해체
를 지시한 행위는 기업 활동의 자유를 침해한 것으로 위헌 판결한다"라며
양정모 국제그룹 회장의 손을 들어줬다.

하지만 주식 반환 청구소송은 "정부가 기업 활동의 자유를 침해한 것
은 사실이나, 이로 인해 개인 간 계약까지 무효가 될 수는 없다"는 논리로
패소했다.

한강의 기적 뒤에는 이러한 부실기업들의 시체가 산처럼 쌓여 있었다.
부실기업 정리 과정에서 고질적인 문제가 된 것은 이들이 안고 있는 부채
였다. 부실기업들이 안고 있는 부채 총 규모는 6조 8천억 원이 넘었다. 대
출 원리금 상환 유예액은 4조 2천억 원, 조세 감면액은 총 2조 1천억 원에
달했다.

부실기업을 제3자에게 인수시키는 과정에서 대출 원리금의 상환 유예
나 이자 감면으로도 정리가 곤란한 업체에 대해서는 10년 거치, 10년 분할
상환의 특별 장기저리 융자로 총 4,608억 원이 대출되었다. 이러한 종잣돈

---

139 이종재, 앞의 책, 313쪽.

에 대한 특혜시비가 있자 은행 대출금을 대손 처리하여 원금을 탕감시켜 주는 편법을 썼는데, 그 규모가 9,863억 원이나 되었다.

이러한 부실기업 처리 과정에서 은행의 부실채권과 대손 처리로 인한 은행 부실 가능성이 부각되자 한국은행 금융을 통해 지원했는데, 그 규모가 1조 7,200억 원에 달했다.[140]

결국 누적된 부실채권을 은행에 떠넘기는 바람에 은행이 부실화되었고, 이것이 결국 1997년 외환위기로 이어졌다는 것이 강만수의 지적이다.[141]

숱한 문제에도 불구하고 5공 정부가 추진한 부실기업 정리는 국가경쟁력 강화에 기여한 것이 부인할 수 없는 사실이다. 1980년 제2차 석유 위기의 심화로 세계 경제가 혼란에 빠지면서 한국 경제는 건국 이후 최악의 상황에 직면했다. 하지만 전두환 대통령을 중심으로 한 5공 출범으로 확고한 리더십이 회복되면서 한국은 위기에서 빠르게 탈출하는 데 성공했다.

1982년 전 세계 대부분의 국가들이 제로 성장, 혹은 마이너스 성장을 기록할 때 한국은 실질성장률 5.3%를 기록했다. 1983년에는 무려 9.5% 성장하여 세계인들의 주목을 받았다. 1986년엔 저축률이 사상 처음으로 GNP의 30%를 넘는 32% 수준에 도달함으로써 국내에서 필요로 하는 투자수요를 국내 저축으로 전액 충당이 가능한 자력 성장 경제를 실현하게 되었다.[142]

30%가 넘는 고도 투자를 해도 자력 성장을 한 것은 역사상 처음이었다. 드디어 한국은 돈이 부족한 경제에서 탈피하여 돈이 남아도는 경제가 되었다. 투자 소요보다 저축을 더 많이 하는 경제, 외화 지출보다 수출 등

---

140 이혜영 편, 『1980년대 혁명의 시대』, 새로운 세상, 1999, 198쪽.

141 강만수, 앞의 책, 191~195쪽.

142 전두환 회고록(2), 앞의 책, 77쪽.

을 통해 외화 수입이 더 많은 발전단계에 이른 것이다.[143]

플라자 합의로 한국 기업 날개를 달다

물가 안정 기조가 확실히 정착되자 전두환 정부는 적극적인 경제성장 정책, 수출 정책을 추진하기 시작했다. 이를 위해 환율을 인상하고, 기업의 설비투자 촉진을 위한 각종 제도를 시행했다.

중화학공업 구조조정이 성과를 내기 시작하던 1985년 9월 22일 미국 뉴욕에서 플라자 합의가 발표되었다. 이 조치 덕분에 유가 하락, 국제금리 하락, 환율(달러 값) 하락으로 인한 3저 현상이 정착되면서 한국 경제는 도약의 날개를 달게 된다. 수출품의 절반 이상이 일본과 경합 중이었던 한국에게 있어 엔고(円高) 상황은 축복에 가까운 것이었다.[144]

1986년부터 1988년 사이, 한국 경제는 매년 12%씩 성장했고, 같은 기간 경상수지는 286억 달러의 흑자를 기록했다. 5공화국 후반기 한국은 건국 이래 최대의 호황을 구가하게 된다. 전두환 대통령 재임 7년간 국민총생산은 2배로 늘었고, 물가는 3~5%로 안정되었다. 해방 직후부터 인플레이션의 악령에 시달렸던 나라, 외채 망국론의 나라가 흑자 경제구조가 정착되고 인플레이션을 진정시킨 모범적인 국가로 환골탈태한 것이다.

플라자 합의로 인한 엔고-저달러 상황은 10년 계속되었다. 한때 달러당 200엔 수준이었던 엔-달러 환율은 1995년 무렵에는 달러당 80엔 수준까지 나아갔고, 이러한 달러 초약세 상황으로 인해 미국에서 달러가 지속적으로 탈출하여 월가의 금융자본에 큰 타격을 주었다.[145]

---

143 강경식, 앞의 책, 462쪽.
144 정규재·김성택, 『이 사람들 정말 큰일 내겠군』, 한국경제신문사, 1998, 284쪽.
145 이병천, 「개발국가론 딛고 넘어서기」, 『경제와 사회』, 2003년 봄호, 2001, 64쪽.

한국은 1980년부터 1990년까지 10년 동안 연평균 8.9%의 고도성장을 실현했다. 같은 기간 중 1인당 GDP가 한국보다 높았던 22개국을 추월했고, 그 결과 한국은 개발도상국에서 상위 중진국으로의 도약에 성공했다. 게다가 건국 이래 인플레이션 악령에 시달려왔던 한국에서 역사상 최초로 물가가 한 자릿수로 안정되었고, 실업률도 대폭 낮아져 완전고용을 실현했다. 정부 지출도 억제하여 GNP 대비 국가 부채율도 크게 낮아졌다.

1965년 서울에 개설했던 IMF 상주대표사무소가 22년 만인 1987년 7월 철수했다. 이것은 한국이 외채 문제에서 벗어났음을 보여주는 상징적 사건이었다.[146] 1987년 6월 미국, 일본, 독일 등 세계의 채권국과 브라질, 아르헨티나, 멕시코 등 채무국이 한자리에 모인 세계외채대회(World Dwbt Congress)가 열렸다.

당시는 남미의 외채 상환 문제가 가장 큰 국제금융의 이슈였다. 남미는 한국이 외채를 너무 잘 상환하여 미국, 일본과의 외채조정협상이 어렵다고 불평했다. 남미 대표는 세계에서 유일하게 외채를 1달러도 떼어먹지 않은 나라는 한국이라고 말했다.[147]

5공 경제 성과는 3저 덕분이라고 평가절하

전두환의 제5공화국 시절 한국은 1986·1987년 2년 연속 세계 최고의 성장률을 보였고, 1986년엔 사상 처음으로 두 자리수(42억 달러) 국제수지 흑자를 기록했다. 1987년엔 국제수지 흑자가 무려 100억 달러에 이르러 외채 망국론은 증발했다. 전두환은 한마디로 성장, 물가, 국제수지라는 소위 세 마리 토끼를 잡았다. 한국 경제에서 불가능한 것으로 치부됐던 꿈을 실

146 사공일,『세계속의 한국경제』, 김영사, 1993, 177쪽.
147 강만수, 앞의 책, 312~313쪽.

현해보인 것이다.[148]

이렇게 되자 전두환 대통령의 경제 성과는 "플라자 합의로 인한 3저 효과의 후광 덕분"이라는 주장이 제기되기 시작했다. 전두환이 주도한 5공의 경제 성적에 대한 경제학자들의 평가는 지극히 부정적이다. 서울대 총장과 국무총리를 역임하고 경제학자 조순의 제자로서 케인지언으로 분류되는 정운찬이 그 대표격이다.

정운찬은 5공 시대의 거시 지표는 호전되었지만 근시안적인 밀어붙이기식 정책을 부추겨 한국 경제의 자생적 성장 능력이 잠식되어 눈앞의 토끼만을 쫓다가 정작 가야 할 길을 잃어버린 미아와도 같은 형상으로 비유했다.

정운찬은 제5공화국이 국제수지 흑자구조 전환, 경이적인 성장률 기록, 장기적인 물가 안정을 이룩한 것은 그 자체로서는 높이 평가한다. 하지만 이러한 성과가 경제의 내적 매커니즘에 의한 것이 아니라 외부환경의 변화와 인위적 가격통제 덕분이라고 평가절하한다. 특히 일본·대만 등에서도 도매물가가 하락하여 우리나라 수입가격 하락을 촉진한 결과라는 것이다.[149]

심지어 그는 당시 일본·대만 등 인접 국가와 비교할 때 물가 안정은 그리 대단한 것이 아니었으며, 단기적인 수지 호전은 있었을지 몰라도 장기적인 수출잠재력 증대효과는 거의 없었다고 비난한다.

정운찬은 결론적으로 5공 경제는 한국 경제의 어려움이 치유되기보다는 심화된 시기, 겉모습은 그럴듯해 보일지 몰라도 그 이면은 심하게 곪아터진 시기로 정의했다.[150] 정권의 정통성 부족을 경제제일주의로 호도하기

---

148 이장규c, 앞의 책, 226쪽.
149 정운찬, 「5공의 경제를 평가한다」, 동아일보사, 앞의 책, 174~179쪽.
150 정운찬, 「5공의 경제를 평가한다」, 동아일보사, 앞의 책, 173~174쪽.

위해 단기, 거시 지표에만 집착하고 그것의 달성에 총력을 기울이는 과정에서 국가 경제의 먼 앞날을 포기하고 반짝경기에 매달린 결과 한국 경제의 미래에 대한 청사진이 실종되었다는 것이다.

정운찬류의 주장을 반박하기 위해 5공화국의 경제적 업적을 좀 더 구체적으로 살펴본다. 5공 시절 거시경제지표인 성장률, 인플레이션율, 국제수지 상황은 대한민국 역사상 최고 정점을 기록했다. 5공 시절 추진된 제5차 경제개발 5개년 계획 기간(1982~86)에 연평균 경제성장률 목표는 7.6%였으나 실적은 9.8%로 계획치를 2.2%나 초과 달성했다. 특히 1987년 성장률은 13%나 되었다.

인플레이션 퇴치, 아무나 할 수 있는 게 아니다

한국 하면 상징적으로 떠오르는 상징 단어가 인플레이션이었다. 근대화 혁명가라는 평가를 받는 박정희도 재임 기간 내내 두 자리 숫자를 기록한 광란의 인플레이션에는 속수무책이었다. 반면에 전두환은 모든 경제정책의 핵심을 안정화에 두고, 매년 치솟던 물가를 한 자릿수로 진정시키는 데 성공했다. 그 결과 1983년 이후 물가 인상률 3.4% 이하를 유지함으로써 한국 역사상 사상 최초로 인플레이션 억제에 성공한 대통령으로 자리매김하게 되었다.

강경식은 누가 대통령이 됐든, 국제 경기의 도움 덕분에 그 정도, 혹은 그보다 더 큰 성취를 이룰 수 있었다는 주장을 단호히 배격한다. 강경식은 안정화 시책을 마련하는 과정에서 물가 안정 속에 국제수지 흑자를 시현하고, 고도성장을 이룩한 나라를 철저히 연구했다. 그 결과 안정화 시책과 안정·자율·개방을 내걸고 집요하게 노력한 결과 1980년대 후반에 그 결실이 나타났다는 것이다. 다만 3저 효과로 국제수지 흑자 폭이 더 커졌다든가, 성장률이 더 높아지는 등 3저 상황이 실적 호조를 더 키우는 일에 상당한 기여를 했다는 논지다. 안정화 시책과 안정·자율·개방의 경제 정책을 기조로 구조개혁을 추진한 5공 정부의 끈질긴 노력이 없었다면 1980년대 후반의 성과는 실현되기 어려웠다는 주장이다.[151]

한편에선 5공 시절 경제적 성취, 한국이 채무 재조정 상황으로 빠져들지 않은 이유는 전두환 정부의 노력 덕분이 아니라 한국이 처해 있던 지정학적 가치 덕분, 즉 미국의 적극적인 지원 덕분이었다는 주장이 제기되었다. 경제학자이자 주미대사 출신인 조윤제는 "중대한 고비마다 심각한 국가부도 상황까지 가지 않았던 것은 한국의 안보 문제에 대한 미국의 고려가 큰 작용을 했다는 것은 부정할 수 없다"고 주장한다.[152]

일본의 경협자금 덕에 대외신용 유지 성공

강만수는 미국의 지원 아래 이루어진 40억 달러의 한일 경제협력자금이 보증 역할을 하여 대외신용을 유지할 수 있었고, 해외 차입으로 외환 수급의 어려움을 넘기게 되었다고 밝혔다.[153] 브루스 커밍스(Bruce Cumings)도 강만수와 비슷한 의견을 제시했다.[154]

브라질의 경우 GDP 대비 외채 비율이 30%가 채 안 되는 데 비해 채무 재조정에 들어간 반면, 한국은 외채 비율이 53.6%에 달했음에도 채무 재조정을 하지 않았다. 수출 대비 외채도 한국은 132.4%로 전체 20개국 중 16위를 차지했는데, 이보다 낮은 수치를 보인 17위 남아공은 1983년 채무 재조정에 들어갔다. 또 원리금 상환율(DSR)의 경우 한국은 18.8%로 15위를 차지했는데, 16위 남아공과 17위 나이지리아는 1983년 채무 재조정에

151 강경식, 앞의 책, 460쪽.
152 조윤제, 「아시아 금융위기와 한국경제의 선택」, 『계간 사상』, 1998년 겨울호.
153 강만수, 앞의 책, 387~388쪽.
154 브루스 커밍스, 김동노 외 번역, 『브루스 커밍스의 한국 현대사』, 창작과 비평사, 2001, 467쪽.

들어갔다.

한국과 이스라엘만 예외였다. 이스라엘은 GDP 대비 외채 비율이 90.4%로 세계 1위를 기록했다. 이스라엘이 경제 위기를 겪자 미국은 기존 원조의 상당 부분을 차관에서 무상원조로 바꾸고, 긴급 경제 복구를 위한 경제적 패키지를 마련했다. 1985년 미국과 이스라엘은 자유무역협정(FTA)을 체결했는데, 이는 미국이 맺은 최초의 FTA였다.[155]

전두환 정부는 국제수지 흑자를 계기로 1986년 9월, 전 국민 의료보험 준비에 착수했다. 5공 정부는 1980년, 81년, 83년 세 번에 걸쳐 300인 이상, 100인 이상, 16인 이상 사업장으로 의료보험을 확대했고, 산재보험의 경우 1983년 10인 이상 사업장까지로 확장했다.[156] 1986년 5인 이상 사업장에 산재보험이 시행되었고, 1987년 최저 임금제 실시, 1988년 10인 이상 사업장에 대한 국민연금제도를 실시하는 등 사회복지정책을 확대했다. 또 광부, 농어민, 도시 영세민 등 사회적 약자에 대한 지원도 크게 늘렸고, 장애자에게 교육 기회를 확대하고 저소득층에게 주택 공급을 확대해나갔다.

세계적 명성을 자랑하는 경제 전문지 이코노미스트는 "5공 시절 한국의 소득분배는 어떤 개발도상국가보다 양호했으며, 미국이나 영국보다도 나은 편이다. 한국은 세계 어디에서 찾아볼 수 없을 정도로 경제발전, 교육발전, 소득분배 면에서 큰 성과 거두었다"라고 긍정적으로 평가했다.[157] 유독 한국의 좌파 학자들만 전두환 시대를 깎아내리기 바쁘다.

---

155 조현빈, 「전략적 경제협력과 동맹의 정치경제: 미-이스라엘 및 미-호주 FTA를 중심으로」, 서울대 외교학과 석사학위 논문, 2007.

156 심상용, 「한국 발전주의 복지체제 형성 연구: 억압적 발전주의 생산레짐과 비공식 보장의 복지체계」, 『사회복지정책』, 제37집 제4호, 한국사회복지정책학회, 2010, 15쪽.

157 The Economist, 1988년 5월 21일.

5

시민에게 자유를 되돌려주다

원숭이(침팬지)는 인간의 유전자와 98% 이상 닮았다고 알려져 있다. 그러한 원숭이와 정치인의 다른 점은 원숭이는 나무에서 떨어져도 원숭이지만, 정치인은 선거에서 떨어지면 사람 취급도 못 받는다는 유머가 있다.

제1차 세계대전에서 패한 후 독일에서 1920년부터 나치당(국가사회주의 독일 노동자당)이 발호했다. 이들은 반유대주의, 반공주의, 반자유주의, 전체주의, 인종주의, 군국주의를 주장하면서 독일에 가혹한 배상을 요구한 베르사유 조약을 강력 반대하여 폭넓은 지지를 얻었다.

나치당은 자신들이 정권을 장악하기 위해 전국적인 선거 유세에 나섰다. 연사는 '선동의 귀재' 히틀러였다. 히틀러는 대중은 자극적인 것을 갖다대야 흥분하게 된다는 것을 알고 있었다. 히틀러는 청중의 이성과 판단력이 아니라, 청중의 격정에 호소하여 자신의 연설을 일체의 논쟁 없이 받아들이도록 하는 데 주력했다.[158] 히틀러는 대중의 정서를 마음껏 자극하여 나치당 후보에게 표를 몰아주도록 주민을 선동하고 자극했다.

---

[158] 김종영, 「포퓰리즘과 네거티브 전략의 수사적 고찰-나치당의 경우를 중심으로」, 『텍스트언어학』 통권 25호, 한국텍스트언어학회, 2008, 141~143쪽.

정치인들의 포퓰리즘

어느 시골 농촌 마을 선거 지원 유세에 나선 히틀러는 주민들에게 "여러분이 땀 흘려 농사를 지은 후 여가 시간에 보트를 즐길 수 있도록 선착장을 건설해 드리겠다"라고 약속했다. 주민들 반응이 뜨악했다. 한 주민이 소리쳤다.

"우리 마을에는 보트를 탈 수 있는 강도, 호수도 없는데 어디 가서 보트를 타란 말이오."

기다렸다는 듯이 히틀러가 외쳤다.

"그렇습니다. 여러분들이 보트를 즐길 수 있도록 나치당이 강도 파서 제공해 드리겠습니다."

이처럼 극단적인 포퓰리즘 정책을 앞세운 나치당은 1932년 총선에서 전체 득표의 3분의 1을 획득했고, 국회의원 230명이 당선되어 원내 제1당을 차지했다.

박정희·전두환 정부 시절엔 행정 시스템이 원활하게 작동했고, 그 결과 건실한 경제성장을 이룰 수 있었다. 그렇다면 그 시절 장기간에 걸쳐 경제성장이 가능했던 진짜 이유는 무엇이었을까?

2016년 9월 16일, 미국 외교 전문 잡지 「포린 폴리시(Foreign Policy)」는 "진정한 개판 국회(unruly parliament) 1위는 대만을 꼽을 수 있지만 현재 1위는 한국이다. 한국에서 민주주의는 온 몸뚱어리를 사용하는 스포츠다. 외교 정책, 언론 민주화 등을 놓고 여야 간에 벌어지는 국회 토론은 대개 주먹질로 끝난다"라는 요지의 글을 게재했다.

이런 개판 국회의 국정 발목잡기 훼방을 뚫고 박정희·전두환 정부 시절 경제가 성공할 수 있었던 이유는 무엇이었을까?

정부의 규제·통제 만연

당시엔 입법부인 국회의 힘이 상대적으로 약해 행정부가 정책을 결정하면 대부분 그대로 시행할 수 있었다. 민주화의 진전에 따라 강력한 힘을 행사하던 권위주의 정부가 퇴장하면서 국정운영에서 국회가 차지하는 비중이 상대적으로 커졌다. 국회의 파워가 강해진 덕분에 행정부가 정책 결정을 해도 국회의 협력 없이는 시행이 불가능한 경우가 많아졌다. 삼권분립의 자유민주주의 체제하에서 국회는 자신들에게 주어진 권한과 책임을 함께하지 않으면 국정이 제대로 수행될 수 없음을 요즘 국회는 총체적으로 보여주고 있다.

전두환 장군이 대통령에 취임한 1980년은 대한민국 건국 33주년 되는 해였다. 인간으로 치면 보호자 품에서 벗어나 자립을 이룬 성년에 해당하는 나이다. 그러나 당시 한국은 이승만·박정희 대통령의 카리스마 통치와 오랜 권위주의 체제하에서 각종 국가적·사회적 규제와 통제가 만연했고, 그 결과 개인의 자유는 무시로 침해당했다. 이것은 국가가 시민을 미성년 수준으로 보호하려는 권위주의적 양태였다.

대한민국의 건국이념은 자유민주적 기본 질서의 확립이다. 국가의 존립 이유 중 가장 중요한 것은 국민의 자유와 권리를 헌법과 법률이 최대한 보장하는 것이며, 이를 위해서는 국민에 대한 국가의 간섭이나 통제를 최소화하는 것이 기본이다. 하지만 건국 이래 정부가 시행해온 각종 법령과 행정조치 중 국민의 자유와 권리를 제약하는 내용이 적지 않은 것이 현실이었다. 헌법에는 자유 민주를 보장하고 있으면서도 실제로는 국가가 시민의 자유를 침해한 것이다.

1970년대 거리에선 경찰이 머리 긴 사람을 '장발족'으로 분류하여 강제로 머리를 잘랐고, 경찰이 여성의 스커트 길이를 재서 무릎 위 몇 cm를 넘으면 풍기 문란으로 단속했다. 시민의 머리 기를 자유, 짧은 치마 입을 자유를 국가가 인위적으로 통제한 것이다. 이처럼 불필요한 규제가 너무 많 았지만 이에 저항하는 것은 불가능했다.

정부의 각종 규제 중에는 이를 더 이상 유지할 합리적 근거를 상실한 것들이 많았다. 관료적 타성에 젖은 공무원들이 행정 편의주의로 계속 고 수하는 것들이 상당수에 달해 이로 인한 국민 불편, 경제활동의 제약, 창 의성 및 행복추구권 제약은 심각한 수준이었다.

전두환 대통령을 비롯한 5공의 주역들은 대부분 4년제 정규 육사 출신 이었다. 이들은 육사 재학 시절 미국 웨스트포인트 제도를 그대로 도입한 교육 시스템의 수혜자들이었다. 따라서 자유민주주의의 핵심 가치를 누구 보다 깊게 공부하고 체험한 사람들이었다. 그들 시각으로 볼 때 1980년대 한국인은 자립·자존·자생할 수 있는 충분한 실력을 갖추고 있었다.

국민 개개인의 창의성과 자생력을 키우고, 인간으로서의 주체적 참여의 식과 책임감을 높이기 위해서는 정부 규제를 대폭 줄여야 한다. 보호와 규 제에 안주하려는 행태로는 선진국으로의 도약이 불가능하다. 따라서 국가 는 사회 각 부문과 국민 각자가 자기 의지로 성장, 발전할 수 있도록 보호 조치와 규제를 풀어야 할 때라고 판단했다. 이것이 5공화국의 정책 방향을 규제 혁파, 개방과 자율 확대로 전환한 이유다.

연좌제 확실하게 폐지

규제 혁파와 자율화 조치의 첫 시발은 1980년 5월 말 국보위 출범이 계 기였다. 그전까지 신군부는 행정에 개입할 수 있는 법적 권한 없어 어떤 조 치도 취하기 어려웠다. 전두환은 회고록에서 "국보위가 발족하여 내가 상 임위원장을 맡게 되면서 평소 개선의 필요성을 느껴왔던 각종 통제 조치 를 풀어보자는 생각을 구체화하게 되었다"라고 밝혔다.

우선 국보위 상임위는 정부가 개인의 자유를 통제하는 각종 규제나 제도 중 현실적으로 철폐가 가능한 내용이 무엇인지를 파악하는 작업에 나섰다. 그 결과 자정부터 새벽 4시까지 심야 통행금지, 해외여행 규제, 연좌제 시행, 장발과 미니스커트 단속, 중고등학교 교복 자율화 등이 제기됐다.

당시는 사회 혼란이 완전히 해소되지 않은 상황이어서 통금은 당분간 유지하는 편이 좋다고 생각했다. 해외여행도 경상수지 적자, 외환 부족 상태여서 당장 자유화하기는 현실적으로 불가능했다. 반면에 연좌제는 사정이 좀 달랐다.

연좌제(Collective punishment)란 특정한 사람의 범죄에 대하여 일가친척, 혹은 그 사람과 일정한 관계에 있는 사람을 함께 처벌하는 제도다. 연좌제 운영의 가장 큰 목적은 "너의 잘못으로 인해 주변 사람들이 피해를 입을 수 있으니 잘 처신하라"는 무언의 경고였다. 근대 형법은 형사처벌 개별화 원칙에 의거하여 연좌제를 금지하고 있다. 아버지가 죄를 지었으면 아버지가 책임지는 것이지 그 자식이나 부인이 책임질 이유는 없다. 개인 책임은 개인이 부담하며, 연대해서 책임을 물어서는 안 된다는 것이다.[159]

연좌제 금지는 죄형법정주의, 형법불소급의 원칙, 일사부재리의 원칙과 함께 개인의 기본권 보장을 위한 현대 형법의 가장 중요한 원칙 중의 하나다. 연좌제는 1894년 갑오개혁 당시 전면 철폐가 선포되었다. 그러나 이는 표면적인 변화에 불과했다.[160]

1945년 해방 이후의 극심한 좌우 대립, 1950년 전쟁과 분단 체제의 고착화는 현대 한국에서 연좌제가 다시 강력한 힘을 발휘하는 배경으로 작용했다. 남북분단에 따른 혼란, 6·25를 겪으며 월북·부역 행위자에게는 응

---

159 연세대학교 국가관리연구원 편, 앞의 책, 86쪽.

160 김명희, 「한국의 국민형성과 가족주의의 정치적 재생산: 한국전쟁 좌익 관련 유가족들의 생애 체험 및 정치사회화 과정을 중심으로」, 기억과 전망 21호, 민주화운동기념사업회, 2009, 253~254쪽.

분의 처벌과 불이익이 돌아가는 것을 당연시했다. 뿐만 아니라 월북자나 부역자의 혈연, 인척이란 이유만으로 공직 진출, 해외여행 제한 등 불이익이나 감시가 1980년대 초까지 관행처럼 이어져 왔다. 특히 해방 공간에서 폭동·반란 사건이 발생한 특정 지역의 경우엔 다수가 연좌제로 불이익을 감수해야만 했다.

연좌제는 대상자의 공무원 및 공기업 채용 시 실시되는 신원조회 외에도, 사상관계에 대한 수사기관의 조사, 해외여행의 제약 등의 조치를 통해 피해자에게 사회적 불이익과 제한을 가하는 방식으로 작동했다. 국민으로서 형식적인 참정권과 시민권이 주어졌지만, 국민과 비국민의 경계가 가족으로 구획되고 정치적, 경제적, 사회적 폐쇄회로로 작동했던 연좌제는 피해자에게 실질적인 제약을 가하는 핵심적인 장치였다.[161]

정부 부처는 연좌제 폐지 반대

공안기관 입장에서는 연좌제는 북한의 끊임없는 간첩 침투, 내부 분열 책동을 막기 위한 불가피한 조치라고 주장한다. 하지만 당하는 사람 입장에서 보면 억울하기 짝이 없어 국가에 대한 반감이나 원한을 품고 살아갈 수밖에 없는 구조였다. 당시 중앙정보부, 법무부, 보안사, 경찰 등 공안기관 모두 연좌제 폐지에 반대했다.

문제는 입만 열면 민주와 인권을 외친 정치인이나 재야인사들의 처신이었다. 이들은 유신 체제가 붕괴되자 자신들의 집권을 위한 권력투쟁에만 관심을 보였을 뿐, 국민의 기본권이나 자유 신장에 결정적인 영향을 미치는 연좌제 폐지에 대해서는 누구도 관심을 표명하지 않았다. 이 문제에 관심을 가지고 실질적으로 검토, 집행한 것은 군사독재의 오명을 뒤집어쓴

---

161 김명희(2009), 246~285쪽.

신군부 인사들이었다.

신군부 인사들은 능력 있는 사람이 연좌제로 공직이나 사회진출 기회를 박탈당하는 것은 국가적 손실로 보았다. 국보위는 실제로 반국가적 행위를 한 일이 없는 사람들이 연좌제로 불이익을 받는 것은 정의의 신상필벌 원칙에 어긋나는 일이라고 판단했다. 그 결과 연좌제로 인해 더 이상 억울한 일을 당하는 일이 없도록 하자는 방침을 확정했다.

하지만 국보위에는 입법 기능이 없어 법적, 제도적 조치는 전두환 대통령 취임 후로 미뤄졌다. 1980년 11월 확정 공포된 5공 헌법 제12조에 "모든 국민은 자기의 행위가 아닌 친족의 행위로 인하여 불이익한 처우를 받지 아니한다"라고 연좌제 폐지 조항을 명문화했다.

5공화국이 공식 출범한 직후인 1981년 3월 25일, 전두환 정부는 연좌제 폐지를 공식 발표했다. 이어 신원 특이자에 대한 구제조항도 마련했다. 월북자나 부역자의 모든 직계 존비속, 형제자매, 배우자 등 모든 연고자의 기록을 폐기했으며, 신원조사 과정에서 차별 대우를 철폐했다. 특수한 정치 상황에 직접 연루된 신원 특이자도 구제조항을 마련했다.

36년 만에 통행금지 폐지

이어 통행금지 폐지를 추진했다. 1980년까지만 해도 자정부터 새벽 4시까지 야간 통행금지가 엄격하게 실시되었다. 통금 시간이 가까워지면 영등포·청량리·사당역 주변에선 총알택시가 인기리에 운영되었다. 통금 위반으로 단속되면 구류를 살거나 벌금을 내야 했기에 야근하는 직장인, 늦게까지 생업에 종사하는 사람들은 날마다 귀가 전쟁을 치러야 했다.

심야 통행금지 역사는 해방 직후인 1945년 9월 미군정청 포고령으로 선포되면서 시작되었다. 6·25 전쟁이 끝난 후에도 정부는 치안유지, 간첩 활동 방지 목적으로 30년 이상 지속해왔다. 심지어 박정희 대통령은 "남북통

일이 이루어질 때까지 통금 해제는 없을 것"이라고 발언했다.

비상 상황에서 일시적으로 시행됐던 통금 제도는 시민들의 심야 시간에 대한 활동의 자유를 침해하는 행위였다. 이런 제도가 아무런 검토 없이 수십 년 타성적으로 지속된 결과 국민 생활에 큰 지장을 초래한다는 사실을 발견한 전두환 정부는 야간 통행금지 해제를 결정했다.

국회는 1981년 12월 여야 만장일치로 야간 통금 해제 건의안을 채택했고, 전 대통령은 1982년 1월 6일 자정을 기해 야간 통금을 전면 해제했다. 이날부터 통금 시작과 해제를 알리는 사이렌 소리가 역사의 뒤안길로 사라졌다. 통금 해제는 시민에게 심야 시간 활동의 자유를 돌려준다는 역사적 의미가 있었다. 36년 만에 야간 통금이 해제되면서 한국인의 생활 풍속도가 크게 달라졌다. 특히 시민의 생활 패턴이 24시간 체제로 바뀌어 심야 시간을 활용한 경제 활동이 폭발적으로 늘었다.

일반 국민 해외여행 자유화

전두환 정부가 다음으로 자율화를 추진한 분야는 해외여행 자유화 조치였다. 박정희 정부는 한국인의 해외 진출을 강력 통제했다. 한국이 서독에 광부와 간호사를 파견할 때 미국은 노동력이 부족하여 해외 이민을 적극 수용했다. 박정희 정부가 적극적으로 해외 이민을 장려했다면 많은 한국인이 미국에 진출할 수 있는 절호의 기회였다. 하지만 가족 전체가 이민을 갈 때도 달러는 거의 못 가지고 나가도록 제도화했다.

1988년 이전까지는 이민, 유학, 출장, 친지 방문 등이 아닌 단순 관광 목적의 여권 발급은 원칙적으로 금지되었다. 관광 목적의 해외여행은 정부 허가를 받은 특별한 경우에만 가능했다. 그것도 반공연맹(현 한국자유총연맹)이 주관하는 반공 방첩 교육을 이수해야만 출국이 가능했다. 국가가 국민의 해외 출입국을 통제한 셈이다.

정부가 허가하는 사람에게만 해외 출국이 가능하도록 한 이유가 있다. 1970년대까지 정부는 국가안보와 국제수지 방어, 국민 간의 위화감 방지 목적에서 국민의 해외 진출을 규제하거나 제한을 가했다. 여권도 한 번만 사용 가능한 단수 여권을 발급했고, 업무로 인한 해외 출장도 대한상공회의소에서 무역 영어 자격증을 취득하고, 복수의 신원보증인을 세우고, 몇 단계의 복잡한 신원조회를 거쳐야 여권이 발급되었다.

출국 절차를 까다롭게 규제한 덕분에 해외 출국은 기업인이나 부유층, 고위 관료나 언론인 등으로 한정될 수밖에 없었다. 본인이나 친척 가운데 신원 이상자가 있으면 연좌제가 적용되어 여권이 발급되지 않아 출국은 물론 해외 근무와 관련된 취업이나 사회활동에 적지 않은 제약이 따랐다.

해외 유학 자유화

개방화, 자유화의 철학을 가지고 있었던 전두환 대통령은 해외여행이 특수 계층의 전유물이 되어서는 안 된다고 보았다. 그는 내각에 국민의 해외 진출 규제 해제 및 해외 진출 자유화를 지시했다. 가장 먼저 1981년 해외 유학과 관련된 모든 규제가 해제되었다. 능력만 있으면 누구나 해외 유학이 가능한 시대가 개막된 것이다. 그 결과 1985년 한국인 중 해외 유학생 수가 1만 명을 넘었다.

1983년 이전에는 일반인에겐 관광 여권이 발급되지 않았다. 정부가 국민의 관광을 목적으로 한 해외 출국을 봉쇄한 것이다. 주된 이유는 외화 유출을 방지하고, 북한을 비롯한 공산권 국가 공작원과의 접촉 우려 때문이었다. 5공 정부는 외환 수급 사정을 감안하여 일반인의 해외여행을 단계적으로 자유화한다는 전략을 수립했다.

무역수지가 안정된 1983년 1월 1일부터 50세 이상 국민에 한해 1년간 200만 원을 예치하는 조건으로 연 2회 출국이 가능한 관광 여권을 발급했다.[162] 1988년에는 40세 이상으로 관광 연령을 확대했다. 전 국민의 해외 여행 자유화 정책이 시행된 시기는 서울올림픽 다음 해인 1989년 1월 1일 이었다.

해외여행 자유화 조치가 시행된 지 3년 후인 1992년, 영종도에 인천국 제공항 건설이 시작되었다. 인천국제공항이 정식 개항한 시기는 2001년 3월 29일이다. 2018년 한국인은 세계에서 6번째로 해외여행을 많이 한 것으로 나타났다. 2024년 한국인 중에서 해외 관광 출국자 수는 2,825만 명으로 집계되었다. 내국인의 56% 정도가 해외여행을 다녀온 셈이다.[163]

5공 정부는 일반인의 해외여행 및 해외 유학 자유화뿐만 아니라 공무 원들의 해외 유학에도 적극 나섰다. 이 문제에 큰 관심을 기울인 사람이 김재익이었다. 그는 하와이대학과 스탠포드대학에서 유학을 마치고 경제 기획원에서 공무원 생활을 시작했다. 그는 정부 내에 선진국에서 유학 또 는 근무를 통해 국제적인 전문성을 가진 인재가 너무 부족하다는 점을 발 견했다.

미국의 경제원조가 계속된 1972년까지는 미국 정부의 배려로 한국 관 료 중 많은 사람들이 미국에 유학하여 대학원 과정을 마쳤다. 하지만 경제 원조가 축소되면서 1978년까지 한국 관료들의 선진국 유학이 중단되었다. 이를 안타깝게 여긴 김재익 국장과 강경식 기획차관보는 남덕우 부총리에 게 건의하여 한국 정부 예산으로 1978년부터 우수 공무원 해외 유학 제도 를 시행했다.

그 결과 1978년부터 1985년까지 매년 50~60명의 사무관급 이상 공무 원들이 1~2년간 해외 유학을 할 수 있게 되었다. 1980년대 후반 이후에는

162 KDI 원로들의 증언 편찬위원회, 앞의 책, 87쪽.
163 「작년 해외 관광 2,800만 명」, 조선일보, 2025년 1월 22일.

이 프로그램이 더욱 확대되어 연평균 270명 이상 공무원들이 해외 유학을 다녀왔다.[164]

중고교생 교복, 두발 자유화

또 한 가지 의미심장한 자유화 조치는 중고등학생의 두발 및 교복 자유화였다. 1970년대 말까지 한국의 남자 중고등학생들은 의무적으로 머리를 삭발해야 했고, 일본 제국주의 시절 군복 형태의 검은색 교복 착용이 의무화됐다. 청소년기에 획일적인 교복 착용을 강제하는 행위는 저항감을 유발하는 일이기도 했다. 그럼에도 불구하고 정부가 교복 제도를 유지한 이유는 국민의 경제 형편 덕분이었다.

1980년대 초 한국인의 1인당 소득이 1,600달러에 달해 학생에게 자유복장을 허용해도 가계에 큰 부담이 안 될 정도가 되자 교복 및 두발 자율화 문제가 제기되었다. 5공 정부가 중고생 교복 및 두발 자율화를 추진한 이유는 개인의 개성과 창의 계발이 주된 목적이었다. 또 학교장에게 학교 운영의 자율권을 돌려주기 위한 조치였다.

하지만 중고생의 교복과 두발 자율화의 부작용을 우려하는 의견도 만만치 않았다. 그 결과 1년의 유예기간을 두고 1983년부터 자유화가 시행되었다. 이때부터 학교 측은 학생들에게 교복 디자인과 색상에 대한 의견을 물어 자율적으로 결정하도록 유도했다. 두발 및 교복 자율화 정책을 추진하게 된 사연과 관련하여 전두환 대통령은 다음과 같은 증언을 남겼다.

"우리나라 학생들이 남녀 중고교를 합쳐서 500만 명이 넘어요. 일률적으로 머리를 빡빡 깎이고 일제 강점기 식으로 검은 가방을 들게 하니 우리 의류업계가 유아들 옷은 잘 만드는데 중학교에 가면 입을 만한 옷을

---

164 김기환, 「김재익 수석과 국제화」, 남덕우 외 지음, 앞의 책, 163~164쪽.

못 만들고 있었어요. 천도 나쁘고 품질도 엉망이고 교복을 지정하니 경쟁도 안 되고… 학생복을 없애면 애들 옷이 다양하게 개발될 것 아니냐. 500만 명이면 조그만한 나라 인구만큼이나 되는 숫자이니… 업자들이 장사하느라고 연구하니 아이들 옷이 발전되고 지금은 아주 많이 수출하고 있어요."[165]

중고생의 교복과 두발 자율화는 개성과 창의력 발달에 큰 영향을 미쳤다. 5공의 개방화, 자율화 정책은 세계를 휩쓰는 K-컬처, 한류의 원형 창조에 결정적 역할을 했다는 평가를 받고 있다.

졸업정원제 실시

교복·두발 자유화와 함께 도입된 대표적인 교육 정책이 졸업정원제였다. 1970년대에 중등교육이 대중화되면서 대학에 진학을 원하는 학생수는 급증한 반면, 대학 정원은 한정되어 있었다. 그 결과 대학 입시생들은 재수·삼수 현상이 벌어졌고, 사교육의 과열 현상이 만연했다. 5공 정부는 입학 문호를 넓혀 학과별 또는 계열별로 입학생을 졸업 정원의 30%까지 증원 모집하고, 증원된 숫자만큼 강제로 중도 탈락시키는 졸업정원 제도를 도입했다.

연구자들은 졸업정원제는 실패한 제도라고 단언한다. 이것이 과연 실패한 제도였을까? 1970년대 중화학공업화 진전으로 각 기업은 고급 인력 부족 현상에 직면했다. 이를 해결하기 위해서는 대학 정원 확대가 시급했다. 당시 문교부는 대학 정원을 확대하면 교육의 질적 저하가 우려된다며 반대했다.

졸업정원제 아이디어 제안자는 김재익 당시 경제기획원 기획국장이었

---

165 김성익, 앞의 책, 312쪽.

다. 김재익은 우선 우리 경제에 필요한 고급 인력의 양적 수요 충족부터 시행하고, 질적 향상은 차후의 과제라는 논리를 펼쳤다. 그 결과 1979년 33만 명에 불과했던 4년제 대학 정원이 1984년에는 87만 명으로 늘어났다. 뿐만 아니라 김재익은 일반 및 직업 교육을 위한 정부 예산을 늘리는 데도 힘써 정부 총예산 중 교육 지출이 점하는 비중을 1980년 17%에서 1984년 19% 수준으로 끌어올렸다.[166]

5공의 자율화 조치를 3S로 매도

5공 정부에서 통금 해제, 해외여행 자유화, 연좌제 폐지, 중고생 교복 및 두발 자율화에 적극 앞장선 사람은 5공 실세라는 평가를 받았던 허화평 정무수석이었다. 전두환 대통령을 비롯한 5공 실세 그룹은 청년 시절 미국 웨스트포인트의 커리큘럼에 따라 미국식 자유민주주의 사고방식과 가치관 교육을 철저하게 받은 수혜자였다. 이들은 민간 출신 관료들에 비해 개혁 마인드가 더 투철했고, 자유민주주의와 시장경제에 대한 신념이 확고했다.

하지만 비판자들은 5공의 자율화 정책을 비난하고 매도하기 바쁘다. 야간 통금을 해제한 덕분에 퇴폐업소가 번창했고, 컬러TV 방영으로 음란 영상물이 범람했다는 주장이다. 중고생 교복 및 두발 자유화는 알량한 정권의 인기를 얻기 위한 저급한 전략이었으며, 프로 스포츠 출범은 반정부적 청소년들의 관심을 스포츠로 유도하기 위한 계획된 작전이었다는 식이다. 심지어 정치에 대한 국민의 불만을 잠재우고, 우민화하기 위해 3S(Sports, Screen, Sex) 정책을 의도적으로 강제했다는 주장마저 제기되었다.

이후 3S 정책은 5공을 비난 공격하기 위한 상투적 용어로 등장했다. 그

---

166 김기환, 「김재익 수석과 국제화」, 남덕우 외 지음, 앞의 책, 163쪽.

들은 5공의 모든 정책 앞에 "정통성 취약한 정권이…" 혹은 "집권 과정에 문제가 많은…" 같은 관용적인 수식어를 앞세웠다.

정통성이 취약한 신군부가 국민에게 인심을 얻기 위해, 잘 보이기 위한 목적이었다면 당연히 포퓰리즘 정책을 추진했어야 정상이다. 박정희 대통령은 새마을운동 추진 과정에서 모든 사람에게 혜택이 돌아가는 보편적 방식을 버리고 정의의 신상필벌 원칙을 엄격히 적용했다. 즉, "열심히 땀 흘려 노력한 사람에게 더 많은 혜택을 제공한다"라는 일관된 원칙을 엄격하게 적용했다.

전두환과 신군부는 박정희 대통령의 정책을 그대로 물려받아 포퓰리즘과는 정반대 정책을 밀어붙였다. 온갖 비난과 정치적 인기를 포기하고 공무원과 노동자, 일반 회사원의 임금 인상을 억제했고, 추곡수매가를 동결시켰으며, 기업 돈줄을 죄고 정부 예산마저 제로 베이스로 묶었다. 한 마디로 전 국민에게 고통 분담을 요구했다.

원래 물가 안정 정책은 비인기 정책 1순위다. 돈줄을 조이고, 금리를 올리고, 투자를 감축하고, 고통 감내를 요구하는 정책을 어느 누가 좋아하겠는가. 이같은 안정화 정책 시행은 소수의 관료들이 성공시킨 혁명적 정책 전환이었다. 국회가 제대로 작동하고 정부가 정상적으로 움직이는 상황이었다면 결코 성공할 수 없는 일이었다.[167]

오늘날 전두환 대통령과 5공에 대한 인기나 지지도가 낮은 이유는 재임 기간 내내 포퓰리즘과는 정반대 정책을 추진한 덕분이다. 국민에게 피와 땀과 눈물과 고통을 요구하는 인기 없는 정책을 7년 내내 수행한 결과 건전 재정을 달성하고, 물가를 안정시켰으며, 인플레이션 억제로 성장·안정·국제수지 흑자라는 세 마리 토끼를 다 잡는 데 성공했다. 전 국민 중산

---

167 이장규a, 앞의 책, 35쪽.

층화에 성공했고, 전 국민에게 복지 확대의 전기를 마련한 것이다.

투자자금 준비 없이 시작한 중화학공업

제2차 석유위기의 파장으로 건국 이후 최악의 위기 상황을 맞았던 한국은 5공 정부 출범으로 확고한 리더십이 회복되면서 경제가 정상화되기 시작했다. 1982년 전 세계 대부분의 국가가 제로 성장, 혹은 마이너스 성장을 기록했다. 반면 한국은 실질성장률 5.3%, 1983년 9.5%의 성장률을 기록했다.

물가는 한 자릿수로 안정되었고, 실업률은 대폭 낮아져 완전고용을 실현하게 되었다. 정부 지출도 억제하여 GNP 대비 국가 부채율이 크게 낮아졌다. 1986년에는 저축률이 크게 높아져 투자수요를 국내 저축으로 충당할 수 있어 이때부터 외자에 대한 의존도를 크게 줄일 수 있게 되었다.

한국은 1986·1987년 2년 연속 세계 최고의 성장률을 기록했고, 1986년 사상 처음으로 두 자릿수 국제수지 흑자를 달성했다. 1987년에는 100억 달러의 국제수지 흑자를 통해 외채 망국론에서 완전히 벗어났다. 만성적인 무역 적자국에서 무역 흑자국으로 혁명적 전환을 이룬 것이다.

1980~1990년 기간 중 한국은 연평균 8.9%의 고도성장을 실현했다. 같은 기간에 한국은 1인당 GDP가 한국보다 높았던 22개국을 추월, 개도국에서 상위 중진국으로의 도약에 성공했다. 한국은 선진국형 내실·성장·안정이라는 세 마리 토끼를 모두 잡는 데 성공했다. 대체 1980년대 초에 무슨 일이 있었기에 이런 기적이 현실화된 것일까? 이것이 전두환 시대와 제5공화국을 이해하는 핵심 키워드다.

박정희 정부는 중화학공업 건설, 고도성장 추진 과정에서 투자자금이 없어 고민했다. 이를 해결하는 가장 손쉬운 방법은 필요할 때마다 한국은행에서 돈을 찍어내고, 이것을 정부가 빌려다 집행하는 것이었다. 박정희 정부는 이런 방법을 수시로 사용한 덕분에 매년 60% 이상 통화가 팽창했고, 이 과정에서 재정적자(국가채무)는 눈덩이처럼 불어났다.

1980년 재무부 결산자료에 의하면 대한민국 정부의 순국가채무는 차입금 1조 3,740억 원, 국채 잔액 1조 5,955억, 국고 채무 부담행위 6,444억 원, 정부 차관 3조 8,388억 원 등 모두 7조 4,527억 원에 이르렀다. 1979년 결산 때보다 무려 42.7%나 늘어난 수치였다. 여기에 정부 보증 채무까지 합친 국가채무 총계는 9조 8,345억 원으로 거의 10조 원에 육박했다. 당시 정부의 한 해 예산 규모가 약 10조 원이었으니 빚의 규모가 국가 예산을 넘어서는 지경에 이른 것이다.[168]

인플레이션과의 전쟁 선포

제2차 석유파동으로 인한 경제 위기 상황에서 정부가 택할 수 있는 가장 손쉬운 카드는 통화 증발이었다. 한국은행에서 돈을 찍어내 은행에 공급하고, 은행은 이 돈을 자금난에 허덕이는 기업에 대출해준다. 기업들은 은행 돈을 대출받아 투자를 하거나, 남는 돈으로 부동산 투기를 한다. 이렇게 시중에 돈이 돌면 경제가 활성화된 것 같은 착각에 빠지고, 각계각층 사람에게 '좋은 정부'라는 칭찬을 듣는다.

문제는 실물경제가 침체된 상태에서 돈을 찍어 뿌리면 인플레이션으로 인해 물가가 폭등하여 경제 안정의 틀이 붕괴된다는 점이다. 때문에 통화 증발은 문제 해결을 위한 근원적 치료가 아니라, 일시적 통증을 완화하기 위한 일종의 아편 주사나 다름없었다. 약기운에서 깨어나면 더 큰 후유증을 각오해야 했다.

인플레이션으로 인해 물가가 폭등하면 경제성장이나 국민소득 증가는

---

168 고승철·이완배, 앞의 책, 277~278쪽.

무의미해지고, 국가 경제나 국민 생활의 뿌리가 흔들리게 된다. 1980년 9월 경제수석비서관으로 임명된 김재익은 전두환 대통령에게 "인플레이션을 제거하는 것이 가장 시급한 경제 정책"이라고 보고했다. 관련 내용은 『시대의 선각자 김재익』이라는 책에서 발견된다.

'그(김재익)는 대통령에게 "인플레를 잡는 정책은 인기가 없어 자칫 잘못하면 각하에게 누를 끼칠지 모르는 것"이라 설명하면서 "그러나 국가와 민족을 위해서는 누군가가 반드시 해내야 할 정책"이라고 진언했다. 김 수석의 우국충정을 간파한 대통령은 당장 인기 없는 안정 정책을 펼치기로 결심했다.'[169]

전두환 대통령은 보좌진들의 보고와 경제 공부를 통해 인플레이션은 한국 경제에 있어 만악(萬惡)의 근원이란 사실을 정확하게 이해했다. 결국 물가를 안정시켜야 근원적인 문제 해결이 가능하다는 생각을 굳혔다. 다른 지도자 같았으면 돈을 풀어서 넘길 위기를, 오히려 돈을 줄여가면서 국민경제의 고질적 병폐를 근본에서부터 고쳐나가기로 작심한 것이다.

전두환이 11대 대통령에 취임한 직후인 1980년 9월 어느 날의 일이다. 새벽에 갑자기 청와대에서 대통령이 경제부총리와 상공부 장관, 국세청장을 호출했다. 집권 초기, 서슬 퍼렇던 시절에 대통령의 호출이 오자 담당 부처에서 난리가 났다. 수소문해보니 물가 때문인 것으로 추측되었다. 신병현 부총리는 진념 물가정책국장, 김인호 물가관리실 원가조사과장과 함께 청와대로 달려갔다. 집무실에서 인사를 받고 앉기도 전에 전 대통령이 물었다.

"소주 값 왜 올렸소?"

---

[169] 고승철, 「전 대통령과 김재익」, 이순자 엮음, 『시대의 선각자 김재익』, ㈜운송신문사, 1998, 125쪽.

그 전날 밤 전 대통령은 취임 후 처음으로 야간 민정 시찰을 나갔다. 필수품 가격 동태를 점검하다가 소주 등 일부 품목의 가격이 인상된 사실을 알고 날이 밝자마자 관계 장관을 호출한 것이다. 물가 관련 부처 최고위 관료들은 이른 아침 가격 조정의 배경과 앞으로의 가격안정정책에 대한 대통령의 생각, 앞으로 관계 부처가 유의해야 할 사항에 대해 일장 훈시를 들어야 했다.[170]

'성장'이 아닌 '안정'을 추구한 5공화국

이날 대통령에게 불려가 일장 훈시를 들었던 김인호 과장은 1985년 2월 물가정책국장으로 승진했다. 당시 국장이 대통령에게 직접 보고하는 국(局)은 경제기획국과 물가정책국 두 곳이었다. 경제기획국장은 1년에 두 번, 즉 연간 경제운용계획과 하반기 경제운영계획을 입안할 때 보고하면 되었다. 그런데 물가정책국장은 매 분기별로 대통령께 직접 보고했다.[171] 물가 안정의 중요성에 대한 대통령의 인식이 어떠했는지를 짐작할 수 있는 대목이다.

어려움을 겪던 안정화 정책이 제5공화국의 경제 정책 기조로 확고하게 정착된 계기는 1982년부터 1986년 시행하게 될 제5차 경제사회개발 5개년 계획이 결정적 전기였다.[172] 이 계획을 준비하던 1980년은 제2차 석유 위기로 인한 정치 사회적 불안이 극심했다. 경제기획원은 그 엄혹했던 1980년 말에 제5차 경제개발 계획 작업을 거의 마무리했는데, 총량에서 부문 계획까지 안정화 정책 기조를 철저히 반영했다. 즉, '성장'이 아닌 '안정'을 추

170 김인호 회고록, 『명과 암 50년-한국경제와 함께(1)』, 기파랑, 2019, 109~111쪽.
171 김인호 회고록, 앞의 책, 138쪽.
172 강경식, 「금융실명제와 안정화 시책」, 남덕우 외 지음, 앞의 책, 104쪽.

구한 것이다.

1981년 초 김재익 경제수석은 제5차 경제사회개발 5개년 계획을 전두환 대통령에게 보고했다. 박정희 대통령 시절 경제개발 계획을 보고할 때면 보통 두세 시간이면 끝이었다. 그런데 전두환 대통령은 1회 보고에 오전 시간 전부를 할애했고, 이렇게 10회에 걸쳐 보고가 진행되었다.

제5차 5개년 계획의 전모를 보고 받은 전 대통령은 "5공의 경제 정책은 누가 뭐래도 안정·자율·개방을 확고하게 정착시키는 것"이라고 선언했다. 이로써 안정화 시책에 대한 정책 혼선은 완전히 사라졌다. 전두환 대통령의 신념 또한 그 후에는 한 번도 흔들리는 일 없이 확고했다.[173]

제5차 경제사회개발 5개년 계획은 연평균 경제성장률을 7~8%로 잡고 인플레이션은 한 자릿수로 안정을 목표로 했다. 복지 부문 투자 비율을 28.5%까지 높이고 수출 증가율은 연평균 20%로 잡았다. 이 목표를 추진하기 위해 정부는 저축률을 1980년 21%에서 목표 연도인 1986년에 30%로 높이는 동시에 외채 의존률을 1980년 10% 수준에서 1986년에는 3% 수준으로 낮추도록 계획했다.[174]

전두환 대통령은 5차 5개년 계획을 보고받는 자리에서 "중산층이 많아져서 국민 모두가 자신이 중산층이라는 생각을 갖도록 해야 한다"라고 강조했다. 중산층이 두터워져야 사회가 안정된다고 보았기 때문이다. 그가 생각하는 중산층이란 "내 집 마련의 꿈을 가지고 주거에 불안을 느끼지 않는 가운데 소형차 정도를 굴리는 사람"이었다.[175] 이를 위해서는 1인당 소득 2,500달러를 넘어서는 것이 필요했다.

---

173 강경식, 앞의 책, 455쪽.
174 전두환 회고록(2), 앞의 책, 50~51쪽.
175 전두환 회고록(2), 앞의 책, 182쪽.

자율화, 안정화, 개방화 추구

안정화는 정부 정책의 중심을 성장에서 물가 안정으로의 전환을 의미했다. 자율화는 정부 주도 경제운용에서 민간 주도의 시장경제로 이행하는 것이었다. 개방화는 국내시장 보호에서 수입 개방, 경쟁 촉진으로 전환한다는 뜻이었다. 그렇다면 안정·자율·개방 중에서 무엇을 우선할 것인가가 화두로 대두됐다.

본질적인 문제는 정부 주도하에 피동적으로 움직이던 한국 사회를 자율화·개방화·안정화로 방향 전환하는 것이다. 따라서 궁극적 목표는 자율화이며, 안정화는 자율화로 가기 위한 수단이었다. 자율화를 위한 핵심 전략은 국내시장 보호정책을 철폐하고 수입자유화와 개방화로 나가는 것이었다.

당시는 성장이 급선무였고, 성장을 위해서는 수출 지상주의 철학이 지배하던 시대였다. 이런 사회 분위기에서 수입자유화와 개방을 앞세우면 거부감을 일으켜 정책에 저항할 우려가 있었다. 물가를 잡는 경제 안정화 정책은 수입자유화와 직결되었다. 값싸고 질 좋은 외국 제품이 국내에 도입되면 물가가 안정돼 인플레이션을 억제할 수 있기 때문이다.

또 한국 경제가 국제시장에서 생존하려면 기업의 국제경쟁력 확보가 중요했다. 기업이 정부의 보호막이나 특혜의 온실 속에서 화초처럼 자라면 국제경쟁력 확보는 불가능해진다. 때문에 수입자유화를 통해 정부의 보호막을 걷어내고 국내시장에서 외국 제품과 경쟁시켜 자생적 경쟁력을 키우는 것이 급선무였다. "우리 것이 좋은 것"이라는 국수적 민족주의가 판을 치는 쇄국 사회에서 수입 개방은 대단한 각오를 가져야만 추진 가능한 정책이었다.

전두환 대통령이 다양한 전문가들의 의견을 수렴하여 교차 검증한 끝에 내린 결론은 안정화 정책을 추진할 수밖에 없다는 것이었다. 물가가 오르면 서민층이 가장 큰 고통을 겪는다. 가난의 대물림, 부익부빈익빈(富益富貧益貧)이라는 윤회의 사슬을 끊기 위해서라도 물가 안정은 더 이상 미룰 수 없는 절실한 과제였다.

"물가 안정이 최우선이다"

전두환 대통령은 안정·자율·개방이라는 세 가지 정책 목표 중 물가 안정에 국가 총역량을 집중하라고 선언했다. 자율화를 궁극적 목표로 설정한 5공 지도부는 이를 성취하기 위한 전술로 물가 안정, 즉 인플레이션 억제를 전면에 내세웠고 개방화 정책은 2선에 배치했다. 전두환은 자서전에서 다음과 같이 밝혔다.

"성장·안정·국제수지 세 가지 목표를 동시에 달성할 수 있다면 최선이다. 하지만 세 가지 목표는 서로 상충되어, 어느 하나를 선택하면 다른 목표는 포기할 수밖에 없었다. 세 마리 토끼 중 어느 한 놈을 주목표로 정해 그놈을 잡는데 전력을 기울여야 했다. 결국 선택의 문제였다. 내가 선택한 것은 안정이었다. 나는 물가를 반드시 잡겠다는 분명한 목표를 세웠고, 물가 안정을 5공화국 경제 정책의 기조로 삼았다."

전두환은 자신이 물가 안정을 정책화한 계기를 다음과 같이 회고했다.

"그때(1980년) 물가가 43%나 뛰었어요. 내가 학자들도 많이 만났습니다. 어떤 사람은 먼저 물가를 잡아야 된다고 했고, 어떤 사람은 그러면 안 된다고 했어요. 안정과 성장이란 두 마리의 토끼와도 같아서 둘 다 잡으려면 다 놓치기 쉽다는 거였습니다. 내가 전문가가 아니었으므로 결심을 하기 위해 이리저리 궁리하다가 물가가 오르면 남미의 ABC 나라(아르헨티나·브라질·칠레)들처럼 된다. 그러니 물가를 잡아야겠다. 물가가 올라서 성장을 해봐야 그게 무슨 성장이냐 하는 결심을 확실히 굳혔습니다. 부총리를 비롯한 경제 전문가들한테 내가 확실한 지침을 주었습니다. 앞으로 물가를 잡아라. 싱장은 덜 되어도 할 수 없다. 실업자가 나와도 어쩔 수 없다. 물가를 안정시키면서 성장을 시켜보라고 했습니다."[176]

176 김성익, 앞의 책, 187쪽.

6

물가와의 전쟁 선포

자유주의 시장경제 사상의 원조인 애덤 스미스(Adam Smith)는 정부의 시장 개입을 극도로 혐오했다. 하지만 단 한 가지 상황, 즉 독점이 발생했을 때만은 정부가 적극적으로 시장에 개입해야 한다고 설파했다. 독점적 이익과 경제력 집중이 '보이지 않는 손'인 가격의 시장 자정 기능을 왜곡한다고 보았기 때문이다.[177] 자유주의 시장경제 철학의 신봉자들이 독점을 못하도록 막기 위한 제도적 장치 마련에 사활을 거는 이유가 바로 이것이다.

한국에서 독과점을 규제해야 한다는 논의가 처음 제기된 시기는 1964년 1월 발생한 삼분(三粉, 밀가루·설탕·시멘트) 폭리 사건 덕분이다. 제1차 경제개발 5개년 계획이 본격 추진된 지 1년 후인 1963년, 태풍과 폭우로 인해 대흉년이 들었다. 쌀값이 폭등했고, 빵과 면의 원료인 밀가루에 대한 수요가 늘어났다. 이 와중에 전국에서 설탕·밀가루·시멘트 품귀 현상이 벌어져 심각한 사회 문제로 등장했다.

당시 밀가루의 정부 고시가는 포대당 370원이었는데, 몇 달 사이 시중 가격이 1,200원으로 폭등했다. 설탕과 시멘트도 마찬가지 현상이 벌어졌

---

177 고승철·이완배, 앞의 책, 192쪽.

다. 1963년 6월 6일 오전까지만 해도 한 근(600g)에 50원이었던 설탕이 다음 날 75원으로, 하루 만에 무려 50%나 뛰었다. 4~5개월 사이에 설탕 값이 10배나 뛰었다.

정부는 분식을 장려하기 위해 식당에서 쌀밥을 팔지 못하게 했는데, 밀가루마저 품귀 현상이 벌어져 식당 영업이 중단되다시피 했다. 시멘트도 사정이 마찬가지여서 당시 서울 이화여대 앞에 있던 대한양회 직매소에는 집수리 등을 위해 시멘트를 사려는 사람 오륙백 명이 밤샘을 하며 진을 쳤다. 3분의 1은 구하지도 못하고 돌아갔다. 시멘트 판매 가격은 출고가의 거의 두 배였다.[178]

3분 관련 기업은 가격을 조작하고 세금을 포탈하여 어마어마한 폭리를 취했다. 그 대가로 기업들은 집권당인 공화당에 거액의 정치자금을 제공했다는 의혹이 제기되었다.

박정희 정부, 공정거래법 제정 계속 실패

미국에서는 1890년에 특정 기업의 시장 독점을 규제하는 셔먼법(Sherman Act)이 제정되었다. 일본은 1947년 '사적 독점의 금지 및 공정거래의 확보에 관한 법률'을 제정하여 시행해왔다. '삼분 사건'을 계기로 정부는 기업들의 공동행위를 제한하고 부당한 가격 및 거래조건을 규제하는 등의 내용이 담긴 전문 27조의 '공정거래법' 초안을 발표했다. 그러나 기업들의 반대로 각의에 상정되지 못한 채 무산되었다.[179]

그 후에도 1966년 '공정거래법안', 1969년 '독점규제법안', 1971년 '공정거래법안' 등 독과점의 폐해와 관련된 중요한 경제적 사건이나 물가 불안 요

---

178 「그때의 사회면-3분(粉) 파동」, 서울신문, 2018년 4월 15일.
179 KDI 원로들의 증언 편찬위원회, 앞의 책, 108쪽.

인이 있을 때마다 꾸준히 독점 규제와 물가 안정을 내용으로 하는 법안의 제정이 추진되었다. 이러한 시도들은 모두 성장 우선주의 논리에 밀려 국회에서 제대로 논의조차 되지 못한 채 사라졌다.[180] 업계의 강력한 반발과 정부의 의지 부족이 문제였다.

5공 출범 직후 전광석화처럼 제정

박정희 대통령 시절 공정거래법 법제화를 위해 고군분투한 사람은 김만제 한국개발연구원(KDI) 원장이었다. 그는 공정거래법 제정의 필요성을 박정희 대통령에게 직보하기 위해 이규억 박사에게 비밀 보고서를 작성하도록 했다. 청와대 비서실과 협의하여 보고 일정이 잡힌 것이 하필 1979년 10월 27일이었다. 그 전날 저녁 박 대통령 시해 사건으로 공정거래법은 보고되지 못한 채 담당자 서랍 속으로 들어갔다.

1970년대 초반에 국민총생산의 15%를 차지했던 상위 10대 재벌의 규모는 1980년 기준으로는 거의 50%에 근접했다.[181] 대기업 자산 증가를 살펴보면 1970년부터 1983년 기간 동안 현대는 1,716만 달러에서 71억 5,878만 달러로, 대우는 839만 달러에서 53억 7,062만 달러로, 삼성은 1억 7,584만 달러에서 54억 2,084만 달러로 크게 증가했다.[182]

공정거래법이 햇빛을 보게 된 것은 혁명기나 다름없던 국보위 시절이었다. 1980년 7월 김재익 국보위 경제분과위원장은 김만제 원장의 협조를 받아 비밀리에 공정거래법을 준비했다가 5공 출범 직후인 1980년 12월 31일

---

180 장상철, 「한국의 개발국가, 1961-1992: 성장의 역설과 국가-기업관계의 변화」, 연세대학교 사회학과 박사학위논문, 1999, 81~82쪽.

181 김동노(1997), 85쪽.

182 마인섭, 「자본주의적 발전과 민주화: 한국 산업화의 단계, 계급구조와 국가」, 임현진·송호근 공편, 『전환의 정치, 전환의 한국사회』, 사회비평사, 1995, 167쪽.

전광석화처럼 제정했다. 이 과정에서 재계의 물밑 반대가 거셌다. 법안의 핵심 논리를 KDI가 만들었다는 사실이 알려지면서 이규억 박사는 한동안 협박 전화에 시달리기도 했다. 그러나 신군부의 서슬 퍼런 사정 작업 덕분에 재계가 바짝 얼어붙으면서 반대 목소리가 수그러들었다.[183]

재벌에 대한 특혜와 시장의 독과점을 본격적으로 규제 감시하는 제도적 장치인 공정거래법은 정상적인 상황이었다면 기업들의 반발과 로비로 제정이 어려웠을 것이다. 국보위와 5공 출범이라는 혁명적 상황이었기에 재벌들이 손을 쓸 겨를도 없이 일사천리로 제정될 수 있었다.

공정거래법은 "사업자의 시장지배적 지위의 남용과 과도한 경제력의 집중을 방지하고, 부당한 공동행위 및 불공정거래행위를 규제하여 공정하고 자유로운 경쟁을 촉진함으로써 창의적인 기업 활동을 조장하고 소비자를 보호함과 아울러 국민경제의 균형 있는 발전을 도모"하기 위해 제정(공정거래법 제1조)된 것이다.

공정거래법은 경제운용의 기본 방향을 정부 주도에서 민간 주도로 점차 전환하되, 민간기업의 공정하고 자유로운 경쟁 체제를 통해 창의적 활동을 조장하고, 소비자 권익도 보호하는 건전한 경제 질서의 확립을 위해 독과점의 폐단은 적절히 규제한다는 헌법 정신에 따라 제정되었다.

궁극적으로는 경제를 정부의 간섭 없이 '보이지 않는 손'에 맡기는 자유시장경제 제도를 뿌리내리기 위한 목적이 담겨 있었다. 공정하고 자유로운 경쟁 질서를 확립하려는 경제 헌법적 기능과 위상을 갖는 공정거래법이 헌정질서를 위배했다고 지탄받는 군사정권에 의해 제정된 것이다.[184]

한국 재벌기업의 문제를 심도 있게 연구한 사람은 사공일 박사였다. 그

---

183 KDI 원로들의 증언 편찬위원회, 앞의 책, 137쪽.
184 KDI 원로들의 증언 편찬위원회, 앞의 책, 121쪽.

가 김재익의 후임으로 경제수석에 임명되자 재벌들의 경제력 집중 및 불공정거래를 시정하기 위해 공정거래법 개정이 추진되었다. 당시 대기업들은 시장지배력을 급속히 키워가는 과정에서 상호출자와 순환출자 등 변칙적 방식을 동원했다. 그 바람에 기업 체력이 떨어져 거액의 부실을 양산했고, 이것이 금융권으로 전이돼 정부가 금융권 부실을 처리하는 데 큰 어려움을 겪었다.[185]

그 결과 자연스럽게 공정거래법을 개정하여 '대규모 기업집단'의 계열회사 간 상호출자를 금지했다. 불필요한 계열사는 매각하고, 방만한 경영으로 늘어난 부채는 그 규모를 축소하도록 유도했다. 또 과잉투자로 심각한 경영난에 처한 자동차, 디젤엔진, 발전설비 분야 기업의 통폐합을 추진했다. 이런 조치를 통해 정부 지원 없이도 기업이 독자적 생존할 수 있도록 유도한 것이다.

"물가를 한 자리로 안정시켜라"

경제기획원 물가국은 1981년 물가 억제 목표를 20% 선으로 정해 대통령에게 보고했다. 이 수치가 마음에 들지 않았던 전 대통령은 물가 관계자 회의를 소집하여 "20%는 말이 안 된다. 기필코 물가를 한 자리 숫자로 안정시켜라"라고 특명을 내렸다. 실무진이 현실적 여건을 들어가며 어려움을 호소하자 대통령은 '인식과 발상의 전환'을 강조했다. 시스템 자체를 바꿔라. 즉 물가 안정을 위한 국가정책의 혁명적 전환을 요구한 것이다.

전두환은 1982년 1월 1일, "올해 물가 상승률을 한 자리 숫자로 만들겠다. 정부와 기업이 협력하자"라고 발표했다. 모든 사람이 코웃음을 쳤지만, 그는 모든 희생을 각오하고 이 정책을 일관되게 시행했다. 그는 재무부 장

---

185 KDI 원로들의 증언 편찬위원회, 『KDI, 자율·경쟁·개방의 시대를 열다』, 나남, 2023, 146쪽.

제5공화국 전두환 시대 2

관 등 경제 장관들에게 "물가 안정이 안 되면 당신들은 63빌딩에서 뛰어내려야 한다."[186] "물가가 오르면 사표 내고 한강에 투신해야 돼"라고 압박했다.

전두환 대통령이 '물가와의 전쟁'을 선포했을 때 주변에선 "총 쏘는 것밖에 모르는 무식한 군인이 헛소리한다"는 분위기가 지배적이었다. 전 대통령은 정치적 어려움을 각오하고(다시 말하면 선거에서 표를 포기하고) 물가 안정 정책을 탱크처럼 밀고 나갔다.

인플레이션 억제를 위한 물가 안정화 작업은 경제적 측면에서는 당연한 정책이지만, 정치적 측면에서는 독이 든 성배(聖杯)나 다름없었다. 물가 안정을 위해서는 구성원 모두에게 긴축, 즉 전 국민에게 피와 땀과 눈물을 요구할 수밖에 없었다. 정부는 예산을 쥐어짜야 하고, 공무원과 근로자의 임금 인상을 억제해야 한다. 기업은 제품 가격 인상을 포기해야 하고, 농민은 땀 흘려 수확한 곡식을 싼값에 내놔야 한다.

정치인이란 표를 먹고 사는 동물이다. 선거에서 당선을 위해서라면 어떤 정치인이 포퓰리즘을 마다하겠는가. 누군가는 해야 할 역사적 과업인 것은 분명하다. 하지만 표에 목숨 거는 정치인들은 선거에서 패해 정권이 날아갈 수도 있는 위험한 도박이었다. 전두환은 두 눈 딱 감고 '선거에서의 승리'가 아닌, '역사적 과업'을 선택했다.

이중 곡가제가 인플레이션의 주범

5공 시절 표심은 여촌야도(與村野都)였다. 이런 정치적 구도 하에서 여권의 강력한 표밭은 농민층이었다. 농민의 표심에 결정적 영향을 미치는 요소가 이중 곡가제였다. 정부는 농민으로부터 시장가보다 높은 가격으로

---

186 김성익, 앞의 책, 205쪽.

곡물을 매입하여 농가 소득을 높이고 증산을 유도한다. 반면에 소비자에게는 시장 가격보다 낮은 가격으로 판매하여 도시 소비자들의 생계비 부담을 줄여주는 제도였다.

이중 곡가제도의 함정은 매입가와 판매가의 차이로 인한 손해를 정부가 세금으로 메워야 한다는 점이었다. 1970년까지만 해도 정부의 추곡수매량은 연간 35만 톤 수준이었다. 1970년대 들어 다수확 품종인 통일벼가 보급되면서 쌀 생산량이 크게 늘었다. 시중에 쌀이 남아돌자 곡가가 폭락했고, 농가의 볼멘소리에 놀란 정부는 수매량을 해마다 늘려나갔다. 1973년 정부의 쌀 수매량이 48만 톤을 넘어서더니 1970년대 말에는 130만 톤을 웃돌았다.[187]

이중 곡가제 유지를 위해 정부의 양곡관리특별회계 적자(양특 적자)도 덩달아 폭증했다. 이것이 정부의 재정수지를 악화시키고, 인플레이션의 주범 역할을 했다. 국민 생활 수준이 높아지면서 시민들은 밥맛이 좋지 않은 통일벼보다 일반미를 선호했다. 덕분에 정부가 방출하는 정부미 가격은 계속 하향 추세를 면치 못했다.

1975년 쌀의 정부 수매가는 가마당 1만 5,760원, 판매 원가는 1만 7,284원이었다. 정부가 책정한 시중 판매 정부미 가격은 가마당 1만 3,000원에 불과했다. 정부미 한 가마를 방출할 때마다 정부는 4,284원의 적자를 떠안았고, 차액은 양특 적자 계정을 통해 국민 세금으로 때웠다. 그 결과 양특 적자 누적 규모가 1979년 1조 원에 달했다.[188]

정부는 적자를 메우기 위해 한국은행에 손을 벌렸다. 한국은행은 조폐공사의 인쇄기를 돌려 돈을 찍어 이를 메웠다. 시중에 풀린 돈이 물가 상

---

187 고승철·이완배, 앞의 책, 153쪽.

188 고승철·이완배, 앞의 책, 154쪽.

승을 부추겨 인플레이션을 유발했고, 다음 해 정부는 인플레이션만큼 추곡수매가를 인상하여 더 많은 적자 발생의 악순환이 반복되었다.

여당의 최대 표밭이자 지지층은 농민이었다. 추곡 수매제도에 손을 대는 순간, 농촌에서 나오는 표가 다 날아갈 수도 있었다. 행정부나 여야 정치인 모두 심각한 모순임을 알면서도 '농민 표'를 의식하여 추곡 수매제도, 즉 이중 곡가제는 누구도 손대지 못하는 금단의 영역이 되었다.

추곡수매가 성역에 칼을 대다

이러한 언터처블(Untouchable)의 성역에 칼을 들이댄 사람이 전두환이었다. 전두환 대통령은 매년 20~40% 이상 폭등하는 추곡수매가 인상의 악순환을 끊기로 작심했다. 1981년 8월 하계 기자회견에서 전 대통령은 기자들에게 이렇게 하소연했다.

"일부에서는 경기회복을 위해 돈을 더 찍어내 금리와 세율을 내리라고 주장하는데, 나는 일시적이고 졸속한 경기부양을 하지 않겠다. 돈을 마구 찍어 필요한 부분에 나눠주면 나도 인심 얻고 얼마나 좋겠나. 그렇게 계속하다 보면 쌀 한 가마를 사기 위해 돈 한 가마를 지고 가는 일이 생길 수도 있다."

1981년 추곡수매가 인상률 결정을 앞두고 사단이 났다. 농민 편을 들어야 하는 농림수산부는 최소 24% 인상안을 제시했고, 야당인 민한당은 45.6% 인상안을 내놓았다. 수매량도 900만 석은 돼야 한다고 주장했다. 반면에 물가정책 담당 부서인 경제기획원은 청와대와 협의한 후 안면 몰수하고 추곡수매가 인상률 10%, 수매량 600만 석이라고 발표했다.

야당은 물론 여당에서도 난리가 났다. 농촌 지역구 의원들은 신병현 부총리를 농수산위원회에 출석시켜 "농민들 다 죽일 생각이냐"라면서 거칠게 따졌다. 정회만 다섯 차례를 할 정도로 공방이 계속됐다. 결국 여당인 민정당이 15~17%로 중재에 나섰고, 경제기획원이 일부 양보하여 14%로 최종 확정되었다. 과거 추곡수매가 평균 인상률 30~40% 선에 비하면 크게 낮춘 셈이다.[189]

전 국민 대상으로 경제교육 시행

물가 안정을 위한 국민의 이해와 협조를 이끌어내기 위해 대국민 경제교육을 활용하자는 아이디어를 최초로 낸 사람은 김만제 KDI 원장이었다.[190] 전 국민을 대상으로 경제교육을 실시하여 국민 모두를 경제 전문가로 만들자는 전략이었다. 전 대통령은 이 아이디어를 전폭적으로 수용했다.

그 즉시 전 대통령은 경제기획원에 "전 국민을 대상으로 한 손쉬운 경제교육 교재를 마련하라"고 지시했다. 대통령의 지시에 따라 1981년 11월 경제기획원 내에 국민 경제교육을 전담하는 대국민 경제홍보단이 출범했다. 1년 뒤에는 경제교육기획관실이라는 별도의 부서가 생겼다. 이 부서는 경제기획원 안에 있었지만, 실제 업무 추진은 청와대 김재익 경제수석의 지시를 받았다.[191]

박정희 대통령이 새마을운동에 전력투구했다면, 전두환 대통령은 경제교육에 모든 정열을 바쳤다. 전 대통령이 경제교육에 지대한 관심을 표명하자 경제기획원은 경제정책 입안뿐만 아니라 국민 경제교육에도 앞장서는 부서로 변신했다. 경제기획원 실무자들이 경제교육 자료를 만들어 보고하면 전 대통령은 청와대 전화교환원이나 경호실 직원을 불렀다. 이들에게 교재 내용을 읽어보도록 하고 이해할 수 있는지 여부를 점검했다. 말하

---

189 KDI 원로들의 증언 편찬위원회, 앞의 책, 35쪽.
190 KDI 원로들의 증언 편찬위원회, 앞의 책, 36쪽.
191 백완기, 「경제 자율화의 기수」, 이순자 엮음, 앞의 책, 39쪽.

자면 전화교환원도 쉽게 이해할 수 있도록 쉽고 흥미로운 자료를 만들라는 주문이었다.

이렇게 만들어진 교재를 가지고 공무원과 군인, 기업인과 근로자, 농어민은 물론 가정주부에 이르기까지 범국민적 경제교육이 실시되었다. 군부대는 물론 예비군 교육장에서도 경제교육을 했다. 현역 군인의 경우 경제교육 후 시험을 쳐서 일정 점수 이상을 얻어야만 휴가나 외출·외박이 가능했다.

경제교육 추진 과정에서 여러 명의 스타가 탄생했다. 동아일보 경제 기자 출신의 이계익, KDI 부원장 사공일 박사가 대표적이다. 어느 날 강경식 차관보가 사공일 박사에게 전화를 해서 "사공 박사, 한국의 월터 크롱카이트(Walter Cronkite, 미국 CBS의 전설적인 뉴스 진행자)가 한번 돼보시오"라고 권했다.

사공일 박사는 MBC의 김강정 기자와 함께 '어려워지는 국제환경과 우리의 대응'이라는 프로그램을 기획·연출하고 진행을 맡았다. 프로그램이 방영된 때는 1982년 12월 하순이었다. 노벨경제학상 수상자들이 나와 세계 경제 침체 원인을 분석하고, 한국 경제에 대해 충고하는가 하면, 선진국 경제 장관과 은행가, 사업가, 학자들이 등장해 어려운 경제를 쉽게 설명하면서 이를 극복하려면 어떻게 노력해야 하는지 알려주었다. 이 프로그램은 기대 이상의 폭발적 반응을 얻었다.[192] 전두환 대통령은 김재익 경제수석이 아웅산 사건으로 순국하자 사공일을 후임 경제수석으로 임명했다.

개방은 악(惡), 쇄국은 선(善)

전두환 정부가 물가 안정에 이어 다음으로 도전한 분야는 한국 사회의

---

192 KDI 원로들의 증언 편찬위원회, 앞의 책, 36~37쪽.

전면 개방이었다. 사실 개방은 한국인에게 부정적 인식으로 덧칠된 골치 아픈 화두였다. 조선은 서세동점의 시기에 개방을 거부하고 쇄국정책을 고수하다 근대화에 실패했다. 1876년 일본의 포함(砲艦) 외교라는 폭력적 방식에 의해 개방을 강요당한 어두운 기억이 강하게 남아 있었다.

한 세기 전, 영국에 절망적으로 뒤졌던 독일이 영국을 추월한 것은 철저한 개방정책 덕분이었다. 스웨덴도 1850년대 중반까지는 유럽의 가난한 변방 농업국이었다. 이 나라는 먹고 살기 위해 전 인구의 4분의 1이 해외로 나가 취업해야 할 정도로 산업 기반이 빈약했다. 스웨덴은 19세기 후반 들어 문호를 활짝 열고 해외 기술과 자본을 적극 유치했다. 해외 투자자들이 자유롭게 스웨덴에 진출하여 기업을 설립할 수 있도록 유도하기 위해 유한회사 제도를 도입했다. 외국인 투자를 유치하기 위해 금융시장을 완전 개방한 덕에 선진국 대열에 오를 수 있었다.

일본도 1854년 페리 함대에 굴복하여 타율적 개방을 한 후 적극적으로 외국 문물을 수용했다. 그 결과 불과 30년 사이에 근대화를 성취했고, 청일·러일전쟁에서 승리하여 세계적인 강국으로 부상했다.

이민족이나 외부 세계와의 접촉 경험이 부족했던 조선 사회는 척화비까지 세워가며 줄기차게 쇄국, 위정척사로 저항했지만 나라의 독립을 유지하기엔 역부족이었다. 타율적 강제 개방의 여파로 일본의 식민 지배를 받았고, 외세에 대한 국수적 민족감정이 폭발하여 개방은 악(惡)이요, 쇄국은 선(善)이란 기형적 가치관이 깊이 뿌리내려 있었다.

시장경제란 소비자와 생산자가 자의적 의사로 생산과 소비를 결정하는 것이 기본 원리다. 이렇게 되어야 한정된 재화와 자원의 효율적 이용이 가능해진다. 자유시장경제를 뿌리내리기 위해서는 국내시장 개방은 필연적 과제다. 하지만 한국인들의 심리 기저에 뿌리 깊게 자리 잡은 개방에 대한 열등감과 피해의식이 문제였다. 특히 외국 자본의 국내 투자에 대한 거부감이 강하게 자리 잡고 있었다.

그 결과 국내 시장은 쇄국의 철갑을 둘렀고, 수출은 애국이요, 수입은 매국으로 손가락질당하는 사회 분위기가 지배했다. 외국 제품에 대한 거부감을 부추긴 것은 범정부 차원에서 실시된 양담배 단속이었다. 박정희 대통령은 1970년 1월 전매청으로부터 "작년 한 해 양담배 흡연자에 대한 벌과금 4천만 원을 징수했다"는 보고를 받았다. 민족주의 정서가 강했던 박정희는 "그 정도론 안 된다"라면서 양담배 피우는 사람에 대한 벌과금을 인상하고, 적발된 사람의 명단을 공개할 것, 공공기관 요원이 양담배를 흡연하다 적발되면 무조건 직위 해제하라고 지시했다.

이후 전국 곳곳에 "국가 경제 좀먹는 양담배 사지도 피지도 말자", "양담배 연기 속에 사라지는 60억 원" 등의 플래카드가 내걸렸다. 양담배를 피우거나, 가지고 있다가 적발되면 한 개비 당 수십만 원의 벌금 폭탄을 맞았다. 1970년 1월 17일 코미디언 김희갑 씨가 양담배를 피우다 적발되어 곤욕을 치른 사건이 언론에 보도되었다. 이런 일이 발생할 때마다 곳곳에서 '국산품 애용' 궐기대회를 여는 등 난리법석을 피웠다.

폐쇄적 보호무역으로 회귀한 박정희 정부

한국은 부존자원이 빈약하고, 한정된 내수시장으로 인해 대외 지향적 경제 발전전략은 필수불가결한 선택이었다. 1960~70년대 한국의 경이로운 경제성장은 수출을 바탕으로 한 대외지향 발전 전략 덕분이었다. 한국은 1967년 GATT(관세 및 무역에 관한 일반협정)에 가입하여 수입자유화 기조를 유지해왔다.

그런데 박정희 정부가 중화학공업 건설에 나서면서 1970년대 중반 이후 국제경쟁력이 취약한 국내 중화학공업 기업의 보호 명목으로 폐쇄적 보호무역으로 회귀했다. 그 결과 수입자유화율이 1967년 58.5%를 기록했으나 1975년 49.1%로 후퇴했다. 1978년 상공부에 수입자유화 대책위원회가 발족되었으나 "수입 장벽을 없애면 국내의 중화학공업이 붕괴될 수도 있다"라는 의견에 밀려 별다른 역할을 하지 못했다. 외국의 경제 전문가들은 한국이 중남미형 폐쇄국가로 퇴락할 가능성이 없지 않다고 경고하고 나섰다.

이런 시대 분위기에서 개방론을 앞세운 수입자유화 추진은 여론의 거센 역풍을 각오해야 하는 일이었다. 청와대는 정책의 무게중심이 과감한 수입자유화로 기울어져 있었다. 김재익 경제수석이 전두환 대통령을 설득했기 때문이다.[193] 5공의 경제 정책 담당자들은 국내시장을 개방하여 내수시장에서 외국 기업과 경쟁하여 이겨야만 국제경쟁력 확보가 가능하다고 판단했다.

개방론자들은 대기업에 대한 과보호와 독과점이 기업 경쟁력을 약화시키고, 중소기업의 침체를 가져왔다고 보았다. 정부가 자원배분에 관여하면 투자 부실화를 초래할 위험이 커진다. 따라서 앞으로는 정부가 해야 할 일과, 하지 말아야 할 일을 엄격히 구분키로 했다. 민간의 자율적 경제활동은 최대한 보장한다. 그리고 정부가 해야 할 일은 경쟁의 규칙을 정하고, 그 규칙이 원활하게 지켜지도록 관리하는 일로 제한했다.

시장이 공정해지기 위해서는 시장 참여자가 자유로워야 한다. 이 자유로움은 국적조차 불문해야 한다. 최소한의 기술적인 제한을 뺀다면 외국 기업이라고 해서 우리 시장에 못 들어오도록 장벽을 치는 것은 기본적인 시장경제 철학에 어긋나는 일이다. 수출을 지향하는 한국 경제가 국내에서 외국 제품과 경쟁하지 못하도록 하는 것은 철저한 모순이다.[194]

---

193 KDI 원로들의 증언 편찬위원회, 앞의 책, 69쪽.
194 고승철·이완배, 앞의 책, 248쪽.

경제 가정교사들로부터 이러한 자유 경제 이론을 철저하게 교육받은 전두환 대통령은 취임 초부터 "외국 자본과 기술 도입을 촉진하기 위해 우리 경제를 대외 개방한다"라는 확고한 방침을 여러 차례 밝혔다. 그는 "국제화, 세계화 추세를 거스를 수 없는 상황에서 우리 사회의 개방화, 자율화는 선택의 문제가 아니라 생존 수단이다. 보호와 규제로 유지되는 성장이나 발전은 한계가 있다. 벽 속에 갇힌 상태에서는 개인의 창의력도 충분히 발휘될 수 없다"라고 선언했다.

개방 주제로 경제부처 공무원 합숙 토론

대통령이 앞장서서 대외 개방을 천명하자 정부 내 개방론의 주역인 김재익 경제수석, 강경식 재무부 장관, 김기환 KDI 원장 등이 적극 활동을 개시했다. 이들이 중심이 되어 경제기획원, 재무부, 상공부 등 주요 경제부처 차관 이하 과장급까지 간부 전원이 2박 3일 합숙 토론하는 '산업정책에 관한 경제부처 합동 연수회'를 중앙공무원연수원에서 개최했다. 이런 규모와 깊이의 범부처 정책 토론은 전무후무한 일이었다.[195]

이 자리에서 개방론자들은 국내시장 개방, 수입자유화의 필요성을 역설했다. 강경식 재무부 장관은 수입 개방과 자유경쟁 시장의 장점을 역설한 책 『이코노 폴리시』를 과장급 이상 관료에게 배포하여 개방이 불가피함을 이해시키려고 노력했다. 국내시장 개방 문제를 둘러싸고 정부도 두 쪽으로 갈렸다. 개방파 진영은 경제기획원과 산하 연구기관인 KDI, 보호무역파 진영은 상공부와 산하 연구기관인 산업연구원(KIET)이었다.

개방파의 선봉장이었던 KDI는 1983년 2월, 정부에 수입 전면 자유화를 촉구하며 국내시장 개방을 주장하고 나섰다. 심지어 1984년부터 주곡(쌀·

---

195 KDI 원로들의 증언 편찬위원회, 앞의 책, 69쪽.

보리)을 제외한 전면적 자유화, 즉 사실상 모든 품목의 관세를 철폐하자고 제안했다. 경제기획원은 KDI의 제안에 곧바로 "1986년까지 수입 자유화율을 선진국 수준인 90%로 확대하고, 경쟁력 없는 산업은 과감히 정리한다. 기술 개발을 위해 정부 연구기관을 민간에 이양하며, 특히 내수시장에서 독과점 기업의 생산품 분야부터 먼저 개방하겠다"라고 약속했다.

당시 쌀 등 주곡을 포함한 한국의 주요 농산물 가격은 국제시장보다 4배 이상 높게 유지되고 있었다. 시장개방 압력이 거세지자 정부에서도 농산물 시장을 일부라도 개방해야 한다는 분위기가 형성되었다. 농산물 시장을 개방하지 않으면 공산품 수출에 대한 보복이 우려되었기 때문이다.

농산물 수입 개방 분위기를 유도하기 위해 한국무역협회가 '개방 압력 시대에 대응하는 한국의 선택'이라는 세미나를 열었다. 이 세미나에서 KDI의 양수길 박사는 농산물 수입 개방이 필요하다는 주제 발표를 했다. 발표 도중 농민단체 회원들이 "농산물 시장을 개방하라니, 너는 미국 놈이냐?"라고 비난과 욕설을 퍼부었다. 양 박사의 발표가 끝나자 난데없이 수많은 청중이 일어나 연단을 향해 비닐에 담은 소똥을 무더기로 투척했다. 이것이 한국의 수입개방 정책사에서 유명한 '소똥 투척 사건'이다.[196]

1986년 박운서 상공부 통상진흥국장이 해외공관장을 대상으로 국내시장 개방을 주제로 특강을 했다. 이날 박 국장은 "국산 담배만 피울 게 아니라 이젠 양담배도 피워야 한다. 컴퓨터나 전자산업은 당분간 더 보호해야 하지만, 양담배 같은 소비재 분야는 개방해서 외국의 통상 압력에 대처해야 한다"고 설명했다.

이날 수강자 중에는 군 장성 출신 대사들이 많았는데, 이들이 들고 일어났다. "저런 한심한 국가관을 가진 관료는 당장 목을 쳐야 한다"라는 주

---

196 KDI 원로들의 증언 편찬위원회, 앞의 책, 88~89쪽.

장이 정보기관에 전달됐고, 박운서 국장은 보안사로 호출당해 고역을 치렀다.[197]

정부 부처도 개방파·보호무역파로 갈려

이에 반해 무역 업무와 기업 정책을 담당하는 주무부처인 상공부는 김동휘 장관 명의로 "성급한 수입 개방은 우리 산업의 전면 붕괴를 가져올 우려가 있다"면서 시장 개방론에 제동을 걸고 나섰다. 상공부는 업계 의견을 듣고 수입개방을 하면 기술이나 가격 면에서 열세인 한국 제조업과 산업이 다 무너질 것이라고 외쳤다. 특히 중화학공업 관련 제품은 무조건 보호주의 정책을 취해야 한다고 주장했다.[198]

세상 돌아가는 물정을 모르는 국내 언론들은 시장 개방 정책을 반대하고 보호무역, 즉 쇄국을 선동했다. 당시 한국의 수입자유화 비율은 74.8%로 대만 97.7%, 일본 97%보다 턱없이 낮았다. 그럼에도 불구하고 언론은 연일 "국내 시장 개방하면 미제·일제 홍수, 수입품 봇물 터져" 등 자극적 제목으로 개방을 반대하고 나섰다. 개항 시기에 척화비 건립을 주장한 쇄국·위정척사파 역할을 언론이 대신한 셈이다.

언론의 지원사격을 등에 업은 상공부 산하의 산업연구원은 "국제수지 적자 상황에서 수입 개방을 서둘러서는 안 된다"라며 KDI 주장에 조목조목 반격을 가했다.

최종 판단은 대통령의 몫

중요한 국가 정책 추진 과정에서 정부 부처별, 전문가별로 정반대 의견

---

197 이장규c, 앞의 책, 259쪽.
198 KDI 원로들의 증언 편찬위원회, 앞의 책, 74쪽.

이 표출되어 결론이 나지 않으면 최종 결정권자가 결정할 수밖에 없게 된다. 이래서 대통령의 판단력과 지적 능력, 결단력이 중요한 것이다. 전두환 대통령은 경제기획원과 상공부가 개방정책을 놓고 심하게 대립하자 "국내 시장 개방, 수입자유화가 최선"이라고 선언했다. 경제기획원의 손을 들어준 것이다.

전 대통령은 시장 개방 정책과 관련하여 "독과점 품목 등 과도하게 보호되어온 산업부터 최대한 수입자유화를 앞당겨라. 중소기업 제품은 가급적 수입자유화 시기를 늦춰라. 농산물은 원칙적으로 수입자유화 대상에서 제외하라"고 결정했다. 대통령이 직접 나서서 정책의 방향을 정했음에도 불구하고 상공부의 반대로 성과가 지지부진하자 전두환 대통령은 1983년 10월, 충격적인 인사를 단행한다.

자타가 공인하는 대외 개방론자인 김기환 KDI 원장을 무역 주무 부처인 상공부 차관에 임명하여 수입자유화 정책의 추진을 맡겼다. 또 산업연구원이 수입 개방에 끝까지 반대하자 박성상 원장을 수출입은행장으로 보내고, 개방론자인 사공일을 후임으로 임명했다. 이로써 두 연구원 간 논쟁은 종지부를 찍게 되었다.[199]

개방론자를 상공부 차관에 임명하는 것은 그전 같으면 상상조차 할 수 없었던 일대 사건으로 해석됐다. 개방 정책은 수입자유화 품목 확대, 관세율 인하가 핵심이었다. 상공부 차관에 취임한 김기환 차관은 휘하 국장에게 수입 개방 예시제 계획을 수립하라고 지시했다. 상공부 국장·과장들이 이에 거세게 저항했다.

그들은 차관 방에 찾아와 "상공부를 죽이려고 이러십니까" 하며 집단 항의했다. 할 수 없이 차관이 직접 수입품목을 늘어놓고 줄을 그어가며 수

---

199 KDI 원로들의 증언 편찬위원회, 앞의 책, 70쪽.

제5공화국 전두환 시대 2

입 예시 목록을 작성하는 촌극이 빚어졌다. 우여곡절 끝에 수입 개방 예시제가 확정되어 시행에 들어갔다.

그동안 내수시장에 안주하여 손쉽게 비즈니스를 해왔던 국내 기업들은 "시장을 개방하면 우린 다 죽는다"라며 아우성이었다. 과자 시장을 개방하면 제과업계가 난리를 쳤고, 전자제품 시장을 개방하면 전자업계가 입에 거품을 물고 저항했다. 언론은 수입 개방을 추진한 관계자들을 거세게 비난하는 기사를 연일 게재했다. 심지어 정부 내에서도 "김기환이 미국 정부의 앞잡이 아니냐"라는 인신공격이 난무했다.

그동안 국내시장에서 재미를 보아왔던 기업들의 반발이 심상치 않았다. 이와 관련한 전두환 대통령의 증언을 소개한다.

"내가 개방 정책을 왜 썼나. 그전에는 정부가 독과점 기업을 보호하니 기술 개발, 품질 향상도 안 되고 그래서는 국제화 시대에 못 살아남기 때문입니다. 그래서 기업이 나를 잡아먹으려고 하지 않았나. 미국 같으면 살인 집단을 사서 나를 죽였을지 몰라요. 개방 정책 덕분에 외국과 기술 제휴로 기술 향상도 되고 90%를 개발할 수 있었어요."[200]

수입자유화 정책 추진 과정에서 기업들의 반발과 압력이 어느 정도로 심각했는지를 상징적으로 유추할 수 있는 발언이 아닌가 생각된다.

외국 자본과 합작은행 설립

눈만 뜨면 수입을 줄이고, 수출 확대만이 민족의 살길이라고 믿어왔던 한국 사회에서 5공 정부의 나라 문을 활짝 열어젖히는 개방 정책은 심각한 문화 충격이었다. 특히 국수적 민족주의가 팽배한 상황에서 외국 자본의 국내 은행 설립은 상상하기 힘든 일이었다.

---

200 김성익, 앞의 책, 555쪽.

하지만 한국이 선진국으로 도약하기 위해서는 외국 자본의 국내 진출을 막고 독야청청할 수는 없는 분위기였다. 5공 정부는 해외 선진 금융 기법을 도입하여 새로운 금융 풍토를 조성하기 위해 외국 자본과 합작은행 설립을 추진했다. 1982년 재일교포들의 출자로 신한은행이 설립되었고, 1983년엔 뱅크 오브 아메리카(Bank of America)와 합작으로 한미은행이 출범했다.[201]

외국인 직접투자를 유도하기 위해 전략산업 등 몇몇 특수 분야를 제외한 모든 분야에 외국인 투자를 자동 승인하는 네거티브 리스트 제도(negative list)를 시행했다. 이런 조치를 통해 선진국을 향한 금융 분야 개방화, 자유화의 분위기를 조성해나갔다.

우선 관치금융의 개혁을 위해 은행 민영화 작업에 나섰다. 1981년부터 1983년 사이, 정부가 보유하고 있던 은행 주식을 매각하여 4대 시중은행과 10대 지방은행이 민영화되었다. 제2금융권에 대한 진입도 개방하기 위해 1982년 9월 단자회사 설립을 자유화했다. 그 결과 1983년까지 12개 투자금융회사, 58개의 상호신용금고가 설립되었다.

이어 은행에 대한 수많은 규제를 폐지하거나 대폭 단순화했다. 1982년 은행법을 개정하면서 재무장관의 금융기관 임원 선임 승인권과 파면권을 규정한 '금융기관에 대한 임시조치법'을 폐지했다.[202] 기업에 대한 대출도 로비나 연줄이 아니라 수요 공급의 원리에 의해 분배되는 쪽으로 제도를 수정해나갔다.

이런 노력 끝에 1982년, 물가가 5.4% 인상으로, 한 자리 숫자로 잡혔고, 성장률은 7.5%를 기록했다. 1986년 수입품의 상징인 양담배 수입 금지가

---

201 강경식, 「금융실명제와 안정화 시책」, 남덕우 외 지음, 앞의 책, 108쪽.
202 전두환 회고록(2), 114~115쪽.

제5공화국 전두환 시대 2

해제되었고, 양담배를 피워도 문제 삼지 않는 풍경이 전개되었다. '수출의 날' 명칭도 '무역의 날'로 바뀌었다. GATT, 우루과이 라운드보다 훨씬 앞서 주곡을 제외한 농산물 시장을 개방하고, 농업 구조조정을 선제적으로 수행했다.

국내시장이 개방되면서 우리 기업들은 국내에서 수입품과 경쟁하기 위해 피나는 노력을 기울였다. 수입품보다 싼값으로 더 좋은 제품을 만들기 위해 고군분투했고, 전반적으로 제품 가격이 하락했다.

시장 개방이 가져온 선물

정부 정책에 의해 수입자유화 품목은 연차적으로 확대되었고, 관세율 인하도 꾸준히 추진되었다. 수입 자유화율은 1979년 68%이던 것이 1982년에는 76.6%, 1984년에는 84.8%, 1986년에는 91.5%로 상승했고, 1988년에는 거의 100%까지 확대되었다. 1978년 35.7%나 되던 우리나라 평균 관세율은 1982년 23.7%, 1986년 19.9%, 1990년에는 11.4%까지 내려갔다.[203]

수입자유화 정책 덕분에 소비자들은 선택의 폭이 넓어져 소비자 주권이 강화되었고, 기업들은 디자인·품질·기술력 향상을 통해 외국 제품과 경쟁할 수 있는 실력을 갖추는 데 성공했다. 이것이 개방화가 우리 사회에 가져온 커다란 선물이었다.

전두환 정부의 개방정책은 외부의 통상 압력 등 타력에 의한 추진이 아니라, 문제점을 발견한 대통령과 관료 사회의 자각에 의한 자율적 추진이었다는 점에서 역사적 의미가 있다. 외국의 압력도 없었고, 국제수지 적자 상황에서 우리 스스로 산업경쟁력 강화를 위한 수단으로 시도한 것이다.

---

203 김기환, 「김재익 수석과 국제화」, 남덕우 외 지음, 앞의 책, 151~152쪽.

통념적으로 경쟁력을 강화하려면 보호를 해야 한다고 주장한다. 그 관념을 완전히 뒤집었기 때문에 혁명적 발상이었다. 이것이 국제적으로 알려지면서 상당히 주목을 받았다.[204]

---

[204] KDI 원로들의 증언 편찬위원회, 앞의 책, 97쪽.

제5공화국 전두환 시대 2

7

정부 재정을 흑자로 만들어라

전두환 대통령이 추진한 안정화 정책의 핵심은 통화 긴축, 즉 시중에 유통되는 돈의 양을 줄이는 일이었다. 전 대통령은 경제정책 담당자들에게 통화량 증가를 강력 억제할 것을 강조하면서 "정부가 인심 좋다는 말을 들으면 안 된다. 통화를 증발하는 정책을 보고하려면 당신의 사표를 첨부해서 가져오라"고 경고했다.

전두환이 통화 긴축을 통해 실현하고자 했던 궁극적 목표는 한 자리 수 물가 정착을 통한 인플레이션 퇴치, 적자 없는 나라 살림이었다. 그는 기회가 날 때마다 "나는 빚을 싫어한다"라면서 이렇게 말했다.

"나라가 돈을 찍어 국민에게 나눠주어 국민 모두가 부자가 되고 경제문제가 해결된다면 누가 그렇게 하지 않겠는가. 그러나 통화가 늘어나면 결국 물가가 오르고 봉급자를 포함한 대부분의 국민들이 앉아서 손해를 보는 것 아닌가. 돈을 찍어내서 문제 해결을 하려는 자세는 속임수라고밖에 할 수 없다."[205]

"개인이 이웃집에다 선심을 마구 쓰면 '아주머니, 인심 좋습니다. 죽어서 좋은 데 가시겠습니다'라는 소리를 듣겠지만, 정부가 '인심 좋다'라는

---

[205] 청와대 출입기자들과 하계 기자회견, 1983년 8월 23일.

소리를 듣다 보면 빚더미에 빠지게 된다. 내 꿈은 1986년쯤에 가서 나랏돈을 은행에 예금할 수 있게 하는 것이다."[206]

이런 비장한 각오로 통화량 증가 억제를 위해 온갖 방법을 총동원했다. 하지만 국가 운영 과정에서 이상과 현실은 늘 다른 법이다. 전 대통령의 강력한 통화량 억제 노력에도 불구하고 총 통화량(M2)은 1980년 25.8%에서 1981년에는 27.4%로 오히려 전년 대비 1.6%늘었다. 1982년은 총 통화량 증가율 목표를 20~22%로 잡았지만 이철희·장영자 사기 사건의 여파로 총 통화량은 28.1%로 전년보다 0.7%늘었다. 1983년에 들어가서야 전두환 정부의 비장한 노력을 통해 19.5%로 전년 대비 무려 8.6%나 낮추는 데 성공, 물가 안정의 결정적 전기를 마련하게 되었다.

가정이든 회사든 빚을 져서는 안 된다

사실 그동안 인플레이션의 주범은 정부였다. 박정희 정부는 중화학공업 건설을 위해 지속적으로 세출을 확대했다. 정부가 돈이 없으니 관련 자금은 국채를 발행하거나, 한은에서 돈을 찍어 공급하거나, 해외로부터 돈을 빌려오는 차관 도입 방식으로 해결했다. 덕분에 매년 60%씩 통화가 팽창했고, 시중에 돈이 풀리는 만큼 물가는 매년 17%씩 치솟았다.

IMF와 IBRD는 한국 정부에 재정적자 축소를 강력히 권고할 정도로 인플레이션이 심각했다. 전두환 대통령은 군 재직 시절부터 적자에 대해 지극히 부정적인 생각을 가졌다. 어린 시절 뼈저린 가난을 체험한 그는 가정이든, 회사든, 조직이든 빚을 져서는 안 된다는 확고한 가치관을 가지고 있었다.

그는 자신의 재임 중 정부의 만성적 재정적자와 인플레이션의 악순환

---

206 부산 시민대표와의 만찬, 1983년 9월 8일.

제5공화국 전두환 시대 2

을 기필코 해결하겠다고 각오를 다졌다. 실행 전략은 "10조 원에 달하는 정부 재정적자를 없애기 위해 매년 흑자 재정을 유지한다. 이렇게 확보된 흑자로 정부 빚을 갚는다"는 것이었다. 내용은 단순했지만, 이를 실천하는 것은 말처럼 쉬운 일이 아니었다.

우선 정부의 살림살이, 즉 예산 규모를 줄이는 것이 급선무였다. 전두환 대통령은 정부 예산 편성과 지출의 획기적 개선을 통해 정부 재정 흑자를 실현하기 위해 '예산 줄이기' 작업에 나섰다. 전 대통령은 1981년 6월 예산 당국에 "전년도 예산을 답습하는 예산편성을 지양하라"라는 지시를 내렸다.[207]

대통령의 지시에도 불구하고 수십 년 관행과 타성에 젖어 온 정부 부처는 별다른 변화가 없었다. 1981년 11월, 전 대통령은 국무회의에서 재정적자 축소를 위해 다음과 같이 지시했다.

"첫째, 예산집행의 효율과 절약을 극대화하여 재정적자를 최대한 축소함으로써 모든 국가기관은 경영에 합리화를 기하라. 둘째, 각 부처의 장비와 비품 등에 대한 재물조사를 철저히 하고, 불용품은 폐기하여 능률을 높이고, 불필요한 예산 낭비를 줄여라. 셋째, 앞으로 예산을 편성할 때는 과거의 예산 집행 실적을 고려하지 말고 제로(0)에서부터 출발하여 투자 효과를 분석하고 우선순위를 재조정하라."

이것이 재정적자 축소를 위한 제로베이스 예산 편성의 출발이었다. 제로베이스 예산은 미국 텍사스주의 개인회사에서 창안된 제도다. 제로베이스 예산은 기존 사업의 기득권을 인정하지 않고 매년 완전히 무(0)에서 예산을 편성하는 방식이다. 이 방식을 도입하면 기존 예산의 문제점이 무엇인지 손쉽게 파악할 수 있고, 예산 절감에도 크게 기여하게 된다. 지미 카터

---

207 고승철·이완배, 앞의 책, 281쪽.

가 조지아 주지사 시절 주정부 예산 편성에 이 제도를 적용했고, 대통령에 취임하면서 미 연방정부 예산편성에도 도입했다.[208]

차기 년도 정부 예산을 편성할 때면 각 부처는 기존부터 해오던 계속사업 예산은 당연히 확보된 것으로 간주한다. 여기에 새로운 사업 예산을 덧붙이는 방식으로 편성하다 보면 예산은 매년 팽창할 수밖에 없다.

제로베이스 예산 편성

전두환 대통령의 지시를 받은 경제기획원 예산실은 1982년부터 부분적으로 제로베이스 예산 편성 방식을 도입했다. 그 결과 부처 간 중복되거나 불필요한 정부간행물 통합, 공무원 출장 억제를 통해 660억 원을 줄이는 데 성공했다. 1976~1981년까지는 연평균 예산 증가율이 35.5%였으나 1982년에는 22%로 낮추는 데 성공했다. 1983년에는 보다 강화된 예산지침을 통해 예산 증가율을 8.8%로 끌어내리는 데 성공했다.

안정화·개방화 정책 추진 과정에서 정부 내에서도 저항의 목소리가 높아지기 시작했다. 경제기획원(EPB)이 안정론의 진지였다면 재무부와 상공부는 박정희 정부 시절부터 수출입국을 통한 성장 신화의 기관차였다. 특히 재무부는 전두환 정부의 안정론에 불만이 팽배했고, 개방화 정책에 저항하는 세력의 사령부였다. 그 결과 전두환 대통령이 EPB(안정론)와 모피아(성장론)의 대립을 어떻게 해결할 것인가에 관심이 집중되었다.

1982년 1월 4일 전두환 대통령은 개각을 단행했다. 5공 출범 이후 정국이 안정됐다고 판단한 전 대통령은 제5차 경제사회발전 5개년 계획이 시작되는 해를 맞아 안정화·개방화 정책을 기필코 성공시키기 위해 경제 전문가를 발탁하여 총리와 관료에 임명했다. 이날 개각이 이루어진 다음 날 밤

---

208 고승철·이완배, 앞의 책, 281~282쪽.

부터 심야 통행금지 조치가 해제됐고, 3월부터는 중고생 두발 및 교복 자유화가 실시됐다.

1982년 1·4 개각

직책	이름	소속	주요 경력
국무총리	유창순	한국무역협회장	• 평양고등상업학교, 미 네브래스카주 헤이스팅스대 경제학과 • 외자청장(현 조달청장), 한국은행 총재, 상공부 장관, 경제기획원 장관
부총리 겸 경제기획원 장관	김준성	한국은행 총재	• 경성고등상업학교 • 대구은행장, 제일은행장, 한국산업은행장, 외환은행장, 한국은행 총재
재무부 장관	나웅배	민정당 의원	• 서울대 상대, 미 스탠퍼드대 경영전문대학원, 캘리포니아대(버클리 캠퍼스) 경영대학원 • 서울대 상대 경제학과 교수, 해태제과 사장, 한국타이어 사장
동력자원부 장관	이선기	민정당 총재비서실장	• 대구대 정치학과 • 조달청장, 경제기획원 차관
건설부 장관	김종호	전남도지사	• 부산상고, 서울대 상대 중퇴, 육사(8기) • 한국종합화학 감사, 아시아자동차 부사장, 극동철강 사장
통일원 장관	손재식	내무부 차관	• 서울대 법대 • 경기도지사, 부산시장, 내무부 차관

경제기획원 관료들의 재무부 점령

다음 날 1·4개각에 따른 후속 인사로 9명의 차관급 인사가 단행되었다. 이때 강경식 경제기획원 차관보를 차관으로 승진시켜 재무부로 보냈다. 1월 16일에는 부처 간 1급 인사교류의 일환으로 재무부의 하동선 제2차관보가 경제기획원 기획차관보로, 재무부 정영의 실장은 공정거래실 상임위원으로 이동했다. 이어서 경제기획원의 핵심 인사로 꼽혔던 이진설 공정거래실장이 재무부 2차관보로, 이형구 경제기획국장은 재무부 최고 핵

심 요직인 이재국장으로 발령받았다.[209]

안정론의 주인공인 강경식의 재무부 차관 임명은 안정론에 저항하는 재무부를 장악하여 안정론을 기필코 성공시키겠다는 대통령의 강력한 의지가 반영된 인사였다. 재무부 요직이 경제기획원 간부들로 메워지는 충격적인 인사가 발표되자 재무부가 발칵 뒤집혔다. 재무부 직원들은 이날을 "경제기획원(EPB)이 재무부(모피아)를 점령한 수치스러운 날"로 기억했다.

그로부터 5개월 후인 1982년 5월 전두환 대통령은 이철희·장영자 사건의 파장으로 나웅배 재무부 장관을 해임하고 강경식 차관을 재무부 장관으로 승진 임명했다. 이로써 EPB의 모피아 점령 작전은 완료되었다. 전두환 대통령은 이때부터 본격적으로 안정화에 바탕을 둔 개혁 정책 드라이브를 걸기 시작했다.

1983년에 시행한 제로베이스 예산 편성을 통해 예산 증가율을 8.8%로 낮추는 데는 성공했다. 하지만 예산 총액은 1982년 대비 43%나 늘어났다. 제로베이스 예산 편성으로는 생각했던 것처럼 예산 총액을 줄이기 어렵다는 사실이 확인되자 전 대통령은 특단의 조치를 취했다. 1984년을 "흑자 재정 원년"으로 선포하고 정부 예산을 전년 수준으로 동결하라고 지시한 것이다.

해마다 물가가 오르는 와중에 정부 예산을 동결하는 것은 사실상의 예산 감축 선언이었다. 전두환은 예산 동결 조치를 선포한 이유를 다음과 같이 밝혔다.

"내가 이런 극약 처방을 한 것은 모처럼 잡혀가는 물가 안정의 고삐를 늦춰서는 안 되겠다고 생각했기 때문이다. 안정을 위해 각 분야가 다 함께 긴축해야 하는데, 정부가 솔선수범하지 않으면 어떻게 국민에게 고통 분담

---

209 강경식, 앞의 책, 640쪽.

을 요구할 수 있겠는가."

예산 동결은 국민에게 고통 분담을 요구하기 전에 정부가 먼저 솔선수범하여 허리띠를 졸라매라는 준엄한 명령이었다. 근대국가에서 전시가 아닌 평시에 예산을 전년 수준으로 동결한 것은 사례를 찾아보기 힘든 혁명적 조치였고, 대한민국 건국 이래 최초의 시도였다. 공무원 봉급까지 꽁꽁 묶어야 하는 이 조치는 일종의 극약 처방이나 다름없었다.

선거에서 지는 한이 있어도 물가를 잡아라

하필이면 예산 동결을 통한 흑자 재정 원년을 선포한 해가 총선을 1년 앞둔, 정치적으로 대단히 민감한 시기였다. 집권여당이 표를 얻는 방법 가운데 손쉬운 것 중의 하나가 예산이 뒷받침되는 선심 정책 추진이다. 때문에 총선을 앞둔 해에는 선심성 예산 편성이 관행처럼 되풀이되어왔다. 전두환 대통령이 선포한 '예산 동결'은 인기나 선심과는 정반대의 가시밭길이었다.

정부의 모든 부처는 자신들이 쓸 돈을 줄이라고 명령하자 격렬하게 저항했다. 정치권은 더 난리였다. 여당인 민정당은 "선거를 앞두고 정부가 예산을 동결하여 농어촌 지원을 축소하는 것은 정치적 무덤을 파는 행위"라며 강력 반발했다. 예산당국은 빗발치는 정부 각 부처의 비난, 정치권 압력 때문에 업무가 마비될 지경이었다.

관련 보고가 올라올 때마다 전두환 대통령은 "선거에서 지는 한이 있더라도 물가를 잡고 재정적자를 해결해야 나라가 산다"라고 선언했다. 호된 시련을 겪고 있는 예산 담당 관료들에게는 "정치권에 대해서는 신경 쓰지 말고 정해진 방침대로 밀고 나가라"라고 격려했다. 전 대통령은 1984년 6월 11일 청와대 정무2비서실의 보고를 받고 다음과 같이 말했다.

"선거가 있는 해에 한 자리 숫자 물가정책을 쓴다는 것이 바보짓이라고

할 사람도 있을 것이다. 정권에 미련이 없는 바보나 하는 짓이라고도 하겠지. 그렇다고 속이 뻔한 인기 위주, 선거 위주의 정책, 그런 뿌리 없는 정책을 택할 수는 없다. 그것은 결국 국민을 우롱하는 정책이다. 정권을 내놓더라도 물가 안정의 기초를 튼튼히 해두어야 한다."[210]

전두환 대통령은 1983년 6월 27일 예산 동결조치를 확정하고, 가장 먼저 공무원 임금과 보리 수매가 동결을 발표했다. 야당인 민한당은 "정부가 내년도 일반회계 예산 규모를 올해 수준으로 동결하겠다고 밝힌 것은 매우 적절한 조치로 환영한다"라는 성명을 발표했다. 그들은 여당 총재인 전두환이 총선을 앞두고 예산 동결조치를 확정한 것을 자기 발등에 총을 쏘는 행위로 인식한 것이다.

성장론자 서석준을 경제부총리 임명

전 대통령은 예산 동결조치를 확정 발표한 지 열흘 후인 1983년 7월 6일, 흥미진진한 인사를 단행했다. 자신의 안정화 조치와는 정반대로 성장론의 상징적 인물인 서석준을 부총리 겸 경제기획원 장관에 임명한 것이다. 당시 서석준의 나이는 45세로, 최연소 부총리로 기록되었다.

서석준은 경제기획원 기획국장 시절 '1천 달러 소득, 100억 달러 수출' 계획을 박정희 대통령에게 브리핑해 총애를 한 몸에 받았다.[211] 하필 이 민감한 시기에 전두환은 왜 자신의 안정화 정책과 정반대 생각을 가진 인물을 경제 사령탑에 임명했을까?

전두환 대통령이 그동안 추진해온 안정화 정책은 한국의 경제 시스템을 혁신하는 근본적인 개혁이었다. 하지만 대통령은 여당 당수로서 선거

---

210 하원, 앞의 책, 97~98쪽.
211 고승철·이완배, 앞의 책, 267쪽.

를 생각하지 않을 수 없는 정치인이기도 했다. 국가의 백년대계를 위한 시스템 개조도 중요하지만, 정권의 안정적 운영을 위해 가시적 성과를 내서 표를 얻는 것은 무엇보다 중요한 과업이었다.

3년여 안정화 정책 수행으로 물가 안정에는 성공했지만, 불황에 빠진 경기는 회복될 기미가 보이질 않았다. 선거를 앞두고 가시적인 성과가 필요했던 전두환은 성장론자인 서석준을 경제 사령탑으로 발탁하여 뭔가를 보여줄 필요가 있었을 것이다.

서석준 부총리는 취임 일성으로 "건실한 성장이 지속되어야 한다. 우리 경제는 아직 1인당 GNP 2천 달러 미만의 개발도상국"이라고 선언했다.[212] 이어 재무부를 점령했던 경제기획원 인사들을 원대 복귀시키고, 정통 재무 관료들을 다시 제 자리에 앉혔다. 재계는 이런 조치를 보면서 전두환 정부의 안정화 정책이 끝난 것 아닌가 하는 의견이 지배적이었다.

3개월 후 성장론자 서석준 부총리는 안정론자 김재익 경제수석과 함께 아웅산에서 동시 순국했다. 잠시 흔들리는 것처럼 보였던 안정론은 서석준 부총리 순국 이후 활화산처럼 부활했다. 서석준의 후임으로 안정론자이자 긴축론자로 유명한 신병현을 다시 경제 부총리로 기용한 것이다. 이어 안정론자 김만제를 재무부 장관에, 김재익 수석의 후임으로는 안정론자 사공일을 경제수석에 임명했다.

전두환 대통령은 사공일을 경제수석에 임명한 후 "김재익 수석이 모든 것을 알아서 했듯이 당신도 책임지고 알아서 할 것. 물가 안정이 첫째이고, 과학기술 향상을 항상 염두에 둘 것. 예산실장을 경제수석의 직할 부하라 생각하고 나를 대신해서 예산 문제를 직접 챙길 것"을 주문했다. 이어서 대통령은 "경제정책을 수행하면서 명심할 것은 첫째, 경제정책에는 절

---

212 고승철·이완배, 앞의 책, 271~272쪽.

대 충격을 줘서는 안 된다. 둘째, 어떤 정책이든지 시민으로서의 기존 권리는 인정해야 한다는 점이다. 경제정책은 활이 휘듯이 해야 한다는 점을 잊지 말라"고 당부했다.[213] 진용을 새롭게 구축한 전두환 대통령은 예산 동결을 선언한 1984년 예산을 그대로 밀고 나갔다.

예산 동결 정책 그대로 밀고 나가

1985년에는 12대 총선이 예정되어 있었다. 관제 야당과 싸운 1981년의 11대 총선과는 성격이 전혀 다른 선거였다. 재야의 두 거목인 양김(김영삼·김대중) 씨가 정치 활동을 재개하면서 1985년 총선은 여당인 민정당 창당 이후 처음으로 제대로 된 야당과 한판 승부를 겨뤄야 하는 중요한 선거였다.[214]

전두환 대통령은 "선거에서 불리하더라도 물가는 잡아야 하고 재정 적자 문제는 해결해야 한다"는 원칙을 그대로 밀고 나갔다. 이 작업을 위해 동원한 사람이 문희갑이었다. 전두환은 이사관 승진 6개월밖에 안 된 문희갑을 1급 자리이자 경제기획원 최고의 요직인 예산실장에 임명했다.[215]

문희갑은 눈 딱 감고 정부 예산에 칼질을 해대기 시작했다. 방위비(국방비)는 미국과의 사전 약속에 따라 GNP의 6% 수준으로 고정되어 있었다. 경제성장으로 GNP가 늘어나면 그만큼 자동으로 증가되는 시스템이었다. 문희갑 예산실장은 성역이나 다름없던 방위비 예산마저 GNP 연동원칙을 무시하고 증가율을 낮춰 편성했다. 국방예산은 건국 이후 처음으로 전해에 비해 309억 원이 삭감됐다.[216]

---

213 하원, 앞의 책, 154~155쪽.
214 고승철·이완배, 앞의 책, 285쪽.
215 백완기, 「행정가로서의 김재익」, 남덕우 외 지음, 앞의 책, 195쪽.
216 이장규c, 앞의 책, 246쪽.

이렇게 되자 국방부가 난리가 났다. 합참 소속 육군 준장 2명이 문희갑 예산실장을 찾아와 "군을 뭘로 알고 함부로 방위비 편성 원칙을 깨뜨리는가. 김일성이 쳐내려와 빨갱이 세상 되면 당신이 책임질 거요?"라고 고성으로 항의하고 멱살잡이 직전까지 가는 소동이 벌어졌다. 이 사실이 청와대에 보고됐고, 며칠 뒤 두 장군은 지방으로 좌천당했다. 대통령은 문희갑 예산실장을 따로 불러 위축되지 말라며 격려했다.[217]

전두환 정부는 역사상 최초로 쌀·보리 수매가를 동결했고, 임금 인상도 억제했다. 금리정책도 예금금리를 1983년 6월 은행의 1년 만기 정기예금 금리를 12%에서 8%로 한꺼번에 4%포인트 내렸다. 사방의 반대를 무릅쓰고 한꺼번에 왕창 내린 것이다. 금리도 한 자리 숫자로 해야 한다는 논리였다.[218]

국회를 통과한 1984년 예산은 세출을 동결시켜 1982년 2조 2,220억 원의 적자를 기록했던 재정이 1984년에는 9,230억 원 적자로 감축되었다. 특히 일반회계에서 5,500억 원가량의 흑자가 생겨 양특 적자 보전용으로 한국은행에서 빌린 차입금 상환에 사용했다.[219] 그 결과 1981년 국민총생산의 4.7%를 차지했던 재정적자 비율은 1984년 1.4%로 크게 낮아졌다. 이때부터 국제적으로 비교해도 한국 정부의 재정 건전성은 최상위 그룹에 위치하게 되었다.

재정·통화 긴축 지속

재정뿐만 아니라 통화 부문에서도 긴축이 지속되었다. 안정화 시책을

---

217 이장규c, 앞의 책, 247쪽.
218 이장규c, 앞의 책, 247쪽.
219 KDI 원로들의 증언 편찬위원회, 앞의 책, 38쪽.

강력히 추진한 '제5차 경제사회발전 5개년 계획' 기간(1982~1986년) 동안 총통화 증가율은 1981년 27.4%에서 1986년 16.8%로 낮아졌다. 그 결과, 물가가 지속적으로 하락하기 시작했다. 1982년 들어 원유 도입단가 및 주요 원자재 가격이 하락하는 등 국제적 환경도 유리하게 작용했다.[220] GDP 대비 국가채무 비율도 안정화 정책 시행 첫해인 1982년에 21.1%였는데, 이후 재정 긴축이 이루어지면서 그 비율이 지속적으로 낮아져 1985년에는 8.3%까지 떨어졌다.[221]

예산동결 정책은 안정화 정책의 결정판이었다. 인플레이션 주범의 하나였던 해묵은 재정적자 버릇을 송두리째 뿌리 뽑은 것이다.[222] 이로써 한국 경제는 만성적인 재정 적자의 늪에서 탈출하는 데 성공했다. 자신의 정치적 인기를 희생하는 전두환 대통령의 결단으로 구축된 건전재정의 기반이 "한국경제의 펀더멘털이 튼튼하다"라고 말하는 배경이 되었고, 후임 정권의 든든한 버팀목 역할을 하게 된 것이다. 전두환이 만난을 무릅쓰고 이룩한 성과를 전두환을 비난하는 후임 정권들이 톡톡히 누리고 있는 셈이다.

임금은 한 번 오르면 절대 내려가지 않는 하방 경직성의 특성이 있다. 1976년부터 1979년까지 3년간 한국의 연평균 임금 상승률은 31.7%를 기록했다. 이미 한국 근로자의 임금 수준은 생산성을 추월한 상태였다. 당시는 사회 각계각층에서 매년 임금 30% 인상을 당연한 일로 받아들였다. 문제는 임금이 급격히 늘어나는데도 불구하고 해마다 폭증하는 인플레이션 덕분에 노동자의 삶은 나아지지 않는다는 점이었다.

---

[220] KDI 원로들의 증언 편찬위원회, 앞의 책, 38쪽.

[221] 황성현, 「한국의 1980년대 긴축 재정정책 연구」, 『예산정책연구』 4권 2호, 2015년 11월호, 82~112쪽.

[222] 이장규c, 앞의 책, 248쪽.

같은 기간 주변국의 연평균 임금 상승률은 대만 15.8%, 미국 8.6%, 일본 7.4%로 한국의 4분의 1 수준이었다.[223] 한국의 가파른 임금 상승률을 방치하면 수출경쟁력 확보는 불가능해진다.

정부의 예산 동결 조치로 인해 공무원 봉급이 전년 수준으로 묶였다. 그 결과 1971년부터 1981년까지 연평균 28%를 보였던 공무원 봉급 인상률이 1982년 9.9%, 1983년 7.6%, 1984년 2.7%로 안정되었다. 공무원 월급은 정부가 인상률을 결정하기 때문에 정부 결단으로 낮추는 것이 가능하다. 반면에 직장인 임금 인상은 기업의 사적 영역이다.[224] 정부가 기업에게 임금 인상을 몇 %로 억제하라고 강제할 수단이 없었다. 하지만 인플레이션 만연이라는 악순환의 고리를 끊기 위해서는 특단의 조치가 필요했다. 정부는 시중은행을 동원하여 기업에 압력을 넣었다.

월급 10% 이상 올리면 대출 금지

1981년 1월 14일 시중 주력 은행 대표들이 모여 "임금 인상률이 높은 업체에는 융자를 제한하겠다"라는 방침을 발표했다. 1982년부터 임금을 10% 이상 인상한 업체에는 신규 여신을 중단한다는 극약 처방을 내린 것이다. 신규 대출이 필요한 기업들은 자발적으로 임금 인상률을 10% 이하로 낮출 수밖에 없었다.

시중은행을 압력 수단으로 동원한 정부의 강공 드라이브 덕분에 1981년 주요 대기업 임금은 10%대로 낮아졌고, 1982년에는 10% 이하로 내려갔다. 민간 부분의 임금도 꾸준히 안정세를 보여 1984년 8.7% 인상률을 기록했다. 이 수치는 1961년 이래 최초의 한 자리 수 인상 기록이다. 이후 1986부

---

223 고승철·이완배, 앞의 책, 209쪽.
224 고승철·이완배, 앞의 책, 208쪽.

터 1988년까지 3년 평균 10% 이하 수준으로 임금이 안정되었다. 그 결과 1982년 물가가 5%대로 낮아지는 기적이 일어났다.

임금 인상이 억제되면서 생산자 물가지수 상승률이 1982년 4.7%로, 1983년에는 0.2%로 낮아졌다. 한자리 수 물가상승은 건국 후 최초의 일이었다. 김인호 물가정책국장 재임 기간 중 물가는 매년 0% 내외의 상승에 그쳤다. 불가능할 것으로 생각되던 선진국 수준의, 역사상 가장 안정된 물가수준이 실현된 것이다.[225] 물가가 안정되면서 근로자의 실질소득이 증대했고, 소득의 균형분배가 이루어졌다. 그 결과 대다수 국민이 중산층 진입에 성공하게 되었다.

물가가 안정되자 국민저축도 늘기 시작했다. 투자에 필요한 자금을 국내 저축으로 충당하는 투자재원 자립도가 1979년 49%에서 1985년 91%로 급상승했다. 외국 차관 의존도를 크게 줄이는 데 성공한 것이다.

인플레이션 퇴치 대가는 총선 패배

전두환 정부는 '물가와의 전쟁'을 벌여 난공불락으로 여겨졌던 임금과 추곡수매가 인상 억제라는 두 개의 험산 거봉을 넘는 데 성공했다. 이렇게 되자 사회 분위기가 달라지기 시작했다. 전두환 정부는 한국 경제의 인플레이션 타성을 타파하는 데 성공하여 안정 성장의 기틀을 닦았다. 그 어려웠던 시기에 물가를 한 자리 수로 안정시킨 것은 한국 경제사에 길이 기록될 업적이라는 평가를 받기에 충분하다. 특히 총선을 앞둔 해에 예산 동결 조치는 정치적 이해관계를 따질 때 참으로 선택하기 어려운 결단이었다. 정부가 솔선수범하여 고통을 감내하는 조치로 정부 재정을 흑자로 전환시키는 데 성공한 것이다.

225 김인호 회고록, 앞의 책, 139쪽.

하지만 전 국민에게 고통 분담을 요구한 정치적 대가는 만만치 않았다. 1985년 2월 12일 실시된 12대 총선에서 김영삼·김대중이 이끄는 신한민주당(신민당)이 돌풍을 일으켰다. 선거 결과 여당이었던 민주정의당은 지역구 의석 87석을 얻었다. 선거를 보름 앞두고 급조된 신민당은 50석을 차지하여 그 전까지 제1야당이었던 민한당(26석)을 제치고 제1야당으로 급부상했다. 득표율은 민정당이 35.2%, 신민당 29.3%였다.

이후 민주한국당 의원 상당수가 신민당에 입당하면서 신민당은 거대야당으로 변모했고, 대통령 직선제를 요구하는 정치적 회오리가 5공 정부를 강타하게 된다. 결국 2·12 총선은 국가 경제를 반석 위에 올려놓기 위해 권력을 희생시키는 결과를 낳게 되었다. 5공 정부가 총력을 기울여 물가 인상을 억제하고 있는 와중에 국제 원유 가격이 1982년 4.5% 하락했고, 국제 원자재 가격도 빠른 속도로 하락했다. 그 결과 전체 수입 물가가 5.3% 떨어졌다.

5공 정부가 고통스런 긴축정책을 펴고 있던 1985년 9월 22일, 뉴욕 플라자 호텔에서 서방 경제선진 5개국(프랑스·서독·일본·미국·영국) 재무장관들이 '플라자 합의'를 발표했다. 미국 달러화의 평가절하를 유도하기 위해 공동으로 외환시장에 개입하기로 합의한 것이다. 막대한 대미 무역흑자를 기록한 일본과 독일 화폐가 큰 폭으로 평가 절상되었다. 달러와 엔 환율이 달러당 250엔에서 120엔으로 대폭 조정되면서 일본의 수출 경쟁력이 크게 낮아져 '잃어버린 10년'이 시작되었다.

한편에선 플라자 합의 이후 전 세계적으로 저유가·저금리·저환율이 유지되면서 한국에는 큰 기회가 왔다. 3저 현상 덕분에 국제금리는 8% 수준의 안정세를 보였고, 원유 가격도 배럴당 13~14달러 수준으로 낮아졌다. 이때부터 우리나라의 무역흑자가 큰 폭으로 늘기 시작했다. 전두환 정부의 강력 드라이브로 구조조정을 마친 한국경제는 성장의 전기를 맞아 대폭발하게 된다. 1970년대에 온갖 무리수를 동원해 육성한 중화학공업이 10년 만에 수출경쟁력을 갖추기 시작했다.[226]

1986~1988년 100억 달러가 넘는 경상수지 흑자를 기록하여 달러가 쏟아져 들어왔다. 뿐만 아니라 소득이 빠르게 증가하고 물가가 안정되어 실질금리가 보장되면서 금융저축이 증가했다. 언제나 투자할 돈이 부족해 쩔쩔맸었는데 처음으로 풍족한 국가 경제를 이룬 것이다. 글로벌 시장에서 선진기업들과 각축을 벌이던 한국 기업들의 연구개발 투자가 급증하고 기술수준과 생산성이 향상된 것도 이 시점이다.[227]

전두환의 결단으로 성공한 인플레이션 퇴치

한국 사회 개방화의 일등공신은 누가 뭐래도 전두환 대통령이었다. 그는 개방정책에 흔쾌히 앞장섰고, 주위의 격렬한 반대를 적극 막아주는 방패막이 역할을 했다. 김기환 상공부 차관이 여론의 질타에 시달린다는 보고를 받은 전두환 대통령은 끝까지 김기환에게 힘을 실어줘 그가 수입 개방 예시제를 완성할 수 있도록 했다.

안정화 정책은 유신 정부에서는 박 대통령의 반대로 실패했고, 5공 정부에서는 전두환 대통령의 결단으로 대성공을 거두었다. 안정화 시책이 본격적으로 시동이 걸린 결정적 이유는 개혁적 발상을 하는 강경식 등 관료 집단의 문제의식에 공감하고 앞장선 신현확 부총리라는 리더를 만났기 때문이고, 전두환이라는 미래지향적 비전을 가진 리더의 강력한 뒷받침이 있었기 때문이다. 언론인 이장규는 전두환 시대를 다음과 같이 평했다.

'국가 경제를 끌어가는 리더십이나, 군인 출신 대통령이 발휘한 추진력

---

226 KDI 원로들의 증언 편찬위원회, 앞의 책, 42쪽.
227 KDI 원로들의 증언 편찬위원회, 앞의 책, 43쪽.

면에서 보면, 전두환 경제는 분명 박정희 경제의 연속선상에 있었다. 전두환 개인도 군인 선배인 박정희 밑에서 컸고, 가까이에서 박정희를 보고 배웠다. 그러나 집권 이후 박정희 경제 말기의 심각한 위기 상황을 극복해나가는 과정에서 보인 그의 리더십은 결코 과소평가될 수 없다. 더구나 성장 우선이 빚어낸 40년 만성 인플레이션을 걷어내기 위해 동원한 안정화 정책은 박정희가 취한 정책을 정반대로 완전히 뒤집어놓는 고통스런 작업이었다는 점에서 그의 공적은 충분히 평가될 만하다."[228]

228 이장규c, 앞의 책, 225~226쪽.

8

미제스와 김재익, 전두환의 삼각관계

중국의 공산혁명을 성공시킨 마오쩌둥(毛澤東)은 "권력은 총구에서 나온다"라고 주장했다. 반면에 한국 근대화 혁명의 주인공 박정희와 전두환은 "권력은 경제에서 나온다. 정치가 아무리 잘 되어도 경제가 잘못되면 잘된 정치라고 할 수 없다"라는 입장이었다.

전두환 대통령은 군사정권, 권위주의 통치, 집권 과정에서 정통성의 하자라는 측면에서 박정희의 수제자라는 평가를 받는다. 그럼에도 불구하고 경제 운용 방식은 정반대였다. 전두환은 박정희 시대의 정부 주도 개발 전략을 폐기하고 개방화·자율화·안정화라는 자유시장경제 체제 확립을 통한 발전을 추구했다.

전두환 보안사령관의 경제 공부

전두환이 경제 분야에 대한 눈을 뜨기 시작한 것은 보안사령관 시절인 1979년 여름부터였다. 보안사령관이 되어 보고받은 정보 가운데는 경제 관련 내용이 제법 많았다. 그런데 물가, 금리, 환율, 저축률, 경기변동 등 거시경제지표에 관한 내용을 이해할 수 없어 공부가 필요하다고 판단했다.

전부터 알고 지내던 장덕진 씨(농수산부장관 역임)를 통해 박봉환을 경제 교사로 추천받았다. 박봉환은 재무부 이재국장, 대통령비서실 중화학공업기획단 부단장을 역임하며 박 대통령의 신임을 받은 정통 경제 관료였다. 박봉환은 자신이 지도하는 학생이 군 장성이란 점을 감안하여 특성에 맞는 맞춤식 교육을 실시했다. 그는 전두환 사령관에게 "인플레이션은 공산주의보다 더 나쁘고 히틀러의 양아들이다", "레닌은 자본주의를 붕괴시키기 위해 그 나라 통화가치를 떨어뜨리려 했다"라고 이해하기 쉽게 가르쳤다.

당시 정치적 민주화를 부르짖고 있는 학생세력은 반(反)자본주의 성향을 띠고 있었다. 경제 대응책은 기술적 접근이 가능하지만 그것을 뒷받침하는 이념이 필요했다.[229] 박봉환과 그의 후임 경제 교사였던 김재익은 전두환에게 자유민주주의와 시장경제 체제의 핵심 원리는 경쟁이며, 경쟁 없는 사회는 죽은 사회나 마찬가지라는 사실, 개인이나 기업, 국가는 경쟁에서 이겨야 생존이 가능하며, 경쟁에서 살아남기 위해서는 끊임없이 노력하고 개혁해야 한다는 사실을 입력시켰다.

그들은 왜 통화는 한국은행이 마구 찍어서는 안 되는지, 물가를 정부가 통제해서는 안 되는지, 국제 거래가 자유화되어야 하는 이유를 설명했다. 대부분이 박정희 시대의 경제 문법 책을 뒤집는 것들이었다.[230]

전두환은 경제 가정교사들에게 배운 자율화·안정화·개방화의 정책과 철학을 국가 정책으로 확고하게 뿌리내리도록 하기 위해 모든 노력을 다했다. '안정'은 정책의 중심이 성장에서 물가 안정으로, '자율'은 정부 주도 경제운용에서 민간주도의 시장경제로, '개방'은 보호에서 수입개방과 경쟁 촉진으로 경제정책의 틀이 근본적으로 바뀌는 것을 의미했다.[231]

---

229 손광식, 「한 경제 전략가에 대한 회상」, 남덕우 외 지음, 앞의 책, 216쪽.
230 손광식, 「한 경제 전략가에 대한 회상」, 남덕우 외 지음, 앞의 책, 216쪽.
231 강경식, 「금융실명제와 안정화 시책」, 남덕우 외 지음, 앞의 책, 105쪽.

문재인 전 대통령도 더불어민주당 대표 시절 '유능한 경제 정당'을 내걸고 매주 화요일 경제 공부를 한 사실이 언론 보도를 통해 알려졌다. 경제 공부를 한 것이 중요한 게 아니라, 누구에게서 어떤 내용을 공부했는지가 핵심이다. 문재인 대표는 정통 관료의 길을 걸으며 책임 있는 국가 정책을 입안했던 경력자가 아니라, 좌파적 학문 세계에 몰입했던 홍장표 부경대 교수, 장하성 고려대 교수 등에게 '소득주도 성장'을 전수받았다.

문재인 대표의 경제 공부

'소주성'이란 용어로 회자됐던 소득주도 성장론은 근로자와 서민가계의 가처분소득과 구매력을 대폭 끌어올려 수출 대기업에 지나치게 의존하고 있는 한국의 수출 중심 경제 구조를 내수 중심, 근로소득자 중심으로 전환시켜 새로운 성장 동력으로 삼는다는 이론이다. 포스트 케인지언(Post-Keynesian)들이 주장한 임금주도 성장론을 바탕에 깔고 있는 이 이론은 반(反)대기업 정서의 수출 지향보다 내수 지향이 강한 것이 특징이다. 홍장표 교수는 "자본금 2조 원의 기업 1개보다 자본금 1,000억 원의 중소기업 20개가 더 낫다"고 주장한 바 있다.

이들은 노동자의 임금을 인상하면 소득 분배를 촉진시켜 총수요가 늘어나고, 이를 바탕으로 경제성장이 가능하다고 주장했다. 그런데 노동자의 임금 인상이 경기부양과 성장으로 이어진다는 주장은 검증되지 않은 가설이라는 비판에 직면했다. 비판론자들은 임금을 인상하면 기업 경쟁력과 수익성이 악화되고, 그것이 투자 감소로 이어져 오히려 고용과 노동생산성이 크게 둔화될 우려가 있다고 지적했다. 그 결과 성장이 아니라 산업기반 붕괴를 초래할 수도 있다는 주장이었다.

문재인 대표는 대통령 취임 후 홍장표 교수를 경제수석에, 장하성 교수를 청와대 정책실장에 임명하여 '소득주도 성장'을 정부 정책으로 시행했다. 국가 경제를 실험 대상으로 삼은 셈이다. 그 결과는 어떻게 되었을까?

석병훈 이화여대 교수와 유혜미 한양대 교수는 2022년 5월 저명한 경제학 학술지인 「이코노믹 모델링(Economic Modeling)」에 '최저임금 인상의 거시경제 효과: 한국의 사례'라는 논문을 발표했다. 이 논문에서 저자들은 문재인 전 대통령의 잘못된 생각이 한국 경제를 얼마나 크게 망쳤는지를 구체적인 수치로 제시했다.

논문은 소주성 정책에 따른 급격한 최저임금 인상(2018년 16.4%, 2019년 10.9%)이 한국의 총고용을 장기적으로 3.5% 감소시켰고, 기업의 자본 투자도 줄어들어 종합적으로 한국의 GDP 규모를 1% 줄이는 효과를 발생시켰다고 분석했다. 또 2018년 장기적인 실질 국내총생산 감소 없이 가능했던 최저임금의 최대 인상률은 5.5% 미만이었는데, 문재인 정부는 최저임금을 무려 16.4%나 인상함으로써 각종 부작용을 초래했다고 지적했다.

이 논문과 관련하여 매일신문은 "소주성의 실패로 한국은 고환율, 가계부채, 국가채무, 글로벌 공급망 대란 등 5중고를 겪고 있다"면서 "퍼펙트 스톰(복합적인 위기) 상태인 한국 경제의 유일한 탈출구는 이념이 아니라 현실을 직시하고 경제성장을 이끌어내는 것뿐"이라는 사설을 게재했다.[232]

김재익의 등장

3개월여 전두환 사령관에게 경제를 지도했던 박봉환은 자신이 재무부 차관으로 임명되자 후임 경제 교사로 김재익을 추천했다. 김재익은 서울대 정치학과에서 외교학을 전공하고 졸업 후 한국은행에 수석으로 입행했다. 그의 어린 시절 꿈은 이공계 엔지니어였으나 신체적 이상(색약)으로 인해 정치학으로 전공을 전환했다. 대학 졸업 후 한국은행에 취업하면서 그의

---

232 매일신문, '소득주도성장 실패 교훈, 현실에 기반한 경제 정책 필요', 2022년 5월 23일.

전공은 또다시 경제로 바뀌게 된다.

그는 한국은행 재직 중 하와이주립대에 유학하여 경제학 석사 학위를 취득했다. 김재익의 경제학도로서의 발전 가능성을 주목한 하와이주립대 총장은 한국은행 총재에게 "이 학생은 너무 우수하니 미국 본토의 명문대학에 보내 좀 더 공부할 기회를 주는 것이 좋겠다"라는 서한을 보냈다.[233] 덕분에 김재익은 스탠포드대에서 경제학 박사 과정을 밟게 되었는데, 이때 뒤늦게 스탠포드대에 공부하러 온 남덕우와 조우하게 된다.

그가 스탠퍼드대에서 전공한 과목은 통계학이나 수학의 방법론을 응용하여 경제 자료를 분석하는 계량경제학이었다. 김재익의 지도 교수는 계량경제학회 회장을 지내는 등 해당 분야에서 세계 최고 권위를 인정받은 일본계 아메미아(雨宮) 교수였다.[234] 김재익이 가장 따랐던 교수 중에는 국제금융의 대가인 로널드 맥키논(Ronald Mckinnon) 같은 학자가 있었는데, 이들과 대화하며 한 나라의 경제발전은 항시 국제적 맥락에서 추진되어야 한다는 것을 터득했다.[235]

이 과정에서 김재익은 자유주의 경제학자 미제스(Ludwig von Mises)와 운명적으로 조우한다. 미제스는 신오스트리아 학파의 선구자이자 현대 경제사상사의 석학인 하이에크(Friedrich Hayek)의 정신적 스승이었다.

경제사상사의 좌측 기둥이 마르크스의 사회주의 경제학이라면, 우측 기둥은 애덤 스미스(Adam Smith)의 자유주의 시장경제학이다. 그 중간에 케인즈(John Maynard Keynes)의 정부 개입 우선 경제학이 위치하고 있다.

---

233 고승철·이완배, 96쪽.
234 고승철·이완배, 앞의 책, 97쪽.
235 김기환, 「김재익 수석과 국제화」, 남덕우 외 지음, 앞의 책, 147쪽.

미제스의 자유주의 경제이론에 심취한 김재익

미제스는 정통 우파 자유주의자로서 자유주의 경제학을 옹호하고 사회주의 경제학자들과 격렬한 논쟁을 벌였다. 이후에는 미국 대공황기에 등장한 케인즈 주의자들과 맞서 싸웠다. 미제스는 정부의 시장 개입을 극도로 혐오했다. 그는 정부가 시장에 개입하여 가격을 통제하는 것이야말로 사회주의로 가는 지름길이라는 확고한 신념을 가지고 있었다.[236]

미제스는 대중 인기에 영합하는 포퓰리즘을 병적으로 경멸한 지독한 원칙주의자였고, 인플레이션 억제를 핵심 철학으로 삼았다. 정부가 시장에 개입하여 예산을 끌어다 국민을 위한다는 명목으로 펑펑 쓰면 인기가 폭발한다. 그러한 예산을 마련하기 위해 돈을 찍어내면 인플레가 만연하여 물가가 오르고 국가 경쟁력은 바닥을 친다. 때문에 지도자는 인기 영합을 위해 인플레 정책을 사용해선 절대 안 된다고 외쳤다.

이러한 미제스의 자유주의 경제학으로 무장한 전사(戰士)가 김재익이었다. 그가 경제학 박사학위를 받고 귀국하자 부총리 겸 경제기획원 장관이 된 남덕우는 그를 경제기획원 경제기획국장으로 발탁했다. 당시 경제기획원은 고시 출신 중에서도 최고 엘리트들만 갈 수 있는 엘리트들의 집합소로 알려져 있었다. 남덕우가 비고시 출신 김재익을 경제기획원의 핵심 보직인 경제기획국장으로 발탁한 이유는 경제이론 논쟁에서 누구도 그를 이길 사람이 없을 정도의 전문가였기 때문이다.

배타성이 극단적으로 강했던 경제기획원에서 경제 관료의 길을 걸어야 했던 김재익에게 공직은 그야말로 '고난의 행군'이었다. 비고시 출신 김재익은 조직 내에서 찬밥 신세를 면치 못했다. 그러거나 말거나 김재익은 새로운 세상의 구현을 위한 경제정책 개발을 위해 고군분투했다.

---

236 고승철·이완배, 앞의 책, 103쪽.

전두환과 김재익의 만남

김재익의 경제정책 구상에서 발견되는 특징적 현상은 모든 경제정책의 저변에 이공계 마인드가 자리 잡고 있다는 점이었다. 경제기획원 출입 기자였던 손광식은 1970년대 후반, 김재익을 처음 만났다. 이날 김재익은 처음 만난 출입 기자에게 10~20년 후의 가까운 미래에 닥쳐올 정보통신 문명, 관치경제로부터의 해방, 버스와 지하철을 연계하는 대중교통망 구상의 스케치를 해가면서 상세히 설명했다.

김재익은 정보통신산업이 한국을 먹여 살릴 것이며, 자율화·개방화만이 우리의 살길이라고 역설했다. 손광식은 후에 김재익이 말한 꿈같은 세상이 현실화되는 모습을 지켜보며 전율했다.

경제기획국장 시절 김재익의 직속상관이 천하의 안정론자 강경식 기획차관보였다. 두 사람은 의기투합하여 경제 안정화 정책을 입안했다. 박 대통령이 이를 거부하고 성장론으로 회귀하자 김재익은 크게 실망하여 사표를 제출했다. 1980년 5월 말 경제기획국장을 그만두고 KDI에 연구원으로 떠날 준비를 하던 차에 국보위 상임위원장 전두환 장군의 부름을 받았다. 박봉환을 매개로 하여 전두환 장군과 미제스의 충실한 제자가 인연을 맺게 된 것이다.

신군부가 국보위를 발족시켰을 때만 해도 안정화 시책에 대한 전두환 장군의 이해나 신념은 확고하지 않았다. 신군부 실세들은 "목적이 정당하면 수단과 방법 같은 것은 어떻게 되어도 상관없다"라는 혁명적 생각을 갖고 있었다. 이에 따라 초법적인 조치들이 취해졌고, 여기저기서 사람들이 바뀌거나 쫓겨났다.[237]

이 와중에 전두환 국보위 상임위원장의 경제 가정교사 역할을 맡게 된 김재익은 인플레이션을 저주하는 미제스의 이론뿐만 아니라 그의 원칙주

---

237 강경식, 앞의 책, 451쪽.

의를 고스란히 물려받았고, 그러한 원칙주의를 전두환에게 전수했다. 미제스는 "자유주의자는 굽히지 않는다. 타협하는 자는 자유주의자가 아니다", "미래를 희생시켜 현재를 극복하려는 것은 비겁한 짓"이라고 외쳤다. 자유주의자는 대중적 인기를 기대하기 힘들다는 사실을 미제스는 온몸으로 보여주었다.

5공화국이 출범하자 전두환은 김재익을 경제수석 비서관에 임명한다. 전두환이 이공계 마인드를 바탕으로 미래 한국의 나아갈 길을 준비하고 있던 김재익을 경제수석에 발탁한 것은 '국가적 행운'이었다. 이때부터 김재익은 자유주의 경제학, 안정론의 전도사 겸 행정가 역할을 맡았다.

그는 언론인 김진현(후에 과기처 장관)에게 미제스의 저서 『자본주의 정신과 반자본주의 심리』의 번역 출판을 의뢰했다. 김진현은 김재익의 권유로 이 책을 번역 출간했다. 번역서의 서문에서 김진현은 "이 책은 전적으로 김재익 청와대 경제수석의 권유로 이 세상에 나온 것"이라면서 "김재익형, 김 형이 지켰던 민주자본주의 원리와 정신은 시간이 걸리더라도 이 땅에 반드시 실현될 것이오. 시민의 저력이, 민족의 활력이 꼭 이룩할 것입니다"라고 썼다.

미제스의 저서 한국에 전파

김재익은 이 책을 기자에게는 물론, 대통령 주변의 관료나 학계 친구들에게 나눠주고 필독을 권했다. 경제기획원 출입 기자였던 손광식은 "총칼과 돌멩이와 최루탄으로 뒤덮인 난세의 전쟁터에 김재익은 한 권의 책을 무기로 들고 나왔다"고 말했다. 그 책이 미제스의 『자본주의 정신과 반자본주의 심리』였다. 그가 자본주의를 지나치리만큼 옹호했다는 비판을 듣기도 했던 미제스 저서를 한국에 전파한 이유는 무엇이었을까?

5공화국은 군인들이 만든 정권이었다. 군 출신은 정의라든가 형평, 무단적 조치를 선호하는 성향이 강하다. 따라서 자칫 잘못하면 사회주의 함정에 빠지거나 영구집권의 독재 체제로 기울어질 가능성이 있다고 보았다. 1980년 5공 출범 시절의 한국은 외채 증가, 살인적 인플레이션, 오랫동안 억눌렸던 노동자들의 욕구가 일시에 분출되면서 노사 갈등이 폭발 일보 직전이었다.

한국에서 정치적 민주화를 주장하는 세력은 반자본주의적 성향을 노정하고 있었다. 노동자와 농민 계층은 저임금·저소득에 시달리며 사회주의적 분위기가 팽배했다. 이런 세력이 득세하면 경제기반이 붕괴되어 자유민주 체제가 위기를 맞게 될 가능성도 배제할 수 없었다.

"자본주의에 대한 긍정적 마인드가 강해져야 자유시장경제가 힘을 받게 된다. 그러기 위해서는 자본주의 정신의 핵심이 무엇인지를 전파해야 한다. 인플레이션을 억제하려면 금융과 재정의 긴축이 필요하고, 수입을 자유화해야 하며, 임금 인상은 생산성 증가 범위 내로 억제해야 한다. 환율과 금리는 시장에서 결정해야 하며, 개방과 경쟁이 필수다. 정부 간섭을 극단적으로 줄여야 한국의 살길이 열린다."

이것이 김재익이 미제스의 저서를 한국에 번역 출간한 이유였고, 미제스의 경제 철학을 전두환의 머리에 입력시킨 이유였다. 김재익은 미국에서 신고전파 경제학을 공부했다. 이 이론에 따르면 인플레이션을 수습하려면 금융과 재정을 긴축하고, 수입을 자유화하며, 임금 상승은 생산성 증가의 범위 내로 억제하고, 환율과 금리는 시장에서 결정되도록 해야 한다.

전두환과 김재익의 공통점

경제의 능률 향상을 위해서는 개방과 경쟁이 필수적이고, 정부의 간섭이 가급적 적어야 한다. 이 이론은 유용한 경제운용 패러다임이지만, 정치·사회·문화적 장애 때문에 그대로 실천하기는 매우 어렵다. 이들 장애를 극복하려면 대통령의 문제의식과 결단이 필요한데, 그 결단을 이끌어내려면 전문가의 설득이 필요하다. 김재익이 바로 그런 역할을 했다.[238]

전두환과 김재익은 자유민주주의와 시장경제란 측면에서 코드가 완벽하게 일치했다. 김재익은 미국 유학을 통해 선진적 민주주의 시스템을 경험했고, 전두환은 미국의 웨스트포인트 교육시스템을 통째로 도입한 육사 교육을 통해 자유민주주의와 시장경제 체제를 수호하는 군인으로 훈련받았다.

전두환은 육사 졸업 후엔 미국식 제도를 도입한 지휘관 교육을 철저히 받은, 자타가 공인하는 '한국형 신인류'였다. 전두환과 신군부 핵심 인사들은 육사 교육과 지휘관 교육을 통해 자유민주주의가 체질화, 신념화되어 있어 미제스의 자유주의 경제 철학을 저항감 없이 수용할 수 있었다.

전두환과 신군부는 김재익이 전하는 민주주의와 자유시장경제 가치를 공유했다. 그들이 공유한 자유시장경제의 핵심은 정부 권력을 제한하고, 시장의 자율적 기능을 복원하는 것이었다. 나아가 정치적 민주주의란 시장의 민주주의를 기반으로 하는 것임을 처절하게 깨달았다.

김재익은 자유시장경제 이론의 전파보다 더 중요한 미션을 수행했다. 그는 어린 시절부터 기계나 수학 등에 지대한 관심을 가졌다. 어린 시절의 꿈이 엔지니어였으나 신체상의 하자(색약)로 이공계 진학을 포기해야 했다. 그는 복잡한 수치로 구성된 경제학을 공부하면서도 기계나 신기술, 전자공학 등에 지대한 관심을 가졌다. 덕분에 그는 테크놀로지라든가 신문명과는 담을 쌓은 백면서생이 아니라, 앞으로 세상이 어떻게 변할 것인지 꿰뚫어보고, 대비책을 준비한 실용적 현실주의자의 면모를 갖추게 되었다.

대구공고 기계과 출신인 전두환은 기계나 공학에 기본적 상식을 갖춘데다가 육사 재학 4년 내내 이공계 커리큘럼으로 공부했다. 이것은 웨스트

---

238 남덕우, 「김재익과의 인연」, 남덕우 외 지음, 앞의 책, 51쪽.

포인트가 공병학교로 출발한 역사적 전통을 한국 육사가 그대로 이어받았기 때문이다. 덕분에 전두환은 군 생활 과정에서 기계나 기술 문명에 대단히 익숙해 있었다. 대통령과 경제수석의 이공계적 습성이 과학기술을 국가 운영의 최고 지위에 올려놓는 결정적 역할을 한 것이다.

미래지향적으로 국가 개조 추진

김재익은 20~30년 후 한국의 미래를 준비한 사람이다. 그는 국가의 지속 성장과 발전은 과학기술 진흥에 달려 있다는 확고한 신념의 소유자였다. 단순한 먹물 경제학자가 아니라, 대통령의 경제와 과학기술 정책을 담당하는 수석 비서관으로서 국가를 미래지향적으로 개조한 혁명가였다.

김재익은 1982년 뉴욕공대 교수로 재직 중이던 친구 정근모 박사를 귀국시켜 원자력발전소 설계 및 설치를 전담하도록 맡겼다. 이런 노력으로 전두환 정부는 원자력발전소 7·8·9·10호기 건설을 통해 원전 국산화 관련 기술을 확보하는 데 성공했다. 전 세계가 친환경, 안전을 외치며 원전 폐기로 돌아설 때 한국은 독자적인 원전 개발의 길로 질주했다. 그 결과 한국은 세계적인 원자력 강국으로 도약할 수 있었다.

한국에서 경제 안정화 정책의 선구자는 경제기획원의 강경식(기획차관보), 김재익(기획국장), 김기환(장관 보좌역), 그리고 김만제(KDI 원장)가 계보를 이루고 있다. 5공 정부의 안정화 정책은 기획은 김재익이 맡고, 추진은 강경식이 담당했으며, 김기환과 김만제가 실무를 뒷받침하여 격렬하게 추진했다.

이들이 내놓은 안정화 정책의 목표는 일본이나 대만처럼 물가가 안정된 바탕에서 국제수지 흑자를 달성하는 경제 체질로의 전환이었다. 김재익은 철두철미한 민주주의자이자 자유시장경제 신봉자였다. 독재정권을 위해 일한다는 비방에 괴로워하기도 했지만, 투명하고 공정한 경제체제의 확립으로 국제사회에서 동등한 기준으로 경제활동을 하게 되면 정치적으로 민주화가 된다는 것이 그의 확고한 신념이었다.[239]

김재익이 정통성에 심각한 하자가 있는 전두환 정부에 참여하자 "독재 정권을 위해 일한다"는 비난에 직면했다. 이 문제와 관련하여 김재익은 친구인 이상우(당시 서강대 교수)에게 다음과 같이 토로했다.

"권력이란 돈과 인사권이야. 그걸 쥐기 위해 군인들이 정치에 뛰어들었고, 그것을 지키기 위해 독재를 한다. 정치가 경제에 손댈 수 없는 체제를 만들면 정치가 민주화되어 군정도 끝날 것이다. 나는 정치 민주화의 수단으로 경제 민주화를 생각하고 있고, 그래서 군사정권에 참여했다."

성장을 위해 돈을 찍어서 시중에 풀어 경기를 부양하는 것을 원칙으로 알았던 시대에 인플레이션 억제는 모든 계층에게 피와 땀과 눈물을 요구해야 하는 인기 없는 정책이었다. 무엇보다 자본주의 시장경제를 위해서는 시장의 자율적 기능의 회복이 관건이었다. 1970년대까지 한국은 경제 운영 방안의 90%를 정부가 결정했다. 가격 결정권도 정부가 쥐고 있었다. 시장 참여자들의 자율성은 찾아보기 힘들었다.

일본과 한국, 다른 길을 걸은 이유

이 문제와 관련하여 1980년대 한국과 일본이 처한 상황을 분석한 『김재익 평전』의 평가가 흥미롭다. 이 책의 저자들은 1980년대 초반 미국을 위협할 정도의 경제 대국으로 성장한 일본은 전형적인 관료주도형 국가였다고 분석한다. 일본의 성장 속도가 워낙 빨랐기 때문에 국제사회에서는 시장 기능을 중심으로 한 정통 시장경제 국가에 비해 관(官)의 적절한 개입이 가미된 일본식 경제성장 모델이 새로운 정답이 아닌가 하는 관측이 제

---

239 남덕우 외 지음, 앞의 책, 13쪽.

기됐다.[240]

한국의 모습도 일본과 비슷했다. 도쿄대 출신 관료-집권 자민당-정부와 긴밀하게 유착된 기업집단 간의 3각 모델은 1970년대 한국의 시스템과 비슷했다. 그리고 1980년대 초반까지 한국의 목표는 '일본을 따라잡는 것'이었다. 문제는 일본이 이 시스템에 갇혀 시장경제의 새로운 자율성에 눈을 뜨는 데 소홀했다는 점이다.[241]

일본은 1990년대 들어 긴 경기 침체에 빠진다. 표면적인 이유는 거품경제의 붕괴, 금융권의 부실 채권이었지만, 실상은 1990년대 들어 시작된 정보기술 발달과, 그것이 가져온 새로운 시대에 제대로 적응하지 못한 때문이다. 그 부작용의 근본 원인은 도쿄대 출신 관료들이 시장을 압도하면서 생긴 시장의 창의성 부족이었다.

반면, 한국은 1980년대 초반부터 일본과는 다른 길을 걷기 시작한다. 무엇을 만들고, 어디에 투자할 것인가? 자본주의 시스템에서 실로 중요한 이 문제를 해결하는 주역이 관료에서 기업으로, 정부에서 시장으로 넘어오기 시작했다. 안정된 물가와 기업 경쟁력의 향상으로 산업계에서는 서서히 새로운 분야에 눈을 뜰 저력을 축적해나갔다.

기업은 창의적으로 새로운 일을 찾기 시작했다. 대기업들은 조립가공업 수준에 머물렀던 사업 영역을 자동차, 반도체, 전자, 통신 등 고부가가치 산업으로 확대해나갔다. 이들 산업의 기반이 대부분 1980년대에 형성되었다.[242]

---

240 고승철·이완배, 앞의 책, 318~319쪽 참조.

241 고승철·이완배, 앞의 책, 319쪽.

242 고승철·이완배, 앞의 책, 320쪽.

한국과 반대 방향으로 질주한 북한

정부가 주도했던 대부분의 결정권을 시장 참여자에게 돌려주는 작업을 시작한 사람이 김재익이었다. 그것은 자본주의와 시장경제의 원리 원칙을 이 땅에 뿌리 내리는 작업이었다. 김재익은 인기도 없고, 어렵고 힘든 고통을 요구하는 미제스의 정책을 전두환에게 철저하게 전수했다. 그러한 정책을 받아들여 줄기차게 실행에 옮긴 전두환 대통령의 리더십도 대단했다.

미제스의 자유주의 경제학 이론은 김재익과 강경식, 김기환과 김만제를 통해 전두환에게 전달되었고, 이때부터 한국에 진정한 자유주의 경제가 굳건한 뿌리를 내렸다. 또 신병현(부총리), 이승윤(재무부 장관), 나웅배(재무부 장관) 등이 합심하여 1980~1984년 우리 경제의 인플레 타성을 타파하고 안정성장의 기틀을 만들었다.[243] 이것이 한국인들이 김재익과 전두환을 기억해야 하는 이유다.

아무리 훌륭한 인재라도 그의 비전을 이해하고 그에 합당한 임무를 맡겨 전폭적으로 지원해주는 최고 권력자를 만나야 빛이 나는 법이다. 그런 면에서 김재익은 복받은 사람이었다. 그가 마음먹은 대로 소신껏 열심히 일할 수 있도록 지원해주는 강경식, 남덕우, 전두환을 만났기 때문이다.

한국이 개방화, 안정화, 자율화로 격렬한 질주를 시작한 1980년 10월, 북한은 노동당 제6차 대회에서 현대 역사상 유례가 드문 엽기적인 결정을 전 세계에 공표했다. 김일성의 아들 김정일을 사실상 후계자로 등장시킨 것이다. 김정일을 후계자로 등장시킨 북한의 발표는 현대 사회의 시계를 단번에 중세 봉건 왕조로 돌려놓은 황당한 결정으로 받아들여졌다.[244] 이것이 남북한이 성공국가와 실패국가로 갈리게 된 결정적인 계기였다.

---

243 남덕우, 「김재익과의 인연」, 남덕우 외 지음, 앞의 책, 53쪽.
244 고승철·이완배, 앞의 책, 147쪽.

전두환 대통령은 자신의 재임 기간 내내 정부 주도하에 기술 국산화를 국가 프로젝트로 적극 추진했다. 필요한 연구개발 자금은 정부가 아낌없이 투자했고, 관련 기업의 적극적인 참여를 유도했으며, 정부 예산의 '선 집행-후 정산' 등 온갖 특혜와 지원을 아끼지 않았다. 기술 국산화를 위해 최적의 인재를 찾아내 일을 성취할 수 있도록 믿고 맡겼다. 과학기술에 대한 전두환 대통령의 철학과 가치관은 이것이었다.

"과학기술에 대해 내가 뭘 아나. 당신이 책임지고 잘해."

제2장

신성장동력의 건설

1

IT산업의 원조는 전두환 대통령

체신부 장관, 부총리 겸 과학기술부 장관을 역임한 오명의 저서 『30년 후의 코리아를 꿈꿔라』에서 다음과 같은 구절이 발견된다.

"한국은 세계 5위의 과학기술 선진국이다. 과학기술 예산은 GDP 대비 3.23%로 미국·영국보다 비율이 높다. 세계가 부러워하는 막강한 IT 인프라, 신청만 하면 당일로 개통되는 전화망, 100메가 속도로 데이터를 처리하는 뛰어난 광통신망…."

오늘날 해외에 나가 살아본 사람들이 체험한 사실은 한국은 언제 어디서나 휴대전화가 가능한 나라, 초고속으로 데이터 처리가 가능하여 어떤 선진국도 한국만큼 빠른 인터넷 서비스를 제공하는 나라를 찾아볼 수 없으며, 강력한 정보통신산업(Information Technology·IT) 기반의 과학기술력을 바탕으로 정보통신 분야에서 세계 강국 일본을 추월한 나라라는 것이다.

이재명 대통령은 더불어민주당 대선 후보 시절, "통신 혁명의 기반을 이룩한 것은 김대중 대통령의 공로"라고 발언한 것이 언론에 보도되었다. 이는 사실관계를 정확하게 인지하지 못한 발언이다. 김대중 대통령은 외환위기 극복을 위한 경기부양책의 일환으로 벤처사업 육성을 지원했을 뿐, 통신 혁명과 직접적인 관련이 없다.

통신 불모지나 다름없던 이 땅에서 전자교환기(TDX), 슈퍼컴퓨터, 반도체, 국가기간전산망을 통한 행정 민원업무의 온라인 전산 처리 능력 확보 등 IT산업과 직결된 인프라와 생태계를 건설한 주인공은 전두환 대통령이었다. 대한민국이 세계적인 IT 강국으로 발전하기 위한 기초는 1980년대 전두환 시절에 통째로 건설되었다는 것이 누구도 부인할 수 없는 '역사적 사실(historical fact)'이다.

전두환의 목표는 '선진조국 창조'

1980년 이전의 한국은 정보통신 강국은커녕 전화 적체 하나 해소하지 못하는, 전형적인 통신 후진국이었다. 그랬던 나라가 5공화국을 통과하면서 신청 당일 전화가 개통되고, 스마트폰, 인터넷이 언제 어디서나 연결되는 나라로 탈바꿈하기까지는 수많은 사람들의 피와 땀과 눈물이 요구되었다.

전두환 대통령은 정책목표로 '선진조국 창조'를 내세웠다. 그것이 자신의 임기 중 신명을 바쳐 기필코 실현해야 할 과제였다. 선진조국 창조를 위해서는 국가경쟁력을 강화해야 했고, 이를 위해서는 과학기술 개발이 필연적이었다. 과학기술 중에서도 IT산업 육성은 가장 중요한 국가적 과제였다.

IT산업은 정보통신 기술을 기반으로 컴퓨터, 소프트웨어, 통신장비, 인터넷, 통신 서비스, 콘텐츠 등 정보의 수신, 송신, 저장 및 가공을 위한 전반적인 산업을 의미하며, 반도체, 하드웨어, 소프트웨어, IT서비스, IT융합 등의 분야를 포함한다. 때문에 IT산업의 효율적인 추진을 위해서는 정보통신산업이 뒷받침되어야 했다.

당시 한국은 정보통신 분야 기술의 낙후로 인해 컴퓨터와 소프트웨어, 교환기, 반도체 분야는 거의 대부분을 외국 기술에 의존하고 있었다. 이 상태로는 정보통신산업 추진이 불가능하니, 어떻게 하든 IT산업에 필요한 핵심 기술을 국산화해야만 선진조국 창조라는 목표의 실현이 가능했다.

전두환 대통령은 "1950년대는 농민이, 1960년대는 여공이, 1970년대는 기능공들이 나라를 키웠으나 1980년대는 대학을 졸업한 고급 두뇌들이 국가 발전에 기여할 때"라고 밝혔다.[1] 고급 두뇌들이 선진조국 창조에 필요한 핵심 기술을 기필코 개발해내야 한다는 무언의 압력이었다.

지원은 강화, 규제는 완화

제5공화국은 출범부터 자율과 개방을 선언하고 정부가 산업에 직접 개입을 최소화한다는 원칙을 수립했다. 1980년대 청와대의 산업 전략은 '지원의 강화'와 '규제의 완화' 두 가지로 정리된다. 즉 반도체·컴퓨터 등 신규 IT산업은 지원을 강화하고, TV나 자동차 등 기존 산업은 규제를 완화한다는 전략이었다.[2] 이런 정책 방향을 구체화한 첫 조치가 컬러TV 조기 시판과 컬러 방송 허용이었다.

한국 최초의 TV는 1966년 금성사(현 LG전자)가 일본과 기술제휴로 만든 흑백 제품이었다. 컬러TV는 1972년 아남산업이 일본과 합작으로 처음 생산을 개시했다. 1974년 제1차 석유 위기가 닥치자 박정희 대통령은 에너지 절약을 위해 범국가적 노력을 기울였다. 심지어 조명이 필요한 야간경기마저 불허할 정도였다.

한국은 컬러TV 생산국이었지만 컬러 방송을 하게 되면 위화감을 조성한다며 허가하지 않았다. 덕분에 국내에서는 흑백 방송만 송출했고, 컬러TV의 국내 시판은 금지되었다. 컬러TV 제조사들은 내수를 포기하고 생산 제품 전량을 수출에 의존해야 했다.

1　경향신문, 「내가 본 전 대통령」, 1983년 4월 20일.
2　정홍식, 『한국 IT정책 20년-천달러 시대에서 만달러 시대로』, 전자신문사, 2007, 32쪽.

1970년대 후반, 국내에 흑백TV 수상기가 600만 대 보급되어 신장세가 정체 상태에 빠졌다. 전 세계 80개국이 컬러 방송을 개시했고, 심지어 북한도 1974년부터 컬러 방송을 송출하고 있었다. 미국·일본 등 선진국은 이미 컬러TV 시대를 지나 VTR 시대로 이행하고 있었다.

1975년 AFKN이 다음 해부터 컬러 방송을 시작한다고 예고했다. 우리나라도 어쩔 수 없는 시대의 흐름에 밀려 1976년 2월 한국교육개발원이 컬러 방송을 시작했다. 8월에는 KBS가 한일 축구 경기를 컬러로 시험 방송했다. 그러나 당시의 문화공보부 장관은 비판적인 여론을 의식해 일반 컬러 방송은 결정된 바 없다고 발표했다.[3]

AFKN은 1977년 1월 21일 새벽, 지미 카터 미국 대통령 취임식을 컬러 TV로 위성 중계했다. 1980년까지 아시아 국가 중 흑백 방송만 송출하는 나라는 한국과 네팔, 라오스 등 3개국뿐이었다.[4] 박 대통령의 고집 덕분에 컬러 방송에 관한 한 한국은 아시아에서도 최후진국 신세를 면치 못했다.

문제는 컬러TV를 생산하는 기업들의 사정이었다. 국내 기업이 생산한 컬러TV의 최대 수출시장은 미국이었다. 자국에서는 컬러 방송을 불허하고, 국산 컬러TV를 미국에 소나기 식으로 수출하자 미국 정부는 자국 내 수입 컬러TV 시장에서 한국산 점유율을 30%로 제한했다. 이 조치로 국내 컬러TV 제조 회사인 화신전자, 동남전기, 올림푸스전자가 부도가 났다.

컬러TV 국내 시판 개시

컬러TV는 흑백에 비해 부품 수가 세 배나 많았다. 게다가 부품 중에는 반도체도 많아 반도체산업 육성에도 직접적인 연관을 맺고 있었다. 컬러

---

3   남덕우, 앞의 책, 143~144쪽.
4   이현덕, 「과학기술이 미래다(85)-컬러TV 시대 활짝」, 전자신문, 2023년 4월 5일.

TV의 국내 시판이 불허되면서 컬러TV용 부품 등 원자재 산업도 덩달아 침체에 빠져 국내 전자산업 경쟁력은 추락 위기에 직면했다. 이제 막 시작 단계인 반도체산업의 내수기반 확충을 위해서도 컬러TV 내수판매와 컬러 방송은 시급한 과제였다.

막대한 양의 컬러TV를 해외에 수출하면서 내수 판매 불허 조치는 경제 논리에도 맞지 않고, 다른 나라에도 설득력이 없었다. 하지만 정부는 요지 부동이었다. 국내 기업을 살리기 위해서라도 컬러TV의 국내 시판과 컬러 방송을 시작해야 한다는 여론이 제기될 때마다 정부 관료들은 "서민의 위화감과 사치풍조 조장"을 이유로 불허했다.

전두환 장군은 국보위 상임위원장 시절 관계기관으로부터 컬러TV의 국내 시판을 허용하여 침체된 가전산업을 활성화하는 것이 시급하다는 보고를 받았다. 전두환 위원장은 최규하 대통령에게 컬러TV의 국내 시판 허용 문제를 보고했다. 최규하 대통령은 정부 관계자들의 설명을 듣고 이를 반대했으나 국보위가 이를 허가해주었다고 한다.[5] 그 결과 1980년 8월 1일부터 컬러TV의 국내 시판이 허용되었다.

컬러TV의 내수 판매 개시에도 불구하고 컬러TV 판매는 극도로 부진했다. 이유는 두 가지였다. 첫째, 흑백 방송만 송출했고, 둘째, 컬러TV는 사치품으로 분류되어 특별소비세가 67.2%나 부과된 덕분이었다. 특소세로 인해 시중 가격이 너무 비싸 일반 가정에서 구입은 엄두도 못 내는 상황이었다.

전두환은 대통령 취임 직후 청와대에서 전자산업 발전을 위한 컬러 방송 문제와 관련한 토론 자리를 마련했다.

---

5 주태산, 『경제 못 살리면 감방 간데이: 한국의 경제부총리 그 인물과 정책』, 중앙M&B, 1998, 173~174쪽.

이 토론회에서 찬성론, 반대론이 맞서 일대 논쟁이 벌어졌다. 육사 18기 출신으로 청와대 과학기술 비서관으로 임명된 오명은 국내 전자산업 발전을 위해 하루빨리 컬러 방송을 시작해야 한다고 일관되게 주장했다. 이 의견에 허화평 비서관이 적극 지지했다. 반대론자들은 일관되게 "국민들에게 위화감 조성"을 앞세워 컬러 방송 찬성론자를 "가전업체의 앞잡이"로 공격했다.

사실 컬러TV 시판이나 컬러 방송 송출, 특소세 문제는 고도의 첨단 기술이 필요하거나, 특별히 뭉칫돈이 투자되어야 하는 일이 아니었다. 단지 규제만 풀면 간단히 해결될 문제였다. 참모들의 의견을 수렴한 전두환 대통령은 컬러 방송 개시를 결정했다. 시기는 1980년 12월 1일로 정했다.

북한보다 늦게 컬러 방송 개시

1980년 12월 1일 10시 30분, KBS 1TV는 수출의 날 기념식을 컬러로 송출함으로써 국내에서 본격적인 컬러 방송 시대가 개막되었다. KBS 1TV는 이날부터 모든 프로그램을 컬러로 제작하여 내보냈고, KBS 2TV는 12월 22일부터 컬러 방송을 송출했다. 이로써 한국은 미국보다 29년, 일본보다는 20년, 북한보다도 6년 늦게 컬러 방송 시대가 개막되었다.

청와대 경제과학비서관실은 컬러TV에 부과된 고율의 특별소비세를 낮추기 위해 재무부 장관과 협상을 벌였다. 그 결과 컬러TV와 VTR 등 모든 전자제품에 대한 특별소비세가 한시적으로 면제되었다. 컬러 방송이 개시된 데다, 그 동안 컬러TV와 VTR에 부과되었던 특별소비세가 면제되면서 가격이 크게 낮아졌다.

이로 인해 컬러TV 수요가 폭발했고, 가전업체들은 즐거운 비명을 질렀다. 컬러TV를 구하지 못한 사람들은 정부 부처에 항의 전화를 하기도 했다. 컬러TV는 판매를 허용한 지 불과 1년 만에 약 50만 대가 판매되었고,

1980년대 중반 컬러TV가 흑백TV를 거의 교체한 것으로 파악되었다.[6]

컬러 방송은 경제적 측면뿐만 아니라 사회 문화적으로 다양한 영향력을 끼친 것으로 분석되었다. 흑백TV 시절 한국 사회는 단순한 흑백논리, 양자택일, 선악의 이원적 대립 구도를 기본 특성으로 하는 문화 구도였다. 반면, 컬러 방송은 우리 사회가 보다 다원화된 이미지와 가치체계로 가는 길을 열어놓았다.[7]

컬러 방송은 한국을 다양성의 사회, 자율과 개방의 시대로 이끄는 결정적인 신호탄이자 기폭제였다. 게다가 컬러 방송은 대중문화에 엄청난 변화 몰고 오는 자극제 역할을 했다. 컬러 방송에 이어 시행된 중고생 교복 자율화로 우리 사회에 의상 색깔과 디자인, 액세서리 등에 엄청난 변화가 휘몰아쳤다. 컬러 혁명이 한국인의 생활양식은 물론, 문화 패턴을 완전히 바꾼 것이다. 국민 생활의 컬러화는 소비 패턴의 고급화, 다양화로 연결되었다.

컬러TV 시판 및 컬러 방송이 시작된 1980년은 국내 전자업계에 복음이 울린 해였다. 전 세계를 강타한 제2차 석유 위기로 대혼란에 처했던 한국 경제는 컬러TV 활성화 덕분에 침체의 늪에서 빠져나와 활력이 돌기 시작했다.

컬러 시대는 전화기에도 혁명적 변화를 몰고 왔다. 국내 전화기 시장은 1970년대 말까지는 체신부가 전화기 규격을 정해 제조업체를 지정했다. 지정된 업체만 전화기를 생산하여 일반전화 가입자에게 공급하는 관급제 시장이었다. 색상은 흑백 시대에 걸맞게 검은색과 흰색뿐이었고, 디자인도 투박하고 단순했다.

5공 정부 출범 후 청와대는 전화기 관급제를 폐지하고, 누구든 전화기

6 강준만, 『한국현대사 산책 1980년대 편 제1권』, 인물과 사상사, 2003, 277~278쪽.
7 정홍식, 앞의 책, 35쪽.

를 제조하여 시중 판매를 허용했다. 전화기 생산이 자유화되자 업체들은 디자인이나 색상, 성능과 가격 면에서 획기적인 제품을 경쟁적으로 개발하여 시장에 내놓았다. 이 조치 덕분에 한국은 세계 최대의 전화기 수출국으로 급부상했다.

한국 전자 기업들은 전화기 수출 세계 1위로 자신감을 갖게 되었다. 미국, 일본과의 기술격차로 인해 도저히 넘을 수 없을 것 같았던 전자 분야에서 세계 최대의 수출 상품을 만들어내는 가능성이 현실화된 것이다. 뿐만 아니라 이때부터 한류 문화의 원형이 태동하기 시작했다. 관료들이 우려했던 것처럼 컬러 방송이 시행된 이후 계층 간 위화감이 조성되었다는 보고는 찾아보기 어려웠다.

새로운 성장 동력을 건설하라

전두환은 취임 직후 국가 현황에 대한 정밀 분석을 한 결과 다음과 같은 결론을 얻었다.

"중화학공업은 박정희 대통령의 노력 덕분에 건설에 성공했다. 문제는 국제경쟁력을 갖추기 전에 닥친 제2차 석유 위기로 시작 단계부터 위기에 처했다. 구조조정을 통해 내실을 다지고 국제경쟁력을 확보하면 앞으로 한국을 먹여 살리고 선진국으로 도약하는 중요한 역할을 수행할 수 있을 것이다. 문제는 제2차 석유 위기를 통해 현실화되었듯이 중화학공업 하나로는 성장과 도약이 쉽지 않다는 사실이다. 장기적이고 안정적인 차원에서 한국을 먹여 살리는 또 하나의 날개가 필요하다. 내 임기 중에 국가의 미래를 위한 새로운 성장 동력을 창출하는 것이 급선무다."

이제 막 군 장성에서 전역하여 국가 지도자로 변신한 지 며칠 되지 않은 사람이 새로운 성장 동력 창출에 대해 어떤 비전을 가질 수 있었겠는가. 전두환 대통령은 출범 직후인 1980년 9월, 김재익 박사를 책임자로 하는 경제과학비서관실을 조직했다. 경제비서실은 금융·재경·산업·자원·국토개발·과학기술 등 6개 비서관실로 구성되었고, 전체 인원은 27명이었다. 여직원 7명, 관료 출신 10명(고시 출신 7명 포함), 군 출신 4명, 학계·업계 출신 6명 등이었다.[8]

경제비서실이 출범하자 전두환 대통령은 김재익 경제수석에게 "최대한 빠른 시간 내에 새로운 국가 성장 동력 창출을 위한 계획을 수립하여 보고하라"는 지시를 내렸다. 그리고 다른 무엇보다 통신산업 선진화가 시급하다는 자신의 뜻을 밝혔다. 전두환은 회고록에서 "취임 초 심각했던 전화 적체 문제를 해결해보라고 지시한 일이 우리나라가 오늘날과 같은 최첨단 디지털 강국으로 성장하는 씨앗이 될 줄은 짐작도 못했다"고 밝혔다.[9]

1980년 12월 태스크 포스 조직

경제비서실이 새로운 국가 성장 동력 창출을 위한 태스크 포스를 조직한 시기는 1980년 12월이다. 프로젝트의 지원과 조정은 김재익 경제수석이 맡았고, 실무는 청와대 경제비서실의 오명(비서관)·홍성원(연구관)·정홍식(행정관)이 담당했다. 그리고 청와대와 재무부, 상공부, 경제기획원, 체신부, 과학기술처 등 관련 부처와 산업계, 연구소에서 인재 20여 명을 동원하여 '전자산업 육성계획 작업반'을 구성했다.

---

8   정홍식, 앞의 책, 26쪽.
9   전두환 회고록(2), 216쪽.

전자산업 육성계획 작업반 명단

직책	소속	이름
반장	상공부 전자전기공업국장	이동훈
반원	상공부 전자전기과장	최성규
	경제기획원 상공예산담당관	안병달
	기획1과장	이윤재
	재무부 관세조정과장	변형
	관세제도과장	엄낙용
	직세담당관	이근영
	이재1과장	이정보
	과학기술처 정보산업과장	장기훈
	체신부 기술1과장	박창현
	금성반도체 전무	민병준
	아남산업 상무	윤정우
	삼성전자 부장	손욱
	삼화콘덴서 공장장	남궁용식
	KIET 책임연구원	유영준
	한국전자공업진흥회 이사	심장섭
기타	관계기관 요원 다수	

출처: 정홍식, 『한국 IT정책 20년-천달러 시대에서 만달러 시대로』, 전자신문사, 2007, 60쪽.

　이 조직이 출범할 무렵 한국은 제2차 석유 위기를 맞아 마이너스 성장을 기록하는 등 빈사 상태였다. 사회 분위기는 광주에서 계엄군과 시민·학생 간에 무기까지 동원된 비극적 충돌 사태로 뒤숭숭했고, 농업 작황 부족으로 국민 주식(主食)인 쌀 확보에 비상이 걸리는 등 모든 것이 불안정한 시기였다. 프로젝트팀은 대통령이 지급한 30만 원의 작업비를 가지고 일을 시작했다.

　그들은 1980년 겨울 내내 밤을 새워가면서 국가의 새로운 성장 동력 창출을 위한 청사진을 만드는 작업에 매달렸다. 앞으로 20~30년 동안 한국이 무엇으로 먹고살 것인가를 결정하는 중대한 일이었다. 전문가들이 기계 산업과 전자산업에 대한 산업연관분석을 실시한 결과 흥미로운 사실이 발견되었다.

전자산업 육성방안 마련

1980년 우리나라 기계 산업은 생산능력이 110억 달러였으나, 실제 생산 실적은 75억 달러에 불과했다. 가동률은 75% 수준이었고, 한국 기계공업의 평균 생산성은 일본의 3분의 1 수준에 불과했다. 기계공업 분야는 신규 투자보다는 가동률을 높여 일거리를 창출하는 것이 급선무였다.

반면에 전자산업의 생산능력은 25억 달러였으나, 실제 생산실적은 30억 달러를 기록했다. 가동률 100%를 초과했고, 생산성도 일본의 80~90% 수준까지 올라와 있었다. 전자산업은 기술개발 속도가 빠르고 수명이 짧은 것이 특징이다. 때문에 당시 경제학자들은 한국 같은 개도국에서 전자산업은 부적합한 업종으로 판단했다.

하지만 태스크 포스의 산업별 연관분석 연구 결과 전자산업의 성장 가능성이 가장 높게 나타났다. 1986년경이면 전자산업이 기계산업과 맞먹을 것이고, 1990년이 되기 전에 당시 우리나라 최대 산업인 섬유산업을 앞설 것이라는 예측이 나왔다.[10] 이런 분석 결과를 통해 확인된 사실은 전자산업은 투자가 생산능력으로 이어지므로, 전자산업 분야에 대한 투자가 계속 확대되어야 한다는 점이었다.

박정희 정부 시절 산업 개발이 본격화되어 기계 분야와 중화학공업 분야에 대한 투자는 엄청났던 반면, 전자산업에 대한 투자는 상대적으로 미미했다. 게다가 가전과 부품 중심으로만 투자가 진행되었다. 그 결과 전자

---

10 오명, 앞의 책, 56~57쪽.

산업의 구성비는 가전 44%, 부품 44%인 반면, 기술집약적 하이테크 분야인 산업전자는 12%에 불과했다. 기술 파급효과가 큰 산업전자 분야를 전자산업의 핵심으로 성장시키는 것이 급선무였다.

이런 문제의식을 도출해낸 청와대 과학기술비서관실은 산업전자의 핵심 중 핵심인 전자교환기(TDX)와 반도체, 슈퍼컴퓨터를 3대 국가 전략산업으로 선정해 국산화 개발하고, 이를 통해 5년 이내에 전자산업을 기계산업과 맞먹는 주력산업으로 육성한다는 계획을 수립했다. 산업전자 분야를 향후 20~30년에 걸쳐 국가의 새로운 성장 동력으로 키운다는 거창한 작업이었다.

태스크 포스가 스터디한 핵심을 정리하여 1981년 3월 '전자산업 육성방안' 보고서가 완성되었다. 보고서에 담긴 주요 내용은 다음과 같다.

- 전자산업 육성은 대한민국의 현실에서 시대적 당위성을 갖고 있다.
- 전자산업은 1986년까지 생산 105억 달러, 수출 70억 달러로 3배 이상 성장할 수 있다.
- 육성방안으로는 종전의 가전제품 중심의 전자산업 구조를 개편, 반도체·컴퓨터·전자교환기 등 3대 전략 품목을 중심으로 하는 산업용 기기와 전자부품, 소재산업의 비중을 확충해야 한다.
- 이런 목표 달성을 위해 정부의 지원과 규제가 적절히 조화되어야 한다.

전두환 대통령, 전자산업 육성방안 재가

'전자산업 육성방안'은 4월부터 6월까지 3개월 동안 관계 부처의 협조와 조정 작업이 진행되었다. 전두환 대통령이 이 서류에 서명하여 정부 정책으로 확정된 시기는 1981년 7월 15일이었다. 이 계획은 실로 혁신적이고 대담한 그랜드 플랜이었고, 대한민국 산업사를 뒤바꾸는 '신의 한 수'였다.

전두환은 회고록에서 "이 기본계획은 단순히 전화시설 확충이라는 당면과제의 해결방안을 제시하는 데 그치지 않고 전자산업의 획기적인 발전을 위한 기본계획과 구체적인 추진방안을 포함하고 있었다"고 밝혔다. 즉 가전제품 위주의 전자산업을 발전시켜 반도체, 컴퓨터, 전자교환기 부문을 3대 전략산업으로 육성하자는 중장기적 구상을 담고 있었다는 것이다.[11]

하지만 정부의 발표에 대해 많은 사람들은 "말은 번지르르하다. 도대체 그게 될 일이냐?"라고 비웃었다. 5공화국이 출범한 1980년, 한국에서 IT산업은 불모지나 다름없었다. 그 수준은 외국 기업들이 개발한 제품을 조립 가공하는 수준에 불과했다. 선진국과 비교할 때 기술 현황이나 연구개발 투자 현실이 너무나 척박했기에 반도체·컴퓨터·전자교환기 등 3대 전략 품목을 국산화 개발한다는 것은 꿈도 못 꿀 일이라고 비관한 것이다.

하지만 전두환의 경제보좌관들은 IT산업이 다른 산업 분야의 경쟁력을 높이는 수단과 도구가 될 뿐만 아니라, 다른 산업 분야의 효율성을 제고하고 성장을 촉진하기 위한 간접자본(industrial overhead capital)인 동시에 기반구조(infrastructure)가 된다고 보고했다.[12]

그들은 국가경쟁력을 강화하기 위해서는 첨단산업, 미래선도산업, 미개척산업에 대한 연구개발과 과감한 투자가 필요한데 IT산업은 고부가가치의 수익성이 보장되는 산업이라는 점을 강조했다. 또한 정보는 자원과 에너지보다 더 편재되기 쉬워서 앞으로 맞이하게 될 정보화 시대에서는 산업사회보다 부의 편재가 더 심화될 우려가 있는 만큼 정보 이용의 대중화를 위한 수단을 개발해야 한다고 건의했다.[13]

---

11 전두환 회고록(2), 앞의 책, 217쪽.

12 전두환 회고록(2), 앞의 책, 217쪽.

13 전두환 회고록(2), 앞의 책, 217쪽.

제5공화국 전두환 시대 2

전 대통령은 이들의 설명을 듣고 적극 공감했다. 그 결과 청와대 경제비서실이 만든 '전자산업 육성방안'을 임기 내에 성취하기 위해 모든 열정을 다 쏟아 부었다. 돈이 필요하면 자금을 끌어다 댔고, 고급 인력이 필요하면 인재를 스카우트하여 관계 부처에 보냈다. 기업의 지원이 필요하면 대기업 총수들을 만나 고개를 숙였다.

전자교환기·반도체·컴퓨터 국산화 결정

그 결과 '전자산업 육성방안'을 통해 현실화된 전자교환기·반도체·컴퓨터 국산화 개발은 오늘날 대한민국을 먹여 살리는 IT산업의 주역이 되었다. 전두환 대통령의 지시에 의해 IT산업 생태계가 통째로 건설되기 시작한 것이다. 황무지에서 자란 IT 분야가 오늘날 전체 수출의 3분의 1을 차지할 정도로 성공한 요인은 무엇이었을까? 5공 시절 청와대 과학비서관실에서 근무했던 정홍식은 그 이유를 다섯 가지로 분석했다.[14]

첫째, 당시 경제 정책 담당자들에게 주어진 시대적 임무는 '국가경쟁력 강화'였다. 대한민국의 국가경쟁력을 확보하고 혹독한 국제경쟁에서 살아남아 지속적인 발전을 이루기 위해 IT는 그에 부응하는 전략적 요충산업이었다.

둘째, IT 정책 담당자들의 불굴의 의지와 도전의식이었다. 선진국에 비해 경제적·기술적으로 기반이 터무니없이 취약했음에도 불구하고 정책 담당자들은 처음부터 "세계 1등을 해보겠다"는 목적의식을 분명히 했고, 그 의지를 굽히지 않았다.

셋째, IT 정책을 주도하는 추진조직이 지속적으로 변화했다. 1980년대에는 청와대와 전산망 조정위원회가, 1990년대는 정보통신부와 정보화추진

---

14 정홍식, 앞의 책, 17~19쪽.

위원회가 주도했다. 특히 1990년대 중반 정보통신부 신설과 더불어 외부 인력과 젊은 인재들이 정보통신 분야에 수혈된 것이 우리나라 IT 성공의 핵심 역할을 했다.

넷째, 효과적인 전략 선택과 효율적인 전술 운영이었다. 1980년대에는 행정전산화 수요 등 국내 공공수요를 활용해 반도체·컴퓨터·교환기 등 핵심 정보통신산업의 일감을 제공하여 국내 IT산업의 성장 발전을 도모했다.

다섯째, 우수한 인재들의 팀워크와 파트너십이 결정적인 성공 요인이었다.

능력 있는 인재의 확보

무슨 일이든 의지와 노력, 구호만으로 성사되는 일은 없다는 것이 인류사의 교훈이다. 위대한 지도자는 구호나 의지를 앞세우는 것이 아니라, 일이 성공하도록 시스템을 구축하는 데 탁월한 능력을 발휘한 사람들이다.

저자는 정홍식이 제시한 5대 이유보다 더 중요한 성공 요인이 몇 가지 있다고 본다. 첫 번째 성공 요인은 연구개발비의 지속적인 확보였다. 전두환은 '전자산업 육성방안'의 추진을 위한 투자비 마련을 위해 제5차 경제사회발전 5개년 계획 기간 중 통신 투자비율을 국가 총고정자산 형성액의 7.5%로 책정하도록 했다. 또한 통신개혁 재원조달을 위해 1981년 전기통신사업법을 고쳐 모든 통신 사업자는 수입의 3% 이상을 의무적으로 연구개발비에 쓰도록 법제화했다. 이를 통해 연간 700~800억 원 규모의 재원을 꾸준히 조달하는 데 성공했다.[15]

전두환 대통령은 참모진으로부터 '전자산업 육성방안' 내용을 보고 받고, IT산업을 새로운 국가 신성장 동력으로 건설키로 결정했다. 이를 위해

---

15 전두환 회고록(2), 앞의 책, 186쪽.

가장 시급한 것은 이 작업을 총괄 지휘하여 일을 성공시킬 수 있는 '능력 있는 인재'의 확보였다.

당시나 지금이나 한국 정부 부처는 순환 보직제를 시행하고 있다. 관료들이 한자리에 오래 근무하게 되면 부패, 타성, 결탁 등의 유혹에 빠질 가능성이 높다. 이를 미연에 방지하기 위해 한 공무원이 동일 업무에 1~2년 근무하면 교체하도록 구조가 짜여 있다. 게다가 장관이 바뀌면 기존에 추진해왔던 정책이나 계획이 변경되거나 폐기되는 일이 다반사였다.

'전자산업 육성방안'이 명시하고 있는 3대 전략 사업 개발은 10여 년의 세월과 막대한 연구비, 수많은 연구 인력이 투입되어야 하는 고난도 프로젝트였다. 업무 추진 도중에 프로젝트의 지휘 책임자가 바뀌면 사업 진행에 막대한 지장을 초래하게 된다. 이 과정에서 전두환의 독특한 리더십이 작동하기 시작했다. 전두환 대통령은 해당 분야의 최고 전문가를 찾아내 임무를 부여하고, 그 인재가 책임지고 임무를 수행할 수 있도록 장기간 일을 맡겼다.

'전자산업 육성방안' 프로젝트의 주도자는 청와대 과학기술비서관실의 오명·홍성원·정홍식이었다. 전두환은 1980년 취임 때부터 1988년 2월 퇴임 때까지 세 사람을 관련 업무를 수행하는 보직에 임명하여 업무의 연속성과 일관성을 유지했다. 프로젝트 담당자가 8년 동안 같은 업무에 종사하도록 한 것이 정책 성공의 결정적 요인이었다.

관계자 총동원, 총력전 펼치는 벌떼 작전

또 한 가지 성공 요인은 관계자들을 총동원하여 총력전을 벌이는 이른바 '벌떼 작전'이었다. 당시 한국 과학기술 분야의 역량이나 맨파워(man power), 연구개발 노하우로 볼 때 세계 최선진국만이 보유하고 있는 첨단 전자통신 분야 제품의 국산화 개발은 거의 불가능한 과제나 다름없었다.

아무리 기술적으로 어려워도 국산품의 수출경쟁력 확보를 위해서는 실패 위험을 무릅쓰고 도전해야 하는 분야였다.

어떻게 하든 단기간 내에 이를 성취하려면 국내의 연구개발 인력을 총동원하는 총력전이 요구되었다. 선진국을 따라잡기 위해 국가가 연구개발비를 투자하고, 인력을 효율적으로 조직화한다. 정부가 제공한 연구개발 자금을 가지고 정부출연 연구소와 기업·대학의 연구원들이 한자리에 모여 공동개발을 진행한다. 개발된 기술은 기업에 이전하여 제품을 생산하며, 기업이 생산한 제품을 정부가 구매하여 시장을 만들어준다. 이 과정에서 불필요한 경쟁을 지양하고, 각자 분야가 가지고 있는 역량을 총동원하여 시너지 효과를 발휘함으로써 투자 효율을 극대화한다는 전략이었다.

관(官, 정부)·산(産, 기업)·연(硏, 연구소) 공동개발 방식은 TDX(시분할 방식 교환기) 개발로 그 효과가 입증되었다. 이후 관·산·연 공동개발 방식은 4MD램 반도체, 국가기간전산망용 슈퍼미니컴퓨터, CDMA(코드분할다중접속) 이동통신 장비 개발 등 정부 주도의 모든 연구개발 사업에 적용되어 큰 성과를 거두었다. 이 방법은 한국 고유의 연구개발 모델로 자리매김했고, 해외에도 알려져 '개도국의 성공한 연구개발 모델의 상징'으로 벤치마킹의 대상이 되었다.

'전자산업 육성방안'은 그보다 더 근원적인 의미가 내포되어 있다. 박정희 시절 추진된 근대화 작업은 조선, 철강, 기계, 석유화학 등 대부분 중후장대형(重厚張大型) 산업의 건설이었다. 게다가 대부분의 중후장대형 산업이 세계 시장에서 경쟁하기 위해 '규모의 경제'를 추구한 덕분에 외양이 어마어마했다. 근육질 노동에 의존하는 것이 이 분야 업의 특성이었다.

반면에 전두환 시절 추진된 '전자산업 육성방안'의 핵심은 경박단소형(輕薄短小型) 산업의 전형이었다. 대부분의 제품이 가볍고(輕), 얇고(薄), 짧고(短) 그리고 작게(小) 만들어지며, 하드웨어(hardware) 중심에서, 소프트웨어(software) 중심으로 구성된다. 때문에 근육질 노동에서 벗어나 두뇌 경쟁이 요구되는 업의 특성으로 변화되었다.

더더욱 의미 깊은 점은 이러한 신성장산업 건설이 경제위기와 중화학공업 구조조정이라는 고통스런 작업을 딛고 시작되었다는 점이다. 이로써 한국은 중화학공업이라는 하나의 날개에, IT산업이라는 또 하나의 날개를 달고 도약을 준비하는 단계로 접어들었다.

외국 회사 들러리 신세였던 한국 기업

박정희 정부 시절 한국은 총 130억 달러를 투자하여 중화학공업 풀세트를 건설하는 데 성공했다. 막대한 차관을 도입하여 외국 기술로 중화학공업 분야를 건설하는 데는 성공했으나 설비를 제대로 운용할 기술도 없고, 전문 인력도 존재하지 않았다. 그 결과 기계·전자 등 중화학공업 생산 설비나 시스템 설계, 운용은 국내 기업이 손도 못 대 외국 기업에 의존하는 형편이었다.

당시 원전 건설이 한창이던 한전을 비롯하여 시설 확장에 돌입한 포항제철, 이제 막 운행을 개시한 서울지하철, 정부가 발주하는 발전소, LNG 기지 등 핵심 산업 분야는 국내 기업의 기술 능력이 워낙 일천했다. 때문에 발주처에서는 한국 기업을 불신하여 외국 기술과 시스템, 기자재와 전문가를 선호했다.

국책사업에 대한 발주를 했다 하면 외국 기업에 사업권이 돌아갔고, 국내 기업은 입찰에서 번번이 고배를 마셨다. 이로 인한 외화 유출과 국가 주요 시설 및 설비에 대한 외국 기술 의존 현상은 날이 갈수록 심각해져갔다. 외국의 선진 기업들은 한국의 국책사업 참여하면서 기술 이전을 극도로 꺼렸다. 덕분에 사업 파트너로 참여한 국내 기업은 낮은 수준의 노동력만 제공하는 들러리 역할에 그치는 한심한 상황이었다.

청와대 과학기술비서관실은 첨단산업이나 플랜트산업 등 시스템 엔지니어링 산업은 단순히 규제 완화를 통해 국제경쟁력을 갖추기 어렵다고 판단했다. 이 분야에 대한 국내 기술 수준을 선진국 수준으로 끌어올리기 위해서는 비상한 방법이 요구되었다.

다각적인 검토와 고민 끝에 정부 주도로 일감을 만들어주고, 이를 통해 경쟁력을 배양할 기회를 준 다음, 장기적으로 세계 시장에 진출해 경쟁할 수 있도록 유도하기로 했다. 즉 기계·전자 등 중공업 분야의 국내 공공사업을 국내 기업이 주도할 수 있도록 하자는 방안이었다.[16]

청와대는 외국 기업이 국내의 대형 국책사업 참여하려면 국내 기업을 핵심기술개발 동반자로 삼아야 한다는 정책을 수립했다. 국내 기업이 외국 업체의 하도급이 아니라 사업 주체로 참여하도록 규정을 바꾼 것이다. 이 정책은 사업명을 '기계공업 정책방향'으로 내걸었다. 이것은 실질적으로 우리 기업에게 일감을 제공해준다는 뜻에서 '일감 찾아주기 운동'으로 불렸다.

우리 기업에게 일감 찾아주기 운동

이 정책은 우리 정부가 발주하는 모든 국책사업은 국내 기업이 주계약자가 되어 핵심 기술을 담당해야만 사업권을 수주할 수 있도록 강제했다는 점이 특징이다. 당장 핵심 기술이 부족했던 국내 기업은 외국의 유명 엔지니어링 회사와 손잡고 전문 기술자를 채용하여 프로젝트를 수주하도록 유도했다. 이 과정에서 외국 업체로부터 첨단기술을 이전받아 국제경쟁력을 확보하도록 기회를 제공하는 전략이었다.

'일감 찾아주기 사업'의 첫 결실은 서울 지하철 3·4호선용 전동차 및 기자재 국제 입찰에서 나왔다. 총 402량의 전동차 등 기자재를 구입하는 사

---

16 정홍식, 앞의 책, 68쪽.

업비 6억 3천만 달러짜리 프로젝트였다. 당시 서울지하철 본부는 이 프로젝트를 통해 달성할 수 있는 국산화율 목표를 30% 정도로 예상했다.

이때 청와대가 나서서 기자재의 50% 이상을 국내에서 생산하도록 유도했고, 국내 업체가 핵심 기술 분야를 담당토록 하여 사업비 절감을 유도했다. 그 결과 총사업비 1억 8천만 달러를 절감했고, 전동차 국산화율 60%를 달성하는 성과를 냈다. 이 사업 덕분에 전동차 핵심부품인 견인전동기를 국산화하는 데 성공했다. 이로써 대우중공업 등 관련 기업이 전동차 생산 기술과 생산실적을 확보할 수 있었다.[17]

이 사업이 큰 결실을 보자 서울지하철 2호선 추가 전동차 사업, 부산 지하철 1호선용 전동차 국제 입찰은 국내 업체를 주계약자로 선정하여 프로젝트를 진행했다. 사업비 1,386억 원의 호남화력발전 연료 전환 사업도 기자재 및 설비 부문에서 한국중공업을 주계약자로 선정했다. 또 올림픽경기장, LNG기지도 국내 기업이 주계약자가 되어 핵심 설비를 국산으로 공급했다. 사업비 3억 달러의 LNG선 3척 건조 사업도 외국 기술을 이전받아 국내 기술로 건조에 성공했다.

포항제철은 22억 달러 상당의 광양제철소 건설 사업을 추진했다. 이 과정에서 제철 설비 등 11억 달러 규모의 국제 입찰이 실시됐다. 이때도 국내 업체가 주계약자가 되도록 입찰 자격을 제한했고, 외국 업체는 국내 업체와 컨소시엄 형태로 참여하도록 유도했다. 그 결과 광양제철소 기자재 도입에서 3억 달러를 절감했고, 주요 설비는 현대·대우·삼성이 주계약자가 되어 설치했다. 30%를 예상했던 국산화율은 45% 이상을 달성, 제철 설비의 수출 길이 활짝 열렸다.[18]

---

17 정홍식, 앞의 책, 77쪽.
18 정홍식, 앞의 책, 83쪽.

이 사업을 계기로 국내 기업은 '내실 있는 일감', '고차원적 일감'을 받을 수 있었고, 이는 국내 기업이 기술력과 인력 측면에서 세계 일류 수준으로 도약하는 결정적인 계기가 되었다.[19] 이로써 국내 기업들의 엔지니어링 능력이 크게 향상되어 세계 일류 수준으로 도약했다. 이후 국내의 주요 프로젝트는 국내 기업들이 담당할 수 있는 능력을 확보하게 되었다.

이 프로젝트의 실무책임자였던 정홍식 청와대 과학기술비서관은 '일감 찾아주기 운동'은 단순한 고용 확대 차원이 아니라 산업과 인력의 국제경쟁력을 강화하는 핵심 철학이었다고 평했다.

---

19 정홍식, 앞의 책, 95쪽.

2

전자교환기 개발에 도전하다

개발연대에 한국이 당면한 과제 중 해결 우선 수위로 꼽힌 것 중의 하나가 폭증하는 통신수요의 해결이었다. 지금이야 손에 들고 다니며 어디서나 통화 가능한 휴대폰, 1인 1전화가 당연한 시대지만, 1970년대엔 전화 놓기가 '하늘의 별 따기' 소릴 들을 정도로 어려웠다. 박정희 대통령 시절, 대통령을 면담한 유공자에게 "무얼 해주기를 바라느냐"라고 물으면 "전화를 놓아주십시오" 하고 대답할 정도였다.

워낙 전화 놓기가 어렵다 보니 전화 가설이 이루어질 때마다 진풍경이 벌어졌다. 전화 가설이 가능한 지역은 우선 공공기관부터 설치하고, 남은 회선을 일반인에게 공급했다. 1·2등급은 주요 기관이었고, 교수는 4등급, 일반 국민은 5등급이었다.[20]

특정인에게 전화를 먼저 놔주는 것은 특혜에 해당하므로, 신청자를 대상으로 공개 추첨을 통해 배정했다. 덕분에 전화국의 전화 추첨은 사회적 빅이벤트였다. 선거유세장을 방불케 할 정도로 사람들이 운집했고, 공정을 기하기 위해 경찰관 입회하에 추첨원이 눈을 가린 후 제비를 뽑아 당첨

---

20 오명, 앞의 책, 98쪽.

자를 결정했다.[21]

전두환은 회고록에서 대령 시절까지 집에 일반전화가 없었고, 1973년 1월 장군 진급을 하면서 집에 일반전화를 놓으려고 신청을 했다. 전화국에서는 전화회선에 여유가 없다는 이유로 아예 신청조차 받아주지 않았다.[22] 이로 인해 그는 전화 정책에 각별한 관심을 갖게 되었고, 그가 집권한 후 최우선 순위로 전자교환기 국산화 개발을 추진하는 계기가 되었다.

백색전화 가격이 집 한 채보다 비싸

1961년 가입 전화 시설 규모는 12만 3,154회선, 가입자는 9만 7,016명에 불과했다. 경제성장과 국민생활이 향상되면서 통신수요가 급증하여 1981년에는 가입 전화 시설 규모 349만 1,276회선, 가입자 326만 3,322명으로 크게 증가했다. 수요는 폭증하는데 공급이 부족하다 보니 시간이 갈수록 만성적인 전화 적체 현상은 사회문제로 대두되었다.

전화를 가설하려면 전신전화국에 신청해야 하는데, 대기자가 많아 몇 년을 기다려야 겨우 차례가 돌아왔다. 사업을 시작하여 당장 전화가 필요한 사람들을 위해 체신부는 백색전화, 청색전화 제도를 시행했다. 1979년 9월 1일 이전에 개설된 전화는 백색전화라 하여 타인에게 사용권을 매각하는 것이 가능했다. 1979년 9월 1일 이후 개설된 전화는 타인에게 양도가 금지되어 청색전화라 불렸다. 백색전화는 당시 전국에 45만 7,280대에 불과했다. 백색전화 수요가 늘면서 권리금이 250만 원까지 치솟아 어지간한 서민주택 한 채 값보다 비쌌다.

국내 전화 사정이 어려워진 이유는 전화 가설을 원하는 수요자에 비해

---

21 「대한민국 50년: 백색전화-청색전화를 아시나요」, 조선일보, 1998년 8월 13일.
22 전두환 회고록(2), 앞의 책, 184쪽.

공급이 턱없이 부족했기 때문이다. 전화회선을 공급하려면(즉, 개인에게 전화를 가설해주려면) 전화국에 교환기를 추가 설치해야 한다. 당시 국내의 교환기는 기계식이어서 회선을 늘일 때마다 막대한 설비 비용이 발생하는 것이 문제였다.

때문에 회선 증설 과정에서 기계식보다 비용이 훨씬 저렴한 전자식 교환기로의 전환이 절실히 요구되었다. 기계식 교환기는 신호 전달이 느리다는 점을 떠나 근본적으로 무선 호출이나 컴퓨터 통신 등과의 연결이 불가능하다는 근본적 한계도 있었다.[23]

우리나라에서 전자교환기 도입을 처음 제기한 사람은 경제기획원 경제기획국장으로 재직 중이던 김재익이었다. 김재익에게 전자교환기 아이디어를 제공한 사람은 그의 고교 동창 정근모였다. 김재익과 경기고 동창인 정근모는 미시간주립대에서 응용물리학 박사학위를 취득한 선진적인 과학기술 정책가였다. 그는 외국에서 전자교환기 기술개발 사례를 확인하고 고교 동창 김재익을 찾아가 "우리도 전자교환기를 개발하자"라고 설득했다.

김재익은 35세 되던 해부터 전자교환기, 즉 일렉트로닉 스위칭 시스템(Electronic Switching System)에 대한 연구를 시작했다. 이때부터 그는 통신과 컴퓨터의 결합을 머릿속에 넣고 있었다. 전자교환기의 산업적·전략적 가치를 진지하게 연구한 김재익은 직속상관인 남덕우 부총리에게 "기계식 교환기를 전자식으로 바꾸면 전화 적체를 일거에 해결할 수 있다"라는 사실을 보고했다.

교환기의 역사

1876년 최초의 전화기가 등장했을 때는 발신자가 전화기의 자석발전기

---

23 고승철·이완배, 앞의 책, 213~214쪽.

를 돌려 교환원을 호출하여 통화를 원하는 상대방을 말하면 교환원이 수작업으로 통화를 연결하는 자석식 교환기였다. 1880년에는 수화기만 들면 곧바로 교환원과 연결되는 공전식 전화기가 등장했다. 수동식 교환기는 전화 가입자 수가 늘어나면서 한계가 노출됐다.

자동교환기 발명자는 과학자가 아니라 미국 캔자스시티의 장의사 스트로저(Almon Brown Strowger)였다. 그는 장의업을 하던 중 계속 일거리가 줄어드는 상황에 직면했다. 알고 보니 수동 전화교환소에 근무하는 교환원의 남편이 장의사였는데, 장의사를 찾는 요청이 올 때마다 자기 남편에게 연결해주는 사실을 알게 되었다.

큰 자극을 받은 스트로저는 다이얼과 전자석을 이용한 자동교환기를 발명했다. 원하는 사람에게 연결하기 위해 전화번호가 사용됐고, 전화기에 다이얼이 비로소 생겨났다. 이것이 가입자가 수신자를 직접 연결하는 자동교환방식의 스트로저 교환기다. 1955년에는 독일 지멘스사가 스트로저 교환기의 단점을 보완하여 고장이 적고 접속 속도가 빠른 EMD(Edelmetal Motor Drehwhler) 교환기를 개발했다.

국내 최초의 전화는 1885년 9월 28일 한성(서울)과 제물포(인천) 간을 잇는 전신선이 개통되면서 시작되었다. 자동교환기가 국내 처음 도입된 것은 1935년이다. 일제에 의해 나진우편국에 도입된 독일제 SH(Siemens Halske) 교환기가 국내 최초의 자동식 교환기였다. 그해 10월에는 경성(서울)중앙전화국에 6천 회선의 스트로저 교환기가 도입되면서 우리나라도 본격적인 자동식 교환기 시대에 돌입했다.[24]

1959년 대외원조자금에 의한 국제입찰 결과 독일 지멘스의 EMD 교환기가 도입되면서 국내의 기계식 자동교환기는 스트로저와 EMD 교환기가

---

24 「비약 꿈꾸는 '전전자 교환기'」, 경인일보, 2002년 7월 26일.

표준형이 되었다. 1962년 일본의 NEC와 기술 제휴한 동양정밀(OPC)이 스트로저 교환기를 국내 최초로 생산했다. 1963년 말에는 금성사가 독일 지멘스와 기술 제휴로 EMD 교환기를 생산하여 동양정밀과 금성사가 국내 교환기 시장을 확고히 장악했다.[25]

1970년대 중반까지 애용되던 기계식 자동교환기는 전화 수요가 급증하면서 한계를 보이기 시작했다. 기계식 교환기는 음성 신호만을 전달할 수 있고, 회선 용량을 늘이려면 기계설비를 확장하는 데 많은 비용이 소요된다는 것이 큰 단점이었다. 이를 극복하기 위해 선진국에서는 전자 기술을 통신산업에 접목시켜 기계식 교환기의 두뇌부분을 트랜지스터와 IC로 바꾼 아날로그 방식의 반(半)전자식 교환기가 개발되었다.

반전자식 교환기는 교환 장치는 기계식이지만 제어장치는 컴퓨터 기술을 이용하여 기계식 교환기에 비해 운용이나 유지보수 등이 크게 개선되었다. 이러한 반전자식 교환기의 대표 기종으로는 미국의 No.1A와 벨기에 ITT/BTM(후에 Alcatel로 변경)의 M10CN이 있었다. 이들은 개발도상국에 경쟁적으로 수출을 추진했다.

김재익의 전자식 교환기 개발 주장

김재익 국장의 보고를 받은 남덕우 부총리는 1976년 2월 경제장관 간담회에서 박 대통령에게 교환기를 전자식으로 대처하지 않으면 전자산업의 낙후를 면치 못한다고 설명하고 5개년 계획사업으로 도입을 추진하겠다고 보고했다.[26]

김재익 국장은 심각한 전화 적체 해소를 위해 전자교환기 개발 사업을

---

25 강진구, 『삼성전자 신화와 그 비결』, 고려원, 1996, 122~123쪽.
26 남덕우, 「김재익과의 인연」, 남덕우 외 지음, 앞의 책, 43쪽.

적극 주장했다. 문제는 교환기가 막대한 이권이 걸려 있는 사업이었다는 점이다. 기계식 교환기를 안정적으로 공급하던 기득권자 입장에선 전자식 교환기 도입 주장은 날벼락이나 다름없는 일이었다.

김재익은 숱한 협박, 회유, 모략에 시달렸다. 김재익의 부인 이순자 전 숙명여대 교수의 회고에 의하면 집으로 협박 전화가 와서 가족들을 놀라게 했다. 하지만 김재익은 어떤 압박에도 굽히지 않고 전자식 교환기 개발 주장을 밀고 나갔다.

반면에 전화 사업 담당 부처인 체신부는 김재익의 주장을 "백면서생의 잠꼬대" 정도로 치부했다. 국내 통신 기술 수준으로 볼 때 첨단 복합기술을 요하는 전자교환기 국산화 개발은 요원한 꿈이라며 회의적 반응을 보인 것이다. 전자교환기 개발과 관련하여 정책 담당 부서인 경제기획원과 실무 부서인 체신부가 이견을 보이자 정부는 과기처 산하의 한국과학기술연구원(KIST)에 전자교환기 도입 및 국산화 개발의 타당성 검토를 의뢰했다.

이 문제를 검토하기 위해 태스크 포스가 조직되었고, 팀장은 경상현 박사가 맡았다. 이들은 연구 끝에 '전자식 교환기 개발 계획서'를 작성하여 박 대통령에게 보고했다. 보고서의 주된 내용은 도입 가격, 시설비, 유지보수비 등 기술적 성능 면에서 전자식이 기계식보다 월등히 우수하다고 결론을 내렸다. 유지보수 인력 면에서 반(半)전자식과 전(全)전자식은 기계식에 비해 각각 31%와 29%만 필요했고, 시설·면적 면에서는 39.6%와 17.5%만 필요했다.[27]

---

27 백완기, 「경제자율화의 기수」, 이순자 엮음, 앞의 책, 36쪽.

국내에 반(半)전자교환기 도입

보고를 받은 박 대통령은 첫째, 전자교환기술을 전담할 연구소를 설립할 것, 둘째, 산업은행 출자로 전자교환기 생산 회사를 설립할 것 등 두 가지를 지시했다. 이 지시에 따라 1976년 KIST 산하에 한국전자통신연구소가 설립되었다. 이 조직이 후에 전자통신연구원으로 발전하게 된다. 이 연구소에 경상현 박사가 선임 연구부장에 취임했다. 한편에선 1977년 2월, 국영기업인 한국전자통신주식회사(KTC)가 출범했다.

정부는 날로 심각해지는 전화 적체 현상을 해소하기 위해 전자교환기의 국내 개발을 추진하되, 과도기적으로 외국에서 아날로그 방식의 반(半)전자식 교환기 중 한 기종을 도입하기로 결정했다. 국제 경쟁 입찰을 진행한 결과 벨기에 BTM사의 M10CN 기종이 선정되었다. M10CN은 100% 디지털 전자교환기로 이행하는 과정에서의 과도기적 시설이었다. 이 교환기 조립생산은 한국자통신이 담당하기로 결정했다.

1979년 12월 M10CN이 영동과 당산전화국에 2만회선 규모로 각각 개통됨으로써 우리나라도 반전자교환기 시대로 이행하게 된다. 또 미국 AT&T사의 NO.1A가 제2기종으로 선정돼 1983년 말까지 100만 회선의 반전자교환기가 개통되었다. 또 농어촌 전자교환기로 스웨덴의 에릭슨이 선정됐다.

이 기종들은 국산 TDX 교환기 개발 이전까지 우리나라 가입자 수요 적체를 해결하는 데 일정 역할을 했을 뿐만 아니라, 수입에 따른 계약조건에 따라 교환기 기술 인력 파견 교육을 통한 인력 양성에도 도움이 되었다. 이때 양성된 기술진은 후에 국산 TDX 개발에도 큰 역할을 담당하게 된다.

1980년대 들어 데이터통신이 보편화되고 교환·전송 기술의 디지털화가 급속히 발전하면서 음성뿐 아니라 각종 정보를 디지털 신호로 전송해야 할 필요성이 제기되었다. 선진국들은 제어장치뿐 아니라 교환 장치까지 완전 전자화된 전전자 교환기를 개발하여 수출하기 시작했다. 미국의 대용량 교환기인 No.5와 유럽 BTM(후에 Alcatel로 변경)의 S1240, 스웨덴의 AXE-10이 대표적인 전(全)전자식 교환기 기종이었다.

전두환 정부, 전(全)전자교환기 개발 결정

전화 적체를 일거에 해결하려면 전자교환기, 그중에서도 전전자식 교환기 국내 개발이 가장 확실한 방법이다. 전자교환기는 기술적으로 대단히 어렵지만, 회선 용량을 늘리는 과정에서 기계식보다 비용이 훨씬 적게 드는 것이 큰 장점이었다. 게다가 음성신호는 물론 각종 정보와 데이터, 동영상까지 주고받는 것이 가능해 미래의 통신 수요를 위해서는 필수불가결한 첨단 기기였다.[28]

전두환은 1980년대 들어 각광 받기 시작한 전자·정보·유전자·에너지·신소재산업 분야는 선진국과 기술 격차가 그다지 크지 않다고 판단했다. 그 결과 1982년부터 이 분야를 국가전략 핵심기술 분야로 선정하고, 집중 개발에 돌입한다는 전략을 추진했다. 이 전략이 전자교환기(TDX), 반도체, 슈퍼컴퓨터 국산화 개발을 추진하는 전자산업 육성방안으로 결실을 맺게 된다.

1981년 7월 '전자산업 육성방안'을 확정한 정부는 전자산업진흥법을 개정하여 신규 사업자의 전자산업 분야 진입 제한을 완전히 해제했다. 또 업체 간의 생산품목 규제를 철폐했고, 기술도입을 자유화하는 등 각종 규제를 풀었다. 이렇게 되자 삼성·금성(현 LG) 등 기존의 회사 외에 현대·대우 등이 새롭게 전자산업에 진입하거나 시설을 확충했다. 그 결과 1980년 911억 원에 불과했던 전자산업 투자액이 1984년 8,500억 원으로 9.5배나 증가했다.[29]

---

28 오명, 앞의 책, 98쪽.
29 전두환 회고록(2), 앞의 책, 218쪽.

1982년에는 반도체공업육성추진위원회가 구성되고 1983년을 '정보산업의 해'로 선포하면서 '정보산업 및 반도체공업 육성추진위원회'를 구성했다. 1984년부터는 기술진흥심의회로 확대 운영하면서 대통령이 직접 회의를 주재하게 된다. 이와 관련된 내용은 제3장에서 상세히 설명하게 될 것이다.

당시 정부의 교환기 구입 예산은 연간 5천억 원 정도였다. 만약 우리 기술로 전자교환기를 독자 개발하면 저렴한 비용으로 전화 적체를 단숨에 해소하고 정보통신산업 분야의 폭발적 성장을 기대할 수 있었다. 문제는 우리 전자산업은 일본에서 핵심부품을 수입하여 조립하는 수준이어서 일본이 부품 공급을 중단하면 컬러TV도 못 만드는 안타까운 상황이었다.

고도의 최첨단 분야 제품인 전전자식 교환기를 빈약한 우리 기술로 개발할 수 있을지 어느 누구도 확신하지 못했다. 또 이 프로젝트가 한국을 세계적인 IT 강국으로 도약시키는 계기가 될 것이라고는 김재익 수석이나 오명 비서관도 상상하지 못했다.

이런 형편에서 전자교환기 국산화 개발이 거론되자 관련 분야 전문가들조차 "전자교환기는 컬러TV와는 기술면에서 차원이 크게 다른 분야"라며 회의적 입장이었다. 그도 그럴 것이 선진국 중에서도 6개국만 개발에 성공했고, 인도와 브라질은 개발에 도전했다가 막대한 예산만 낭비하고 실패했기 때문이다.

오명에게 전자교환기 개발 맡겨

하지만 이 제품을 국산화하지 못하면 기술종속 상태에서 벗어날 수 없었다. 모든 것이 디지털화된 전(全)전자 교환기의 국산화 개발은 전화 적체 해소를 위해서뿐만 아니라, 미래 첨단산업인 IT산업의 핵심을 확보하는 중대한 프로젝트였다. 전두환 대통령은 '단군 이래 최대의 연구개발 사업'으로 불린 전자교환기 개발 사업을 1982년 시작된 제5차 경제사회개발 5개년 계획에 포함시키라고 지시했다. 담당 부처는 전신전화사업 주무부서인 체신부로 결정했다.

이 프로젝트를 기필코 성공시키기 위해 전두환 대통령은 육사 후배(18기)이자 청와대 과학기술비서관으로 재직하던 오명을 체신부 차관으로 임명했다. 그는 육사 졸업 후 서울대 공대 전자공학과를 졸업하고 미국 유학을 떠나 전자공학 분야에서 세계적 명성을 자랑하는 뉴욕주립대 스토니브룩 캠퍼스의 박사 출신이었다.

그가 체신부 차관에 임명됐을 때 오명의 나이는 41세, 공직 경력은 8개월간의 청와대 비서관 경험이 전부였다. 이 정도 공직 커리어뿐인 사람을 체신부 차관으로 발탁하여 중책을 맡긴 것이다.

오명이 차관으로 부임할 무렵 체신부는 편지나 배달하고 전화나 놓아주는, 정부 부처 중에서도 말석 부서였다. 그가 체신부에 가서 가장 먼저 한 일은 직원들에게 '정보화 사회'의 개념을 소개하는 일이었다. 오명은 기회가 날 때마다 휘하 공무원들에게 다음과 같이 호소했다.

"조만간 인류는 전기통신 회선에 컴퓨터와 단말기를 접속하여 정보를 송수신하는 정보화 사회로 진입할 것이다. 이를 위해서는 대량의 정보를 신속하게 처리할 수 있도록 컴퓨터와 통신기술의 결합이 필요하다. 그 일을 선도해야 하는 부서가 체신부다. 체신부가 정보화 사회를 이끄는 시대가 온다. 대한민국의 미래가 체신부에 달려 있다. 이를 위해서는 체신부 공무원들이 공부를 해야 한다."

젊은 차관의 독려에 공무원들의 눈빛이 달라지기 시작했다. 오명 차관은 체신부 직원들의 아이디어를 모아 '2000년까지의 정보통신 장기계획'을 수립했다. 이 계획이 한국을 정보통신 강국으로 발전하는 결정적 역할을 하게 된다. 오명 차관이 '정보통신 장기계획'을 대통령에게 보고하자 신이

난 전 대통령은 "다른 부처도 체신부처럼 장기계획 수립하라"라고 지시했다. 편지나 배달하고 전화나 놓아주던 만년 말석 체신부가 정책 면에서 정부를 리드하기 시작한 것이다.[30]

체신부에서 전신·전화사업 분리 독립시켜

국가의 핵심 역량사업인 전자교환기 개발을 위해서는 체신부가 핵심 업무에 집중할 수 있도록 전신·전화 사업을 분리 독립시키는 것이 급선무였다. 신규 첨단산업 육성을 위한 전자교환기와 컴퓨터, 반도체 개발을 위해서는 막대한 연구개발 자금이 필요했다. 여기에 필요한 자금은 전신·전화 사업에서 나와야 했다. 이를 위해서는 전신·전화 사업을 전담하는 공사 체제가 유리했다. 그 결과 1980년 12월, 청와대 과학기술비서관실은 '통신사업 경영체제 개선'이란 문건을 작성, 대통령 결재를 받았다.[31]

청와대가 전신·전화 사업을 체신부로부터 분리하기로 결정한 또 다른 이유가 있다. IT산업 육성을 위해서는 고급 인력을 대대적으로 채용해야 하는데, 당시의 공무원 급여체계로는 고급 인력 스카우트가 원천적으로 불가능했다. 정부는 기계공업 발전을 위한 재원은 한국전력 수익금으로, IT산업 발전을 위한 재원은 전신·전화 사업 수익금으로 육성한다는 원칙을 수립했다.

하지만 체신부 당국자들은 자기 부처에서 전신·전화 사업이 분리되면 부처 위상이 크게 축소된다며 강력 반발했다. 이 작업은 이승만 정부 시절부터 수차에 걸쳐 제기되어 왔으나 관계 공무원들의 소극적인 태도로 추진되지 못했다. 체신부를 둘로 쪼개는 일이다 보니 관계 공무원들 저항이

---

30 오명, 앞의 책, 73~74쪽.
31 정홍식, 앞의 책, 42쪽.

만만치 않았다.

하지만 당시는 신군부의 서슬 퍼런 권위가 번득이던 시대였기에 반대를 무릅쓰고 작업은 일사천리로 진행되었다. 오명 차관은 체신부에서 전신·전화 사업을 분리하여 1982년 1월 1일 한국전기통신공사(KTA, 현 KT)를 출범시켰다. 자본금 2조 5천억 원은 정부가 전액 출자했고, 체신부에서 전기통신공사로 이관된 인원은 153개 기관 3만 5,225명이었다. 대한민국 정부 수립 이후 최대 규모의 조직 이관이었다.[32]

이 작업으로 체신부는 정책 집행과 우편·저금업무를 전담하고, 전기통신시설의 설치와 보전, 운영과 영업, 관련기술 연구 및 실용화는 KTA가 전담하는 체제로 개편되었다. 이어서 오명 차관은 폭발적 성장이 기대되는 데이터통신 관련 기술을 개발하기 위해 한국데이타통신(데이콤)을 설립했다.

데이터통신이란 컴퓨터를 통신선에 연결하여 데이터를 전송 처리하는 기술이다. 이때는 인터넷은커녕 PC통신도 없던 시절이어서 이 개념을 이해시키기가 어려웠다.[33] 어쨌거나 데이콤 설립으로 인해 국내의 통신 분야는 음성통신(전화)은 KTA, 비음성통신(정보와 데이터)은 데이콤이 담당하는 체제가 구축되었다.

공중전화망(PSTN) 개방

다음 목표는 공중전화망(PSTN, Public Switched Telephone Network)의 개방이었다. 공중전화망이란 전국, 지역 또는 지방 전화 사업자가 운영하는 전화망의 총합으로 공중전화를 위한 인프라와 서비스를 제공하는 네트워크다. 공중전화망 개방은 일반 전화선에 컴퓨터, 팩시밀리 등을 마음

32　정홍식, 앞의 책, 43쪽.

33　오명, 앞의 책, 87쪽.

대로 연결하여 데이터통신용으로 쓸 수 있도록 허용하는 작업이었다.

당시는 통신선로 품질이 좋지 않아 전화회선에 데이터통신을 허용하기 어려운 상황이었다. 유럽 선진국들도 PSTN을 개방하지 못하고 있을 때 한국은 부단한 기술개발을 통해 1983년 3월 21일 PSTN을 개방했다.[34]

이때부터 팩시밀리와 컴퓨터 보급이 급속도로 확대되었고, PC통신 등 데이터통신 사업도 활기를 띠기 시작했다. 데이터통신이 활성화되고, 속도와 품질에 대한 이용자의 요구 수준이 높아지면서 광케이블망이 확충되기 시작했고, 네트워크 고도화 작업이 지속적으로 추진되어 오늘과 같은 초고속통신망으로 발전하게 되었다. 결과적으로 PSTN 개방이 오늘날 한국을 초고속 인터넷 일등 국가로 이끈 시발점이었다.[35]

전두환 대통령은 5공 정부 7년간 오명을 체신부 차관·장관으로 임명하여 TDX로 명명된 전전자교환기와 국가기간전산망 개발의 총지휘를 맡겼다. TDX란 Time Division Exchange의 약어로, 우리말로 옮기면 시분할 전전자교환기다. 이것은 제어계와 통화로계를 디지털화한 디지털 전전자교환기다. 공간분할 교환기에 비해 경제적이고 우수한 통화품질을 제공하는 첨단 기기다. TDX란 명칭은 한국전자통신연구소 연구원들을 대상으로 교환기 명칭을 공모하여 탄생한 것이다.

기필코 전자교환기를 우리 기술로 개발하라는 대통령의 특명을 받은 오명 차관은 최순달 한국전기통신연구소장(현 한국전자통신연구원)에게 전자교환기 국산화 개발을 지시했다. 전두환의 대구공고 3년 선배인 최순달 소장은 국내외에서 인정받는 고급 과학기술 인재였다.

---

34 오명, 앞의 책, 92쪽.
35 오명, 앞의 책, 92~93쪽.

전자교환기 개발에 800억 원 투입

전자교환기는 천문학적인 연구개발비가 필요한 데다, 관련 분야의 국내 기술 수준도 척박하기 그지없었다. 이런 상황에서 41세의 새파란 육사 출신 차관이 최첨단 복합기술이 요구되는 전자교환기를 개발하라니…. 이와 관련된 두 사람의 대화 내용을 일부 소개한다.

최순달: 차관님, 적어도 100억 원 이상 개발비가 들어갑니다.

오　명: 100억 원 드리지요. 할 수 있겠습니까?

최순달: 시간을 좀 주십시오.

얼마 후 최 소장은 부소장인 경상현 박사와 차관실을 찾아왔다.

최순달: 200억 원은 필요합니다.

오　명: 충분히 지원해드리겠습니다. 성공하면 수백억 원 규모의 대형 연구개발사업은 얼마든지 가능해질 것입니다. 그러나 실패하면 과학기술인 앞에서 죄인이 될 것입니다.[36]

TDX 개발이 결정되었을 때 국내의 정부 연구개발사업비 최대 액수가 10억 원에 불과했다. 이런 상황에서 TDX 1차(TDX-1, 농어촌용 소용량) 개발에 240억 원, 2차로 대용량 모델(TDX-10) 개발에 560억 원, 합계 800억 원이 요구되었다. 당시 큰 공장 하나를 세우는 데 약 50억 원의 예산이 필요했던 것을 감안하면 800억 원 개발비는 대형공장 16개를 지을 수 있는 돈이었다. 그래서 TDX 개발은 '단군 이래 최대의 연구개발 사업'이라는 타이틀이 붙었다.

36　이현덕, 「과학기술이 미래다(127)-통신혁명 횃불…전전자교환기(TDX) 개발에 240억 원 투입」, 2024년 6월 11일.

하지만 1차 개발비 240억 원은 선진국이 추진했던 개발비의 10%밖에 안 되는 금액이었다. 개발에 성공하기만 하면 어마어마한 예산을 절약할 수 있는 획기적인 프로젝트였다.

10억 원 국가 프로젝트도 없던 시대에 개발비 240억 원은 전무후무한 사례였다. 체신부가 이 정도의 거대 자금을 연구개발비로 투입할 수 있었던 데는 국보위 시절 통신산업 예산을 독립회계로 바꾼 것이 결정적 역할을 했다. 그 전에는 체신사업의 수익을 철도사업 적자를 메우는 데 돌려쓰는 바람에 재투자의 엄두를 못 냈으나 1980년대에는 통신사업 수익을 그대로 통신분야 연구개발에 투입할 수 있었던 것이다.[37]

전두환 대통령은 240억 원의 TDX 개발비 요청이 올라오자 즉각 서명했다. 전기통신연구소 전 임직원들은 오금이 저렸다. 성공하면 스타가 되지만, 실패하면 역사의 죄인이 될 수도 있었기 때문이다. 피 같은 개발자금을 받아 든 전기통신연구소 전 임직원은 "전자교환기 개발에 최선을 다할 것이며, 만약 개발에 실패할 경우 어떤 처벌이라도 달게 받겠다"라는 서약서를 작성하여 오명 차관에게 보냈다. 이것이 그 유명한 'TDX 혈서'다. 서약서 내용은 양승택 단장이 작성했다. 이 각서는 현재 ETRI에 보관돼 있다.

국내 전자교환기 연구의 선구자는 KIST

우리나라에서 교환기 개발을 위한 연구가 시작된 것은 1972년이었다. 박 대통령이 전국 순시를 자주 다녔는데, 지방에 체류할 때는 본부와 연락이 잘 안 되는 문제가 발생했다. 청와대는 KIST에 전국 5대 도시에 있는 기계식 교환기에 이동통신 무선 접속장치를 붙여서 대통령 전용 이동통신 장비를 개발해달라는 요청을 해왔다.

---

37 이장규, 「경제는 당신이 대통령이야」, 이순자 엮음, 앞의 책, 113쪽.

대부분이 전자공학 전공자로 구성된 KIST 연구자들은 기계식 교환기에 대해 잘 몰랐다. 때문에 소형 전자교환기를 개발해 5대 도시에 설치해놓고 그 전자교환기에 무선 통신망을 연결하는 방식으로 시도를 했다. 이때 개발한 소형 전자교환기는 불안정하다는 평가를 받았으나, 당시까지만 해도 진전된 기술이어서 기업들이 기술 이전을 해갔다.[38]

1976년 2월 정부는 외국산 반전자교환기를 일부 도입하는 조건으로 기술을 이전받아 전전자교환기를 개발해 공급하기로 결정한다. 1977년 KIST의 통신 연구 조직이 분리돼 한국통신기술연구소가 부설로 설치된다. 한국통신기술연구소는 1985년 한국전자기술연구소와 통합해 오늘의 한국전자통신연구원(ETRI)이 됐다.

ETRI는 디지털 전자교환기를 1978년에 96회선, 1979년 200회선, 1980년에 500회선을 개발했다. 습작이었지만 청와대와 체신부가 시험해보고 이전 소형 전자교환기에 비해 시스템이 안정된 것 같다고 평가했다. 이런 사전 학습과 연구개발 경험이 있었기에 ETRI가 개발의 주역을 담당하게 된 것이다.

ETRI의 '전전자 교환기 개발사업 총괄보고서'에 의하면 제1단계(1982~1986)에서는 우리나라의 실정에 맞는 분산 제어형 농어촌용 소용량 전전자 교환기(TDX-1)를 개발하여 양산체제에 들어갈 수 있게 하며, 아울러 TDX-1 개발 경험을 토대로 대용량 교환기(TDX-10)의 개발 기반 구축을 계획하였다.

제2단계(1987~1991)에서는 대도시 지역에 적용이 가능하고, 음성·데이터·화상처리 등 ISDN 서비스 실현에 적합한 대용량 전전자 교환기

---

38 「돌아갈 다리 불태우고 야전침대 투혼, '1가구 1전화' 실현하고 통신강국 열어제친 'TDX 영웅들」, Hello DD, 2024년 3월 31일.

(TDX-10) 개발을 목표로 하였다. 제3단계(1992~1996)에서는 광대역 ISDN 서비스가 가능하도록 TDX-10의 확대·개발을 목표로 했다.[39]

TDX 개발 사업은 정부가 연구비를 제공하고, 체신부와 한국전기통신공사·한국전자통신연구원 등 정부기관, 그리고 생산업체(금성반도체·동양정밀·삼성반도체통신·대우통신)가 참여하여 관·산·연(官産研)이 공동 개발하는 국가 총력전이었다. 공동개발 방식을 채택한 이유에 대해 오명은 "우리처럼 가난한 나라가 선진국을 따라잡는 유일한 길은 국가가 주도해 제한적인 재원과 인적 자원을 효율적으로 조직화하면서 기술을 개발하는 길밖에 없었기 때문"이라고 회고했다.[40]

군 시절 경험, 관리기법 총동원

오명 차관은 TDX 개발 사업을 기필코 성공시키기 위해 과거 군 생활 시절 연구개발 현장에서 쌓았던 경험, 관리기법, 인력을 총동원했다. 우선 그는 조직을 개발단과 사업단으로 이원화했다. TDX 개발단(단장 양승택 박사)은 말 그대로 전자교환기 개발을 전담하는 부서다. 반면에 TDX 사업단(단장 서정욱 박사)은 제품 개발 후 실용화되기까지 거쳐야 할 품질보증과 구매, 설치운용, 실용화 작업을 전담하도록 했다.

연구소가 개발한 제품이 현장에서 말썽 없이 사용되려면 엄격한 품질보증과 시험평가가 중요했다. 또 구매 활용계획도 세워야 한다. 이 업무를 총괄하는 부서가 TDX 개발단이었다. 이 부서의 책임자는 국방과학연구소(ADD) 소장을 지낸 서정욱 박사를 임명했다.

서정욱 박사는 ADD에서 군용 무전기를 개발할 때 ADD에 파견된 미국

---

39 양승택, 『전전자 교환기 개발사업 총괄보고서』, 한국전자통신연구소, 1985.

40 오명, 앞의 책, 119쪽.

무기개발 기술 자문팀으로부터 미국식 연구개발 관리기법인 '프로그램 평가 및 검토 기법(PERT, Program Evalution and Review Technique)'을 전수받았다.

PERT는 미 해군 특수프로젝트부가 폴라리스 잠수함용 미사일 개발 과정에서 개발 진척 상황을 측정 관리하기 위해 개발한 관리 기술이다. 각 세부 공정 경로에 대한 예상 소요 시간 값을 구한 뒤 진척도가 미진한 부분에 인적·물적 자원을 집중 투입하여 개발 시간을 최소화하는 방법론이었다.[41]

서정욱 박사는 이처럼 선진화된 관리기법을 동원하여 TDX 개발에 참여한 연구원과, 생산을 담당하게 될 기업에 철저한 품질보증과 실용화 작업이 뿌리내리도록 고군분투했다. 서정욱 단장의 활약 덕분에 세계 최고 수준의 품질보증체계가 우리나라에 확고하게 정착될 수 있었다.

양승택 박사에게 TDX 개발 맡겨

오명 차관은 삼성반도체통신에 근무하던 양승택 박사를 개발단장으로 모셔와 240억 원의 예산을 양 박사에게 맡겼다. TDX 개발단 1,300여 명은 대덕연구단지의 전자통신연구원(ETRI)에 집결하여 밤낮을 가리지 않고 개발에 전념했다. 그들은 연구실 한쪽에 100개의 야전침대를 가져다놓고 쪽잠을 자면서 개발시간을 단축했다. 그 결과 TDX 개발팀 건물은 '불이 꺼지지 않는 연구소'라는 별명을 얻었다.

TDX-1은 Z-80이라는 마이크로 프로세서로 만들어졌다. 이 프로세서는 8비트로 된 마이크로 컴퓨터지만 성능이나 동작 면에 있어 매우 안정

---

41 유상운, 「국가연구개발사업의 시행과 전개-반도체 개발 컨소시엄을 중심으로, 1980~2010」, 서울대학교 대학원 박사학위 논문, 2019, 78쪽.

적이었다. 이 프로세서가 시스템 내에 수백 개 설치돼 각종 디바이스를 제어, 관리하고 프로세서 간 상호 통신을 통해 전체가 한 개의 컴퓨터처럼 동작한다. TDX는 저가의 프로세서를 사용하기 때문에 가격 절감이 가능하고, 분산 제어 방식을 채택하고 있기 때문에 여러 연구원들이 동시에 자기장치의 기능을 개발, 시험할 수 있다는 장점이 있었다. 이 모든 이점들을 각각의 기능이 검증된 후에 시스템에 통합해 쉽게 시스템 시험을 할 수 있었던 것이 성공의 큰 발판이었다.[42]

전자교환기 부품은 40도 이상의 고온이나, 영하 15도의 가혹한 환경에 견뎌야 하고, 한 번 설치하면 40년 동안 고장 나지 않아야 하는 등 고도의 품질수준이 요구되었다. 1984년 TDX-1이 개발되어 시험운영에 들어갔고 1985년 상용화 시험을 거쳐, 개발 시작 4년 만인 1986년 3월 14일 전북 무주, 경기 가평·전곡, 경북 고령 등 4개 지역에서 동시에 2만 4천 회선이 개통되었다. 당초 계획보다 1년 빨리 개통이 된 것이다. 이날 홍성원 청와대 과학기술비서관은 전두환 대통령에게 TDX 개발 성공 내용을 다음과 같이 보고했다.

"제5공화국이 추진해온 TDX를 국내 개발과 상용화에 성공했습니다. 이 사업은 정부와 기업 연구소가 혼연일체가 돼 성공시킨 기술적 쾌거입니다. 수입 원가 절감과 수입 대체 효과로 연간 4천만 달러의 외화 절약이 가능하고, 향후 2000년까지 28억 달러에 이르는 교환기 수입의 상당 부분을 국산으로 대체하고 수출도 가능할 것으로 전망합니다."[43]

---

42 한국전자통신연구원(ETRI), '미래 정보통신을 향한 도약, 그 발판을 마련하다', ETRI 45th Annisavery, https://www.etri.re.kr/45th/sub05_3.html

43 이현덕, 「과학기술이 미래다(128)–세계 10번째 TDX 기술 개발 쾌거… 1가구 1전화 시대 개막」, 전자신문, 2024년 6월 18일.

10만 회선 도시형 전자교환기 개발 도전

선진국에서 도입한 전자교환기는 국내 도입 초기에 많은 기술적 문제가 발생했으나, TDX는 국내 여건에 적합하도록 설계된 결과 아무 탈 없이 잘 운영되었다. 선진 6개국만 개발 성공한 최첨단 전전자교환기를 통신기술 후진국으로 알려진 한국이 개발하자 세계적인 화제가 되었다.

TDX 덕분에 저렴한 가격으로 회선 확장이 가능하게 되었다. 그 결과 한국은 전화 가입자가 급격히 늘어나 1987년 1천만 회선을 돌파함으로써 1가구 1전화 시대가 열렸다. 부유층이나 특권층의 전유물처럼 여겨졌던 가정집 전화가 중산층은 물론, 국민 누구라도 신청만 하면 당일로 싼값에 공급받을 수 있게 된 것이다.

뿐만 아니라 도시는 물론, 외딴 섬이나 깊은 산골짜기까지 전 국토를 연결하는 자동통신망이 완성되어 전국 어디서나 즉석에서 통화가 가능하게 되었다. 이로써 전 국토의 동시생활권 형성은 물론, 도시 농촌 간의 균형발전을 촉진할 수 있게 되었다. 우리나라는 전화시설 수로 세계 14위, 아시아에서는 2위로 뛰어올랐다.[44]

TDX-1 개발 계획은 예정대로 5차 5개년 계획 기간인 1982년에 시작해서 1986년에 끝났다. TDX-1 개발에 이어 TDX-1A, TDX-1B 개발이 진행되었으나 TDX-1의 확장형이었으며, 6차 5개년 계획이 시작되는 1987년부터 TDX-1과는 차원이 다른 새로운 교환기를 개발하기로 하였다. 이것이 대용량 전전자 교환기 TDX-10이다.[45]

전화 가입자 1천만 회선을 돌파한 1987년에 용량 10만 회선 이상의 도

---

44 전두환 회고록(2), 앞의 책, 189쪽.

45 전국과학관 길라잡이, 「TDX-1 개발 및 대용량 교환기 TDX-10 상용화」, 국립중앙과학관, https://smart.science.go.kr/board/download.action?boardId=BBS_0000002&menuCd=DOM_000000101004001000&startPage=1&dataSid=6190&command=update&fileSid=2449

시용 대용량 다기능 전자교환기(TDX-10) 개발이 시작되었다. 개발단장에는 박항구 박사가 임명되었다. 2000년대 한국 전화시설 2천만 회선 제공을 목표로 하고, 또 종합정보통신망(ISDN)을 지원하는 TDX-10 개발비로는 총 560억 원이 투입되었다.

TDX-10은 10만 회선, 중계선 6만 회선 용량 규모의 대형 전전자 교환기다. TDX-10은 컴퓨터, 반도체, 통신 및 소프트웨어 기술이 총망라되는 복합 고도의 기술이 요구되는 통신장비이므로 국내의 연구소, 학계, 기업체 등의 부존자원을 총동원하여 범국가적으로 추진토록 방침이 결정되었다.[46] 1991년 TDX-10의 상용시험에 성공했고, 예정대로 1991년 서울 구로전화국을 시작으로 본격 도입되었다. 그동안 전국을 단일통화권으로 완전히 묶는 시외교환기(DDD)는 우리 기술이 없었기 때문에 미국제, 스웨덴제를 도입하여 사용해왔다. 이 부분까지 모두 국산으로 대체되었다.

TDX 덕에 이동통신 선진국 도약

삼성전자, LG정보통신, 대우통신, 동양정보통신 등 4개사가 기술을 이전받아 교환기를 생산하여 1997년 말까지 총 400만 회선을 국내 보급했다. TDX 자체 개발을 통해 한국은 통신 투자비용을 획기적으로 낮추는 계기를 마련했다. 정부는 TDX 개발을 위해 1차 240억 원, 2차 560억 원 등 총 800억 원을 투입했다. 벨기에에서 반(半)전자교환기 기종 도입 과정에서 한국이 지불한 기술료가 무려 500억 원이었다.

지난 2001년 집계 결과에 따르면 TDX 개발로 내수로 인한 수입대체 효

---

46 전국과학관 길라잡이, 「TDX-1 개발 및 대용량 교환기 TDX-10 상용화」, 국립중앙과학관, https://smart.science.go.kr/board/download.action?boardId=BBS_0000002&menuCd=DOM_000000101004001000&startPage=1&dataSid=6190&command=update&fileSid=2449

과 4조 3,406억 원, 수출 1조 458억 원 등 모두 5조 3,864억 원의 경제 효과가 창출된 것으로 나타났다. TDX는 CDMA(TDX-10MX)의 핵심기술로 활용되어 이동통신 분야 선진국의 초석을 마련하였다.[47]

TDX는 1991년부터 1997년까지 러시아와 중국, 베트남, 필리핀 등 15개국에 392만 회선, 5억 7천만 달러의 수출을 기록했다. 1985년부터 1997년까지 13년 간 TDX는 4조 원의 국내 생산을 실현했다. 1997년 10월 한국은 TDX 1천만 회선을 돌파했다.

TDX 개발 덕분에 한국은 단숨에 통신 후진국에서 정보통신 강국으로 뛰어올랐다. 1981년 8%에 머물렀던 한국의 전화보급률은 1990년 31%까지 치솟았다. 폭발적인 전화 보급 속도는 전 세계에서 가장 빨랐다.[48] 단순히 음성(목소리)만 전달하던 전화선을 통해 각종 데이터까지 주고받을 수 있게 되어 오늘날 우리가 향유하는 '종합 정보통신망' 구축이 가능해진 것이다.

국산 개발한 TDX가 급속도로 보급되면서 전화 적체가 단숨에 해소되었다. 1987년 전화 가입자가 1천만 명을 돌파하여 1가구 1전화 시대가 개막되었고, 당일 신청하면 당일 개통해주는 지구상에서 가장 빠른 통신 서비스를 제공하는 통신 선진국으로 도약했다. 1987년 7월 1일 경기도 화성시 발안읍에서 국내 마지막으로 수동식 교환대를 철거하고 자동전화가 개통되었다. 전국의 모든 교환기를 TDX로 교체함으로써 한 나라 전체의 교환시설을 100% 디지털화한 것은 한국이 세계 최초가 되었다.

학자들은 통신혁명이 민주화를 앞당기는 일등공신이었다고 의미를 부

---

47 「1가구 1전화 시대를 열다」, ETRI webzine, https://www.etri.re.kr/webzine/20150828/sub04.html

48 고승철·이완배, 앞의 책, 223~224쪽.

여한다.[49] 1987년 6월 민주화 항쟁에 이어 6·29 선언이 나온 것은 개인들이 전화로 활발한 의사소통이 가능해졌고, 그로 인해 민주화 의지가 폭발한 결과라는 것이다.

전두환 정부의 과감한 투자로 TDX 개발 과정에서 한국은 정보통신 연관 기술을 엄청나게 축적할 수 있었다. 이렇게 개발한 기술을 기업에 이전하여 민간기업의 창의력이 폭발했다. 덕분에 저렴한 비용으로 세계 최고 수준의 인터넷 인프라를 구축하는 데 성공했다. 말하자면 TDX 개발 덕에 IT 강국을 향해 빠르게 질주하는 동력을 얻게 된 셈이다.

반면에 일본은 NTT 중심으로 정부 주도 통신사업체제를 유지했다. 그 결과 정보통신 분야에 관료적 분위기가 만연했고, 민간기업도 IT 분야로의 이행을 위한 개혁의 전기를 마련하지 못하고 주춤거렸다. 이런 틈을 타고 한국이 IT 분야에서 일본을 역전하는 데 성공한 것이다.

TDX가 IT산업의 뿌리

오늘날 IT산업의 뿌리를 거슬러 올라가면 TDX 개발이 등장하고, TDX의 근원은 1981년 전두환 대통령의 결단으로 만들어진 '전자산업 진흥방안'이 자리잡고 있다. 육사 출신 지도자와 그를 보좌한 육사 출신 참모 덕분에 한국은 세계 최고의 정보통신 강국으로 향하는 고속도로를 건설한 셈이다.

TDX 개발을 성공시킨 관·산·연 공동개발 모델은 반도체, 슈퍼미니컴퓨터, 코드분할다중접속(CDMA) 이동통신 장비 개발에 그대로 도입되어 우리나라 고유의 국가 R&D 모델로 자리매김했다. 김재익과 오명이 이끌었던 태스크 포스가 전자산업의 3대 집중 과제로 지목한 것이 전자교환기

---

49 오명, 앞의 책, 127쪽.

혁신과 반도체, 컴퓨터 산업이었다.[50]

통신 인프라를 갖춰놓으면 뒤를 이어 고부가가치 산업인 반도체산업의 발달이 이어질 것이라는 게 김재익의 확신이었다. 그의 확신은 이론이 아닌 현실로 꽃을 피우게 된다. TDX 개발 과정에서 반도체산업이 출발한 것이다.

---

50 고승철·이완배, 앞의 책, 224쪽.

3

한국 반도체산업 출발

세계의 전자산업은 미국과 유럽에서 시작되었다. 1950년대 이전까지는 미국 독주 시대가 이어지다가 1960년대 일본이 가전제품 수출로 유럽을 제치고 2위로 올라섰다. 일본이 전자산업에서 세계 최강의 자리에 올라선 것은 반도체(半導體, semiconductor) 덕분이다.

도체(導體)란 금·은·구리 등 전기가 잘 통하는 물질을 뜻하고 부도체는 전기가 통하지 않는 물질의 총칭이다. 부도체에 인공적인 조작을 가해 전기가 흐르도록 만든 것이 반도체다. 즉, 반도체는 전기의 흐름(도체)과 전기가 흐르지 않음(부도체)의 이중적 성질을 이용하여 컴퓨터에서 사용하는 1(켜짐, On)과 0(꺼짐, Off)이란 이진 논리(Bit Logic)인 비트 처리를 가능케 한다.

반도체는 규소 결정에 불순물을 넣어 제조한다. 반도체가 등장하기 전에는 주로 진공관을 사용했다. 진공관이란 진공 속에서 전자의 움직임을 제어하여 전기 신호를 증폭시키는 장비다. 문제는 진공관이 동작 범위의 10% 범위만 사용하여 전력 효율이 매우 낮다는 점이었다.

이를 보완하는 연구를 진행하던 미국 벨연구소의 연구원 존 바딘(John Bardeen)과 월터 브래튼(Walter Houser Brattain)이 전류를 증폭하는 소형 트랜지스터를 개발하여 진공관을 대체하는 데 성공했다. 트랜지스터의 출현으로 크기가 더 작고 값싼 라디오, 계산기, 컴퓨터 등이 속속 개발되면서 전자공학 혁명이 일어났다. 트랜지스터 개발 공로로 개발자 두 사람은 1956년 노벨 물리학상을 수상했다.

반도체는 전자산업의 핵심

트랜지스터에 이어 '집적회로'라 불리는 IC(Integrated Circuit) 기술이 등장한 것은 1959년이다. IC는 반도체 칩에 저항기, 충전기, 트랜지스터를 탑재한 다음 회로로 연결한 것이다. 이 기술의 창안자는 텍사스인스트루먼트(TI)의 잭 킬비(Jack Kilby), 페어차일드의 로버트 노이스(Robert Noyce)였다. 두 사람은 20세기 최고의 발명으로 꼽히는 IC 발명자로 등재되었고, 잭 킬비는 그 공로로 2000년 노벨 물리학상을 수상했다. 로버트 노이스는 1990년 사망하여 수상하지는 못했다.

트랜지스터가 진공관을 대체하면서 전자제품의 크기가 획기적으로 축소되기 시작했고, IC칩이 탑재된 반도체는 인위적인 조작에 따라 전기의 흐름은 물론 전류량까지 조절이 가능하게 되었다. 반도체가 전자의 흐름을 제어하여 생활에 유용한 제품이 속속 등장하면서 반도체는 전자산업의 핵심으로 등장했다.

집적회로는 내장된 트랜지스터의 수에 따라 IC(1천개 이하), LSI(1천~10만 개), VLSI(10만 개 이상), 1MD램(100만 개 이상)으로 구분한다. 1960년대에는 IC에 100개의 트랜지스터를 집어넣을 수 있었다. 이후 기술이 급속 진보하여 1974년에는 1만 개, 1989년에는 100만 개, 2007년에는 100억 개의 트랜지스터를 내장한 IC칩(1MD램)이 개발되었다. 소시지 크기의 진공관이 콩알만 한 트랜지스터로, 나아가 손톱 크기만 한 IC칩에 100억 개의 트랜지스터를 내장한 제품이 등장한 것이다.

일본, 1976년 반도체를 국책사업으로 지정

반도체 개발국이자 원조는 미국이었다. IC 개발 이후 미국은 정부의 파격적 지원과 특허를 통한 기술력을 독점하여 1970년 인텔이 1KD램, 1974년 모스텍이 4KD램, 1976년 인텔이 16KD램을 개발하여 시장을 석권했다.

반도체산업의 중요성에 눈을 뜬 일본은 1976년 반도체를 국책사업으로 지정했다. 이 해에 일본은 통상산업성 주도로 초고집적 반도체(VLSI) 기술연구조합을 설립했다. 정부가 300억 엔, 5대 민간기업(NEC·도시바·후지쓰·히타치·미쓰비시)이 400억 엔을 출자했다. 이들은 1M 이상급의 메모리 반도체 개발에 필요한 집적회로 개발을 목표로 기업과 통상산업성의 전기기술연구소, 공공통신기업인 NTT가 참여하여 민관 합동 연구로 4년 내 미국 추월하기 위해 반도체 개발 프로젝트를 시작했다.

일본이 반도체 전쟁을 선포한 1976년, 불황기를 맞은 미국의 반도체 기업은 설비투자를 줄이는 바람에 일본과의 기술 격차를 벌이는 데 실패했다. 총력전을 전개한 일본은 1978년 16KD램을 개발하여 저가를 앞세워 미국 시장 공략에 나섰다. 1978년 10월 일본의 반도체 기업 후지쓰는 IBM·텍사스인스투루먼트(TI)와 비슷한 시기에 64KD램 개발에 성공했다. 1980년 2월 NEC가 인텔과 거의 동시에 256KD램을 개발했다. 이때부터 반도체 분야에서 일본과 미국의 기술이 역전되기 시작했다.

1980년 일본 반도체 5개사(NEC·도시바·히타치·후지쓰·미쓰비시)의 평균 매출액은 80억 달러를 상회한 반면, 텍사스인스트루먼트(TI)와 모토로라의 매출액은 41억 달러와 31억 달러에 불과했다.[51] 미국 언론은 일본 기업의 미국 반도체 시장 석권을 두고 "제2의 진주만 공격"이란 용어로 표현

---

51 유귀훈, 『호암의 마지막 꿈』, 블루메가수스, 2018, 25쪽.

했다.[52]

한국, KIST에서 반도체 연구 시작

한국의 반도체산업은 1965년 박정희 대통령이 한국과학기술연구소 (KIST) 설립으로 첫 시동을 걸었다. KIST 부소장으로 초빙된 정만영 박사가 한국에 반도체 개념을 처음 소개했다. 1960년대 후반 정만영 박사팀은 국내 최초로 전류를 증폭시키는 바이폴라 트랜지스터(bipolar transister, 접합형 트랜지스터)를 국내 최초로 개발했고, 1970년대 초 민석기 박사팀은 실리콘 적층기술 개발, 김종국 박사팀은 발광다이오드(LED, 전류가 흐를 때 빛을 내는 반도체 소자)를 개발했다.[53]

1965년 미국의 코미 반도체라는 회사가 국내에 진출하여 단순 조립공장 형태의 하청 생산을 시작했다. 1969년에는 아남산업이 미국의 앰코일렉트로닉스와 반도체 사업을 시작했다. 앰코는 미국(America)과 대한민국(Korea) 앞 글자를 조합한 사명으로, 앰코일렉트로닉스는 미국에서 영업과 마케팅을 전문으로 하고, 아남은 한국에서 생산과 연구개발에 집중했다.

1973년 KIST는 반도체장치연구실을 신설하고 미국 제너럴 일렉트릭 (GE)에서 근무하던 김만진 박사를 반도체장치 연구실장으로 초빙했다. 김만진 박사는 GE가 반도체 사업을 포기함에 따라 협상을 통해 GE의 반도체 생산 장비를 국내에 들여온 뒤 KIST의 반도체 개발실을 운영해나갔다.[54] 1976년 KIST는 반도체장치 연구실을 반도체기술 개발센터로 확대 개

---

52 유귀훈, 앞의 책, 26쪽.

53 유상운(2019), 65쪽.

54 유상운(2019), 65쪽.

편했다.

1974년 1월 재미 과학자 강기동 박사가 귀국하여 경기도 부천에 한국반도체란 회사를 설립했다. 강진구 전 삼성전자 회장은 자서전 『삼성전자 신화와 그 비결』(고려원, 1996)에서 "반도체의 미개지에 최초의 본격적인 반도체공장을 설립한 것이 강기동 박사의 한국반도체였다"고 기록했다.

서울대 전기공학과 출신의 강기동은 미국 유학을 떠나 오하이오주립대에서 반도체와 인연을 맺었다. 박사학위를 취득한 후 그는 세계 최대의 반도체 회사 모토로라에 취업하여 여러 개의 반도체 특허를 취득했다. 반도체 웨이퍼 가공업체인 한국반도체는 국내 최초로 시계용 및 전자계산기용 반도체칩을 제조했다.

1974년 삼성은 한국반도체 지분을 인수하여 반도체산업에 진출한다. 삼성은 전자시계와 텔레비전에 사용되는 트랜지스터와 집적회로 국산화에 성공했다.[55] 이 회사는 1978년 삼성반도체로 상호를 변경했고, 삼성전자는 1980년 1월 삼성반도체를 합병하여 1982년 1월 반도체연구소를 설립한다.

이스칸더 박사의 물심양면 지원

1974년 11월, 유엔 산하기구인 국제부흥개발은행(IBRD) 사절단이 한국을 방문했다. 한국 정부는 IBRD 사절단에게 전자산업 발전 방안에 대한 조언을 구했고, IBRD 전문가들은 반도체산업 추진을 제안했다. 이에 고무된 한국 정부는 1975년 미국 컨설팅 회사 ADL에 '우리나라 전자공업의 장기전망'에 관한 조사를 의뢰했다. ADL도 한국의 미래를 이끌어갈 핵심기술로 반도체를 꼽았다.

---

55 유상운(2019), 14쪽.

이런 조사 결과를 토대로 정부는 제2차 경제개발 5개년 계획에서 반도체 개발 사업을 전자분야 연구개발의 핵심 사업으로 선정했다. 하지만 선진국들은 후발국이 반도체 시장에 진입하지 못하도록 방어 장벽을 높게 쌓는 바람에 원천 기술 확보에 심각한 애로가 발생했다.

IBRD의 아시아 경제개발국장인 이스칸더(Magdi R. Iskandar) 박사는 후진국도 반도체, 컴퓨터 사업을 통해 빈곤에서 탈출해야 하며, 이를 위해서는 선진국의 반도체 관련기술 독점을 해소해야 한다고 주장했다. 한국 정부는 1976년 12월 30일 상공부 산하에 한국전자기술연구소(KIET)를 출범시키고 이스칸더 박사의 도움으로 세계은행으로부터 2,900만 달러의 차관을 도입했다.

이스칸더 박사는 한국 정부가 이 자금으로 반도체 설계, 공정기술 개발, 컴퓨터 사용 기술 및 시험설비 도입, 반도체 분야의 세계 전문가 초청, 국내 기술자 해외 교육훈련 등 세계적 수준의 반도체 설계·공정기술을 확보하는 데 결정적 도움을 주었다.

5공 출범 직후 전두환에게 반도체산업 보고

반도체는 전자산업의 핵심이어서 '산업의 쌀'로 불린다. 반도체산업의 중요성을 정확하게 이해하고 있던 청와대 과학기술비서관실은 5공 출범 직후 '전자산업 진흥방안'을 통해 반도체를 국산화 개발 3대 과제로 선정했다. 이들은 반도체산업의 적극 육성에 앞장서기 위해 1981년 전두환 대통령에게 두 차례에 걸쳐 반도체산업 육성방안을 보고했다.

과학기술비서관실은 대통령이 반도체에 대해 누구보다 잘 이해하는 것이 중요하다고 생각하여 처음 보고할 때 반도체에 대한 내용을 만화로 그려서 보고서로 올렸다. 심지어 반도체 모델을 일본에서 공수해 와서 실물

을 가지고 대통령에게 설명하기도 했다.[56]

하지만 당시만 해도 국내에서 반도체는 남의 나라 이야기일 뿐이었다. 반도체산업의 중요성, 업의 특성을 정확하게 아는 사람은 극소수에 불과했다. 청와대가 반도체산업 육성을 주장하고 나서자 경제기획원 관료들이나 학자들은 "한국은 국제경쟁력이 약해 천문학적인 투자가 요구되는 반도체산업의 성공 가능성은 거의 없다"면서 적극 만류했다.

당시 한국 전자산업계는 일본에서 반도체 칩을 공급받아야만 컬러TV를 비롯한 전자제품의 제조가 가능했다. 반도체칩 제조 기술이 없으면 일본의 기술과 부품 종속에서 벗어날 길이 없었던 전자산업계는 "한국 전자산업의 질적 도약을 위해서는 반도체산업 육성이 시급하다"는 입장이었다.

사업을 본격 시작하기 전부터 찬반양론이 팽배했고, 반대 의견이 만만치 않았다. 이런 격류를 뚫고 청와대 과학기술비서관실은 1981년 5월 '반도체공업 육성계획'을 수립했다. 이 계획에는 반도체공업 육성의 필요성, 제조과정, 반도체공업의 현황과 문제점, 반도체공업 육성 대책 등을 담고 있었다. 주요 내용은 다음과 같다.

- 육성대책: 웨이퍼 가공 분야를 국가 차원에서 국제 비교 우위 품목으로 육성, 기초 소재를 단계적으로 국산화. 생산구조를 기술집약적 산업으로 고도화하고 논리소자·기억소자 등은 국책과제로 개발.
- 생산설비 현대화: 1980년 현재 25%인 시설 자동화, 1986년까지 90%로 확대, 주요 기초 소재 단계적 국산화.
- 기술개발 자금 지원: 1982~1986년까지 기초기술 개발 등에 200억 원

---

56 오명, 앞의 책, 58쪽.

지원, 민간기업에도 자금 지원.'[57]

반도체산업 출발점은 전두환 대통령

청와대 과학기술비서관실에 근무했던 정홍식(경제수석실 행정관, 정통부 차관)은 "반도체공업 육성계획은 전두환 대통령의 지시로 작업반을 구성하여 작업을 진행했다. 그 결과물이 반도체공업 육성계획"이라고 증언했다. 그러니까 대한민국을 반도체로 먹고 사는 나라로 만드는 출발점이 전두환 대통령이었다는 뜻이다.

과학기술비서관실의 보고를 받은 전두환 대통령은 1981년 7월 15일, '반도체공업 육성계획'을 재가했다. 이어 1981년 11월, 청와대 과학기술비서관실은 전두환 대통령에게 '반도체 기술도입실태 및 대책'에 관한 특별 보고를 했다.

특별 보고를 받은 전 대통령은 이후 반도체산업 관련 국무회의를 두 차례 열어 "우리의 선진국 진입 여부는 반도체 기술을 얼마나 빨리 발전시키느냐에 달려 있다. 모든 국무위원은 반도체산업 육성에 적극 협력하라"라고 발언했다. 반도체산업에 대한 대통령의 독려가 우리나라 반도체산업에 결정적인 역할을 하게 된다.

청와대는 전두환 대통령에게 보고한 내용을 토대로 1982년부터 청와대에 한시적인 비상설 기구로 '반도체공업육성추진위원회'를 구성했다. 청와대가 반도체 육성의 실질적인 컨트롤타워 역할을 한 것이다. 위원장은 대통령 비서실장, 위원은 상공부·체신부·총무처·과기처 차관, 경제수석비서관, 관계 전문가 10인으로 구성했다. 위원회의 설치 목적은 "반도체산업 육성을 위한 총체적 방법론의 수립"이었다.

---

57 이현덕, 「과학기술이 미래다(94)-반도체 강국 담대한 도전」, 전자신문, 2023년 7월 5일.

이 위원회의 주요 임무는 반도체산업 관련 기업에 금융 및 세제 지원, 원자재 수출입 지원, 반도체 공장 건설을 위한 부지 확보, 진입도로 개설 및 확충, 전력의 안전 공급 등 반도체산업 육성에 필요한 세부적인 사항을 총체적으로 다루었다. 이 위원회는 1983년 '정보산업 및 반도체공업 육성위원회'로 발전했고, 1984년에는 기술진흥심의회로 확대 변신하게 된다.

전두환 대통령을 비롯한 청와대의 강력한 의지에도 불구하고 반도체산업은 출발부터 숱한 반대에 직면하여 좀처럼 진도가 나가지 못했다.

상공부는 반도체산업 찬성, 경제기획원은 반대

정부 내에서도 찬반양론으로 갈려 도무지 결론이 나지 않았다. 안정론과 성장론을 둘러싸고 경제기획원과 상공부가 대립한 내용은 제1장에서 소개한 바 있다. 반도체산업과 관련해서는 전선이 상공부와 과기처, 국책연구소는 찬성론, 경제기획원과 KDI는 반대론으로 형성되어 갑론을박했다.

한국의 전자산업 발전을 위해서는 한시도 지체하지 말고 반도체산업을 본격 시작해야 한다는 것이 찬성론자들의 입장이었다. 이런 의견이 나올 때마다 반대론자들은 국내 전문가를 비롯하여 외국 연구기관 등이 한국의 반도체산업의 성공 가능성은 거의 없다는 연구 자료를 제시하면서 비관적 전망을 내놓았다. 한국 반도체산업이 실패할 수밖에 없는 이유는 관련 기술과 인재의 부족, 좁은 내수시장이라는 한계, 미국·일본 등의 기술이 워낙 앞서 있어 수출 경쟁력 확보가 어렵고, 투자 자본이 부족하다는 것이었다.

이런 반대 의견을 극복하기 위해 너무나 많은 시간과 에너지를 소비해야 했다. 만약 당시 소모적 논쟁으로 시간을 허비하지 않고 청와대 과학기술비서관실 의견처럼 반도체 개발에 일찍 착수했다면 어떤 결과를 낳았을까?

찬반 논란이 뜨겁게 진행되던 1981년 9월 5일 전두환 대통령은 구미 수출산업공단에서 무역진흥 월례회의를 주재했다. 이날 전두환 대통령은 "정부는 반도체산업 육성에 역점을 두겠다"라고 명쾌하게 밝혔다. 서석준 상공부 장관도 "전자산업을 1980년대 고도산업 국가 발전의 핵심 전략산업으로 육성하고, 특히 반도체를 산업의 꽃으로 발전시키겠다"라고 보고했다.

무역진흥 월례회의가 끝난 후 전두환 대통령은 반도체 연구를 전담하는 정부 연구기관인 한국전자기술연구소(KIET)를 방문했다. 최순달 KIET 소장은 대통령에게 반도체 개발 현황을 상세히 보고했다. 그해 12월, 전두환은 최순달 소장을 청와대로 불렀다. 전 대통령은 자신의 대구공고 3년 선배인 최순달 소장에게 "최 소장, 반도체는 선진국 도약에 꼭 필요한 기술이오. 최 소장이 책임지고 반도체를 성공시키시오"라고 당부했다.

반도체 국산화의 초석, 한국전자기술연구소(KIET)

한국전자기술연구소는 1982년부터 과학기술처의 특정연구개발사업으로 고집적회로의 설계공정 및 시험 등 기본기술 개발에 착수하여 독자적인 반도체 제조기술의 기반을 다지기 시작했다.[58] 정부는 한국전자기술연구소에 106억 원의 거금을 투입하여 반도체 설계, 제조공정 및 양산 기술 국산화를 추진한 것이다.

반도체 기술 국산화의 초석이 한국전자기술연구소였고, 이 연구소가 반도체산업에 필요한 수많은 인재 양성의 산실 역할을 했다. 국내 전자산업 발전은 이스칸더 박사의 도움을 받아 세계은행 차관으로 설립한 한국전지기술연구소의 선구적 노력 덕분이다. 덕분에 전자산업 연구는 한국

---

58 박승덕, 『살며 생각하며』, 좋은 땅, 2020, 272쪽.

과학기술원(KIST, 기초과학), 한국전자통신연구원(KTRI, 전자통신), 한국전자기술연구소(KIET, 반도체·컴퓨터)가 3두 체제를 형성했다. 1985년 한국전자기술연구소는 한국전자통신연구원과 통합되어 한국전자통신연구원(ETRI)으로 확대 출범하게 된다.

한국전자기술연구소는 초기에 VCR용 바이폴라 집적회로를 자체 개발하여 한국이 VCR 수출국으로 발돋움하도록 했다. 전자기술연구소는 미국에서 기술을 도입하여 1982년 2월 4KD 램 개발에 이어 9월에는 국내 최초로 32K 롬(ROM)의 시제품 개발에 성공하여 전두환 대통령을 비롯한 200여 명의 전자산업 분야 기업인들이 참석한 자리에서 시연했다. 같은 해 10월 25일에는 32K 롬의 제조공정 개발에 성공했으며, 1983년에는 64K 롬 개발에 성공했다.[59]

여기서 말하는 램(RAM, 랜덤 액세스 메모리)이란 현재 작업 중인 데이터를 저장하고, 필요에 따라 읽고 쓸 수 있는 휘발성 메모리이며, 컴퓨터의 주기억장치 역할을 한다. 반면에 롬(ROM, 읽기 전용 메모리)은 전원이 꺼져도 데이터가 유지되는 비휘발성 메모리로, 컴퓨터가 부팅 정보 등 고정된 데이터를 영구적으로 저장하는 데 사용된다.

홍성원 당시 청와대 비서관의 회고에 의하면 정부는 반도체를 전략사업으로 선정한다는 목표를 세웠지만 기업들은 컬러TV와 전화교환기에서 활로를 찾겠다고 생각했을 뿐 반도체 투자는 엄두를 못 내고 있었다. 삼성, 금성 등 민간회사들은 당시 급성장하고 있던 교환기 생산에 참여하고 있었다.

---

59 유상운, 2019, 67쪽.

최순달 장관이 기업 등 떠밀어 반도체 사업 참여시켜

교환기 회선 수의 배정 권한을 쥐고 있는 사람이 최순달 당시 체신부 장관(재임기간 1982년 5월 21일~1983년 10월 14일)이었다. 최 장관은 직접 재벌 회장들을 면담하여 반도체 사업 투자를 정중하게 '권고'했다. 이렇게 되자 "반도체 사업을 안 하겠다고 말할 수 없는 입장"이 된 이병철 회장을 필두로 금성, 대우 관계자들의 일본 및 미국 견학이 시작되었다.[60] 정부가 교환기 사업권을 무기로 "반도체 사업에 참여하라"고 억지로 기업 회장들의 등을 떠민 셈이다.

국내 기업들이 반도체 사업 참여 여부를 망설이고 있던 차에 정부출연 연구소인 한국전자기술연구소가 32K 롬, 64K 롬 개발에 성공하자 대기업들이 자신감을 갖고 반도체산업에 본격적으로 뛰어드는 기폭제가 되었다.[61] 오늘날 한국의 반도체산업은 이병철·이건희 회장이 처음부터 끝까지 모든 것을 다했다고 믿고 있는 사람들이 새겨봐야 할 대목이다.

1980년 가을, 국가 신성장동력 창출을 위한 태스크 포스가 구성되어 '전자공업 육성방안'을 연구할 때 20여 명의 팀원 중에 삼성전자의 손욱 부장이 포함되어 있었다. 그는 후에 삼성전자 부사장, 삼성 SDI 사장, 삼성 종합기술원장을 역임하게 되는데, 이병철 삼성그룹 회장은 손욱 부장을 통해 5공 정부가 반도체·컴퓨터·전자교환기를 전략 3대 업종으로 선정하여 국산화 개발을 추진한다는 정보를 입수했다.

반도체 사업 참여 고민한 이병철 회장

이병철 회장의 자서전 『호암자전』에는 그가 반도체 관련 공부를 시작

---

60 유상운, 2019, 68쪽.
61 과학기술부, 『과제 발굴』, 11, 20쪽.

한 것은 1980년 이른 봄으로 기록해놓았다. 이 무렵 이병철은 도쿄를 방문했는데 경제관료 출신 경제평론가 이나바 히데조(稻葉秀三) 박사가 찾아와 일본이 반도체, 컴퓨터, 신소재, 광통신, 유전공학 등 경박단소(輕薄短小)의 첨단기술 쪽으로 방향을 전환하고 있다는 사실을 설명했다.[62]

이 회장은 한국도 일본과 마찬가지로 자원이 없고 무역입국의 길밖에 없으니 우리도 첨단산업으로 이행해야 한다는 사실을 절실히 깨달았다. 하지만 난제가 한두 가지가 아니었다. 이병철이 반도체산업을 위해 고민한 내용은 자서전에 다음과 같이 소개되어 있다.

'과연 한국이 미·일의 기술 수준을 추적할 수 있을까. 막대한 투자재원을 마련할 수 있을까. 혁신의 속도가 워낙 빨라 제품의 사이클이 기껏해야 2~3년인데, 그 리스크를 감당해낼 수 있을까. 미·일 양국이 점유하고 있는 세계시장에 뒤늦게 뛰어들어 경쟁에서 이길 수 있을까. 고도의 기술 두뇌와 기술 인력의 확보, 훈련은 가능할까. 입지 조건도 까다롭지만, 무엇보다 서울에서 한 시간 이내의 거리여야 한다. 그렇지 않으면 세계 정상급 고도기술 인력의 취업이 곤란한데, 서울은 인구집중 지역이므로 넓은 부지는 좀처럼 구하기 어려운 실정이다. 공장 구조도 아주 특수해야 될 터인데 소요시설과 전문 건설용역을 어떻게 확보하느냐도 문제였다.'[63]

이때부터 이병철 회장은 반도체 공부를 위해 수많은 미국, 일본의 전문가를 비롯하여 국내 전문가들 의견을 들었다. 삼성 비서실 요원을 일본과 미국 실리콘밸리에 파견하여 반도체산업의 특성, 원료, 입지조건, 글로벌

---

62 이병철, 『호암자전』, 중앙일보사, 1986, 235~236쪽.
63 이병철, 앞의 책, 237쪽.

시장 동향, 기술적 요인, 투자 규모, 사업성 등을 보고받았다. 당시 삼성 비서실 비서팀장이었던 정준명(후에 삼성전자 일본본사 사장)의 회고다.

'(이병철 회장이) 반도체는 무엇으로 만드냐는 질문을 하셔서 게르마늄 또는 실리콘이 주원료인데 실리콘이 경제성이 높아 주로 쓰인다고 말씀드리니 "실리콘은 뭐꼬" 하셔서 모래에서 추출되는 규소(硅素)라고 말씀드렸다.

"모래는 흙 아이가? 그럼 반도체는 흙으로 만든다 캐야지 무슨 실리콘이니 게르마늄이니 어렵게 말하노?"라며 단순화하셨다. 메모리(記憶素子)에 대해 설명드렸을 때는 "흙이 무엇을 기억한다는 말이냐?"고 하셨다. "그럼 램(RAM)은 뭐고, 롬(ROM)은 뭐꼬?" 당시 누구도 만족스럽게 답변하지 못했는데, 회장께서 다시 알아오라고 해서 밤새 고민 끝에 필자는 다음과 같이 보고했다.

"롬(ROM)은 바늘을 올려놓고 듣는 레코드 음반과 같아서 이미 녹음된 것만 들을 수 있는 기능을 갖춘 메모리 반도체(기억장치)로 읽기 전용이며, 램(RAM)은 카세트테이프같이 자유로 이미 녹음된 것을 듣기도 하고 지우기도 하고 새로 녹음도 할 수 있는 메모리 반도체입니다."

그제야 회장께서는 "옳아! 옳아!" 하더니 롬보다 램이 수요가 많고 좋은 거 아니냐고 했다. (중략) 흙으로 만들고, 흙이 기억(메모리)하고, 정보와 데이터를 입력하고, 지우고 새로 쓰고, 전기 신호를 보내야 작동하거나 전원이 꺼져도 기억이 남아 있고, 자외선으로 정보 등을 바꿀 수 있고, 제조 방법과 재료에 따라 다양한 기능을 갖는 광범위한 유기적 제품이 반도체라는 것을 이 회장께 설명하기는 참으로 난감한 일이 아닐 수 없었다.'[64]

---

64 정준명, 「한반도는 반도체」, 월간중앙, 201년 1월호, 74쪽.

정부 역할론은 한마디 언급도 없는 『호암자전』

이병철은 반도체를 공부하는 과정에서 한국이 전혀 가능성이 없는 것은 아니라는 사실을 깨달았다. 정부의 적극적인 뒷받침만 있으면 성공 가능성이 있다는 결론을 얻었다.[65] 하지만 이미 5공 정부가 1981년 5월 '반도체공업 육성계획'을 수립하고 대통령의 재가까지 받았으며, 이 계획에 의거하여 기업인들에게 "제발 반도체 사업에 참여하라"고 반강제로 등을 떠민 내용에 대해서는 전혀 언급하지 않고 있다.

이병철 회장은 1982년 3월, 보스턴대학에서 경영학 명예박사학위를 받기 위해 미국을 방문했다. 이때 이건희 부회장과 함께 IBM, 휴렛팩커드(HP), 코닝 등 미국 전자업계의 최첨단 시설과 자동화 시스템을 돌아보았다. 이병철은 반도체가 예상보다 빠르게 핵심 산업으로 부상하고 있다는 사실을 현장에서 직감했다.

삼성의 반도체 사업 타당성 검토 과정에서 심각한 문제가 제기되었다. VLSI의 소규모 생산라인 하나를 짓는데 건물, 설비, 인력, 인프라 구축 등을 포함하면 대략 470억 원이 필요하다는 계산이 나왔다. 삼성전자 연간 매출이 200억 원이 안 되던 때였으니 VLSI 사업은 삼성의 능력으로는 감당하기 어렵다는 보고서가 올라왔다.[66]

이 회장은 비서실의 객관적 판단을 신뢰하는 경영자였다. 개인적으로 꼭 참여하고 싶은 사업이 있어도 비서실의 타당성 검토가 비관적으로 나오면 포기하곤 했다. 그런데 반도체만큼은 비관적인 보고를 받고도 멈추지 않았다. 1982년 10월, 이병철은 반도체·컴퓨터사업팀을 조직했다. 이 팀을 중심으로 반도체 제품의 성능, 원가, 가격, 시장동향 등을 조사했고, 반

---

65 이병철, 앞의 책, 237~238쪽.

66 유귀훈, 앞의 책, 50쪽.

도체와 컴퓨터사업의 단·장기 계획을 세워 검토를 거듭했다.[67]

1982년 일본의 대표적인 전자기업 히다치와 미쓰비시 직원 6명이 미국 IBM의 기술정보를 빼내다 들켜 체포되는 산업 스파이 사건이 발생했다. 이 사건으로 국제적 물의가 빚어졌는데, 이 무렵 청와대를 방문한 이병철 회장은 전두환 대통령에게 반도체 사업 구상을 논의했다. 전 대통령은 이병철 회장에게 "히다치나 미쓰비시처럼 무리하게 기술 습득을 시도하는 것보다는 첨단기술을 보유한 인재를 스카우트하면 고급 두뇌와 기술을 한꺼번에 확보할 수 있다"라는 요지로 조언했다.

이후 이병철은 NTT의 하마다 시게타카(濱田茂孝) 박사를 기술 자문으로 영입했다. 1983년 강진구 삼성반도체 사장은 샤프사의 사사키 타다시(佐々木正) 부사장을 찾아가 반도체 전문가 영입과 관련한 자문을 구했다. 사사키 부사장은 자사에 반도체 기술을 이식해준 한국인 이임성 박사를 추천했다.

1983년 2월 8일, 이병철 회장 도쿄 선언

이임성은 스탠퍼드대에서 전자공학 박사학위를 받고 GE와 IBM 연구원을 거쳐 버클리대 교수로 재임하던 중 샤프사의 부탁을 받고 샤프의 기술자들을 미국에 파견하여 8비트 마이크로 프로세서 제조기술을 전수하고 샤프사 고문으로 활동했던 인물이다. 강진구 사장의 부탁을 받은 이임성 박사는 미국에서 활동하던 반도체 전문가 이상준, 이일복, 이종길, 박용의 박사를 영입했다.[68] 이들은 미국 자일록과 인텔 등에서 재직하던 최고의 반도체 인재였다.

---

67 이병철, 앞의 책, 238쪽.
68 강진구, 앞의 책, 216쪽.

이 와중에도 반도체산업을 둘러싼 정부 부처 간 공방전은 뜨겁게 이어졌다. 상공부가 반도체산업 추진 안건을 올리면 경제기획원과 재무부는 반대하거나, 지원을 축소해야 한다면서 제동을 걸었다.

이병철 회장은 1983년 2월 8일 도쿄에서 삼성의 VLSI(메모리 반도체) 사업 참여를 선언한다. 이른바 2·8 도쿄 선언이다. 이 회장은 "1년간에 걸친 철저한 기초조사와 밤낮을 거리지 않은 연구와 검토 끝에 내린 힘겨운 결단"[69]이라고 소감을 밝혔다. 더욱 놀라운 것은 투자 결정으로부터 1년이 되는 1984년 3월 말까지 64KD램의 양산 제1라인을 완성키로 한 것이다. 덕분에 삼성의 반도체사업부는 완성 시한에서 역산하여 모든 일의 진행계획을 수립했다.[70]

당시 삼성의 반도체 기술 수준은 가전제품용 LSI(고밀도 집적회로) 반제품을 들여다 가공 조립하는 단계였다. 이런 상태에서 1984년 3월 말까지 64KD램 생산 선언은 누가 봐도 무모한 결정이자 과욕으로 느껴지는 것이 당연했다. 이 회장이 메모리 반도체 사업 참여를 선언하자 삼성그룹 내부뿐 아니라 전자 관련업계가 발칵 뒤집혔다. "삼성이 망하려고 작정했다", "기술도 없으면서 어떻게 메모리 반도체 사업을 하겠다는 것인가", "삼성이 천문학적인 투자자금을 어떻게 조달한단 말인가" 등등의 비난이 쏟아졌다.

비판 여론이 거세지자 이 회장은 '메모리 반도체 사업 진출을 설명하는 자료'를 준비하라고 지시했다. 그 결과 1983년 3월 15일 삼성그룹은 '왜 우리는 반도체 사업을 해야 하는가'라는 제목의 그룹 발표문을 내놓았다. 핵심 내용을 소개한다.

---

69 이병철, 앞의 책, 238쪽.
70 이병철, 앞의 책, 238쪽.

"우리나라는 인구가 많고 좁은 국토의 4분의 3이 산지로 덮여 있는데다 석유, 우라늄 같은 필요한 천연자원 역시 거의 없는 형편이다. 다행히 우리에게는 교육 수준이 높고 근면하고 성실한 인적자원이 풍부해 그동안 이 인적 자원을 이용한 저가품의 대량수출 정책으로 고도성장을 해왔다. 삼성은 자원이 거의 없는 우리의 자연적 조건에 적합하면서 부가가치가 높고 고도기술을 요하는 제품 개발이 필요했다. 그것만이 현재의 어려움을 타개하고 제2의 도약을 기할 수 있는 유일한 길이라고 확신해 첨단 반도체 산업을 적극 추진키로 했다. 반도체산업은 그 자체로서도 성장성이 클 뿐 아니라 타(他) 산업 파급효과도 지대하고 기술 및 두뇌집약적인 고부가가치 산업이다. 이런 반도체산업을 우리 민족 특유의 강인한 정신력과 창조성을 바탕으로 추진하고자 한다."

메모리 반도체 개발과 생산에 필요한 기술은 미국의 마이크론으로부터 64KD램 설계 기술을, 일본 샤프로부터는 CMOS 공정 기술과 16KS램 기술을 도입했다. 이병철 회장이 예고한 대로 삼성은 도쿄 선언 9개월 후인 1983년 11월 64KD램 개발에 성공했다. 그로부터 10년 후인 1994년에는 삼성이 D램 시장 점유율 세계 1위에 올랐다. 대체 한국에서 무슨 일이 일어났기에 이런 일이 가능하게 된 것일까?

4

전두환이 정책 수립, 이병철이 사업 추진

이병철 회장의 철학은 사업보국(事業報國)으로 집약된다. '사업을 통해 나라에 이바지한다'라는 뜻이다. 그는 일제시기에 나라 잃은 설움을 톡톡히 경험한 후 무슨 일 있어도 나라가 있어야 사업도 가능하다는 사실을 절실하게 체험했다. 그는 자서전 『호암자전』에서 반도체 사업 참여의 목적을 다음과 같이 밝혔다.

"언제나 삼성은 새 사업을 선택할 때는 항상 그 기준이 명확했다. 국가적 필요성이 무엇이냐, 국민의 이해가 어떻게 되느냐, 또한 세계시장에서 경쟁할 수 있을까 등이 그것이다. 이 기준에 견주어 현 단계의 국가 과제는 '산업의 쌀'이며 21세기를 개척할 산업혁신의 핵인 반도체를 개발하는 것이라고 판단했다. (중략) 내 나이 73세. 비록 인생의 만기(晩期)이지만 이 나라의 백년대계를 위해서 어렵더라도 전력투구를 해야 할 때가 왔다."[71]

이병철 회장의 반도체 사업 진출 선언은 국내외에 격랑을 몰고 왔다. 미

---

71 이병철, 앞의 책, 236~237쪽.

국의 인텔은 삼성을 '과대망상증에 걸린 환자'에 비유했고, 국내 여론도 호의적이지 않았다. 삼성이 반도체 사업에 실패하면 국내 경제 전반에 위기가 올 수 있다고 걱정이 태산 같았다. 국내외에서 연일 삼성의 반도체산업 반대 논리가 쏟아졌다.

반도체 사업 결사 반대한 KDI

반대 여론의 선봉장은 한국개발연구원(KDI)이었다. KDI는 "반도체는 인구 1억, GNP 1만 달러, 내수판매 50% 이상이 가능한 국가에서 할 수 있는 산업으로 기술, 인력, 재원이 없는 우리에겐 불가하다"라는 평을 내놓았다.[72] 일본 미쓰비시연구소도 '삼성이 반도체 사업에서 성공할 수 없는 다섯 가지 이유'라는 보고서를 발표했다. 작은 내수시장, 취약한 관련 산업, 부족한 사회간접자본, 삼성전자의 열악한 규모, 빈약한 기술을 꼽았다.[73]

1983년 11월 전두환 대통령이 아웅산 사태 이후 처음으로 산업시찰에 나섰다. 이날 전 대통령은 삼성의 부천 반도체공장을 방문했다. 김광호 삼성전자 이사가 "이병철 회장이 도쿄 선언을 통해 VLSI 개발에 착수하겠다고 선언한 지 9개월 만에 64KD램 개발에 성공했다"라고 보고했다.

이 제품은 새끼손가락 손톱(2.5×5.7mm) 크기의 칩에 머리카락 50분의 1 정도인 가는 선 800만 개를 층층이 쌓은 초정밀 제품으로, 그 안에 6만 4천 개의 트랜지스터 등 15만 개의 소자를 박아 넣어야 하는데, 크고 작은 개별 공정만 309개나 됐다.[74]

이때까지 64KD램 개발에 성공한 사례는 미국 4개사, 일본 6개사에 불

---

72 유귀훈, 앞의 책, 7쪽.
73 머니투데이, 「"삼성은 못해" 냉소 日기업들 어디 갔나」, 2009년 10월 29일.
74 유귀훈, 앞의 책, 98쪽.

과했다. 삼성의 64KD램 개발로 10년 이상 벌어졌던 선진국과의 기술 격차
는 3~4년으로 단축되었다. 이것이 한국 첨단산업 개발사에서 중대한 이정
표가 되었다. 뿐만 아니라 삼성전자는 40일 만에 양산화를 위한 생산수율
을 일본과 비슷한 90%까지 끌어올리는 데 성공했다. 이로써 한국은 미국,
일본에 이어 세계 세 번째 메모리 반도체 생산국 대열에 올랐다.

전두환 대통령, "64KD램 홍보하지 말라"

김광호 이사의 보고를 받은 전 대통령은 뛸 듯이 기뻐하면서 "외국의
견제가 들어올지 모르니 홍보를 자제하는 것이 좋겠다"라고 말했다. 이제
겨우 시제품을 개발한 것을 우리가 대대적으로 보도하면 미국과 일본은
우리의 기술 개발을 믿지 않고 자기들 기술을 훔친 것이라고 공세를 펼칠
우려가 있다는 의견이었다. 또 삼성의 진출을 막기 위해 덤핑 공세를 할 수
도 있으니 우리가 시장을 개척해 쫓아갈 수 있는 단계가 될 때 알려도 늦
지 않다는 입장이었다.[75]

이 말을 전해 들은 이병철 회장은 "전두환 대통령이 사업에 대해 뭘 안
다고 그런 것까지 간섭하는가"라며 못마땅하게 생각했다. 결국 삼성은 대
통령의 조언을 무시하고 1983년 12월 1일, 64KD램 개발 성공 사실을 대대
적으로 발표했다. 1983년 연말 전두환은 재계 원로들을 부부 동반으로 청
와대로 초청하여 만찬을 함께했다. 이때 이병철 회장이 다음과 같이 발언
했다.

"64KD램 개발 때 대통령께서 광고하지 말도록 권유했다는 얘기를 듣
고 납득하지 못했다. 시간이 지나면서 보니 대통령께서 우려하신 대로 흘
러갔다. 전 대통령은 사업을 해본 경험도 없는데, 나보다 뛰어난 사업 감각

---

75 전두환 회고록(2), 앞의 책, 220쪽.

가지고 있음을 알게 되었다."

64KD램 개발이 국내에서는 축제였을지 몰라도 기업 경영 차원의 현실은 참담했다. D램의 제품 수명주기는 평균 3년으로, 64KD램은 1981년 처음 시중에 출시되었다. 삼성의 64KD램 개발 시점은 이 제품의 라이프 사이클상 끝물에 해당했다. 삼성이 천신만고 끝에 64KD램을 개발하자마자 일본 히타치는 1983년 말 256KD램을 출시했다.

일본은 삼성이 1986년에나 64KD램 개발이 가능할 것으로 판단, 수수방관하고 있다가 64KD램 개발 보도를 접했다. 이때부터 삼성을 짓밟기 위해 무자비한 덤핑 공세가 시작되었다. 1985년 개당 3달러 50센트였던 64KD램의 국제가격이 불과 몇 달 만에 50센트로 곤두박질했다. 당시의 64KD램 제조원가가 1달러 70센트였으니, 삼성은 개당 1달러 20센트씩 손해를 본 셈이다.[76]

삼성은 64KD램 출시 첫해인 1985년 428억 원의 적자를 기록했다. 1986년과 1987년에도 적자가 계속되어 1984년 이래 누적적자가 무려 1,159억 원에 이르렀다.[77] 국제적으로 PC 시장에 불황이 닥치면서 256KD램 가격도 31달러에서 3달러로 대폭락했다.

정부 부처, 또다시 반도체 사업 반대

삼성이 64KD램을 출시하면서 고전을 면치 못하자 반도체 반대 세력들이 다시 목소리를 높였다. 전두환 대통령은 회고록에서, "나도 한때 반도체 개발을 재검토해야 하는 것 아닌가 고민했다"고 토로할 지경이었다.[78]

---

76 강진구, 앞의 책, 239쪽.
77 강진구, 앞의 책, 239쪽.
78 전두환 회고록(2), 앞의 책, 221쪽.

실제로 전두환 대통령은 비서실에 반도체 개발에 대한 재검토를 지시하기도 했다. 대통령의 지시에 의해 반도체산업에 대한 객관적 상황을 냉정하게 분석한 청와대 과학기술비서관실은 "그럼에도 불구하고 반도체 개발은 계속되어야 한다"라는 보고서를 대통령에게 올렸다.

삼성은 1984년 10월, 64KD램보다 기억량이 4배 늘어난 256KD램 개발에 돌입했고, 그로부터 10개월 후 개발에 성공했다. 좀처럼 감정 표현을 밖으로 표현하지 않는 것으로 유명한 사람이 이병철 회장이다. 그랬던 이병철 회장이 기흥 연구소를 찾아가 연구개발진을 얼싸안고 기뻐하며 일일이 격려했다.

이때까지 삼성의 반도체 생산라인은 부천의 한국 반도체 시설을 그대로 활용했다. 이런 구시대적 설비로는 미래 수요에 대비하기 어렵다고 판단한 이병철 회장은 최첨단 메모리 반도체 생산라인을 신설하기로 결정했다. 반도체 공장은 업의 특성상 입지조건이 대단히 까다로웠다. 풍부하고 깨끗한 물과 공기가 풍부해야 하고, 원활한 물류 시스템을 확보하기 위해 고속도로 진출입이 쉬운 곳이어야 했다.

일본 규슈에 반도체 공장이 밀집한 이유는 이런 까다로운 조건을 충족시키는 곳이기 때문이다. 삼성은 서울에서 한 시간 거리, 물류가 용이한 지역을 집중 탐색한 끝에 용인군 기흥읍 농서리 일대에서 반도체 공장부지로 적합한 땅을 발견하고 40만 평을 매입했다. 그런데 이곳은 산림보존 지역이거나 경지지역, 혹은 상수도 보호지역이 대부분이었다. 그런 곳에 공장을 지으려면 땅의 용도를 변경해야 했다.[79] 이 과정에서 중대한 애로가 발생했다.

---

79 유귀훈, 앞의 책, 82쪽.

전두환이 반도체 공장부지 용도 변경 허가

반도체산업의 활성화를 주장하는 상공부는 "기술 발전과 경제도약을 위해 해당 토지에 대한 용도 변경을 허가해야 한다"는 입장이었다. 반면에 농수산부는 "쌀이 부족한 마당에 농지를 공장부지로 용도 변경하면 쌀 생산에 막대한 차질이 빚어진다"라며 반대 의견을 굽히지 않았다. 용도변경과 관련한 주무부처인 건설부 장관은 이 일대가 신도시 건설 예정부지로 청와대가 낙점했던 곳이란 사실을 알고는 "청와대의 재가를 먼저 받는 게 좋을 것 같다"라며 결재를 미뤘다.

보고를 받은 전두환 대통령은 "반도체는 산업의 쌀인데, 쌀 없이 무슨 밥을 먹는다는 거냐", "농사지어 수확하는 쌀이나 공장을 지어 생산하는 산업의 쌀 중 어떤 것이 더 부가가치가 큰가를 따져보면 답은 명확하게 나온다. 반도체를 반드시 우리 힘으로 개발해야 한다"라며 재가했다.

대통령의 결심을 전해 들은 건설부는 그제야 적극적으로 움직였다. 1983년 7월 5일 건설부는 고시 214호로 경기도 용인군 기흥면 일대를 삼성반도체공장 부지로 용도 변경을 허가했다. 삼성은 9월 12일 기흥에서 미국, 일본에 이어 세계 세 번째로 대단위 VLSI 생산공장 기공식을 거행했다. 기흥공장 제1라인은 64KD램 반도체를 월 600만 개 생산할 수 있는 규모였다.

이병철 회장은 이날 선진국에선 18개월 걸리는 공사를 6개월 내에 완공하라고 지시했다. 공장 건설 책임자인 성평건 공장장은 이 어려운 임무를 맡아 기한 내에 완공했다. 건설 공정과 시운전 과정을 지켜본 미국 인텔과 IBM, 일본 전문가들은 기상천외한 방식으로 첨단 공장을 6개월 만에 완공한 기술진의 모습에 경탄을 금치 못했다.

1984년 5월 17일 기흥에서 VLSI공장 준공식이 거행되었다. 이날 삼성은 "그동안 수입에 의존해왔던 64KD램을 국내서 생산하여 1987년까지 총

15억 달러의 수입대체 효과를 기대한다"라는 내용을 발표했다.

비슷한 시기에 현대전자도 반도체 공장 건설을 위해 경기도 이천 지역 토지를 매입했다. 공장부지 한가운데 절대농지와 초지가 포함돼 있어 삼성보다 상황이 더 복잡하고 어려운 곳이었다. 현대도 전두환 대통령의 결단으로 국무회의 의결을 거쳐 1983년 9월 17일 용도 변경 허가를 완료했다.

기흥 2라인 공장도 전두환이 허가

삼성은 기흥에 256KD램 생산을 위한 제2라인 건설 과정에서도 홍역을 치러야 했다. 1983년 12월 31일 공포된 수도권정비계획법에 의해 어떤 이유로든 기흥단지 내에 신규 건설이나 개발이 불가능하게 된 것이다.[80] 기흥에 반도체 인프라를 건설한 삼성은 당장 제2라인을 건설하지 못하면 256KD램을 개발해도 생산을 못할 상황이 닥쳤다. 유일한 해법은 용도 변경이었다. 이것이 안 되면 삼성은 반도체 사업을 접어야 했다.

기흥 2라인 건설에는 건설부·상공부·과기처·경제기획원 등 거의 모든 경제부처가 연관되어 있었다. 막상 어디서부터 매듭을 풀어야 할지 막막했다. 공업배치법, 국토이용관리법, 지방세법 등과 관련돼 있다 보니 거의 모든 정부 부처가 거미줄처럼 연결돼 있었다. 건설부는 누구라도 관련법을 건드리면 함께 죽을 거리고 엄포를 놓을 때 상공부가 삼성전자와 함께 해결방안을 찾아주었다.[81]

청와대 경제팀은 수도권 내 공업배치법 적용에 있어 반도체와 PC 두 업종에 한해 예외를 인정하자는 '수도권정비계획과 관련된 삼성반도체의 공

---

80 유귀훈, 앞의 책, 107쪽.

81 유귀훈, 앞의 책, 108~109쪽.

장부지 문제'라는 문서를 작성했다. 건설부 장관을 제외한 모든 장관들이 예외를 인정하는 것에 수긍했고, 결국 김성배 건설부 장관 대신 이관영 차관이 사인하고 부총리와 총리 서명까지 받아 대통령에게 결재서류가 올라갔다.[82]

1983년 3월 전두환 대통령은 반도체와 PC 두 업종은 수도권정비계획에서 제외하는 문서에 재가했다. 결국 256KD램을 건설하는 기흥 2라인 건설 문제도 대통령이 직접 나서서 해결해주었다는 뜻이다. 삼성은 1984년 8월 기흥 2라인 건설공사에 착공했고, 대통령이 서명한 지 두 달 후인 1985년 5월 준공식을 거행했다.

삼성의 기흥 2·3라인 건설 시기는 한국 반도체산업의 미래 전망이 지극히 불투명한 시기였다. 일본 기업의 덤핑 공세로 삼성은 그룹 전체가 도산할지 모르는 위태로운 상황이었다. 여차하면 반도체산업을 포기해야 할지도 모르는 절박한 상황을 딛고 일어나 256KD램 양산공장을 건설하기까지는 이병철 회장의 결단, 전두환 대통령의 지원이 결정적 역할을 했다.

반도체 때문에 망할 뻔했던 삼성

반도체 생산라인은 집적도가 높아질수록 건설비가 기하급수적으로 늘어난다. 삼성의 기흥 제1라인(64KD램) 건설비는 1억 5천만 달러, 제2라인(256KD램) 건설비는 2억 5천만 달러가 소요됐다. 제3라인(1MD램) 건설에는 3억 4천만 달러가 예상되었다.[83] 이미 감당하기 힘든 적자가 누적된 삼성은 제3라인을 건설할 경우 그룹 전체가 부도가 날 수도 있는 절박한 상황에 몰렸다.

---

82 유귀훈, 앞의 책, 109쪽.
83 유귀훈, 앞의 책, 144쪽.

제3라인 투자와 관련하여 이병철의 방에 들어간 보고서는 어른 키 높이에 버금갈 정도였다. 그는 그렇게 많은 자료를 일일이 밑줄을 그어가며 다 읽었다. 그는 3라인을 빨리 지어야 한다고 재촉했지만, 그 말을 귀담아듣는 사람은 없었다. 천문학적인 액수의 적자가 쌓인 상황에서 또다시 천문학적 설비투자를 감행한다는 것을 아무도 이해하지 못했다.[84]

삼성이 64KD램을 출하하자 미·일 선발 업체들은 256KD램을 출하하고, 64KD램은 덤핑 공세를 펼쳐 삼성을 위기로 몰아넣었다. 256KD램 출하 때도 똑같은 일이 반복됐다. 1MD램을 출하하면 비슷한 상황이 벌어지지 말란 보장이 없었다. 반도체 사업 적자 누적으로 삼성의 경영수지가 크게 악화되자 정부는 삼성의 반도체 사업을 정부가 맡아 공사화하거나, 접어야 한다는 주장이 여기저기서 흘러나오기 시작했다.

오직 청와대 경제팀만 한국의 미래를 위해 삼성을 계속 지원해야 한다는 입장이었다. 전두환은 청와대 경제팀의 의견을 눈 딱 감고 수용했다. 청와대 경제비서관실은 삼성의 제3라인 건설자금 1억 달러 차관 도입에 적극적으로 나서서 도움을 주었다.[85] 그 결과 1987년 8월 7일, 이병철 회장의 독려 속에 기흥 3라인 건설이 시작되었다. 감당하기 힘든 적자가 누적된 상황에서 삼성은 1MD램 생산을 위해 막대한 투자를 감행한 것이다.

기흥 3라인 착공식이 이병철 회장이 참석한 마지막 공식 행사였다. 이병철은 기흥 3라인 착공 3개월 후인 1987년 11월 19일 사망했다. 그는 반도체 사업 참여라는 위대한 결단을 내린 주인공이었지만, 살아서는 숱한 적자에 시달리느라 고생만 실컷 했을 뿐, 한 번도 반도체 호황을 체험하지 못하고 눈을 감았다.

---

84 유귀훈, 앞의 책, 152쪽.
85 유귀훈, 앞의 책, 146쪽.

일본 도시바 기계 사건

미·일 반도체 전쟁이 계속되던 1985년에서 1987년까지 삼성은 1,159억 원이 넘는 적자를 감수해야 했다. 만약 이때 삼성이 막대한 적자를 이겨내지 못하고 손을 들었다면 오늘날과 같은 한국의 반도체산업은 없었을 것이다.[86]

적자 누적으로 천 길 낭떠러지로 추락할 듯했던 한국의 반도체산업에 도약의 기회가 온 것은 일본 덕분이었다. 일본의 반도체 제품이 미국 시장에서 승승장구하며 천문학적인 대미 무역흑자를 기록한 반면, 미국 반도체 업계는 심각한 타격을 입었다. 1984년 미국 반도체 기업의 세전(稅前) 수익은 14%를 기록했으나, 1985년 마이너스 10%로 급전직하했다. 미국의 반도체산업 가동률은 1984년 70%였으나 1985년에는 45%로 급락했다.

1985년 6월 24일, 미국 반도체 기업 마이크론은 국제무역위원회(ITC)에 일본 7개 반도체 회사를 반덤핑 혐의로 제소했다. 일본 반도체의 독주에 큰 타격을 받은 미국의 반도체 기업들은 혼연일체로 마이크론을 지원했다. 반도체가 미국의 무역·재정 쌍둥이 적자의 주범으로 지목되면서 대일 여론이 급격히 악화되고 있던 와중에 경천동지할 사건이 발생했다.

일본 도시바기계가 코콤(COCOM, 대공산권 수출통제 위원회)의 규제를 어기고 소련에 컴퓨터 제어식 다축금속가공기계 8대와 첨단 소프트웨어를 불법 판매한 사실이 드러난 것이다. 소련은 도시바의 공작기계와 소프트웨어로 타이푼급 전략핵추진 잠수함의 프로펠러를 가공했다.

소련 잠수함의 소음이 크게 낮아져 미국의 대잠 방어망에 탐지되지 않자 비상이 걸렸다. 미 의회는 만장일치로 대일 무역 제재안을 통과시켰

---

[86] 강진구, 앞의 책, 243쪽.

다.[87] 도시바 전 제품의 미국 수출이 금지되면서 이때부터 일본 전자제품의 몰락이 시작되었다.

일본 반도체에 무자비한 덤핑 판정

국제무역위원회(ITC)는 1986년 3월, 일본 반도체 업체들에게 최소 21.7%에서 최대 188%에 이르는 덤핑 마진율을 확정했다. 일본 반도체 업계가 백기를 들었고, 1986년 7월 31일 미일 반도체 무역협정이 체결됐다.[88] 이 협정에 의해 일본 반도체 기업들은 메모리 반도체 25% 이상을 자발적으로 감산하기로 합의했다. 덕분에 1987년 말 D램 공급부족 현상이 초래되었고, 국제시장에서 D램 가격이 폭등하기 시작했다.

1987년 미국 PC 시장이 불황에서 벗어나면서 반도체 경기에 불이 붙었다. 글로벌 PC 제조업체들은 1MD램은 성능이 우수하지만 가격 부담을 느껴 1MD램 대신 가격이 저렴한 256KD램을 주메모리로 채택했다. 일본 반도체 업계는 256KD램을 감산하고 1MD램 생산에 집중하고 있을 때였다. 이것이 뒤늦게 256KD램 시장에 뛰어든 삼성에 결정적 기회가 되었다.

개당 1달러 정도 하던 256KD램 가격이 12달러까지 폭등했고, 개당 50센트밖에 하지 않던 64KD램이 6달러까지 폭등했다.[89] 삼성은 1988년 생산한 64KD램 5천만 개와 256KD램 8천만 개를 싹쓸이 판매했다. 덕분에 1988년 한 해에만 1,649억 원의 이익이 나서 메모리반도체를 시작하면서 손해 봤던 1,200억 원 가까운 누적적자를 깨끗이 해결하고도 많은 이익을 남길 수 있게 되었다.[90] 전두환의 결단으로 기흥에 건설한 256KD램 전용

---

87   유귀훈, 앞의 책, 149쪽.

88   유귀훈, 앞의 책, 149쪽.

89   강진구, 앞의 책, 242쪽.

90   강진구, 앞의 책, 243쪽.

제2라인 건설 덕분에 삼성은 반도체 사업 시작 이후 최초의 흑자를 실현했다.

TDX 전자교환기 개발이 한창 피치를 올릴 무렵, 1MD램의 후속으로 4MD램 국내 개발 의견이 제기됐다. 반도체는 한국경제 발전에 반드시 필요한 숙원 과제였다. 최첨단 반도체인 4MD램을 독자 기술로 개발하면 한국의 전자산업은 더 이상 미·일 반도체에 의존할 필요가 없게 된다. 전문가들 사이에 전자산업 육성 및 정보화 사회 진입을 위해 4MD램 개발이 반드시 필요하다는 결론이 도출됐다.

반도체가 일정한 성과를 거두었음에도 불구하고 정부 내에서는 여전히 경제기획원이 반대 목소리를 높였고, 체신부·과기처·상공부 등 관계 부처는 개발의 주도권을 놓고 갈등을 거듭했다. 이 와중인 1985년 박승덕이 과기처 연구개발조정실장으로 임명되었다. 국가 전체의 연구개발사업 총괄책임을 맡고 있는 중요한 보직이었다.

4MD램 개발 비화

며칠 후 김성진 과기처 장관이 박승덕 실장을 불렀다. 김성진 장관은 육사 11기, 박승덕 실장은 육사 12기로 선후배 사이였다. 박승덕은 일반 병사로 6·25 전쟁에 참전하여 화랑무공훈장을 받았고, 육사 12기로 입교하여 직업 군인의 길을 걸었다. 육사 졸업 후 서울대에서 기계공학 석사, 캐나다 오타와대학교에서 기계공학 박사학위를 받았다. 귀국하여 모교인 육사에서 교수로 재직하다가 한국기계연구소장, 과기처 기술정책실장, 한국표준과학연구원장을 역임했다.

당시 한국의 반도체산업은 4MD램 개발이란 중요한 과제를 앞두고 있었다. 하지만 4MD램 개발에는 막대한 투자가 요구되는데다가, 성공 가능성도 불투명했다. 개발에 대한 공감대가 형성되었음에도 불구하고 적자 누적 상태에서 헤매고 있던 반도체 제조 메이커(삼성·금성·현대)는 선뜻 뛰어들지 못하고 고민만 거듭했다. 강진구 삼성 부회장은 4MD램 개발은 국가가 나서서 도와주었으면 하는 입장이었다.

김성진 장관은 박승덕 실장에게 "반도체 연구개발은 대기업에서 수행하고 있는 사업이라 지원하기 어렵다고 하지만 지금은 비상 상황이다. 정부 지원을 검토해야 한다"고 말했다. 당시 국가의 총 연구개발비가 600억 원 규모로, 당장 시급한 기초연구과제와 중소기업을 지원할 연구비조차 태부족이었다. 이런 상태에서 국내의 대표적인 반도체 대기업인 삼성·금성(현 LG)·현대(현 SK하이닉스) 등 대기업을 국가연구비로 지원한다는 것은 상상할 수도 없었다.

게다가 반도체 과제의 연구개발비는 규모 자체가 엄청났다. 박 실장은 "과기처의 특정연구개발비를 몽땅 털어 넣어도 부족한 실정이어서 지원은 불가능하다"고 대답했다.[91] 김 장관은 이미 미국과 일본에서는 정부의 적극적인 지원을 받아 양국 간에 피나는 반도체 개발 경쟁을 하고 있음을 감안할 때 우리만 손 놓고 있을 수는 없다는 뜻을 밝혔다.

이 말을 들은 박승덕 실장은 한국의 반도체산업을 추진하고 있는 주역들이 대기업이긴 하지만, 미국과 일본에 밀려 언제 망할지 모르는 상황을 고려할 때 특단의 대책이 필요하다고 판단했다. 그 결과 관련부처의 협력을 얻어 정부와 민간이 힘을 합쳐 산·학·연·관 공동연구과제를 만들면 가능하다는 안을 내놓았다.

박승덕 실장은 상공부, 체신부, 경제기획원 실무담당자들을 만나 4MD램 반도체 개발 사업을 정부·민간 공동 연구사업으로 하되, 과기처의 특정연구개발사업이 주축이 되어 지원하는 방안을 세워 해당부처의 동의를 얻

---

91 박승덕, 앞의 책, 273쪽.

어냈다.

4MD램 반도체 개발에는 3년에 걸쳐 총 879억 원의 연구비가 투입되는 역대급 대형 과제였다. 이런 프로젝트를 단순히 관계부처의 협조를 얻어 수행하는 공동 연구과제 성격으로는 성공을 담보하기 어려울 수 있었다. 게다가 한국을 대표하는 삼성·금성·현대는 라이벌 의식이 강해 기업 총수끼리 맞대면조차 하기 어려운 상황이었다.

4MD램은 대통령 프로젝트

박승덕 실장이 4MD램 개발에 국내의 모든 반도체 기업을 참여시키려한 이유는 세계 반도체 시장에서 한 기업 단독으로는 국제경쟁력을 확보하기 힘들다고 판단했기 때문이다. D램 제조사가 10개가 넘는 일본은 반도체 제조 기업들 간의 상호 경쟁과 협조로 세계시장을 석권해왔다. 한국은 삼성·금성(LG)·현대 3개 기업이 힘을 합쳐야 규모의 경제를 확보하여 가격 결정에 대한 주도권을 쥘 수 있고, 원자재 시장에서도 힘을 가질 수 있었다. 또 3사가 개발에 참여하면 생산 장비의 국산화도 가능해진다는 이점이 있었다.

이들 대기업 간의 공동연구 분위기를 고취하기 위해서는 특단의 조치가 필요했다. 박승덕 실장은 궁리 끝에 대통령의 재가를 얻어 이 과제를 대통령 프로젝트로 승격시키기로 마음먹고 장관에게 보고하여 승인을 얻었다.

1986년 8월 22일 오전, 전학제 과기처 장관과 경상현 전자통신연구소장은 전두환 대통령에게 '초고집적 반도체기술 공동개발(안)'의 결재를 받았다. 우리 역사상 대통령이 직접 서명한 대형 국가연구과제, 즉 연구비가 당시 환율로 1억 달러에 달하는 초유의 879억 원짜리 초대형 연구개발사업이 탄생한 것이다. 이날 전두환은 결재서류에 다음과 같이 메모 지시를 내렸다.

"전자통신연구소장은 전 연구원의 인사권을 장악해야 하며, 3사(삼성·금성·현대)는 공동운명체로서 연구소장의 지휘에 순응 협조해야 함."[92]

전자통신연구소장이 개발에 참여하는 전 연구원을 독려하여 기필코 성공시키라는 엄명이었다. 문제는 삼성·금성·현대 3개사가 공동개발에 흔쾌히 참여할 것인지의 여부였다. 반도체 개발은 TDX와는 상황이 크게 달랐다. 기업마다 생산 방식이 다르고, 기술 도입선도 다르며, 기술 보유 면에서 편차가 컸기 때문이다.

전두환, 3사 총수에게 4MD램 공동 개발 권유

삼성은 이미 몇 년간에 걸쳐 반도체에 대규모 투자를 하여 1MD램 개발을 완료한 단계였다. 4MD램의 경우 국가가 주도하여 공동개발을 추진하지 않았어도 삼성은 개발을 해야 하는 과제였다. 삼성이 4MD램 개발에 선뜻 나서지 못한 이유는 심각한 불황으로 경영환경이 크게 악화되어 투자를 지속하기 어려웠기 때문이다.

경쟁 관계에 있는 3대 기업의 협력체제 구축이 선결과제로 등장하자 전두환 대통령이 직접 나서 이병철·정주영·구자경 회장을 청와대로 초청했다. 전 대통령은 3사 회장에게 어떤 난관이라도 극복하여 4MD램 개발을 성공시켜야 한다면서 3사의 공동 개발을 권유했다. 이때의 정황에 대해 전두환은 회고록에서 다음과 같이 밝혔다.

"나는 이병철 삼성 회장과 정주영 현대 회장, 구자경 금성 회장을 청와대로 불러 반도체 공동 개발을 권유했다. 아울러 막대한 개발 비용의 상당액을 정부에서 투자하겠다고 약속했다. (중략) 반도체산업은 국가경쟁

92 유상운, 2019, 73쪽.

력 확보와 경제 성장 동력 강화를 위해 반드시 필요한 사업이라는 점을 강조하고, 따라서 난관이 있으면 있는 대로 극복해나가면 되는 것이라고 나의 강한 의지를 밝혔다."[93]

이 제안에 3사 회장들은 흔쾌히 동참하겠다는 뜻을 밝혔고, 체신부가 부담키로 한 300억 원 중 100억 원은 삼성·금성·현대 등 3사가 부담하겠다고 밝혔다. 이런 과정을 거쳐 4MD램 개발사업에 본격적인 시동이 걸렸다. 개발 총괄은 박승덕 과학기술처 연구개발조정실장, 실무는 강민호 과학기술처 전기전자연구조정관이 맡았다.

공동연구팀 구성은 삼성·현대·금성이 참여하고 있는 반도체연구조합과 서울대 부설 반도체공동연구소가 공동 참여하는 특정연구개발사업으로 수행하기로 했다. 총괄연구기관인 전자통신연구소(ETRI)는 연구개발을 총괄 관리 및 지원하고, 참여기업인 삼성·현대·금성은 설계 및 생산 기술 개발을 수행하며, 서울대부설 반도체공동연구소는 연구인력 양성과 기초 연구 수행을 담당했다.[94]

연구개발기간은 1986년 8월부터 1989년 3월까지 30개월이었다. 성공에 대한 의지를 보다 확고하고 분명히 하기 위해 이 사업은 '대통령 프로젝트'로 명명되었다. 정부는 효율적인 연구 관리와 업무 조정을 위해 전자통신연구소에 자문위원회(위원장 경상현 전자통신연구소장)를 설치하여 주요 정책을 조정했다. 개발된 기술은 참여업체와 정부가 공동 소유하기로 했다.

---

93 전두환 회고록(2), 앞의 책, 223쪽.
94 유상운(2019), 74쪽.

4MD램 개발 주역 모두 사관학교 출신

4MD램 반도체 개발은 총 670명의 최고급 연구 인력(설계기술 100명, 기본기술 400명, 생산기술 110명, 연구관리 60명)과 연구개발비 400억 원, 연구 기자재 구입비 479억 원 등 총액 879억이 투입된 국가 초대형 과제였다. 이는 국내 최대 규모의 연구개발 프로젝트로 기록됐다. 공동 연구개발의 목표는 0.8μm 선폭의 4MD램 반도체를 개발하되, 설계·공정·조립 등 총체적 기본기술 개발이었다.

초고집적반도체기술 공동개발의 총괄책임은 김정덕 박사, 간사는 강인구 박사가 맡았다. 두 사람은 1972년부터 ADD에서 백곰 미사일 개발의 핵심 역할을 수행했던 인물이다. 김정덕은 육사를 졸업하고 조지아 공과대학(Georgia Tech)에서 전자공학 박사학위를 취득했다. 귀국하여 육사 교수를 거쳐 ADD에서 전자통신사업단장으로 유도탄 개발 사업에 참여했다. 강인구는 해사를 졸업하고 뉴멕시코대학에서 전자공학 박사학위를 받고 ADD에서 유도조종 연구실장으로 백곰 개발 과정에 참여했다.[95]

4MD램 개발사업의 기안자이자 개발 총괄을 맡은 박승덕 과학기술처 연구개발조정실장도 육사 출신이다. 4MD램의 개발 주역 세 사람이 사관학교 출신이라는 사실은 우리나라 IT산업의 뿌리가 사관학교 교육에 두고 있음을 실감케 한다.

김정덕·강인구 두 사람은 ADD 시절 몸에 밴 "하면 된다"라는 신념과 철저한 미국식 관리기법을 총동원하여 연구개발을 독려했다. 전자통신연구소는 연구 절차를 보다 상세히 계획하기 위해 '프로그램 평가 및 검토 기법(PERT)'을 동원했다.

---

95 신동호, 「과학기술계의 양대 산맥」, 과학기자 모임 편, 『신한국 과학기술을 위한 연합보고 서』, 희성출판사, 1993, 133쪽.

개발 책임자인 김정덕 박사는 ADD 재직 시절 PERT를 활용한 유도탄 개발사업의 계획 과정에 참여한 바 있다.[96] PERT의 방법론에 따라 전자통신연구소는 4MD램의 관련 기술을 분해하여 각각의 경로에 따라 역할을 분배하고 소요 시간을 예측했다. 그들은 박정희 정부 시절 목숨 걸고 유도탄 개발에 나섰을 때의 심정으로 4MD램 연구개발 사업을 독려했다. 이때부터 30개월간 ETRI 연구개발동은 또 다시 불이 꺼지지 않는 연구소로 탈바꿈했다.

1987년 5월에 개별 공정기술 확보에 성공했고, 2개월 후인 7월에는 제품설계 시안을 완성했다. 같은 해 9월 종합공정기술을 확보했고, 1988년 2월에 4MD램 시제품 개발에 성공했다.[97] 이로써 한국은 일본과의 기술 격차가 6개월로 단축되었고, 독창적 설계개념의 소자구조를 실현하는 데 성공했다. 한국이 반도체 강국으로 나가는 고속도로가 뚫린 것이다.

전두환 퇴임 2주 전 4MD램 개발

전두환 대통령의 퇴임을 18일 앞둔 1988년 2월 8일 오전. 과기처 박긍식 장관이 오명 체신부 장관, 홍성원 청와대 과학기술비서관과 함께 전두환 대통령에게 세계 세 번째로 4MD램 반도체 개발에 성공한 사실을 보고했다. 이 자리에는 이 프로젝트의 사실상 설계자인 박승덕 과기처 연구개발조정실장이 배석했다.[98] 전두환 대통령의 얼굴에 환한 미소가 피어올랐고, 청와대는 완전 축제 분위기에 휩싸였다.

전 대통령은 경상현 소장에게 세계시장에서 한국 반도체가 차지하는

---

96 안동만·김병교·조태환, 『백곰, 도전과 승리의 기록-대한민국 최초의 지대지 미사일 개발 이야기』, 플래닛미디어, 2016, 108~111쪽.

97 박승덕, 앞의 책, 278쪽.

98 박승덕, 앞의 책, 77쪽.

점유율, 한국경제에 미치는 영향 등을 구체적으로 질문했다. 경상현 소장은 "전 대통령은 반도체 전문가 수준의 안목 가지고 있었다"라고 증언했다. 보고가 끝날 무렵 4MD램 개발 총괄 책임자인 박승덕 실장이 발언 기회를 얻었다.

"이 과제는 대통령께서 직접 서명하셨기 때문에 성공하게 된 '대통령 프로젝트'였습니다. 연구개발비도 879억 원으로 미화 1억 달러나 되는 우리나라 최초의 대형 연구과제였습니다. 특히 이 과제에서는 우리나라의 대기업인 삼성·금성·현대가 합심하여 개발했다는 데 큰 의미가 있습니다."[99]

대통령이 개발을 명령하여 막대한 국가 예산을 투입하고, 구체적인 연구개발 방법까지 제시했으니 대통령에게 모든 영광을 돌려야 한다는 뜻이었다. 이 말을 들은 전 대통령은 "오늘 저녁은 참으로 기쁜 날이니 내가 한턱 내겠소. 4MD램 개발에 참여한 모든 연구 요원과 3사 총수들 모두 참석 준비하세요"라고 말했다.

그날 저녁, 4MD램 개발자 전원과 반도체 메이커 기업 총수들이 청와대 영빈관에서 만찬을 함께했다. 전두환 대통령은 연구원 한 사람 한 사람에게 직접 술을 따라주었다. 술 한 잔씩을 받은 연구원들은 번갈아가며 대통령께 술을 권했다. 대통령이 기분 좋게 말했다.

"정부가 계속 지원해줄 테니 64MD램은 세계에서 제일 먼저 개발해내시오. 그때는 내가 대통령이 아니겠지만, 돈이 없으면 내 머리카락이라도 팔아서 한 턱 내겠소."[100]

참석자들 모두 고개를 숙이고 킥킥 웃었다. 그러자 전두환 대통령이 또 말했다.

---

99 박승덕, 앞의 책, 279쪽.
100 오명, 앞의 책, 133쪽.

"당신네들이 내 머리카락이 없다고 웃는 모양인데, 이게 몇 가닥 안 남아서 아주 비싸게 팔릴 거요."

후임 대통령에게 64MD램 지원 부탁

전두환 대통령은 4MD램 개발에 참여한 3사에 관련 기술을 모두 이관해주었다. 뿐만 아니라 자신의 퇴임 후에도 반도체 개발은 계속되어야 하며, 그러기 위해서는 국가 최고 지도자가 이 사업을 확실히 챙겨야 한다는 확고한 의지를 가지고 있었다. 퇴임을 며칠 앞둔 전두환은 오명 체신부장관을 청와대로 불렀다.

"반도체 개발은 대단히 중요한 사업이니, 오 장관이 노태우 당선자를 찾아뵙고 보고드려서 64MD램을 계속 개발할 수 있도록 하시오. 내가 별도로 시간을 내시도록 당선자에게 말해두겠소."[101]

며칠 후 노태우 당선자 측에서 만나자는 연락이 왔다. 오명 장관은 경상현 전자통신연구소장과 함께 노태우 당선자를 찾아가 반도체와 관련된 보고를 하고 전두환 대통령의 메시지를 전했다. 전두환 대통령은 5공에서 시작한 반도체 개발 의지가 중단되지 않고 6공으로 이어져 국가 발전에 도움이 되길 간절히 원했고, 이것이 실현되도록 퇴임 때까지 최선을 다했다.

박승덕은 4MD램 과제의 성공 배경에는 든든한 후원자가 정부 요로에 많이 포진하고 있었던 점을 꼽는다. 4MD램 반도체 개발을 정부가 지원해야 한다고 봉화를 올린 김성진 과기처 장관은 기계공학을 전공한 박사였다. 이후 과제 추진 기간에 재직했던 과기처 장관인 전학제(화학)·이태섭(화공학)·박긍식(화학)도 모두 이공계 출신 박사들이었다. 실무추진을 직접 담당한 연구개발조정실에는 대부분 박사학위를 소지한 조정관들이 포

---

101 오명, 앞의 책, 134쪽.

진해 있었다.[102]

반도체 기적의 주역은 전두환

4MD램 개발 과제를 대통령에게 보고하여 직접 서명을 얻어내도록 도와준 청와대의 과학기술담당 비서관 홍성원도 전자공학을 전공한 전문가였다. 특히 빼놓을 수 없는 후원자는 과제 개발 과정에 체신부 장·차관을 역임한 오명이었다. 그도 역시 전자공학을 전공한 전문가로 전폭적인 지원을 아끼지 않았다. 또 대통령비서실의 경제비서관 정홍식은 물리 전공으로 실무적 지원을 아끼지 않았으며, 체신부의 박성득 통신정책국장의 지원도 큰 몫을 했다.[103]

박승덕 실장은 과제의 기획과 추진 과정에서 핵심라인에 있는 정부 관리들이 모두 이학·공학을 전공한 전문가로서 과제의 중요성을 이해해주었고, 그들의 전폭적이고 과감한 지원이 성공의 원동력이었다고 밝혔다. 개발 위험 부담이 커서 기업이 선뜻 나서지 못한 첨단기술 과제를 국가가 지원하여 성공시켰다는 것이다.

덕분에 우리나라는 메모리 반도체 세계시장에서 30여 년을 독점 석권할 수 있었다. 이 프로젝트의 주도적 역할을 한 과기처와 전두환 대통령의 역할에 대한 객관적이고 지성적인 성찰이 필요한 시점이다.

5공 정부의 전폭적인 지원을 받아 '4MD램 반도체 기술 개발'이란 선물을 받은 삼성은 1990년 16MD램, 1992년 64MD램 개발에 성공했다. 1994년 8월 29일 삼성은 미국과 일본을 추월하여 세계 최초로 256MD램을 개발했다. 이어 NEC가 1995년 초에 세계에서 두 번째로 256MD램을 개발했다.

---

102 박승덕, 앞의 책, 281쪽.
103 박승덕, 앞의 책, 283쪽.

삼성은 1996년 1GD램, 2001년 4GD램을 개발했으며, 2005년에는 세계 최초로 50나노 16GD램을 개발하여 D램 분야에서 세계 정상에 올랐다. 2008년 통계에 의하면 삼성전자는 세계 D램 시장의 30.3%를 점유하여 불변의 1위를 고수했다.

1994년 한국은 반도체 한 종목으로 100억 달러 수출을 기록한 데 이어 2000년에는 260억 달러, 2018년 1,021억 달러 수출로 국가 핵심 수출산업으로 등극했다. 2014년 한국의 수출 총액 2,835.7억 달러 중 정보통신산업 수출액은 838.3억 달러를 기록했다. 국가 총 수출액의 30%를 메모리 반도체와 ICT가 차지한 것이다.

2017년은 한국 반도체산업 분야에서 기념비적인 해였다. 반도체 수출이 979억 4천만 달러 기록했는데, 한국이 무역통계를 작성하기 시작한 1956년 이후 단일 품목으로 연간 900억 달러 이상 수출은 사상 처음이었다. 반도체 수출이 한국의 전체 수출에서 차지하는 비중이 무려 17%에 달했다.[104] 그리고 이 해에 삼성전자는 24년간 세계 반도체 1위 기업으로 군림해왔던 인텔을 추월했다.

반도체 성공의 비결

전두환 정부가 주도한 TDX와 4MD램 반도체 개발 덕분에 삼성전자와 LG전자는 글로벌기업으로 성장했다. 독자 기술로 개발한 반도체가 없었다면 불가능한 과제였을 것이다. 휴대전화의 약진도 반도체 덕분에 가능했다.

이병철 회장은 『호암자전』에서 삼성의 반도체 성공 비결을 8가지로 꼽았다.

첫째, 경제적 타산이나 위험을 초월하여 국가적 견지에서 첨단기술에

---

104 유귀훈, 앞의 책, 6쪽.

도전한 삼성의 확고한 기업 정신.

둘째, 부천 IC공장의 10여 년 간의 경험과 인력의 축적.

셋째, 세계경제가 호황으로 전환하여 반도체산업 활기가 살아난 점.

넷째, 최신 최고이면서 최염가 시설의 설치.

다섯째, 재미 한국인 박사의 사심 없는 조국애, 고도의 두뇌집단과 기술 인력의 확보.

여섯째, 양질의 근면한 노동력의 확보.

일곱째, 어려운 입지조건에 적합한 부지 확보.

여덟째, 긴축정책 속에서도 각 금융기관의 각별한 이해와 협력을 얻어 소요자금의 순조로운 조달.[105]

마지막 두 가지 성공 요인은 전적으로 전두환 대통령의 도움과 지원이었다. 신화와 같은 한국의 반도체산업과 관련하여 이병철·이건희 회장의 역할은 전 국민에게 널리 알려져 있다. 하지만 반도체산업의 정책을 수립하고, 사업 추진을 결정하고, 공장부지 용도변경 등에서 전두환의 결단이 결정적 역할을 한 것은 누구도 부인할 수 없는 사실이다.

뿐만이 아니다. 반도체 삼성의 주역인 김광호 부회장 인터뷰에 의하면 전두환 대통령은 반도체 기업에 두 가지 선물을 주었다고 한다. 첫째는 1980년대 중반 일본에서 수입하는 프로젝션 얼라이너(Projection Aligner)라는 반도체 제조 설비의 관세가 50%였는데 이것을 없애주었다. 둘째는 1988년 2월 퇴임하기 두 달 전 반도체 업계의 현안이던 '외화대부(外貨貸付)'를 없애주었다.

대일 무역적자가 심각하자 이를 줄이기 위해 일본 설비를 수입하려면 100% 자기자본으로 해야 하지만, 미국에서 수입은 50%를 대출해주었다.

---

105 이병철, 앞의 책, 241~242쪽.

당시 반도체 생산 장비는 미국보다는 일본 장비가 좋아서 일본에서의 수입에 의존할 수밖에 없었다. 관련 업계에서 이 건의를 하자 전 대통령은 사공일 재무부 장관을 불러 이 규제를 풀라고 지시했다. 사공일 장관이 "대일 무역적자 감축을 위해 불가능하다"라고 하자 "무조건 일주일 안에 해결하라"고 재차 지시하여 문제가 해결되었다. 덕분에 반도체 기업들이 손쉽게 반도체 장비를 수입해 생산 규모를 늘릴 수 있었다고 한다.[106]

이런 사실을 이해한다면 한국 반도체산업 건설의 주역은 전두환, 그리고 이병철·이건희로 자리매김해야 하지 않을까?

---

106 한민선, 「김광호 전 부회장이 말하는 '삼성 반도체 신화'」, 『월간중앙』, 2011년 10월호.

5

국가기간전산망을 개발하라

1980년대 초 세계 각국은 '정보화 사회(information society)' 구현을 위해 국가 차원에서 관련 기술개발 경쟁이 뜨겁게 전개되었다. 정보화 사회란 산업사회와는 달리 정보의 생산, 저장, 유통, 분배와 관련된 산업이나 활동이 경제의 가장 중요한 영역으로 등장하고, 그 결과 컴퓨터를 비롯한 정보기술이 모든 생활영역을 지배하는 사회로 정의된다.[107]

정보화 사회의 실현을 위해서는 정보의 생산, 저장, 유통, 분배와 관련된 정보통신 기술, 컴퓨터 기술, 소프트웨어 기술 등이 총체적으로 요구되었다. 이를 위해 각국이 관련기술 개발 경쟁에 돌입한 시기가 1980년대 초였다. 하필이면 이 시기에 한국은 정치 경제 사회적으로 총체적 난국을 맞았고, 혼란 끝에 5공화국 정부가 들어서면서 차츰 안정을 찾아갔다.

1980년대 초반 정부의 행정서류 발급 업무는 공무원의 수작업에 의존했다. 민원서류를 신청하면 동사무소 직원이 서류 보관창고에서 서류를 찾아와 복사하여 교부하는 방식이었다. 호적 등본의 경우는 본적지까지

---

[107] 노순규, 「정보관련 법제화와 정보보호」, 『월간 정보화사회』, 한국정보통신산업협회, 1998년 5·6월호, 46쪽.

가야 발급받을 수 있었고, 이사를 하면 전출입 신고, 차량등록 변경, 부동산 등기 변경 등 여러 관공서를 들락거리느라 많은 시간을 허비해야 했다.

정보통신산업(IT)을 육성하라

정부 행정서류의 전산화를 위해서는 대용량 주전산기(호스트 컴퓨터)와 소프트웨어가 필수적이었다. 당시엔 국내 기술로 주전산기를 만드는 기술이 없어 해외에서 막대한 돈을 주고 수입하거나 임대하여 사용했다. 또 정부 부처마다 사용하는 주전산기의 기종이 달라 호환성이 없는 것도 문제였다.

정부 각 부처에 설치된 서로 다른 주전산기를 하나의 네트워크로 통합하려면 첫째, 컴퓨터 운영체제(Operating System) 및 통신 방식을 표준화해야 하고 둘째, 네트워크에 연결된 모든 컴퓨터에서 이용 가능한 소프트웨어를 개발해야 했다. 이 작업은 국내 기술로는 불가능하다는 회의적인 반응이 지배적이었다.

정부 부처나 관계기관의 데이터를 전산화해야 한다는 필요성이 제기됐지만, 이를 하나의 네트워크로 연결하는 작업은 기술적 요인이나 시스템 구축에 따르는 막대한 비용 등 현실적 여건이 미비하여 엄두를 못 냈다. 또 행정 전산망 작업에 필요한 컴퓨터 시스템 도입에 대한 부정적 여론이 만만치 않았다. 이른바 국민 감시용 '빅 브라더 시스템 구축'이라는 음모론적 비판이었다.

5공 정부는 제한된 자원과 능력으로 국가 전체를 먹여 살리는 신성장 동력 창출을 위해 고심을 거듭했다. 전문가들의 연구 결과 정보통신산업 (IT) 육성이 시급하다는 의견이 지배적이었다. 이를 위해서는 국가전산망 구축 사업으로 관련 기술을 개발하여 IT산업을 건설하는 것이 가장 현실적이라는 방법론이 제기되었다.

전두환 정부는 이런 차원에서 국가기간전산망(National Computer Network) 구축 사업을 추진하기로 결정했다. 국가기간전산망이란 개념이 최초로 정립된 것은 1983년 9월경이었다.[108] 이는 1980년대 초반까지 세계 어느 나라도 감히 시도하지 못한 혁신적인 아이디어였다. IT산업의 개척자로 꼽히는 미국에서도 이런 발상이나 정책 아이디어가 제기된 적이 없는, 세계사적 의미를 갖는 일대 사건이었다.

국가기간전산망의 핵심은 컴퓨터

인터넷이란 전 세계를 컴퓨터 네트워크 통신망으로 연결해 실시간으로 정보와 데이터를 주고받는 것을 일컫는 용어다. '인터넷'이란 개념조차 생소했던 시기에 전두환 정부가 국가기간전산망 사업 추진을 발표하자 외국 정부나 해외의 관련 산업계에선 지대한 관심을 표명했다. 한국 정부의 국가기간전산망 사업 개념이 현재의 인터넷 모습과 일맥상통했기 때문이다.

결과적으로 국가기간전산망 구축 사업은 1980년대 초부터 21세기 초까지 한국의 정보화를 비롯하여 정보산업 발전을 견인한 핵심 연결고리였다. 한국이 세계 어느 나라보다 인터넷을 수용하거나 소화하는 속도가 빨랐던 이유는 국가기간전산망 사업이 축적해놓은 인프라 덕분이었다.

국가기간전산망의 핵심은 전자교환기(TDX)와 반도체, 컴퓨터였다. 그것은 5공 정부가 '전자산업 진흥방안'을 통해 국산화 개발을 추진하겠다고 설정한 핵심이었다. 국가기간전산망 구축은 전자교환기·반도체·컴퓨터라는 세 요소의 국산화 개발이 전제되어야 실행 가능한 사업이었다.

전두환 정부는 TDX와 4MD램 반도체 개발로 IT산업의 기초를 다지는 데 성공했다. 하지만 기본 기술이 워낙 척박한 컴퓨터 분야는 가야 할 길

---

108 전두환 회고록(2), 앞의 책, 225쪽.

이 험난했다. 국가기간전산망을 구성하는 기초는 전산화다. 전산화의 핵심은 컴퓨터 하드웨어와 소프트웨어다. 당시 한국의 컴퓨터 분야 기술이 일천해 외국 기술에 의존할 수밖에 없었다. 이런 형편에 국가기간전산망 사업에 도전한 근본 이유가 있었다.

1980년대 들어 정부는 정보화 사회에 대비하기 위해 각 부처별 필요에 의해 관련자료 전산화 작업을 추진했다. 내무부는 토지기록사업, 농수산부는 농업 통계사업, 국세청은 과세자료 처리사업, 체신부는 체신 금융 온라인사업 등이 대표적인 사례였다. 시중은행과 대학, 연구소도 각개약진 형태로 외국 기술을 도입하여 네트워크를 구축했다.

정부 부처와 출연기관은 전산 업무를 위해 외국 컴퓨터(메인 프레임)를 임차하여 사용했다. 1983년 한 해에 정부 부처가 외국제 메인 프레임의 임차료로 지출한 금액이 170억 원, 14개 시중은행은 430억 원, 합계 600억 원이었다. 이밖에 정부 투자기관과 민간기업까지 합치면 컴퓨터 임차료로 매년 최소 1천억 원이라는 엄청난 국부가 해외로 유출되고 있었다. 이는 한국과학기술원 부설 전산개발센터를 50개 이상 운영할 수 있는 액수였다.[109]

이보다 더 심각한 문제가 제기되었다. 정부 차원에서 전산화 업무를 총괄 조정하는 기능이 부재하다 보니 기관별로 비슷한 자료를 중복 입력하는 일이 비일비재했다. 또 부처별 전산망 간에 호환성 없어 타 기관이 보유하고 있는 유용한 전산화 자료를 활용하는 것이 불가능했다. 게다가 전산화 작업의 거의 대부분을 외국 제품과 기술, 인력에 의존하고 있었다. 결국 한국의 각종 데이터 전산화 작업은 외국 컴퓨터 업체 배만 불려주는 결과를 낳고 있었다.

정보통신은 향후 발전 가능성이 무한했고, 다른 산업의 효율성을 높이

---

109 이현덕, 「과학기술이 미래다(103)-국가기간전산망 사업 시동」, 전자신문, 2023년 10월 4일.

고 성장을 촉진하는 데 필수불가결한 사회간접자본이었다. 국가 정보화사업에 반드시 필요한 컴퓨터 네트워크인 국가기간전산망 구축은 미래의 정보통신산업을 이끌기 위해서도 반드시 필요했다.

오명 차관이 국가기간전산망의 전도사

원천 기술과 인력이 턱없이 부족했고, 사회적 수용 태세도 미흡하여 속수무책인 상황에서 이 사업을 반드시 해야 한다고 봉화를 올린 사람은 오명 당시 체신부 차관이었다. 그는 국가기간전산망 사업이 필요한 이유를 다음과 같이 정리하여 관계자들을 설득했다.[110]

첫째, '작고 효율적인 정부'를 만들기 위해서다. 1인당 국민소득이 높아질수록 국가가 국민을 위해 해야 하는 서비스는 증가하게 되며, 그만큼 더 많은 공무원이 필요해진다. 스웨덴과 노르웨이는 이런 요구에 잘 대처하지 못해 공무원 수가 국민 1천 명당 150명에 이를 정도로 엄청나게 늘어났다. 프랑스·미국·독일도 실패한 경우다. 비교적 효율적으로 대처한 나라가 1천 명당 43명인 일본이다.

둘째, 정보화 사회로의 빠른 진입을 위해서도 행정전산망 사업은 시급하다. 산업화에 뒤지는 바람에 여전히 가난을 벗어나지 못했던 우리로서는 정보화 사회로의 빠른 진입이야말로 선진국으로 발돋움할 수 있는 유일한 기회다. 정부가 국가 기능 전반을 정보화함으로써 사회와 경제의 정보화를 선도하기 위해 국가기간전산망 구축 사업이 필요하다.

셋째, 산업 발전을 위해서였다. 국가의 전반적인 기능을 전산화하기 위해서는 반드시 컴퓨터와 소프트웨어가 필요하다. 아직은 우리 능력으로 만들수 있는 주전산기가 없지만, 일단 개발만 하면 국가기관에서부터 엄청난 수

---

110 오명, 앞의 책, 140~141쪽.

요가 발생한다. 정보통신산업을 일으킬 수 있는 절호의 기회가 되는 것이다.

이런 논리로 관계기관과 관련 기업을 끈질기게 설득하고 기다렸다. 하지만 이 분야의 시장이 형성되지 않아 기업들은 뒷짐 지고 계산만 할 뿐, 선뜻 나서지 않았다. 국가적으로 반드시 필요한 분야인데 나서는 기업이 없으니 정부가 앞장서서 시동을 걸어야 했다. 정부가 국가기간전산망 구축 사업을 선포한 기본 철학은 다음과 같이 정리된다.

"해마다 크게 늘어나고 있는 정부와 공공기관의 전산화 비용을 생산과 연결하여 국내 정보산업 발전을 유인한다. 즉, 관련 비용을 먼저 연구개발에 투자하고, 개발된 기술을 기업에 이전한다. 국내 기업이 생산한 제품을 정부가 구매하여 시장을 창출한다."

이런 차원에서 탄생한 전략사업이 국가기간전산망 구축이었다. 1980년 이후 청와대 과학기술비서관실이 추진한 전기통신공사 설립, 데이콤 신설, 반도체·컴퓨터·전자교환기 개발 등 모든 사업은 결국 국가기간전산망 사업으로 수렴되었다.

한국 컴퓨터 산업 역사

1967년 4월 경제기획원 조사통계국은 인구센서스의 통계 처리를 위해 IBM 1401이란 컴퓨터를 도입했다. 이것이 국내 최초의 컴퓨터 도입 기록이다. 1967년 9월 한국과학기술연구소(KIST) 산하에 전자계산실이 발족했다. 이 부서가 정부의 전산화 작업을 담당하며 국내 컴퓨터의 역사를 이끌었다.

이때부터 1970년대 말까지 국내에 400대의 컴퓨터가 도입되었다. 모두 업무용으로 사용하는 중대형 컴퓨터로서 엄청나게 비싼 가격, 거대한 기기 규모, 조작의 어려움 등으로 인해 일반인이 컴퓨터를 직접 접하는 것은 상상하기 힘들었다. 일반인이 컴퓨터와 친숙해진 것은 1981년 IBM이 IBM PC(personal computer)를 출시하면서부터다.

국내에서는 1982년 8비트 교육용 컴퓨터가 개발되었다. 한국전자통신연구소의 오길록 박사팀을 주축으로 고려시스템과 한국과학기술원(KAIST) 등이 개발에 참여했고, 생산은 삼보컴퓨터와 삼성전자, 금성사, 한국컴퓨터가 담당했다. 1984년에는 대우통신이 IBM PC 호환 XT 기종의 16비트 PC를 개발했다. 이 제품은 미국에 수출되어 인기리에 판매되었다.

1983년 전두환 정부는 '정보산업의 해'를 선포하고 전국의 초등학교에 8비트 PC 5천 대를 공급하는 내용의 정보산업 육성계획을 발표했다. 과기처 예산으로 초등학교에 PC가 보급되면서 국내에 컴퓨터 교육 붐이 조성되었다. 이처럼 컴퓨터에 대한 관심이 고조되던 1983년 7월 22일 전두환 대통령은 '국가기간전산망 계획'에 대한 최초의 보고를 받았다. 이것이 국가기간전산망 사업의 첫 시동이었다.

국가기간전산망은 대통령이 추진하는 사업

관련 내용을 보고 받은 전 대통령은 "이 프로젝트는 대통령이 추진하는 사업으로 생각하고 적극 추진하라"라고 지시했다.[111] 이로써 정보화 시대로의 이행을 위한 국가기간전산망 구축 사업은 대통령 주요 사업으로 추진되기 시작했다. 관계 부처는 사업의 효율적인 추진을 위해 선진국의 시행착오를 피하고, 후발국의 이점을 살려 우리에게 적합한 전략을 마련하기 위해 고심했다.

우선 국가기간전산망의 두뇌에 해당하는 주전산기(메인 프레임)의 하드웨어는 외국 기술을 이전받아 국내 기술로 자체 개발하기로 했다. 주전산기 작동에 필요한 소프트웨어는 민간업체에 프로젝트를 개방하여 분야별로 민간 전문 업체를 양성키로 했다. 통신 네트워크도 한국 상황에 적합한

---

111 이현덕, 「과학기술이 미래다(103)」, 전자신문, 2023년 10월 4일.

정보고속도로 개념으로 건설하기로 결정했다.

또 각 기관과 전산망의 호환성을 보장하는 최소한의 기준과 표준을 국가 차원에서 규정하고, 이 범위 내에서 호환되는 모든 국내외 전산시스템에 국가기간전산망의 문호를 개방하기로 했다. 국가기간전산망의 기획과 정책 방향을 책임지는 국가기간전산망조정위원회(후에 전산망조정위원회로 변경)를 조직하여 이 위원회가 국가기간전산망 사업을 전담하는 체제를 확정했다.

1983년 12월, 전두환 대통령은 '반도체 및 정보산업육성위원회'로부터 국가기간전산망 개발 사업을 보고받고 이를 재가했다. 대통령에게 보고된 국가기간전산망사업의 목표는 국가경쟁력 강화였다. 즉 체계적인 정보화 사업을 통해 1990년대 중반까지 국가기간전산망을 완성하고, 2000년대 초까지 선진국 수준의 정보산업 기반을 마련하여 작고 효율적인 정부를 구현하고, 기업 생산성을 가시적으로 높이며, 편안한 국민 생활을 영위하도록 한다는 것이었다.

이날 정부 부처별·기관별로 제각각 추진 운영되던 전산화 사업을 행정망·금융망·교육연구망·국방망·공안망 등 5대 기간전산망으로 통합 운영하기로 결정했다. 1단계로 행정전산망을 구축하고 이후 금융망, 교육연구망, 국방망, 공안망 개발을 추진한다. 최종적으로 국가운영 시스템 전체를 하나의 망으로 통합한다는 원대한 계획이었다.

이 사업은 가히 세계 최초로 시도되는 것이었다. 국가 운영과 대국민 서비스를 위해 필요한 모든 시스템을 국가 단위로 하나로 묶는 '국가기간전산망' 시스템을 기획하고 발전시킨 나라는 세계에서 한국이 처음이었다.[112] 전산 기술이 고도로 발달한 미국이나 일본도 국가 차원의 통합망은 꿈도

---

112 오명, 앞의 책, 141쪽.

못 꾸고 지자체별로 독자적인 망을 만들어 운영하는 수준이었다.

국가기간전산망 개발의 목표는 국가를 구성하는 기본 요소인 사람(인력), 땅(토지), 돈(자금)에 관한 데이터베이스를 잘 만들고 잘 이용하자는 것이었다. 이를 통해 국민 생활과 국가 효율을 높여 국가경쟁력을 끌어올리자는 의도였다. 대한민국 국민 누구라도 주민등록등본을 발부받기 위해 동사무소에 갈 필요가 없도록 하기 위해서는 전 국민이 PC 친화적인 마음가짐이 필요하다. 이를 위해 학교는 물론 군부대에 PC를 대량 보급하고, 1인 1기 교육을 통해 10만 IT인력 양성 방안도 마련했다.

전 세계가 한국의 국가기간전산망 주목

1985년 1월부터 사무자동화 시범사업이 본격 추진되었다. 파급효과를 높이기 위해 청와대 비서실부터 앞장서서 사무자동화를 추진했다. 대통령에게 보고하는 모든 문서는 국산 워드프로세서로 작성했고, 비서실의 보고 문서를 종합 관리하는 프로그램을 개발했다. 국가기간전산망 사업과 관련하여 전두환 대통령은 다음과 같이 회고했다.

"국가기간전산망 사업은 우리나라가 그 어떤 선진국보다 인터넷을 빨리 수용하고 소화할 수 있게 해준 계기가 됐다. 우리나라가 국가기간전산망 사업에서 앞서 나가자 다른 나라에서도 깊은 관심을 보였다. 1984년 빌 게이츠(William Henry Gates III)가 나를 만나러 왔고, 1985년 미국 대선에 출마한 로스 페로(Henry Ross Perot)가 방한하여 국가기간전산망 사업을 살펴보고 갔다. 국가기간전산망 구축은 한국을 IT강국으로 우뚝 서게 한 기념비적인 일이었다."[113]

1985년 5월 24일 전두환 대통령은 국가기간전산망조정위원회로부터 국

---

113 전두환 회고록(2), 앞의 책, 226쪽.

가기간전산망과 관련한 중간보고를 받고 행정전산망 추진계획(안)을 재가했다. 5대 망 중에서 가장 광범위한 것이 행정전산망 사업이었다. 방대한 행정전산망 사업 가운데 중요도가 높은 주민관리 등 6개 사업을 '우선 사업'으로 선정, 구축작업을 시작하기로 결정했다. 행정전산망 추진계획 주요 내용은 다음과 같다.[114]

- 교육연구망은 과학기술처와 문교부가 공동 추진하며 한국과학기술연구원 부설 시스템공학센터(현 한국과학기술정보연구원)가 전담해 종합계획을 1985년 말까지 확정한다. 체신부의 전국 우체국 전산화 사업은 주민생활 편익을 위한 시범사업으로 추진한다. 금융망은 한국은행 총재가 위원장인 금융전산위원회를 발족시켜 운영하고 위원은 각 은행장들이 맡는다.

- 행정전산망 사업추진 목표는 작고 효율적인 정부 구현과 전국 어디서나 신속한 정보 전달로 주민 편익을 증진하는 데 둔다. 전산실 이용을 일반 공무원까지 확대하고, 외국 도입 제품을 국내 개발품으로 대체하며, 소프트웨어도 민간 용역 개발로 전환한다.

- 행정전산망 사업의 효율적인 추진을 위해 전산화와 관련한 정부 계획은 행정전산망 계획과 일치하도록 조정한다. 행정망 사업은 당분간 국가기간전산망 조정위원회에서 종합조정, 통제한다.

- 행정망 종합 설계는 1985년 말까지 끝내고 1986년 중 일선에 단말기를 보급하며, 1987년 말까지 소프트웨어 개발과 국산 컴퓨터 생산을 완료해 1988년 초부터 행정전산망을 운용한다.

국가기간전산망 구축 사업은 'IT강국 코리아'의 초석을 놓는 일이었다.

---

114 이현덕, 「과학기술이 미래다(104)-국가기간전산망 조정위원회 구성」, 전자신문, 2023년 10월 18일.

1985년 6월 데이콤 내에 행정전산망 사업개발단이 발족되었다. 이 사업에는 주민등록, 부동산, 통관, 고용, 자동차, 경제통계 등의 업무가 포함되었고, 나중에는 국민연금 업무도 추가되었다.[115]

김성진을 국가기간전산망 개발 책임자로 임명

1987년부터 1991년까지 1단계 사업, 2단계 사업은 1992년부터 1996년을 목표로 했다. 국가기간전산망 사업은 1단계 사업 기간 중에만 2조 4,700억 원이 투입되었으며, 2단계 기간에는 3조 8,900억 원의 추가 투자가 예정되어 있었다. 2단계 사업이 완료되면 2,250대의 주전산기가 주요 국가기관에 보급되고, 76만 대의 단말기와 2만 5,500회선의 통신회선이 보급되며, 전산 요원도 2만 4,550명에 이를 것으로 전망되었다.[116]

전두환 정부는 행정전산망 시대에 대비한 대책 및 관련 법규, 재원 마련을 위해 1986년 '전산망 보급 확장과 이용 촉진에 관한 법률'을 제정 공포했다. 1986년 6월 2일에는 국가기간전산망 사업을 책임지고 이끌기 위해 한국전산원 설립추진위원회를 구성했다. 한국전산원은 전산망과 관련된 전자계산조직 이용 기술의 개발과 기술 표준화, 전산망 개발 보급을 위한 기술지원, 국가와 공공단체의 전산화 촉진 등을 담당하는 조직이었다.[117]

국가기간전산망 사업은 체신부와 과기처, 총무처, 국방부, 재무부 등 각 부처로 사업이 분산되어 있어 이를 종합 조정하여 구심점 역할을 할 인재가 필요했다. 게다가 고도의 전문 지식을 가지고 사업을 속도감 있게 추진하고 감리하려면 국무위원 못지않은 경륜과 영향력 있는 인물이 필요했다.

---

115 오명, 앞의 책, 141쪽.

116 서정욱, 「국가기간전산망사업의 회고와 발전방향」, 한국지능정보사회진흥원, 『정보화정책저널』, https://www.nia.or.kr/site/nia_kor/ex/bbs/View.do?cbIdx=65684&bcIdx=3254

117 이현덕, 「과학기술이 미래다(115)–한국전산원(현 NIA) 출범」, 전자신문, 2024년 2월 21일.

오명 체신부 차관은 이 중대한 임무를 수행할 초대 원장에 체신부·과기처 장관을 역임한 육사 선배 김성진을 추천했다. 당시 김성진은 건강이 좋지 않아 이 자리를 고사하자 전 대통령이 그를 불렀다. 전 대통령은 육사 재학 시절 자신의 수학 개인지도 교사였던 김성진에게 "이번에 설립하는 한국전산원 초대 원장을 맡아주시오. 김 박사 아니면 누가 이 방대한 사업을 제대로 추진할 수 있겠소"라고 부탁했다.

대통령이 직접 나서서 권유하자 김성진은 악화된 건강에도 불구하고 원장에 부임했다. 그리고 한국전산원의 기틀을 마련할 기획능력자로 이재우 ADD 군사연구위원을 발탁했다. 이재우는 공사 5기 출신으로 전투비행단장, 공군 군수사령관을 역임한 예비역 공군 소장 출신이다. 김성진은 이재우 장군의 탁월한 기획능력을 높이 평가하여 그를 스카우트한 것이다.

또 전산, 감리 등 해당 분야 최고 엘리트 인재를 추천받아 1987년 1월 30일 한국전산원을 출범시켰다. 이때부터 한국전산원은 국가기간전산망, 초고속 국가망 사업, 전자정부 구축, 정보통신 정책 수립 등을 지원했다. 정보화 강국을 설계하고 견인한 결정적인 조직이 한국전산원이었다.[118]

정규 육사 출신들이 한국 IT산업의 주역

TDX 개발의 주역은 육사 18기 출신 오명이었고, 국가기간전산망 구축은 육사 11기 출신 김성진이 주역이었다. 관련 정책을 입안하고 조율하는 역할은 역시 육사 출신 홍성원 청와대 과학기술비서관이었다. 4년제 정규 육사 출신 이공계 테크노크라트들이 한국의 정보통신산업을 통째로 일군 주역이자 대부였던 셈이다.

한국전산원은 2006년 한국정보사회진흥원으로 명칭을 바꾸었고, 2009년

---

118 이현덕, 「과학기술이 미래다(115)-한국전산원(현 NIA) 출범」, 전자신문, 2024년 2월 21일.

한국정보문화진흥원과 통합, 한국정보화진흥원으로 출범했다. 2020년에는 한국지능정보사회진흥원(NIA)으로 명칭을 변경했다. 바로 이 조직이 유엔 전자정부 평가에서 한국 정부가 2014년부터 3회 연속 세계 1위를 차지하는 탄탄한 기반을 구축했다.

한편에선 국가기간전산망 사업의 최고 의사결정기구인 전산망조정위원회를 구성했다. 전두환 대통령은 이 위원회의 위원장에 김성진 한국전산원장을 임명했다. 1987년 7월 15일, 전두환 대통령 주재로 제1회 국가 전산화 확대회의가 개최되었다. 이 회의는 2000년대 초까지 세계 정상 수준의 국가정보화를 달성한다는 목표로 개최한 범국가적 협의회였다.

이 회의에서 홍성원 청와대 과학기술비서관은 "2000년대 초까지 국가 전산화를 달성하겠다"는 내용을 보고했다. 전두환 대통령은 "정부는 정보화 고속도로로 불리는 국가전산망 구축을 위해 최선을 다하고 있다. 다가올 정보화 시대에 우리가 선진국으로 도약할 수 있도록 국가 전산화 사업을 신속하고 일관성 있게 추진해달라"고 당부했다. 이어 각 부처별 전산망 추진계획을 보고했다.

국가기간전산망의 두뇌, 슈퍼컴퓨터 개발

행정전산망 사업의 핵심은 이 작업에 필요한 주전산기를 개발하는 것이었다. 행정전산망 구축을 위해서는 방대한 데이터를 처리하고, 전국 곳곳에 산재해 있는 단말기 간의 통신까지 관리해줄 수 있는 중·대형급 이상의 주전산기가 수없이 필요했다.

당시 한국의 컴퓨터 관련 산업은 PC를 조립하거나 외국 회사의 OEM 제품을 생산하는 수준이었다. 주전산기인 중·대형 슈퍼컴퓨터는 만들 기술도, 능력도 없어 대부분 외국 기종, 그중에서도 IBM에 의존하고 있었다. 관계자들은 행정전산화에 필요한 주전산기를 국내 개발할 것인가, 아니면 외국 기종을 도입할 것인가를 놓고 치열한 논쟁을 벌였다.

이 문제는 행정전산망 사업 주관부서인 데이콤이 결정권을 갖고 있었다. 데이콤은 PC 하나도 제대로 못 만드는 나라에서 호스트 컴퓨터를 개발할 수 있겠는가 하는 생각을 가지고 있었다. 더구나 국가의 행정 업무를 전산화하는 막중한 국가적 사업에 언제 개발될지도 모르고, 또 그 성능도 예측하기 어려운 국산 컴퓨터 개발에 의존할 수 없다고 생각했다.

빠르면 2년 안에 상용화가 가능한 기술도입 방안과 달리 독자모델 개발 방안은 최소 4년 이상의 시간이 요구되었다. 때문에 처음부터 외국제를 도입하는 쪽으로 구상했다. 하지만 외국제품을 도입하려면 워낙 예산이 많이 드는 것이 문제였다.

연구원 입장에서는 행정전산망 사업에는 엄청난 숫자의 컴퓨터가 소요될 것이니, 이를 국산 컴퓨터를 개발할 수 있는 절호의 기회로 생각했다.[119] 비즈니스 마인드가 강했던 이용태 박사(당시 데이콤 사장)는 국내 개발을 강력 주장했고, 기술 지향적이며 완성도를 중시하는 성기수 박사는 성능이나 안정성이 검증된 외국 유명사 제품 도입을 적극 주장했다.

격론 끝에 '하나의 화살로 두 마리의 새를 잡는다'라는 전략에 의거, 외국 기종을 도입하여 기술을 이전받아 독자적인 중·대형 컴퓨터(슈퍼미니급 컴퓨터)를 국내 개발하기로 결정했다. 관련 기술이 부족했던 척박한 산업 현실에서 메인 컴퓨터의 국내 개발은 그야말로 대담한 결정이었다.

주전산기의 국내 개발이 결정되었으니, 다음 과제는 주전산기의 배치 방식을 무엇으로 할 것인가를 두고 검토에 들어갔다.

---

119 특집, 「국산 주전산기의 개발, 어디까지 왔나」, 『체신』 통권 420호, 1994년 1월호, 37쪽.

어떤 방식을 채택할 것인가?

당시 외국 기종은 대부분 중앙집중식을 채택하고 있었다. 국내 도입된 관공서의 주전산기는 한곳에 하드웨어가 밀집되어 있어 건물 한 층을 다 차지할 정도로 규모가 거대했다. 이 방식은 유지 관리 보수가 손쉬운 장점이 있으나, 화재나 폭발 등으로 주전산기에 문제가 생기면 국가 전 행정 시스템이 동시에 마비되는 단점이 있었다.

그에 비해 분산식은 하드웨어를 여러 곳에 분산 배치하는 방식이다. 이 방식은 유지 관리 보수가 까다로운 단점이 있다. 반면에 공간을 적게 차지하고, 어느 한 곳에 문제가 발생해도 분산 배치된 다른 곳의 주전산기가 이를 대신하거나 우회하여 위험을 최소화할 수 있는 장점이 있었다.

데이콤은 이번 기회에 전산망 시스템을 중앙집중식에서 분산식으로 설계하여 이전과는 달리 슈퍼미니 컴퓨터를 주전산기로 도입할 생각이었다. 그보다 더 근본적인 문제는 슈퍼미니 컴퓨터를 도입하되, 어떤 운영체계(Operating System, OS)를 채택할 것이며, 어떤 기종을 도입할 것인가 하는 점이었다.[120]

운영체계(OS)란 사용자가 컴퓨터를 쉽게 다루고 작동할 수 있도록 도와주는 프로그램이다. 그동안 정부가 도입한 주전산기의 대부분은 IBM, 혹은 데크(DEC) 기종이었다. 그 결과 소프트웨어 전문가들은 이구동성으로 IBM 운영체계(OS) 채택을 주장했다.

문제는 독보적인 기술력을 확보하고 있는 IBM은 자신들의 기술을 이전해주지 않기로 유명한 회사였다. 때문에 IBM의 운영체계를 채택하면 IBM에 예속되어 슈퍼미니 컴퓨터의 국산 개발은 요원한 꿈이 될 수도 있었다.

이때 미국 AT&T의 벨연구소에서 연구용으로 개발한 운영체계를 무

---

120 오명, 앞의 책, 142~143쪽.

료로 공개하고 나섰다. 이른바 오픈 시스템을 선언한 것이다. 오픈 시스템은 지적재산권이 없어 공유된 지식을 누구나 가져다 자신의 용도나 목적에 맞게 수정하여 사용할 수 있다. 이 운영체계는 세계 각국의 여러 대학과 연구소의 개량 개선을 거쳐 꽤 괜찮은 OS로 진화했는데, 이것이 유닉스(UNIX)였다.

당시는 컴퓨터계에 종사하는 사람들이 대부분 IBM이나 데크 등 대형 컴퓨터만 써본 사람들이었기 때문에 유닉스에 대한 경험이 없었다. IBM 고유의 운용 체제에 길들여진 사람들이기에 새로운 OS를 쓰는 것은 큰 부담이라고 생각했다. 이런 부류의 사람들이 유닉스에 대해 반대를 많이 했다.[121]

이 무렵 미국 실리콘밸리에서 수많은 벤처기업 창업 붐이 일어나 유닉스를 개량 탑재한 다용도 중형 컴퓨터 개발 경쟁이 벌어졌다. 이때부터 유닉스 붐이 뜨겁게 불어 대부분의 중·대형 컴퓨터 회사뿐만 아니라 관공서·대학·기업의 주전산기는 유닉스 시스템을 채용했다. 유닉스를 채택하면 IBM 같은 대기업에 끌려다닐 필요가 없어진다. IBM이나 데크(DEC)는 적은 돈으로 값싸게 기술 이전을 받을 가능성은 거의 없었다. 반면에 벤처기업이 개발한 기종은 저렴한 가격에 도입할 수 있고 이 과정에서 보다 손쉽게 기술을 이전받을 수 있었다.

분산형, 유닉스 시스템 채택

데이콤은 앞으로는 오픈 시스템이 시대의 대세가 될 것으로 전망하고 유닉스 체제를 운영체계로 채택하기로 결정했다. 그리고 행정전산망 주전

---

121 「특집: 국산 주전산기의 개발, 어디까지 왔나 [좌담]주전산기의 개발 비사」, 『우체국과 사람들』, 체신부 우정사업본부, 1994년, 1월호.

산기 기종을 선정하기 위해 전 세계 관련 기업들을 조사했다. IBM은 기술 이전을 하지 않는 것으로 유명하니 제쳐놓고 다른 회사를 찾았는데, 그중 제일 가능성이 높은 것이 탠덤(Tandem)이었다.

탠덤 기종은 온라인 서비스 업무에 강점이 있는 모델이었다. 그런데 이 모델의 가격도 워낙 비싸 포기하고, 그보다 유명하지 않은 기종으로 한 단계 내려갔다. 1984년 10월, 데이콤의 행정전산망사업 담당 부서에서 검토한 도입 기종은 시콰이어(Sequoia), 엘엑시(Ebcsi) 회사 제품이었고, 그 후 엔마스(Enmasse), 앙코아(Encore) 제품이 추가됐다가 마지막 단계에서 설립 3년이 안 된 미국 톨러런트(Tolerant Systems Inc.)라는 벤처기업이 개발한 슈퍼미니급 컴퓨터인 이터니티(Eternity) 기종이 추가되었다.

그 당시 뉴웨이브 기종 중 가장 앞선 것은 성능이 입증된 엘엑시 제품이었다. 그런데 엘엑시는 스탠다드 칩이 아니라 엘엑시 고유의 칩이어서 엘엑시가 망하거나 관계가 끊기는 날에는 단종될 우려가 있기 때문에 포기하고 다른 기종을 찾다가 엔마스를 발견한다.

데이콤 입장에서는 대민 지원업무를 최우선으로 해서 주민등록업무 같은 서류 발급 업무를 잘할 수 있는 기종을 중시했다. 정보화의 제일 목적을 대민서비스로 본 것이다. 이런 관점에서 보면 데이터베이스(DB) 성능이 좋은 기종이어야 한다. 그런 취지에 가장 합당한 기종이 엔마스였다.

기종 선정 과정에서 데이콤과 연구소는 생각이 판이하게 달랐다. ETRI는 앙코아 기종을 주장하고 나서면서 결론을 못 내리고 시간을 끌었다. 그때 데이콤의 이용태 사장이 몸이 불편해서 설악산에서 휴양을 하고 있었다. 기종 선정 문제가 결론이 나지 않자 이용태 사장은 데이콤 대표로 백인섭 교수(아주대 컴퓨터공학과), 연구소 대표로 전길남 KAIST 교수를 설악산 콘도로 불렀다. 싸움하는 쪽의 대표들을 불러 모은 것이다.

두 사람을 마주 앉혀놓고 각각의 입장을 주장하게 했다. 논쟁이 과열될

만하면 중단시켜 다음 문제로 넘어가고 하는 식으로 아침부터 저녁까지 논쟁을 시켜가며 두 사람의 의견을 충분히 들었다. 당시 기종 선정에 참여했던 백인섭 아주대 컴퓨터공학과 교수의 증언이다.

"그때 양쪽에서 세 가지 기종을 선정해서 각각 순위를 매기게 했는데, 저는 엔마스를 1위, 톨러런트를 2위로 했고, 연구소 측에서는 제일 좋은 게 앙코아가 아니면 톨러런트이고, 제일 나쁜 게 엔마스라는 거였어요. 톨러런트는 양쪽 다 들어 있었죠. 그러다 결국 중간 수준인 톨러런트 기종이 선정되었던 거죠."[122]

난항 끝에 톨러런트 기종 결정

한국 전문가들이 톨러런트를 주목한 이유는 이 기종의 원조가 탠덤이었기 때문이다. 또 다른 이유는 엔마스는 한국이 기종 선정을 진행하는 과정에서 회사가 문을 닫았다. 그 결과, 앙코아와 톨러런트 두 기종이 남았다. 앙코아는 그 당시 미국 국방부의 대형 프로젝트에 관여하고 있어 한국과의 협상에서 적극성을 보이지 않았다. 그에 비해 톨러런트는 적극적으로 임했다.[123]

데이콤은 벤처기업이 개발한 중형 컴퓨터 관련 기술을 저렴한 비용으로 도입하기 위해 톨러런트 기종을 낙점했다. 이 결정을 내리자 사방에서 비난이 쏟아졌다. 비판의 초점은 두 가지였다.

첫째, 유닉스 시스템은 검증되지 않은 기술이므로 행정전산망 같은 국가적으로 중요한 사업에 걸음마 단계의 운영체계를 채택해서는 안 된다.

---

122 「특집: 국산 주전산기의 개발, 어디까지 왔나 [좌담]주전산기의 개발 비사」, 『우체국과 사람들』, 체신부 우정사업본부, 1994년 1월호.

123 「특집: 국산 주전산기의 개발, 어디까지 왔나 [좌담]주전산기의 개발 비사」, 『우체국과 사람들』, 체신부 우정사업본부, 1994년 1월호.

둘째, 설립 3년밖에 안 된 신생 벤처회사 제품은 신뢰성 측면에서 도저히 믿을 수 없다.

하지만 국내 컴퓨터 전문가들은 국가의 명운을 걸고 톨러런트의 이터니티 기종과 유닉스 운영체계가 한국의 실정과 현실에 맞는 합리적 기종임을 확신하고 사업에 착수했다.

사업기간은 1987년부터 1991년까지이며, 이 기간에 행정전산망용 세계 최첨단 슈퍼 미니급 중형 컴퓨터(주전산기I~IV)를 개발하여 행정전산화에 투입키로 했다. 1단계로 외국 기술을 도입하여 국내 생산하여 사용하고, 2단계로 국내 생산 과정에서 도입한 기술을 바탕으로 국산 슈퍼미니 컴퓨터를 개발한다는 계획을 수립했다. 1986년 말 정부는 행정전산망용 주전산기 기술 도입과 독자 개발 방안을 모두 한국전자통신연구원(ETRI)이 수행하라는 지침을 내렸다.

드디어 주전산기 국산화 개발 사업이 시작되었다. 1단계로 주전산기I은 미국 톨러런트사의 이터니티 기종에 대한 원천기술과 생산·판매권을 도입했다. 이 제품의 국산화에 성공한 것이 1988년 5월이다. 주전산기I은 1988년 말부터 행정전산망 및 주요 공공기관에 236대가 보급되어 주민등록·고용·통관 업무 전산망에 설치되었다. 또 대만 QIC 사에 1대를 수출했다.[124]

그런데 기술도입기종 국산화 과정에서 시스템이 불안정하고 용량과 성능이 떨어진다는 문제가 제기되었고, 그 결과 우리가 독자적으로 설계한 고유기종의 필요성이 제기되었고, 그 결과 이러한 염원을 해결하는 프로그램이 주전산기II를 개발하는 2단계 사업이었다.

---

124 김원식, 「주전산기의 개발 현황 및 전망」, 『체신』 통권 460호, 체신부, 1994년 1월호, 34쪽.

2단계로 국산 슈퍼미니 컴퓨터 개발

사업 명칭에 관한 에피소드가 있다. 행정전산망사업은 대통령이 관장하는 사업이었기 때문에 대통령에게 진행사항을 보고하게 되어 있었다. 이때 사업의 핵심 역할을 하는 컴퓨터를 호스트 컴퓨터라 했는데, 대통령이 이 용어를 이해하지 못하니 우리말로 바꾸자 해서 등장한 명칭이 '주전산기'였다.

또 주전산기II는 컴퓨터 두뇌에 해당되는 CPU가 서로 밀접하게 결합되는, 밀결합 형태로 되어 있었다. 이것의 영어 명칭이 Tightly Coupled Multiprocessor인데, 거기서 머리글자를 따서 만든 게 TICOM이었다. 이것도 전문가 아니면 이해하지 못하니까 좀 더 쉬운 이름으로 바꾸자 해서 타이거 컴퓨터(Tiger Computer)라 하고, 그 약자로 타이컴, 우리말로는 호돌이 컴퓨터라 불렀다. 당시가 올림픽 때여서 이렇게 결정된 것이다.

국내 독자 기종인 타이컴 개발은 1987년 6월부터 4년간 진행되었다. 선진국 도입 기술을 뛰어넘어 우리 기술로 선진국을 능가하는 제품을 개발하자는 결의에서 시작된 사업이었다. 특히 이 사업은 단순히 국가 행정전산망용 컴퓨터의 국산화를 뛰어넘는 더욱 원대한 목표가 있었다. 그 목표는 행정전산망 구축을 통해 권력 측면에서는 '작은 정부'이면서, 민원 행정업무 등 국민 서비스 측면에서는 '큰 정부'를 추구하는 행정개혁을 일으키자는 것과, 당시 사회적으로 많은 논의가 이루어지고 있던 금융실명제와 종합토지세제 등의 실현을 가능케 해 '정의로운 경제 사회'를 구현하자는 것이었다.

더 나아가 컴퓨터를 중심으로 한 정보화 사회를 맞아 하루빨리 우리 국민의 문화, 문명의식을 선진화시키고, 여타 산업을 다 합친 것과 같은 비중을 차지하는 정보산업을 부흥시킴으로써 정보기술 선진국으로 도약하

는 것이었다.[125]

주전산기II 개발은 연구비 335억 원, 총인원 932명이 투입된 대규모 프로젝트로, 전자통신연구소와 국내 민간기업(금성사·대우통신·삼성전자·현대전자)이 공동 개발에 참여했다. 소요자금 335억 원 중 100억 원은 정부(과학기술처 60억 원, 체신부 40억 원)에서 지원했고, 235억 원은 민간 기업이 부담했다.

수많은 컴퓨터 개발인력 양성

주전산기II는 1991년 7월에 연구개발이 완료되었고, 그해 말까지 상용화 및 양산 준비를 거쳐 1992년부터 국내에 보급이 시작되었다. 이 기종의 개발이 완료된 1991년 7월 15일은 우리나라 국가기간전산망 핵심 인프라를 우리 기술로 구현하게 된 역사적인 순간이었다.

20개의 CPU칩을 하나로 묶는 밀결합 구조로 제작된 타이컴은 당시 뛰어난 성능으로 평가받고 있던 VAX-8800에 대항할 정도로 경쟁력 있는 강력한 중형급 컴퓨터로 평가받았다. 특히 초당 8천만 회의 정보처리를 할 수 있는 성능(80MIPS)을 보유했다. 이는 기술도입 기종인 톨러런트의 이터니티가 보유한 초당 400만 회보다 월등히 성능을 향상시킨 것이다.[126]

주전산기II는 공동 개발 이후 참여한 4개 사가 나름대로의 사업 방향에 따라 특징을 더하고 성능을 향상시키는 등 상품화를 하여 공공기관을 중심으로 1993년 말까지 200여 대를 공급했다.[127] 이 제품은 리비아 수로관

---

125 「정보통신 강국의 기틀을 세우다-행정전산망용 주전산기 II(TiCOM) 개발」, ETRI 45th Anniversary, https://www.etri.re.kr/45th/sub05_5.html.

126 「정보통신 강국의 기틀을 세우다-행정전산망용 주전산기 II(TiCOM) 개발」, ETRI 45th Anniversary, https://www.etri.re.kr/45th/sub05_5.html.

127 표삼수, 「타이컴(Ticom)-4개사 공동개발 전산기」, 『과학과 기술』, 1994년 8월, 20쪽.

리 업무용으로 3대가 수출되었다.[128]

주전산기 I·II 보급현황

구분	행정망		공공기관	민간	수출	계
	행정전산망	일반부처				
주전산기I	170	40	9	16	1	236
주전산기II		54	106	52	3	215
계	170	94	115	68	4	451

출처: 김원식, 「주전산기의 개발 현황 및 전망」, 『체신』 통권 460호, 1994년 1월호, 35쪽.

ETRI는 타이컴 개발은 PC 조립과 OEM 생산 위주였던 국내 컴퓨터 기술 수준을 중형 컴퓨터 개발이 가능한 수준으로 끌어올린 의미가 있다고 자평했다.[129] 하지만 타이컴 개발은 단순히 슈퍼미니급 컴퓨터를 독자 개발했다는 기술적 의미를 뛰어넘는 중요한 역사적 의미가 담겨 있었다.

개발 과정에서 양성된 수많은 인력을 통해 향후 우리나라가 정보통신 강국으로 나갈 수 있는 원동력이 되었다는 점이다. 단순히 기술 개발에 머무르지 않고 미래를 내다보며 전자정부의 기틀과 인재를 키워내는 프로젝트를 기획하고 실행한 것은 당시 청와대의 과학기술 보좌진이었다. 이들을 총 지휘한 주인공은 전두환 대통령이었다.

5공 비리로 몰린 컴퓨터 개발사업

주전산기 개발의 제3단계는 국내 기술로 독자 개발한 타이컴 기술을 기반으로 세계 시장 진출을 고려한 수출전략 상품인 주전산기III(고속 중형컴

---

128 김원식, 1994, 35쪽.

129 「정보통신 강국의 기틀을 세우다-행정전산망용 주전산기 II(TiCOM) 개발」, ETRI 45th Anniversary, https://www.etri.re.kr/45th/sub05_5.html.

퓨터) 개발이었다. 이 사업은 1991년 7월부터 1994년 1월까지 총 300억 원을 투입해 주전산기 I·II의 개발에 참여했던 연구소와 민간 기업이 개발토록 하여 사업의 연속성을 유지했다. 소요자금은 정부가 110억 원(체신부 60억 원, 상공자원부 35억 원, 과기처 15억 원), 민간 기업이 190억 원을 부담하여 추진했다.[130] 그 결과 1994년 1월 주전산기III 개발에 성공하여 공공기관, 금융기관, 일반기업에 88대가 보급되었다.

행정전산망용 주전산기 개발은 TDX, 4MD램에 이어 1980년대 우리나라 정보통신산업 분야의 3대 과제 중의 하나로 꼽힐 정도로 중대한 의미를 갖는다. 주전산기 개발로 국내 전산시스템 및 소프트웨어 기술 발전을 10년 이상 앞당겼기 때문이다. 또 어떤 전산망보다 복잡하고 방대한 행정전산망을 우리 기술로 성취했다는 의미가 담겨 있었다.

이는 앞으로 한국이 기술적으로 개발하지 못할 전산망이 없다는 것을 뜻하는 것이었다. 이 프로젝트를 통해 국내 전문가들의 기량이 세계 최고 수준임을 확인시켜 한국이 1등 전자정부 달성의 전기를 마련하는 역할을 했다.

그런데 전두환 대통령 퇴임 후 심각한 문제가 제기되었다. 톨러런트 기술을 도입하여 완성한 주전산기I로 국민연금을 전산화하는 과정에서 오류가 발생했기 때문이다. 야당과 언론에서는 연일 행정전산망용 주전산기 제작 과정에서 전두환이 정치자금을 빼돌리기 위해 전혀 검증되지 않은 신생 무명 벤처기업 제품을 도입한 것이라며 '5공 비리' 대공세를 펼쳤다.

그렇다면 국민연금 전산화 작업에서 무슨 이유 때문에 심각한 하자가 발생한 것일까? 정말로 톨러런트라는 신생 벤처기업이 개발한 이터니티 슈퍼미니 컴퓨터 도입이 정치자금 확보를 위한 엉터리였을까? 이 문제를

---

130 김원식, 1994, 35쪽.

추적해본다.

행정전산망사업은 애초에 경제통계, 고용관리, 자동차관리 등 6개 업무를 개발 대상으로 삼아 추진해왔다. 국민연금 전산화 작업은 행정전산망 1단계 사업에는 포함되지 않았던 내용이다. 그런데 전두환 대통령이 1987년 6·29 선언을 수용하여 국민 직선에 의한 대통령 선거를 치르게 되었다. 여당인 민주정의당은 노태우를 후보로 내세웠고, 야당은 김영삼(통일민주당), 김대중(평화민주당), 김종필(신민주공화당)이 출마하여 치열하게 경쟁했다.

이렇게 되자 당시 여당이었던 민정당은 표를 의식하여 국민연금 전산화 사업을 1년 앞당길 것을 관계부처에 요구했다. 현실적으로는 불가능한 요구였으나, 정권 재창출에 모든 것을 걸고 있던 민정당의 강력한 요구를 행정부가 무시할 수는 없었다. 전산망조정위원회는 보사부 주관 국민연금관리업무를 행정전산망 1단계 사업으로 추가함에 따라 개발 대상 업무가 7개 부문으로 늘어났다.

포퓰리즘이 빚은 참극

덕분에 번갯불에 콩 구워 먹듯 벼락치기로 국민연금 전산화 작업이 진행되었다. 국민연금 대상자는 당시 전국적으로 450만 명에 달했다. 그 많은 사람의 관련 자료를 전산화하는 과정에서 미숙련 오퍼레이터를 고용해 두 달 동안 밤을 새워가며 벼락치기로 입력하는 등 여러 무리수가 동원되었다. 이 과정에서 무수한 오타가 발생한 것이 오류의 큰 원인이었다.

프로그램 상에서도 일부 오류가 발생했다. 이유는 국민연금공단의 업무 자체가 정확하게 정의가 안 돼 있었기 때문이다. 국가기간 전산망사업의 핵심은 대민 서비스 사업이다. 그런데 톨러런트는 온라인 처리를 위해 도입된 기종이 아니었다. 엉뚱한 기종에 엉뚱한 사업 내용을 갖다 걸어놓고 처리를 요구하는 과정에서 에러가 발생한 것이다.

이런 날치기 과정을 거쳐 1988년 1월 처음으로 전산화 과정을 통해 국민연금 고지서가 발부되었는데, 결과는 참담했다. 주소와 이름, 사업장 등이 잘못된 오류가 170만 건이나 발생했다. 전체 데이터의 3분의 1에 해당하는 오류가 발생한 것이다.[131]

야당과 언론은 "검증되지 않은 엉터리 컴퓨터 기종 도입 덕분이다", "주전산기 모델을 이름도 없는 미국 벤처기업 제품으로 결정한 것은 정치자금 리베이트 위한 꼼수"라고 선동했다.

행정전산망 사업의 주무부처는 총무처이고, 개발 업무는 과기처 소관이었다. 문제가 제기되자 공무원 사회의 특성상 아무도 나서지 않고 바짝 엎드려 침묵했다. 행정전산망 작업이 5공 비리의 상징처럼 여론의 뭇매를 얻어맞는 바람에 자칫 잘못하면 국가 전략사업인 국가기간전산망 구축 사업이 중도 하차할지도 모르는 중대 위기를 맞았다. 이렇게 되자 사업과는 직접적인 관련이 없는 오명 체신부 장관이 적극 나서서 대처했다.

오명 장관이 적극 대응, 오해 풀려

오명은 전두환 대통령이 체신부 장관으로 임명했는데, 노태우 대통령은 그를 같은 자리에 유임시켰다. 오 장관은 톨러런트 기종 선택이 5공 비리라는 야당 의원들의 주장에 대해 전문 지식을 활용하여 적극 해명에 나섰다.

야당 의원들이 "한국이 IBM 같은 거대기업을 마다하고 벤처기업과 손잡은 이유는 정치자금 리베이트를 위해서가 아니냐"라고 공격했다. 오명 장관은 "뛰어난 기술을 값싸게 이전받아 국산화 개발에 성공한 기념비적

---

131 오명, 앞의 책, 148~149쪽.

인 사례"라고 반박했다. 또 "톨러런트란 회사는 한국에 기술 이전을 한 후 하드웨어 사업을 포기하고 소프트웨어 회사로 전향하면서 사명까지 바꿨다. 한국은 톨러런트의 모든 기술을 전수받았는데, 원천기술 회사가 없어져 관련 기술은 한국만 보유하고 있어 로열티를 낼 필요도 없게 됐다"고 밝혔다. 오명 장관은 국회에 출석하여 이렇게 반박했다.

"지금은 거대기업이 된 마이크로소프트나 휴렛팩커드(HP), 퀄컴 등도 모두 출발 때는 벤처기업이었고, 이들 역시 어려움에 처한 벤처기업의 기술을 싼 값에 사들이는 작업을 통해 발전을 거듭해왔다. 아예 망할 것 같은 기업만 골라서 투자하여 기술을 사들이는 벤처 사냥꾼들도 있다."

오명 장관의 해박한 전문지식을 바탕으로 한 적극적 해명 덕분에 오해가 해소되었고, 행정전산망 사업은 간신히 명맥을 유지할 수 있었다.

한국이 컴퓨터 관련 글로벌 거대기업의 영향력에서 벗어나기 위해 오픈 시스템인 유닉스를 채택한 것은 '신의 한 수'였다. 한국은 유닉스와 중형 슈퍼미니 컴퓨터를 중심으로 행정전산망을 구성했다. 이것이 1990년대 IT 환경 전반에 혁명적 변화의 바람을 일으킨 클라이언트 서버 컴퓨팅 개념(즉, 사용자 친화적 컴퓨팅 환경)의 핵심이었다. 미국 등에서 이 방식이 일반화된 것은 1990년대 초였다. 한국의 연구진은 1980년대에 국가기간전산망 구축 과정에서 미래의 산업 환경까지를 철저히 연구하여 최신 컴퓨팅 환경을 구현한 것이다.

국가기간전산망 사업은 이 분야 선구자들의 피와 땀과 눈물의 결정체였다. 하지만 관계자들은 박수는커녕 숱한 비난에 시달렸고 부정, 비리의 주인공인 것처럼 오해받고 여론의 뭇매를 맞아야 했다.

고생은 전두환이 하고 생색은 노태우가 내고

국가기간전산망 사업의 총체적 골격이 만들어지고 개발이 진행된 것은 전두환 대통령 시절이었지만, 실제 구현이 본격화된 시기는 노태우 정부 출범 이후였다. 5공 시절 이 사업이 본격적으로 속도를 내지 못한 이유는 TDX 개발, 4MD램 개발, 한국 표준형 원전 개발 등에 전력투구하느라 투자재원 마련에 한계가 있었기 때문이다.

올림픽 유치 및 준비와 마찬가지로 국가기간전산망 구축 사업은 5공 정부가 뼈 빠지게 계획을 세우고 관련 기술을 개발하고, 인력을 충원하여 개발에 전력했고, 그 과실은 노태우 정부가 향유했다. 국가기간전산망 사업 중 최초로 상용 서비스가 구현된 것은 노태우 정부 시절인 1989년 12월이다. 이때 금융전산망 사업 중 타행환 업무의 온라인 서비스가 개시되었다. 1990년 4월에는 행정전산망 사업 중 자동차 등록 업무, 통관 관리 업무의 온라인 서비스가 시작되었다. 1991년 2월에는 주민등록등본, 경제 통계자료, 부동산 관리 업무 온라인 서비스가 본격 개시되었다.

국가기간전산망의 완성으로 우리나라는 국민 개개인이 언제 어느 곳에서나 전국의 모든 기관과 온라인으로 연결돼 동시에 소통하고 업무를 처리할 수 있게 되었다. 국가기간전산망 사업은 우리나라가 그 어떤 선진국보다 인터넷을 빨리 수용하고 소화할 수 있게 해준 계기가 되었다.[132]

한국의 정보화는 정부와 공공분야에서 국가기간전산망 사업을 중심으로 시작되어 민간 분야로 확산 경로를 밟았다. 오늘날 한국을 먹여 살리는 거대한 축인 IT산업 육성은 국가기간전산망 사업으로 창출된 수요 없이는 불가능했다. 이 점에서 국가기간전산망 사업은 한국을 IT 강국으로 이끈 핵심 프로젝트라는 평가를 받기에 충분하다.

1980년대 전두환 정부가 수립한 정보산업 육성을 통한 국가경쟁력 강화 시도는 국가기간전산망 사업으로 시작되고, 추진되고 마무리되었다. 프

---

132 전두환 회고록(2), 앞의 책, 226쪽.

로젝트의 기본 설계와 계획 수립, 관련 기술 개발은 전두환 대통령의 결단과, 그를 보좌한 과학기술비서관실과 정부 부처 담당자들의 작품이었다.

그들이 이루려 했던 목표는 '자유롭고 창조적인 정보화 사회'의 구현, 좀 더 구체적으로 표현하면 '2000년대에 선진국 진입'이었다. 이 거창하고 활기찬 사업의 추진 과정에서 결정적 공헌자는 3개 팀을 꼽는다.

첫째는 체신부의 오명·이우재팀이다. 이들이 통신정책의 실행 계획을 입안하고, 실제 집행의 책임을 맡았다.

둘째는 청와대 과학기술비서관실의 홍성원·정홍식팀이다. 이들은 IT 분야의 정책 아이디어를 개발하고, 전략 방향을 설정했으며, 정부 각 부처의 합의를 이끌어내는 역할을 훌륭히 해냈다.

셋째는 이들 2개 팀을 실질적으로 지도하고 조정한 김재익·김성진팀이다. 이들은 전두환 대통령의 절대적 신임을 받아 과학기술 진흥과 기술 집약 산업 육성을 담당한 정부 내 최고 책임자였다. 이들은 내각의 오명팀, 청와대 홍성원팀에 IT 정책과 전략 수립을 맡기고 정책을 지도하고 지원을 아끼지 않았다. 이런 면에서 본다면 대한민국 IT산업의 실질적인 지적재산권 보유자는 김재익·김성진 두 사람을 꼽을 수 있을 것이다.

김성진·오명의 지대한 역할

체신부 차관으로서 김성진을 장관으로 모셨던 오명의 회고에 의하면 전두환 대통령은 육사 11기 동기생인 김성진 씨를 높이 평가하고 어려워했다고 한다. 김성진에 대한 오명의 평을 소개한다.

"그(김성진)는 모든 사람들이 존경하고 어려워하는 분이었다. 청렴하고 강직한 분, 겸손하게 살면서 늘 국가의 장래를 걱정하는 분으로, 함께 일했던 모든 사람들이 마음에서 우러나오는 존경심을 가졌다. (중략) 1년쯤 지날 무렵, 청와대가 이분을 과학기술처로 보냈다. 그때 전두환 대통령이 과학기술처를 획기적으로 발전시키겠다는 구상을 하셨는데, 김성진 장관이 그 적임자라 판단했던 것이다."[133]

국가기간전산망 사업에서 중요한 족적을 남긴 정보화 1세대는 한국과학기술연구원(KIST) 출신의 이용태·성기수 박사를 꼽는다. 이용태는 유타대, 성기수는 하버드대 박사 출신으로, 이용태 박사는 행정전산망 사업, 성기수 박사는 연구전산망 사업의 핵심 역할을 맡았다. 두 사람은 또 86아시안게임, 88서울올림픽 전산화 사업에서도 결정적 역할을 수행했다.

홍성원 박사는 육사 출신으로, 청와대 과학기술보좌관을 역임하며 정보통신 혁명의 기반 구축에 앞장섰다. 오길록 박사는 1982년 8비트 교육용 컴퓨터 개발, 행정전산망용 주전산기 개발 책임자였다. 해사 출신으로 청와대 국방비서관을 역임한 박재하 대령은 군 장병을 위한 PC 대량 보급, 1인 1기 교육을 통해 10만 IT 전문 인력 양성을 추진한 주인공이다.

박항구 박사는 대도시용 전자교환기(TDX-10) 개발, 세계 최초의 2세대 CDMA 개발의 주역이었고, 이정욱 한국통신 부사장은 국산 전자교환기 1천만 회선 보급의 주인공이었다. 이철수 한국전산원장은 국내 인터넷 확산의 기반이 된 초고속통신망 구축에 앞장섰고, 강민호 과기처 전기전자 연구조정관은 한국 IT산업 연구개발과 인력 양성의 대들보였다.

예산의 선 투자–후 정산 방식 도입

정부 정책 추진 과정에서 어떤 사업이나 정책을 막론하고 가장 중요한 관건은 인재와 예산의 확보다. 전두환 정부는 인플레이션 억제를 위해 정부 예산을 동결하는 극약처방을 하는 와중에 국가기간전산망 사업의 속도를 내기 위해 정부 재정 역사상 기상천외한 '선(先) 투자–후(後) 정산'

133 오명, 앞의 책, 249~252쪽.

방식을 도입했다.

모든 정부 사업은 예산을 편성하고, 그 예산이 국회를 통과한 후 정해진 절차에 따라 집행하는 것이 순리다. 그런데 국가기간전산망 사업은 주관부처인 데이콤을 통해 전기통신공사 자금을 먼저 집행(투자)했다. 그 후 정부 예산을 편성받아 정산하는 변칙적 예산 집행 방식으로 추진했다. 이 것은 원칙론자 입장에서 보면 도저히 용납할 수 없는 행위였다.

경제기획원 예산실의 전윤철 예산심의관은 "국가사업의 선-투자 후 정산 방식은 경제기획원 예산실 역사상 최초의 사례이며 씻을 수 없는 치욕"이라며 격렬하게 항의했다. 하지만 대통령의 의지는 약간의 변칙을 허용해서라도 한국의 IT산업과 정보화 사업을 속도감 있게 추진하는 것이었다. 이것이 전두환 시대 정부 운용의 특징이었다.

대형 국책사업은 초기에 시동이 걸릴 때는 대통령 등 '지도자의 의지'가 결정적인 역할을 한다. 이런 의지 없이 대규모 국책사업을 새로 시작하는 것은 현실적으로 불가능하다. 출발은 지도자의 의지가 결정하지만, 완성은 대통령 의지만으로는 어렵다. 특히 사업을 시작한 대통령이 임기를 마치고 물러나면 전임자의 사업은 추진력을 잃고 중도 좌초하는 사례도 발생한다.

노태우 정부 들어 엉망이 된 국가기간전산망 사업

1988년 2월 25일 전두환 대통령의 임기가 만료되어 노태우 정부가 출범했다. 대한민국 과학기술 정책을 총괄했던 김재익 수석은 1983년 아웅산에서 순국했고, 김성진 장관은 정권 교체로 물러났다. 청와대 과학기술 비서관으로 IT·정보화 산업과 관련한 정책을 총괄했던 홍성원 비서관은 1989년 4월, 청와대를 떠나 전자통신연구소로 나갔고, 정홍식 비서관은 1989년 6월 체신부로 전출되었다. 이로써 대한민국 정보화 정책 및 전략 결정 라인은 소리 없이 해체되었다.

이후 국가기간전산망 사업은 방향감을 상실하여 좌충우돌했다. 노태우 대통령은 취임 초 느닷없이 전산망조정위원회를 청와대 과학기술비서관도 모르는 상황에서 체신부에서 과기처로 이관했다. 전두환 정부 시절 정보화와 IT산업 관련 업무를 담당하는 전산망조정위원회를 체신부가 주관하도록 한 이유가 있다. 통신공사의 전신·전화사업 수익금을 관련 기술 투자 자금으로 투입하기 위한 조치였다. 과기처는 이러한 재원을 마련할 방법이 없었다.

만약 이 결정대로 진행됐다면 정보화는 구호에 그치고 추진력 갖지 못했을 것이다. 뒤늦게 이 사실을 알게 된 청와대 과학기술비서관실은 노태우 대통령에게 전산망조정위원회를 과기처 산하로 이관한 것은 잘못된 결정임을 간곡히 진언했다. 두 달 후 노 대통령은 자신의 결정을 뒤엎고 전산망조정위원회를 체신부로 원위치시켰다. 대통령의 판단 미스로 열심히 일할 시간만 낭비한 셈이다.

6

올림픽 전산망, 국내 기술로 개발

　국가기간전산망 성공에 이어 한국 IT산업의 수준을 세계에 과시한 결정적 계기는 서울올림픽이었다. 86아시안게임과 88서울올림픽은 건국 이래 최초로 이 땅에서 열린 인류의 축전이었다. 그런데 "올림픽은 정보통신 게임"이라는 말이 있을 정도로 올림픽의 성패는 IT산업 수준에 달려 있었다.

　라디오로 중계되던 올림픽 경기에 TV가 등장하여 중계한 것은 1936년 베를린 올림픽 때가 처음이었다. 1964년 도쿄 올림픽에서 위성TV 생중계가 실현되었다. 도쿄 올림픽 이후 모든 올림픽은 전 경기가 실시간으로 텔레비전을 통해 전 세계에 중계되었다. 시청자들은 경기 종료와 동시에 전광판에 순위와 기록, 선수 이름이 나타나길 기다린다.

올림픽의 복잡한 세계

　올림픽은 선수들이 '인류의 한계'에 도전하는 세계 최대 스포츠 행사인 만큼, 정확한 기록 측정과 판정을 위한 혁신이 이어지고 있다. 0.001초까지를 다투는 기록을 정확히 계측하기 위해 전자식 시계나 비디오 판독(VAR) 기술, 디지털 계측 시스템도 구비해야 한다.

　올림픽에서 최초로 전자 계측을 활용해 기록을 측정한 건 1948년 생모리츠 동계올림픽 때였다. 그전까지 선수가 결승선을 통과하는 순간 기계식 스톱워치를 손으로 눌러 기록을 쟀는데, 사람이 눈으로 확인하고 누르는 과정에서 오차가 날 수밖에 없었다. 생모리츠 올림픽부터는 결승선에 테이프 대신 광선(光線)을 활용해, 선수가 결승선을 통과할 때 전자 방식으로 시계를 멈추는 포토 일렉트릭 셀 기술이 도입돼 더 정확한 기록 측정이 가능해졌다.[134]

올림픽은 단순한 스포츠 행사가 아니다. 세계적인 올림픽 행사를 위해 경기장뿐만 아니라 다양한 부대시설이 준비되어야 한다. 대회 기간 중 선수들이 생활하는 선수촌과 대회 성과를 취재 보도하는 언론인들이 사용하는 기자촌, 프레스센터를 하나의 네트워크로 연결해야 한다. 언제 어디서든 종목별, 선수별 기록과 경기 결과를 확인할 수 있도록 하기 위해서다.

이 모든 일들을 가능하게 만드는 기술이 올림픽 전산망이다. 이 분야의 선구자 역할을 한 것은 1972년 뮌헨 올림픽이었다. 1936년 베를린 올림픽은 히틀러의 나치 체제 선전장이 되어 오욕의 역사로 기록되었다. 이후 36년 만에 독일 땅에서 뮌헨 올림픽이 열렸다. 서독은 이 대회를 통해 민주주의와 새로운 이미지를 보여주기 위해 노력했다. 하지만 팔레스타인 테러 단체인 '검은 9월단'이 이스라엘 선수촌에 난입하여 이스라엘 선수와 코칭스태프 등 11명을 인질로 잡는 참사가 벌어졌다. 범인들은 모두 사살되거나 체포되었지만, 이 과정에서 인질 전원이 사망했다.

뮌헨 올림픽에서 구현된 올림픽 전산망은 원시적 수준이었다. 한 종목의 시합이 종료되어 선수들 기록이 나오면 이를 컴퓨터에 입력하고, 한참 후에 결과가 계산되어 나오는 식이었다. 뮌헨 올림픽에 이어 1976년 몬트리

---

134 「기술 진보의 장이 된 올림픽 역사 살펴보니」, 조선일보, 2024년 7월 18일.

올 올림픽에서는 올림픽 전산망이 한 차원 더 진화했고, 1984년 로스앤젤레스 올림픽 전산망은 상당한 수준에 올라 있었다.

올림픽 전산망 개발 도전

서울올림픽 준비 과정에서 올림픽 전산시스템이 화두로 떠올랐다. 이 시스템을 독자 기술로 개발하면 외화 절약은 물론이고, 한국 IT산업 발전에도 지대한 영향을 줄 것으로 큰 기대를 모았다. 올림픽 전산시스템 개발은 한국과학기술원(KAIST) 부설 시스템공학연구소(SERI) 소관이었다. 시스템공학연구소장은 성기수 박사였다.

그는 1958년 서울대 공대 항공학과를 졸업하고 공군 장교로 임관하여 공사에서 항공역학 교관으로 재직했다. 이때 국비 유학생으로 선발되어 하버드대학에 유학하여 우주선 개발 분야를 공부했다. 하버드대 재학 시절 유학생 성기수의 성적이 워낙 우수해 그곳 학장이 학칙에도 없는 특례조치를 하여 학위도 앞당겨주었다.[135] 그 결과 하버드대 역사상 최초로 2년 반 만에 석·박사학위를 취득한 인재다. 그는 국내에 컴퓨터 도입이 급선무라고 판단하여, 국내에 최초로 컴퓨터를 들여온 주인공이다.

귀국한 그는 KIST 창설멤버 중 한 사람으로 참여하여 우리나라 컴퓨터 시스템과 소프트웨어 개발에 선도적인 역할을 했다. 이한빈 부총리는 성기수 박사가 수행한 프로젝트를 다음과 같이 소개했다.

"성기수 박사는 1970년대 이래 '컴퓨터 국산화', '정보산업기술 개발', 'CAD/CAM 소프트웨어', '정부예산 업무의 EDPS(전자정보 처리 시스템)', '한글용 컴퓨터 단말장치', '중앙관상대 기상통계의 EDPS', '전화요금 관리

---

135 이한빈, 「현대판 문익점-성기수 박사의 회갑에 부쳐」, 성기수 개인 웹사이트, http://www.sungkisoo.pe.kr/

업무의 EDPS', '대학입학 예비고사 EDPS', '국민복지연금 업무의 전산화', '대법원 판례 전산화', '증권거래소 EDPS', '의료보험 EDPS', '88올림픽 경기대회 전산화' 등 실로 각 방면에 걸쳐서 수많은 전산시스템 도입에 선도적 역할을 하였다. 나는 가끔 생각해본다. 만약 1970년대와 1980년대에 성기수 박사와 그가 이끄는 KIST EDPS팀이 없었다면, 우리나라는 어떻게 되었을까?"[136]

64회 인천체전용 전산망 개발 성공

우리나라의 모든 전산화 작업에 성기수 박사의 손이 미치지 않은 곳이 없을 정도다. 오늘날 IT 강국 대한민국을 만드는 데 앞장섰던 한국 전산화의 아버지나 다름없는 주인공이다. 그런 긍지와 자부심을 가지고 있었기에, 한국 땅에서 열리는 서울올림픽에 필요한 전산망을 우리 손으로 개발해야 한다는 사명감에 불탔다.

1983년 4월 9일 시스템공학연구소장 성기수는 과기처에 '88서울올림픽의 효율적 추진을 위한 전산화 준비작업 연구'라는 보고서를 제출했다. 하지만 IT 분야에서 개발도상국 수준을 벗어나지 못하고 있는 한국이 과연 올림픽 전산망이란 첨단기술 분야 시스템을 독자 개발할 수 있을 것으로 믿는 사람은 거의 없었다.

분위기가 싸늘하자 성기수 소장은 노태우 올림픽조직위원장을 찾아갔다. 그는 "세계를 깜짝 놀라게 할 최고의 올림픽 전산시스템을 개발하겠다. 우리에게 기회를 달라"라고 제안했다. 노태우 위원장은 "성 박사, 우리는 그런 걸 개발해 본 경험이 없지 않습니까?"라고 의문을 표시했다. 성기수

---

136 이한빈, 「현대판 문익점-성기수 박사의 회갑에 부쳐」, 성기수 개인 웹사이트, http://www. sungkisoo.pe.kr/

소장은 "위원장님, 저도 미국 하버드대에서 박사학위를 받았습니다. 우리 인력이 외국보다 못할 게 하나도 없습니다. 우리가 이 일을 해낼 수 있습니다"라고 자신감을 보였다.

노태우 위원장은 "그렇다면 1983년 10월에 열릴 64회 인천체전 전산시스템을 개발해달라. 그 결과를 보고 판단하겠다"라고 제안했다. 인천체전 개회까지는 3개월밖에 안 남았고, 대회 종목도 올림픽보다 훨씬 많았다. 온갖 난관이 쌓여 있음에도 불구하고 성기수 박사는 이 제안을 전격 수용했다. 시스템공학연구소 개발진은 이때부터 3개월 동안 밤잠 안 자가며 전국체전용 전산망을 개발해냈다.

제64회 인천체전은 1983년 10월 6일부터 11일까지 인천공설운동장 등지에서 열렸다. 13개 시·도와 이북 5도, 6개 해외 동포팀을 포함해 1만 7,548명의 임원과 선수가 참여했다. 전국체전에 최초로 시스템공학연구소가 개발한 전산시스템을 도입한 결과는 대성공이었다.

인천체전에서는 경기 종료 즉시 경기 결과 기록이 단말기에 입력되었고, 컴퓨터라는 단어조차 생소했던 시절에 42개 경기장에 설치된 단말기를 통해 경기 결과를 한국과학기술원 전산개발센터의 대형 컴퓨터로 전송해 처리했다. 경기 결과가 즉시 경기장의 단말기, 전광판에 고지되었다.[137]

전국체전 전산시스템은 당시로는 획기적인 프로그램이었다. 중앙컴퓨터가 자동으로 메달을 집계했으며, 종목별 득점 계산까지 완벽하게 구현해냈다. 또 기자들이 현장에 가지 않고 단말기로 경기 결과를 확인할 수 있었다. 언론에서는 1983년 인천체전을 사상 최초로 모든 경기 진행을 컴퓨터로 처리한 '컴퓨터 체전'이라고 표현했다. 인천체전 전산망의 획기적 성능에 놀란 노태우 위원장은 "국내 과학자들의 열정과 애국심에 감탄했다.

---

137 「인천체전은 예나 지금이나 첨단」, 연합뉴스, 2013년 10월 13일.

제5공화국 전두환 시대 2

그들이 존경스럽다"라고 칭찬을 아끼지 않았다.

정부, LA올림픽 현지조사단 파견

하지만 당시 국내에선 IT분야의 한국 기술진에 대한 신뢰성이 대단히 낮았다. 괜히 과욕을 부려 국내 개발했다가 대회 도중 에러가 나면 국가적 망신이니 1984년 LA올림픽을 위해 개발된 전산망인 '시조(SIJO)'를 도입하여 사용하는 것이 최선이라는 의견이 지배적이었다. 미국 측에서도 자기들 시스템을 구입하라면서 은근히 압력을 넣었다. 그들은 LA올림픽 전산프로그램의 기술료로 500만 달러를 요구했다.[138]

분위기가 이렇게 돌아가자 정부는 오명 체신부 차관을 단장으로 한 제23회 LA올림픽대회 현지조사단을 미국에 파견했다. 1984년 6월 11일 조사단은 현지에서 미국제 올림픽 전산시스템인 '시조'를 정밀 분석한 결과 많은 문제점을 발견했다.

이 시스템은 해당 종목의 경기가 끝나면 그 즉시 심판이 등수와 선수별 기록을 기록지에 적는다. 운영요원이 이 기록지를 들고 뛰어가 중앙컴퓨터실에 전달한다. 중앙컴퓨터실은 이 기록을 서버에 입력하여 경기장 내 단말기에 공급하는 방식이었다. 경기 종료 후 전산 처리까지 시간이 걸리는 것이 결정적 흠이었다. 사실 '시조 시스템'은 1976년 몬트리올 올림픽 때 사용한 것을 약간 보완한 것이었다. 시대에 한참 뒤떨어진 구형이었다는 뜻이다.

현장에서 시조 시스템의 성능을 확인한 현지조사단은 한국 기술진이 LA 시스템보다 더 뛰어난 프로그램을 만들 수 있다는 확신을 가지게 되었다. 1984년 10월, 서울올림픽조직위원회는 88서울올림픽 전산시스템은 외

---

138 박승덕, 앞의 책, 79쪽.

국 기종을 도입하지 않고 국내 기술로 개발하기로 확정 발표했다.

아울러 올림픽 전산망을 네 개의 프로그램으로 나눠 개발키로 하고, 역할을 분담했다. 경기 운영 시스템(자이온스·GIONS) 및 전산화 총괄 임무는 시스템공학연구소, 종합정보망(윈스·WINS)은 데이콤, 대회지원 시스템(소스·SOSS)은 한국전산주식회사, 대회관리시스템(솜스·SOMS)은 쌍용컴퓨터가 각각 개발을 맡기로 했다.[139]

올림픽 전산망은 86아시안게임에 대비하여 개발한 후 아시안게임에 사용하고, 현장에서 나타나는 문제점을 보완하여 올림픽에 적용하기로 했다. 1985년 1월 시스템공학연구소(SERI)는 총 69명의 엘리트 인재를 동원하여 올림픽 전산화 개발팀(팀장 김봉일 전산개발부장)을 구성했다. 개발팀의 목표는 전 세계에서 어느 누구도 개발하지 못했던 획기적인 올림픽 전산망을 국내 기술로 개발하는 것이었다. 이때부터 연구실은 24시간 불이 꺼지지 않았다.

86아시안게임용 전산망 대성공

오명 체신부 장관은 "SERI의 김봉일 박사는 개발팀을 마치 군대 조직처럼 이끌었다. 올림픽 몇 달 전부터 연구소에 매트리스를 깔고 연구원들과 숙식을 함께했다. 우리가 아시안게임과 서울올림픽을 성공리에 치를 수 있었던 것은 젊은 연구원들의 피와 땀이 있었기에 가능했다"라고 자신의 회고록에서 밝혔다.[140]

86아시안게임에서 시스템공학연구소가 개발한 경기운영 시스템 (GIONS)은 24개 경기장에 중소형 서버 2대씩을 설치했다. 또 심판 바로 옆

---

139 이현덕, 「과학기술이 미래다(121)-조직위, 88서울올림픽 전산시스템 국내 개발 확정」, 전자신문, 2024년 4월 23일.

140 오명, 앞의 책, 161쪽.

에 컴퓨터 단말기를 설치하여 경기 종료와 동시에 단말기에 경기 결과를 입력했다. 입력된 내용은 순식간에 데이터 처리되어 전광판과 기자실 등에 자동 공급되었다.

또 종목별 경기 일정과 결과, 선수에 대한 신상 명세 등 각종 정보를 단말기를 통해 제공했다. 모든 비상사태에 대비하여 백업 시스템도 갖추었다. 우리 기술로 개발한 자이온스 시스템은 LA올림픽의 경기 기록 송출 소요시간이 10분 걸리던 것을 5분으로 단축하는 쾌거를 보여주어 세계를 놀라게 했다.[141]

데이콤이 개발한 종합정보망 시스템(WINS)은 세계 각국의 가입자에게 전자우편과 경기 정보 서비스, 일반 정보 서비스를 통해 세계 어느 곳에나 실시간으로 경기 결과를 제공했다. 인터넷이 존재하지 않았던 1980년대에 현재의 인터넷과 동일한 개념의 서비스를 제공한 것이다. 이 시스템 덕분에 한국 IT산업의 기술이 세계 최고 수준임을 전 세계에 알리는 계기가 되었다.

서울올림픽에서도 노 에러, 노 다운

한국 기술진이 개발한 자이온스·윈스는 86아시안게임에서 위력을 발휘했다. 아시안게임이 끝난 후 이 시스템을 더욱 고도화하여 서울올림픽에 대비하는 작업이 진행되었다. 1988년 5월, 올림픽 사상 최초로 성화 봉송 프로그램이 개발되어 선을 보였다. 이 프로그램은 컴퓨터를 통해 성화가 현재 어느 지역을 통과하고 있는지, 성화 봉송 주자는 누구인지, 그 지역에서 어떤 행사 진행되는지를 서비스했다.

서울올림픽에서 자이온스(GIONS) 경기운영 시스템은 5분 내에 올림픽

---

141 박승덕, 앞의 책, 79쪽.

27개 종목 경기 결과를 실시간으로 제공하여 외국 기자들을 놀라게 했다.[142] 윈스(WINS) 종합정보망은 전자우편, 공중정보 통신망을 통해 경기 결과를 전 세계에 제공했다. 솜스(SOMS) 대회관리 시스템은 대회 입장권·선수촌·기자촌 관리 정보를 제공했고, 소스(SOSS) 대회지원 시스템은 숙박·교통 정보를 제공했다.

서울올림픽을 취재한 외국 기자들은 서울올림픽 기간 내내 올림픽 전산망이 단 한 번의 에러나 다운이 없는 '노 에러, 노 다운 무결점 시스템'의 성능에 신선한 충격을 받았다. 한국에 서버를 공급하고 운영 인력을 파견한 IBM은 한국의 분산처리 시스템에 감탄했다. 서울올림픽을 계기로 IBM은 자신들이 추구해왔던 중앙 처리식 전산망을 분산처리 방식으로 전환했다.[143]

올림픽 폐막 후 뉴욕타임스를 비롯한 세계 언론은 "한국은 올림픽에서 종합 4위를 차지했으나 통신·전산시스템에서는 세계 1위"라고 평가했다. 국내외 언론은 "이번 서울올림픽에서 한국의 전산시스템은 무오류의 기적을 이룩한 과학 올림픽이었다는 점은 장외 금메달감"이라고 칭찬을 아끼지 않았다.

4년 후 스페인에서 열린 1992년 바르셀로나 올림픽, 1996년 애틀랜타 올림픽도 독자적인 올림픽 전산망을 개발했다. 하지만 두 대회 모두 서울올림픽의 전산시스템 수준에는 미치지 못했다는 평가를 받았다. 한국은 서울올림픽을 통해 통신·전산시스템 수준이 선진국보다 10년 이상 앞서 있다는 점을 보여주었다. 서울올림픽 전산망을 통해 한국의 IT산업은 국제사회 진출의 첫 관문을 성공적으로 통과한 것이다.

---

142 이현덕, 「과학기술이 미래다(123)-88서울올림픽 전산시스템, "무오류 장외 금메달감"」, 전자신문, 2024년 5월 7일.
143 오명, 앞의 책, 165쪽.

'기술 국산화'의 쾌거

전두환 대통령은 취임 직후부터 경제전쟁을 과학기술 전쟁으로 이해하고 과학기술 개발을 위해 총력전을 전개했다. 온갖 욕을 얻어먹어 가며 정부 출연 연구기관을 통폐합했고, 가전업계의 숙원이었던 컬러TV 국내 시판과 컬러TV 방송을 개시했다. 과학기술 부문 5개년 계획을 수립하고 기술진흥확대회의를 신설했다.

TDX 전자교환기와 초고집적 반도체(4MD램) 개발, 국가기간전산망 사업 추진, 정보산업의 해 선포, 반도체산업 육성 지원, 서울올림픽 전산시스템 개발에 이르기까지 전두환 정부의 과학기술 지향점은 '기술 국산화'였다. 전두환은 회고록에서 기술 국산화 의미를 다음과 같이 설명했다.

"우리가 살아남기 위해서는 가능한 한 모든 역량과 수단 방법을 동원해 새 기술을 익히고 개발하는 길밖에 다른 도리가 없었다. 우리나라의 산업 기술은 모방 의존형에서 창조적인 연구개발로 들어가야 했다."

전두환 대통령은 자신의 재임 기간 내내 정부 주도하에 기술 국산화를 국가 프로젝트로 적극 추진했다. 필요한 연구개발 자금은 정부가 아낌없이 투자했고, 관련 기업의 적극적인 참여를 유도했으며, 정부 예산의 '선 집행-후 정산' 등 온갖 특혜와 지원을 아끼지 않았다. 기술 국산화를 위해 최적의 인재를 찾아내 일을 성취할 수 있도록 믿고 맡겼다. 과학기술에 대한 전두환 대통령의 철학과 가치관은 이것이었다.

"과학기술에 대해 내가 뭘 아나. 당신이 책임지고 잘해."

"내가 왜 과학기술 분야에 열의를 쏟고 있느냐. 오늘날의 세계는 경제 전쟁이고, 경제 전쟁은 과학기술 전쟁이기 때문입니다. 과학기술이 낙후된 나라는 아무리 몸부림쳐도 선진국에 종속되는 관계가 형성되지 않을 수 없어요. 오늘날 선진국들이 기술 쇄국정책을 쓰고 있는 여건에서 민족의 생존과 번영을 위해서는 과학기술 개발뿐입니다."

제3장

과학기술 대통령 전두환

1

전두환의 통치 1순위는 경제,
2순위는 과학기술

저명한 과학정책 연구가인 스티븐 데디에(Stevan Dedijer)는 개발도상국가에서 과학기술 발전은 국가원수가 선두에 서서 연구자들을 적극적으로 지원하지 않으면 도저히 그 목적을 달성하기 어렵다고 했다.[1] 특히 한국과 같은 대통령 중심제 국가에서는 대통령의 지도력이 국가 발전에 중요한 영향을 미친다.

현대의 기술혁신은 개인의 창조적 능력과 활동에 많이 의존해왔던 과거와는 달리 대부분이 대규모 연구개발 투자를 수반하는 조직적 연구개발 활동의 결과로 일어난다. 그 결과 연구개발 투자가 산업 성장과 생산성 증가에 미치는 영향이 한층 부각되고 있다.[2]

국가 생존을 위해서는 경쟁력 강화가 필요하고, 이를 위해서는 품질 개선이 생명이다. 품질 개선을 위해서는 독자적인 과학기술 발전이 불가피했다. 경제 전쟁은 과학기술 전쟁이다. 때문에 과학기술 발전을 견인하기 위한 연구개발 투자는 국가 생존과 직결된 문제로 중요성이 높아졌다.

---

1 최형섭, 『불이 꺼지지 않는 연구소-한국 과학기술 여명기 30년』, 조선일보사, 1995, 67쪽.
2 임상규, 「우리나라 과학기술행정체제의 진화에 관한 연구」, 중앙대 행정학과 박사학위 논문, 2006, 1쪽.

문제는 연구개발 투자는 기술혁신을 위한 투입 요소일 뿐, 기술혁신의 성과를 반영하는 지표가 될 수 없다. 때문에, 연구개발 투자의 증가가 반드시 그에 상응하는 기술혁신 성공 사례의 증가, 생산성 증대, 무역수지 증대 등을 유발하는 것은 아니다.[3]

경제전쟁, 기술 쇄국주의

과학은 인류의 지적 자산을 축적시켜나가는 공공재 성격이 강하면서 개인의 독창성에 크게 의존한다. 반면 기술은 인간의 삶의 편익 증진을 도모해줄 수 있는 실질적인 것이기 때문에 활용되지 않으면 무용지물이 된다. 이런 측면에서 서양에서는 과학정책과 기술정책이 분리되어 추진되고 있다. 반면에 우리나라에서는 과학기술이 경제 성장의 수단으로만 강조되어왔고, 그러다보니 과학기술정책 및 과학기술 행정체계가 경제성장 정책 및 체제에 종속되는 결과를 가져오게 되었다.[4]

한국의 과학기술은 1967년 박정희 정부가 '과학기술 장기종합계획' 수립을 통해 발전의 전기를 마련하게 되었다. 이 계획에 의거하여 과학기술진흥법이 제정되었고, 관련법에 의해 과학기술처가 출범했다. 하지만 자체 기술개발 능력이 부족했던 한국은 산업화에 필요한 기술을 해외에서 비싼 로열티를 지불하고 도입해야 했다. 또 선진국 기술을 모방하거나 개량하여 제품을 생산하여 해외에 수출하는 구조가 정착되었다.

한국은 중화학공업 건설 과정에서 선진국으로부터 다양한 기술을 도입하여 산업구조 고도화에 성공했다. 이로 인해 수입에 의존하던 분야를 국산으로 대체하고, 수출증대에 큰 도움을 받았다. 하지만 이미 보급된 기술

---

3   장진규·홍순기, 「연구개발과 기술도입의 경제효과 및 상호관계 분석」, 『기술경영경제학회지』 Vol2, No.1, 과학기술정책관리연구소, 1994, 242~255쪽.
4   임상규(2006), 2쪽.

을 도입하여 단순 조립 수출하는 수준에 머물러 있었다.

박 대통령 시해로 권력 공백 상태가 되었던 1980년대 초의 국제경제 환경은 그 어느 때보다 어렵고 힘들고 각박했다. 제2차 석유위기로 심각한 경기후퇴 현상에 직면하면서 선진국들이 보호주의를 대대적으로 강화한 덕분에 기술 쇄국주의가 만연했고, '경제전쟁'이란 용어가 일상어가 되다시피했다. 한국 같은 나라는 부존자원이 없어 수출을 해야 먹고 살 수 있는데, 선진국들이 그에 필요한 산업 기술을 통제하니 어려움이 가중될 수밖에 없었다.

기술만이 살 길이다

1980년 5월 말 출범한 국보위 경제과학분과위는 한국이 처한 과학기술 현황을 냉정하게 분석했다. 선진국은 부메랑 효과를 우려하여 고급 기술 이전을 극력 회피하고 있었다. 한국은 기술도입을 위해 막대한 로열티를 지불하고도 겨우 2류 기술을 얻어오는 수준이었다.

전두환 대통령이 관심을 기울인 제1순위는 경제, 2순위는 과학기술 발전이었다. 과학기술이 발전해야 경제도 발전하니 1·2순위는 연결된 과제였다. 그는 자신이 과학기술 분야에 큰 관심을 갖고 정열적으로 지원한 이유를 다음과 같이 회고했다.

"내가 왜 과학기술 분야에 열의를 쏟고 있느냐. 오늘날의 세계는 경제전쟁이고, 경제 전쟁은 과학기술 전쟁이기 때문입니다. 과학기술이 낙후된 나라는 아무리 몸부림쳐도 선진국에 종속되는 관계가 형성되지 않을 수 없어요. 오늘날 선진국들이 기술 쇄국정책을 쓰고 있는 여건에서 민족의 생존과 번영을 위해서는 과학기술 개발뿐입니다."[5]

---

5   김성익, 앞의 책, 116쪽.

경제 전쟁은 과학기술 전쟁이었다. 과학기술이 낙후된 나라는 아무리 몸부림쳐도 선진국에 종속될 수밖에 없는 것이 냉혹한 현실이다. 경제적 종속관계는 군사적, 정치적 종속관계보다 더 무섭다. 경제적 종속에서 벗어나려면 과학기술을 따라잡아야 한다.[6] 이런 바탕 위에서 전두환 대통령은 취임 초부터 '기술만이 살 길'이라고 외쳤다.

사회 정치적 혼란을 뚫고 출범한 제5공화국은 경제위기 해결을 최우선 과제로 설정하고, 해결 방안을 과학기술에서 찾았다. 박정희 대통령 시절인 1967년 정부는 '과학기술 장기종합계획'을 수립하여 과학기술진흥법을 만들고 과학기술처를 발족시킴으로써 과학기술 발전의 기틀을 마련했다. 하지만 1980년대 초 우리의 기술 수준은 선진국에 비해 크게 뒤져 있었다.[7]

가장 큰 문제는 투자재원의 부족이었다. 당시 한국은 국가 세입이 한정되어 있는데다가 국방비가 GNP의 6%를 차지하여 과학기술 분야에 대한 투자를 늘릴 수 있는 여력이 없었다. 그 결과 1982년 GNP 대비 연구개발 투자 비율은 미국이 2.5%, 일본·서독이 2% 정도인 데 비해 한국은 0.9%에 불과했다. 당장 시급하게 투입해야 할 분야가 너무 많아 과학이나 기술 개발 투자를 적극적으로 늘리기에는 한계가 있었다. 이런 현실에서 첨단기술을 스스로 개발할 수 있는 능력의 확보는 요원한 꿈이었다.

현실주의자였던 전두환은 두 방향에서 해결책을 모색했다. 첫째, 0.9%에 불과한 과학기술 분야 투자율을 2%까지 끌어올려 1986년에는 1980년에 비해 6배 이상인 1조 9천억 원을 과학기술 분야에 투입하기로 했다. 둘째, 과학기술 투자를 민간 주도로 유도한다는 전략을 세웠다. 1980년 민

---

6   전두환 회고록(2), 앞의 책, 204쪽.
7   전두환 회고록(2), 앞의 책, 205쪽.

간 분야에서 매출액 대비 0.47%에 불과했던 과학기술 투자를 1985년에는 1.3% 수준인 9,380억 원으로 늘리기로 했다.[8]

투자 여력이 부족한 중소기업의 참여를 이끌어내기 위해 정부는 기술개발 준비금 제도를 만들어 지원했다. 그중 대표적인 것이 조세 면에서의 지원이었다. 주로 소득 및 세액공제에 의해 기업체의 기술개발 참여를 유도하는 방법이었다.

국보위의 과학기술 분야 개혁 구상

5공의 과학기술 정책은 박정희 정부의 연속선상에 있으면서도 새로운 측면을 포함하고 있었다. 그 출발은 1980년 5월 말 출범한 국보위 시절로 거슬러 올라간다. 국보위에서 과학기술 분야를 담당한 경제과학분과위원회의 위원장은 전두환 국보위 상임위원장의 경제 가정교사로 선정된 김재익이었다. 위원으로는 최상진 대령, 오관치 국방관리연구원장(육군 중령), 윤덕용 한국과학원 교수, 김안제 서울대 환경대학원 교수, 조경목 과학기술처 원자력안전국장, 유갑수 국민대 경제학과 교수 등 위원 6명과 홍병유·양수길 박사 등 전문위원 2명 및 행정요원 선일봉 씨 등 9명으로 구성되었다.[9]

위원장을 비롯하여 대부분의 위원들은 40대 초반의 군부 인사와 행정부, 학계 인사로 구성되었다. 이들은 박정희 정부의 과학기술 정책 기반을 바탕으로 문제점 분석에 나섰다. 조사 결과 1970년대 중반부터 각 부처별로 경쟁적으로 연구소를 설치하는 과정에서 여러 문제점이 노출되었다. 총 19개에 달하는 과학기술계 정부출연 연구소의 주무부처는 과기처 7개, 상

---

8   전두환 회고록(2), 앞의 책, 206쪽.
9   이현덕, 「과학기술이 미래다(78), 제7차 한국과학기술자 종합학술대회」, 전자신문, 2023년 2월 15일.

공부 4개, 동력자원부 3개, 전매청 2개, 국방부·체신부·공업진흥청이 각각 1개로 제각각 분산되어 있었다.[10]

정부출연 연구기관은 국제 경쟁을 할 수 있는 규모가 되어야 하지만, 국내 모든 출연 연구기관을 합쳐도 외국의 웬만한 연구소 하나의 규모에도 못 미쳤다. 게다가 연구소마다 높은 벽을 쌓고 있어 학제 간 연구는 말할 것도 없고 국가적 규모의 큰 프로젝트도 할 수 없는 형편이었다.[11] 국보위 경제과학분과위원회는 정부출연 연구소의 문제점을 분석하여 다음과 같은 보고서를 작성했다.

첫째, 연구 인력, 시설 및 투자 규모에 비해 단위 연구기관 수가 너무 많아 적정규모에 미치지 못해 투자 효율이 낮다.

둘째, 단위 연구기관이 늘면서 각 기관마다 관리직이 필요하게 되어 연구 능력이 떨어지고 연구직이 관리직으로 빠지는 폐단이 생겼다.

셋째, 여러 연구기관이 신설되어 그 기능과 연구 분야가 서로 비슷한 것이 많아 중복연구를 하는 일이 있고, 또 연구 수탁이나 예산 확보를 위해 연구기관 간에 지나친 경쟁을 하는 현상이 일고 있다.

넷째, 연구기관의 주무 부처가 여러 곳에 걸쳐 있고, 또 연구기관 간 협조가 부족해 연구 인력과 기술정보가 잘 교류되지 않을 뿐 아니라 시설을 공동으로 활용하기도 어려워 연구 효율이 떨어졌다.

다섯째, 국가적 차원에서 보는 연구과제의 선정, 투자 배분, 연구 결과의 평가와 활용 등 전체 연구개발 사업에 대한 종합조정·관리가 되어 있지 않아 연구 투자를 효율화하기 어렵다.[12]

---

10 임상규, 2006, 97~101쪽.

11 현원복, 『대통령과 과학기술-한국 역대 대통령의 과학기술 리더십』, 과학사랑, 2005, 187쪽.

12 임상규, 2006, 101~102쪽.

이공계 연구기관 통합 추진

결론은 정부출연 연구기관은 10여 년간 정부의 막대한 투자에도 불구하고 기대했던 만큼의 성과를 거두지 못했으니, 연구개발 투자 효율과 연구 능률 극대화를 위해 이공계 연구기관을 통합·조정해야 한다고 결론 내렸다. 이를 위해 다음과 같은 5대 세부 추진 방침을 결정했다.[13]

첫째, 7개 정부 부처가 운영하던 19개 정부출연 연구기관을 통합해서 간접지원경비를 줄이고, 연구개발비 비중을 높인다.

둘째, 정부출연 연구기관을 과학기술처 산하로 이관하여 연구개발 종합 조정기능을 강화한다.

셋째, 민간기업 부설 연구소의 설립을 적극 장려하고, 이의 지원을 위해 기술개발촉진법을 개정·보완하고 연구원에게 병역특혜를 준다.

넷째, 한국과학기술연구소(KIST)와 한국과학원(KAIS)을 통합하여 한국과학기술원(KAIST)을 출범시킨다.

다섯째, 정부와 산학연 협동 연구개발 체제를 공고화하고, 연구개발을 위해 정부가 매년 200억 원 규모의 연구개발비를 투입한다.

이를 추진하여 성과를 내는 임무는 5공 정부의 청와대 경제비서실로 넘어갔다. 전두환 대통령은 국보위 경제과학분과위원장으로 활동했던 김재익을 경제수석비서관으로 임명했다. 경제비서실은 금융, 재경, 산업, 자원, 국토개발, 과학기술을 관장하는 여섯 개의 비서관실을 갖추고 있었다. 이 중 과학기술 업무를 담당하는 과학기술 비서관실은 국보위에서 활동했던 오명 비서관, 홍성원 연구관, 정홍식 서기관 등으로 구성됐다. 이들은 과학기술처 외에도 체신부, 상공부, 방위산업 관련 업무를 관장했다.[14]

---

13 이현덕, 「과학기술이 미래다(78)」 전자신문, 2023년 2월 15일.

14 유상운, 「국가연구개발사업의 시행과 전개-반도체 개발 컨소시엄을 중심으로, 1980-2010」, 서울대학교 대학원 박사학위 논문, 2019, 26~27쪽.

전두환 대통령은 취임 초부터 경제수석의 조언을 받아 기술진흥 중심의 국가발전 전략을 수립하고 "기술만이 살길"이라며 과학기술 개발을 위한 국가 총력전을 선언했다. 그가 과학기술 분야에 큰 관심을 가진 것은 대구공고 기계과 출신인 데다가, 이공계 위주로 학사 일정이 구성된 육사 교육 덕분이었다.

청와대 과학기술 비서관실 구성원은 그 배경에 있어 독특하고도 공통적인 특징을 지니고 있었다. 새 정부의 초대 과학기술처 장관으로 취임한 이정오는 육사를 졸업(13기)하고 미국 터프츠대에서 기계공학 박사학위를 받았다. 청와대의 오명 비서관도 육사 출신(18기)으로 서울대 전자공학과, 뉴욕주립대 스토니브룩대학교 전자공학 박사 출신이다.

홍성원 연구관도 육사를 졸업(23기)하고 1년 동안 전방 소대장으로 근무한 후 미국 유타대에서 석사, 콜로라도대 대학원에서 전자공학 박사학위를 받았다. 이들은 공학박사학위를 받은 뒤 1970년대에 국방과학연구소(ADD)에서 연구 활동을 수행한 경험이 있다는 공통점이 있었다.[15]

국방과학연구소(ADD) 운영방식 도입

새로 구성된 청와대 과학기술비서관실은 기존의 국내 연구개발 체제가 예산의 투입에도 불구하고 제대로 된 프로젝트 기획력도 없고, 예산을 투입한 후 프로젝트가 제대로 추진되는지를 추적하는 관리 체제도 제대로 구축되어 있지 않다고 보았다.[16]

군 출신으로 구성된 과학기술비서관실은 자신들이 근무했던 ADD를 연구개발의 지향점으로 바라보았다. 즉, 목표가 주어지면 국내 개발이든,

15 정홍식, 앞의 책, 383쪽.
16 과학기술부, 『70-90년대 주요 과학기술정책이 과학기술발전과 산업발전에 기여한 성과 조사 분석』, 과학기술부, 2007, 209쪽.

기술 도입이든, 리버스 엔지니어링(reverse engineering, 역설계 방식)이든 수단 방법 가리지 않고 어떻게든 짜맞춰 결과를 내놓는다. 뿐만 아니라 실제 생산으로 연결되어 실전에서 평가되고, 그 피드백이 연구소로 되돌아오는 시스템으로 바뀌어야 한다는 생각이 지배적이었다.

1980년 11월 13일 이정오 과기처 장관은 '연구개발 체제 정비와 운영 개선안'을 발표했다. 주요 내용은 국내 연구기관의 수가 과도하게 많아 국내 전체 연구개발 활동에 대한 종합적인 조정이 미비하고, 이로 인해 예산 투입 대비 성과의 효율이 저하되고 있다는 것이었다. 이를 해결하기 위해 정부 각 부처 산하의 19개 기관 중 국방과학연구소(ADD), 한국과학기술정보센터, 한국과학재단 등 3개 기관을 제외한 16개 연구기관을 8개 기관으로 통합·개편하여 과기처 산하로 일원화했다.

이로써 과기처는 상공부·동자부·체신부 등 각 부처가 독립적으로 수행하고 있던 연구개발 기능을 모두 관할하게 되었고, 과학기술정책의 계획과 조정, 산업기술개발을 포함한 전 영역에서 집행기능을 독점적으로 수행하게 되었다.[17]

연구기관 통합의 부작용

5공 출범 직후의 정부출연연구소 통폐합 및 운영체제 개편은 정부출연연구소의 내실을 다지는 계기가 되었다는 평가를 받았다. 하지만 너무 외형적이고 이론적 측면에 기초한 결과 여러 가지 문제점이 노출되었다. 특히 강압적인 통폐합이 추진되면서 연구원들의 소속이 바뀌거나 정든 직장을 떠나는 등 과학기술계가 안정감을 상실하여 큰 애로를 겪게 된다.

특히 설립 이래 국내 연구체제에서 중심적 역할을 수행했던 한국과학기

---

17   김용훈·윤지웅, 「과학기술행정체제의 변화와 정합성」, 『행정논총』 제46권 4호, 2008, 184쪽.

제5공화국의 정부출연 연구소 통폐합 내용

개편 전	개편 후
한국과학기술연구소(과기처) (부설) 해양개발연구소	한국과학기술원(부설) 해양연구소
한국과학원(과기처)	
한국원자력연구소(과기처)	한국에너지연구소
한국핵연료개발공단(과기처)	
한국종합에너지연구소(동자부)	한국동력자원연구소
자원개발연구소(동자부)	
한국표준연구소(공업진흥청)	한국표준연구소
한국기계금속시험연구소(상공부)	한국기계연구소
한국선박연구소(사공부)	
한국전자기술연구소(상공부)	한국전자기술연구소
한국전기기기시험연구소(동자부)	한국전기통신연구소
한국통신기술연구소(체신부)	
한국화학연구소(상공부)	한국화학연구소
고려인삼연구소(전매청)	한국인삼·연초연구소
한국연초연구소(전매청)	

출처: 김영우 외 지음, 『한국 과학기술정책 50년의 발자취』, 과학기술정책관리연구소, 1997.

술연구소(KIST)와 교육기관인 한국과학원을 통합하여 1981년 한국과학기술원(KAIST)으로 개편된 것은 과학기술자들에겐 일종의 충격으로 받아들여졌다.

키스트(KIST)로 불린 한국과학기술연구소는 박정희 정부 시절 한국군의 베트남 추가 파병 과정에서 미국의 지원으로 설립한 대한민국 과학기술의 산실이라는 상징성이 있는 기관이었다. 박 대통령은 KIST를 명실상부한 과학기술 연구소로 만들기 위해 모든 노력을 기울였다. 특히 해외 유명 연구소에서 일하던 30여 명의 한국인 과학기술 인재들이 안락한 생활과 보장된 지위를 버리고 선뜻 참여하여 아시아에서 손꼽히는 연구소로 발돋움했다.[18]

5공 정부가 이처럼 상징성 강한 KIST를 한국과학원과 통합한 이유는 교육과 연구의 연계를 통해 기초연구와 질 좋은 고급 과학기술 인력을 양성하기 위해서였다. 뜻은 좋았는지 모르나 시행 과정에서 KIST 출신 주요 인사들이 퇴진하는 등 무리한 통폐합으로 큰 후유증을 남겼다. 결국 노태우 정부 시절인 1989년 1월 16일, 본래의 두 기관으로 다시 분리 독립하게 되었다. 10년 가까운 세월 동안 강제 통폐합의 어수선한 분위기에서 많은 연구원들은 일손을 놓았고, 연구소를 떠난 연구 인력도 적지 않았다.[19]

전 대통령이 여러 무리수에도 불구하고 연구소 통폐합을 추진한 이유는 그가 1987년 1월 5일 김성익 통치사료담당 비서관에게 한 다음과 같은 발언을 통해 엿볼 수 있다.

"대통령이 되고 나서 보고를 들어보니 나라 경제가 1년이 아니라 몇 달도 못 가게 돼 있었어. 그때 결심한 게 물가를 잡아야겠다는 것이었다. 그다음 배운 게 생산성 향상, 품질관리, 기술개발이었다. 그래서 과기처를 강화하고 모든 연구소가 흩어진 것을 과기처로 흡수시켜 일원화시켰다. 과학기술 진흥회의는 내가 위원장을 맡다시피했다."[20]

물건 만드는 기술에 남다른 관심

전두환은 회고록에서 자신은 공업 제품이나 물건 만드는 기술에 남다

---

18 「"100년 걸려도 과학기술 토양 다져야" 박정희 설득, KIST 세워」, 중앙선데이, 2023년 10월 7일.
19 현원복, 앞의 책, 37~38쪽.
20 김성익, 앞의 책, 282~283쪽.

른 관심이 있었다고 한다. 1983년 일본을 다녀온 주부 관광단이 일본에서 일제 밥솥을 하나씩 구입하여 귀국한 사실이 언론에 보도되었다. 이를 본 전두환 대통령은 경제과학비서관실에 "6개월 내에 일제 밥솥과 동등한 수준의 국산 밥솥을 개발하라"라고 지시했다.

정부 연구기관이 피나는 노력을 하여 6개월 후 일제 못지않은 밥솥 기술을 개발했고, 관련 기술을 국내 중소기업에 이전하여 생산에 돌입했다. 이로써 일제 밥솥을 사들고 귀국하는 행렬이 사라졌다. 국산 밥솥 개발로 자신감을 얻은 전 대통령은 우리가 선진국 과학기술을 따라잡기 위해서는 모든 역량과 수단을 동원하여 독자 기술을 개발하는 것 외에는 방법이 없다는 사실을 절감했다.

전두환은 밥솥에 이어 손톱깎이, 면도기, 칫솔, 넥타이핀, 라이터, 만년 필, 안경테 등 생필품 100개 품목에 대한 품질향상 전략을 지시했다. 이와 관련한 전두환의 증언이다.

"내가 대통령이 됐을 때 면도칼로 손톱을 깎았어요. 김동휘 상공 장관이 외국 출장을 갈 때 내가 손톱깎이를 선물로 사오라고 했어요. 그걸 국산품으로 만들어내라고 공업진흥청에 주어서 6개월이 되어서 국산 손톱깎이가 좋은 게 나왔습니다. 1년도 안 되어 수출도 했어요."[21]

이런 대통령의 노력 덕분에 한국의 생필품이 세계 최고 수준으로 도약하여 세계 시장을 석권하게 되었다.

그는 재임 중 일본을 따라잡기 위해 비장한 각오를 수없이 밝혔다. 특히 일본과의 무역과 관련하여 "우리 경제의 전체 무역 역조에서 72%를 일본에 지고 있으니, 이런 피를 토할 일이 어디 있나"라며 가슴 아파했다.[22]

---

21 김성익, 앞의 책, 605쪽.
22 김성익, 앞의 책, 145쪽.

대일 무역역조 타개 노력

전 대통령은 1981년부터 지속적으로 대일(對日) 경제 독립을 주창했다. 우리가 일본으로부터 해방된 것은 사실이지만, 그로부터 40여 년간 경제와 산업 구조가 일본에 예속되어 있다고 보았다. 특히 한국의 산업에 필수적인 중간 소재를 60% 이상 일본의 수입에 의존하고 있는 것은 보통 문제가 아니라고 보았다.

5공 출범 후 처음 한일 각료 회담이 열렸을 때 다나카 로쿠스케(田中六助) 통상산업 대신이 "한국이 일본에 자꾸 무역적자 이야기를 하는데, 한국이 일본에서 물건 안 사가면 되지 않느냐"라고 발언했다. 자존심이 상한 전두환 대통령은 대일 무역 역조를 시정하기 위해 신병현 부총리에게 우리가 일본 부품을 구입하지 않을 때 우리가 받을 영향에 대한 연구를 시켰다. 그 결과 우리 산업이 3개월을 넘기지 못하고 대부분의 공장 문을 닫아야 한다는 사실이 밝혀졌다. 충격을 받은 전두환은 이때부터 과학기술 개발에 전력투구하게 된다.[23]

대일 무역 역조 현상을 타개하기 위해서는 과학기술 개발이 최선이라는 전두환 대통령의 속마음을 엿볼 수 있는 발언이 1986년 12월 17일, 청와대에서 열린 기술진흥심의회에서 행한 발언이었다. 일부 내용을 소개한다.

"기술을 보유하지 못한 나라는 결국 주종관계, 상하관계로 종속이 됩니다. 학생들이 말하는 식민지라는 표현이 지나친 말이 아니라고 나는 봐요. 경제적 종속관계가 과거 군사적, 정치적 종속관계보다 더 무서워요. 그 것은 과학기술이 좌우해요. 우리가 금년(1986년) 미국과의 무역에서 70억

---

23 김성익, 앞의 책, 145쪽.

달러 흑자를 냈는데, 일본에는 60억 달러의 적자를 내게 돼 있었어요. 금년 중반기부터 정부와 기업이 노력해서 7억 달러를 개선해서 53억 달러 내지 54억 달러로 (축소)될 겁니다. 미국 사람한테 벌어서 고스란히 일본에다 갖다 바치는 겁니다. 산업 구조가 일본에 예속돼 있는 거나 마찬가지예요. GNP의 10%인 60억 달러를 적자로 갖다 바치는 꼴입니다. (무역수지) 흑자가 나서 내가 기분이 좋은데 일본에 진 적자를 생각하면 내가 굉장히 불쾌해요."[24]

전두환 대통령은 과학기술 진흥을 위해 육사 출신의 이정오(13기)·김성진(11기)을 과기처 장관에 임명하고 이들을 전폭적으로 신임하고 아낌없이 지원했다. 그 결과 정부 부처에서 하위 서열에 있던 과학기술처의 과학기술 정책에 힘이 실리기 시작했다. 이정오 장관은 과학자들의 사기 진작을 위해 대통령에게 특별히 요청하여 여러 차례 대통령이 주재하는 과학자를 위한 오찬을 베풀었다.

전 대통령은 매년 4월 21일을 과학의 날로 정했고, 그 전후 일주일을 과학 주간으로 설정했다. 과학 주간에는 지역별로 과학기술 강연회, 과학영화 상영, 전문가 초빙 학술발표회, 세미나, 워크숍, 심포지엄 등 각종 행사를 개최했다.

정부 예산으로 기술개발 지원, 특정연구개발사업

1980년대 세계의 기술개발 동향은 컴퓨터를 주축으로 전개되는 고도 정보화 사회에서 통신과 교통혁명, 사무자동화와 로봇에 의한 무인자동화 공장, 유전자공학, 신소재 개발 등 기술·정보 집약적 산업을 중심으로 산

---

24 김성익, 앞의 책, 275쪽.

업구조가 변화되기 시작했다.[25]

청와대는 선진국들의 과학기술 정책을 분석한 결과 정부가 자금을 지원하여 핵심기술을 개발하는 국책연구개발사업을 활발하게 추진하여 큰 성과를 거둔 사실을 알게 되었다. 예를 들면 미국은 우주왕복선을 이용한 우주화물 수송, 우주정거장 건설, 우주왕복선 발사, 우주전쟁 체제 구축을 위한 별들의 전쟁(SDI, Strategic Defence Initiative) 계획 등을 국가가 주도하여 추진했다.

일본도 제1차 석유위기를 겪은 후 에너지 위기에 대응하여 신에너지 기술 개발을 목표로 1974년부터 정부 지원을 받아 선사인 계획(Sunshine Project)을 추진했다. 산학연이 협력하여 태양열, 지열, 수소 에너지 등 다양한 대체 에너지 개발과 에너지 절약 기술 연구가 핵심이었다. 1978년에는 에너지 효율성을 높이기 위한 문라이트 계획(Moonlight Project)을 추진했다.

정부출연연구소 통폐합이 마무리되자 5공의 과학기술처는 외국의 정부 지원 개발사업 사례를 벤치마킹하여 핵심 산업기술을 국가가 주도하여 중점 개발하는 프로젝트를 내놓았다. 즉, 국가 발전을 위해 전략적으로 개발해야 할 중점 기술 분야와, 민간 단독으로 개발하기 어려운 산업기술 분야를 선정, 정부출연연구소를 비롯해 대학·기업·연구소 및 산업기술연구조합, 국공립 연구기관이 상호 긴밀히 협동하는 범국가적 연구개발 체제다.[26]

특정연구개발사업으로 명명된 이 프로젝트는 "과학기술과 산업기술 고도화를 위해 정부가 대규모 연구비를 직접 지원한 최초의 국가 연구개발사업으로, 중장기 과학기술 발전계획과 전략에 따라 선진국과의 기술 격차

---

25 전국경제인연합회 편, 『한국경제정책 40년사』, 전국경제인연합회, 1986, 819~823쪽.
26 경향신문사(3), 앞의 책, 336쪽.

를 단시일 내에 단축하기 위한 목표 지향적 연구개발 사업"이었다.[27]

이정오 과기처 장관은 "우리와 같은 중진 국가가 정보화 사회를 향한 기술혁신을 이루어내기 위해서는 선진국의 과학기술 발전 과정을 그대로 적용할 것이 아니라, 우리의 여건을 감안하여 독특한 한국적 기술개발 전략을 추구할 필요가 있다"고 밝혔다. 이것이 특정연구개발사업으로 표출된 것이다.

흥미로운 사실은 과기처가 내놓은 특정연구개발사업 추진 체계는 박정희 정부 시절인 1972년 ADD가 수립한 '병기개발 계통도'를 거의 그대로 도입한 것이다. 미 국방부는 한국의 방위산업에 필요한 무기 개발을 지원하기 위해 특별 프로그램을 준비했다. 1972년 1월 7일, 국방부 산하 조직인 고등연구계획처(ARPA)의 클라이드 하딘(Clyde D. Hardin)을 단장으로 하는 기술지원단을 ADD에 파견했다.

파견요원 중 하딘은 전자전 분야 전문가였고, 총포·탄약 전문가인 얼릭(Ulrich), 항법·사격통제장치 전문가인 가드너(Gardner), 기동장비 및 로켓 전문가인 샌즈(Sands), 전자·통신 전문가인 앤델(Andel) 등이 포함되어 있었다. 하딘 팀은 6개월에서 길게는 2년까지 ADD에 상주하면서 각종 병기의 설계 도면을 포함한 기술 자료를 ADD에 제공했다.[28] 뿐만 아니라 미 국방부가 운영하는 무기 개발 관리 체계인 순기관리제도(life cycle management)를 ADD에 전수했다.[29]

미국식 순기관리제도 벤치마킹

이 방법은 병기 생산은 최신의 고도 기술을 요하므로 군·산업체·과학

---

27 과학기술부a, 『특정연구개발사업 20년사』, 과학기술부, 2003, 18쪽.

28 안동만·김병교·조태환, 『백곰, 도전과 승리의 기록』, 플래닛미디어, 2017, 115쪽.

29 유상운, 2019, 35쪽.

계의 총력화로 기술을 개발하며, ADD는 시제 개발에 전념하고, 생산품의 규격 및 성능검사를 철저히 하며, 검사의 최종 책임을 진다. ADD가 시제 품을 개발하면 산업체들이 제조하는 모든 부품의 각 공정에 대해 공대를 졸업한 ADD의 기술 장교들이 검사를 시행하고 품질보증까지 하는 방식이 었다.[30]

특정연구개발사업은 국가발전에 필요한 핵심 산업 기술을 선정한 다음, 정부·기업·연구소의 과학자, 기술자들이 합동으로 미국식 순기관리제도를 바탕으로 한 연구개발 관리를 통해 빠른 시간 내에 첨단기술을 개발하여 선진국을 따라잡기 위한 '독특한 한국적 기술개발 전략'이었다.

5공 정부는 특정연구개발사업을 통해 국가산업 전반의 경쟁력을 높이기 위해 1982년부터 1986년까지 5년간 총 2,301억 원을 투입했다. 이 사업에 연 803개 기업이 참여했으며, 동원된 연구원 수는 1만 7천 명에 달했다.[31] 1987년의 경우 특정연구개발사업에 연구비 1,050억 원(정부 550억 원, 민간 500억 원)이 투입되었다.

특정연구개발사업 연도별 지원 현황

	1982	1983	1984	1985	1986	계
연구비(억원)	187	360	325	442	987	2,301
정부	138	220	220	300	517	1,395
민간	54	140	105	142	470	911
수행과제수(건)	125	182	255	481	608	1,651
참여기업(사)	86	131	134	212	240	803
참여연구원(명)	2,263	3,232	3,252	3,900	4,500	17,147

출처: 경향신문사, 『실록 제5공화국─(3)복지·과학기술편』, 경향신문사, 1987, 337쪽.

---

30 오원철, 『한국형 경제건설: 엔지니어링 어프로치(5)』, 기아경제연구소, 1996, 122~126쪽.
31 경향신문사(3), 앞의 책, 337쪽.

당시까지만 해도 과학기술처 예산은 전년도 예산 항목을 바탕으로 하여 액수를 조금씩 늘려나가는 것이 고작이었다. 과기처가 아무리 목표가 뚜렷하고, 명분이 좋으며, 타당성이 뛰어난 사업계획을 작성해도 예산 당국을 설득하여 신규 사업 예산을 따내는 것은 거의 불가능했다. 하지만 국가원수인 전두환 대통령의 각별한 관심과 배려로 특정 분야 연구 개발을 위해 거액의 국가 예산을 확보한 것은 대단한 성과였다.[32]

물건 잘 만들어야 경제 잘 돌아가

전두환의 과학기술 개발에 대한 이론은 단순하고 간단했다. "경제학 박사가 많아서 경제가 잘 되는 게 아니라, 좋은 물건을 잘 만들어야 경제가 잘 돌아간다. 제품을 만드는 기술, 기술자와 기능공이 많아야 한다"[33]는 것이었다. 결국 5공의 작동 원리는 "경제가 우선"이고, "경제를 위해서는 과학기술 개발을 위한 투자가 최우선"으로 정리됐다. 과학기술개발 투자에 대한 전두환 대통령의 의지는 1986년 12월 17일 기술진흥심의회에서 행한 다음 발언에서 그 진면목을 엿볼 수 있다.

"우리는 앞으로 국방비 다음으로 기술개발비가 많아져야 돼요. 적어도 GNP의 5%가 되어야 합니다. GNP 1천억 달러의 5%라고 해야 연 50억 달러인데, 일본은 GNP 21조에 2.5%이니 500억 달러, 미국은 GNP 4조 달러에 3%이니 1,00억 달러입니다. 우리가 1991년에는 최소한 GNP의 2.5% 이상을 넣어야(투자해야) 됩니다. 우리 국력이 강해지는 길이 이 길밖에 없어요. 전략적으로 추구해야 할 방향이 과학기술 분야입니다. 경제기획원은 정부 500억, 민간 550억을 내기로 한 특정개발분야 투자에 한 톨이라도 더

---

32 현원복, 앞의 책, 202쪽.
33 김성익, 앞의 책, 280쪽.

많이 예산을 주시오."[34]

이러한 국가원수의 각별한 배려에 힘입어 5공 정부는 특정연구개발사업을 통해 TDX 전자교환기, 4MD램 반도체, 기계류·부품·소재 및 산업기반기술 등 10대 과제를 독자 개발하는 데 성공했다. 산·학·연 합동으로 개발한 첨단기술은 관련 기업에 이전하여 제품화했다. 국가연구개발사업은 1982년 과기처가 최초로 시행한 이후 기타 부처들로 급속히 확산되면서 현재 국가 과학기술 정책의 핵심 요소로 자리 잡았다.[35]

이로써 국가가 특정한 목적의 핵심기술 개발을 위해 대규모의 연구개발비를 투입하여 산·학·연의 공동개발 추진 방식은 한국 과학기술 연구개발의 독특한 양상으로 자리 잡았다.[36] 제5공화국에서 6공화국까지의 연구개발정책을 개괄한 캠벨(Joel R. Campbell)은 1982년 최초로 시행된 국가연구개발사업을 "과학기술정책의 혁신"이라고 평가했다.[37]

특정연구개발사업은 우리나라 연구개발 시스템의 선진화에 선도적 역할을 담당했다는 점에서 큰 의의를 찾을 수 있다. 이 사업은 1987년에 수립된 공업기반기술개발사업, 1988년의 대체에너지기술개발사업, 1990년대의 정보통신연구개발사업, 환경기술개발사업, 보건의료기술개발사업, 건설기술개발사업, 농업기술개발사업 등과 같은 부처별 국가연구개발사업으로 확산됐다.[38]

---

34 김성익, 앞의 책, 275쪽.

35 유상운, 2019, 3쪽.

36 문만용,『한국 과학기술 연구체제의 진화』, 들녘, 2017, 251~259쪽.

37 유상운, 2019, 7쪽.

38 홍성주·송위진,『현대한국의 과학기술 정책』, 들녘, 2017, 125~136쪽.

수치에 대단히 민감했던 전두환 대통령

청와대 과학기술보좌관 출신인 오명은 청와대 근무 시절 참으로 일하기 편했다고 회고했다. 이유는 전두환 대통령의 강력한 리더십 덕분이었다고 한다. 전 대통령은 과학기술에 엄청난 관심을 가졌고, 과학기술 발전을 위해 파격적인 뒷받침을 해주었다. 그는 거시적 시야를 가진 합리적 인물이었다. 비서관들과 대화를 하다가 비서관이 합리적 이론에 근거하여 소신 있게 설명하면 생각을 바꾸었다. 비서관이 대통령 의견을 반박해도 전혀 문제 삼지 않았다는 것이다.

덕분에 비서관들은 자신의 생각이 옳다고 생각하면 대통령을 설득하여 업무를 추진했다. 전두환 대통령은 기억력이 비상하여 업무보고 도중 전에 했던 보고와 내용이 다르면 "한 달 전 보고와 왜 다른가" 하며 정확하게 지적했다. 특히 대통령에게 수치와 관련된 내용을 설렁설렁 보고하다간 큰 낭패를 당했다.

2

박정희는 수출진흥회의, 전두환은 기술진흥확대회의

전두환 대통령은 과학기술 발전을 위해서는 이공계 인재 양성이 필수적이라고 보았다. 이를 위해 박사급 과학자, 공학자를 조기 발굴하여 최고 인재로 양성하기 위한 과학영재 교육기관 설립을 추진했다. 전 대통령은 1982년 11월 29일, "최신 첨단기술 분야의 고등 교육기관 설립을 검토하라"고 지시했다.

대통령의 특명에 의해 1985년 6월 대전 대덕연구단지에 한국과학기술대학(KIT)이 설립되었고, 대구공고 3년 선배인 최순달을 학장으로 임명했다. '대한민국 우주개발의 아버지'로 추앙받는 최순달은 대구공고와 서울대 전기공학과를 졸업하고 미국 유학을 떠나 버클리대(Univ. of California at Berkeley)에서 전기공학 학사·석사학위를 받았고, 스탠퍼드대학에서 전기공학 박사학위를 취득했다. 이후 1969년 7월부터 1976년 1월까지 미국 항공우주국(NASA) 제트추진연구소(JPL, Jet Propulsion Laboratory)에서 우주선 통신장치 개발 책임자로 근무하며 인공위성 개발에 필요한 지식을 축적했다.

1976년 귀국하여 금성사 중앙연구소 초대 소장을 역임했고, 전 대통령은 그를 훗날 TDX 전자교환기 국산화 개발을 담당하게 될 한국전기통신

연구소(현 ETRI) 초대 소장, 제32대 체신부 장관에 이어 1985년 한국과학기술대학 초대 학장에 임명한다.

영재교육기관으로 출범한 한국과학기술대학은 일반고·과학고·공고 출신 중 학력고사를 거치지 않고 특차전형을 실시했고, 학교장의 추천을 받은 수학·과학 성적이 뛰어난 상위 10% 이내 학생을 대상으로 입학생을 선발했다. 학부는 자연과학부(120명), 전자전산학부(180명), 기계재료공학부(120명), 기술공학부(120명) 등 4개 학부에 모두 540명을 모집키로 했다. 특히 국내 최초로 능력에 따라 대학을 졸업하는 무학년 무학급제를 도입한 것이 특징이었다.[39]

"노벨상 수상 과학자 모셔오라"

한국과학기술대학이 한창 신입생 모집에 열을 올리던 1985년 8월 어느 날, 전 대통령이 최순달 학장을 청와대로 불러 외국의 저명한 노벨상 수상 과학자를 대학 부학장으로 초빙하라는 명을 내렸다. 학생도 없고, 무명 신설 대학 부학장에 노벨상 수상 과학자를 모셔오는 것은 쉽지 않은 일이었다. 하지만 대통령의 엄명이니 어쩌겠는가.

최 학장은 미국 출장을 가서 명문 이공계 대학을 다니며 살피던 중 물리학 연구 장비인 거품상자(bubble chamber) 발명으로 32세에 노벨 물리학상을 수상한 버클리대의 물리학자이자 신경생물학자 도널드 글레이저(Donald Arthur Glaser) 박사를 초빙하는 데 성공했다. 글레이저가 발명한 거품상자는 새로운 입자의 생성, 전이, 소멸 등의 과정을 직접 관찰할 수 있게 하는 등 핵물리학 분야를 비롯하여 현대 물리학의 발전에 기여했다. 글레이저 박사는 1985년 10월 1일 한국과학기술대학 초청으로 한국을 방

---

39 이현덕, 「과학기술이 미래다(88)-과학영재 교육시대 개막」, 전자신문, 2023년 5월 3일.

문, 특별강연을 했다.

한국과학기술대학은 1986년 3월 3일 오후 충남 대덕연구단지 내 한국 과학기술대학 대강당에서 제1회 입학식을 가졌다. 한국에서 본격적인 과 학영재 교육시대가 개막된 것이다. 이날 노벨상 수상자 글레이저 박사는 입학생들을 위해 축사를 했다. 노벨상 수상자의 축사는 입학생들에게 큰 자긍심을 심어주었다.[40] 노태우 정부 시절인 1989년 한국과학기술대학은 한국과학기술원 과학기술대학으로 명칭이 변경되어 KAIST와 통합되었다.

"과학기술에 GNP의 2% 투입하라"

학계에서는 역대 대통령의 과학기술 리더십을 분석하면서 박정희의 과 학기술 정책 리더십에 대해서는 상당히 긍정적으로 평가하는 반면, 전두 환에 대해서는 부정적 평가일색이다.[41] 하지만 '역사적 사실(historical fact)' 은 학자들의 평가와는 크게 다르다.

전두환 대통령이 과학기술 분야에 끼친 결정적인 업적은 한두 가지가 아니다. 그중에서도 가장 중요한 업적은 기술진흥확대회의 신설, 정보통신 산업 육성 두 가지를 꼽을 수 있다. 이 두 가지는 한국의 정보화 시대 개막 의 출발점이 되었기에 과학기술 분야에 대한 전두환의 역할과 노력은 재 평가되어야 한다.

제5공화국의 과학기술 정책을 연구한 학자들은 기술 드라이브 정책과 기술진흥확대회의를 핵심으로 꼽는다. 그렇다면 이 정책이 언제, 어떻게, 왜 추진되었을까?

대한민국 정부 수립 이후 전두환 정부에서 처음 시작된 야심작인 기술

---

40 이현덕, 「과학기술이 미래다(88)」, 전자신문, 2023년 5월 3일.

41 함성득·양다승, 「한국 대통령의 과학기술 리더십 연구: 민주화 이전과 이후의 비교론적 관점 에서」, 『한국정치학회보』제46집 제1호, 2012, 141~173쪽.

진흥확대회의의 역사는 1981년 10월 28일로 거슬러 올라간다. 이날 이정오 과기처 장관은 청와대 집무실에서 전두환 대통령에게 5차 5개년 계획 중 과학기술부문 계획을 보고했다. 이 계획은 당시 GNP에서 과학기술 투자 비율이 차지하는 비율 0.9%를 1986년까지 2%로 끌어올리는 것이 주요 내용이었다.

제2차 석유위기로 경제여건이 극도로 악화된 상황을 돌파하기 위한 전두환 정부의 긴축 기조로 볼 때 과학기술 분야에 GNP의 2%를 투입하는 것은 무모하다는 의견이 지배적이었다. 보고를 들은 전 대통령은 "우리가 살아남기 위해서는 기술혁신밖에 없다"라면서 계획 달성을 위해 거국적인 기술개발 체제를 갖추라고 지시했다.[42] 이와 관련하여 전두환은 다음과 같이 말했다.

"내가 1981년부터 과학기술 발전을 위해 있는 정력을 다 쏟았어요. 매년 예산을 조금씩 늘려서 GNP의 2%를 과학기술 분야에 투자하게 되었습니다. 이것을 GNP 3%까지 연차적으로 끌어올려야 됩니다."[43]

전두환 대통령은 이정오 장관에게 "과학기술 진흥을 위해 과기처가 주관하고 전 각료와 연구소, 산업계 대표가 참석하는 기술진흥확대회의를 마련하라. 새해(1982년) 1월에 예정한 모든 행사는 이 회의 이후로 미루고, 이 회의를 계기로 한국 과학기술이 재도약할 수 있는 여건을 조성하라"고 명했다. 이를 계기로 우리나라 과학기술사상 처음으로 국가원수가 직접 주재하고 관계부처가 참여하는 기술진흥확대회의가 탄생하게 된다.

---

42 경향신문사, 『실록 제5공화국-(3)복지·과학기술 편』, 경향신문사, 1987, 292쪽.
43 김성익, 앞의 책, 116쪽.

박정희는 수출 드라이브, 전두환은 기술 드라이브

이정오 장관은 이 회의가 선진공업국 진입을 위한 기술 드라이브 정책으로 이어져 오늘의 과학 한국의 기틀을 마련한 산파역이었다고 회고했다. 때문에 바로 이날은 우리나라 과학기술사에서 길이 기억되어져야 할 날이라고 밝혔다.[44]

그로부터 3개월 후인 1982년 1월 29일 오전 10시. 지금은 철거되어 사라진 중앙청 대회의실에서 전두환 대통령 주재하에 정부 각 부처, 산업계·과학계 인사 234명이 참석한 가운데 대한민국 정부 수립 이래 최초의 기술진흥확대회의가 성대하게 열렸다. 이날 이정오 장관은 다음과 같이 경과보고를 했다.

"기술개발에 전력투구하기 위한 전진기지로서의 기술진흥확대회의를 대통령께서 구상하시고 회의 개최를 과학기술처에 지시하셨습니다. 앞으로 이 회의에서는 국가 발전 목표에 부응하는 기술개발과 기술인력 양성 대책, 품질 개선과 생산성 향상, 국가표준과 규격제도 확립, 시험 검사기능 강화 등 주요 과학기술 정책을 논의하겠습니다. 또 기술개발 성공 사례와 해외 첨단기술 동향을 보고해 기술 한국을 앞당겨 구현하겠습니다."[45]

경과보고가 끝나자 전 대통령은 "기술진흥확대회의는 과학기술 진흥을 최우선 정책으로 추진하겠다는 5공의 확고한 의지를 반영한 것이다. 반드시 기술혁신으로 과학기술 한국을 구현해야 한다"라면서 "우리가 살아남기 위해서는 수출을 늘려야 하며, 수출의 근간이 되는 품질 개선을 위해서는 기술혁신밖에 없다. 기술 드라이브 정책을 범국가적으로 펼쳐나가야 한다"라고 말했다.

---

44 경향신문사(3), 앞의 책, 292쪽.

45 이현덕, 「과학기술이 미래다(91)-제1회 기술진흥확대회의 개최」, 전자신문, 2023년 5월 31일.

이날 전 대통령은 과학기술 진흥을 5공 정부의 국시(國是)로 선포하고 '기술 드라이브 정책' 추진에 강력한 의지를 드러냈다. 과기처는 기술 드라이브를 제5공화국 과학기술정책의 공식 기조로 선포했다. 이 용어는 박정희 정부의 수출 드라이브 정책에서 착안하여 만들어진 용어다. 수출 드라이브가 수출을 강조하고 수출증대를 위해 각종 지원 및 정책 수단을 총동원했듯이, 기술 드라이브는 기술을 강조하고 기술개발을 위해 각종 지원 및 정책 수단을 동원하는 것을 뜻하는 용어였다.[46]

기술진흥확대회의의 출범은 경제 및 산업발전 전략이 수출 촉진 중심에서 과학기술개발 촉진 중심으로 전환되었음을 의미한다.[47] 전 대통령이 기술 드라이브를 위해 각 부처별로 지시한 내용은 다음 표와 같다.

기술 드라이브 정책 추진을 위한 부처별 지시사항

관계부처	역할
경제기획원	과학기술 투자의 확대와 기술 우위의 경제 및 산업정책 발전
재무부	금융·세제상의 기술개발 지원 시책의 확대
상공부	산업육성시책과 지원 자금 배정에 있어서 기술 개발 우선
문교부	초등학교로부터 대학에 이르기까지 과학기술교육의 일신을 위한 장기 대책의 강구
노동부	기술 인력의 숙련화와 기능 존중의 풍토 조성, 산업계의 자율적인 기능인력 스카우트 안하기 여건 조성
국방부	생산과 직결되는 기능 및 기술 훈련 강화방안 강구 (전 장병의 기술 인력화 추진)
내무·농수산부	새마을 사업의 과학기술적 측면에서의 보강 발전 (영농의 과학화, 농어촌 생활환경의 과학화 촉진 등)
문공부	매스컴을 통한 국민의 과학기술에 대한 인식 제고

출처: 과학기술처 진흥국 기술진흥과,
"제1회 기술진흥확대회의-대통령 각하 당부 말씀(안)"(국가기록원, 관리번호: BA0074044), 1982.

---

46   신향숙, 「제5공화국의 과학기술 정책과 박정희 시대 유산의 변용」, 『한국과학사 학회지』제37권 3호, 2015, 한국과학사학회, 535~536쪽.

47   임상규(2006), 97~98쪽.

기술진흥확대회의 신설

　제1회 기술진흥확대회의를 통해 과기처는 "70년대 수출 드라이브를 통한 경제 발전이 제1의 도약을 이룩했다면, 80년대에는 기술 드라이브를 통해 이를 심화시켜 제2의 도약"을 모토로 삼았다. 1983년에는 기술 드라이브 정책을 '기술 약진 전략'으로 개명했다. 과기처는 기술 약진 전략을 다음과 같이 정의하고 이의 추진을 공식 선언했다.

　"지금까지 다져온 우리의 기술 기반으로부터 모든 기술을 하나씩 차례로 개발해나가기보다 핵심 거점 기술을 먼저 집중 개발하고, 이를 토대로 산업첨단기술에 도전하여 신제품, 신공정을 개발하는 한편, 생산 현장 기술을 개량·발전시켜 생산성과 품질을 획기적으로 향상시킴으로써 최단기간 내 선진 대열에 진입코자 하는 기술개발 기본 전략."[48]

　기술 드라이브 정책은 5공 과학기술 정책의 기조로 공식화되었고, 제5차 과학기술 부문 계획의 추진으로 구체화되었다. 첨단산업기술의 강조는 전두환 정부 과학기술 정책의 특징이다. 전두환은 과학기술과 관련된 다수의 연설에서 지속적으로 첨단기술 개발과 선진기술 도입이 경제는 물론, 국가 발전의 성패를 좌우하는 열쇠임을 강조했다.

　이러한 기술드라이브 정책을 실질적으로 이끈 핵심 정책기구가 기술진흥확대회의였다.[49] 5공 시절 대통령 경제비서실 과학기술비서관으로 근무했던 정홍식은 전두환 대통령에게 이 회의를 만들자고 건의한 사람은 김재익 경제수석이었고, 전 대통령이 이를 흔쾌히 수락했다고 한다.[50]

　과학기술처 자료(「기술 드라이브를 통한 제2 도약에의 길-제1회 기술진흥

48　과학기술처, 「기술주도정책 추진의 현황과 과제」, 국가기록원(관리번호 : C11M04404), 1983.

49　신향숙(2015), 541쪽.

50　정홍식, 「김재익 수석과 정보화 정책」, 남덕우 외 지음, 앞의 책, 120~121쪽.

확대회의 개최에 즈음하여」)에 의하면 전 산업의 기술혁신을 거국적으로 추진하는 것이 기술 드라이브 정책을 범국가적으로 전개해야 하는 이유이자 기술진흥확대회의를 개최하는 의의였다. 다시 말해 기술 드라이브 정책과 기술진흥확대회의는 1980년대 '제2의 도약'이라는 목표 달성에 필요한 기술혁신을 거국적으로 추진하기 위한 전략이었다.[51]

과학기술처가 밝힌 기술진흥확대회의 설치 목적은 첫째, 제5공화국의 기술 드라이브 정책 의지를 구현하고, 둘째, 1980년대 범국가적 기술개발 체제를 확립하며, 셋째, 기술개발의 장애요인을 제거하여 기술혁신을 위한 추진력을 결집하는 것이었다.

박정희 정권은 과학기술을 경제 발전을 보조하고 선도하는 역할로 보았다. 반면에 전두환 정부는 과학기술을 경제 발전뿐만 아니라, 국가 발전까지 선도하는 확장된 역할을 부여함으로써 더 중요한 위치로 격상시켰다. 이로써 5공 과학기술 정책의 핵심인 기술 드라이브 정책은 과기처 단독으로 수행하는 정책이 아니라, 경제기획원을 비롯한 범부처가 추진해야 할 정책이 되었다. 이렇게 변화된 과학기술의 위상과 역할 때문에 이전 정부에서는 구상이나 계획에 그쳤던 정책들이 새롭게 주목받으며 실천으로 이어질 수 있었다.[52]

대통령이 기술진흥회의 직접 주재

5공에서 높아진 과학기술의 위상을 보여주는 사례가 기술진흥확대회의였다. 국정의 최고 책임자가 직접 주재하고 국무위원은 물론 여야 정치인, 경제계, 학계, 연구계 등 200여 명의 인사가 참여한 사실은 이것이 국가 최

---

51 신향숙, 2015, 542쪽.
52 신향숙(2015), 551~552쪽.

제5공화국 기술진흥확대회의 개최 실적

연도	회수(일시)	주요보고	특별보고
1982	제1회 (1월 29일)	기술주도의 새 시대 전개(과학기술처)	①기업의 기술개발 현황과 계획 (민간기술협회장 허신구) ②성공사례: 삼성전자, 금성전기, ㈜이화 ③소비자 운동을 통한 품질향상 (소비자연맹 회장 정광모)
	제2회 (6월 4일)	기업의 기술혁신 촉진대책(과학기술부)	정밀화학공업의 전략산업화 −국책연구개발사업(화학연구소)
	제3회 (10월 20일)	기술 고도화를 위한 국제화 전략 (과학기술처)	과학기술교육 진흥방안
1983	제1회 (1월 28일)	기술주도정책 추진의 현황과 과제 (과학기술처)	정보화 시대의 개막
	제2회 (7월 15일)	기술집약형 신기술 기업의 태동과 육성대책(과학기술처)	①해외산업기술정보 수집 및 활용 (KIET) ②주요 광물자원의 활용기술 개발 (한국동력자원연구소)
	제3회 (11월 22일)	신기술 투자의 활성화 대책(경제기획원, 재무부, 과학기술처)	정부 구매제도 개선 방안 (경제기획원, 과학기술처) 통신진흥시책(체신부)
1984	제1회 (2월 20일)	주요 산업분야별 기술개발 동향(전자공업진흥회 등 10개 민간단체)	상호인증제도의 확대방안 (공업진흥청)
	제2회 (11월 21일)	최근의 기술개발 동향과 대응방향 (과학기술처)	품질·성능·효율 위주의 정부 구매 제도 운영(과학기술처)
1985	제1회 (6월 28일)	중소기업의 기술 집약화 촉진(기술진흥심의회)	①2000시대를 향한 국책연구개발 사업의 추진방안(과학기술처) ②기술개발을 통해 국제수지 개선 추진(전경련)
	제2회 (12월 19일)	2000년대를 향한 과학기술 발전 장기계획(과학기술처)	중소기업 기술집약화 사업−사업 추진 현황과 계획(기술진흥심의회)
1986	제1회 (9월 5일)	2000년대 과학기술 개발 장기 실 천계획(2000년 장기계획 추진위원 회)	
1987	제1회 (6월 25일)	과학산업의 육성−미래를 향한 선 택과 준비(과학기술처)	민간 산업계의 기술혁신 방안 (경제단체 공동)

출처: 신향숙, 「제5공화국의 과학기술 정책과 박정희 시대 유산의 변용」,
『한국과학사 학회지』제37권 3호, 2015, 한국과학사학회, 545~546쪽.

대 규모의 최고 회의였음을 의미한다.[53]

대통령이 직접 주재하고 정부와 국회, 정당, 학계, 연구계, 금융계, 산업계 대표들이 머리를 맞대고 기술개발에 관련된 문제를 함께 생각하고 해결하는 방법을 찾아냈다. 전 대통령은 1987년까지 총 12차례 열린 기술진흥확대회에서 총 27건의 정책과제를 다루었다. 이 회의를 통해 전두환은 국가 선도과제 선정을 비롯하여 기술력 향상, 산업 생산성 향상 등 국가 과학기술정책의 방향은 물론 연구 인력, 세제(稅制), 자금, 기술정보, 발명 특허, 표준 및 규격, 공정거래 문제 등 기술개발에 직결된 과제들에 대한 해결 방안을 결정했다.

연구개발비 연간 30%씩 증가

기술진흥확대회의는 5공의 기술 드라이브 정책을 강력히 뒷받침한 주력 엔진이었다. 전임자인 박정희 대통령이 수출진흥확대회의(1977년부터 무역진흥 확대회의로 변경)와 월간 경제동향 보고회의를 생명처럼 여겼다면, 전두환 대통령은 기술진흥확대회의를 다른 어떤 분야보다 최우선 순위로 격상시켰다. 회의에서 논의된 정책들은 즉각 정부 정책에 반영되었다.

기술진흥확대회의를 통해 기술 드라이브 정책이 활발히 전개되면서 5공 정부에서 연구개발비는 연간 30% 내외의 증가율을 보였다. 연구개발 분야에서 민간의 비중은 1980년 36.1%에서 1988년 78.7%로 증가하여 정부와 민간이 차지하는 비중이 역전되었다. 1981년 53개에 불과했던 기업 부설 연구소가 1988년에는 604개로 폭발적으로 증가했다.

민간연구소의 증가에는 연구 요원에 대한 병역특례, 연구용 견품에 대한 특별소비세 면제, 연구소 건물 및 토지에 대한 지방세 면제, 연구개발

53 신향숙(2015), 552쪽.

용품에 대한 관세 경감 등의 제도 정비가 영향을 미쳤다. 이 밖에도 고급 두뇌의 양성, 민간기업의 해외 연수 활성화, 우수 학생 영재 교육과정 신설, 연구중심 대학원 운영체제 확립 등의 정책들이 기술진흥확대회의를 통해 입안·추진되었다.[54]

전두환 대통령의 지대한 관심과 배려 덕분에 과학기술 투자액은 1980년 3천억 원 수준에서 1985년에는 1조 3천억 원으로 5년 동안 4배 이상 늘어났으며, 특히 이 기간 중 정부의 기술개발 투자가 급격히 늘어났다. 1980년도 기업의 연구개발비는 814억 원이었으나 1985년은 7,510억 원으로 9배 정도 늘었다. 이러한 기술개발 투자는 우리의 기술력을 세계적 수준으로 높이는 데 크게 기여했다.[55]

1983년 '정보산업 원년' 선포

미국의 시사주간지 타임은 1983년 신년 특집으로 '컴퓨터가 온다(The Computer Moves In)'를 게재했다. 컴퓨터를 주축으로 하는 새로운 세계가 열릴 것을 예고한 이 특집은 세계적인 반향을 일으켰다. 이 해의 제1회 기술진흥확대회의가 1월 28일 열렸는데, 이날 이정오 과기처 장관은 "반도체와 컴퓨터, 유전공학, 정밀화학 분야에 대한 전략기술 개발을 위해 올해부터 5년 동안 3천억 원을 집중 투자하여 1980년대 말 일부 기술을 선진국 수준으로 발전시키겠다"라고 보고했다.

이 장관은 이 특별보고의 제목을 '정보화 시대의 개막'으로 정했는데, 이것이 국가 최우선 과제로 선정되어 신성장 산업인 정보산업(IT) 육성책이 되었다. 전두환 대통령은 1983년 1월 29일, 1983년을 '정보산업 원년'으

---

54 과학기술처, 「기술주도 정책 추진의 현황과 과제」, 국가기록원(관리번호: C11M04404), 1983.
55 경향신문사(3), 앞의 책, 293쪽.

로 선포했다.

5공 정부는 기술진흥확대회의를 실무적으로 뒷받침하기 위해 1984년 4월 대통령 직속기구로 기술진흥심의회를 설치 운영했다. 기술진흥심의회는 기술과 산업의 연계성을 강화하여 기술 정책 수립의 실효성을 높이고, 관계 부처 간의 이해와 협조를 증진시켜 기술 관련 시책의 효율성을 높이는 것이 목적이었다.

기술진흥심의회의 주요 기능은 첫째, 중요 산업 분야별 기술 수준 및 국내외 기술 동향의 분석과 평가, 둘째, 과학기술 인력 개발, 투자 촉진, 제도의 개선 등 기술혁신에 관한 중요 정책 사항의 협의와 조정, 셋째, 기술진흥확대회의 보고 안건의 심의 및 이행 점검을 포함한 기술진흥확대회의 운영 지원, 넷째, 기술혁신과 관련하여 대통령이 특별히 지시하는 사항의 추진 등이었다.[56]

기술진흥심의회와 관련하여 전두환 대통령은 "기술진흥심의회 위원장을 내가 직접 맡으려고 했다가 과기처 장관에게 맡겼으니 과기처 장관이 내 대신 위원장을 하는 것"이라며 "각 부처가 과학기술진흥에 협조를 잘 안 하면 내가 문책하겠다. 한 팀으로 손발을 맞춰 돌아가도록 하라"[57]고 특별 지시했다.

기술진흥심의회는 1984년 첫 회의를 시작으로 5, 6, 8, 12월 등 총 5회 개최되었다. 1985년에는 총 4회, 1986년부터는 실무위원회와 본회의를 나눠 각각 4회씩 진행했다. 1987년에는 실무위원회 3회, 본회의가 3회 열렸다.

기술진흥심의회 설치 1년 후인 1985년 4월에는 기술진흥 지역협의회를 추가 설립했다. 이 협의회는 산업 현장의 건의 사항을 수렴하여 보다

---

56 과학기술처, 『과학기술행정 20년사』, 1987, 61쪽.
57 김성익, 앞의 책, 275~276쪽.

정확한 현장 감각을 바탕으로 기술개발 시책을 마련하기 위해 설치한 것이다. 기술진흥 지역협의회는 1985년 9월부터 12월까지 매달 개최되었고, 1986년에는 2회 열렸다. 회의는 주로 공단 지역에서 개최되었다.

이러한 기술진흥 확대회의, 기술진흥 심의회, 기술진흥 지역협의회를 바탕으로 정부와 기업이 혼연일체가 되어 '과학기술 한국'의 구현을 위해 전력투구했다. 이 제도들은 민주화·자율화를 국정기조로 내세운 6공화국으로 넘어가면서 축소 폐지 수순을 밟게 된다. 노태우 정부의 초대 과기처 장관 이관이 수차례 문희갑 경제수석을 통해 기술진흥 확대회의 개최를 건의했으나 청와대는 "새 정부의 스타일에 맞게 조정하여 개최하라"는 지시를 받았다고 한다.

노태우 정부 때 기술진흥회의 폐기

그 결과 과기처는 회의 명칭에서 '확대'라는 권위주의적 표현을 삭제하고, 정부 주도의 일방적 보고 방식을 탈피해 경제인, 교수, 언론인, 기타 비과학 기술계 인사들까지 참여시켜 자유롭게 토론하는 방식으로 변경했다. 그 결과 노태우 정부는 1989년 6월 27일 기술진흥 확대회의를 '과학기술 진흥회의'로 명칭을 변경하여 다시 개최하기 시작했다.

하지만 전두환 정부 시절과 비교하면 참여 인원이 대폭 줄어들었고, 개최 회수도 1년에 2번으로 축소되었다. 이후 1990년 종합과학기술심의회를 재활성화하면서 기술진흥심의회와 기술진흥 지역협의회를 폐지했고, 1992년 7월 제5회 과학기술 진흥회의를 마지막으로 중단되었다.[58]

뿐만이 아니다. 노태우 대통령은 과학기술 리더십을 청와대 경제수석과 경제기획원, 관련 부처 장관에게 위임하는 방식을 취했다. 1991년 과학기

---

58 신향숙, 2015, 550쪽.

술담당 비서관제를 폐지하고 대신 과학기술 자문위원회의를 설치하여 대통령의 정책방향을 자문하도록 했다.

박정희 정부에서는 청와대 비서실의 제2경제수석 비서관이 공업과 과학기술 분야를 담당했고, 그 아래 과학기술 담당 비서관이 과학기술 지원과 정책조정을 맡았다. 전두환 시절에는 청와대 비서실에서 제2경제수석 비서관을 없애고 경제수석 비서관 아래 과학기술 담당 비서관을 두었다. 노태우는 이 제도를 폐지하여 청와대 비서실에는 과학전문지식을 대통령에게 보고할 공식 통로가 없어졌다.[59]

이어서 전두환 대통령은 과학기술 진흥에 기여한 공이 뚜렷한 인사에게 주는 대한민국 과학기술상 포상 제도를 만들었다. 또 과학 기술자들이 신제품을 개발하거나 상품화에 성공할 경우 주식 배당하듯 일정 비율의 이익이 돌아가도록 제도화할 것을 다음과 같이 지시했다.

"과학기술처에서 새로운 제품을 개발해서 상품화했을 때는 그 이익의 몇 %는 그것을 연구한 과학기술자들한테 주도록 해야 돼요. 과학기술자들이 옛날에는 가난하게 살아야 했어요. 외국처럼 새로운 기술 하나를 연구해서 이윤이 나면 주식 배당을 하듯이 일정한 비율을 과학기술자들한테 나눠주라는 거요. 금전적 이익이 가면 생활에 걱정이 없으니 여유를 가지고 연구를 할 수 있는 분위기가 조성돼요. 경우에 따라서는 과학기술자가 수십억, 수백억도 벌 수 있게 되어야 해요. 내가 그동안 과기처, 상공부, 재무부에 지시해서 과학기술자에 대한 이윤배당을 하도록 한 후에 요즈음에는 조금씩 돌아가기는 하는데…"[60]

이 제도를 도입하는 계기가 된 것은 1980년 한국과학기술원(KAIST)에

59 현원복, 앞의 책, 47쪽.
60 김성익, 앞의 책, 133~134쪽.

서 이태규 박사(이회창 전 국무총리의 큰아버지)의 퇴임이었다. '한국 이론 화학계의 거장' 이태규 박사는 일정기인 1931년 교토제국대학에서 '환원 니켈의 존재에서 일산화탄소의 분해'로 이학박사학위를 취득했다. 미국으로 건너가 프린스턴대학에서 이론화학 분야 연구 활동을 하다가 1943년 교토대학 정식 교수로 임용되었다. 일본 패망 후 귀국해 서울대 문리대학장에 임명되었다. 이때 좌익계열 학생들이 일정기 교토제국대학 경력을 문제 삼아 친일파로 몰아 괴롭혔다.

원로 과학자 노후생활 지원

좌익들의 테러에 시달리던 이태규 박사는 1948년 도미하여 유타대학에서 액체이론 및 화학동역학 분야 연구를 계속했다. 유타대 교수직에서 은퇴한 그는 1973년 귀국, 카이스트 교수로 재직하며 응집물질물리학 및 통계역학을 연구하며 후진을 양성했다. 1980년 카이스트에서 퇴직하여 살고 있던 관사에서 나오게 됐다. 한 시절 노벨상 후보로 추천된 과학자가 퇴직 후 살 집이 없다는 기사를 본 전두환 대통령은 원로 과학기술자들의 노후 생활 지원제도를 마련하라고 지시한 것이다.

1980년대 초반부터 선진 각국은 지적소유권 보호주장과 함께 기술이전을 제한하는 등 압력을 높였다. 그 사례 중 하나가 1981년 발표된 미국의 '스트라톤 수정안(Stratton Amendment)'이다. 내용은 미국과 경쟁 관계에 있는 국가에는 설계·생산·시험평가와 관련한 제반 기술협력을 원천적으로 제한한다는 내용을 담고 있었다.[61]

스트라톤 수정안처럼 1980년대 들어 선진국의 기술보호주의가 심화되어 개발도상국들은 산업 발전에 필요한 첨단기술을 확보하기 힘든 상황에

---

61 신인호, 『무내미에는 기적이 없다 : 국방과학연구소와 한국형 신무기 개발』, 국방일보, 2003, 43쪽.

처했다. 근원적인 과학기술의 독자적 개발, 즉 기술개발의 자주화 없이는 지속 성장이 불가능하게 된 것이다. 첨단기술 개발을 위해서는 고도의 기술 능력을 보유한 과학 인재와 막대한 투자자금 등 여러 가지 선행조건이 요구되었다.

산업구조를 고도화하기 위한 첨단기술 개발의 필요성 절감한 전두환 대통령은 과학기술 분야를 가장 먼저 챙겼고, 예산 편성 때 투자 우선순위를 과학기술, 교육, 국방 순으로 바꿀 것을 지시했다. 그리고 "과학기술 분야 투자를 1986년까지 일본·서독 수준인 GNP 대비 2%까지 확대한다"라고 선언했다.[62]

민간 기업 주도의 연구개발 추진

한정된 정부 재원만으로는 이 목표를 달성하기 어렵다고 판단한 전 대통령은 특정 연구사업은 정부가 출연금을 지원하고, 나머지 분야는 민간 주도로 과학기술 투자가 이뤄지도록 법률과 제도의 정비에 나섰다. 특정 연구 사업은 정부가 출연금으로 지원하는 방식이었다면, 기술개발 자금은 금융기관을 통해 기업들을 지원하는 방식이었다.

또 민간 기업의 연구개발 투자를 유도하기 위해 조세를 감면하고, 세액공제 제도 적극 활성화했다. 또 정부 구매제도를 개선하여 신규 발명품에 대한 수의계약제도를 마련했고, 연구원에 대한 병역특례제 도입, 국산 신기술 제품의 보호제도 등 다양한 지원제도를 마련하여 산업기술이 촉진되도록 노력했다.[63] 이런 제도를 통해 민간 기업들이 연구개발 투자를 확대하기 위해 종합연구소 설치 붐이 일어났다.

---

62 전두환 회고록(2), 앞의 책, 206쪽.
63 전두환 회고록(2), 앞의 책, 207쪽.

전두환 정부 과학기술 분야 변화

	1980년	1987년	비고
연구개발비	2,117억 원	1조 7,800억 원	8.4배 성장
연구개발비가 GDP에서 차지하는 비중	0.56%	1.65%	2.95배 성장
연구기관 수	647개	1,864개	2.88배 성장
연구원 수	18,434명	52,783명	2.9배 성장
인구 1만 명당 연구원 수	4.8명	12.7명	2.64배 성장

그 결과 과학기술 분야에서 민간부문 투자와 정부 공공부문 투자 비율이 74대 26으로 역전되어 민간 기업이 기술개발을 주도하는 선진국형 과학기술개발 체제 구축에 성공했다. 과학기술 분야에 대한 전두환 대통령의 관심과 노력의 결과 연구개발비는 1980년 2,117억 원에서 1987년 1조 7,800억 원으로 그 규모가 약 8.4배 성장했다. 특히 연구개발비가 GDP에서 차지하는 비율은 1980년 0.56%에 불과했던 것이 1987년 1.65%로 확대되었다.

연구기관 수는 1980년 647개소(공공연구기관 124개소, 대학 202개소, 기업체 321개소)에서 1987년 1,864개소(공공연구기관 164개소, 대학 222개소, 기업체 1,478개소)로 그 규모가 약 2.9배 확대되었다. 연구원 수도 1980년 18,434명에서 1987년 52,783명으로 그 규모가 약 2.9배 성장하면서 인구 1만 명당 연구원 수가 1980년 4.8명에서 1987년 12.7명으로 확대되었다.[64]

전 대통령은 1986년 12월 기술진흥심의회의에서 1991년까지 과학기술

---

64 함성득·양다승(2012), 155쪽.

투자가 GNP의 2.5% 이상 되도록 하라고 관계 장관에게 지시했다.[65]

과학기술 장기계획 수립

전두환 대통령은 취임 직후 육사 후배 이정오를 과기처 장관에 임명하여 4년 5개월간 재임시킨 후(재임 기간 1980년 9월 1일~1985년 2월 18일) 1985년 2월 19일, 육사 동기 김성진을 과기처 장관에 임명했다. 체신부 장관으로서 TDX 개발과 IT산업을 총괄 지휘하던 김성진을 과기처 장관에 임명한 이유가 있었다.

김성진은 과기처 장관에 취임한 지 3개월 후인 1985년 5월, '2000년대를 향한 과학기술 장기계획(1987~2001)' 수립에 착수했다. 이 계획은 박정희 정부 시절 과기처 출범과 함께 수립된 제1차 과학기술 장기 종합계획(1967~1986)의 후속 작업이자, 국가 미래를 좌우할 중대 사안이었다. 전 대통령은 이 중요한 작업을 위해 육사 동기생 김성진을 과기처 장관에 임명한 것이다.

과기처는 장기계획위원회를 구성했다. 위원장은 권원기 과기처 차관, 부위원장은 홍성원 청와대 과학기술비서관, 실무책임은 최영환 과기처 기술정책실장이 담당했다. 위원회는 경제기획원, 체신부 등 10개 부처 차관보급 인사와 산업계, 학계, 연구계 등 각계 대표 38명으로 구성했다. 위원회는 세부 시안 작성을 위해 11개 분야 전문가 133명을 작업반원으로 위촉했다. 매머드급 위원회 구성은 전두환 정부의 강력한 과학기술 육성 의지를 보여주는 일이었다.[66]

'2000년대를 향한 과학기술 장기계획'은 한국이 선진국에 진입하기 위

65 전두환 회고록(2), 앞의 책, 208쪽.
66 이현덕, 「과학기술이 미래다(107)-제2차 과학기술 장기계획 기본방침 수립」, 전자신문, 2023년 11월 22일.

해서는 15년 정도를 내다보는 장기적인 청사진이 필요하다는 차원에서 추진된 프로젝트다. 특히 5공 정부의 기술우위 정책을 종합한 것으로서, 국가의 모든 정책에서 과학기술 인자를 핵심 요소로 투입할 것을 강조하고 있다.

1985년 12월 19일 전두환 대통령은 청와대 영빈관에서 1985년 제2회 기술진흥확대회의를 주재했다. 이날 회의에는 노신영 국무총리를 비롯한 전 국무위원과 국회, 과학기술계, 산업계 대표 220여 명이 참석했다. 이 자리에서 김성진 과기처 장관은 '2000년대를 향한 과학기술 장기계획'의 기본 방향을 발표하면서 "2000년 우리나라 과학기술 도달 목표는 세계 10위권 기술선진국"이라고 밝혔다.

세계 정상급 과학인재 15,000명 확보 작전

김 장관은 과학기술 중점 추진 전략으로 미래 기술 분야를 5개 군으로 구분하고, 그중 1군은 정보화 사회를 선도할 전자와 정보, 통신, 기계자동화, 정밀화학 등으로 분류했다. 과학기술발전 장기계획을 통해 1군 분야에서 세계 최선진국 수준에 도달토록 하기 위해 전략적으로 육성할 총 299개의 기술개발 과제를 도출한 후, 우선순위에 따라 단·중·장기별로 과학기술 자원을 효율성 있게 투입하겠다고 밝혔다.[67]

이날 김 장관은 "이같은 핵심기술 개발 목표 달성을 위해 현재 3만 2천 명인 과학기술 인력을 2000년까지 15만 명으로 늘리고, 이 가운데 10%에 이르는 1만 5천 명은 세계 정상급 두뇌로 확보하겠다"라면서 "이공계 대학원과 한국과학기술원(KAIST) 기능을 강화하고, 해외 과학기술 두뇌 유치

---

67 과학기술부b, 『과학기술 40년사』, 과학기술부, 2008, 96쪽.

와 해외 연수도 확대하겠다"라고 보고했다.[68]

또 과학기술 연구개발 투자를 국민총생산(GDP) 대비 현재 1.4%에서 3% 이상으로 확대하는 것을 목표로 삼았다. 이를 위해 정부 예산 중 과학기술 예산이 차지하는 비중을 1985년의 2.8%에서 2001년 5% 이상으로 증가시킨다는 방침을 제안했다.

5공화국 과학기술처 장관

이름	재임기간	주요경력
이정오	1980년 9월 1일~ 1985년 2월 18일	• 육사 13기, 서울대 공대, 서울대 대학원 물리학 석사 • 미 터프츠대 대학원 기계공학 박사 • 미 MIT공대 연구원, 육사 조교수, 중앙대 기계공학과 교수, 한국과학기술원 기계공학과 교수 • 한국과학기술연구소장
김성진	1985년 2월 19일~ 1986년 1월 7일	• 육사 11기, 미 일리노이대 물리학 박사, 플로리다대 기계공학 박사 • 육사 교수, 국방과학연구소 책임연구원, 국방과학연구소장 • 체신부장관
전학제	1986년 1월 8일~ 1986년 8월 26일	• 서울대 화학과·동대학원 졸업 • 독일 뮌헨대학원 박사, 미국 펜실베이니아주립대 연구원 • 박정희 대통령의 해외 우수 한국 과학자 유치 프로그램으로 귀국 • 국립과학관장, KAIST 교수, KAIST 원장
이태섭	1986년 8월 27일~ 1987년 7월 13일	• 서울대 공대, 미 MIT공대 대학원 공학박사 • 민정당 국회의원 • 정무 제1장관 역임
박긍식	1987년 7월 14일~ 1988년 2월 24일	• 서울대 화학과, 벨기에 겐트대학원 이학박사 • 과학기술처 과학기술심의관, 기술개발관, 원자력개발국장, 원자력위원회 상임위원 • 한국표준연구소장, 동력자원연구소장

---

68 이현덕, 「과학기술이 미래다(107)-제2차 과학기술 장기계획 기본방침 수립」, 전자신문, 2023년 11월 22일.

정보화 사회 구현 노력

1986년 1월 17일 개각으로 김성진 장관이 물러나고 전학제가 후임으로 임명되면서 실천계획 작성은 전학제 장관 주도하에 추진되었다. 1986년 3월부터 8월까지 장기계획추진위원회(각계 대표 30명)와 중점추진분야별 작업반(7개 분야 85명)이 구성되어 수립된 내용은 1986년 9월 열린 제1회 기술진흥확대회의에 보고되었다.[69]

이처럼 야심찬 계획에 의거하여 5공 정부는 선진국 수준의 종합정보통신망(ISDN) 개발에 나섰다. 산업의 쌀로 불리는 반도체는 현재 256KD램과 1MD램 수준에서 2000년까지 세계 선진국과 대등한 256MD램 및 1GD램 수준으로 발전시켜 독자적인 반도체 설계와 소자, 생산공정 기술을 확보하는 것이 목표였다.

정보화 사회 구현 중추기술인 컴퓨터와 소프트웨어 기술은 1단계로 슈퍼미니급 컴퓨터를 국산화하고, 2단계는 지능컴퓨터 기술을 확보하며, 3단계로 이를 국산화한다는 방침을 정했다. 통신기술은 소형 교환기 개발 단계에서 2000년까지 선진국 수준의 종합정보통신망을 개발하고, 국가기간 전산망 구축에 따른 국내 시장 수요 확대에 대비, 민간기업 기술개발도 적극 지원키로 했다.[70]

과학기술에 대한 적극적인 노력의 결과 전두환 대통령 시절의 경제 및 산업발전 전략은 수출 촉진 중심에서 과학기술개발 촉진 중심으로 전환되었고, 연구개발 활동의 방향도 이전과 달리 과학기술이 경제성장을 선도

---

69 송성수, 「과학기술발전 장기계획」, 행정안전부 국가기록원, https://www.archives.go.kr/next/newsearch/listSubjectDescription.do?id=000057&pageFlag=&sitePage=#.

70 이현덕, 「과학기술이 미래다(107)-제2차 과학기술 장기계획 기본방침 수립」, 전자신문, 2023년 11월 22일.

할 수 있도록 과학기술개발의 목표와 전략이 전환되기 시작했다.[71]

2002년 한국대통령학연구소와 조선일보는 한국 역대 대통령의 자질과 업적에 대한 평가 작업을 진행했다. 정부의 각종 자문위원회에 참여하여 국정 경험이 풍부한 각계 전문가 15명으로 대통령평가위원회를 구성하여 역대 대통령의 국정수행 능력을 평가했다. 전두환 대통령은 경제발전 분야에서 박정희에 이어 2위, 교육·과학기술 분야에서도 박정희에 이어 2위를 차지했다.

반면에 정치·행정 분야에서는 5위, 외교·안보·통일 분야에서는 6위, 사회·복지·분화 부문에서는 5위를 차지했다. 평가위원회는 전 대통령이 경제와 과학기술분야에서 상당히 긍정적인 평가를 받아 전체 평가에서 3위를 차지한 것이 가장 주목할 만한 결과라고 발표했다.[72]

역대 대통령 업적 분야: 교육·과학기술 평가(100점 만점)

역대 지도자	경제분야		과학기술분야	
	평가순위	평가점수	평가점수	평가순위
박정희	1	85.07	72.60	1
전두환	2	70.44	56.38	2
김대중	3	65.94	54.13	3
노태우	4	52.88	50.81	5
이승만	5	44.31	48.63	6
김영삼	6	44.19	53.81	4
장면	7	41.06	39.38	7
최규하	8	34.50	36.19	8

자료: 한국대통령평가위원회·한국대통령학연구소,『한국의 역대 대통령 평가』, 조선일보사, 2002.

---

71 함성득·양다승, 2012, 156쪽.

72 한국대통령평가위원회·한국대통령학연구소,『한국의 역대 대통령 평가』, 조선일보사, 2002, 101쪽.

전두환의 과학기술 분야 업적 평가 논란

민영기 경희대 교수의 '과학기술인의 인식조사'는 출연연구소 22개소, 민간기업 부설연구소 5개소, 해외 14개 재외 한국과학기술자협회, 해외 고급 두뇌초빙 활용사업으로 유치된 해외 과학기술자 등 국내외 과학기술자 1,550명을 대상으로 우리나라 역대 정권의 과학기술발전 기여도를 조사했다. 그 결과 1위가 박정희(전체 응답자의 78.2%), 2위는 김영삼의 문민정부(14.5%)가 차지한 반면, 전두환 정부(4.4%)는 김영삼보다 한참 낮은 지지를 받았다.[73]

일반 국민은 전두환 정권의 과학기술 기여도를 높이 평가한 반면, 중견 과학기술자들이 이처럼 낮은 지지를 보인 이유는 무엇일까? 1980년 국보위에 의한 연구소 통폐합이 과학기술계 인사들의 반발을 초래한 덕분으로 추측된다.

강신구 한서대 교수는 정통성 문제를 안고 출발한 5공화국은 초기에는 미국 등의 압력과 연구기관의 무리한 개편으로 국내 과학기술계가 크게 흔들렸지만, 통치권 차원에서 과학기술 개발을 추진, 커다란 성과를 올렸다고 평가했다. 특히 5공은 대대적인 부품 국산화운동을 일으켜 취약한 기계공업의 수준 향상에 기여했고, 과학기술처가 중심이 되어 정부와 기업이 공동 투자하는 특정연구개발사업을 실시하여 첨단기술 개발에 나섰다고 평했다. 우리나라가 반도체 선진국이 된 것은 바로 특정연구개발사업이 도움이 컸다는 평가다.[74]

강신구는 5공의 또 다른 업적은 전자교환기 개발 등 전자 혁명에 대한 국가적인 대비를 해 오늘날 한국이 IT 강국으로 발돋움할 수 있도록 초석

---

73 현원복, 앞의 책, 28~29쪽.

74 강신구, 「박정희 대통령 과학기술 초석 놓고 전두환 이어 김대중 대통령 변화기 진입」, 『월간 과학과 기술』, 2002년 8월, 한국과학기술단체총연합회, 50쪽.

을 놓은 점을 꼽았다. 국산 교환기 TDX의 개발, 국산 PC의 보급 등은 국내 정보산업이 걸음마를 하는 데 획기적 전기를 마련했다는 것이다. 이 밖에도 한국 표준형 원자로의 설계기술 개발, 핵연료 국산화 등도 오늘날 한국이 원자력 산업국으로 발전하는 데 커다란 역할을 했다고 평했다.[75]

75 강신구(2002), 50쪽.

3

정권 인정받기 위해 미사일 개발 포기했나?

국가의 이성은 생존과 번영이지 결코 삶의 포기나 자살이 아니다. 개인은 숭고한 이상을 위해 순교할 수 있다. 그러나 국가에겐 생존을 초월한 이상은 존재하지 않는다. 한 나라에 필요한 것은 확고한 안보정책과 침략을 억제할 수 있는 힘이다.[76]

오늘날까지 모든 국가의 안보정책의 기저는 "평화를 원하는 자, 전쟁을 준비하라(Si vis pacem, para bellum)"로 집약된다. 이것은 로마 제국의 전략가 푸블리스 플라비우스 베게티우스 레나투스가 저술한 병법서 『군사학 논고』에서 유래한 격언이다. 평화를 위해서는 전쟁을 대비해야 하며, 전쟁을 위해서는 무기가 필요하다. 무기를 만들기 위해서는 과학기술 능력과 경제력이 집약된 방위산업이 요구된다.

방위산업이란 자기 나라를 자기 손으로 지키겠다는 의지의 집약이다. 방위산업의 구체적인 정의는 '무기체계와 기타 방산물자를 개발 및 생산하는 산업'이다. 즉 국토를 지키고 국민의 생명을 보호하기 위해 총기, 전차, 전투기, 군사 위성, 통신 장비 등의 군수품 생산을 담당하는 산업이다.

---

76 강성학, 『카멜레온과 시지프스-변천하는 국제질서와 한국의 안보』, 나남출판, 1995, 10쪽.

전두환이 방위산업 망쳤나?

외국 언론들은 한국의 방위산업의 놀라운 발전에 주목했다. 미국 CNN 은 한국이 '방위산업의 메이저 리거'가 되었다고 보도했고(2022년 8월 17 일), 미국 경제 잡지 포브스(Forbes)는 "한국이 조용히 세계 최대 무기 공 급 국가 중 하나가 되었다"고 언급했다(2022년 11월 7일). 영국의 로이터 (Reuters) 통신은 "한국이 방위산업의 주력을 내수에서 수출로 전환하는 방법을 모색하고 있다"면서 한국의 방위산업 육성 전략과 무기 수출 동향 을 비중 있게 다루었다(2022년 11월 24일).

한국인들 머릿속에 방위산업 하면 떠오르는 인물은 박정희이고, 이를 망친 주인공은 전두환으로 각인되어 있다. 박정희 시절 방위산업의 기초 가 닦였고, 발전을 위해 모든 노력을 기울였다고 알고 있다. 그런데 정통 성에 심각한 하자를 안고 있던 전두환이 자신의 집권의 정당성을 인정받 기 위해 미국의 압력으로 핵무기와 미사일 등 방위산업을 포기하면서 망 조가 들었다는 것이다. 이런 통념은 과연 역사적 사실과 어느 정도나 연관 관계가 있을까?

방위산업과 직결된 분야인 한국공작기계산업협회(SIMTOS)의 보고서 「방위산업 현황과 동향」에 의하면 일반인들의 통념과는 달리 우리나라 방 산산업의 발전은 1980년대 들어서며 본격화되었다고 밝히고 있다. 이때부 터 방위산업은 강력한 정부 주도형 육성이 시작됐다는 것이다. 일부 내용 을 소개한다.

'당시에는 '한미상호방위조약 준수' 등 미국이 동맹국의 안전보장을 약 속하는 한편, 냉전체제가 막바지인 시기였기에 글로벌 방산 업체의 적극 적인 해외시장 개척 노력을 하고 있었다. 또한 우리나라의 경제력이 커짐 에 따라 전력증강 규모가 확대되고 구매·개발로 무기체계 획득방법이 다 변화되고 있었다. 이에 따라 기술파급 효과 및 산업연관 효과를 고려해 방산사업을 추진하는 등 보다 경제적인 관점에서 방위산업을 바라보게 되었다. 주요 해외 무기도입 사업의 경우 경제적 합리성 도모를 위한 절충교역 제도가 시행되었고, 이를 통해 획득한 첨단기술 및 장비는 주요 무기체계 및 부품의 국산화에 활용되면서 방위산업 전반의 국산화를 가속화했다. 1980년대부터 1990년대까지 이 시기에 K1 전차, K200 장갑차 등 기갑체계와 구축함, 호위함 등 함정체계가 개발되고 배치되었다. 기술도입 생산을 통해 F-16 전투기 및 209급 잠수함 무기체계를 확보하는 등 지상·공중·수상·수중 모든 분야의 무기체계 개발 및 생산 경험을 쌓으며 국내 방위산업 역량은 크게 성장했다.[77]

한국 방위산업의 역사

1948년 8월 대한민국 정부가 수립되면서 그다음 달에 육군과 해군이 창설되었고, 이듬해 10월에 공군이 창설되어 외관상 3군 체제를 갖추었다. 1950년 6·25 남침이 벌어져 유엔군이 참전하면서 우리 군은 미국이 제공하는 무기와 탄약으로 유엔군 사령관의 작전통제를 받아 싸웠다. 식량을 제외한 장비와 물자의 거의 모든 것을 미군의 보급과 지원에 의존했다. 대검 하나, 군화 한 켤레도 자력으로 보급할 능력이 없었다.[78]

한국 방위산업의 근원은 1948년 12월 15일 육군특별부대 산하에 창설된 육군병기공창의 창설로 거슬러 올라간다. 당시 우리나라의 유일한 병기공창이었던 육군병기공창은 수류탄과 지뢰 등 소형 병기와 탄약의 부품, 병기의 일부 부속품을 생산했다. 1년 후인 1949년 12월 15일 국방부에 병기행정본부가 창설되었고, 육군병기공창은 병기행정본부 예하의 국방

77 한국공작기계산업협회(SIMTOS), 「Special②-방위산업 현황과 동향」, 2025년 5월 26일, https://simtos.org/kor/media/info_view.do?BIdx=6615.

78 안동만·김병교·조태환, 앞의 책, 8쪽.

부 병기공창으로 격상되었다.[79]

6·25 전쟁 발발 직전인 1950년 6월 15일, 병기공창 산하의 제1공장을 제1조병창으로, 제2공장을 제2조병창으로 확대 개편했다. 이때 병기와 탄약 연구 시험을 위해 과학기술연구소를 창설했다. 이로써 병기를 연구 개발하는 연구소와 이를 생산하는 조병창의 이원화 체제가 마련되었다.

과학기술연구소는 우리나라에서 군사과학기술을 연구한 최초의 연구소다. 이 연구소는 1954년 7월 14일 국립연구기관인 국방부 과학연구소로 격상되었다. 5·16 직후인 1961년 8월 6일 이 연구소는 해체되고 새로 창설된 육군기술연구소로 흡수되었다.[80]

명실상부한 방위산업의 태동은 박정희 대통령 시절인 1970년 8월 6일, 국방부 예하에 창설된 국방과학연구소(ADD)부터다. 당시 미국은 닉슨 독트린에 의해 "아시아 제국(諸國)과의 조약상 약속을 지키지만, 강대국의 핵 위협을 제외하고는 내란이나 침략에 대하여 아시아 각국이 스스로 협력하여 그에 대처해야 한다"라고 선언했다. 이것은 6·25 전쟁과 같은 남침이 일어나도 미국의 도움을 기대하지 말라는 뜻이었다.

창설 초기 ADD 연구 요원은 모두 군에서 충원되었다. 김성진·홍판기 등 육사 교관 5명, 구상회·박철희 등 해사 교관 4명, 한필순·서정욱·박귀용·송문범 등 공사 교관 4명 등 육·해·공군 사관학교에서 이공계 교관으로 근무하던 과학자들이 주축이었다.[81]

무기 개발을 위한 과학기술 연구에는 막대한 재원이 필요했다. 모든 것이 부족했던 개발연대에 이에 필요한 재원은 어떻게 마련했을까. ADD 연

---

79 안동만·김병교·조태환, 앞의 책, 39쪽.

80 서우덕·신인호·장삼열, 한국방위산업학회, 『방위산업 40년 끝없는 도전의 역사』, 플래닛미디어, 2017.

81 안동만·김병교·조태환, 앞의 책, 47쪽.

구원을 지내다 원자력연구소장을 역임한 한필순 박사의 회고에 의하면 독일로 파견된 광부와 간호사들이 보내오는 자금이 ADD 창설에 투입되었다고 한다.[82]

박정희의 번개사업이 방위산업 효시

박정희 대통령은 1972년부터 1978년까지 공식적으로 ADD를 12번이나 방문했다. 국방과 과학기술에 대한 관심과 애정이 남달랐다는 뜻이다. ADD가 출범하자 통수권자의 의중에 숨어 있던 대형 과제들이 한꺼번에 쏟아져나왔다. 기본 병기 국산화는 물론, 대구경 화포의 국산화, 지대지(地對地) 미사일 개발, 항공기·함정·전차의 국산화 계획, 중화학공업 건설과 원자력 에너지 개발을 위한 장기 계획 등이 그것이었다. 이 모든 계획이 1970년대 초에서 중반에 이르는 짧은 기간에 거의 동시다발적으로 이루어졌다.[83]

북한은 일제 통치 시절 북쪽 지방에 건설해놓은 중화학공업 시설 덕분에 6·25 전쟁 전부터 개인화기를 생산하여 남침에 동원했다. 한국에서 ADD가 창설될 무렵인 1971년 북한은 소련제 자동소총 AK-47, 저격용 소총, 각종 야포의 자체 생산 능력을 확보하여 방위산업에 관한 한 남한보다 절대적 우세에 있었다.

한국은 방위산업 기반이 전무했다. 기관총 같은 병기를 제작하기 위해서는 1,000분의 1mm의 정밀도가 필요하다. 1969년 9월 현재 한국의 기계공업 수준은 대동공업이 농기계를 생산하는 수준이었고, 그 외의 산업기반은 전무했다.

---

82 서우덕·신인호·장삼열, 앞의 책, 45쪽.
83 안동만·김병교·조태환, 앞의 책, 11쪽.

율곡사업이 착수된 1974년 당시 우리 군은 주로 미국 측이 무상 군원으로 제공한 M1 소총 등 미군이 2차 세계대전 때 사용했던 잔여 구형 장비를 보유하고 있었다. 미국제 무기는 한국인 체형에 비해 무겁고 커서 사용이 불편했다. 뿐만 아니라 오래전에 제작된 구식인 데다 낡아서 제 성능을 발휘하기 힘들었고, 현대전 개념에는 전혀 효율성을 발휘하지 못하는 등 심각한 문제를 안고 있었다.

한국군이 보유하고 있는 기본 화기의 대체가 시급했을 뿐만 아니라, 전쟁 지속을 위한 유류, 탄약 등을 미국에 전적으로 의존하고 있어 보완이 시급한 실정이었다. 당시 한국군의 전력은 북한군에 비해 50.8% 정도로 판단되었다. 육군은 60% 정도, 해·공군은 40% 수준으로 파악되었다.[84]

1968년 김신조 일당이 청와대를 공격한 1·21 사태가 발생하자 박정희 대통령은 그해 2월 7일 경전선 개통식에서 250만 향토예비군의 무장을 천명했다. 예비군이란 평상시에는 사회생활을 하다가 유사시에 소집되어 적 또는 무장공비의 공세와 대남 유격전에 대처하고, 향토방위 체제를 확립하기 위한 조직이었다.

북한의 무력도발에 능동적으로 대처해야 한다는 사회적 여론이 높아지자 박정희 정부는 1968년 3월 '향토예비군설치법시행령'을 제정·공포하고, 1968년 4월 1일 향토예비군을 창설했다. 4월 5일 전국의 지역 및 직장 예비군에 무기가 지급되었다.

1968년 향토예비군 설치를 위한 법 개정 당시부터 야당인 신민당은 예비군이 정치에 이용될 우려가 있다면서 강력 반대하였으나 법 개정을 막을 수는 없었다. 1970년 6월 5일, 서해 휴전선 부근에서 우리 어선단 보호 임무를 수행하던 해군 방송선(시속 8노트, 120톤급)이 교전 끝에 북한에

---

84 국방부, 『육곡사업의 어제와 오늘 그리고 내일』, 국방부, 1994, 34~35쪽.

납치됐다. 그로부터 약 3주 후인 6월 22일 새벽 3시 50분, 서울 동작동 국립현충원에서 충격적인 사건이 발생했다.

예비군 무장 위한 무기 개발 절실

서울 시내에 침투한 북한 게릴라들이 6·25 행사에 참석하는 박정희 대통령과 정부 요인들을 폭사시키기 위해 국립현충원의 현충문에 고성능 폭탄을 설치하고 원거리에서 전파 조작으로 폭파하려 했다. 그런데 조작 실수로 폭탄이 미리 터지는 바람에 공비 1명은 현장에서 즉사했고, 나머지 공비들은 추적 끝에 사살됐다.

1969년 발표된 닉슨 독트린에 따라 1971년 3월 주한미군 제7사단이 철수하고, 서부전선 제1선을 담당하던 미 2사단이 미 7사단이 주둔하고 있던 후방으로 배치되었다. 이로써 북한군과 직접 대치하는 휴전선 전체의 지상방어 임무를 한국군이 전담하게 되었다. 안보 위기 속에서 치러진 1971년 대선에서 신민당의 김대중 후보는 향토예비군 폐지를 공약으로 내걸었으나 박정희의 당선으로 향토예비군 제도는 계속 유지됐다.

문제는 조직된 예비군을 무장시킬 무기가 부족했다는 점이다. 우선 당장 예비군 20개 사단을 경장비로 무장시키기 위해 1971년 11월부터 개인용 화기와 박격포, 화포 등 병기 국산화 개발이 시작됐다. 이것이 번개 사업이다.

병기 개발 과정에서 연구된 기술은 민간에 이전되어 관련 산업 발전의 견인차 역할을 했다. 예를 들면 ADD의 한필순 박사는 무게가 1.5kg이나 되는 미국제 철모 대신 나일론 섬유와 에폭시 수지를 이용하여 방탄 성능이 우수하면서도 무게가 가벼운 국산 신형 헬멧을 개발했다. 이것이 우리나라가 유리 섬유나 카본 섬유를 사용한 낚싯대 시장에서 세계 판매 1위

자리를 차지하는 데 결정적인 계기가 되었다.[85]

또 ADD 통신장비실의 서정욱 박사는 진공관식 구형 무전기를 대체할 트랜지스터형 소형 경량 무전기를 개발했다. 이런 군용 무전기 개발 기술이 전자교환기 TDX 개발로 이어져 우리나라 통신 산업 발전에 획기적으로 이바지했다. 기동장비 분야의 이한백 실장이 개발한 군용 소형 차량은 후에 기아자동차가 봉고 신화를 이루는 데 밑거름이 되었다.[86]

특히 ADD가 주도한 국방품질보증 체제는 열악한 국내 공업기술의 표준화·규격화에 크게 기여하여 1970년대의 낙후한 우리나라 공업기술 수준을 몇 단계나 끌어올리는 단초가 되었다. 품질보증제도는 방산 업체에 전파되었고, 이것이 다시 민수제품 생산의 규격화에 많은 기여를 했다.[87]

무기 생산 위해 중화학공업 건설

1972년 4월 12일 부산시 기장군 철마면의 깊은 산속에 M16 소총 생산을 위해 국방부 조병창이 설립되었다. 이 조병창이 실질적인 한국 방위산업의 효시다. M16 소총 생산공장은 1981년 민영화되어 대우정밀공업으로 변신했다. 문제는 소총 공장을 짓는다고 해서 모든 것이 해결된 것은 아니었다.

한 자루의 소총을 생산하려면 고압의 폭발력을 견디는 특수강이 공급되어야 하고, 특수강을 정밀가공할 수 있는 숙련된 기능 인력이 필요했다. 그러한 특수강과 기능 인력은 하늘에서 떨어지는 것이 아니다. ADD에서 개발한 국산 무기를 대량 생산하려면 금속·기계·전기·전자·화공학 등 총

85 안동만·김병교·조태환, 앞의 책, 77쪽.
86 안동만·김병교·조태환, 앞의 책, 77쪽.
87 안동만·김병교·조태환, 앞의 책, 78~81쪽.

체적인 과학기술과 산업이 요구되었다. 중화학공업이 건설되지 않는 한 방위산업은 불가능했다.

한국은 1974년 독자적인 한국군 현대화 계획인 율곡사업을 본격 추진하게 되었다. 율곡사업은 국가의 산업기반, 기술, 인력, 자금 등 모든 분야 자원이 극히 부족한 상태에서 시작되었으나 박정희 대통령의 독자적이고도 창의적 정책은 이러한 난관을 성공적으로 극복하는 기적적인 성과를 달성했다. 그 정책은 중화학공업과 방위산업을 동시에 발전시키는 '민간경제-방위산업 동시 발전 정책'이었다.[88]

민간경제-방위산업 동시 발전 정책

국가라는 것이 허구한 날 전쟁만 하는 것이 아니니, 무기만 만드는 중화학공업 공장을 지어서는 수지타산을 맞추기 어려웠다. 따라서 평상시에는 민수용 산업재를 생산하고, 전시에는 병기를 생산한다는 이중구조 방식이 창안되었다. '민간경제-방위산업 동시 발전 정책'의 핵심은 "군은 병기 생산 공장을 보유하지 않는다"라는 내용이었다.

박정희 정부의 전략가들은 병기만을 생산하는 방위산업 공장을 별도로 건설한 것이 아니라, 민간 기업이 민수용 산업제품을 생산하는 공장을 건설했다. 이 공장에서 평시에는 민수용 중공업 제품을 생산하여 국내 수요를 충당하거나 해외에 수출하여 국력을 신장한다. 전시나 필요할 때마다 그 공장 설비를 이용해 병기 부품을 생산하여 조립하는 방식을 채택한 것이다.

이 원칙에 의해 야심만만한 기업가들이 중화학공업을 전담하게 될 공

---

88 이준구, 「한국의 연합국방 전략 선택과 방위산업 발전사 분석」, 『한국정치외교사논총』, vol.39, 2017, 특별기획호, 147쪽.

장을 하나둘 건설하기 시작했다. 자동차와 조선은 현대그룹이 담당했고, 전자는 삼성과 금성(후에 LG)이 맡았으며, 철강은 워낙 거대한 투자가 요구되니 정부가 국영기업으로 포항제철(포스코)을 설립했다.

중화학공업 기반이 전무했던 한국에서 수출제일주의와 공업입국의 목표 아래 수출을 기반으로 하는 신산업 구조가 정부 주도하에 통째로 건설된 것이 '중화학공업화'였다. 박정희 대통령이 중화학공업에 기반을 둔 풀세트(full set)형 공업 구조를 건설한 이유는 방위산업을 통한 자주국방, 그리고 중화학공업 제품을 수출하여 국력을 신장하기 위해서였다. 자주국방에 대한 박 대통령의 절박한 의지는 월남 패망 직후에 쓴 그의 일기에 다음과 같이 진솔하게 표현되어 있다.

'자기 나라를 자기들의 힘으로 지키겠다는 결의와 힘이 없는 나라는 생존하지 못한다. 남이 도와주려고 하니 그것만을 믿고 나라를 지키겠다는 준비를 갖추지 못하고 있다가 망국의 비애를 겪는 역사적 교훈을 우리는 눈으로 보았다. 조국과 민족과 나 자신을 지키기 위해서는 여하한 희생도 불사하겠다는 결의와 힘을 배양하지 않으면 망국하고 난 연후에 후회를 해보았자 후회막급일 것이다.'[89]

그렇다면 박 대통령의 자주국방을 위한 중화학공업 건설의 결과는 어떻게 나타났을까?

한국의 GNP 대비 제조업 비율(공업화율)은 1953년 8.9%, 1962년 14.3%에 불과했다. 그런데 1972년 22.4%, 1982년에는 33.0%로 일본과 비슷한 수준이 되었다.[90] 박정희 대통령 주도하에 건설되기 시작한 중화학공업이 한국 산업의 뼈대를 이루게 되었다.

---

89 정재경, 『위인 박정희』, 집문당, 1992, 261~262쪽.
90 서우덕·신인호·장삼열, 앞의 책, 65쪽.

방위산업에 지대한 관심 표명한 전두환

세상에 '공짜'는 없듯이, 방위산업도 공짜가 아니었다. 한국 정부는 1976년 예산에서 국방비를 배증하고, 다음 3년간은 해마다 국방비를 크게 늘렸다. 1979년 국방비는 1975년의 4배 수준이 됐다. 1975~1980년 한국에서 이뤄진 모든 제조업 투자의 75%는 방위산업 강화가 목적이었다. 이렇게 생산된 무기를 토대로 박 대통령은 1개 기계화 사단과 5개 공수여단을 신설하고, 해군 병력을 배로 늘렸으며, 미국산 함정과 미사일을 구입하고, 공군 비행기도 최신예 제트기로 교체했다.[91]

1979년 3월 5일 전두환 육군 소장이 보안사령관에 취임했다. 전두환 사령관은 보안사에 방위산업 담당 부서를 신설하고 방위산업에 지대한 관심을 갖기 시작했다. 취임하자마자 그는 ADD를 방문, 하루 종일 무기 개발 현장을 둘러보았고, 한국 기술진이 개발한 지대지 미사일 백곰(NHK-1)에 대한 설명을 듣고는 "우리 기술진의 자주국방 의지와 기술에 감탄했다"라면서 큰 관심을 보였다. 그리고 보안사 요원 10여 명을 ADD에 상주시켜 동향을 파악했다.[92]

전두환은 보안사령관 재직 시절 수시로 박 대통령에게 방위산업에 관한 비밀 보고서를 올릴 정도로 깊은 관심을 보였다. 그랬던 그의 태도가 돌변한 것은 1980년 5월 17일, 국가보위비상대책위원회(국보위) 상임위원장이 되면서부터다.

그렇다면 여기서 중대한 의문이 제기된다. 보안사령관 시절 ADD를 방문해 극찬을 아끼지 않았던 주인공이 대통령에 오르자마자 자주국방의 주역인 ADD를 초토화시키다니, 대체 무슨 사연이 있었던 것일까?

---

91 돈 오버도퍼 지음, 뉴스위크 한국판 편집국 번역, 『두 개의 코리아』, 중앙일보사, 1998, 73쪽.
92 오원철, 앞의 책(5), 543~544쪽.

백곰 미사일 개발의 주역이었다가 전두환 정부 초기에 ADD에서 해직당한 이경서 박사는 이와 관련, 세 가지 추론을 제기했다.[93]

첫째, 백곰 미사일이 미국제 나이키 허큘리스에 페인트칠만 한 가짜였기 때문이었다는 가설이다.

둘째, 유도탄 개발을 중단하라는 미국의 압력 덕분이란 가설, 즉 정통성이 없었던 전두환 정권이 미국의 압력에 굴복한 결과라는 해석이다. 이경서 박사는 아웅산 사태 직후 전두환 정권이 유도탄 개발을 재개했을 때 미국이 아무런 제지를 하지 않았다는 점을 들어 이것은 신빙성이 없는 얘기라고 주장했다. 미국은 한국의 핵 개발 저지가 목적이었을 뿐 미사일 자체를 저지하려 한 것은 아니었다는 의견을 제시했다.

셋째, ADD 내부의 주도권 다툼이라는 가설이다. 이경서 박사의 주장에 의하면 초대 신응균 소장 시절 ADD는 군 중심으로 조직되고 운영되었다. 박 대통령은 국방연구 분야에도 한국과학기술연구원(KIST) 같은 민간 중심의 수준 높은 연구소가 있어야 한다는 생각에서 ADD를 창설했다.

ADD를 민간 중심 연구소로 운영코자 하는 박 대통령의 뜻을 전달받은 2대 소장 심문택은 군 출신 중 공학계 박사를 제외한 연구원을 대부분 퇴출시키고 민간인 중심으로 연구소를 재편했다. 이 조치에 군 출신들이 크게 반발했다.

전두환이 박정희의 원대한 꿈 짓밟았나?

1982년 11월, 육사 11기 출신 김성진이 ADD 소장으로, 김재관 박사가 부소장으로 오면서 공군 출신 한필순 박사와 해외 유학파인 차철영 박사가 충돌했다고 한다. 군 출신 연구원들이 차철영 박사 퇴출을 위해 연판

---

93 이경서, 『박정희의 자주국방』, 이른아침, 2023, 255~257쪽.

장을 제출하여 차철영 부장이 퇴직하는 사건이 벌어졌다. 육사 출신 김성진이 소장으로 부임하자 힘을 얻은 군 출신들이 해외 민간인 박사 그룹을 몰아내고 군 중심 조직으로 재편했는데, 이를 위해 '미국의 압력'을 명분으로 필요 이상의 숙청을 단행했다는 주장이다.

백곰 미사일 개발에 참여했던 연구원들이 이런 주장을 제기한 결과, 전두환 정권은 박정희 대통령의 원대한 목표였던 자주국방의 꿈을 짓밟은 몹쓸 집단으로 지탄받게 되었다.

국가를 방위하는 기본 병기를 제 손으로 만들지 못하는 국가는 선진국이 될 수 없다는 것은 군 출신들의 공통된 상식이다. 그렇다면 전두환을 비롯한 김성진 등 육사 11기들이 권력에 눈이 멀어 자신의 영혼을 팔 정도로 엉터리 집단이었을까?

한국의 핵무기와 미사일 개발 및 중단 사례는 약소국의 전략무기 개발 및 중단에 영향을 미치는 요인이 무엇인지를 보여주는 중요한 연구 주제다. 미사일은 국제정치에 있어 핵과 연계된 현대의 대표적 무기체계다. 북한의 무력 위협에 노출된 한국은 억지력 확보를 위해 미사일 개발이 불가피했다. 반면에 미국은 한국의 미사일 개발로 인한 동아시아 군비 경쟁을 우려하여 동맹국인 한국의 미사일 개발을 제한하려 했다. 한국의 미사일 개발 의지와 미국의 미사일 개발 제한의 갈등으로 인해 한미동맹은 딜레마에 빠지게 된다.[94]

박정희 대통령의 자주국방은 핵무기와 그 운반수단인 미사일 개발이 핵심이었다. 미군이 철수하면 스스로의 힘으로 북한의 침략을 막아야 한다. 박정희는 군사력 측면에서 열세에 있는 한국이 북한에 대응하기 위해선 핵과 미사일을 개발하여 핵무장을 하는 것이 최선의 방책이라고 판단

---

94 현인택, 「한국의 대외 안보환경 변화에 대한 대응전략 패턴 연구」, 『KRIS 총서』, 1993, 147쪽.

했다. 박정희의 자주국방 의지는 핵 확산을 극력 저지하는 미국의 글로벌 전략과 정면충돌했고, 그 과정에서 한국은 심각한 경제 및 안보 위기에 처하게 된다. 이것이 1980년 한국이 처한 체제 위기의 실상이었다.

박정희 대통령의 미사일 개발

박정희가 민족주의적 명분을 앞세운 자주국방론자였다면, 전두환은 국제정세에 입각한 현실주의자였다. 그는 미국의 반대와 방해를 거슬러가며 핵과 운반수단인 미사일 개발은 불가능하며, 그 과정에서 경제와 안보는 파탄을 피할 수 없다고 보았다. 현실론적인 최선의 방법은 핵·미사일 개발을 포기하고 전통적인 한미일 관계를 복원하여 경제 발전과 안보 능력을 강화하는 전략이었다.

문제의 복잡한 심층을 이해하기 위해서는 박 대통령 시절 추진됐던 미사일과 원자폭탄 개발을 이해해야 한다.

박 대통령은 1971년 12월 26일 북한이 도발을 감행할 경우 평양을 타격할 수 있는 사거리 200km급의 지대지(地對地) 미사일을 개발하라는 극비 지시를 했다. 서울이 북한 프로그(FROG) 미사일 사정권 내에 들어와 있는 상황에서 전투기만으로 북한의 공격을 억지하고 한국을 방어하는 데는 한계가 있다고 인식[95]했기 때문에 내려진 조치였다.

핵심 내용은 사정거리 200km 내외의 지대지 유도탄을 1975년 이전에 국산화하라는 것이었다. 박 대통령의 지시 사항은 1972년 4월 4일 '항공공업 육성계획 수립지시'라는 위장 사업명으로 국방부 합동참모본부를 통해 ADD에 전달됐다. 이 계획이 박 대통령의 최종 승인을 받은 시기는 1974년 5월 14일이었다.

---

95 오원철, 앞의 책(5), 553쪽.

ADD가 미사일 개발 경험이 있는 전문가도, 미국의 지원도 없는 상황에서 1975년 내에 미사일 개발은 현실적으로 불가능했다. 당시 우리나라 기술 수준은 3.5인치 로켓탄도 못 만들어 쩔쩔매는 수준이었다. 이 와중에 큰 도움을 준 사람이 앞에서 소개한 미 국방부가 파견한 하딘 단장이다.

미국의 미사일 개발 지원

하딘 단장은 ADD의 자생력을 키우기 위해 ADD 연구원 1명을 미국에 파견하여 연수를 시키기로 결정했다. 이때 선발된 사람이 미사일 개발팀에 근무했던 구상회 박사였다. 구상회는 1972년 5월 미국으로 건너가 앨라배마주의 미 육군 미사일연구소(MICOM: US Army Missile Command)에 머물며 국내에 유도탄 연구소를 세우는 데 필요한 기술 지원을 받았다. 미국의 유도탄 연구소 담당자는 적극적으로 미사일 기술 지원을 해주었다. 이를 계기로 한국은 미사일 개발에 근간이 될 구체적인 개발 계획을 수립할 수 있었다.[96]

구 박사가 방문한 미 육군 미사일연구소는 그전까지 레드스톤 조병창(Redstone Arsenal)으로 불리던 곳으로, 2차 세계대전 후 독일의 폰 브라운(Wernher von Braun) 박사가 미국 최초의 인공위성을 개발하고 아폴로 계획을 추진했던 곳이다.[97] 곧이어 이경서 박사도 미사일연구소에 파견되었다. 미사일연구소에서는 맥다니엘 연구소장과 월불 체계실장의 도움으로 미사일 연구에 필요한 귀중한 자료를 입수했고, 연구원들과 각종 기술을 토론하고 문답한 내용을 녹음한 테이프 수십 개를 가져왔다. 또 미사일 개

---

96 김지일, 「포기와 연루를 넘어서-한국의 미사일 개발과 한미동맹 딜레마」, 고려대학교 대학원 정치외교학과 박사학위 논문, 2016, 76쪽.

97 박준복, 『한국 미사일 40년의 신화, 자주국방 그리고 꿈을 이룬 사람들』, 일조각, 2011, 38~50쪽.

발에 필수적인 관성항법정치 샘플도 하나 선물로 받아 귀국했다.[98]

하딘 팀이 제공한 자료는 국산 미사일의 기본 설계를 위한 귀중한 자료가 되었고, 재래식 병기 개발을 위한 기술자료 패키지는 도면 생성과 품질 보증을 위한 귀중한 참고자료가 되었다.

ADD는 외국의 기술협력 없이 관성유도장치(INS)를 갖춘 미사일 개발에는 5~7년이 걸릴 것으로 예상했다. 그 결과 1975년으로 거론됐던 미사일 개발 시한이 1978년으로 조율됐다. 박 대통령은 1978년까지 사정거리 500km의 미국의 퍼싱급 지대지 미사일을 개발하라고 수정 지시했다.

1974년 9월에는 미사일 연구소인 대전기계창 건설이 '신성농장'이란 위장 명칭으로 시작됐다. 1975년 1월부터 '안흥 측우소'라는 명칭으로 미사일 비행 시험장 건설이 시작됐다. 이로써 박정희 정부는 미사일 개발에 필요한 기반 시설을 갖추고 본격적으로 유도탄 개발에 착수했다.[99]

핵 개발은 봉쇄, 미사일 개발은 지원

ADD는 미사일 개발사업을 3단계로 나누었다. 제1단계는 기존 무기체계를 모방하여 지대지 유도탄의 체계 설계 및 제작 능력을 개발하기로 했다. 제2단계는 모방개발 된 미사일 성능을 개량하여 무기 체계화하기로 했다. 제3단계는 사정거리 500km의 한국형 지대지 유도 미사일을 독자 개발하기로 했다.[100]

여기서 제1단계 사업으로 선정된 유도 미사일이 당시 한국군이 보유하고 있던 나이키 허큘리스(Nike Hercules)였다. 사정거리 200km의 나이키

---

98 안동만·김병교·조태환, 앞의 책, 118쪽.

99 김지일(2016), 77~78쪽.

100 국방과학연구소a, 『국방과학연구소 약사(제1권)』, 국방과학연구소, 1989, 146쪽.

허큘리스는 1954년 지대공(地對空) 미사일로 개발되었는데, 진공관을 사용했고 2단 추진 체계로 구성되어 있으며, 전술형 핵탄두 탑재가 가능한 모델이었다. 워낙 구형이어서 미국이 생산을 중단함으로써 국내에 실전 배치되어 사용하는 과정에서 유지 운영에 필요한 예비 부품 공급이 어려운 상황이었다.

국내 연구진의 검토 결과 나이키 허큘리스의 전자회로를 최신형 반도체로 교체하고, 추진체와 유도장치는 미국제를 모방하여 약간 개량하면 지대지로 전환이 가능하다고 판단했다. 국내에서 유지 운영에 필요한 부품 확보 차원에서 관련 기술을 개발한 후 이를 발전시켜 국산 미사일을 완성하기로 결정했다. 이것이 후에 백곰 미사일 개발로 현실화되었다.

한국이 미사일 독자 개발에 나서자 미국이 대단히 민감하게 반응했다. 이유는 한국이 개발하려는 백곰이 핵탄두 운반체계로 활용될 수 있었기 때문이다. 또 재래식 탄두로 압록강변 도시 등 군사시설까지 공격할 수 있는 능력을 갖추려 했기 때문이다. 미 의회는 한국이 자국의 아틀라스 대륙간 탄도미사일(ICBM) 기술을 빼간 것 아닌가 하고 의심했다. 일본, 소련 등 주변국은 핵무기 탑재 목적 아닌가 하는 의혹을 제기하며 강력 반발했다.

미사일 개발은 한국 과학자들이 불철주야 노력해서 해결될 수 있는 부분이 있고, 불가능한 부분도 존재했다. 특히 백곰 개발 과정에서 핵심은 미국 기업으로부터 미사일의 비행 동력인 추진제 설비 확보와 그것의 한국 수출 문제였다. 미국의 지원과 협조가 없었다면 이 설비의 확보가 가능했을 것인가는 좀 더 진지한 성찰이 필요하다.

비밀 해제된 CIA 자료에 따르면 미국은 ADD가 '890 사업'으로 명명한 백곰 미사일 개발 계획을 핵무기 개발의 일부로 파악했다. 미국은 박정희가 추진하는 '890 사업' 중 핵 개발에 대해서는 강력한 압력을 가해 제지했다. 한국의 핵 개발이 일본을 자극하여 동아시아 지역 안정을 해칠 수 있다고 보았기 때문이다.

반면에 핵 개발을 저지할 수 있다면 미사일 개발은 한국의 재래식 군사력 강화 문제로 볼 수 있고, 미 행정부가 직접 지원하지 않는 이상 한국의 미사일 개발은 성공 가능성이 높지 않다고 판단했다.[101]

록히드 추진제 설비 한국 판매

미 NSC(국가안전보장회의)는 한국에 재래식 첨단무기가 많이 이전될수록 핵무기 개발 가능성이 낮아질 수 있다고 보았다. 이런 판단에 근거하여 미국은 박정희의 '890 사업'과 관련, 핵 개발은 강력 저지, 미사일 개발은 미국이 허용하는 범위 내에서 추진토록 한다는 분리 대응 전략으로 선회했다.

박원곤 이화여대 교수는 한국형 지대지 미사일인 '백곰' 개발은 국제정세 변화와 미국의 대한(對韓) 정책 재검토 맥락에서 미국의 지원이 있었다는 사실을 실증적으로 밝혀냈다. 그의 연구에 의하면 1975년 인도차이나 반도 공산화 후 북한의 오판 가능성이 높아졌고, 미국의 대한 안보 공약의 약화를 우려한 박정희 정부는 핵 개발에 착수했다.

스나이더(Richard Lee Sneider) 주한 미국대사는 대한 안보 공약 약화에 대한 박정희 정부의 우려를 불식시키기 위해 주한미군 철수 중지 등 전폭적인 대한 안보 지원을 제안했고, 한국의 중거리 미사일 프로그램 지원도 이 제안에 포함되었다는 것이다.[102]

1975년 4월 30일 박 대통령은 스나이더 대사에게 록히드와의 추진제 생

---

101 엄정식, 「카터 행정부 시기 대한 무기이전 정책의 변용-백곰 미사일의 개발과 F-5E/F 공동생산의 합의」, 서울대학교 대학원 외교학과 박사학위 논문, 2012, 142~143쪽.

102 박원곤, 「미국의 대한정책 1974~1975년-포드 행정부의 동맹정책 전환」, 『세계정치』 제31집 제2호, 2010, 71~99쪽.

산설비 구매 계약을 미국 정부가 승인해줄 것을 요구했다. 이때 박정희는 미사일 개발은 북한의 우세한 공군력을 상쇄하기 위한 억지용이라고 강조했다. 또한 재정적 부담이 있더라도 주한미군 철수에 대비해 미사일 개발을 계속할 것이며, 미국이 지원하지 않으면 '제3국의 도움'이라도 받겠다는 강한 의지를 보였다.[103]

록히드의 추진제 설비 판매계약은 한국이 사용 후 핵연료 재처리 시설에 대한 포기 의사를 보이기 시작한 1975년 12월에 이루어졌다. 계약에 따라 추진제 설비가 ADD에 설치된 것은 1976년 말이다.[104] 한국이 짧은 기간에 백곰 미사일 개발에 성공한 이유는 록히드의 추진제 설비와 나이키 허큘리스 미사일 개발 생산 회사인 맥도넬 더글라스(McDonnell Douglas)와의 공동 연구 덕분이다.[105] 이 두 사안은 미국 정부의 협조 없이는 이뤄질 수 없는 일이었다.

프랑스 회사와 접촉, 추진제 기술 확보

미국 정부는 추진제 설비 판매는 승인했지만, 생산기술과 원료는 통제했다. 추진제 생산기술과 원료까지 제공하면 미사일 개발이 지나치게 빨리 진행될 수 있다고 우려한 것이다. 미국은 ADD의 능력을 과소평가했다. 미국이 생산기술과 원료 협조를 거부하자 ADD는 프랑스 국영기업인 SEP(Société Européenne de Propulsion, 추진기관 생산회사), SNPE(Société Nationale des Poudres et Explosifs, 추진제 원료 생산회사)와 접촉했다. 두 회사의 적극적 협력을 통해 ADD 연구팀이 직접 추진제 생산 과정에 참여

---

103 엄정식(2012), 142쪽.
104 박준복, 앞의 책, 52쪽.
105 김영섭 외 지음, 『과학대통령 박정희와 리더십』, 엠에스미디어, 2010, 495~497쪽.

하여 최대한 많은 정보를 얻었고, 한국 기술진이 프랑스 회사에 파견되어 실질적 훈련을 했다.[106]

이 과정에서 ADD 연구팀은 추진제 생산기술 및 원료뿐만 아니라, 당시 프랑스가 생산하고 있던 최신 엑조세 미사일에 대한 자료도 비밀리에 확보하여 한국으로 가져왔다. 이러한 자료들은 백곰 미사일과 후속 미사일 개발에 크게 기여했다.[107]

1978년 9월 26일 한국은 백곰 미사일의 시험발사에 성공하여 세계 일곱 번째로 지대지 미사일 개발국 반열에 올랐다. CIA 정보에 의하면 백곰 미사일은 지상의 통제와 유압식 체계 부분만 기존 나이키 허큘리스 미사일을 복제했을 뿐 로켓 모터, 기체, 통제 체계, 유도장치가 훨씬 향상되거나 완전히 재설계되었다. ADD는 자체적으로 소규모 로켓 모터를 개발했고, 추진제 원료와 생산기술은 프랑스 국영기업(SEP·SNEP)으로부터 확보했다.[108]

미국, 백곰 미사일 성능 개량 방해

이날 백곰 공개발사 행사에서는 백곰 외에 ADD가 새로 개발한 대전차 로켓(KLAW), 다연장 로켓 구룡, 중거리 무유도 로켓 황룡도 함께 선보여 모두 성공했다. 한국이 백곰 미사일 시험발사에 성공하자 카터 행정부는 그제야 추진제 원료를 한국에 판매하기 시작했다. 미국의 무기이전 억제 정책에 한국은 기술도입 다변화 정책으로 맞서 성공적인 결과를 창출한 것이다.

백곰의 공개 발사에 성공하자 다음 날 일본 아사히신문은 남한이 개발

---

106 엄정식(2012), 162쪽.

107 엄정식(2012), 162쪽.

108 엄정식(2012), 153쪽.

한 미사일은 원시적인 포물선 비행방식을 채택하고 있고, 정밀도도 부족하다는 평가와 함께 "핵 개발과 연관되어 있을 것"이라고 보도했다. 9월 29일에는 소련 국방성이 "남한의 핵 개발을 경고한다"라는 성명을 발표했다. 백곰 발사 며칠 후에는 위컴 주한미군 사령관이 ADD를 방문했다. 이경서 박사는 5시간에 걸쳐 한국의 미사일 개발의 불가피성을 역설했다. 주한미군 사령관의 방문에 이어 카터 행정부가 파견한 7명의 시찰단도 ADD를 찾아와 미사일 관련 시설을 돌아보았다.[109]

박 대통령은 백곰의 발사 성공 직후 "백곰 100여 발을 양산하여 실전 배치하되, 1980년 말까지 1개 시험포대를 설치할 수 있도록 양산을 위한 실용화 개발을 서둘러라"라고 지시했다. 이를 위해 189억 원의 사업비가 책정되었다.

카터 행정부는 백곰 개발 과정에서는 추진제 설비 판매 등 제한된 지원을 했다. 하지만 백곰 개발에 성공하자 ADD가 사거리 확대와 관성유도장치를 탑재한 개량형 미사일 개발 시도에 대해서는 심각한 우려를 표명했다. 미국 내에서는 한국의 미사일 성능 향상이 자국의 글로벌 전략에 지장을 주지 않도록 하기 위해 한국의 미사일 개발을 통제할 필요가 있다는 의견이 강하게 제기되었다.

이경서 박사는 관성항법장치 기술을 확보하기 위해 영국 페란티사와 계약을 체결하고 ADD 연구원을 영국으로 연수를 보냈다. 이 사실을 파악한 글라이스틴 주한 미국대사와 토머스 스턴(Thomas Stern) 공사는 한국 외무부 장관, 국방부 장관을 방문하여 "사정거리 180km 이상의 미사일 개발은 군비경쟁 촉진과 잠재적 핵무기 가능성이 있으므로 미국은 반대하며, 협의 없는 한국의 미사일 개발은 한미 관계에 부정적 영향을 초래한

---

109 안동만·김병교·조태환, 앞의 책, 307쪽.

다"라고 항의했다.[110]

카터 행정부는 한국 기술진이 관성항법장치 기술을 확보하지 못하도록 영국 정부에 압력을 행사하기 시작했다. 미국은 주한미군 군사지원단(JUSMAG-K) 요원을 영국으로 파견하여 한국 연구진의 활동을 감시했다.[111] 또 미 국방부 시험평가부장 등 전문가 7명을 ADD에 파견하여 관련 사항을 조사했다. 대전기계창 상공이 비행금지구역이었음에도 불구하고 수시로 미군은 저공비행으로 항공 촬영을 하는 등 감시를 강화했다.[112] 미사일 사정거리 증가와 관성유도장치 개발을 억제하기 위한 나름의 노력이었다.

한미 미사일 양해각서 체결

1979년 7월 위컴 주한미군 사령관은 노재현 국방부 장관에게 한국의 탄도미사일 개발을 중단하라는 권고 서한을 보냈다. 이 서한에 대해 노 장관은 위컴 사령관에게 "국산 미사일은 탄두 중량 500kg, 사거리는 180km 이내로 제한하겠다"라는 입장을 문서로 전달했다. 이로써 1979년 9월 한미 미사일 양해각서가 체결되었다.[113]

한국 정부가 미사일은 개발하되, 탄두 중량과 사거리를 자율적으로 규제하겠다고 나선 것은 미국이 수용할 수 있는 범위까지만 개발을 추진하겠다는 의지의 표현이었다. 이후 한국형 지대지 미사일 개발을 둘러싼 한미 간의 갈등은 봉합되었다. 그렇다면 탄두 중량 500kg, 사거리 180km에 담긴 의미는 무엇일까?

---

110 김지일(2016), 82쪽.
111 엄정식(2012), 159쪽.
112 노재현, 『청와대비서실(2)』, 중앙일보사, 1993, 63쪽.
113 안동만·김병교·조태환, 앞의 책, 360~361쪽.

서울에서 베이징까지는 직선거리로 956km, 도쿄까지는 1,157km다. 한국이 개발, 보유하게 될 미사일의 탄두 중량과 사거리는 주변국 안보에 직접적인 영향을 미친다. 만약 한국이 1,000km 이상 날아가는 미사일을 보유하고, 여기에 핵탄두를 탑재할 경우 베이징과 도쿄는 한국의 직접적인 핵 공격 위협에 놓이게 된다.

한국이 백곰 개량형 미사일 개발을 추진할 무렵, 미국은 중국과 수교하여 중국을 국제무대로 끌어내 자유무역체제의 일원으로 삼는다는 전략을 추진 중이었다. 미국은 한국의 미사일 개발이 중국을 자극할 것을 우려하여 한국에 전략물자 및 기술자료 보호에 관한 양해각서 교환을 요구한 것이다.

4

국방과학연구소 기구 축소,
인력 감축의 진실

백곰 미사일 개량을 위한 준비와 연구개발이 한창이던 시기에 박 대통령이 시해되고 서울의 봄이 꽃처럼 지고 국보위가 출범하는 정치적 소용돌이가 일어났다. 박정희 대통령의 자주국방 정책을 기술적으로 뒷받침했던 심문택 ADD 소장이 1980년 7월 20일 퇴임하고 7월 21일 서정욱 소장이 부임했다.

이때 전두환 국보위 상임위원장은 신임 서정욱 소장에게 ADD 인원을 대폭 감축하라는 지시를 내렸다. 서정욱 소장은 9월 2일부로 조직개편을 단행, 정원을 2,770명에서 2,591명으로 줄였다. 이때 백곰 미사일 개발 주역이자 개량형 백곰 연구의 핵심인 이경서(부소장), 강인구, 한홍섭, 김웅 박사 등 30여 명의 간부급 핵심 요원을 포함하여 77명이 '공직자 정화계획' 명분으로 해직되었다. 이것이 '제1차 숙청'으로 알려진 ADD 인력 감축이다. 이로써 개량형 백곰 미사일 개발 기반이 크게 약화되었다.

지금까지는 12·12와 5·17로 집권한 전두환 정부가 부족한 정치적 정당성을 미국의 승인으로 메우기 위해 미사일 관련 핵심 인력을 감축시켰다고 알려졌다. 즉 미국이 한국의 지대지 미사일 개발을 원치 않는다는 점을 고려하여 전두환 국보위 상임위원장이 지대지 미사일 개발 기반을 약화시켰다는 것이다.[114] 다수의 연구자들뿐만 아니라 당시 ADD에서 해직된 연구인력, 강창성 의원 등이 전두환 정부의 ADD 인력 감축에 미국의 영향이 강하게 작용했다고 주장했다.[115]

ADD 1차 숙청, 전두환이 원죄인가?

그러나 기존 연구의 가설은 사료를 통해 실증되지 않았고, 전두환 국보위 상임위원장이 미국의 압력에 의해 ADD 인력을 감축한 것인지, 미국의 압력 없이 전두환 스스로 원만한 한미 관계를 위한 선제 조치로 인력 감축을 단행한 것인지 밝히고 있지 않다. 또한 1980년대의 인력 감축이 미사일 개발 프로그램의 전면적인 중단으로 이어지지 않은 것을 설명하지 못하고 있다.[116]

관련 내용을 정밀 추적해보면 1980년 9월 2일의 제1차 ADD 숙청은 미국의 압력과는 하등 관련이 없다. 핵심 인력의 강제 퇴직으로 미사일 개발 여건이 약화된 것은 사실이지만, 1차 숙청으로 인해 개량형 백곰 개발이 중단되지 않았을 것이다. 전두환 정부는 집권 초기인 1981년 개량형 백곰 미사일 개발이 포함된 2차 율곡 계획을 승인했다. ADD의 유도무기 사업단도 살아남았다.[117]

---

114 이윤섭, 『박정희 정권의 핵무기 개발 비사, 자주국방을 위한 도전』, 출판시대, 2019, 339~343쪽.

115 한겨레신문, 1989년 2월 10일.

116 신경은, 「전두환 정부 시기 전략무기 개발정책의 전환-현무(NHK-2) 미사일 개발 중단 및 재개 사례」, 서울대학교 대학원 정치외교학부, 2023, 5쪽.

117 국방과학연구소b, 『국방과학연구소 50년사』, 2020, 84쪽.

박정희·전두환 정부 국방과학연구소장

대수	이름	임기	출신
초대	신응균	1970년 8월 15일~1972년 1월 31일	육군 중장
2대	심문택	1972년 2월 1일~1976년 1월 31일	미국 인디애나대학 이학박사
3대		1976년 2월 1일~1980년 1월 31일	
4대		1980년 2월 1일~1980년 7월 20일	
5대	서정욱	1980년 7월 21일~1982년 11월 19일	텍사스 A&M대 전기공학 박사
6대	김성진	1982년 11월 20일~1983년 10월 14일	육군 준장
7대	박덕호	1983년 10월 26일~1987년 1월 22일	
8대	안철호	1987년 1월 23일~1989년 1월 22일	육군 소장

1차 숙청 불구, 백곰 개량사업 정상 추진

ADD 50년사를 비롯하여 당시 숙정 대상이 되었던 연구원들의 회고에 따르면 1차 ADD 인력 감축의 명분은 공직자 정화였다. 심문택 소장은 1980년 2월 이사회 결의를 통해 4대 소장으로 연임이 확정되었으나, 불과 5개월 만인 1980년 7월 정화 대상으로 분류되어 경질되었다. 신군부가 미사일 개발과 관련된 핵심 인력을 정화 대상으로 분류한 데에는 백곰 미사일에 대한 전두환 대통령의 불신이 영향을 미쳤다. 카터 행정부가 ADD 인력 감축에 영향력을 행사했다는 사료는 찾기 어렵다.[118]

1차 숙청에도 불구하고 ADD에는 초기부터 유도탄 개발에 참여했던 최호현 박사 등이 남아서 항공기 및 유도무기 개발단장을 맡아 개량형 백곰 사업을 진행했다. 2차 율곡 계획에 반영된 개량형 백곰 미사일 개발은 1980년대 중반까지 독자적인 한국형 장거리 지대지 미사일을 실전 배치하

---

118 신경은(2023), 111쪽.

는 것이 최종 목표였다.

합참은 2차 율곡 계획을 통해 개량형 백곰 미사일 개발 사업을 지속적으로 추진하고, 새로 개발한 분산형 탄두를 양산 배치하여 응징보복 능력을 강화해나가기로 결정했다. 이러한 내용이 포함된 2차 율곡 계획(1982~1986)은 1981년 10월 전두환 대통령의 재가와 국회의 예산 심의를 거쳐 1982년부터 집행되었다.[119]

백곰 개발로 한국은 세계 7번째 지대지 미사일 보유국이 되었으나, 백곰은 작전 운용상 한계가 있었다. 우선 백곰은 통제소에서 지상에 있는 레이더를 이용하여 미사일이 목표물에 도달할 때까지 전파로 유도하는 구식이었다. 레이더를 포함한 지상통제소는 미사일이 비행하는 동안 위치를 바꿀 수 없어 적의 공격에 취약했고, 미사일에 전파를 보내는 과정에서 적의 전파 방해를 받을 위험도 컸다.[120]

관성유도장치가 없었던 백곰은 목표물을 유도하는 레이더가 쉽게 파괴될 수 있어 작전용으로는 취약했다. 때문에 이동식 발사대로 성능을 개량해야 했다. 게다가 4개의 로켓으로 구성된 클러스터형 부스터를 추진기관으로 사용했는데, 4개의 로켓 중 1개에만 이상이 생겨도 발사에 실패하는 한계가 있었다. 때문에 1개의 대형 단일 로켓으로 개량할 필요가 있었다.[121]

1982년 10월 개량형 백곰 시험발사 성공

백곰 개량형 개발을 위해서는 관성유도장치를 사용하여 목표를 향해 자동으로 날아가는 '발사 후 망각(Fire & Forget) 방식'이 요구되었다. 한국

---

119 조영길, 『자주국방의 길』, 플래닛미디어, 2019, 194~195쪽.

120 안동만·김병교·조태환, 앞의 책, 320쪽.

121 안동만·김병교·조태환, 앞의 책, 318~319쪽.

이 관성유도장치를 탑재한 미사일을 개발하면 정확도 향상 등 공격력이 크게 향상된다.

1981년 2월, ADD와 합참은 사거리 180km, 500kg의 탄두를 장착하는 개량형 백곰(NHK-2) 개발 동의서를 작성했고, 최호연 박사가 사업 책임을 맡았다.[122] ADD에 남아 있던 연구진에 의해 관성항법장치, 이동식 발사대, 사격통제장비, 탄두 등 미사일 개량에 필요한 핵심 구성품 개발이 완료되었고, 1982년부터 본격적인 비행 시험이 시작되었다. 그 결과 1982년 10월 김윤호 합참의장 참관하에 개량형 백곰(NHK-2)의 비행 시험이 성공적으로 이루어졌다.[123]

김윤호 합참의장은 개량형 백곰 미사일 시험 발사 성공에 크게 기뻐하며 현장에 있던 연구진들을 격려하고 표창을 상신하도록 지시했다.[124] 그런데 며칠 후 김윤호 합참의장은 느닷없이 연구개발비를 포함하여 약 5천억 원의 율곡 계획 예산을 삭감하라고 지시했다. 이로 인해 수많은 사업이 집행 유보되었고 율곡 사업은 혼란에 빠졌다.[125]

한 달 후인 1982년 11월 20일, 전두환 대통령은 육사 11기 동기이자 ADD 창립 멤버인 김성진 당시 국가안전기획부 차장을 국방과학연구소장으로 임명했다. 신임 김성진 소장은 대대적인 조직개편을 단행, 연구소 인력을 2,598명에서 1,759명으로 줄였다. 이때 연구원 등 839명이 대량 해고되었는데, 주로 대전기계창에서 유도탄 개발에 참여한 고급 인력들이었다.[126] 이것이 제2차 ADD 숙청이었다.

---

122 안동만·김병교·조태환, 앞의 책, 334쪽.

123 안동만·김병교·조태환, 앞의 책, 334~335쪽.

124 조영길, 앞의 책, 180쪽.

125 조영길, 앞의 책, 180~181쪽.

126 안동만·김병교·조태환, 앞의 책, 349~352쪽.

충격적인 2차 구조조정 결과 핵심 구성품 개발이 완료되고, 비행 시험까지 마친 개량형 백곰 미사일 개발 프로그램은 중단되었다. 홍재학 박사, 최호연 박사 등 미사일 개발 관련 중견 간부를 포함한 미사일 연구진들이 대거 퇴직했고, 중단된 과제 예산은 전액 반납되었다.

두 차례 숙청 작업으로 1985년 당시 ADD 소속 연구원은 875명으로 줄었다. 이는 1970년대 후반의 절반 수준에 불과했다. 국방비 대비 국방 연구개발비도 1970년대의 3.5% 수준에서 1.2~1.4% 수준까지 낮아졌다. 1982년 942억 원이었던 연구소 예산이 1983년에는 749억 원으로 대폭 줄었고, 1985년에도 1982년 수준을 넘지 못했다.[127]

2차 숙청으로 백곰 성능개량 중단

두 차례에 걸친 ADD의 대대적인 구조조정과 연구원 대거 이탈로 자주국방을 위한 연구개발 기반이 크게 약화되었다. 대통령이 주재하던 방위산업확대진흥회의가 폐지되었고, 청와대가 주도했던 방위산업 업무는 국방부 주도하에 상공부가 보조하는 체제로 전환되었다. 방위산업에 대한 지원과 특혜도 상당 부분 폐지 혹은 축소되었다. ADD 입장에서 보면 5공 정부 출범은 '고난의 행군'의 시작이었다.

두 차례 숙청으로 해직당한 엘리트 연구원들은 "미사일 연구개발에 재능과 피땀을 바친 죄밖에 없는 현장 연구자들이 대거 숙청당한 것은 물론, 청춘을 바쳐 수행했던 미사일 사업 자체가 중도 폐기됐다"라며 분노했다. 백곰 개발의 주역 이경서 박사의 저서 『박정희의 자주국방』에는 2차 숙청의 주역 김성진과 전두환 대통령을 매국노로 비난하는 다음과 같은 내용이 발견된다.

127 국방과학연구소b, 앞의 책, 86쪽.

"육사를 수석으로 졸업했다는 그가(김성진 소장) 우리나라 자주국방의 기틀 자체를 완전히 망가뜨린 셈이다. (중략) 지금도 내가 뼈아프게 여기는 대목은, 그와 그의 친구이자 상관이 된 전두환 대통령이 우리가 어렵게 갈고 닦은 자주국방의 터전을 완전히 파괴했다는 것이다. (중략) 군 출신 대통령과 국방과학 연구 책임자가 왜 이런 매국적 결정을 내리고 실행했는지, 지금도 도무지 이해하기가 어렵다. 이들의 결정과 실행으로 국가 안보가 치명적 타격을 입고 엄청난 국고의 손실이 발생한 것만은 분명하다. 그런데도 아무도 책임을 묻지 않고, 아무도 책임을 지려 하지 않으니 이 또한 불가사의다. 이것이 얼마나 중차대한 매국적 행위였는지에 대해서도 우리 사회에서는 아직 충분한 검토가 이루어지지 못해 아쉬울 따름이다."[128]

박 대통령 시절 공보비서관·정무비서관을 역임했던 심융택은 좀 더 노골적이고 직설적 표현을 동원하여 핵 개발을 포기한 전두환 대통령을 비난했다. 미국은 유혈 쿠데타로 정권을 장악한 전두환과 노태우에게 집권의 정통성을 인정하는 대가로 한국의 핵 개발을 근원적으로 봉쇄하는 특단의 조치를 강요했고, 전두환과 노태우는 한국의 핵 주권을 완전히 포기했다는 것이다. 심융택은 위컴 주한미군 사령관과 전두환 사이에 엄청난 거래가 있었다고 주장한다. 그의 주장은 다음과 같다.

'위컴은 미국 정부가 1974년부터 온갖 수단과 방법을 동원하여 저지하려 했던 박정희 대통령의 핵 개발 프로젝트와 관련 있는 연구소와 연구원과 각종 시설들을 완전히 제거하라는 요구를 했고, 전두환은 이 요구를 들어주지 않을 경우 자기에게 어떠한 위해가 가해질 것인가 하는 것을 잘

---

[128] 이경서, 앞의 책, 253~254쪽.

알고 있었기 때문에 그 자리에서 그렇게 하기로 약속한 것이다.'[129]

심융택은 미국이 신군부의 집권을 승인해주는 대가로 핵무기와 미사일 개발 포기를 강요했고, 전두환 정권은 정권 안보를 위해 미국의 압력에 굴복했다고 주장했다. 전두환 정권이 미국의 압력에 굴복하여 관련 기술 개발에 헌신해온 과학자와 기술자들을 숙청한 결과 우리나라 국방과학기술과 방위산업의 성장과 발전이 적어도 수십 년 이상 늦어졌다고 통렬하게 질타했다.

ADD 숙청 주역은 김재익 경제수석

이유여하를 막론하고 전두환 대통령이 취임 후 두 차례에 걸쳐 ADD에서 핵무기와 미사일 개발 관련자를 숙청한 것은 부인할 수 없는 사실이다. 이와 관련, 5공 창출의 주역 중 한 사람이었던 허화평 미래한국재단 이사장은 ADD 숙청의 주인공은 전두환 대통령이 아니라 김재익 수석이었다면서 다음과 같이 증언했다.

"우리가 국보위에서 구조 조정할 때 국방과학연구소의 과학자들을 대거 해고해버렸어요. 당시 김재익 경제수석이 주도적으로 단행했죠. 김재익은 비교우위론자예요. 우리가 돈을 많이 들여서 비싼 국산을 쓸 게 아니고, 값싼 외국제 쓰는 게 훨씬 낫다고 늘 주장했어요. 그러나 우리는 '아니다. 우리의 독자적 생산능력을 가져야 된다. 그것이 무엇이든 돈이 들더라도 하자'라는 쪽에 있었죠. 그 무렵에 정부 인력을 대규모로 해고해버린 사

---

129 심융택, 『굴기-실록·박정희 경제강국 굴기 18년 (10)핵 개발 프로젝트』, 동서문화사, 2015, 387~389쪽.

제5공화국 전두환 시대 2

람이 김재익입니다. 김재익이 혹시 미국 스파이가 아니냐고 의심하는 사람도 있었어요."[130]

당시 김재익의 보직은 대통령을 보좌하는 경제수석이었다. 때문에 김재익이 악역의 주인공이었다 해도 전 대통령의 책임이 면탈되는 것은 아니다. 그렇다면 전두환 대통령은 무슨 이유로 전략무기로 분류되는 핵과 미사일 개발을 중단한 것일까?

레이건 행정부는 동북아 지역 안정에 필수적인 한반도의 평화 유지를 위해 남북 군사력 불균형이 해소되기를 바랐고, 그런 측면에서 한국의 자주국방력 강화를 지원하고자 했다. 그러나 한반도 및 동북아 지역에 불안정을 초래하고, 핵 비확산 정책에 부정적인 전략무기 개발까지 지원한 것은 아니었다. 특히 레이건 행정부는 핵무기와 생화학 무기뿐만 아니라 대량살상무기(WMD) 운반수단인 미사일의 개발 및 확산도 경계했다[131]

전두환 정부는 1981년 레이건 행정부의 압박으로 핵무기 개발은 포기했으나 지대지 미사일 개발은 한미 미사일 개발 양해각서의 범위 내에서 계속 진행했다. 당시 전두환 정부는 심각한 경제위기 상황에도 불구하고 남북 군사력 균형을 회복하기 위해 2차 한국군 현대화 계획을 추진했다. 이를 위해서는 재원 확보가 절실했다.

전두환 정부는 2차 한국군 현대화 계획 추진에 필요한 재원을 마련하기 위해 레이건 행정부에 FMS(Foreign Military Sale, 대외군사판매)의 증액과 차관 조건 개선을 요구했다. FMS 차관을 증액해주면 이를 미국산 무기 도입에 활용할 것이란 사실도 밝혔다. 그러나 1982년 미 의회는 예산 심의

---

130 연세대학교 국가관리연구원 편, 『한국대통령 통치구술사료집(2) 전두환 대통령』, 선인, 2013, 103쪽.
131 신경은(2023), 136쪽.

과정에서 한국에 제공키로 했던 차관 액수를 당초 계획했던 2억 1천만 달러에서 1억 4천만 달러로 대폭 삭감했다.

크게 축소된 FMS 차관

이 조치 덕분에 한국은 FMS 차관 상환액이 신규 도입액을 초과하는 상황에 직면하여 전력 증강에 투자할 수 있는 국방예산 감소가 우려되었다. 전두환 정부가 취할 수 있는 정책은 미국에 FMS 차관 증액 및 상환 조건 개선을 요구하고, 국내에서는 국방비의 효율적 활용을 위한 율곡사업의 재조정이었다.[132]

전두환 정부는 미국 측에 FMS 차관 액수를 증액해주면 이를 미국산 무기 도입에 활용하겠다고 밝혔다. 이를 위해 2차 한국군 현대화 계획 중 자체적으로 무기 개발 계획이 잡혀 있던 부분을 취소하고 미국산 무기 구입 비중을 높일 수밖에 없었다.[133] 김윤호 합참의장이 연구개발비를 포함한 5천억 원 규모의 율곡 예산의 삭감을 지시하고, 율곡 사업을 재조정한 진짜 이유는 이것이었다.

이 과정에서 1982년 11월, 2차로 ADD 인력을 대거 감축하고 개량형 백곰 미사일 개발을 중단시킨 것이다. 다시 말하면 전두환이 부족한 정통성을 미국으로부터 인정받기 위해서라거나, 미국의 압력에 의한 포기설은 아무런 실체적 근거가 없는 주장이다.

아웅산 사건으로 현무 미사일 개발

전두환 정부의 개량형 백곰 미사일 개발 중단 조치는 그로부터 1년여

---

132 신경은(2023), 166~167쪽.
133 신경은(2023), 208~209쪽.

후인 1983년 10월 9일 발생한 아웅산 참변으로 인해 전면 수정되었다. 해외 순방 중인 국가원수를 시해하기 위한 북한의 테러 공격이 자행됐으나 전두환 대통령은 구사일생으로 목숨을 건졌다. 불행하게도 서석준 부총리, 이범석 외무, 김동휘 상공, 서상철 동자부 장관과 함병춘 대통령 비서실장 등 수행원 17명이 사망하고 14명이 부상했다.

아웅산 사건에 대한 레이건 행정부의 입장은 한반도에서 통제되지 않는 확전이 발생하는 것을 막는 일이었다. 이를 위해 미국은 사건 직후 세네월드(Robert W. Sennewald) 주한미군 사령관을 통해 한국군의 단독 행동을 경고했다. 전두환은 군부를 설득하는 동시에 확고하게 북한의 추가 도발 억지를 위해 중단했던 개량형 백곰 미사일 개발사업의 재개를 명한다.

윤성민 국방부 장관은 ADD 연구개발단장 구상회 박사를 호출했다. 윤 장관은 수행 부관도 없이 구 박사를 김포의 국군통합병원 5층으로 데리고 갔다. 그곳에는 필리핀 클라크 미군기지 병원에서 응급치료를 받고 방금 전에 귀국한 이기백 합참의장이 누워 있었다. 이기백 의장은 구상회 박사에게 다음과 같이 말했다.

"상상을 초월한 북한의 만행을 직접 목격한 나로서는 국가 대사인 88올림픽이 개최될 수 있을지, 설령 예정대로 개최된다 하여도 무사히 끝날 수 있을지 극히 의심스럽다. 북한은 모든 수단과 방법을 다하여 88올림픽 개최를 방해하려 들 것이 불을 보듯 뻔한데 어떠한 일이 있어도 이를 막아내야 한다. (중략) 국방과학연구소는 아무리 늦어도 88올림픽이 개최되기 전해인 1987년 말까지 무슨 일이 있어도 지대지 유도탄을 개발하여 실전 배치할 수 있도록 총력을 기울이라, 이것은 각하의 명령이다."[134]

당시는 1982년 말 단행된 조직개편으로 미사일 개발 요원이 대거 감축

---

134 구상회, 「무기체계 연구개발과 더불어 30년」, 『국방과 기술』(10), 1998, 50~52쪽.

되고, 부장급 이상의 개발 경험을 가진 간부들이 전원 퇴직한 상황이었다. 게다가 미사일 개발에 성공해도 실전 배치를 위해서는 양산, 종합군수지원체계 분석, 교범 제작, 장병 교육 및 훈련, 진지공사 등이 필요했다.

구 박사가 난색을 표명하자 이기백 의장은 "무슨 일이 있어도 반드시 해내야 하고, 또 하지 않으면 안 된다. 그러니 할 수 있다고 약속하라"라고 단호하게 말했다. 윤성민 장관도 "빠른 시일 내에 개발 계획서를 국방부에 제출하라. 필요한 예산은 전액 배당하겠고, 인원 증원이 필요하면 승인하겠다"라고 명령했다.[135]

1987년 12월, 평양 타격용 현무 실전 배치

그 즉시 ADD는 미사일 개발 사업을 재개했고, 실무책임자로 문신행 박사가 임명되었다. 미사일 개발 사업명은 현상 공모하여 '북방을 지키는 신'이란 뜻을 가진 '현무(玄武)'로 결정되었다. 이로써 1982년 말 중단되었던 개량형 백곰을 바탕으로 한 개발 사업이 재개되었다.[136]

현무 사업은 기존 사업이 중단된 지 10개월 만에 상부로부터 긴급 지시에 의해 재개되었다. 사업의 긴급성을 고려하여 사업 집행 절차가 생략되었다. 정상적인 전력증강사업 집행 절차를 무시하면서까지 현무의 개발 및 실전 배치를 조기에 완료하고자 했다. 1987년 말까지 부대 배치를 완료해야 했기에 연구개발 및 생산 계획은 실전 배치 시기로부터 역산하여 수립되었다.[137]

전광석화처럼 개발 사업이 추진된 결과 1984년 9월 22일 선행기술시험이

135 구상회(1998), (11), 51쪽.
136 박준복, 앞의 책, 67쪽.
137 구상회(1998), (10), 53쪽.

진행됐고, 1985년 5월 25일 2차 비행시험이 실시되었다. 1985년 9월 21일 전두환 대통령과 국방부 장관, 합참의장, 각 군 참모총장, 2군사령관, 보안사령관이 참관한 가운데 안흥 시험장에서 현무 미사일 공개 발사는 대성공을 거두었다.

두 차례에 걸친 부대사격시험, 6회의 장거리 주행시험 끝에 1987년 10월 1일 국군의 날 행사 때 현무 미사일이 일반에 공개되었다. ADD와 군은 1987년 12월, 평양을 타격할 수 있는 사거리 180km의 현무 1개 포대를 전력화하는 데 성공했다.

현무는 백곰과 겉모습은 동일했지만 내용은 크게 달라졌다. 고정 발사대를 사용한 백곰과는 달리 현무는 이동형 발사대를 사용했다. 백곰은 비행 중 통제소에서 레이더로 궤도를 추적하며 미사일이 정확히 목표를 향하는지 확인하고 조종하는 구식이었으나, 현무는 관성유도장치(INS)를 사용하여 목표를 향해 자동으로 날아가는 '발사 후 망각(Fire & Forget) 방식'이 채택되었다. 현무도 백곰과 같이 2단 추진기관으로 구성되었지만, 1단 추진기관이 나이키 허큘리스처럼 4개였던 백곰과 달리 현무는 1개의 대형 추진기관으로 개량되었다.[138]

전두환 정통성과 백곰 중단, 아무 관련 없어

아웅산 사태를 군사적 대응이 아닌 외교적 대응으로 결정한 전두환 대통령은 북한의 추가 도발을 막기 위한 억지력 확보 차원에서 미사일 개발 재개를 결정했다. 이로써 북한에 대한 보복 공격을 주장하는 군부의 압박도 누그러뜨릴 수 있었다.[139]

---

138 박준복, 앞의 책, 68쪽.
139 신경은(2023), 204쪽.

전두환 정부의 미사일 개발 과정을 정밀 추적해보면 1980년 9월의 1차 ADD 인력 감축은 미국의 압력이나 전두환의 정통성 확보를 위해서가 아니라, 공직자 정화계획의 일환으로 추진된 것이다. 1차 인력 감축에도 불구하고 백곰 미사일 개량 사업은 계속되었고, 그 결과 1982년 10월 개량형 백곰 미사일이 지상 유도 없이 자율 비행에 성공했다.

한 달 후 진행된 1982년 11월, 2차 ADD 인력 감축으로 개량형 백곰 개발 사업은 중단되었다. 이때도 미국의 압력이나 전두환의 정통성 문제가 아니라, FMS 차관 액수가 줄어들자 2차 한국군 현대화 계획 중 자체 개발보다 미국산 무기 구입 필요성이 높아진 결과였다. 죽었던 미사일 개발 사업이 다시 재개된 것은 그로부터 1년 후 발생한 아웅산 사건 덕분이었다.

현무 개발로 축적된 한국의 유도무기 기술은 발전을 거듭했다. 현재 한국은 탄도미사일(현무-II·IV·V), 순항미사일(현무-III)을 개발, 보유하고 있다. 2024년 국군의 날 기념행사 때 공개된 현무-V는 탄두 중량 8톤에 달하는 세계 최대 수준의 초고위력 지대지 탄도미사일이다. 북한은 지하 300m에 전쟁 지휘 시설, 지하 미사일 기지 등을 설치해놓았는데, 이를 파괴하기 위한 용도로 개발되었다.

미국이 한국 미사일 사거리 제한한 이유

미사일 개발에 사용된 추진기관 기술은 나로호 2단 고체로켓 기술이 적용되었다. 방산 전문기업으로 발돋움한 한화는 백곰 개발 때 건설한 추진제 공장을 인수하여 독보적인 고체 추진기관 생산 기업으로 발전했다. 또 백곰 개발 과정에서 축적한 각종 첨단기술은 로켓 시스템뿐만 아니라 항공기, 무인기는 물론 자주포(K-9), 흑표 전차(K-2)의 핵심 장비에도 활용됐다. 백곰과 현무 개발 과정에서 한국 방위산업을 이끄는 핵심 회사들이 탄생했다. 오늘과 같은 K-방산 신화는 백곰·현무 개발 과정에서 축적된 기술과 경험이 그 원동력이었다.

하지만 한국의 미사일 개발은 곳곳에서 강력한 도전을 받았다. 미국은 1987년 4월, 서방 7개국과 함께 MTCR(Missile Technology Control Regime)이라 불리는 미사일기술통제 체제를 설립했다. 목적은 핵무기, 생화학무기 등 대량파괴무기(WMD)의 운반 시스템 및 기술이 불량국가 또는 개인 및 테러 그룹에 이전되는 것을 규제하기 위한 목적이었다. 탄두 중량 500kg, 사거리 300km 이상의 로켓 시스템은 MTCR에서 규정한 확산 통제 대상이었다.[140] 여기에는 탄도미사일뿐만 아니라 우주발사체와 관측 위성도 포함되었다.

노태우 정부는 1990년 "사거리 180km, 탄두 중량 500kg 이상의 군사·과학·산업용 로켓을 포함한 어떠한 로켓 시스템 개발도 금지"를 명문화한 한미 미사일 양해각서를 수용했다. 1990년 이전까지는 군사용 미사일(로켓)만 제한을 받았으나 이때부터는 군사용은 물론 과학·산업용 로켓도 제한을 받아 민간 로켓 연구까지 봉쇄되었다.

한국이 한미 미사일 양해각서에 발이 묶여 있을 때 북한은 재빨리 움직였다. 그들은 이집트와 '탄도미사일 공동개발 협정'을 체결하고 3년간의 연구 개발 끝에 1984년 소련제 미사일 '스커드-B'를 역설계하여 사정거리 300km의 자체 개발 미사일(화성 5호) 발사에 성공했다. 1986년부터 북한은 자체 개발 미사일을 양산하고 실전 배치를 시작했다.

이후 북한은 미사일 사정거리 연장에 총력을 기울여 1990년 6월 사정거리 500km의 '스커드-C' 미사일(화성 6호) 시험 발사에 성공했다. 이후 1993년 5월 29일 사정거리 1,300km의 노동미사일(화성 7호)을 개발했고,

---

140 전재성, 「미사일기술 통제 레짐(MTCR)과 미국의 미사일 정책: 국제제도론적 분석과 대북 정책에 대한 현실적 함의」, 『국제정치논총』, 제39집 3호, 2000, 47쪽.

1998년 '대포동 1호' 미사일을 시험 발사하여 미사일 사정거리를 동아시아 미군기지로 확대했다.

MTCR 덕분에 한국이 옴짝달싹 못하는 사이, 북한은 소련·중국 등 공산권 국가의 전폭적인 지원 덕분에 미사일 기술이 날로 발전했다. 미사일 분야에서 남북 간에 현격한 전력 차가 발생하자 한국 측이 적극 반발하고 나섰다. 1995년 한미 양국은 비확산 실무협의체를 통해 사거리 규제가 일부 완화되었다.

한미 미사일 지침 개정

개정	시기	사거리(km)	탄두중량(kg)
체결	1979	180	500
1차 개정	2001	500	500
2차 개정	2007	800	500
3차 개정	2017	800	탄두 중량 무제한
4차 개정	2020	800	우주발사체 고체연료 허용

미중 관계 악화되자 한국 미사일 사거리 제한 풀어

이후 한미 양국은 2001년, 2012년, 2017년, 2020년 등 네 차례 미사일 지침을 개정했다. 이를 통해 탄두, 용도와 관련하여 일부 제약은 풀었지만, "사거리 800km를 넘지 못한다"는 조항은 족쇄처럼 계속 유지되었다. 미국 정부가 42년 동안 한국 미사일의 사정거리를 500~800km를 넘지 못하도록 제한한 이유는 서울-베이징 간 거리 956km와 깊은 연관이 있다. 미국은 중국과의 우호 관계를 감안하여 한국 미사일이 중국의 수도 베이징을 직접적으로 위협하지 못하도록 통제한 것이다.

2010년대 이후 중국이 미국의 태평양 질서에 반기를 들자 오바마 정부 시절부터 미국은 대중국 정책을 적극 전환했다. 이때부터 미국은 중국을

　　　　　　　　　　　　　　　　　　　　제5공화국 전두환 시대 2

친구가 아니라 적으로 인식하기 시작한 것이다. 미국의 대중 정책이 전환되면서 미국은 2021년 한미 미사일 지침을 폐기했다. 이로써 한국은 42년 만에 미사일 개발과 관련한 모든 족쇄가 완전히 풀렸다. 그 결과 한국이 개발한 현무 V-2는 탄두 중량이 8~9톤, 사거리는 탄두 중량을 1~2톤으로 줄일 경우 3천~5천km의 사거리를 가진 괴물 미사일을 실전 배치할 수 있게 되었다.

5

핵 포기, 원전 개발로 방향 전환

　박정희 대통령의 적통장자나 다름없던 전두환의 초미의 관심사는 박 대통령의 핵무기 개발 관련 사항이었다. 전두환은 누구보다 북한과 맞서 싸워 승리할 수 있는 방법론의 모색에 앞장서 온 군 지휘관 출신이다. 핵무기는 승리를 담보할 수 있는 최강의 전략무기 중 하나임이 분명하다. 하지만 개도국 입장에서 핵 개발은 '독이 든 성배(聖杯)'였다.

　박 대통령은 카터 행정부의 주한미군 철수에 맞서 자주국방의 대의명분을 앞세워 핵무기 개발을 강행했다. 약소국 지도자로서 박정희의 핵 개발은 나름의 철학과 가치관에 의한 합리적 행동으로 평가될 수도 있다. 다만 세계 패권국인 미국의 핵 확산 금지라는 글로벌 정책과의 정면충돌이라는 점에서 그것이 최선의 방법이었는가 하는 의문이 제기될 수도 있는 이슈였다.

　박 대통령이 미국의 거센 반대에도 불구하고 핵 개발을 가속화하자 카터 행정부는 박정희 정권을 독재정권, 인권탄압 정권으로 압박했다. 미국은 한미 국방장관·합참의장 간 정례 안보협의회를 중단시켰고 신무기와 잉여 군사 장비 판매를 지연시켜 한국의 국가 안보에 심각한 악영향을 미쳤다. 그 결과, 한미 동맹 관계는 파탄 상태에 이르렀다.

미국의 전방위적 압력을 이겨내고 핵 개발에 성공했다면 문제는 달라진다. 하지만 박 대통령이 핵 개발을 성취하기까지는 재처리 시설 확보, 핵무기 원료 확보 등 기술적 요인 외에 전 세계의 경제 제재 등 넘어야 할 고비가 많았다. "빵이냐 핵무기냐"를 양자택일해야 하는 상황에서 박정희는 마지막 고비를 넘기지 못하고 김재규의 시해 방식으로 역사 무대에서 퇴장당했다.

박 대통령의 핵 개발과 관련하여 한국이 맞게 된 후폭풍은 심각했다. 한미 관계가 최악의 상황으로 치닫으면서 핵 개발도 안보도, 자주국방도 성취하지 못했다. 이런 상황을 냉정한 시각으로 파악한 전두환 대통령은 두 가지 선택지 앞에 서게 되었다. 첫째, 박정희의 뒤를 이어 미국의 반대를 무릅쓰고 핵무기 개발을 강행할 것인가. 둘째, 핵무기 개발이 아닌 다른 방식으로 경제와 안보를 담보할 것인가.

전두환의 선택은?

전두환 대통령은 미국의 반대를 뚫고 독자적인 핵무장 시도는 현실적으로 불가능하고 무모하다고 판단했다. 그가 우리 실정에서 핵 개발이 쉽지 않다고 판단한 이유는 네 가지였다.

첫째, 핵무기에 필요한 우라늄 농축이나 플루토늄 재처리가 불가능했다.

둘째, 설사 제조에 성공해도 고폭 실험을 할 장소가 없다.

셋째, 국제사회의 제재로 경제 파탄을 면할 수 없다.

넷째, 한미동맹도 사실상 파탄이 나게 돼 안보가 더 불안해진다.[141]

독자적인 핵무기를 개발하려면 NPT와 IAEA 탈퇴를 선언해야 한다. 교류 통상으로 먹고 사는 한국이 받게 될 국제사회의 제재는 상상하기조차

---

141 전두환 회고록(2), 앞의 책, 244~245쪽.

어려울 정도가 될 것이 분명했다. 특히 가동 중인 원자력발전소의 핵연료 도입선이 끊어져 30% 가까운 전력 생산이 중단된다. 전력 공급이 안 되면 공장이 문을 닫을 수밖에 없다.[142]

이런 점을 근거로 전두환은 박 대통령에게 독자적 핵무기 개발의 확신을 심어준 측근 보좌진들의 잘못을 비판했다. 특히 오원철 경제2수석비서관은 중화학공업과 방위산업 육성을 위해 헌신한 공로에도 불구하고 핵무기 개발 문제와 관련해서는 박 대통령을 올바로 보좌하지 못했다는 지적을 피할 수 없다고 회고록에서 밝혔다.[143]

전두환은 한국이 직면해 있던 핵 딜레마를 복잡하게 생각하지 않았고, 오래 고심하지도 않았다.[144] 전두환은 원자력 분야 전문가들의 조언을 종합한 결과 안보를 위해 핵무기를 가져야 한다는 전략이 안보를 해치는 결과를 빚게 된다는 점을 현실로 받아들였다. 한마디로 이것도 저것도 다 잃고 마는 셈이다. 무엇이 국익인지, 어떠한 선택이 옳은 것인지 답은 분명했다.[145]

핵무기 개발을 포기하고 원자력발전소 국산화를 위한 연구개발에 총력을 쏟아 붓는 것이 국익에 훨씬 유리하다. 원자력발전에 필요한 핵연료를 국산화하고, 독자적인 원자로 기술을 개발 축적하자. 원자력발전에 필요한 핵연료를 국산화하고, 독자적인 원자로 기술을 개발 축적하면 핵무기 개발 능력도 배양되는 것이라고 생각했다.

---

142 전두환 회고 (2), 앞의 책, 245쪽.

143 전두환 회고록(2), 앞의 책, 244~245쪽.

144 전두환 회고록(2), 246~247쪽.

145 전두환 회고록(2), 앞의 책, 245쪽.

안보 강화 위해 전통적 한미 관계 복원

이를 위해서는 박정희 대통령이 핵 개발을 추진하지 않으면 안 되었던 요인, 즉 '주한미군 철수로 제기된 안보 위기'의 근원적 해결이 필요했다. 전두환 대통령은 1981년 2월, 레이건 대통령과의 정상회담에서 "주한미군의 추가 철군은 없다"는 확약을 받아냈다. 전두환-레이건 정상회담 이후 미국은 한국 중시 전략을 확실히 보여주기 위한 가시적 조치를 취하기 시작했다.

가장 먼저 레이건 대통령은 주한미군 규모를 4만 3천 명으로 증원했다. 그것은 1972년 이래 최대 규모이자 카터 대통령이 철군을 시작했을 때보다 3천 명이나 많은 숫자였다. 양국 대통령은 그동안 연기되어 왔던 양국 간 군사·경제 협력회의를 즉각 재개했다.[146] 1981년 4월에는 제13차 한미 연례 안보협의회가 열렸고, 6월에는 한미 경제협력협의회, 11월엔 한미 정책협의회가 연이어 열려 한미 결속을 과시했다.

1981년 8월 레이건 행정부는 주한 미 공군력 강화를 위해 F-16 전투기 2개 대대를 한국에 배치했다. F-16 전투기의 해외 주둔군에 배치는 한국이 최초였다. 또 주한미군 방위력 강화를 위해 코브라 헬기를 대전차 미사일을 탑재한 신형 모델로 대체했다.

전두환 대통령은 미국에 한미 연합훈련인 팀 스피릿 훈련 규모의 확대를 요구했다. 그 결과 한미 양측에서 20만 명이 동원되는 대규모 육·해·공 기동훈련으로 확대되었다. 1981년 2월 1일부터 4월 10일까지 사상 최대 규모의 팀 스피릿 81 훈련이 실시되었다. 훈련 기간 중에 하와이에 주둔하고 있는 미 25사단 사령부가 한국으로 이동하여 훈련에 참여했다.

이때부터 북한은 거의 매년 2개월 동안 지속된 팀 스피릿 훈련 기간 중 전군에 비상령을 내려야 했다. 김일성은 호네커(Erich Ernst Paul

---

146 돈 오버도퍼, 앞의 책, 137쪽.

레이건 대통령 취임 후 첫 번째로 맞이한 외국 원수는 전두환 대통령이었다.
레이건 대통령 취임 후 불과 13일 만에 영국, 일본 등
전통적 우방국의 국가원수들을 제치고 갖게 된 첫 번째 정상 회담이었다.
이 회담을 통해 양국은 우방국 관계를 복원하는 데 성공했으며,
특히 1차 방미에서 확약한 양국 간의 안보 협력 체제는 매우 큰 성과였다.
1983년 11월 13일. 청와대에서도 레이건 대통령과의 정상 회담이 이루어졌다.

Honecker) 동독 서기장에게 "남쪽에서 팀 스피릿 훈련을 실시할 때마다 우리는 대응조치를 취하지 않을 수 없다"라고 말했다. 김일성은 남쪽의 공격에 대비해 정규군 외에 예비 병력을 대량 동원해야 하기 때문에 이런 연례 동원훈련은 북한 전역에 걸쳐 "한 달 반가량의 노동시간 손실을 가져온다"라고 말했다.[147]

핵 포기하고 원전 개발로 선회

박정희 시절 핵무기 개발로 크게 이완되었던 한미 동맹이 굳건해지면서 전두환 대통령은 온갖 무리수를 두어가며 핵무기를 개발해야 할 필요성과 명분이 사라졌다. 사실 우리나라에서 원자력은 핵무기 분야보다는 국민 생활과 산업에 필수적인 전기 생산과 직결된 문제였다. 수력·화력 자원이 빈약한 한국에서 값싸고 품질 좋은 전기 생산을 위한 유일한 탈출구는 원자력발전이었다. 하지만 박 대통령 시절 핵무기 개발 의혹이 불거지면서 국제사회의 압력 덕분에 원전 사업도 덩달아 위기에 처하게 되었다. 과학자들은 어떻게 하든 원자력을 발전 산업으로 연계하여 전기 에너지 자립의 길로 나갈 수 있게 되길 간절해 바랐다.

1980년 9월 1일 전두환이 대통령에 취임했을 때 한국의 원자력발전소는 이미 전력을 공급하고 있던 고리 1호기 외에 5기가 건설 중이거나 계획되고 있었다. 핵무기는 보유 에너지를 한 번에 폭발적으로 분출하는 기술이다. 반면에 원자력발전소는 보유 에너지를 통제하여 필요한 만큼 빼서 사용하는 기술이다. 전두환은 핵공학에 대해 깊은 지식은 없었지만, 핵무기 개발보다 원자로와 원자력발전소 건설, 핵연료 생산이 더 고도의 기술이 필요한 것이라고 이해했다. 따라서 원자력에 관한 고도의 기술을 쌓는

---

147 돈 오버도퍼, 앞의 책, 149쪽.

일이 우선이라고 믿었다.[148]

핵 개발에서 원전 개발로 코페르니쿠스적 전환을 결정했으니 불필요하게 미국을 자극하는 일은 자제하기로 마음먹었다. 그 결과 원자력 관련 국가 기관의 명칭에서 '핵'이나 '원자력' 등을 다른 용어로 대체했다. 그 기관들의 하는 일이 중요할 뿐, 이름 때문에 불필요한 견제와 마찰을 자초할 이유가 없었기 때문이다.[149]

5공 정부도 집요하게 감시

예를 들면 미국이 IAEA의 미국인 전문가를 상주시키면서 가장 민감하게 감시한 곳은 핵연료개발공단이었다. 이 조직을 원자력연구소와 통합하여 한국에너지연구소로 명칭을 변경했다. 에너지연구소의 분소는 대덕공학센터라고 이름을 바꾸었다. 대덕공학센터는 과거 미국 측으로부터 핵 개발 의혹을 받았던 기관이다.[150]

이것은 미국의 압력을 피하기 위해 외형상 서울의 한국원자력연구소를 폐쇄한 것처럼 보이기 위한 전략이었다. 덕분에 한국원자력연구소 과학자들은 ADD의 미사일 과학자들처럼 해고당하지 않고 명맥을 유지하면서 원자력발전소 기술 자립화에 투입될 수 있었다.[151]

대통령이 핵 개발을 포기하고 원전 국산화로 방향을 전환할 무렵 관료 사회는 대통령 의중을 잘못 이해하여 원자력 정책에 부정적 이미지가 확산됐다. 대통령 경제비서관들과 경제기획원 측에서는 원자력을 키우지 말자는 주장을 제기했다. 한국적 상황에서 원자력의 중요성을 인식하지 못

148 전두환 회고록(2), 앞의 책, 247쪽.
149 전두환 회고록(2), 앞의 책, 244쪽.
150 한필순, 『맨손의 과학자 한필순』, 비따북스, 2016, 117쪽.
151 서우덕·신인호·장삼열, 앞의 책, 126쪽.

하고 단순히 경제 논리로만 생각했기 때문이다. 전두환 정권 출범 후 분위기가 이런 쪽으로 흘러가자 과학자들 사이에서는 "우리 원자력은 이제 끝장난 게 아니냐"는 우려 섞인 이야기들이 흘러나왔다.

설상가상으로 미국은 전두환 정권이 혹시라도 박정희의 유지를 이어받아 핵무기를 개발할 가능성을 우려하여 한국의 원자력 분야를 철저히 견제, 감시했다. 대표적인 사례가 연계핵연료주기(tandem fuel cycle) 연구 프로젝트였다. 1983년 1월 한국에너지연구소는 캐나다 원자력공사(AECL) 산하의 화이트쉘 연구소와 연계핵연료주기 관련 기술을 공동 개발하기로 합의하고 연구를 진행했다.

연계핵연료주기는 경수로 원전에서 사용한 핵연료 가운데 독성이 강한 물질만 제거한 후 우라늄과 플루토늄을 분리하지 않고 중수로 핵연료로 재사용하는 기술이다.[152] 이것은 사용 후 핵연료의 재활용 차원에서 원자력의 평화적 이용과 맞아떨어지는 유용한 기술이었다. 미국은 이 사업을 핵무기 개발을 위한 시도가 아닌가 하여 예의주시하고 감시했다.

1983년 12월 말, 미 국무부 핵감시국장 앨런 세섬 박사는 한국과 캐나다가 공동으로 추진 중인 연계핵연료주기 기술개발 사업에 미국도 참여하게 해달라고 요구했다. 한국 측이 이를 거절하자 캐나다 측에 압력을 가해 이 프로젝트를 중단시켰다.[153]

1985년 제9차 한미 원자력공동상설위원회에 참석한 IAEA 사찰관, 미 상무부 소속의 담당관, 미 대사관의 과학담당관 등은 가동 중인 고리1호기와 건설 중인 원전을 살펴보았다. 특히 1983년 운전을 시작한 월성 1호기를 비롯해 앞으로 건설될 원자로가 모두 중수로인 월성원자력본부에는

---

152 한필순, 앞의 책, 141쪽.
153 한필순, 앞의 책, 147쪽.

IAEA 사찰관이 24시간 눈에 불을 켜고 감시했고, IAEA는 그 사찰관을 이중으로 감시했다.[154] 미국 정부는 전두환 정부도 핵무기 개발을 시도할 가능성을 우려하여 철저하게 감시했고, 단 1%의 가능성이라도 보이면 강력하게 봉쇄했음을 알려주는 사례다.

중수로 핵연료 국산화 성공

이런 어려운 분위기를 반전시키기 위해 노력한 사람이 전두환의 육사 후배(13기) 이정오 과기처 장관이었다. 1983년 4월 13일, 전두환 대통령의 대덕공학센터 방문 계획이 잡혔다. 대통령이 대덕의 ADD를 방문하게 되었는데, 이때 잠시 들러 보고를 받는 형식이었다. 이 소식을 접한 이정오 장관은 ADD에 재직하다가 한국에너지연구소 대덕공학센터장에 임명된 한필순 박사에게 "이 기회에 대통령께 원자력의 중요성을 분명히 인식시켜야 한다"라고 신신당부했다.

전 대통령이 대덕공학센터를 방문했을 때 마침 그곳에서는 중수로 핵연료 국산화 작업이 추진되고 있었다. 1982년 과학기술처에 특정연구제도가 신설되면서 중수로 핵연료 국산화 사업이 국가주도형 특정 연구과제로 선정되었는데, 이 프로젝트를 에너지연구소가 담당하게 된 것이다.

한필순 센터장은 중수로 핵연료 국산화를 위한 정련, 변환, 성형가공시설을 확보하고 불철주야 연구원들을 독려했다. 핵연료 설계는 석호천 박사, 성형·가공은 서경수 박사, 노심 관리는 김성년 박사, 노외(爐外) 실증시험은 김병구 박사, 핵연료 변환은 장인순 박사, 품질관리는 이규임 박사, 사업 종합조정은 남장수 정책실장이 책임을 맡았다.[155] 이들은 모두 미국, 캐나다

---

154 전두환 회고록(2), 앞의 책, 239쪽.
155 한필순, 앞의 책, 129쪽.

등 국내외 유명 대학에서 원자력을 전공한 쟁쟁한 실력의 보유자였다.

연구원들은 과제가 주어지자 눈에 불을 켜고 연구에 몰두했다. 캐나다 기술진이 중수로 핵연료 개발에 투입한 비용은 10억 캐나다 달러, 1982년 당시 환율로 6천억 원이었다. 한국 기술진이 투입한 개발비는 총 89억 5천만 원이었다.[156] 대덕공학센터 연구진은 1983년 1월 중수로 핵연료 시제품 개발에 성공했고, 시제품의 연소 시험을 위해 캐나다 원자력공사의 연구소에 보내 테스트를 진행 중이었다. 캐나다에서 실시한 원자로 내 시험 결과 연료의 건전성이 입증됨으로써 국제적 공인을 받았다.[157] 1984년 9월 한국 기술진이 독자 개발한 중수로 핵연료는 월성 원전에 시험 장전했고, 실제 운용 결과 품질이 우수하다는 판정을 받았다.

한필순 박사가 국산 중수로 핵연료 개발 사실을 보고하자 전두환 대통령이 물었다.

"고리에 있는 원자로, 그게 경수로 아닌가. 우리 원자력발전소는 대부분이 경수로인데 거기서 사용할 핵연료는 왜 개발하지 않지? 우리 입장에서는 중수로 핵연료보다 경수로 핵연료가 더 중요하지 않나?"

한필순은 전두환 대통령이 원자력에 대해 이 정도까지 세세하게 파악하고 있는 줄은 미처 생각하지 못했다. 경수로용 핵연료는 기술적으로 워낙 어려워 한국전력에서 외국 회사와 공동으로 개발을 추진하고 있다고 보고했다. 전 대통령은 "어떻게 하든 우리 과학자들이 핵연료를 개발해야 우리 기술이 되지, 외국 기술만 들여와서는 우리 기술이 될 수 없다"라고 말했다.[158]

---

156 한필순, 앞의 책, 140쪽.
157 한국원자력50년사 편찬위원회, 『한국원자력 50년사』, 한국원자력학회, 2010, 22쪽.
158 한필순, 앞의 책, 152쪽.

한필순 박사에게 경수로 핵연료 개발 맡겨

전두환은 미국의 감시를 의식해 원자력 분야를 최대한 억제하는 정책을 펼쳤음에도 불구하고 우리 과학자들이 중수로 핵연료를 독자 개발한 사실에 큰 감동을 받았다. 전두환은 그 자리에서 "한필순 박사를 비롯한 전 연구원은 앞으로 모든 역량을 다 바쳐 반드시 경수로 핵연료 국산화와 한국형 원자로를 개발해주기 바란다. 정부 관계 부처와 관련기관은 대덕공학센터가 이 업무를 차질 없이 수행할 수 있도록 적극 지원하고 협조하라" 라고 지시했다.

한필순 소장은 훗날 월간지에 기고한 글에서 이 장면에 대해 "필자는 꼭 쥐었던 손을 놓고 돌아서는 대통령의 모습에서 원자력기술 자립에 대한 의지를 느낄 수 있었다"라고 썼다.[159]

전 대통령은 이어 과기처 장관에게 핵연료 국산화 및 핵연료 주기 기술 개발 계획에 대해 보고하라고 지시했다. 장관이 직접 대전에 내려가 보고 자료를 만들어 5월 27일 대통령에게 특별 보고를 했다.[160]

그로부터 두 달 후인 1983년 6월, 한필순 대덕공학센터장은 한국핵연료 주식회사 사장으로 겸임 발령을 받았다. 전두환 대통령이 중수로 핵연료 시제품 개발 공로를 인정한 것과 동시에, 경수로 핵연료를 국내 기술로 개발하도록 하기 위한 인사였다.

핵연료주식회사는 한전의 자회사였다. 이 회사 사장으로 선임된 한필순 박사는 모회사인 한전의 박정기 사장에게 부임 인사를 하러 갔다. 박정기 사장은 "한 박사에 대해 말씀 많이 들었다"면서 "한 박사님이 주장하는 기술 자립정신이 무엇인지"를 물었다. 한필순 박사는 이렇게 답했다.

---

159 전두환 회고록(2), 앞의 책, 250쪽.
160 박정연, 「한국의 원자력 역사에 관한 기술사회시스템 분석, 1955~2017: 고리1호기의 일생을 중심으로」, 부산대학교 대학원 과학기술학협동과정 박사학위 논문, 2019, 86~87쪽.

"우리는 원자로 설계 능력이 없어 밤낮 외국 기술을 들여오기 바쁩니다. 그러니 우리 입맛에 맞는 발전소를 만들 수가 없습니다. 배를 설계할 줄 알아야 상선이든 군함이든 원하는 배를 마음대로 만들 수 있지, 그렇지 않으면 어떤 배도 만들 수 없는 것과 같은 원리입니다. 우리 과학자들은 매우 우수합니다. 제대로 훈련만 시키면 얼마든지 설계 능력을 갖출 수 있습니다. 하루빨리 설계기술을 익히지 못하면 원자력 기술 자립은 요원합니다."[161]

박정기 사장은 이 설명에 깊이 공감했다. 이때부터 박정기 시장은 한필순 박사를 전적으로 신뢰하여 그의 업무를 전폭적으로 지원했다. 당장 발등에 떨어진 불과 같은 사업은 경수로 핵연료 국산화였다. 경수로 핵연료는 경수로라는 아궁이에 불을 때기 위한 일종의 특수 연탄이었다.

한필순 박사 손 들어준 박정기 한전 사장

경수로 핵연료 개발 방식을 둘러싸고 한전 이사회가 소집되었다. 한필순은 "우리 기술진도 경수로 핵연료를 개발할 수 있다"면서 국내 개발을 주장했다. 경수로 핵연료를 만들려면 고난도의 기술과 숙련된 연구진이 필요한데, 국내에는 이 제품을 만들 기술도, 인력도 부족한 것이 현실이었다. 하지만 중수로 핵연료 개발로 자신감을 얻은 한필순 사장은 "우리의 기술진으로 도전해보겠다. 기회를 달라"라고 요구했다.

당시 가동 중이던 고리 원전은 경부고속도로 건설비 429억 원의 3배가 넘는 1,560억 원이 투입되어 당시 단군 이래 최대 규모의 사업으로 기록되었다. 국가 재산목록 중 가장 비싸고 소중한 원전이므로 국제적으로 공인되고 검증된 기술진이 만든 안전한 연료를 사용하는 것이 불문의 상식이었다.

---

[161] 한필순, 앞의 책, 154~155쪽.

그런데 새로 핵연료주식회사 사장에 임명된 한필순 박사가 기술적으로 최고난도의 경수로용 핵연료를 국산화하겠다고 나서자 한전 이사회가 발칵 뒤집혔다. 그들은 외국 기업과의 합작을 주장하고 나섰다. 이때 박정기 한전 사장이 한필순 박사의 손을 들어주었다. 이와 관련하여 한필순 박사는 "박정기 한전 사장을 만난 뒤 '경수로 핵연료 국산화 사업의 주관자는 전두환 대통령이구나'라고 직감적으로 느꼈다. 박 사장은 경수로 핵연료 국산화에 강한 집착을 갖고 있던 전 대통령의 심중을 읽고 '총대'를 멘 게 틀림없었다"라고 회고했다.

TMI 사고로 원전 시장 초토화

경수로 핵연료 국산화 개발은 천연 우라늄을 사용하는 중수로 핵연료 개발과는 차원이 달랐다. 당시 경수로 핵연료 설계를 할 수 있는 나라는 미국, 소련, 프랑스, 독일 등 10개국도 안 됐다. 자금도, 기술도, 인력도 크게 부족했던 한필순 박사는 관련 기술을 보유한 회사와 공동 설계 방식을 창안해냈다.

우리 기술진과 외국 기술진이 공동으로 핵연료를 설계하되, 설계기술은 별도의 비용을 지불하지 않으며, 관련 기술을 우리에게 가르쳐줘야 한다는, 언뜻 보면 참으로 말도 안 되는 억지 조건이었다. 한필순 박사가 한국에 파격적으로 유리한 조건을 내세운 이유는 당시 전 세계 원전 시장이 스리마일 섬(TMI) 사건으로 패닉 상태에 빠졌기 때문이다.

1979년 이란 회교 혁명으로 전 세계가 어수선해진 3월 28일, 미국 펜실베이니아주 헤리스버그시 근처의 스리마일 섬에 설치된 원전 2호기가 과열돼 노심이 녹는 사고가 발생했다. 이 원전은 밥콕 앤 윌콕스(Babcock & Wilcox) 사가 제작한 90만kW급 가압경수로였다. 원자로의 노심이 녹아내렸으나 견고하게 설치된 격납로 덕분에 모든 핵물질이 격납로 안에 갇혀

인명 피해는 전혀 없었다.

이 사고는 한국의 고리 1호기가 상업 운전에 들어간 지 1년 3개월 되는 시점에 발생했다. 스리마일 섬 사고는 원전 건설 붐을 이루었던 전 세계에 큰 충격을 주었다. 카터 행정부는 "미국은 새로운 원전을 짓지 않는다"라고 선언했다. 가동 중인 원전은 계속 가동하고, 건설 중인 원전은 건설을 완료해 가동에 들어가되, 계획된 원전은 건설을 중지한다는 결정을 내린 것이다.[162] 10기의 원전을 운영 중이던 스웨덴도 1980년 국민투표를 통해 원전 추가 건설 중지, 가동 중인 원전도 2020년까지 모두 폐쇄한다는 결정을 내렸다.[163]

원전 시장은 순식간에 빙하기로 전락했고, 도산 위기에 처한 원전 기업들은 어떤 대가를 치르더라도 원전 산업을 시작한 한국과 거래를 해야 할 상황이었다. 한국은 TMI 사고로 조성된 위기를 기회로 삼아 원전 기술 자립을 선언하고 나선 것이다.

1984년 12월 가압경수로 핵연료 공동개발을 위한 국제 입찰이 진행되었다. 한국의 파트너로 선정된 회사는 독일 지멘스 산하의 카베유(KBU) 사였다. 한국이 독일 기업을 선택하자 응찰에서 탈락한 미국 측이 격렬하게 항의했다. 심지어 미 국무부의 앨런 세섬 핵 감시국장이 6명의 원자력 전문가와 함께 한국에너지연구소를 방문했다. 그들은 마치 범죄 수사를 하러 온 조사관처럼 에너지연구소를 샅샅이 살피고는 "에너지연구소가 도대체 무엇을 하는 곳이기에 미국의 일류대학 출신 박사들이 그렇게 많으냐"라고 따졌다.[164]

162 이정훈, 『한국의 핵주권-그래도 원자력이다』, 글마당, 2014, 51쪽.

163 이정훈, 앞의 책, 293쪽.

164 한필순, 앞의 책, 177쪽.

경수로 핵연료 국산화 성공

한필순 박사는 사흘간 세섬 국장과 대화를 나누었다. 한 박사는 "한국은 에너지 자원이 하나도 없는 나라다. 석유 한 방울 안 나오고, 석탄도 저질탄밖에 없다. 우리는 어떻게든 에너지 자원을 확보하기 위해 원자력에 집중할 수밖에 없다"라고 세섬 국장을 설득했다. 한 박사의 논리적이고 이성적인 설명에 감동한 세섬 국장은 "미 국무부가 한국을 잘 몰라 오해하고 있는 부분이 너무 많다"면서 "당신이 추구하고 있는 원자력 기술 자립이 정말로 평화적 목적을 위한 정책이란 사실을 있는 그대로 전하겠다"고 말했다.[165]

실제로 그는 미국에 돌아가자마자 한국에 대한 원자력 규제를 대폭 완화하는 등 상당한 도움을 주었다. 뿐만 아니라 수소폭탄 제조와 핵무기 실험을 전담하는 미국의 대표적인 원자력연구소 가운데 하나인 샌디아 연구소(Sandia National Laboratories)에서 한필순 박사를 초청해 주요 시설을 견학하도록 배려해주었다.[166]

카베유사와 계약 체결 후 한국 기술진 30여 명이 독일로 가서 독일 기술진과 공동으로 국산 경수로 핵연료를 개발했다. 1989년 2월 고리 2호기에 국산 핵연료 KOFA(Korea Fuel Assembly)를 장전했다.[167] 이때부터 국내 가동 중인 모든 원전에 전량 국산 핵연료를 공급할 수 있게 되었다.

국산 핵연료 개발사업 추진 과정에서 많은 연구원들의 노고와 희생이 따랐다. 김병수 박사는 1982년 봄 어렵게 획득한 미국 시민권을 포기했다. 중수로 핵연료 개발의 핵심 역할을 맡았던 서경수 박사는 과로 등으로 위

---

165 한필순, 앞의 책, 180쪽.
166 한필순, 앞의 책, 181쪽.
167 한국원자력50년사 편찬위원회, 앞의 책, 22쪽.

암에 걸려 1988년 10월 51세의 젊은 나이로 세상을 떠났다. 그는 자기 몸을 돌보지 않고 오직 연구에만 몰두했던 한국이 낳은 진정한 '원자력 영웅'이었다.[168]

핵연료 국산화 개발 과정에서 한필순 박사를 모함하는 투서가 산더미처럼 쌓였다. 전두환 대통령은 모두 무시하고 "한필순 박사가 업무와 관련해서 한 말은 나의 지시로 알라"면서 끝까지 그를 신임했다. 나아가 한국 표준형 원자로 설계 임무, 연구용 원자로 '하나로' 개발 임무를 한필순 박사에게 맡겼다.

1984년 여름, 한필순은 찌는 듯한 무더위에 비지땀을 흘리며 한국형 경수로 원전 국산화 사업계획을 검토하고 있었다. 그런데 갑자기 연구소 정문에서 연락이 왔다. 국가 예산을 총괄하는 경제기획원 예산실장과 예산정책과장이 조금 전 정문을 통과했다는 것이었다. 그는 황급히 마중을 나가 이들을 맞이했다. 당시 예산실장은 배석자를 물리고 한필순에게 이렇게 말했다.

"일주일 안에 30MW급 연구용 원자로 개발비를 경제기획원으로 직접 제출하세요."

예고되지 않은 방문에, 뜻밖의 지시였다. 대통령의 특명이었다. 한국 원자력 기술의 우수성을 상징하는 연구용 원자로 '하나로'는 이렇게 탄생하게 되었다.[169]

TMI 사고를 기회로 활용한 한국

TMI 사고로 전 세계적으로 원전 퇴출 운동이 벌어지고 있는 한복판에

---

168 한필순, 앞의 책, 140쪽.
169 한필순, 「원자력연구 회고 원자로 도입에서 수출까지」, 경제풍월, 2014년 12월 1일.

서 출범한 5공 정부는 1981년 2월 19일 영광 1·2호기 공사를 착공했고, 이어서 1982년 3월 5일에는 울진 1·2호기를 착공했다. 이것은 원자력발전을 대대적으로 육성한다는 전두환 정부의 강력한 의지를 전 세계에 표출한 일대 사건이었다. 다만 영광 3·4호기 건설은 계획보다 늦추기로 했다.[170]

원전 1기는 13만 개의 설비와 200만 개의 부품으로 구성된다. 46개 펌프와 1만 6,350여 개 밸브가 설치되어 있으며, 총 배관 길이는 247km, 전기 케이블의 길이는 5천km에 달한다.[171] 건설 기간도 8~10년 정도가 걸리며 핵분열이나 핵융합, 방사성 등 원자력공학뿐만 아니라 토목·건설, 전기·전자, 기계, 자동제어, 산업공학, 컴퓨터공학 등 다양한 분야를 포함한 산업적 산물이다.[172]

대구공고 출신으로 육사에서 이공계 전문 교육을 받은 이학사 출신인 전두환 대통령은 원전 사업이 자동차, 반도체, 조선에 이어 가장 유망한 차세대 수출산업으로 성장할 것으로 전망했다. 이 분야를 선도 산업으로 육성하기 위해서는 원전을 100% 국산 기술로 제작할 수 있는 능력을 확보하는 것이 핵심이었다.

한국의 척박한 원자력 산업 환경에서 최첨단 선진기술의 총아인 원전 국산화는 어느 누구도 엄두를 못 내던 시절에 그는 미래를 내다보았다. 그리고 어떤 대가를 치르더라도 원전 기술 자립을 이룩해야겠다는 결심을 굳혔다.

전두환 대통령은 에너지연구소의 부탁을 받아 '원자력은 국력'이란 휘

170 이종훈, 『한국은 어떻게 원자력 강국이 되었나-엔지니어 CEO의 경영수기』, 나남, 2012, 301~302쪽.
171 산업통상자원부, 「원전 고장 최소화하기 위해 설비 점검·관리 더욱 강화한다」, 보도자료, 2016년 4월 6일.
172 박정연(2019), 2쪽.

호를 써주었고, 원자력 관련 연구원들의 보수를 높여주었으며, 그들 자녀들이 좋은 환경에서 공부할 수 있도록 모든 조치를 취했다. 또 에너지연구소가 중심이 되어 핵연료 자립, 원자로 국산화 과제를 기필코 달성할 것을 지시했다.

원전 국산화 위해 김성진·박정기 동원

하지만, 연구소 조직만으로 이처럼 거대한 사업을 독자적으로 주도하는 데는 한계가 있었다. 어떤 정책이 성공하려면 예산과 행정적 뒷받침이 있어야 한다는 사실을 전두환은 꿰뚫어보았다. 핵연료 자립, 원자로 국산화라는 원대한 목표를 달성하기 위해 전두환은 1983년 한전 사장에 한국중공업 사장으로 재직 중이던 박정기(육사 14기)를 임명했고, 1985년 체신부 장관으로 재직 중이던 김성진(육사 11기)을 과학기술처 장관에 임명했다.

에너지연구소의 연구용역비를 제공하는 기관이 한전이고, 과기처 장관은 예산 배정권을 갖고 있었다. 이 두 기관에 자신의 육사 동기와 후배를 임명한 이유는 무엇이었을까?

우선 김성진 장관은 자타가 공인하는 육사가 낳은 최고의 이공계 스타였다. 박정기 사장은 전두환 대통령의 대구공고 후배이자 육사 후배로, 윤필용 장군 사건과 관련하여 1973년 타의에 의해 중령으로 예편 당했다. 그는 정우개발 사장을 지내던 중 5공 정부가 출범하자 전두환 대통령은 최고의 골칫덩이 중 하나였던 한국중공업 사장으로 보냈다가 한전 사장으로 임명했다.

전 대통령은 사석에서는 박 사장을 "정기야"라고 불렀고, 대통령 전용 헬기에 동승시켜 대화를 나눌 정도로 막역한 사이였다.[173] 김성진과 박정

173 이정훈, 앞의 책, 219쪽.

기에게 원자력 기술 자립, 즉 한국표준형 원전과, 그에 필요한 핵연료를 개발하라는 대업을 맡긴 것이다.

전두환은 원자력 기술 자립은 민간에 맡길 수 없다고 판단, 범국가적 협의체 결성을 지시했다. 그 결과 1983년 7월 6일 한국전력은 '원자력발전 기술자립 촉진회의'를 소집했다. 한전을 중심으로 한국전력기술(KOPEC), 한국원자력연구원(KAERI), 한국원자력연료(KNFC), 한국중공업 등 원전 관련기관이 총망라된 범국가적 정책협의체였다. 이 조직은 1984년 '전력그룹회의'로 명칭이 변경된다. 이날 모인 관련기관 담당자들은 앞으로 건설할 원자로의 노형과 설비용량을 확정하여 한국표준형 원전을 설계한다는 방침을 세웠다.[174]

기술 없어 당한 설움

핵연료 국산화 사업이 본궤도에 오르자 다음 도전 과제는 한국형 원전 개발로 의견이 모아졌다. 한국 최초의 원전인 고리 1호기 건설에 투입된 자금은 당시 한국 정부 연간 예산의 네 배에 육박했다.[175] 이처럼 엄청난 예산이 투입되었음에도 불구하고 기술 부족으로 국내 기업은 명함조차 못 내밀었다. 외국 기업이 설계에서부터 제작, 원전 건설, 시운전, 연료공급에 이르기까지 모든 권한과 책임을 맡는 턴키(Turn key) 방식으로 진행되었다.

고리 1호기의 원자로는 미국제 가압경수로가 선정되었다. 기본설계는 웨스팅하우스 책임에 미국 길버트(GAI)사가 담당했고, 세부 설계는 영국

---

174 과학기술부, 『과학기술행정 20년사』, 과학기술부, 1987, 228쪽.
175 이정훈, 앞의 책, 174쪽.

전기(EEW)가 담당했다.[176] 모래와 자갈 등 골재 이외의 모든 기자재는 수입했으며, 건설 과정에서 비교적 국산화가 쉬웠던 조명기구를 국산으로 납품하는 것이 고작이었다.

5공 출범 전 국내에서 발주된 고리 1·2 호기와 월성 1호기는 모두 턴키 방식이었다. 건설 과정에서 외국 기업들은 기술을 이전해주지도 않았고, 건설 정보나 상세 설계 도면을 받지도 못했다.[177] 이런 방식으로는 아무것도 얻을 수 없다고 판단한 한전은 고리 3·4호기부터는 사업자 주도형 분할 발주방식을 채택했다. 한전이 프로그램 매니저(PM)가 되어 원자로는 A회사, 증기발생기는 B회사, 터빈과 발전기는 C회사, 토목공사는 D회사, 종합 설계는 E회사에 발주하는 방식이었다.[178]

고리 3·4호기의 프로그램 매니저로 임명된 사람이 후에 한전 사장(1993년 4월~1998년 5월)이 된 이종훈이었다. 사업자 주도형 분할 발주방식을 채택한 결과 한전은 원전 공사의 모든 것을 파악할 수 있게 되었고, 시공을 담당한 현대건설은 95%의 시공 국산화율을 달성했다. 고리 1·2호기 건설 당시 10% 선에 불과했던 국내 기자재 국산화율은 30%까지 향상됐다.

한전은 영광 1·2호기 건설사업도 이 방식으로 진행했다. 그 결과 시공 100%, 설계 46%, 기자재 국산화율 40%를 달성했다. 하지만, 고도의 기술을 요하는 주요 계통의 기술 축적과 설계 분야는 별다른 성과를 거두지 못했다.[179] 한전 사장을 역임한 박정기는 기술 없이 원전 사업을 시작한 한국의 비애를 다음과 같이 토로했다.

"원자력 사업을 하면서 우리는 쓴잔을 너무 많이 마셨다. 지난 10여 년,

---

176 이종훈, 앞의 책, 88쪽.
177 박정연(2019), 74쪽.
178 이정훈, 앞의 책, 206~207쪽.
179 한국원자력50년사 편찬위원회, 앞의 책, 336쪽.

회사 대 회사 관계에서, 현장에서, 심지어는 외국인 기술자 숙소에서까지 기술이 없다는 죄로 이루 말할 수 없는 수모를 당했다. 고리 1·2호기는 턴키라 그렇다 치고, 고리 3·4호기와 영광 1·2호기는 분할방식으로 주도했다고는 하지만 알맹이 기술은 얻은 게 없다. 인색한 그들이 기술을 거저 줄리도 없지만, 우리의 결의와 각오가 서 있지 않은 데도 문제가 있었다. 그동안 말이 좋게 원자력 기술 40%는 배웠다고 하였다. 그러나 알맹이는 없고, BOP(Balance of Plant: 보조기기) 언저리나 만지작거려온 게 전부다. 이제는 알맹이를 건져야 한다."[180]

원전을 차세대 주력 수출산업으로

한국표준형 원전, 즉 100% 한국 기술로 제작된 원전의 근원은 전두환 대통령이었다. 그는 원전 산업이 자동차, 반도체, 조선에 이어 가장 유망한 차세대 주력 수출사업이 될 수 있다고 보았다. 수출을 하려면 원전 기술을 자립해야 한다. 이미 전두환은 1984년 말, 한필순 에너지연구소장에게 한국형 원자로 개발을 위해 역량을 집중하라고 지시한 바 있다. 특히 안전성과 경제성을 갖춰야 한다는 점을 강조했다.[181]

이러한 대통령의 의지가 실제로 표출되기 시작했다. 과기처가 주관하는 원자력위원회와 동력자원부가 주도하는 장기 전원개발회의, 한국전력과 산하기관들의 정기 회의인 전력그룹 회의에서의 화제는 '한국형 원자로 개발'이었다. 당시 한국은 이미 원자력 3기를 운전 중이었고, 7기를 건설 중이었다.[182] 국내에서 건설되는 10기의 원전은 노형이 미국(웨스팅하우스),

---

180 한남 박정기, 『에너토피아』, 지혜의 가람, 2014, 167~168쪽.
181 전두환 회고록(2), 앞의 책, 253쪽.
182 한남 박정기, 앞의 책, 157쪽.

캐나다(캔두), 프랑스(프라마톰)로 서로 다르고 용량도 달랐으며, 기술 도입선이 다양하여 어려움이 많았다.

한국 실정에 맞는 원자로 계통설계 기술을 도입하여 자립한 후, 이를 기준으로 표준형 원전을 개발, 동일 모델을 반복 건설하는 것이 시행착오를 줄이는 최선의 길이었다. 1983년 7월, 5공 정부는 원전 건설 기술자립을 장기 추진 방향으로 설정했다. 즉 영광 3·4호기 건설 사업을 통해 준공 시점인 1995년까지 표준화된 가압경수로형 900MW급 노형을 채택하고, 최소 6기 이상을 복제 건설한다는 원대한 목표를 결정한 것이다.

이로써 영광 3·4호기 사업의 핵심은 원자로 계통 및 기기 설계, 원전 연료 설계 등을 외국 업체와 공동으로 수행해 원전 기술을 자립하는 것으로 정해졌다. TMI 사고의 충격으로 전 세계가 탈원전으로 질주할 때 한국은 국산 원전 개발을 위한 총력전을 선언했다. 이 결정이 한국 원전 산업에는 '신의 한 수'가 되었다.

1984년 말 전두환 대통령은 한필순 에너지연구소장에게 한국형 원자로를 개발할 수 있도록 역량을 집중하라고 지시했다.[183] 한국이 고유 모델 원전을 개발하려면 핵심기술이 필요했다. 이 무렵 세계 원전 업계는 TMI 사고 여파로 미국과 유럽 주요 국가들이 원전 건설 중단을 발표하는 바람에 쓰나미 상태였다. 원전 기술 보유 기업인 웨스팅하우스와 컴버스천 엔지니어링(CE), 프라마톰 등은 일감이 없어 고전하고 있었다. 이 와중에 한국이 공격적인 원전 건설에 나서자 전 세계 원전 기업은 한국에 관심을 집중했다.

원자력의 핵심기술은 원자로 전체의 체계를 어떻게 할 것인지를 결정하는 원자로 계통 설계였다. 1985년 7월 29일 제214차 원자력위원회는 원자

---

183 전두환 회고록(2), 앞의 책, 253쪽.

로 계통 설계는 한필순 박사의 에너지연구소가 맡는 것으로 최종 승인했다. 에너지연구소는 영광 3·4호기 원자로 계통 설계도 경수로 핵연료 사업과 마찬가지로 외국 기업과 공동 설계 방식으로 진행하기로 결정했다.

체르노빌 사고를 절호의 기회로 활용

한국이 독자적인 원자로 개발을 위해 총력전을 준비하던 와중에 또다시 경천동지할 사건이 발생했다. 1986년 4월 26일, 우크라이나공화국의 체르노빌에서 제4호 원전이 폭발한 것이다. 이 원전은 소련이 개발한 흑연감속 비등경수 압력관형 원자로(RBMK)였다. 냉각재로 경수, 감속재로 흑연을 사용하며, 연료는 2.4%로 농축된 천연 우라늄을 사용한다. 압력관 개수만 늘리면 원자로 용량을 늘일 수 있고, 운전 중 연료 교체가 가능해 운전성이 높다는 장점이 있는 노형이었다. 반면에 냉각수에 문제가 발생하면 폭발 가능성이 높다는 것이 단점이었다.

체르노빌 사고는 전형적인 인재(人災)였다. 원자로를 가동하는 운전원의 실수로 원자로가 녹아내렸는데, 이 원전은 다른 원전과 달리 격납 용기가 없고 대신 얇은 벽과 지붕만 설치되어 있었다. 이 벽과 지붕이 폭발로 날아가면서 엄청난 방사선이 외부로 유출되었다. 이 사고로 31명이 사망했고, 많은 사람이 방사선에 피폭되었다. 후에 방사선 후유증과 방사선 피폭으로 인한 갑상선암으로 숨진 사람이 28명이었다.[184]

이 사고 여파로 원전 공포증이 더더욱 확산되었다. 특히 체르노빌과 가까운 유럽은 큰 충격을 받아 이탈리아와 스위스가 원자력발전 중지, 신규 원전 건설 중단 결정을 내렸다. 전 세계에서 프랑스와 일본, 한국만은 예외였다. 특히 한국은 아비규환의 와중에도 영광 3·4호기 사업을 통해 원전

---

184 이정훈, 앞의 책, 309쪽.

기술 자립을 이룬다는 목표를 중단 없이 추진했다.

TMI 사고에 이어 체르노빌의 비극이 세계 원자력계를 잠시 어리둥절케 한 사이, 그 틈새를 잘 활용했던 게 성공의 관건이었다. 당시 한전 사장이 었던 박정기는 "모두가 죽은 시장이라고 포기할 때를 잘 활용한 덕분"이라고 말했다.[185]

원전 표준화 전략의 시발점인 영광 3·4호기는 총공사비로 내자 2조 7,776억 원, 외자 5,425억 원을 포함해 총 3조 3,201억 원이 책정되었다. 이 사업을 함께 할 국제 입찰에 우리가 원하는 100% 기술 전수를 명시했고, 기술 사양을 제외한 계약 용어는 모두 한글로 해야 한다는 대목까지 삽입했다.[186] 이처럼 한국에 압도적으로 유리한 조항에도 불구하고 쟁쟁한 글로벌 원전 기업들이 일감 확보를 위해 입찰에 참여했다.

1986년 9월 한국 평가단의 평가 결과 컴버스천 엔지니어링(CE)이 1차 계통(원자로 기기와 원자로 계통 설계), 제너럴 일렉트릭(GE)이 2차 계통(터빈 & 발전기), 서전 앤 론디(Sargent & Lundy)가 건설 엔지니어링을 담당하는 것으로 결정되었다. 핵심 사업인 원자로 기기와 계통설계를 CE로 선정한 것은 이 회사가 기술도 뛰어나고, 다른 회사들보다 기술 이전과 관련하여 좋은 조건을 제시했기 때문이다.

TMI 사고, 체르노빌 사고로 경영상태가 크게 악화된 CE는 10년 이상 새로운 설비공급계약 실적이 없어 회사가 존폐의 기로에 서 있었다. CE는 한국 시장 진출에 회사의 사활을 걸었다. 따라서 한국의 원전 신규 발주는 이 회사로부터 기술을 이전받을 수 있는 절호의 기회였다.

---

185 한남 박정기, 앞의 책, 155~156쪽.
186 한남 박정기, 앞의 책, 169~170쪽.

컴버스천 엔지니어링(CE)과 손잡다

CE는 당대 최신형 경수로인 미국 애리조나주 팔로버티 발전소의 1,300MW급 경수로(시스템 80)를 참고 모델로 제시했다. 이 모델을 한국이 마음대로 개량·생산·판매하는 데 동의했다. 완전히 한국형 경수로로 인정하겠다는 의미였고, 우리와 공동설계를 하면서 핵심기술을 넘겨주기로 약속했다.[187] 한국은 CE가 '시스템 80'을 개발할 때 사용한 소스 코드를 이용해 CE 기술진과 공동설계를 하여 이보다 한 차원 진보된 1000MW급 원자로를 개발키로 했다.

CE와의 계약이 한국의 원전 기술 자립에 더욱 유리했던 것은 CE가 1000MW 원자로 설계 실적이 없었다는 사실이다. CE는 영광 3·4호기 원자로 공급계약을 수행하면서 '시스템 80'의 설계 소스 코드와 데이터를 갖고 1000MW 원자로를 한국 기술진과 함께 공동설계를 해야 했다. 이같은 상황에서 에너지연구소 핵심 요원들은 새로운 원자로를 처음부터 직접 설계해볼 수 있게 됨으로써 더욱 완벽한 기술 전수를 받을 수 있었다.[188]

CE로부터의 기술 전수 내용은 모든 기술자료를 비롯하여 설계 소스 코드와 전산프로그램, 모든 특허권의 실시 허여, 컴퓨터 제어용 장비의 구매 지원, '시스템 80+' 설계를 위한 연구개발 지원, 영광 사업 완료 시 95%의 기술 자립 보장[189] 등 파격적인 것이었다.

기술 자립을 위한 역할 분담은 한전이 종합사업관리를 담당하고, 한국전력기술이 서전 앤 론디의 기술을 도입해 플랜트 종합설계, 한국에너지연구소가 CE의 기술을 도입해 원자로계통 설계 및 초기노심 설계, 한국중공

---

187 한필순, 앞의 책, 198쪽.
188 이종훈, 앞의 책, 344쪽.
189 이종훈, 앞의 책, 344쪽.

업이 CE 및 제너럴 일렉트릭(GE)의 기술을 도입해 원자로 설비 및 터빈 발전기 제작, 한국핵연료가 원전 연료 제조를 맡기로 했다.[190]

발주자인 한전은 주계약자를 한국 업체로 하고, 외국 업체를 하도급자로 정했다. 이 결정에 전 세계 원자력계가 놀랐다. GE와 CE 같은 세계적인 기업이 한국 업체의 하도급업체가 되었기 때문이다.[191] 영광 3·4호기 추진 과정에서 도입한 국내업체 계약주도형 사업방식은 당시로서는 그야말로 혁신적인 사업방식이었다.

원전 독자 설계기술 확보 성공

1986년 12월 14일 한국의 공동설계 팀 1진이 미국으로 출발에 앞서 비장한 출정식을 가졌다. 한필순 박사는 "나라를 빼앗기면 식민지가 되듯이 우리가 원자력 기술 자립을 하지 못하면 밤낮 외국 기술에 의존하는 '기술 식민지'가 된다. 우리가 '기술 독립국'이 되기 위해서는 기필코 이번에 원자로 계통설계 기술을 우리 것으로 만들어야 한다"면서 만세삼창을 외쳤다.[192]

미국에 파견된 한국 기술진의 피눈물 나는 노력 끝에 원자로 계통 설계는 3년 만에 완성되었다. 한국표준형 원자로(KSNP)가 탄생된 것이다. 한국표준형 원자로는 1979년 TMI 원전 사고를 계기로 미국 원자력규제위원회 등이 대폭 규제를 강화한 안전규제항목 등을 반영했다. 특히 영광 3·4호기는 사고 때 노심 손상 확률을 미국의 10분의 1 수준으로 감소시키는 등 세계 최고 기술 요건을 반영하고 안전성을 대폭 향상시킨 최신예 기종으

---

190 한국원자력50년사 편찬위원회, 앞의 책, 337쪽.

191 한남 박정기, 앞의 책, 181쪽.

192 한필순, 앞의 책, 199쪽.

로 평가됐다.[193]

이런 과정을 거쳐 공동 설계한 영광원전 3·4호기의 설치를 위해 콘크리트 타설 공사가 시작된 것은 1989년 12월 21일이었다. 그로부터 9일 후 한국에너지연구소가 한국원자력연구소로 명칭을 변경했다. 민주화와 함께 '원자력'이라는 이름이 부활된 것이다.

CE와 공동 설계한 한국형 원자로는 한국중공업에서 제작돼 1991년 12월 영광 3호기에 설치되었다. 1994년 9월 10일, 시험 가동 중인 영광 3호기 원자로에 국내에서 생산된 경수로 핵연료를 장전했다. 이로써 영광 3호기는 제1호 한국형 표준 원전이라는 타이틀과 함께 국내 기술진이 설계한 가압경수로용 핵연료를 최초로 장전한 원자로라는 두 개의 타이틀을 얻게 되었다.[194] 영광 3·4호기는 1995년 12월 5일 미국 파워 엔지니어링(Power Engineering)지로부터 '올해의 프로젝트상'을 수상했다.[195]

5공 비리로 전락한 CE와의 계약

한국 연구진이 원자로 계통·설계 기술을 이전받기 위해 고군분투하던 시기는 전두환 정부 말기로, 정치적 위기가 해일처럼 몰려오던 시기였다. 6·29 선언을 통해 대통령 직선제 개헌이 이루어졌고, 노태우 정권이 출범하자마자 5공 비리 운운하며 전임자 흠집 내기가 시작됐다. 이 와중에 CE가 전두환 대통령에게 정치자금을 제공하고 영광 3·4호기를 수주한 것 아닌가 하는 소문이 파다하게 나돌았다. 이 사건도 이른바 5공 비리로 지목되어 호된 곤욕을 치렀다.

---

193 한국원자력50년사 편찬위원회, 앞의 책, 399쪽.
194 이정훈, 앞의 책, 239쪽.
195 한국원자력50년사 편찬위원회, 앞의 책, 343쪽.

국제 입찰에서 떨어진 웨스팅하우스가 영광 3·4호기의 전면전인 계약 무효를 주장했다. 감사원은 유사 이래 최대의 감사팀을 동원하여 입찰부터 평가와 계약에 이르는 전 과정을 샅샅이 파헤쳤다. 감사원은 사업 과정에서 어떤 하자도 발견하지 못했다.

국회에서도 영광 3·4호기 계약에 대한 문제가 제기됐다. 평화민주당의 조희철 의원은 "기술 왕국 일본도 조심스럽고 겸손하게 기술 자립을 추진하는 마당에, 한국은 마치 돈키호테같이 순서도 없이 덤빈다"라면서 원전 기술 자립 의지를 나무랐다.[196] 야당은 국정감사에서 의혹을 캐내지 못하자 1988년 10월에 이 사건을 검찰에 고발했다. 5공 비리 특별수사부가 수사를 개시했다.

검찰 수사의 핵심은 한전이 고위층의 압력으로 기술성과 안전도 등에서 뒤떨어진 미국 CE사를 선정하고, 그 과정에서 입찰평가보고서가 변조되었을 개연성 여부였다. 3개월에 걸쳐 한전과 에너지연구소 직원 등 업체 선정에 참여했던 거의 모든 관련자가 서소문 검찰청사에 소환되어 특별수사부의 조사를 받았다. 그러나 1989년 1월 의혹 사항에 대한 범죄 혐의가 발견되지 않아 수사 종결 처리되었다.[197] 감사원과 검찰이 영광 3·4호기의 공정성과 객관성을 입증해준 셈이 되어 영광 3·4호기 사업은 차질 없이 추진될 수 있었다.

영광 3·4호기는 CE사의 1300MW 노형을 1000MW로 다시 설계했기 때문에 국내 산업 실정이 제대로 반영되지 못한 아쉬운 점이 있었다. 그래서 영광 3·4호기의 세부 설계 과정에서 CE로부터 전수받은 설계 데이터와 설계 프로그램을 활용하여 안전성과 신뢰성을 더욱 향상시켰다.

---

196 이종훈, 앞의 책, 331쪽.
197 이종훈, 앞의 책, 332~333쪽.

이런 노력을 바탕으로 1992년 5월 27일 착공해 1998년 8월 1일 준공한 울진 3호기는 우리 기술진의 주도하에 한국 독자설계를 지향하면서 우리 산업 실정에 맞는 명실상부한 표준형 원전이었다. 이것이 한국 고유의 표준 발전소란 뜻에서 KSNP(Korea Standard Nuclear Power Plant)로 명명했다.[198]

한국 표준형 원전의 탄생

한국 표준형 원전이란 우리 자체 기술로 개발한 원전으로, 1000MW급 가압경수로형을 표준으로 삼아 안전성과 운영의 편의성을 높였을 뿐 아니라, 같은 노형의 반복 건설로 경제성과 국제경쟁력을 갖춰 해외 수출용으로 삼기 위한 한국의 독자적 원전이다.[199]

이를 토대로 영광 5·6호기, 울진 5·6호기 건설 과정에서 설비를 개선한 개선형 한국 표준원전(OPR-1000)을 신고리 1·2호기와 신월성 1·2호기에 적용했다. 이 와중에 미국의 CE가 개량형 원전인 '시스템 80플러스' 개발에 나섰고, 웨스팅하우스도 AP-600 개발 돌입, 프랑스도 1550MW급 EPR(유럽형 가압경수로) 개발에 들어갔다.

한국도 원전 선진국과 같은 수준의 대용량 원전을 개발해 국내 보급은 물론 수출까지 고려해야 한다는 의견이 제기되었다. 그 결과 10년의 세월과 연인원 2천여 명의 국내 산·학·연 기술 인력, 총 2,340억 원의 연구비가 투입되어 2002년 한국의 독자 기술로 1400MW급 신형경수로(APR-1400)가 개발되었다. 이로써 우리나라의 원자력산업은 중수로 핵연료 국산화, 경수로 핵연료 국산화에 이어 차세대 표준형 경수로 원전 개발에 성공하여 명

---

198 이종훈, 앞의 책, 347쪽.
199 한국원자력50년사 편찬위원회, 앞의 책, 347쪽.

실상부한 원자력 선진국으로 발돋움했다. APR-1400의 첫 적용 원전은 신고리 3·4호기로 결정됐다.

2009년 12월 29일에는 한전이 세계 유수의 원전 건설업체인 미국 GE, 프랑스의 아레바, 일본의 도시바·미쓰비시·히타치 등 쟁쟁한 경쟁자를 물리치고 APR-1400 노형으로 UAE와 턴키 건설 수출계약을 체결했다. 1400MW 원전 4기를 건설하고 향후 60년간 운영을 지원하는 400억 달러의 이 계약은 세계 단일 프로젝트 계약으로는 유사 이래 최대 규모였다.

한국공학한림원은 2010년 12월 16일, 한국 경제 발전에 기여한 100대 기술을 선정하고, 그 주역을 발굴 현창하는 행사를 개최했다. 여기서 'APR-1400' 원자로 기술개발의 주역으로 이종훈과 최영상 씨가 표창을 받았다.[200]

한국이 짧은 기간 내에 원전 기술 자립을 이룰 수 있었던 이유는 전력 그룹 사업 책임자들이 10년 이상 계속 관련 업무를 담당토록 한 것이 결정적인 계기였다. 예를 들면 에너지연구소는 한필순 소장을 필두로 임창생, 김병구 박사가 일관되게 원자로 설계기술 전수 책임을 맡았고, 그 후임으로 한기인 박사가 이 사업을 끝냈다.

한국전력기술(KOPEC)에서는 유주영, 한국중공업에서는 정정운 부사장과 홍영수 PM, 한국원자력연료(KNFC)는 김재풍 처장에게 관련 업무가 일관되게 맡겨졌다. 건설업체로 참여한 현대건설도 차인환 씨가 시종 본 업무를 담당했으며, 원자로 기술 공여업체인 CE의 기술 책임자인 내이턴(Tom Natan) 씨도 사업 초기부터 끝까지 관련 업무를 담당했다.[201]

---

200 이종훈, 앞의 책, 353쪽.
201 이종훈, 앞의 책, 343쪽.

원전 선진국에 오르다

CE로부터 기술이전과 공동설계 책임은 한필순 박사의 한국원자력연구소가 맡았다. 이 중요한 일을 한필순이 맡게 된 이유가 있다. 박정기 한전 사장의 회고에 의하면 육사인이 존경하는 인물인 김성진 장관이 자신을 불러 다음과 같이 간곡하게 부탁했다고 한다.

"박 사장, 우리가 가까운 장래에 노벨상을 탄다면 한필순밖에 없소. 잘 부탁합니다."

그래서 박정기는 한필순을 감싸고 밀었다.[202] 그보다 더 중요한 이유는 전두환 대통령이 한필순 박사에게 원자로 개발을 위한 기회를 제공해주었다는 점을 간과해서는 안 될 것 같다.

6·29 선언으로 한국이 민주화 시대로 이행하기 6일 전인 1987년 6월 23일, 한국은 원자력 누계 발전량 1천억kWh를 돌파했다. 1987년 6월 말 당시 모두 7기가 운전 중인 원전의 발전설비용량은 571만 kW로, 국내 전체 발전설비 1,901만kW 중 30.1%를 차지했으며, 총 전력 수요도 원자력이 55.5%를 공급했다. 원자력 발전량 1천억kWh는 1986년 당시 국내 전체 수요의 2년분에 해당하는 엄청난 양이다.[203]

한국의 전기요금은 1982년 이래 거의 변화가 없다. 1982년 1월부터 2005년 사이 물가는 193% 정도 올랐다. 하지만 전기요금은 2.4%밖에 오르지 않았다. 한국의 전기요금이 이렇듯 싼 것은 원전 덕분이었다. 2006년 일본의 kw/h당 전기요금은 132원이었고, 2007년 한국은 77.85원이었다. 일본의 전기요금이 한국보다 거의 두 배 정도 비쌌다.[204]

---

202 한남 박정기, 앞의 책, 182쪽.

203 한국원자력50년사 편찬위원회, 앞의 책, 395~396쪽.

204 이정훈, 앞의 책, 105쪽.

한국의 전기요금이 저렴한 이유 중 하나는 원전의 무정지 운영에 그 비결이 있다. 한국은 핀란드와 더불어 원전 운전 무정지 기간이 가장 긴 나라로 꼽힌다. 원자력 이용률에서 한전은 1986~1999년 사이 17번이나 세계 1위를 했다. 당시 세계 원전 이용률이 평균 69.6%였는데, 한국은 87.2%로 세계 평균보다 17% 이상 높았다. 이것은 1000MW 원전 2기를 더 운영한 경제효과와 같다.[205]

한국 원전, 세계 최고의 경쟁력 보유

1986년과 1993년 월성 1호기가 이용률 100.8%로 세계 1위를 달성했고, 고리 4호기가 이용률 102%로 1994년 세계 1위에 올랐다. 1998년 12월 고리 4호기가 수립한 이용률 105.3%는 국내 원전 사상 최고 기록이었다.[206] 원전을 멈춰 세우는 일이 적다 보니 한국 원전은 그만큼 전기를 많이 생산할 수 있고, 덕분에 전체 전기요금을 낮춘 것이다.[207]

전문가들은 한국 원전산업은 기술적 측면과 산업 경쟁력 측면에서 세계 최고의 경쟁력을 가지고 있다고 분석한다. 1979년 TMI 사고 이후 신규 원전 건설을 중지했던 미국 정부는 원전산업 재개를 위해 1990년대 초에 안전성이 획기적으로 개선된 AP1000, ABWR 등 신형 원전을 개발했다. 하지만 강화된 규제 요건과 지역 주민의 반대로 30년간 신규 원전을 건설하지 못했다.

반면에 한국은 2000년대 초반까지 기술 자립한 OPR-1000을 반복 건설했고, 이어 신형 원전인 APR-1400을 자체 개발하여 신고리 3·4호기부터

---

205 한남 박정기, 앞의 책, 190쪽.
206 한국원자력50년사 편찬위원회, 앞의 책, 401쪽.
207 이정훈, 앞의 책, 106쪽.

건설하기 시작했다. 이후 EU-APR1400, EU-APR1000 개발, 미국 규제기관 NRC 설계인증을 통해 계속 기술을 개선하여 미국과 유럽의 규제 요건을 동시에 만족하는 원전을 보유하게 되어 기술경쟁력 면에서도 세계적 수준에 이르렀다.[208]

원전산업 측면에서도 한국은 경쟁력이 막강하다. 경쟁국인 미국, 프랑스는 오랫동안 신규 원전을 건설하지 않아 원전산업 인프라가 무너졌다. 반면, 한국은 탈원전 이전까지는 지속적으로 원전을 건설하여 반복 건설에 의해 원전산업의 경쟁력을 유지해왔다. 미국은 건설비 추가 문제로 V.C. 서머(Summer) 원전 건설을 포기했다. 또 보글(Vogtle) 2·3호기 원전 건설도 공기 지연과 과도한 건설비 증가를 가져왔다.

프랑스도 2007년 자국에서 건설을 시작한 프라망빌 원전과 핀란드에서 2003년 건설을 시작한 오킬루오트 원전을 아직도 완공하지 못하고 있다. 반면 한국은 UAE에서 2021년 4월과 2022년 3월 예정대로 바라카 1·2호기(APR-1400)를 준공했다. 3,4호기도 2022년 10월 10일과 2024년 3월 23일 완공하여 상업 운전을 개시했다. 게다가 한국은 원전 건설 단가가 미국·프랑스의 절반 수준에 불과해 강력한 경쟁력을 확보하고 있는 것이 큰 장점으로 꼽힌다.[209]

원전 국산화의 아버지는 전두환

오늘날 한국이 원전 수출국으로서 세계적인 경쟁력을 가질 수 있었던 원동력은 이승만의 선구자적 노력, 박정희의 국운을 건 원전 건설 노력, 그리고 TMI, 체르노빌 사고라는 경천동지할 위기를 딛고 추진한 전두환의

---

208 이종호, 「원전 수출 시장 전망 및 수출 추진체계 강화 방안」, 『에너지 포커스』, 2022년 가을호 (제19권 제3호), 에너지경제연구원, 36쪽.
209 이종호(2022), 36쪽.

원전 국산화 노력의 합작품이다. 이승만·박정희 대통령이 원전산업의 기초를 다졌다면 전두환 대통령은 원전 국산화의 아버지다.

그의 뚝심 덕분에 한국은 위기를 기회로 삼아 원전 국산화라는 대업을 이루었다. 또 원전을 수출 산업화하여 UAE 원전 수출로 20조 원을 벌어들였고, 체코에 24조 원 규모의 원전 수출에도 성공했다.

2010년 2월 17일, 한전 대강당에서 제1회 원자력의 날 행사가 거행되었다. 2009년 UAE에 APR-1400 4기 수출을 기념하여 제정한 날이다. 이날 APR-1400 사업단장 심창생 한전 전무가 금탑산업훈장을 받았다. 소감을 묻는 기자에게 그는 이렇게 말했다.

"오늘의 대경사는 전두환 전 대통령의 원자력에 대한 이해와 전폭적인 지원이 있었기에 가능했다."

이와 관련, 박정기는 이렇게 말한다.

"전두환 전 대통령의 국가 에너지 장래에 대한 원모(遠謀)와 원자력에 대한 심려(深慮)가 없었다면 원자력 기술 자립은 절대로 이루어질 수 없었을 것이다. '돌아올 수 없는 다리'를 거두어 퇴로를 막고, 오직 돌격을 계속하여 목표를 점령할 수 있게 한 분이 전두환 전 대통령이다."[210]

---

210 한남 박정기, 앞의 책, 191~192쪽.

6

남극 세종과학기지 건설

전두환 대통령의 퇴임을 일주일 앞둔 1988년 2월 17일 오전 10시.

서울에서 1만 7,240km 떨어진 지구 반대편, 남극의 남셰틀랜드 군도 킹 조지섬 바톤 반도에서 남극 세종과학기지 준공식이 거행되었다. 이날 준공식에 참석하기 위해 남극까지 날아간 박긍식 과학기술처 장관은 "남극에 한국 과학기지를 건설한 것은 국력 신장의 상징이며 한국 과학사에 길이 남을 업적"이라고 감격의 목소리로 소감을 밝혔다.[211]

이날 준공된 세종과학기지는 본관동, 연구동, 주거동, 장비 지원동 등 건축 전체 면적이 1,400m²였다. 기공한 지 불과 3개월 만에 최신식 과학기지를 완공하여 남극에 태극기가 휘날렸다. 이로써 한국은 세계 18번째로 남극에 상주기지를 둔 나라로 발전했고, '제7의 대륙'이라 불리는 남극에서 한국 과학자들이 연중 상주하며 극지 연구를 수행할 수 있게 되었다.

이날부터 한국의 월동대원들은 남극 세종과학기지에서 기후변화와 해양, 대기, 오존층, 유용 생물자원 등의 연구에 본격 돌입했다. 기상청과 대

---

211 이현덕, 「과학기술이 미래다(113)-세계 18번째 남극세종과학기지 준공」, 전자신문, 2024년 2월 7일.

학, 정부 출연 연구기관과 공유하는 기상 관측 업무가 본격화되었으며, 연구 결과는 세계기상기구로 전송을 시작했다. 또 남극 조류 생태계 모니터링을 위한 남극 특별보호구역 운영에도 참여함으로써 극지 연구의 새 역사가 개막되었다.

세종과학기지는 건국 이래 최초로 한반도 밖에 한국인이 상주하는 거점 건설이라는 역사적 의미가 담겨 있었다. 한반도에 갇혀 살던 한국인들이 오대양 육대주에 이어 남극까지 활동 영역을 확장한 것이다. 정부는 건국 이래 최초로 해외에 한국 과학기지 건립이라는 역사적 의미 기리기 위해 전 국민을 상대로 기지 명칭을 공모했다. 그 결과 기지의 정식 명칭은 '세종과학기지'로 결정되었다.

이와 관련, 전두환 대통령은 조선조 임금 중 과학에 가장 관심이 많았던 분이 세종대왕이었고, 우리 기지가 들어선 땅이 킹조지섬이어서 잘 어울리는 이름이라고 평했다. 체신부는 1987년 2월 16일 남극기지 준공을 기념하기 위해 기념우표 300만 장을 발행했다.

한국이 전두환 시대에 활동공간을 남극으로 넓힌 것은 한국의 미래를 위한 시의적절한 판단이었다. 미개척 지역에 대한 한국인의 기상과 열정의 투영이었고, 남극 자원에 대한 기득권을 확보하기 위한 위대한 첫걸음이기도 했다. 88서울올림픽 개막을 7개월여 앞둔 시기에 건설된 남극 세종과학기지는 한국의 브랜드 가치를 높여준 역사적 과업이었다.

그렇다면 남극 세종과학기지는 누구 아이디어로, 어떤 과정을 거쳐 탄생했을까?

'꿈의 프로젝트'라 불렸던 남극 진출 아이디어의 최초 제안자는 윤석순 한국해양소년단연맹 총재였고, 이를 국가사업으로 추진한 주인공은 전두환 대통령이었다. 윤석순 총재의 증언에 의하면 자신은 남극 진출의 제안자였을 뿐 남극에 관측탐험대를 파견하고, 세종과학기지 건설의 결정적 공헌자는 전 대통령이라고 증언했다.

정권을 찬탈한 주인공, 민주주의를 압살한 범죄자, 숱한 사람의 목숨을 앗아간 광주학살의 원흉, 박정희를 찜 쪄 먹을 정도의 악랄한 독재자로 지탄받는 인물이 무엇 때문에, 어떤 계기로 남극 개척의 선봉장 역할을 하게 되었을까?

한국인에게 남극 진출의 꿈을 심어준 첫 도전자는 박정희 대통령이었다. 재임 기간 내내 해양 입국의 기치를 앞세워 조선산업, 해운산업, 원양어업 육성에 앞장서 온 이가 박정희였다. 그는 해양을 향한 국가적 비전을 한 차원 더 높이 끌어올리기 위해 남빙양 어업에 도전장을 내밀었다.

남빙양이란 남극 대륙을 둘러싼 남위 50~70도에 이르는 해역이다. 이 해역은 남극조약 가입국에 한해 정식 어업이 가능한 지역이었다. 한국은 남극조약 가입국 아니어서 남빙양 조업권이 없었다. 우리나라는 1978년 외무부와 수산청(현 해양수산부)이 남극해 해양 생태계 조사와 크릴새우 조업을 위해 시험조사단을 파견했다.

조사단을 태운 5,500톤급 남북호는 그해 12월 7일 부산을 떠나 남극 인근에서 해양 생태계를 조사하고, 1979년 3월 7일 크릴새우 510톤을 싣고 귀국했다. 크릴새우는 극지방에서 모여 사는 갑각류를 뜻한다. 크릴은 노르웨이어로 작은 치어를 뜻하는데, 정식 이름은 크릴새우지만 크릴로 줄여 부르기도 한다. 이후 한국은 1988년까지 8회에 걸쳐 시험 조업을 했다. 그러나 1980년대 초까지 남극조약에 대한 정부의 관심도는 그리 높지 않았다.[212]

남극조약(Antarctic Treaty)이란 남극 대륙과 바다의 군사적 이용을 금지하고, 과학 조사 연구의 자유와 국제 협력 증진, 핵실험 및 방사 물질 처리 금지

---

212 이현덕, 「과학기술이 미래다(111)-세계 33번째로 남극조약 가입」, 전자신문, 2024년 1월 8일.

　　　　　　　　　　　　　　　제5공화국 전두환 시대 2

를 위해 1959년 12월 1일 남극에 기지를 건설한 12개국이 미국 워싱턴에서 체결한 조약이다. 남극조약은 남극의 평화적 이용, 과학조사와 교류 허용, 영유권 주장 금지, 군사행동 금지 등이 주요 내용이다. 1961년 6월 23일부터 발효된 이 조약의 최초 가입국은 12개국이었다.

한국이 남극조약 가입을 위해 신청서를 제출하려 했으나 조건이 만만치 않았다. 의결권을 갖는 남극조약 협의 당사국이 되려면 남극에 과학기지를 운영해야 하고, 이를 기반으로 남극 연구 성과가 있어야 했다. 한국은 남극 탐험 실적은 물론, 남극 연구 실적이 전무했다. 그 결과 소련·폴란드 등 공산권 국가들의 반대로 뜻을 이루지 못했다.

5공화국 들어 남극조약 가입 문제가 처음 거론된 것은 전두환 대통령의 1981년 수산청 연두 순시 때였다. 이때 전두환 대통령은 우방과 협조하여 남극조약 가입을 적극 추진하라고 지시했다. 하지만 전제조건인 남극 탐험과, 남극에서의 과학연구실적을 충족시킬 수 없어 진척되지 못했다.

이 와중에 민주정의당 사무차장과 제11대 국회의원을 역임한 윤석순 씨가 1985년 한국해양소년단연맹 총재에 취임했다. 그는 한국 청소년의 기상이 해양으로 뻗어나가도록 하기 위해 무엇을 할 것인가 고민하던 중 극지 연구에 관심을 갖게 됐다.

이 무렵 1961년 남극조약이 발효될 때 30년의 조건부 협약이었으므로 1991년 이후 언제 어떻게 개정되어 우리나라와 같은 후발국의 남극조약 가입이 어렵게 될지 모른다는 설이 유포되고 있었다.[213] 윤 총재는 한국이 남극조약에 가입하려면 남극 탐험 경험과 상주기지를 건설하여 극지 과학연구 실적이 있어야 가능하다는 사실을 확인했다. 그는 한국해양소년단연맹이 남극 탐험을 통해 한국이 남극조약에 가입토록 하는 파이오니어

---

213 윤석순 외, 『희망의 대륙, 남극에 서다』, 위즈프레스, 2008, 22쪽.

가 되기로 결심했다.

윤 총재는 한국해양소년단의 의지와 능력으로 남극에 기지 건설은 요원한 꿈이니 우선 현실 가능한 과제, 즉 남극 탐험 및 극지 과학연구에 도전하기로 했다. 조사 결과 일본은 이미 1912년 초 시라세 노부(白瀨矗)라는 육군 중위가 영국의 스콧(Robert Falcon Scott), 노르웨이의 아문센(Roald Engelbregt Gravning Amundsen)과 경쟁하며 동양인 최초로 남극점에 도전한 사실을 발견했다.

시라세 중위는 남극점 정복에는 실패했지만, 이때 남극 탐험 실적을 쌓았다. 일본은 1957년 남극 대륙에 쇼와(昭和) 기지를 설립했고, 남극 탐험의 개척자 시라세 중위의 이름을 딴 쇄빙선 시라세호를 운영하고 있었다. 한국의 남극 도전은 일본에 73년 뒤진 셈이다.

한국해양소년단연맹이 중심이 된 남극 탐험대 파견 계획은 숱한 난관에 부딪쳤다. 정부 산하 연구기관에 극지 연구와 탐험을 위한 전문 과학자 파견을 요청하자 반응이 싸늘했다. 오직 규모가 작았던 해양연구소(현재 한국해양과학기술원)만 "2명을 추천하되, 한 명에 대한 경비는 귀측 부담"으로 해달라는 반가운 답장을 받았다.[214] 해양연구소는 지질학자인 장순근 박사, 기상학자인 최효 박사를 탐사 대원으로 참여시켰다. 이때 해양연구소가 과학자를 파견한 덕분에 향후 극지연구사업은 해양연구소에 귀속되는 행운을 잡게 된다.

가뜩이나 예산 동결을 선언하고 허리띠를 바짝 졸라매고 있는 정부에 남극 탐험 비용을 요구할 형편이 못 되었다. 윤 총재는 언론사와 기업을 찾아가 열심히 프로젝트를 설명했다. 윤 총재의 정성에 감복한 MBC와 현대 그룹이 후원하고, 포항제철과 한일합섬 협찬으로 탐험대 남극 파견 경비

---

214 윤석순 외, 앞의 책, 23쪽.

마련에 성공했다.

남극관측탐험대원은 총 17명으로 구성원은 단장 1명(윤석순 총재), 해양연구소 과학자 2명, 교사 4명, 히말라야 등반 전문 산악인 7명, 보도진 (MBC)으로 조직했다. 1985년 10월 중순, 전 대원이 설악산 등지에서 현지 적응훈련을 마쳤다. 출발 예정일은 11월 6일로 잡았다.

남극 탐험은 엄연한 국가 프로젝트이니 정부에 보고하기 위해 살펴본 결과 정부 조직법상 남극 담당 부서가 없었다. 고민 끝에 윤 총재는 대통령에게 직접 보고하기로 결심한다. 청와대와 협의하여 10월 29일 30분의 보고 시간을 얻었다. 전두환은 회고록에서 당시 정황을 다음과 같이 기록하고 있다.

'1985년 10월 윤석순 한국해양소년단연맹 총재가 남극탐험에 관해 보고할 일이 있다며 접견을 요청했다. 정부기관이나 관련 비서실도 거치지 않고 부속실을 통해 직접 접견을 요청해온 것이다. 관례를 벗어난 일이었지만 나는 취임 초인 1981년 이미 남빙양의 크릴어업을 위한 남극조약 가입을 적극 추진하도록 강력히 지시한 일이 있었고, 남극 진출 문제는 내가 특별히 관심을 갖고 있는 사안이어서 보고를 받기로 했다.'[215]

윤 총재는 남극에 대한 관측 탐험의 목표를 첫째, 1990년 이전에 남극조약에 가입하며, 둘째, 남극 자원개발에 공동참여의 계기를 마련하고, 셋째, 국민의 진취적 기상을 고취시켜 86아시안게임과 88서울올림픽의 성공적 개최에 기여하겠다고 보고했다. 또 이번 남극 탐험에 성공하면 정부 내에 특별 기구를 구성하여 남극조약 가입을 적극 추진하고, 남극기지 건설 및 과기처 산하에 남극연구소 설치를 건의했다.

전두환은 일개 청소년 단체가 정부 현안 과제인 남극조약 가입을 목표

---

215 전두환 회고록(2), 226~227쪽.

로 남극에 도전한다는 사실을 뿌듯하게 생각했다. 전 대통령은 장교 시절 특수전 교육을 위해 두 차례 미국 유학을 다녀온 경험자였다. 특수전 중에서도 훈련이 가장 고되기로 유명한 패스파인더 과정을 이수한 생존·안전 전문가였다. 보고를 받은 전 대통령은 "남극은 기후가 변화무쌍한 것으로 알고 있는데 긴급사태 발생이나, 조난 때는 어떻게 할 것인가? 통신수단, 식량, 개인장비는 어떻게 준비했는가" 등을 꼼꼼하게 물었다.

보고를 마친 윤 총재는 '남극관측 탐험계획'이란 제목의 서류에 재가를 요청했다. 전 대통령은 서류를 보다가 놀랐다. 결재란에 국무총리나 관계장관, 수석비서관의 서명란 없이 '대통령 재가란'만 덜렁 있었기 때문이다. 이런 형식의 문서가 대통령에게 올라온 것은 이때가 처음이었다.

전 대통령은 "어! 이 사람아. 이건 주무장관이나 국무총리 부서도 없지 않은가? 여기에 대통령이 어떻게 결재할 수 있어. 이건 규정에 없는 일이야" 라고 깜짝 놀라며 거절했다.[216] 윤 총재는 "역사상 초유의 남극관측탐험이라 주무부서도 없기 때문에 용기를 다해 각하께 보고드린 것입니다. 저를 믿어주십시오. 꼭 성공해 전원 무사히 귀국하겠습니다"라고 간절히 설명했다.

이 말 들은 전 대통령은 "그렇군, 주무부서가 없으니 대통령이 책임지는 수밖에" 하고는 펜을 들어 결재했다. 전두환 회고록에는 이 장면을 다음과 같이 기록하고 있다.

"나는 윤 단장의 보고 절차 등이 관례에 벗어난 일이었지만, 남극 탐험에 나서는 우리 청소년들의 기개와 의지를 높이 평가해 서류에 서명했다. 아울러 '꼭 성공해서 무사히 돌아오라'고 격려해줬다."[217]

전 대통령은 말로만 격려한 것이 아니라 외무부에 "미국·칠레 정부와 협조하여 우리 탐험대에 긴급사태 발생 시 안전에 만전을 기할 수 있도록 협조할 것, 주재공관에서 모든 편의를 제공하라"라고 지시했다.[218]

윤석순 총재가 이끄는 17명의 남극관측탐험대는 1985년 11월 16일 오후 2시 33분, 남극 킹조지섬의 칠레 마쉬 기지에 도착했다. 이들은 베이스캠프 뒷산 암벽에 한국인의 남극 도전 의지를 담은 동판을 설치했다. 동판의 내용은 다음과 같았다.

'조용한 아침의 나라 대한의 남아들이 인류공영과 세계평화를 위하여 여기 남극에 첫 발을 디디다.'

대원은 두 팀으로 분리하여 홍석하 대장이 이끄는 제1진(7명)은 킹조지섬에서 과학탐사, 기지 탐사, 연구 조사 활동을 벌였다. 1진 대원들은 1주일 동안 각국 기지를 방문해 남극대륙 생태계를 조사하고 각종 자료를 수집했으며, 남극 조약 가입을 위한 외교 활동을 벌였다.

윤석순 단장은 현지에서 칠레 마쉬 기지 사령관의 도움으로 남극의 소련·중국·폴란드 기지를 방문했다. 국교가 없어 우리나라의 남극조약 가입을 반대하던 이들은 직접 기지를 방문하여 대화를 하자 한국의 남극조약 가입에 공감했다. 그러면서 "본국에 이를 적극 건의하겠다"라고 약속했다. 중국 장성기지 대장은 한국 대원들을 기지로 초청해 성대한 오찬을 제공하고 "한국이 킹조지섬에 진출하면 우리가 적극 지원해주겠다"라며 구체적 조언도 해주었다.[219]

허욱 부대장이 이끄는 제2진(10명)은 4,879m의 남극 대륙 최고봉 빈슨매시프산 정복에 나섰다. 히말라야 등반 경험이 있는 전문 산악인으로 구성된 제2진은 영하 40~50도의 강추위와 초속 30m의 카타바틱 윈드

218 전두환 회고록(2), 앞의 책, 228쪽.
219 윤석순 외, 앞의 책, 30쪽.

(Katabatic Wind)라는 폭풍설을 뚫고 등반에 나섰다. 정상 공격조는 11월 29일 0시 30분, 거친 악천후를 뚫고 한국인 최초이자 세계 6번째로 남극 최고봉 정복에 성공했다. 태고의 만년설에 뒤덮인 정상에 오른 대원들은 추위와 강풍 속에서 태극기와 해양소년단 깃발을 정상에 세우고 88서울 올림픽 배지를 묻었다.

24일간 남극 탐험 및 연구 일정을 마친 탐험대는 전원 무사히 귀환했다. 탐험대가 귀국하자 전두환 대통령은 1985년 12월 20일, 전 대원을 청와대로 초청, 오찬을 베풀고 한국인의 드높은 기상을 보여준 전 대원에게 공로 포상을 하라고 지시했다.

이렇게 시작된 한국의 남극관측 탐험대 활동이 국제적 공인을 받았다. 그결과 한국은 1986년 11월 28일 남극조약 협의 당사국의 동의를 받아 33번째 남극조약 회원국이 되었다. 이로써 남극과 그 주변의 평화적 이용과 과학연구의 자유를 보장받게 되었다. 남극 탐험대원 17명은 1986년 12월 24일, 남극조약 가입 유공자로 선정돼 윤석순 단장은 국민훈장 모란장, 탐험대 홍석하 대장은 국민훈장 동백장, 장순근·최효 해양연구소 연구원은 국민훈장 모란장을 받았다.

1987년 1월, 전두환 대통령은 국무회의에서 "최대한 빠른 시간 내에 남극기지를 건설하라"는 특명을 내렸다. 이 특명에 의해 1987년 2월 과학기술처를 중심으로 남극기지 건설사업계획이 본격 추진되었다. 주관부서는 과학기술처, 외무부는 대외관계를 전담키로 했다. 사업 집행기관은 탐험대 파견에 적극 협조한 해양연구소가 맡았다. 해양연구소에 극지연구실이 신설됐고, 초대 실장은 육사를 졸업하고 서울대 지질학과를 거쳐 미국 노스캐롤라이나대에서 지질학 박사학위를 받은 박병권 박사가 맡았다.[220] 이공

---

220 이현덕, 「과학기술이 미래다(112)-남극에 첫 조사단 파견」, 전자신문, 2024년 1월 22일.

계 분야 곳곳에서 육사 출신들이 빛을 발하는 순간이 또 다시 온 것이다.

1987년 3월 25일 과기처는 남극과학기지 건설기본계획을 수립하여 보고했다. 사업비는 확보된 예산이 없어 예비비에서 55억 원이 배정되었다. 남극기지 설립 후보지 선정을 위해 과학자, 기술자 등 7명으로 구성된 현지조사단(단장 송원오 박사)이 남극에 파견되었다. 현지조사단은 1개월간의 현장답사를 통해 기지 후보지를 조사한 결과 킹조지섬 바톤 반도 일대에 420평 규모의 건물을 짓기로 결정했다. 남극기지 건설 작업은 일사천리로 진행돼 1988년 2월 17일 역사적인 준공식이 거행되었다.

남극기지 건설 아이디어의 제공자는 윤석순 총재였고, 이를 실행에 옮긴 사람은 전두환 대통령이었다. 대통령의 결단으로 세종과학기지가 준공되어 서울올림픽을 7개월 앞두고 남극 진출의 꿈이 실현된 것이다. 한국은 세종과학기지 설치를 시발로 하여 김대중 정부 시절인 2002년 4월 29일, 북극의 노르웨이령 스발바드 군도 스피츠베르겐 섬에 다산과학기지를 개설했다. 이로써 한국은 남극·북극 양극에 기지를 보유한 세계 8번째 국가에 올랐다.

2006년 정부는 남극연구활동 진흥기본계획을 수립했고, 이 계획에 따라 2009년 극지 연구에 필수적인 쇄빙연구선 아라온호를 자체 기술로 건조하여 운항을 개시했다. 아라온호는 길이 110m, 폭 19m, 7천 톤 급의 중형 쇄빙선이다. 이 배에는 지구물리, 해양생태 등 다섯 개 분야의 극지 연구를 수행할 수 있는 60여 종의 첨단 과학 장비가 탑재되어 있다. 최신 연구 장비를 갖춘 '움직이는 극지연구소'를 보유한 한국은 이때부터 극지 연구가 폭발적으로 진행되었다.

2010년 초반부터 기후변화로 인해 남극·북극의 환경이 빠르게 변화하기 시작했다. 이에 따라 극지 연구 수요도 가파르게 증가하면서 제2의 쇄빙선 건조 필요성이 제기됐다. 관련 예산이 통과되어 아라온호의 두 배 규모인 1만 5,450톤 급 차세대 쇄빙연구선 건조 작업이 진행 중이다. 2027년 예정대로 차세대 쇄빙연구선이 진수되면 한 척은 남극, 한 척은 북극 연구에 투입될 예정이라고 한다.

또 남극의 세종과학기지가 위치한 킹조지섬은 온화한 날씨와 남극 대륙에서 떨어져 있는 위치적 특성으로 인해 남극 기후 생태계 연구에 제약이 많았다. 그 결과 남극 대륙 본토에 과학기지 건설의 필요성이 제기되었다. 2014년 2월 12일, 남극 대륙의 북빅토리아랜드 테라노바만 연안에 장보고 과학기지가 건설되었다. 장보고과학기지 건설로 한국은 세계 10번째로 남극에 2개 이상의 상주기지를 운영하는 국가로 부상했다.

전두환 대통령은 퇴임 후 정치적 평지풍파에 휘말려 남극 세종과학기지 건설에 결정적 공헌을 한 노력은 까맣게 잊혀졌다. 하지만 한국 최초의 남극 탐험대원들은 전두환 대통령의 공적을 잊지 않았다.

2008년 10월 30일, 남극 세종과학기지 설립 20주년이 되는 날, 윤석순 총재를 비롯하여 홍석하(킹조지 팀 대장), 허욱(빈슨메시프산 등반대장), 장신근(월동대장), 허형택(전 해양연구소장), 송원오(전 세종기지 건설단장) 등이 연희동을 방문했다.

관계자들은 남극에서 가져온 얼음을 전두환에게 선물했다. 남극의 눈이 얼어서 만들어진 남극 얼음은 티끌만 한 먼지조차 없는 청정 얼음이다. 눈이 얼음으로 변할 때 기포가 생기는데, 이것이 녹으면서 퍽퍽 터지는 소리가 나는 것이 특징이다. 이들은 연희동에서 남극 얼음으로 만든 칵테일로 세종과학기지 건설 20주년을 축하했다. 전두환은 20년 전의 일을 잊지 않고 찾아준 남극 탐험대에 고마움을 느꼈다고 회고했다.[221]

전두환 대통령이 규정에도 없는 남극 탐험대 파견 서류에 서명한 것은

---

221 전두환 회고록(2), 앞의 책, 228~229쪽.

자신이 이 프로젝트에 무한 책임을 진다는 의미였다. 이 서명으로 한국인들의 남극 탐험이 개시됐고, 남극조약 가입이 성사되었으며, 세종과학기지와 장보고 기지, 다산기지 건설과 쇄빙선 운영이라는 결실을 맺을 수 있었다. 전두환의 결단이 한국인의 활동 공간을 오대양 육대주에 이어 남극·북극으로 확장하는 일대 전기를 마련한 것이다.

7

힘이 있어야 평화를 유지한다

1980년대 초 남한은 GNP의 6.3%를 군사비에 지출한 반면, 북한은 23.8%를 투입하여 군사력 면에서 북한이 현저한 우위를 점하고 있었다. 당시 북한의 주요 전력은 병력은 80만 명으로 우리의 1.2배, 전차는 3,500여 대로 2.7배, 야포는 7,400여 문으로 2배, 항공기는 1,500여 대로 1.4배였다. 게다가 북한은 전 병력의 60%를 휴전선 가까이에 전진배치해서 전격전 태세를 갖춰놓았다. 1980년대 들어와서는 소련으로부터 미그 23 전투기, SA3 지대공 미사일, 스커드B 지대지 미사일 등 신무기를 들여와 배치해놓은 상황이었다.[222]

군사력의 우위를 담보로 북한은 끊임없는 도발을 계속해왔다. 일단 전쟁이 일어나면 피아간에 막대한 인적, 경제적 피해가 발생하므로 억지하는 것이 최선이다. 군사 전략 전문가인 전두환 대통령은 전쟁을 억지하는 능력은 군사력, 즉 힘에서 나온다고 보았다. 압도적인 힘의 우위를 보일 때 적의 침략 의지를 봉쇄할 수 있는 것이다. 만에 하나 적이 오판하거나, 무모한 도발을 감행하면 공세적 방어 개념에 따라 즉각 반격을 가하여 적을 섬

---

222 전두환 회고록(2), 앞의 책, 320쪽.

멸할 수 있는 대비태세를 갖춰야 한다.[223]

박정희가 건설, 전두환이 고도화

전두환 대통령은 북한의 침략을 봉쇄할 수 있는 충분한 억지력의 확보를 위해 군의 전력 강화에 전력을 기울였다. 특히 전두환은 성격과 스타일상 얻어맞고 싸우는 수세적 방위 개념이 아니라, 공세적 방위 개념으로 전환하여 공세 기동전략 위주의 전력 증강과 한국형 무기체계의 연구 개발에 힘썼다.[224]

이런 구상을 뒷받침한 것이 방위산업이다. 방위산업은 국가방어를 목적으로 하여 군사적으로 소요되는 물자를 연구개발하거나 생산하는 데 종사하는 산업인 동시에 국가산업 발전에 크게 기여할 수 있는 동력원이다. 즉, 방위산업을 통해 공급되는 기술과 장비는 기계, 전자, 통신, 화학, 조선, 항공 등 모든 민수산업 분야와 관련되어 있기 때문에 방위산업 발전은 국가산업 발전과도 직접적으로 연계된다. 우리 군이 필요로 하는 장비나 물자를 해외로부터 구매하지 않고 국내 생산을 통해 조달하게 되면 국방예산 지출이 국민경제의 흐름에 편입되어 일자리를 창출하고 국가 경제성장에도 기여하는 특징을 가지고 있다.[225]

방위산업에 관한 한 전두환 대통령은 행운아였다. 박정희 정부 시절 터전을 닦아놓은 방위산업이 전재해 있었기 때문이다. 방위산업은 1971년 11월, 박 대통령의 '번개 사업' 명령에 의해 ADD 연구진이 개인화기와 박격포 등의 시제품을 개발하면서 시동이 걸렸다. 국산 무기 연구개발은 우리 기술진의 눈물겨운 고군분투가 성공의 원동력이었지만, 미국의 도움도 무시할 수 없는

---

223 전두환 회고록(2), 317쪽.
224 전두환 회고록(2), 앞의 책, 321쪽.
225 최성빈, 방위력개선사업 비용관리 , 한국국방연구원, 2004.

비중을 차지하고 있다는 사실을 우리는 기억해야 한다.

박정희 정부는 국방과학연구소(ADD)를 설립하고 자주국방에 필요한 기초 무기 개발을 위해 외국에 방위산업 관련 기술 지원을 요청했다. 이 문제와 관련, 미국 정부는 부처별로 입장이 갈렸다. 미국 외교라인인 주한 미국대사관과 국무부는 반대, 안보라인인 국방부는 찬성 의견이었다. 미국 외교라인이 한국의 방위산업에 부정적 의견을 낸 이유는 한국의 방위산업이 본궤도에 오르면 동북아 질서의 현상 유지에 지장을 초래할 위험이 있다고 보았기 때문이다. 반면에 미 국방부가 한국의 방위산업에 찬성한 이유가 있다.

당시 한국군이 사용하던 병기는 오래된 구식이어서 미국에서 생산이 중단된 모델이 대부분이었다. 미국에서 단종된 무기를 한국군이 사용하다 보니 유지 보수에 필요한 수리 부속 조달에 심각한 애로가 발생했다. 한국에서 이들 제품을 개발·생산하면 유지 보수가 편리하고, 그만큼 미국의 군사원조를 축소할 수 있다는 현실적 계산이 섰기 때문이다.

앞에서도 소개했지만 미국은 클라이드 하딘을 단장으로 하는 기술지원단을 ADD에 파견하여 방산기술을 지원했다. 이들은 2년간 한국에 상주하며 무기 설계 도면을 포함한 각종 기술자료 묶음(TDP·Technical Data Package)을 제공했다. 또 ADD 소속 연구원의 미군 관계 연구소 방문 및 연수를 도와주는 등 병기개발을 지원하고 번개 사업 2차 시제품 제작 등 초기 병기개발에 큰 도움을 주었다.[226]

미국 도움으로 'K 방산' 탄생

방위산업은 미국의 지원과 기술자료 묶음(TDP)을 제공받아 본격적인 시동이 걸린 만큼, 초기 단계에서는 미국 제품의 모방에 주력했다. 이 과정에서 쌓

226 오원철, 앞의 책(5), 50~51쪽.

은 경험과 기술을 바탕으로 독자 설계 개발로 이전했다. 이른바 한국형 'K 방산'의 태동이다. 무기 개발 과정에서 획득한 관련 기술은 민수로 이전돼 중화학공업 발전의 중요한 요인으로 작용하기도 했다. 예를 들어 장갑차 개발·생산 과정에서 획득한 기술이 민수용 불도저, 페이로더 개발로 이어지는 식이다.

방위산업 각 분야에서 미국의 지원하에 기술 축적이 이루어지면 '한국형 모델' 개발, 관련 기술 민수 이관 공식은 전두환 정부에서도 계속 이어졌다. 박정희 대통령 시절 국방목표 중 하나는 "방위산업을 육성하여 자주국방 체제를 확립한다"는 것이었다. 전두환 정부의 국방목표는 "적의 무력 침공으로부터 국가를 보위하고 평화통일을 뒷받침하며, 지역적인 안정과 평화에 기여한다"로 바뀌었다.

5공의 국방목표에서 '자주국방 체제 확립'이 빠진 이유는 전두환과 5공 지도부의 안보의식이 해이해졌기 때문이 아니라, 제5공화국이 처한 시대적 상황이 박정희 정부 시절과 비교할 때 다음과 같이 달라졌기 때문이다.

첫째, 전두환 정부는 미국으로부터 동북아 역내 질서유지에 협조하라는 권고를 받는 입장이었기 때문에 미사일 개발과 같은 독자적 개발 정책을 강력하게 추진할 수 없었다.

둘째, 1981년 취임한 레이건 대통령이 한미상호방위조약의 준수, 주한미군 철수 중단, 방산기술 제공 등 동맹국에 대한 확고한 안전보장을 약속했다. 이에 따라 우리 정치 지도자들의 자주국방에 대한 인식과 절박성을 약화시키는 역할을 했다.

셋째, 전두환 정부는 국가 안보나 경제성장보다는 경제 안정화와 사회복지에 중점을 두는 정책을 추진했다. 그 결과 국방비도 감소되어 GNP 대비 6% 이하 수준으로 줄어들었다.[227]

---

227 서우덕·신인호·장삼열, 앞의 책, 211쪽.

방위산업 발전은 초기엔 국민의 피땀 어린 방위성금이 큰 역할을 했다. 1973년 10월 북한이 서해 5도 수역에서 잇따라 북방한계선(NLL)을 침범하여 긴장이 고조되자 민간에서 방위성금 모금운동이 시작했다. 방위성금은 1988년 9월 폐지될 때까지 609억 원이 모금되었는데, 이 자금으로 팬텀 전폭기(F-4D), 헬기(500MD) 구입, 해군 고속정 건조, 한국형 장갑차 개발, 군사 장비와 시설 보강, 방어진지 구축, 예비군 장비 보강 등에 요긴하게 사용됐다.

박정희 시절 율곡사업 추진

박정희 정부는 독자적인 군 전력 증강 8개년 계획을 수립 추진했으며, 이 계획은 보안을 위해 '율곡사업'으로 명명했다. 율곡사업은 당시 합동참모본부장 겸 대간첩대책본부장이었던 이병형 장군이 최초 발의했다. 제1차 율곡사업은 재래식 기본 병기의 대부분을 국산화하고 중화학공업과 병행하여 방위산업 기반을 구축하는 것이 목표였다.

율곡사업 단계별 추진 내용

구분	1단계	2단계	3단계
기간	1974년~1981년	1982~1986년	1987년~1992년
중점	최소 대북방위전력 확보	방위전력 질적 향상	대북전력 조기확보, 미래 위협대응 군사력 건설
주요 전력	M-16 생산 고속정 건조 UH-1H, 500-MD F-4 전투기 구매 ※대북전력 비율: 54%	F-5 전투기 기술도입 생산 야포·장갑차·전차 개발 호위함·초계함 건조 ※대북전력 비율: 60%	한국형 장갑차·전차 양산 KDX·잠수함·초계함 생산 F-16 도입 ※대북전력 비율: 71%

출처: 김광석, 『국방획득정책』, 국방대학교, 2011, 33~34쪽.

월남 패망 직후인 1975년 박 대통령은 자주국방(율곡사업)의 재원 마련을 위해 방위세를 신설하여 전액을 전력증강사업에 사용했다. 방위세는

GDP의 4%에 달하는 기존의 국방운영비와 합쳐 국방비는 GDP의 6% 수준으로 증대됐다.

방위산업 측면에서 보면 전두환 정부 재임기는 제2차 율곡사업 기간 (1982~1986)에 해당한다. 제2차 율곡사업은 '방위 전력 보완 및 전력의 질적 향상'을 목표로 내걸었다. 이를 위해 조기경보체제 구축, 전쟁 지속 능력의 확장 및 유·무형 전력의 균형 발전을 통한 자주적 군사력 건설이 추진되었다.[228]

이 와중에 1981년 미국 정부는 스트라톤 수정안을 제정, 첨단 정밀무기 관련 기술의 해외 이전이나 판매를 금지시켰다. 미국의 대구경 포신 전문 생산창인 워터블릿 병기공장이 소재하고 있는 뉴욕 주 출신의 스트라톤 하원의원이 지역주민의 민원을 받아들여 입안, 발효시킨 것이다.[229] 이 수정안 덕분에 미국에서 첨단 정밀무기 연구개발에 필요한 관련 기술의 이전이 불가능한 상황이 되었다.

대부분의 한국인들은 방위산업 측면에서 볼 때 5공화국은 암흑기, 시련기라고 말한다. 전두환 정부 시절 ADD 규모를 대폭 축소한 것과, 국방연구 개발비를 1970년대 국방비의 3.5% 수준에서 1.2~1.4% 수준으로 감소시킨 것이 사실이기 때문이다.[230] 이런 시각은 방위산업의 일부 분야에서는 수긍할 점이 없지 않다. 하지만 모든 방위산업 분야를 다 부정적으로 보는 것은 올바른 시각이 아니다. 5공 시절 한국의 방위산업이 어려움을 겪은 것은 미국의 스트라톤 수정안에 의해 첨단 정밀무기 관련 기술 도입이 봉쇄된 때문이다. 자체 기술 기반이 허약하고 국제경쟁력이 취약한 한국 방

228 서우덕·신인호·장삼열, 앞의 책, 146쪽.
229 신인호, 앞의 책, 43쪽.
230 서우덕·신인호·장삼열, 앞의 책, 211쪽.

위산업은 이로 인해 큰 난관에 부딪혔다.

전두환 대통령의 안보관은 "힘의 우위만이 침략을 억지하고 평화를 유지하는 수단"이라는 것이었다. 그의 재임 당시 북한은 한국보다 병력은 1.2배, 전차는 2.7배, 야포 2배, 항공기 1.4배로 앞서 있었다. 하지만 경제력을 비롯한 총체적 국력은 갈수록 한국이 북한을 압도하고 있었다. 전두환의 임기 마지막 해인 1987년의 경우, 경제 규모는 한국이 북한의 5.5배, 1인당 GNP는 2.5배 앞서 있었다.[231]

전두환 대통령은 자신의 재임 기간 동안 한국의 방위산업은 핵무기를 제외한 모든 종류의 병기 생산능력을 갖추는 것이 목표였다. 그는 우리 전력을 북한 대비 70% 수준까지 끌어올리면 자주국방이 가능하다는 판단 아래 1982년 11월 적의 기습에 대비할 수 있는 국방력 확보를 지시했다. 이에 따라 정부는 2차 율곡사업 기간(1982~1986) 중에 총 5조 3,800억 원을 투자하여 이 자금을 가지고 육해공군의 방위력 정비에 나섰다.

전두환 정부, 절충교역 제도 도입

박정희 정부는 방위산업에 필요한 재원 마련을 위해 1975년부터 방위세를 부과하기 시작했다. 규모는 1차 율곡사업 때 2조 8,864억 원, 2차 때 5조 5,757억 원, 3차 때는 14조 152억 원 등 국방부는 1974년부터 1994년까지 율곡사업에 총 27조 8,912억여 원을 투입하여 방위산업을 획기적으로 육성 발전시켰다.[232]

방위산업에 투입된 예산이 1975년 연간 800억 원대에서 1980년대 초에는 1조 원대, 1980년 말에는 2조 3,000억 원대로 늘었다. 하지만 국내 방위

---

231 전두환 회고록(2), 앞의 책, 321쪽.
232 이준구(2017), 154~155쪽.

산업은 이 정도의 투자비를 수용할 수 있는 수준이 안 되었다. 게다가 기본 병기 국산화가 마무리되자, 군은 첨단 고도정밀 무기의 획득을 요구했다.

이때부터 군이 원하는 요구 기술이나 개발 기간, 비용 등이 박정희 정부 시절 추진했던 기본 병기와는 차원이 다르게 높아졌다. 국내 기술로 군이 요구하는 작전운용 성능(ROC, Required Operational Capability) 요구를 충족시키는 고도 정밀 무기체계 개발이 이루어지지 않자 전두환 정부는 새로운 돌파구를 마련한다.

박정희 정부의 방위산업 철학이 국내 연구 개발이었다면, 전두환 정부는 비교경제 논리에 입각하여 해외 도입 방안과 국내 개발 방안의 비교 분석을 통해 획득 방법을 결정했다. 이를 통해 국내 개발과 해외 도입을 포함한 '획득' 개념으로 전환하게 된다. 5공 시절 방위산업 관련 기술 획득은 상당 부분 기술도입을 통한 면허생산 방식을 통해 이루어졌다.

이 방식은 완제품의 직구매보다 가격이 20% 정도 비싼 것이 흠이다. 하지만 관련 기술을 도입하여 국내 생산하는 과정에서 국내 기업들이 관련 분야의 첨단기술 획득, 산업 연관효과 등을 얻을 수 있다는 장점이 있었다.

1983년부터 5공 정부는 군사 절충교역제도(Offset)를 적극 도입했다. 우리나라에서 일정 금액 이상의 군수품을 외국에서 구매할 경우, 해외의 상대 업체로부터 관련 지식과 기술을 이전받거나, 이전받은 기술로 생산한 국산 무기·장비의 제3국으로의 수출 권리 등 반대급부를 받는 조건으로 교역하는 제도다.

절충교역 제도를 통해 한국은 외국으로부터 특정 무기체계를 도입하는 조건으로 첨단기술을 제공받았다. 도입된 기술로 ADD는 개발 및 설계를 담당하고, 방산 업체는 체계 조립을 담당하는 형태로 방위산업을 발전시켜 나갔다. 절충교역과 관련하여 전두환은 다음과 같은 증언을 남겼다.

"국방부에서 장비를 사올 때 액수는 큰데, 그 전에는 오프셋(offset) 방식이라는 게 없었어. 그래서 내가 국방부에 강력히 지시했어요. 우리가 필요한 것은 방위산업 기술과 정비 기술이니, 우리가 군사 장비를 구매하면 기술을 우리한테 주든지, 그만큼 우리 물건을 사 가든지 조건부 구매를 하도록 지침을 주었어."[233]

전차·호위함 개발 비화

기술도입을 통한 면허생산 방식으로 우리 군에 보급된 장비는 500MD 헬기, K55 자주포(155mm), F-16 전투기, 209 잠수함이 대표적인 프로젝트였다. 한국의 방위산업 업체들은 첨단 정밀무기 기술도입 생산방식을 통해 관련기술 축적에 성공했다. 이러한 기술을 바탕으로 '한국형' 무기체계 개발에 도전하여 K 방산으로 나가는 전기를 마련하게 된다.

국산 전차 개발은 1970년대 말 북한이 소련제 T-62 전차를 보유했다는 첩보로 시작되었다. 당시 한국군 주력 전차는 미군 M48A1 전차를 개조하여 105mm 주포와 국내 개발 사격통제장치(LTFCS)를 탑재한 M48A5K가 최신형이었다. 이 전차로는 북한이 보유한 T-62에 대적할 수 없다고 판단한 박 대통령은 국방부에 전차 개발을 지시했다. 그 결과 미국 크라이슬러 디펜스 사와 협력하여 한국형 전차 시제품 개발 계약을 체결했다.

당시만 해도 우리나라는 외국과 기술협력을 통한 제품 개발 관련 계약 경험이 부족했다. 그 결과 우리 정부가 100% 자금을 투입하여 개발하는 사업임에도 불구하고 기술 소유권이 미국 정부에 귀속되었다. 우리 의지대로 수출할 수 없는 상황이 벌어진 것이다.

우여곡절 끝에 1984년 4월 전차 시제품 2대가 제작되었고, 현대정공

---

[233] 김성익, 앞의 책, 643~644쪽.

이 미국의 기술 지원으로 5대의 전차를 시범 제작했다. 개발이 완료되어 1987년 7월부터 1997년까지 총 1,027대가 양산되어 기갑여단에 배치되었다. 최초에는 명칭이 K1이었으나 올림픽 개최를 기념하여 '88전차'로 명명되었다.

현재 한국군의 주력 전차는 '흑표'로 명명된 K2 전차다. 튀르키예에 K2 기술 수출을 했고, 폴란드에 완제품이 수출되는 등 명품 전차로 꼽히고 있다. K2 전차는 K1 개발 경험을 바탕으로 순수 국내 기술로 개발한 세계 최고 성능의 전차다. K1과는 달리 핵심기술이 국내에서 개발돼 해외 수출길이 활짝 열렸다.

박정희 정부 시절 해군은 소수의 연안 경비함과 태평양전쟁 당시 미군이 사용하던 기어링(Gearing)급 구축함 9척을 미국으로부터 제공받아 주력함으로 사용했다. 1975년 7월, 박정희 대통령의 지시에 따라 국산 구축함 건조가 추진되었다. 1981년 최초의 한국형 호위함인 2,000톤급 울산함(FFK-951)이 실전 배치되었다.

우리 기술로 건조된 첫 호위함인 울산함은 길이 102m, 배수량 2,000톤 급에 76mm 주포 2문과 40mm 부포 3문, 어뢰와 폭뢰, 하푼 함대함 미사일을 탑재하고 최대 36노트(시속 63km)의 속력을 낼 수 있다. 이때부터 한국의 국산 전투함 설계 생산 능력이 급속 발전하여 트럼프 대통령이 당선인 시절 "미국 조선업은 한국의 도움과 협력이 필요하다. 선박 건조 외에도 MRO(유지·보수·정비) 분야에서 한국과 협력"을 요청받는 상황이 됐다.

방위성금, 안보경협자금이 큰 역할

뿐만 아니라 공격용 무기라 하여 미국의 강력한 견제를 받았던 잠수함 획득 사업, 전투기 개발사업 등을 동시다발적으로 개시했다. 1988년에는 기본훈련기(KT-1)의 탐색개발을 진행하면서 항공기술력을 확보하기 시작했으며. 1980년대 초부터 시작한 자주대공포(비호), 유도무기(천마, 현무), 등에 대한 개발은 국내 정밀유도무기에 대한 개발의 시작이었다. 통신 분야에서는 1983년부터 전술통신체계가 확보되는 계기가 되었다.[234]

이처럼 1980년대는 1970년대에 기본병기 생산능력을 통해 습득한 경험을 기반으로 하여 좀 더 기술력을 요하는 전차, 장갑차, 자주포, 구축함, 기동헬기, 각종 통신장비 등에 대한 국내 개발 및 생산 능력을 가지게 되었으며, 축적된 기술력을 바탕으로 다음 단계의 방위산업 발전으로 도약하기 위한 준비 과정이기도 했다.[235]

전두환 정부의 노력 덕분에 1981년 54.2%이던 대북 전력은 1986년 60.4%로 증강되었다. 이와 같은 방위산업의 눈부신 발전은 국민들의 땀이 어린 방위성금이 큰 몫을 했고, 일본과의 끈질긴 협상 끝에 타결된 40억 달러 안보 차관이 큰 도움이 되었다.[236]

수도권 방어 위한 3일 결전 개념 도입

한국의 군사 전략가들에게 가장 큰 고민은 서울이 휴전선과 너무 가까워 전략적 방어가 쉽지 않다는 점이다. 적의 장사정포 사정거리 안에 수도

---

234 최성빈 고병성 이호석, 「한국 방위산업의 40년 발전과정과 성과」, 『국방정책연구』, 제26권 제1호, 2010, 85~87쪽.

235 김시현, 「한국 방위산업 체계의 변천과정 연구-제도, 조직, 기술의 공진화를 중심으로」, 부산대학교 대학원 박사학위 논문, 2020, 84쪽.

236 전두환 회고록(2), 앞의 책, 323쪽.

가 위치하고 있어 개전 초기 큰 피해를 감수할 수밖에 없다. 이유여하를 막론하고 수도가 적에게 함락되는 것은 치명적 패배다. 이는 6·25 때 남침 4일째인 6월 28일 수도 서울이 적에게 점령된 사실로 보면 쉽게 이해된다.

1사단장으로 수도권 북방의 철책선 방어를 담당했고, 1공수여단장으로 재직한 게릴라전 전문가인 전두환 대통령은 북한이 전면전을 도발해올 경우 개전 초 사흘만 최전방에서 적의 침공을 저지할 수 있으면 우리가 반격에 나서 침략군을 격퇴하고 충분히 전쟁을 승리로 이끌 수 있다고 보았다. 이러한 판단 아래 1983년 2월, '3일 결전 개념'을 수립하여 대비태세를 갖출 것을 지시했다.

이 지시에 의해 군은 1984년 7월 '수도권 방어 우발계획'을 수립해 수도권 방어 능력을 대대적으로 증강했다. 이어 적의 도발 징후를 감지할 수 있는 조기경보 능력을 미군에만 의존하지 않고 독자적으로 보완 발전시킬 것을 지시했다. 또 수도권에 대한 대공 방어력 강화를 위해 1985년 7월까지 중앙통제소(MCRC)를 중심으로 한 방공 자동화 체계를 구축했다.[237]

또 전쟁 초기, 서울의 국방부와 3군 본부가 공격받는 상황에 대한 대비를 위해 3군 본부의 계룡대 이전계획을 추진했다. 이 사업은 필요시 행정부 전체를 수용할 수 있는 충분한 공간을 확보하는 작업도 병행했다. 전두환 대통령은 1983년 6월 20일, 육군본부 이전계획을 재가했고, 1989년 7월 육군본부와 공군본부가 이전했다. 김영삼 정부 시절인 1993년에는 해군본부도 이전하여 3군 본부 계룡대 시대가 개막되었다.

한편에선 연평도와 백령도 등 서해 5도 취약지역의 방위를 위해 백령도·연평도 지역의 병영시설을 요새화하여 은폐시켰다. 북한이 도발해 올 경우 방어에 그치지 말고 응징하는 방안을 마련해 유사시 즉각 행동에 옮

---

237 전두환 회고록(2), 앞의 책, 323~324쪽.

길 수 있도록 훈련을 강화하라고 지시했다.[238] 또 군의 정예화를 위해 전두환 대통령은 실전적 훈련을 강조했다. 군은 실전훈련 및 야간훈련을 대대적으로 강화했고, 극한상황 극복훈련, 전장실상 체험훈련, 적 전차 격멸훈련, 공수훈련 등 강도 높은 훈련을 통해 북한이 도발하면 방어에 그치지 않고 유사시 즉각 응징할 수 있는 능력을 갖추었다.

공세적 방어 개념 도입

공수부대 출신인 전두환 대통령은 각종 비정규전에 대한 대비 태세 강화를 지시했다. 그는 회고록에서 다음과 같이 밝혔다.

"제5공화국 당시 이미 모든 면에서 우리가 북한을 압도했지만 군사력에서는 부분적으로 낙후된 부분이 없지 않았다. 나는 재임 중 전력 증강에 최선을 다했다. 그 결과 1990년대 이후에는 군사 면에서도 우리가 압도적으로 우세해 북한은 우리에게 대항할 모든 수단을 잃게 될 것을 기대했다."[239]

전두환 정부는 박 대통령의 핵 개발로 파탄 일보 직전에 이르렀던 한미동맹 관계의 복원을 위해 미국이 극도로 꺼리는 핵 개발을 포기하고 원전 기술 자립으로 방향을 전환했다. 미사일 개발도 당분간 포기함으로써 미국·일본 등 자유세계 우방과의 신뢰 회복에 모든 노력을 기울였다. 미국이 가장 우려한 사안을 잠시 유보한 대가로 5공은 미국·일본과의 전통적 우호 관계를 회복하는 데 성공했다.

율곡사업으로 본격 육성된 한국의 방위산업은 전두환 정부의 노력으로 1980년대에 국산화된 정밀 무기 생산 능력을 갖추게 되었으며, 1990년대에는 독자 설계에 의한 한국 고유모델 무기를 생산하게 되었다. 이러한

---

238 전두환 회고록(2), 앞의 책, 328~329쪽.
239 전두환 회고록(2), 앞의 책, 330쪽.

제5공화국 전두환 시대 2

방위산업 발전의 성과로 1990년대 한미 연합 전력은 북한군 전력을 질적으로 압도함으로써 한반도에서 군사 전략의 주도권을 행사할 수 있게 되었다.

2000년대에 한국은 순수 무기 수입국가에서 재래식 무기 수출국가로 전환되었으며 국제적으로는 2등급 무기 공급국가로서의 위상을 얻게 되었다.[240]

---

240 이준구(2017), 147쪽.

전두환 시대야말로 자유시장경제의 전성기이자 한국 자본주의의 황금기였다. 개방화·자율화·안정화 정책을 통해 정부의 시장 개입을 최소화하고, 국내 시장을 활짝 개방했으며, 기업과 국민을 옥죄고 있던 정책과 제도들을 과감히 폐기했다. 통화를 억제하여 인플레이션의 악몽을 진정시키고, 이승만·박정희 정부에서 추진해왔던 한강의 기적을 완성시켜 전 국민의 호주머니를 두둑하게 불려준 시대, 그것이 제5공화국 전두환 시대의 진면목이었다.

제4장

한강의 기적을 완성하다

1

북한의 세 차례 전두환 대통령 암살 시도

5공화국은 육사 출신 지도자가 통치하며 북한의 도발에 철저한 대비를 해온 시기였다. 또, 북이 도발하면 그에 상응하는 보복을 천명했다. 5공 당시 귀순한 북한 병사들의 증언에 의하면 북한에서는 "전두환은 독종 개이기 때문에 함부로 덤볐다가는 엄청난 보복을 당한다"는 이야기가 떠돌았다고 한다.

강성산 북한 정무원 총리의 사위로 알려진 강명도는 1994년 한국으로 귀순하여 『평양은 망명을 꿈꾼다』라는 책을 발간했다. 이 책에서 강명도는 김일성이 남한의 대통령들을 우습게 알았지만 전두환 대통령은 두려워했다고 한다. 전두환이 성격이 워낙 강하고 우직해서 진짜로 밀고 올라올지 모른다고 생각했다는 것이다.

그렇다고 해서 북한이 전두환 재임 시절에 대남 도발을 멈춘 것은 아니었다. 1980년 5월 정치적 혼란기를 틈타 동해안에 무장공비 2인조가 침투했으나 1명은 사살되고 1명은 도주했다. 1983년 10월에는 부산 다대포로 무장간첩 2명이 침투하다가 2명 모두 생포됐다. 전두환 대통령 취임 후 3년 동안 남해안을 통해 침투하다 사살된 간첩의 숫자만 해도 27명에 달했다. 심지어 한번은 남해 앞바다 경계선까지 들어와 경비 중이던 해군함

정에 발각되자 격침될 때까지 기관포 사격으로 맞서기도 했다.[1]

북한은 국내에서의 도발이 여의치 않자 눈을 해외로 돌렸다. 전두환 대통령의 해외 순방 기간을 노려 해외에서 암살을 시도하는 전례 없는 도발을 감행한 것이다. 그 첫 사례는 1981년 6월 25일부터 시작된 아세안 5개국(인도네시아, 말레이시아, 싱가포르, 태국, 필리핀) 순방 과정에서 발생했다.

북한, 필리핀에서 전두환 암살 노려

전두환의 아세안 5개국 순방계획은 주요 목적이 서울올림픽 유치를 위한 지지를 얻어내는 일이었다. 88올림픽 개최지는 1981년 9월 30일 서독 바덴바덴에서 열리는 제84차 국제올림픽위원회(IOC) 총회에서 결정된다. IOC 총회를 석 달 앞두고 막바지 작업을 위해 대통령이 직접 나선 것이다.

순방 계획이 발표되자 북한 공작원들은 캐나다의 살인청부업자들에게 접근했고, 이들은 캐나다 국적의 친북반한(親北反韓) 인사인 최홍희의 아들 최중화와 접촉했다. 최홍희는 일정기에 주오대(中央大) 법학과 유학 도중 학병으로 나갔고, 해방 후 군사영어학교를 졸업한 국군 창설 멤버 중 한 명이었다.

최홍희는 1961년 제6군단장을 역임하고 1962년 군에서 예편하여 주 말레이시아 대사, 대한태권도협회, 국제태권도연맹(ITF)을 창립했고, 태권도라는 명칭을 만들었다. 박정희 정권과 사이가 좋지 않았던 최홍희는 1972년 캐나다로 망명하여 유신 반대 운동을 펼쳤다. 그는 국제태권도연맹 활동을 하며 북한을 자주 왕래했다. 이 와중에 최홍희의 아들 최중화는 북한 공작원에게 공작금을 받고 전두환 암살 계획에 가담했다.

최중화는 전두환 대통령이 필리핀을 방문할 때 휴양지 푸에르토 아줄

---

1   이순자 회고록, 앞의 책, 355쪽.

에서 마르코스 대통령과 회동할 때 암살한다는 계획을 세웠다. 한국 언론과의 인터뷰에서 최중화는 1981년 2월 오스트리아 빈의 북한 대사관에서 최승철 부부장에게 암살 지시를 받았다고 한다.[2]

최홍희 아들 최중화가 범행 주역

최중화는 캐나다로 가서 살인청부업자인 유대인 마피아 찰스 야노버 (Charles Yanover), 알렉산더 마이클 제롤 등과 만나 해외에서 전두환 암살을 모의했다. 같은 해 5~6월 빈과 마카오 등지에서 광주사태 유가족으로 위장한 북한 공작원들이 최중화의 소개로 야노버와 만나 구체적인 암살 계획을 논의했다. 최중화는 통역을 맡았다.

이들의 범행 계획은 1981년 7월 6~8일 필리핀 프레르토 아즐 골프장에서 마르코스 필리핀 대통령과 전두환 대통령이 골프를 칠 때 골프장에 잠복해 있다가 암살하고 반군 본거지인 민다나오 섬으로 탈출한다는 것이었다. 야노버는 범행 대가로 100만 달러를 요구했고, 최중화는 7월 초 선불 60만 달러를 제네바에 있는 '스위스은행'의 야노버 구좌로 입금했다.

그런데 날짜가 돼도 아무 일이 없었다. 야노버는 "시기가 나쁘다. 다음에 하겠다"라며 60만 달러를 더 요구했다. 이런 사실은 살인청부업자 두명이 최중화로부터 공작금을 받은 직후 캐나다 경찰에 신고함으로써 알려졌다. 캐나다와 오스트리아 정부는 암살 모의 관련 정보를 필리핀 정부와 우리 정부에 제공했고, 그 결과 마르코스와 전두환 대통령 회동 장소가 급히 변경되었다. 살인청부업자인 마피아 야노버는 캐나다 경찰에 체포돼 2년형을 선고받았다.

---

2 최중화의 암살 관련 내용은 최중화 인터뷰, 「"통전부 부부장이 빈에서 내게 전두환 암살 지시"」, 중앙선데이, 2008년 9월 7일 기사 참조.

최중화는 해외로 도피했다가 북한으로 들어가 의암초대소에서 공작원 교육을 받았고, 1983년 6월 노동당에 입당했다. 공작원 교육 과정을 마친 그는 1983년 10월 당의 지시로 유럽으로 가서 유고와 폴란드에서 피복 공장 운영, 태권도복 판매를 하며 태권도 보급과 현지에 있는 북한 사범들을 지도했다. 그 공로로 국기훈장 2급(1987년)과 공로메달(1989년)을 받았다. 그는 부모의 강력한 권유로 1991년 1월 캐나다로 자진 귀국하여 자수했으며, 최 씨는 6년형을 선고받고 복역하던 중 1년 만에 가석방됐다.

최중화는 국내 언론과의 인터뷰에서 북한 통전부가 필리핀에서뿐만 아니라 태권도 사범들을 이용하여 두 차례 더 전두환 암살 계획을 추진한 사실을 다음과 같이 폭로했다.

"통전부 김우종 부부장(당시 85세)이 박정태 사범에게 1981년 2월 미국을 방문하는 전두환 대통령의 암살을 계획하라고 지시했으며, 한삼수 사범에게는 1981년 10월 여의도 국군의 날 행사 때 암살을 하라고 지시했다."[3]

이처럼 외부 인사들을 동원한 전두환 암살 계획이 모두 실패하자 북한 작전부가 직접 나서서 1983년 버마 아웅산 사건을 일으킨 것이다.

'킬리만자로 플랜' 추진

전두환 대통령을 노린 제2차 암살 계획은 아프리카 4개국 순방 기간 중에 진행되었다. '킬리만자로 플랜'으로 명명된 전두환 대통령의 아프리카 순방은 제3세계 국가들에 대한 외교적 열세를 만회하기 위해 기획된 프로그램으로, 사하라 사막 이남 국가인 케냐, 나이지리아, 가봉, 세네갈을 방

---

3 최중화 인터뷰, 「"통전부 부부장이 빈에서 내게 전두환 암살 지시"」, 중앙선데이, 2008년 9월 7일.

문하는 일정이었다.

소련과 중국의 지원을 등에 업은 북한은 1982년 봄 37개 아프리카 국가에 대규모 사절단을 파견하는 공격적인 아프리카 집중 외교를 펼쳤다. 북한과 아프리카는 밀월관계의 절정을 이루었고, 그 결과 아프리카는 한국 외교의 취약지역으로 남아 있었다.[4]

'킬리만자로 플랜'은 관계자들 사이에 상당한 논란을 불러일으켰다. 바로 얼마 전 아세안 국가 순방 과정에서 캐나다 교포를 이용해 전 대통령을 암살하려는 북한의 도발 기도가 밝혀졌기 때문이다. 이처럼 민감한 시기에 북한이 제3세계 외교를 위해 가장 심혈을 기울여 공략하고 성공을 거둔, 북한 외교의 압도적 우세지역인 아프리카 대륙을 방문하는 것은 마치 전용기를 몰고 적진 한가운데로 기습해 들어가는 것 같은 위험한 시도라는 우려가 제기되었다.[5]

관계자들은 필리핀의 사례를 들며 북한이 혹시라도 아프리카 방문 과정에서 대통령을 향한 암살 테러를 벌일 우려가 있다면서 계획을 보류하거나 재고해줄 것을 요청했다. 전두환은 아프리카에서 남북한 외교전쟁의 지도를 바꾸어야 한다면서 반드시 방문해야 한다는 주장을 굽히지 않았다. 순방 일정은 1982년 9월 초 이라크의 바그다드에서 열릴 예정이던 비동맹 정상회의를 겨냥해 1982년 8월 16일부터 9월 1일까지 16박 17일간으로 정해졌다.

그런데 출발 보름을 앞두고 첫 기착지인 케냐에서 군사 쿠데타가 발생했다. 외무부와 안기부는 현지 정세가 불안하니 순방을 보류하는 것이 좋겠다고 건의했다. 그럼에도 불구하고 '킬리만자로 플랜'은 예정대로 강행되

---

4   이순자 회고록, 앞의 책, 307쪽.
5   이순자 회고록, 앞의 책, 305쪽.

었다. 전두환 대통령은 출발 전날 장남 전재국에게 큰 봉투 한 개를 남겼다. 아버지가 돌아올 때까지 잘 보관하되, 만약 아프리카 순방 중 자신에게 무슨 일이 발생하면 즉시 열어보라는 당부를 남겼다. 그 봉투 안에는 두 통의 유서가 들어 있었다. 한 통은 가족들 앞으로, 또 한 통은 국가비상시를 대비해 국무총리 앞으로 적은 친필 유서였다.[6]

아프리카 가봉에서 전두환 암살 계획

제2차 암살 계획은 김정일의 주도하에 북한 대외정보조사부가 실행한 것으로 알려졌다. 김정일의 지시를 받은 대외정보조사부는 정예 공작원 4명에게 '남조선 괴뢰대통령과 수뇌부 척살'을 지령하고 아프리카 현지에 파견했다. 작전 과정에서 체포 위기에 처하면 자폭하라는 지령을 내렸다고 한다. 범행 실행 장소는 남북한 동시 수교국인 가봉이었다.[7]

공작팀은 범행을 은닉하기 위해 북한에서 일본 도쿄를 거쳐 콩고에 입국했다. 이들은 사전 정탐을 위해 일본인 상사원으로 신분을 위장하고 차량을 이용하여 육로로 아프리카의 험한 흙길을 달려 콩고에서 가봉으로 향하던 중 산길에서 차량이 언덕 아래로 구르는 사고가 발생하기도 했다.

작전 디데이는 8월 22일, 장소는 가봉의 수도 리브르빌이었다. 리브르빌 한복판에는 북한이 선물한 오마르 봉고 대통령의 거대한 동상이 서 있어 두 나라 간의 정치적 밀월 관계를 상징적으로 보여주고 있었다. 북한 대사관 요원들은 전두환 대통령의 가봉 방문이 알려지자 한국 정부를 비방하는 벽보를 수도 리브르빌 곳곳에 붙여놓았고, 양국 정상회담에 대해서도

---

6   이순자 회고록, 앞의 책, 308쪽.

7   아프리카 가봉에서의 암살 관련 내용은 황일도, 「김정일, 1982년 아프리카 가봉에서 전두환 암살 노렸다-"특수부대 1급 킬러 3인, 폭발물 테러 위해 20일간 4000km 잠행"」, 신동아, 2004년 5월호 참조.

강력히 저항하는 등 분위기기 심상치 않았다. 북한 요원들이 온 도시를 자기 집 안방처럼 돌아다녔다.

북한 공작팀이 준비한 암살 방법은 원격폭발물 이용 방식이었다. 8월 22일 가봉에 도착하는 전두환 대통령 일행은 저녁 대통령궁 영빈관에서 열리는 환영 만찬에 참석이 예정되어 있었다. 이때 만찬 대기 장소에 폭발물을 설치하고, 이를 원격조종장치로 폭파시킨다는 계획이 완성되었다. 북한 공작팀이 거사를 위해 가봉에 침투한 것은 범행 예정 이틀 전인 8월 20일이었다.

김일성이 암살 계획 중단시켜

암살 실행조가 작전을 마친 후 탈출하기 위해 가봉의 수도 리브르빌에서 10km 떨어진 오웬도 항에 북한 대흥선박회사 소속의 공작선 동건애국호가 입항하여 대기했다. 다음 해 발생한 아웅산 사건 때 공작원들을 원산에서 버마의 랑군까지 실어 나른 배가 동건애국호였다.

아프리카 주재 북한 외교관이었던 고영환이 한국으로 귀순한 후 밝힌 내용에 의하면 가봉에서 전두환 대통령 암살 작전 때는 주 자이르 북한 대사관이 거점 역할을 했다. 콩고 주재 북한 대사관에서 1등 서기관으로 근무하던 고영환도 현지 언어와 지리에 능숙하다는 이유로 암살 조의 안내조로 투입되었다. 가봉 작전 때 일본어를 쓰던 공작원 중 한 명이 다음 해 아웅산 묘소 폭탄 테러 사건의 범인으로 미얀마 당국에 체포된 인물이었다고 한다.

그런데 작전 개시 50여 시간을 앞둔 상황에서 느닷없이 평양에서 콩고 주재 북한대사관에 "작전 중단, 공작조 철수" 지령을 내렸다. 계획을 취소한 것은 김정일이 아니라 당시 북한 주석 김일성이었다. 당초 김정일은 아버지 김일성에게 보고도 하지 않고 전두환 대통령 암살 계획을 추진하다가 막바지에야 이 사실을 알렸다.

보고를 받은 김일성이 대로하여 계획을 중지시켰다고 한다. 만약 실제로 북한 공작원들이 전두환 대통령을 가봉에서 암살했다면 단순히 가봉과의 단교 정도가 아니라 비동맹회의의 중심축인 아프리카 국가들이 일제히 북한과의 외교 관계를 재검토하게 될지도 모르는 무모한 시도였기 때문이다.

전두환은 회고록에서 김일성이 전두환 대통령에 대한 암살 계획을 소련 측에 알렸는데, 브레즈네프(Leonid Brezhnev) 소련 공산당 서기장이 미국과의 마찰을 우려하여 말리는 바람에 부랴부랴 취소했다는 의견을 제기했다.[8] 두 차례 암살 시도가 실패한 후 세 번째 시도가 버마의 아웅산 묘역 테러였다.

북한이 기획 추진했던 두 차례의 암살 시도를 분석하면 향후 일어날 아웅산 테러와 관련한 몇 가지 단서가 발견된다.

첫째, 북한의 범행은 전두환 대통령의 해외 순방 과정을 노린다는 점이 특징으로 나타났다.

둘째, 남북한 동시 수교국, 그중에서도 치안 상태가 좋지 않은 나라를 범행 대상국으로 삼았다는 점이다. 필리핀은 2000년 7월 이전까지는 한국 단독 수교국이었다. 외교 관계가 없어 북한 공작원 침투가 쉽지 않자 범죄 집단을 동원해 청부 살해 방식을 추진했고, 이 과정에서 정보가 누설되어 실패했다.

셋째, 남북한 동시 수교국인 가봉의 경우 공작원을 직접 파견하여 작전을 수행하고, 범행 후 탈출을 돕기 위해 북한 공작선 동건애국호를 동원했다는 점이다. 그러니까 범행 장소는 동건애국호가 입항 대기할 수 있는 항

---

8   전두환 회고록(2), 앞의 책, 493~494쪽.

구가 가까이 있는 곳이어야 했다.

넷째, 범행 방식은 전두환 대통령이 참석할 만한 장소에 폭탄을 미리 설치하고, 원격조종 방식으로 이를 터뜨려 암살을 실행하려 했다는 점이다. 북한 공작원이 사전 침투하여 한국 국가원수가 머무는 곳을 알아내 원격조종 폭탄을 장치하려면 외교 관계가 친밀한 나라가 유리하다.

북한이 전두환 암살 추진한 이유는?

이런 몇 가지 요건을 확실하게 충족시키는 장소가 버마(현재는 미얀마)의 수도 랑군(현재는 양곤)이었다. 그렇다면 북한은 왜 국제적 무리수를 두어가며 전두환 대통령을 암살하기 위해 집요하게 노력했을까? 북한은 박 대통령 시해사건으로 최고 권력자의 공백 상태가 되면서 서울의 봄, 광주에서의 비극적 사건 등 한국 사회가 극심한 정치적 혼란에 빠진 사실을 예의주시했다. 한국을 혼란에 빠뜨리는 가장 손쉬운 방법이 국가원수 시해라는 사실을 체험학습을 통해 파악한 것이다.

둘째, 전두환이란 패기만만한 존재가 부담스러웠다. 그가 등장하여 단숨에 혼란을 극복하고, 난마처럼 얽혀 있던 한미, 한일 관계를 정상화하여 한미일 삼각 동맹 체제를 굳건히 함으로써 자신들의 대남공작에 최고의 걸림돌이 된 것이다.

마지막으로 전두환이 북한 외교의 앞마당이나 다름없는 제3세계 비동맹 국가들에 대한 관계 증진을 위해 적극적인 아시아-아프리카 외교를 추진했다는 점이었다. 그동안 제3세계 비동맹 국가는 북한의 외교적 놀이터나 다름없었다. 북한은 소련의 지원을 받아 아시아, 아프리카 국가들과 외교 관계를 강화했다. 비동맹 국가 중 한국과 단독 수교국은 4개국인데 비해 북한과 단독 수교국은 15개국이었다. 동시 수교국도 29대 40으로 우리가 열세였다. 아프리카의 독립 국가는 모두 51개로 97개 비동맹 회원국의

반 이상을 차지하고 있었고, 유엔에서도 159개 회원국의 약 3분의 1을 점하고 있었다.[9]

북한은 제3세계의 중심세력인 아프리카 국가에 외교적 공을 들여 한국을 국제사회에서 고립시키려 했다. 이런 상황에서 전두환 대통령이 제3세계 국가에 대한 외교적 열세를 만회하기 위해 지속적으로 아시아, 아프리카 순방에 나서자 중대한 도전으로 간주했다. 이를 적극 저지하기 위해 해외에서의 암살이란 극단적 방식을 동원한 것이다.

전두환 대통령은 1981년 동남아, 1982년 아프리카 순방외교에 이어 1983년엔 '국화계획'으로 명명된 버마, 인도, 스리랑카, 호주, 뉴질랜드, 브루나이 등 서남아와 대양주 6개국 순방에 나섰다. 제3세계 비동맹권 외교를 강화하여 외교 기반을 넓히기 위한 연속된 행보였다. 더 중요한 이유는 이들 국가들에게 서울올림픽 참가를 적극 권유하고 확답을 받아내기 위한 목적도 있었다. 특히 아프리카, 서남아 순방국은 자원 보유국으로서 천연자원이 부족한 한국으로서는 상호보완적인 개발 협력의 파트너가 될 수 있었다.

1983년 하늘에서 계속 사건 발생

1983년은 전례 없는 사건이 연이어 발생한 격동기였다. 특히 이 해에 벌어진 사건은 모두 비행기와 관련된 것이 특징이었다. 그 시발은 2월 25일, 조선인민군 공군 상위(한국의 대위급) 이웅평이 미그19기를 몰고 서해 북방한계선을 넘어 귀순해왔다. 김책공군대학을 졸업하고 인민군 공군 장교로 임관한 이웅평은 제1비행사단 책임비행사로 근무하던 중 귀순한 것이다.

---

9   전두환 회고록(2), 앞의 책, 395~396쪽.

5월 5일 어린이날에는 중국민용항공국(CAAC) 소속 여객기 CA 296편이 6명의 납치범에 의해 납치되어 춘천의 주한미군 기지인 '캠프 페이지(Camp Page)'에 불시착하는 사건이 발생했다. 이 문제 해결을 위해 역사상 최초로 한중 공식 접촉이 전개되었다. 협상이 진행되는 동안 탑승객들은 전두환 대통령의 지시로 쉐라톤 워커힐 호텔에 숙박하면서 서울 도심과 남산타워, 자연농원(에버랜드), 삼성전자 등을 관광했고, 출국할 때 컬러TV를 선물로 받는 등 극진한 대우를 받았다.

8월 7일에는 중국 인민해방군 공군 시험비행연구센터 소속 조종사 순티안친(孫天勤)이 미그21 전투기를 몰고 대한민국에 귀순했다. 이때 서울과 경기 지역에 실제 공습경보가 발령되는 소동이 일었고, 우리 정부는 조종사 요청에 따라 대만 망명을 허용했다.

순방 행사 출발을 한 달여 앞둔 9월 1일, 사할린 상공에서 뉴욕발 서울행 대한항공 여객기 KE 007편(기종 747-230B, 기체 등록번호 HL7442)이 소련 전투기의 미사일 공격으로 격추당하는 비극적 사건이 발생했다. 이 사고로 승객 246명, 승무원 23명 등 탑승객 269명 전원이 사망했다. 불길한 전조에도 불구하고 '국화계획'은 예정대로 진행되었고, 이때도 출국 전날 전 대통령은 국무총리와 장남 전재국 앞으로 두 통의 유서를 남겼다.

버마는 북한과 가까운 사회주의 폐쇄국가

1983년 10월 8일 토요일 아침, 서울은 초가을 날씨답지 않게 보슬비가 내렸다. 학생과 시민들이 태극기를 들고 "4천만이 뭉친 국력 서남아로, 대양주로" 등의 피켓을 들고 서남아와 대양주 6개국 순방에 나서는 전두환 대통령 내외를 환송했다. 김포 국제공항에서는 영등포여상 합창단이 '선구자'를 합창하는 가운데 공식 환송행사가 거행되었다.

서남아와 대양주 6개국 순방의 첫 기착지는 버마의 수도 랑군이었다.

1989년 6월 미얀마로 국호를 바꾼 버마는 1970년대 박스컵에서 한국과 두 차례 무승부를 기록할 정도로 축구 강호로 알려졌다. 한국과는 1975년 5월 16일 수교했고, 같은 날 북한과도 수교하여 남북 동시 수교국이 되었다.

문제는 첫 방문국인 버마가 남북 동시 수교국이었지만 북한 쪽에 현저히 기울어져 있는 나라였다는 점이다. 김일성이 1965년 버마를 방문했고, 1977년에는 네윈 대통령이 북한을 방문했다. 1983년 3월에는 북한 총리 이종옥이 버마를 방문했다. 전두환 대통령의 버마 방문이 결정되자 북한은 이를 저지하기 위해 1983년 8월 양형섭을 단장으로 하는 사절단이 버마를 방문, 아웅산 묘소에 헌화했다고 한다.

인도네시아 출신으로 서독에 거주한 언론인 싱 후쿠오는 그의 저서 『아웅산 피의 일요일』에서 양형섭 등 대표단이 8월 7일 버마를 방문하여 귀빈 접대를 받으면서 전 대통령의 방문 시 일정과 장소를 점검했다고 한다. 이것은 버마 당국에서 전 대통령의 버마 방문 관련 정보가 줄줄이 새나갔음을 유추할 수 있는 근거다.

반면에 한국 측에서는 외무부 장관이나 차관조차 방문한 적이 없는 미지의 나라였다. 북한과의 관계가 원활한 사회주의 폐쇄 국가였기에 외무부와 청와대 참모진은 서남아 순방 과정에서 버마를 제외했다.

전 대통령 입장에서는 서남아 순방 목적이 제3세계 비동맹 국가와의 외교 관계 강화였기에 실무진이 제외한 버마를 일정에 추가할 것을 뒤늦게 외무부 장관에게 지시했다. 이 때문에 일정과 경호계획이 확정된 상태에서 자원외교와 사회주의 국가 최초 방문, 세계 외교에서의 대북 전략 측면을 고려하여[10] 예정에도 없던 버마가 갑자기 추가된 것처럼 외부에 알려지면서 구구한 억측을 낳게 되었다.

---

10 연세대학교 국가관리연구원 편, 앞의 책, 387쪽

버마 방문 이유 둘러싸고 구구한 억측

버마의 지도자 네윈(Ne Win)은 독립운동가로서 1949년 2월 버마군 최고사령관이 되었다. 그는 1962년 쿠데타를 일으켜 권력을 장악하고 국수주의와 마르크스주의, 불교를 혼합한 버마 사회주의계획당(BSPP)을 창당했다. 이후 그는 수십 년간 군부의 힘을 배경으로 1당 독재를 시행했다.

네윈은 모든 기업을 국유화하고 외국 자본의 진출을 막아 자급자족하는 고립주의적 수입대체산업화 정책을 추진했다. 정부와 사회 모든 중요 직책은 당직을 가진 군인들이 겸직하며 권력을 장악한 최악의 군사독재 사회주의 국가였다. 이에 저항하는 반정부 시위가 일어날 때마다 무자비한 진압을 하여 국제적 지탄의 대상이 되었다.

네윈은 1962년부터 1974년까지는 혁명위원회 의장, 1974년부터 1981년 11월까지는 국가평의회 의장 겸 대통령을 지냈다. 1981년 11월 9일 임기를 마친 후에는 대통령직을 충복인 우산유에게 맡기고 자신은 사회주의계획당 의장으로서 막강한 영향력을 행사했다. 전두환의 순방 당시 버마 대통령은 우산유였는데, 실질적인 권력자는 당 의장인 네윈이었다.

이런 나라가 갑작스럽게 대통령의 지시로 순방 일정에 추가되자 전두환이 네윈의 장기간에 걸친 권력 유지 노하우를 배우기 위해 뒤늦게 억지로 버마를 순방 일정에 추가했다는 여론이 일었다. 다시 말하면 버마의 정치 상황을 파악하여 대통령에서 물러난 후에도 상왕 노릇을 하기 위한 노하우를 배우기 위한 꼼수였다는 것이다.

대통령과 같은 비행기에 탑승하여 '버마암살 폭발사건' 수습업무를 담당했던 외무부 서남아과 차석 서기관 최병효가 이런 주장을 하고 나선 외교관 중의 한 사람이다. 전두환이 버마를 방문하기로 결정한 이유는 버마의 특유한 권력 구조에 대한 호기심과, 이를 연구 대상으로 삼으려는 목적에서 비롯되었다는 것이다. 그는 "국가원수가 이렇게 생소한 '머나먼 알려지지 않은 나라'를 방문하여 새로운 관계를 개척한다는 것은 일반적인 외교 상식으로는 있을 수 없는 일"이라고 비판했다.[11]

최병효는 전 세계에서 대통령 임기 7년제와 국가원로원(한국은 국정자문회의) 같은 제도를 동시에 가진 나라는 당시 버마가 유일했다고 한다. 1980년 10월 한국의 신군부 세력이 제8차 개헌(제5공화국 헌법)으로 이 두 제도를 도입한 것을 보면 전두환의 신군부 세력은 1979년 12·12로 정권을 잡은 직후부터 버마의 권력제도를 모델로 연구해온 것으로 봐야 한다고 주장했다.[12]

이런 주장에 대해 전두환은 회고록에서 네윈 장군의 통치술이 궁금했다면 보고서 몇 장 받아보면 될 일이라면서 그야말로 엉뚱한 상상력이라고 일축했다. 또 버마 방문 계획은 갑자기 이루어진 것이 아니라, 방문 5개월 전인 5월에 이미 현지 공관에 훈령을 보내 교섭하도록 지시가 내려가 있었다고 밝혔다.[13]

북한 공작선 동건애국호 랑군 기항

이 무렵 버마의 랑군항에 9월 17일부터 24일까지 북한 공작선 동건애국호가 기항했었다는 사실이 통보되었다. 이 선박의 랑군 기항 사실은 선발대로 랑군에 나가 있는 경호실이나 안전기획부(현 국가정보원), 주버마 대사관 측에서는 까맣게 몰랐고, 주스리랑카 대사가 외무장관 앞으로 보낸 전문을 통해 밝혀진 것이다.

동건애국호는 조총련계 사업가 문동건 조선화보 사장이 13억 엔에 매입하여 북한에 기증한 5,379톤짜리 화물선이다. 북한은 그의 애국심을 기

---

11 최병효, 『그들은 왜 순국해야 했는가–버마 암살폭발사건의 외교적 성찰』, 박영사, 2021, 22쪽.
12 최병효, 앞의 책, 39쪽.
13 전두환 회고록(2), 495~496쪽.

리기 위해 동건애국호로 명명하고 북한 최고 훈장인 김일성 훈장을 수여했다. 북한은 이 화물선을 소총, 기관총, 수류탄 등으로 무장했으며 평양의 노동당 연락부와 직접 교신할 수 있는 고성능 무전시설을 장비하여 간첩 수송과 공작장비, 전략물자, 밀수품 운반을 위해 일본과 동남아, 아프리카 소말리아 등지까지 취항시켰다. 동건애국호는 만경봉호, 수근호와 함께 북한의 3대 간첩선 중의 하나로 꼽혔다.

후에 밝혀진 바에 의하면 동건애국호는 9월 17일 900톤의 건축 자재 하역 목적으로 랑군항에 입항하여 9월 21일 하역을 완료했다. 배에는 선장 김용문 등 39명의 선원이 승선하고 있었다.

9월 17일 랑군에 입항한 동건애국호는 9월 21일 오전 9시 30분까지 출항하도록 되어 있었다. 하지만 선장이 다음 목적지인 이집트의 알렉산드리아까지 가기 위해서는 배의 수리가 필요하다면서 출항 연기를 요청했다. 버마 당국은 일단 부두를 떠나 외항으로 나가서 수리 후 9월 24일 12시 30분에 출항하도록 허가했다.

수리를 핑계 삼아 9월 24일까지 부두 바깥 외항에서 대기하던 동건애국호는 9월 21일과 22일, 이틀에 걸쳐 테러범 3명을 소형 동력선으로 랑군 시내에 상륙시킨 후 9월 24일 랑군항을 떠났다. 사건 발생 후 수사 과정에서 밝혀진 바에 의하면 랑군항만경찰관은 9월 21일에 북한 선원 2명, 9월 22일에 한 명 등 세 명의 북한 선원이 하선 후 9월 24일까지 배로 귀환하지 않은 사실을 확인했다. 하지만 자신의 임무는 화물검사이며, 선원들의 출입국 관계는 소관 사항이 아니어서 이를 보고하지 않았다.

전두환 대통령의 버마 방문을 3주 앞둔 시점에 북한의 대형 공작선이 랑군에 기항하여 선원들을 하선시켜 시내에서 활동한 사실을 한국 측 경호 선발대는 파악하지 못하고 있다가 주스리랑카 대사관을 통해 뒤늦게 관련 정보를 알게 된 것이다.

랑군에 침투한 북한 공작원들은 전 대통령 일행의 버마 도착일인 10월 8일 하루 전인 10월 7일 새벽 2시, 아웅산 묘소로 가서 강민철과 신기철이 지붕 위로 올라가 원격조종 폭탄을 설치했다. 그 후 묘소 근처에서 노숙하며 일대를 감시했다.

동건애국호, 스리랑카 콜롬보 입항

동건애국호는 9월 24일 랑군항만청에 "랑군 외항을 출항하여 이집트의 알렉산드리아로 간다"라고 신고하고 실제로는 9월 29일 스리랑카 콜롬보항에 입항했다. 콜롬보는 전 대통령 일행이 버마와 인도 방문을 마치고 10월 14일 오후 도착이 예정된 곳이었다. 도착 다음 날 스리랑카 제2의 도시인 캔디 시의 식물원과 부처님 이빨을 안치한 불치사(佛齒寺)를 방문할 예정이었다.

콜롬보항에 입항한 동건애국호는 선원 26명이 9월 30일부터 이틀간 상륙하여 콜롬보 시내와 동물원을 관광했다. 이들은 한국대사관과 대사관저, 대통령 공관 등을 촬영했다. 뿐만 아니라 10월 4일에는 전두환 대통령의 방문 예정지였던 북쪽의 캔디 시까지 버스 편으로 단체 관광을 했다. 동건애국호는 10월 14일까지 10일간 연장 체류를 요청했으나 우리 대사관의 요청에 따른 스리랑카 당국의 출항 명령을 받고 10월 6일 콜롬보항을 떠나 콜롬보 남쪽 30km 영해 밖에서 대기했다.[14] 후에 밝혀진 바에 의하면 동건애국호는 10월 12일 랑군항에 입항하기로 예정되어 있었다.

이런 모습을 유추해보면 북한은 만약 랑군에서 암살이 실패했을 경우 스리랑카의 캔디 시 식물원이나 불치사 방문 중에 재차 암살을 시도했을 가능성을 배제할 수 없다.

---

14 최병효, 앞의 책, 108쪽.

아웅산 묘소 폭파

10월 8일 오후 4시 30분 랑군에 도착한 전 대통령 일행은 10월 9일 오전 10시 30분 순국열사묘소 헌화가 예정되어 있었다. 전 대통령을 수행할 버마 외무장관이 10시 15분 영빈관에 도착하여 전 대통령을 모시고 10시 20분 영빈관을 출발, 10시 30분에 순국열사묘소에 도착, 버마 독립투쟁의 영웅 아웅산 묘소에 헌화하는 일정이었다.

그런데 이날 버마 외무장관이 예정된 시간보다 5분 늦게 도착했다. 국빈 행사에서 있어서는 안 되는 중대한 외교적 결례였다. 후에 확인된 바에 의하면 장관이 타고 오던 차가 고장이 나서 지나가던 택시를 불러 타고 오느라 늦었다는 것이다. 이 때문에 예정 시각보다 5분 정도 늦게 출발한 대통령 탑승차는 아웅산 묘소를 향해 빠른 속도로 달렸다. 바로 이 운명의 5분이 전 대통령의 목숨을 살리게 될 줄은 누구도 몰랐다.

그 시각 묘소 참배 행사를 위해 순국열사 묘소에는 서석준 부총리를 비롯한 수행원과 기자단이 도착해 있었다. 이어 영빈관에 투숙해 있던 함병춘 비서실장 등이 이계철 주버마 대사와 함께 현장에 도착했다. 영빈관을 출발한 이계철 대사의 검은색 벤츠 승용차에는 태극기가 휘날리고 있었고, 함병춘 실장 등 수행원들이 탄 차와 함께 앞뒤로 경호차가 배치되어 있었다. 묘소에서 약 1km 떨어진 곳에서 구경나온 군중들 틈에 섞여 있던 북한 공작원들은 자기들 앞을 지나간 이계철 대사 차량을 대통령이 탄 차로 착각했다.[15]

게다가 태극기를 단 승용차 대열이 묘소에 도착한 뒤 2~3분 후 군악대의 진혼 나팔소리가 울렸다. 이것은 주빈이 도착하면 연주할 음악을 군악대가 미리 연습해본 것이다. 10시 28분의 일이었다. 그 순간, 북한 공작원

---

15 전두환 회고록(2), 앞의 책, 499쪽.

들은 행사가 시작된 것으로 착각하고 원격조종장치 버튼을 눌렀다. 굉음과 함께 건물 지붕에서 강력한 폭탄이 터져 건물이 완전히 붕괴되었다.

도열해 있던 수행원들 중 15명이 파괴된 건물더미에 깔려 순국했고, 14명이 부상했으며, 버마인 3명이 즉사하고 33명이 부상했다. 부상을 입고 필리핀의 클라크 미 공군기지 병원으로 이송됐던 이기욱 재무부 차관은 치료 도중 10월 13일 순국했고, 정태진 경호관은 10월 9일 당일 랑군 육군 제2병원에서 치료 도중 순국하여 사망자는 총 17명으로 늘었다.

아웅산 사건 사망자 및 부상자

사망자(17명)		부상자(14명)	
이름	직책	이름	직책
서석준	부총리 겸 경제기획원 장관	이기백	합참의장
이범석	외무부 장관	최재욱	대통령비서실 공보비서관
김동휘	상공부 장관	최상덕	외무부 의전과장
서상철	동력자원부 장관	김영석	경호관
이계철	주버마 대사	임삼택	문공부 공보과
함병춘	대통령 비서실장	김상영	문공부 공보과
심상우	민정당 총재 비서실장	최금영	연합통신 기자
이기욱	재무부 차관	김기석	코리아 헤럴드 기자
강인희	농수산부 차관	최규철	동아일보 기자
김용한	과학기술부 차관	김기성	연합통신 기자
김재익	대통령 경제수석 비서관	윤국병	한국일보 기자
하동선	해외협력위원회 기획단장	송진혁	중앙일보 기자
민병석	대통령 주치의	문진영	MBC 기자(경상)
이재관	대통령비서실 공보비서관	윤구	경향신문 기자(경상)
한경희	경호관		
정태진	경호관		
이중현	동아일보 기자		

천우신조로 목숨 건진 전두환 대통령

버마 경호 차량의 선도를 받으며 질주하던 대통령 탑승차는 목적지를 1.5km쯤 앞둔 곳에서 갑자기 유턴을 하더니 오던 길을 되돌아 영빈관에 도착했다. 장세동 경호실장이 급히 달려와 "행사장인 아웅산 묘소에서 폭발 사고가 났다"고 보고했다. 랑군 한글학교 학생과 학부모를 초청해 대화를 나누던 영부인 이순자 여사도 급보를 받고 영빈관으로 돌아왔다.

영빈관 숙소도 다른 암살범이 공격할 가능성을 배제할 수 없었고, 누구도 믿을 수 없는 상황이 되자 영빈관 내 버마 측 경호원들을 모두 내보내고 한국 경호팀이 장악했다. 즉시 대통령이 머무르는 장소는 영빈관 별채의 구석진 방으로 변경되었다. 구석진 방에서 핏기 하나 없는 창백한 얼굴로 묵묵히 보고를 듣고 있던 대통령의 눈에서 주르르 눈물이 흘렀다.

이 난감한 비상사태를 맞아 전 대통령이 가장 먼저 취한 조치는 '국화계획'을 전면 중단하고 서울로 돌아간다는 결단을 내렸다. 그 즉시 장세동 경호실장, 황선필 공보수석, 김병훈 의전수석에게 서울로 연락하여 한시라도 빨리 비행기를 보내 순국자 시신과 부상자 긴급 후송을 지시했다. 이어 랑군 시내 호텔에 분산 투숙 중이던 우리 경제인과 비공식 수행원도 테러 공격을 당할지 모르니 특별전용기로 대피시켜 잘 보살필 것을 명했다.

이어 서울의 김상협 국무총리에게 전화를 하여 군에 비상을 걸고 내각도 필요한 조치를 취하되, 국민들이 동요하지 않도록 침착하게 대처할 것을 당부했다. 그 즉시 우리 군과 미군에 비상경계령이 내려졌고, 내각도 비상근무에 들어갔다.

오전 11시 50분경 우산유 버마 대통령이 영빈관 숙소로 찾아와 거듭 사죄했다. 전두환 대통령은 북한의 소행이 거의 분명하니 그런 점을 유의하여 수사하라고 조언했고, 부상자는 최선을 다해 완벽한 치료를 해주고, 사망자는 조속히 본국으로 운구할 수 있도록 협조를 요청했다.

오후 3시경엔 실력자인 네윈 의장도 찾아와 "무슨 일이든 말씀하시면 버마 정부는 필요한 모든 조치를 취하겠다"라고 말했다. 전두환 대통령은 테러범의 범행 수법에 비춰볼 때 북한 소행으로 봐야 한다면서 테러범들이 국외로 탈출하지 못하도록 시급히 국경을 봉쇄해야 한다고 강조했다. 네윈 의장은 즉석에서 버마 관계 기관에 국경으로 통하는 도주로를 수색하라고 지시했다. 이 조치 덕분에 북한 공작원들이 탈출하지 못하고 체포되는 결정적 전기가 마련됐다.

미군기가 한국까지 경호 비행

네윈 의장이 떠난 후 전 대통령은 우산유 대통령 부부와 함께 사망자와 중상자들이 이송된 버마 육군제2병원으로 향했다. 전 대통령의 병원 방문은 어떤 위험이 또다시 발생할지 모르는 긴박한 상황이어서 양측 경호팀 모두 반대했다. 전 대통령은 "그들은 나의 분신이다. 그들은 나라를 위해, 그리고 나를 위해 사고를 당해 생사의 기로를 헤매고 있다. 내가 그들의 용태를 직접 보지 않고서 어떻게 발길이 떨어지겠는가" 하면서 병원에 들른 것이다.[16]

허름하고 낡은 퀀셋 건물에는 더운 날씨에도 냉방시설조차 없었고, 부상자들은 차마 눈뜨고 볼 수 없는 처참함 그 자체였다. 얼굴과 온몸을 붕대로 동여매어 누가 누구인지 신분조차 알 수 없는 한 환자가 대통령 내외가 다가가자 수혈병을 매단 채 몸을 일으켜 세우며 울면서 "각하가 무사하셔서 정말 우리 한국의 홍복입니다"라고 말했다. 자세히 보니 최재욱 비서관이었다. 전두환 대통령은 그의 상처 난 손을 붙잡고 참았던 눈물을 쏟

---

16 최병효, 앞의 책, 165쪽.

아냈다.[17]

당시 대통령 특별기에 탑승해 있던 청와대 공군 연락관 배양일 대령은 귀국행 비행기에 오르는 대통령의 모습을 다음과 같이 회고했다.

"공항에 도착하여 특별기에 오르는 전두환 대통령의 모습은 이루 형언할 수 없는 슬픔 속에서 입을 굳게 다문 굳은 표정이었고, 그 모습에서 앞으로 어떠한 조치가 내려질 것인가를 짐작하고도 남았습니다. 영부인 이순자 여사 역시 눈물로 눈이 부어 그 상황이 얼마나 참담한 것이었는지 충분히 알 수 있었습니다."[18]

대통령 특별기가 서울을 향해 랑군 공항을 이륙한 것은 오후 4시 30분이었다. 전용기 안을 가득 채우고 앉아 있던 유능한 인재들의 좌석이 휑하니 비어 있었다. 미국은 클라크 미 공군기지에서 공중경보통제기(AWACS) 1대와 F-15 전투기 4대를 동원하여 대통령이 탑승한 특별기를 루손섬 상공에서부터 호위하여 제주도 남방에서 한국 공군의 엄호기에 인계했다. 특별기 상공에서는 AWACS가 보호 감시하고, 미군 F-15 전투기는 후미 안전 경호를 담당했다.[19]

미국은 또 북한에 대한 경고로 당시 한국 해역에 머물던 항공모함 칼빈슨호가 이끄는 전단을 우리나라 인근 해역에 3일 동안 더 대기시키고 비무장지대에 대한 감시를 강화했다.[20]

다음 날 새벽 3시 40분, 김포공항에 도착한 전 대통령은 청와대로 직행하여 국무회의를 주재했다. 일선 지휘관들은 국가원수에 대한 테러는 선전포고나 다름없으니 즉각 응징보복에 나서야 한다며 격앙되어 있었다.

---

17 이순자 회고록, 앞의 책, 373쪽.

18 연세대학교 국가관리연구원 편, 앞의 책, 387쪽.

19 연세대학교 국가관리연구원 편, 앞의 책, 407쪽.

20 최병효, 앞의 책, 190쪽.

그들은 추가적인 도발 의지를 꺾기 위해서라도 북한을 단호하게 응징해야 한다고 강력하게 주장했다.[21] 전두환 대통령도 군사적 보복 옵션을 배제하지 않았다.

대북 보복 작전 준비한 군부

윤성민 국방부 장관은 공군으로 하여금 북한에 대한 보복 폭격을 할 것을 건의했고, 전방 군 사령관들도 보복 공격을 지지했다. 육해공군 모두 북한에 대한 보복 공격을 준비하여 강경한 지휘관이 지휘 계통을 무시하고 독자적인 행동에 나설 가능성도 배제할 수 없었다. 군부뿐만 아니라 내각의 일부 각료와 청와대 안에서도 비상사태를 선포해야 한다는 주장이 제기되었다.

다음 날 세네월드(Robert W. Sennewald) 유엔군 사령관이 청와대로 찾아왔다. 그는 "총소리 한 방으로 전면전이 촉발될 수도 있으니 각하께서 적극 만류해야 한다"라고 신신당부했다.

전두환 대통령은 사태를 냉정하게 판단했다. 우리가 보복 공격을 가하면 북한의 반격으로 확전될 가능성을 배제할 수 없다. 전면전이 발생할 경우 모든 산업시설과 국토가 황폐화될 뿐만 아니라 서울올림픽으로 선진국 대열에 진입하는 것도 기대하기 어려웠다.

그는 아웅산 사태에 군사적으로 대응하는 것은 서울올림픽을 무산시키고자 하는 북한의 의도에 말려드는 것으로 보았다. 전두환은 1986년 8월 11일 청와대 상춘재에서 청와대 출입기자단 간담회에서 아웅산 사건과 관련하여 이렇게 말했다.

"버마에서 아웅산 사건을 당하고 몇 분 사이로 죽을 뻔한 위기를 넘기

---

21 전두환 회고록(2), 앞의 책, 510쪽.

고 난 다음 비행기를 타고 돌아오면서 여러 가지 상념에 잠이 오질 않았어요. 내가 그때 내자에게 말했어요. 이번에 내가 만약 죽었다면 나라가 어떻게 되겠느냐고. 내가 살았으니 무엇을 해야 하느냐고. 하늘이 하는 일이지, 인력만으로 되는 일이 아니지 않느냐. 내가 살았다는 것은 분명히 하늘이 나한테 하라고 하는 일이 있지 않겠느냐는 얘기를 했습니다. (중략) 내자가 '당신이 우리나라에서 평화적 정권 이양을 하는 국가원수가 되라고 그러한 것이 아니겠느냐'라고 했어요."[22]

군부 설득, 외교적 해결 결정

결국 전두환은 군사적 대응 옵션을 포기하고 외교적 해결을 결정했다.[23] 이를 위해서는 격앙되어 있는 군부를 설득하는 일이 중요했다. 전두환 대통령은 전방 부대의 각 군 지휘관들을 다음과 같은 논리로 설득했다.

"국가원수에 대한 테러는 선전포고 사유가 될 수 있어요. 그때 우리 군에서는 육군, 해군, 공군 할 것 없이 북한을 때리려고 해서 세네월드 유엔군 사령관이 얼굴이 새하얗게 됐어요. 내가 버마에서 돌아와 보니 군에서 전부 때릴 준비가 다 되어 있었어요. 위에서 승인을 안 해도 들어가겠다는 거야, 당하고 있을 수만은 없지 않느냐고. 그래서 내가 그 보고를 받고 바쁜 가운데서도 전방을 돌고 군 지휘관들을 만나 이렇게 얘기했습니다. 나라를 사랑하고 대통령에 대한 충성심을 보여준 데 대해서는 감사한다. 그러나 전투를 하고 안 하고 하는 상황 판단은 내가 국가원수로서 폭넓게 보니 여러분보다는 낫다. 내가 필요한 시기, 적절한 시기에 때리라고 할 때 때리라고 했어요. 내 명령 없이 병사 한 명이라도 넘으면 나에 대한 불충이

---

22 김성익, 앞의 책, 126~127쪽.
23 전두환 회고록(2), 앞의 책, 511~512쪽.

다. 내 명령에 따르라. 그래서 진정을 시켰습니다."[24]

그로부터 한 달여 후인 11월에 한국을 방문한 레이건 대통령은 "우리와 전 세계는 랑군에서의 도발과 사할린 KAL 007기 격추에 대해 귀하가 자제한 것을 치하한다"라고 말했다. 전두환 대통령은 국방과학연구소(ADD)에 북한을 타격할 수 있는 미사일 개발을 재개할 것을 지시했고, 그동안 공격무기로 분류되어 한국이 보유하지 못하고 있던 잠수함 보유사업을 추진했다.

10월 13일, 여의도 광장에서 아웅산 묘소 테러사건으로 희생된 순국자들을 위한 합동 국민장이 거행되었다. 이날 비가 내리는 가운데 여의도 광장을 가득 메운 인파들은 북한의 만행을 규탄했다. 국민장이 끝난 후 전두환 대통령은 인재들을 한꺼번에 잃은 슬픔으로 밤에도 일어나 혼자 눈시울을 적시는 일이 많았다. 어느 날 새벽에는 홀로 비서실을 찾아가 그들이 앉았던 자리에 멍하니 앉아 있기도 했다.[25]

우리 정부는 박세직 안기부 차장을 단장으로 한 조사단을 버마에 파견하여 버마 수사당국과 공조하여 수사 활동을 벌였다. 최병효의 저서에 의하면 버마에서 범인 체포 과정에서 일본이 적극 도움을 주었다고 한다. 일본은 1940년대 초 버마의 대영국 식민항쟁 시절부터 아웅산 장군, 네윈 등 독립활동가들과 긴밀한 유대 관계를 맺었으며, 버마 독립 후에도 버마 지도층과의 특별한 관계로 인해 다른 어느 나라보다 버마에 영향력을 미쳤다. 일본은 버마의 최대 원조 제공국이어서 일본대사관은 버마 고위층과 요로에 많은 정보 소스를 가지고 있었다고 한다.[26]

---

24 김성익, 앞의 책, 128쪽.

25 이순자 회고록, 앞의 책, 376쪽.

26 최병효, 앞의 책, 225쪽.

범인은 북한 강창수 부대 소속 특공대

아웅산 테러를 자행한 범인은 암살조 조장 진모(본명 김진수), 대원 강민철(본명 강영철)과 신기철 등 3명이었다. 이들은 북한 개성의 인민무력부 정찰국 소속 특공대인 정찰중대 소속 장교들이었다. 이들이 소속된 부대는 강창수 부대였는데, 강창수는 6·25 때 인민군 총참모장으로 있다가 전사한 강건의 아들이었다.

1983년 8월, 강창수는 부대원 중 가장 우수한 이들 3명을 선발하여 "최고위층의 특별한 명령"을 부여했다. 3인의 암살조는 개성에서 특수훈련을 받고 암살 작전에 투입되었다. 아웅산 묘소 근처에서 리모컨을 눌러 폭탄이 터지는 소리와 연기를 확인한 암살조는 각자 흩어져 현장을 탈출했다.[27]

북한 측의 암살조 탈출 계획은 다음과 같았다. 아웅산 묘소에서 범행을 실행한 후 현장에서 4km 정도 떨어진 파준다웅 강에서 쾌속정이 공작원들을 기다리고 있다가 이들을 태우고 4km쯤 물길을 이용하여 랑군강과 만나는 하구의 타쿠핀 마을까지 데려간다는 것이었다.[28] 타쿠핀 마을 강가에서 숨어 있으면 안내원이 접선하여 10월 12일 랑군강 하구에 대기하고 있을 동건애국호로 귀환시키기로 계획되었다.[29]

암살조는 쾌속정을 탈 수 있는 접선지로 이동했으나 그곳에서 그들을 기다리는 쾌속정은 없었다. 이들은 각자도생할 수밖에 없었다. 암살조 조장 진모는 도보로 랑군강 쪽으로 도망쳐 강변 풀밭에 숨었다. 다음 날 10월 10일 밤 9시경 야음을 틈타 파준다웅 강을 헤엄쳐 내려가던 중 주민에게 발각

---

27 전두환 회고록(2), 앞의 책, 514쪽.
28 범인 체포 관련 부분은 최병효 앞의 책, 203~206쪽 참조.
29 최병효, 앞의 책, 278쪽.

됐다.

여러 사람이 몰려오자 진모는 수류탄을 터뜨려 자폭을 기도했다. 왼쪽 손가락 네 개와 오른손 팔목 이하가 날아갔고, 오른쪽 눈은 실명 상태였으며, 얼굴과 가슴에 중상을 입었다. 부상을 입고 100여 미터 떠내려가던 진모는 강물 속 기둥에 걸려 붙잡혔다.

다른 길로 도주한 신기철과 강민철은 사건 이틀 후인 11일 새벽 5시 30분, 랑군강 하구 강 언덕에 숨어 있다가 주민들에게 발각됐다. 주민들이 신고하여 경찰이 출동했고, 경찰은 두 사람을 경찰서로 데려가 조사하던 중 주머니에서 달러가 나왔다. 오전 7시 30분경 신기철이 수류탄을 터뜨려 경찰이 부상했고, 경찰의 발포로 신기철은 현장에서 사살되고 강민철은 도주했다.

강민철은 10월 12일 오전 7시 30분 사건 현장에서 8km 부근의 갈대숲에 숨어 있다가 주민에게 발견되었다. 경찰과 주민이 포위하여 체포하려하자 오전 9시 20분경 수류탄을 터뜨려 경찰 세 명이 사망했고, 강민철은 오른쪽 팔꿈치 이하가 절단되는 부상을 당한 채 체포되었다.

범인 무기, 북한 남파 공비들과 동형

조사 과정에서 밝혀진 사실은 강창수 부대장이 이들에게 지급한 수류탄은 적을 공격하기 위한 용도가 아니라 안전핀만 풀면 곧바로 폭발하는 자폭용 수류탄이었다. 진모와 강민철은 자폭을 시도한 것이 아니라 적을 향해 공격하기 위해 안전핀을 뽑았는데, 그 즉시 폭발하여 자신들이 부상한 것이다. 원래 계획에는 암살 실행 후 이들을 복귀시키겠다고 했지만, 현장에는 쾌속정도, 동건애국호도 없었다. 북한은 이들이 임무 수행 후 증거인멸을 위해 자폭 방식으로 없어져주기를 바란 것이다.[30]

---

30 전두환 회고록(2), 앞의 책, 516쪽.

버마 당국의 수사 결과 범인들이 소지하고 있던 소지품이 결정적 단서가 되었다. 범인의 휴대 권총은 벨기에제 브로닝이었다. 이는 1980년 11월 3일 전남 횡간도 침투 간첩이 휴대했던 것과 같은 권총으로, 일련번호가 2번호 앞선 것이었다. 인터폴의 추적 결과 이 제품은 북한이 1975년 서독 거주 스웨덴 상인을 통해 벨기에에서 수입한 100정 중의 하나임이 확인되었다.

수류탄 안전핀 손잡이에 새겨진 일련번호를 확인한 결과 앞서 소개한 횡간도 간첩이 소지한 수류탄과 동일한 것이었다. 이 제품은 모두 북한 남포시 대안동 소재 병기고 공장 생산품이었다. 또 휴대 무전기, 권총에 부착한 소음기, 휴대 비상식량 등 36종 100점의 증거품들은 북한 간첩들이 일반적으로 소지하고 있던 장비와 동일한 종류였다.[31]

병원에서 치료를 받고 있던 범인 강민철은 11월 3일, 자폭용 수류탄 이야기를 듣고 심경의 변화를 일으켜 사건 전모를 자백했다. 그가 자백한 내용은 다음과 같았다.

'나는 북한군 육군 상위이며 군번은 9970, 나이는 28세, 아버지는 강석준, 어머니는 김옥순으로 소속은 개성 소재 정찰중대이다. 우리 세 사람은 전두환 대통령의 버마 아웅산 묘소 방문 시 동 묘소를 폭파하여 전 대통령을 암살하라는 지령을 강창수 소장으로부터 받았다. 조장은 진모 소령, 조원은 나와 신기철 상위이다. 우리 세 명은 선박 편으로 1983년 9월 9일 황해도 옹진 항을 출발하여 9월 22일 랑군항에 도착하였다. 랑군항 도착 시 북한 공관원 두 명이 자신의 집으로 안내하여 그곳에서 2주일간 은신하였으며 그곳에 이미 폭파장비가 준비되어 있었다. 1983년 10월 7일 새벽

---

31 최병효, 앞의 책, 210~211쪽.

2시에 진모와 강민철(본인)이 망을 보는 가운데 신기철이 아웅산 묘소 지붕에 올라가 원격조종폭탄 두 개를 묘소 천장에 설치하였다. 우리 세 명은 1983년 10월 9일 오전 묘소 부근 영화관 앞에서 기다리다가 전두환 대통령의 모터케이드 행렬이 지나가는 것을 확인하고 조장 진모가 폭발 스위치를 눌렀다. 폭발 후 진모 혼자 도주하였고, 나와 신기철은 소형 배를 빌려서 랑군강을 건너 달아났다가 버마 경찰에 체포되었다. 우리들은 1983년 10월 12일 북한 선박으로 귀환하도록 되어 있었다.[32]

버마 정부, 북한과 단교

이로써 아웅산 폭파 범행이 북한 소행임이 만천하에 드러나자 11월 4일 버마 정부는 "첫째, 랑군 주재 북한대사관의 폐쇄를 명령한다. 둘째, 북한과 외교 관계를 단절한다. 셋째, 북한 정부에 대한 승인을 취소한다"라는 조치를 취하기로 결정했다. 버마 외무차관 대리는 같은 날 오후 1시 북한 대사를 불러 버마 정부의 조치를 통고했다. 북한 대사관원들은 이날부터 48시간 이내에 버마를 떠나라는 명령을 받았다.

범인 두 명에게는 모두 사형이 언도되었다. 강민철과 달리 시종일관 묵비권을 행사한 진모는 1985년 4월 6일 교수형에 처해졌다. 강민철은 25년간의 긴 수감 생활 끝에 교도소에서 지병인 간질환으로 2008년 5월 18일 사망했다[33]

---

32 최병효, 앞의 책, 240~241쪽.
33 최병효, 앞의 책, 260쪽.

2

"하늘이 두 쪽 나도 올림픽 유치하라"

올림픽의 역사는 1936년 베를린 하계올림픽 이전과 이후로 나뉜다고 해도 과언이 아니다. 베를린 올림픽 이전까지만 해도 올림픽에서 메달 획득은 개인의 영예일 뿐, 집단이나 국가와는 관계없는 일로 인식되었다. 하지만 1936년 나치 독일이 거대한 국가 행사로 기획한 베를린 올림픽부터 성격이 완연히 바뀌었다.

히틀러는 처음에는 올림픽을 유태인적 행사라 하여 반대했으나 중간에 전략을 바꿨다. 제1차 세계대전 패전으로 사기가 저하된 독일 국민을 일으켜 세우고, 독일의 국력을 만천하에 과시하기 위해 베를린 올림픽을 적극 활용키로 한 것이다. 히틀러는 올림픽을 아리안족의 우수성을 널리 알리는 무대로 이용하고자 했다. 이를 위해서는 스포츠 강국 미국과의 경쟁이 불가피했다.

히틀러는 올림픽에서 월등한 성적을 거두고 있는 미국을 앞서기 위해 국력을 총동원하여 범국가적 차원에서 체계적으로 우수 선수를 육성했다. 이른바 '운동기계' 양산 작업에 돌입한 것이다. 그 결과 베를린 올림픽에서 독일은 37개의 금메달을 획득, 미국을 제치고 종합 우승을 차지했다.

베를린 올림픽은 스포츠를 국위 선양과 국제적 지위 향상, 민족적 긍지를 드높이는 수단으로 바라보는 스포츠관 확립의 결정적 계기가 되었다. 이때부터 올림픽에서의 메달 획득은 개인의 영예보다 국가를 앞세우는 의식이 시작됐고, 세계 각국은 수단 방법을 가리지 않고 올림픽에서 메달 획득을 위한 치열한 경쟁에 돌입했다. 1960년 로마 하계올림픽부터 선진국 스포츠계는 스포츠에 과학을 접목하여 신기록을 경신하는 작업에 박차가하기 시작했다.

1981년 9월 3일 바덴바덴의 기적

2024년 파리 하계올림픽 개막 직전, 언론에서는 한국 대표단의 금메달 목표는 5~6개 정도, 종합 15위 정도를 예상했다. 실제로 따낸 메달 수는 금 13, 은 9, 동 10개로 종합 8위를 기록했다. 그렇다면 한국은 언제부터 올림픽 금메달 획득을 당연시하게 되었으며 올림픽 유치를 위한 노력을 시작했을까?

그 근원을 추적해 올라가면 전두환 대통령이 나타난다. 전 대통령은 육사 재학시절 축구부 골키퍼 출신으로, 역대 대통령 중 누구보다 스포츠를 좋아했던 대통령으로 기록되었다. 그가 대통령에 오르면서 한국 스포츠는 새 역사를 쓰기 시작했다. 그 첫 시도는 서울올림픽 유치였다.

1981년 9월 30일 국제올림픽위원회(IOC)는 독일 바덴바덴에서 제84차 총회를 열었다. 이날 IOC 총회는 투표를 통해 1988년 동계올림픽 개최지로 캐나다의 캘거리, 하계올림픽 개최지로 서울을 선정했다. 동계올림픽은 캐나다의 캘거리, 스웨덴의 팔룬, 이탈리아의 코르티나담페초가 치열한 경합을 벌였다. 2차 투표까지 치른 끝에 캘거리가 팔룬을 48대 31로 꺾고 개최지로 선정되었다. 반면에 하계올림픽은 1차 투표에서 서울이 나고야를 52 대 27로 누르고 단숨에 선정되었다.

박정희의 올림픽 유치 시작

정부 차원에서 서울올림픽 유치 아이디어의 제안자는 박정희 정부의 대통령 경호실장을 역임하며 '피스톨 박'이란 별명으로 불린 박종규였다. 그는 1974년 문세광의 광복절 경축식에서 육영수 여사 피격 서거를 막지 못한 책임을 지고 경호실장에서 경질되었다. 그는 대한체육회장으로서 1978년 세계사격선수권대회를 유치하여 성공적으로 마무리했다. 이 대회는 한국이 주최한 첫 번째 세계적 규모의 스포츠 대회였다. 동대문운동장에서 대규모 개회식이 열렸고 기념우표와 주화까지 발행하는 등 국내외의 관심을 모았다.

그 직후 박종규는 1988년 올림픽을 서울에 유치하자는 생각을 구체화하여 박정희 대통령을 설득하는 데 성공했다. 9월 3일 내각에서 올림픽 유치를 위한 서면 결의가 있었고, 9월 19일에는 최규하 국무총리, 신현확 경제부총리, 박찬현 문교부 장관, 박종규 대한체육회장, 김택수 IOC 위원, 정상천 서울시장, 김운용 대한올림픽위원회(KOC) 부위원장이 올림픽 유치를 결의했다. 1979년 9월 21일, 박 대통령은 88서울올림픽과 86아시안게임 유치안을 재가했다.[34] 10월 8일, 정상천 서울시장이 올림픽 유치계획을 발표하면서 공식화되었다.

그로부터 18일 후 박 대통령이 시해되면서 올림픽 유치 방침은 표류하기 시작했다. 최규하 대통령 시절에는 올림픽 이슈가 관심 밖이었다. 전두환 대통령이 취임한 후 제2차 석유 위기의 심각성이 더해지면서 올림픽 유치를 포기해야 한다는 분위기가 지배적이었다. 여차하면 국가 부도가 날 수 있는 경제적 난세에 어느 누가 감히 올림픽을 유치하자고 나설 생각이

---

34 박해남, 「서울올림픽과 1980년대의 사회정치」, 서울대학교 대학원 사회학과 박사학위 논문, 2018, 61쪽.

있었겠는가.

1980년 9월 29일 대한체육회는 상임위원회를 열어 올림픽 유치에 관한 득실을 검토한 후 일단 개최를 신청하기로 했고, 이규호 문교부장관도 이 의견에 찬성했다. 하지만 1980년 11월 27일, 서울시는 올림픽 대회를 유치할 수 없다는 공문을 대한체육회와 문교부에 보냈다. 이렇게 되자 문교부 장관은 11월 28일, 대한체육회의 찬성 공문과 서울시의 반대 공문을 모두 취합하여 대통령에게 보고했다. 이것이 신임 대통령에게 올린 첫 올림픽 유치 관련 보고였다.

이 자리에서 전두환 대통령은 단호하게 유치신청서 제출을 지시했다. "전임 대통령이 결심한 사안을 특별한 이유 없이 변경할 수 없을 뿐 아니라, 역사적인 사업을 추진해보지도 않고 처음부터 물러나서는 안 된다"라는 것이 이유였다.[35]

세지마 류조, "반드시 올림픽 유치하라"

전두환 대통령에게 올림픽 유치의 역사적 의미와 중요성을 심어준 사람은 세지마 류조(瀬島龍三) 이토추상사 상담역, 고토 노보루(伍島昇) 일본 상공회의소장(도큐 그룹 회장)이었다. 일본 자민당의 브레인, 정계의 흑막이라 불린 두 사람은 전 대통령에게 일본이 태평양전쟁의 전후(戰後) 복구 과정에서 도쿄올림픽을 통해 국제사회의 주요 국가로 급부상한 사례를 설명했다.

올림픽과 관련하여 일본은 한 차례 홍역을 치른 역사가 있다. 일본은 황기 2600년을 기념하기 위해 1940년 도쿄 하계올림픽 개최권을 얻어냈다. 하지만 1931년 만주사변과, 그로 인한 리튼 조사단(Lytton Commission)의 조

---

35 서울특별시, 『서울·올림픽 백서』, 1990, 283쪽.

사 결과를 보이콧하고 국제연맹을 탈퇴하면서 1938년 7월 올림픽 개최권을 반납했다. 그 결과 1940년 올림픽은 헬싱키로 개최권이 넘어갔다. 결국 1940년 올림픽은 제2차 세계대전으로 대회가 취소되었다.

일본은 국제정세의 흐름을 거스르는 행보로 패전의 아픔을 딛고 1964년 도쿄올림픽을 유치하여 성대하게 치러냈다. 두 사람은 한국도 도쿄올림픽의 전례처럼 미래로의 도약을 위해서는 반드시 서울올림픽을 유치하여 성공시키는 것이 중요하다고 조언했다. 특히 세지마는 "장래가 불투명한 상황에서 사회 분위기를 일신하고 국민의 힘을 한데 모으려면 올림픽을 유치하는 게 좋을 것"이라며 "한반도의 안전이 일본의 안전과 직결되어 있는 만큼, 한국의 올림픽 유치를 적극 돕겠다"라는 뜻을 비쳤다.[36]

두 사람의 조언을 마음 깊이 새겨들은 전 대통령은 서울올림픽 유치를 결심하고 관계 부처에 "올림픽 유치 활동을 적극 추진할 것, 올림픽 유치신청서도 마감 기일에 늦지 않도록 제출할 것"을 지시했다.

대통령의 지시에 따라 대한체육회는 IOC의 모니크 베를리우(Monique Berlioux) 사무총장 앞으로 서한을 보내 하계올림픽 유치 의사가 있음을 알렸고, 이튿날 정식 공문을 보냈다. 이로써 올림픽 유치를 둘러싼 논란은 일단락되었다. 이때 서울과 더불어 유치신청서를 제출한 도시는 일본의 나고야, 호주의 멜버른, 그리스의 아테네였다.[37] 한국이 올림픽 유치신청서를 제출하자 1981년 3월 국가올림픽위원회(NOC)를 비롯하여 IOC, 국제경기연맹(GAISF) 조사단이 방한하여 개최 여건 조사를 하고 갔다.

1988년 올림픽 개최지는 1981년 9월 30일 독일 바덴바덴에서 열리는 IOC 총회에서 결정하기로 예정되어 있었다. 한국은 개최지 결정 9개월을

---

36 조갑제, 「파리올림픽을 앞두고 다시 생각하는 88서울올림픽과 전두환의 순정」, 『월간조선』, 2024년 8월호.

37 김경훈, 『서울올림픽사 제1권-서울올림픽 유치』, 국민체육진흥공단, 2000, 78쪽.

앞두고 공식 유치신청서를 제출한 반면, 일본은 오래전부터 나고야를 개최지로 정하고 활발한 유치 활동을 벌여왔다. 한국은 10·26으로 인한 리더십 공백, 5·18의 극심한 사회정치적 혼란, 국민이 원치도 않았고 알지도 못했던 사람의 대통령 취임, 제2차 석유파동으로 극도의 경제 불황이 엄습한 상황이었다.

올림픽 망국론 등장

당시 정부 조사에 의하면 올림픽 개최를 위해서는 22억 8천만 달러(당시 환율로 1조 5,500억 원)의 예산이 필요한 것으로 조사되었다. 이 액수는 1981년 정부 총예산 7조 5,371억 원의 20%에 해당하는 거액이었다. 좀 더 상세히 비용 검토를 한 결과 직접 개최비용이 예상보다 2배가 넘는 6,900억 원으로 조사되었다. 서울시에서 1조 9,500억 원으로 예상했던 관련 인프라 시설비용도 2조 5천억 원으로 늘어났다. 제2차 석유 위기로 경제적 어려움을 겪고 있는 한국에서 이처럼 막대한 자금을 스포츠 행사에 투자하는 것이 말이 되는가 하는 회의론이 팽배했다.

그 결과 올림픽 유치 활동 지속 여부를 두고 국무총리, 경제기획원 장관, 서울시장 등은 부정적이었고, 문교부 장관, 안기부장, 외무부 장관 등은 긍정적으로 의견이 갈렸다. 문교부가 올림픽 유치 활동을 위한 예산을 신청하자 남덕우 국무총리는 '올림픽 망국론'을 앞세워 단호히 반대했다. 현실주의자였던 남덕우는 박정희 대통령 시절엔 중화학공업 건설을 반대했고, 전두환 대통령 시절엔 올림픽 유치에 반대했다. 이유는 한 가지, 그것을 가능케 할 돈, 즉 예산이 마련되어 있지 않았기 때문이다.

남 총리의 반대 이유는 첫째, 우리가 거국적인 유치 활동 벌여도 나고야를 이기는 것은 절대 불가능하다. 둘째, 만에 하나 올림픽 유치에 성공해도 경기장과 선수단·임원·기자단을 위한 숙소, 관람객용 숙박시설, 교통 인프라를 무슨 돈으로 건설할 것인가라는 요지였다. 남 총리는 "한국의 재정 상황으로 볼 때 올림픽 유치는 망국의 지름길"이라며 반대 목소리를 높였다.

국무위원들, 올림픽 포기 건의

올림픽 유치신청서를 접수하여 IOC 조사단이 개최 여건 조사까지 마친 상황에서 이런 일이 벌어지자 정부는 진퇴양난에 빠졌다. 비관론이 팽배한 가운데 1981년 4월 16일, 올림픽 유치를 논의하기 위한 관계 장관 대책 회의가 열렸다. 이날 참석자들이 내린 결론은 "올림픽 유치는 현실적으로 불가능하다"라는 것이었다. 장관들은 반대 의견을 여과 없이 전두환 대통령에게 전달하여 재결심을 받자는 쪽으로 기울었다.

4월 27일 열린 제2차 관계 장관 회의에서 국무총리실은 늘어난 개최 비용으로 인해 대통령마저 부정적이라고 보고했다. 결론은 IOC에는 알리지 말고 일본과 협상을 통해 86아시안게임 개최 지원을 획득하고, 대신 올림픽 유치를 포기하자는 것이었다. 이에 따라 특사 자격으로 김집 대한체육회 위원이 가요카와 마사지(淸川正二) 일본 IOC 위원을 만났으나 일본 측은 한국의 아시안게임 개최 지원 요구에 대해 확답을 주지 않았다.[38]

5월 16일 제3차 관계 장관 회의에서는 보다 심각한 비관론이 제기됐다. 당시 한국 유일의 IOC 위원이었던 김택수는 "지금 당장 올림픽 도시 결정을 위한 표결에 들어가면 한국이 얻을 수 있는 표는 내 표 하나뿐"이라는 현실론이 회의 분위기에 찬물을 끼얹었다. 올림픽 개최 도시의 수장인 박영수 서울시장은 "대통령께 누가 되지 않는다면 명분을 찾아 사퇴하는 것이 최선"이라는 의견을 내놓았다.

국무위원들이 올림픽 유치를 결사반대한 이유는 1976년 캐나다 몬트리

---

38 김경훈, 앞의 책, 88쪽.

올 올림픽의 악몽이 떠올랐기 때문이다. 몬트리올 시장은 유치 과정에서 흑자 올림픽을 자신했다. 그런데 올림픽을 준비하는 과정에서 두 가지 문제가 발생했다. 1972년 뮌헨 올림픽에서 검은 9월단의 테러로 이스라엘 선수 11명이 사망하는 참사가 빚어졌다. 올림픽과 관련한 보안 문제가 핫 이슈로 제기되었고, 그 결과 보안 관련 예산이 당초 계획보다 40배나 더 들었다.

이 와중에 제1차 석유 위기가 엄습하면서 원자재 가격이 급등하여 엄청난 초과 지출이 발생했다. 몬트리올 올림픽은 사상 최대인 10억 달러가 넘는 적자가 발생했다. 올림픽 후폭풍으로 몬트리올시는 파산 일보 직전까지 몰렸다. 결국 캐나다 정부가 특별세를 징수하여 30년 만인 2006년에야 적자를 모두 해결했다.

아시안게임 유치했다가 포기

한국은 1966년에 1970년 아시안게임을 서울로 유치해놓고 반납한 전례가 있었다. 1966년 북한 축구 대표팀이 잉글랜드 월드컵에서 이탈리아를 꺾고 8강에 진출하여 세계 스포츠계에 깊은 인상을 남겼다. 한국도 스포츠에서 뭔가를 보여줘야 한다는 의견이 제기되었고, 정부는 앞뒤 가리지 않고 서둘러 아시안게임 유치에 나섰다. 그 결과 1966년 12월 15일 실론(현 스리랑카)이 입후보를 포기하여 서울이 만장일치로 제6회 대회 개최국이 되었다.[39]

아시안게임을 위해서는 막대한 예산이 투입되어야 했는데, 이를 감당할 재원 조달 방안이 막막했다. 1967년 7월 13일, 박 대통령은 장기영 대한올림픽위원회 위원장에게 "제2차 경제개발 계획에 모든 자원을 총집결시켜야 할 시기에 아시아경기대회 준비를 위해 자원을 할애할 수 없으니 포기

---

39 동아일보, 1966년 12월 15일.

하라"고 지시했다.[40]

1968년 5월 1일 아시아경기연맹 총회에서 한국은 대회를 반납하고, 직전대회 개최 도시인 방콕에 개최를 부탁했다. 이를 위해 예상 적자의 상당수를 한국이 부담하기로 약속했다. 1970년 방콕 아시안게임의 적자는 41만 달러였고, 그중 25만 달러를 한국이 부담했다.[41]

공식적인 반납 이유는 예산 때문으로 발표됐지만, 실제 이유는 그와는 달랐다. 스포츠 강국 일본이 서울 한복판에서 금메달을 휩쓰는 것을 용납할 수 없어 정부가 반대했다는 것이다.[42] 한국은 한 차례 국제 스포츠 대회를 유치했다가 반납함으로써 신용이 크게 실추된 바 있다. 이런 상황에서 또다시 뚜렷한 명분 없이 올림픽 유치 신청을 철회하면 국가 위신 손상은 물론이고, 국민 사기에도 좋지 않은 영향을 미칠 수 있다는 우려가 제기되었다.

3차 회의에서 비관론에 반기를 들고 나선 사람은 유학성 안기부장과 노신영 외무부 장관이었다. 두 사람은 "시도조차 안 해보고 백기를 드는 것은 말이 안 된다. 실패하더라도 최선을 다해보자"라는 소신 발언을 했다. 그 결과 9월 IOC 총회 때까지 유치 활동을 계속하기로 결정했다.

전두환 대통령의 강력한 의지

어두운 보고를 받은 전두환 대통령은 관계 장관들을 긴급 소집하여 "하늘이 두 쪽이 나더라도 반드시 올림픽을 유치하라"라는 특명을 내렸다. 이때부터 전 대통령은 서울올림픽 유치를 위한 국가 총력전을 진두지

40　경향신문, 1967년 7월 14일.

41　손정목, 『서울도시계획 이야기3』, 한울, 2003, 200쪽.

42　유순례, 「서울올림픽 정신, 올림픽 헌장에 기록되다」, 『월간조선』, 2011년 7월호.

휘했다.

1981년 4월 8일, 전 대통령은 대통령의 특임 사항을 담당할 정무장관실을 신설했다. 전 대통령은 정무장관실에 첫 과제로 올림픽 유치 활동을 명령했고, 그 책임을 보안사령관을 마치고 예편한 친구 노태우에게 맡겼다. 이때부터 올림픽 유치 관련 업무는 대통령의 특명을 받은 노태우 정무 장관이 관계 부처와 대한체육회 활동을 총지휘하여 진행했다.

노신영 장관은 재외공관장에게 "공관장이 직접 나서서 IOC 위원들을 포섭하라"는 훈령을 내렸다. 주재국 IOC 위원들이 서울을 지지하도록 적극적인 로비를 하라는 강력한 지시를 한 것이다. 올림픽 유치의 선봉대로 재외공관을 활용한 것은 대단히 효율적인 선택이었다.[43] 이런 노력들이 이어지면서 정부 내 분위기도 "기필코 올림픽 유치를 성공시키자"는 쪽으로 반전되었다.

1981년 5월 19일, 정부는 본격적인 유치 활동을 위해 올림픽유치대책위원회를 출범시켰다. 이 위원회는 국무총리를 중심으로 안기부, 경제기획원, 외무부, 문교부, 문화공보부, 서울시, 대한체육회, IOC 위원이 참여하는 협의기구였다. IOC는 올림픽 유치 및 개최의 기본 주체를 도시로 설정하고 있지만, 한국은 서울시가 아닌 행정부가 유치 활동의 주체가 되어 거국적인 분위기를 주도한 것이다. 반면에 대외적 활동에 대비해 '1988년 서울올림픽 준비위원회'라는 조직을 새로 만들었다.

재계 총수들까지 총동원령 내려

대통령의 강력한 의지 덕분에 정부 관계자는 물론 체육계 인사, 재계

---

43 이달희, 「한국의 스포츠외교정책 결정과정 분설-88서울올림픽과 2002월드컵 사례연구를 중심으로」, 경북대학교 대학원 정치학과 박사학위 논문, 2011, 90쪽.

총수까지 총동원령이 내려졌다. 민간 차원에서 유치 활동을 지원하기 위해 정주영 현대그룹 회장(당시 전경련 회장)을 올림픽 추진위원장으로 위촉했다. 김우중 대우그룹 회장, 조중훈 한진그룹 회장, 최원석 동아건설 회장, 배종렬 한양그룹 회장, 재미교포 기업가 더글라스 리 등이 추가로 참여했다.

올림픽 유치 과정에서 기업인들은 기존에 거래하던 각국 기업인들의 도움을 얻어 해당국 IOC 위원과 접촉했다. 정주영 회장은 기업인들이 적극 협조하고 활동하면 82표 중 유치에 필요한 과반수 득표는 반드시 확보할 수 있을 것으로 확신했다. 이 과정에서 조중훈 회장, 김우중 회장, 최원석 회장 등이 맹활약했다.

정주영 회장은 자서전 『이 땅에 태어나서』에서 "IOC 위원들을 만나기 위해 고무줄로 묶은 명함 뭉치를 들고 거지들처럼 회의장 밖을 종일 지키고 섰던 일이 한두 번이 아니었다. 그렇게 뛰고 숙소로 들어가면 그 피곤은 이루 말할 수가 없어서 '아이고 죽겠다'는 소리가 저절로 나왔고, 목욕물에 들어가 앉아 그대로 잠들어버리기도 했다"라고 회고했다.[44]

한국 유치단은 홍보관 안내를 위해 미스코리아와 항공사 스튜어디스까지 동원하는 총력전을 전개했다. 이들이 전 세계 IOC 위원을 만나 설득했고, 모두가 혼연일체가 되어 노력한 끝에 기적과도 같은 역전극을 이끌어 냈다. 서울이 나고야를 큰 표 차로 꺾고 올림픽을 유치한 것은 관계자들의 열렬한 유치 노력 덕분이었지만, 서울이 가진 장점이 나고야를 압도한 것도 큰 도움이 되었다.

나고야는 1978년부터 올림픽 개최 활동을 시작했지만, 서울과 달리 경기장이나 올림픽 관련 인프라가 부족했다. 반면에 서울은 1970년대부터

---

44   정주영, 『이 땅에 태어나서-나의 살아온 이야기』, 솔출판사, 1998, 272쪽.

시작한 잠실경기장 공사가 이미 상당 부분 진척되어 있었다. 도시 설계 당시부터 올림픽 개최를 염두에 둔 잠실지구였으므로 도로 여건 등 경기장 주변 인프라가 나고야보다 나았다. 호텔 등의 도시 전체 시설에서도 서울이 나고야보다 나은 형편이었다.[45]

이는 1981년 3월 31일부터 4월까지 3일까지 국가올림픽연합회(ANOC) 대표단, 4월 6일부터 8일까지 IOC 조사단, 6월 9일부터 11일까지 국제스포츠전략위원회(ISF) 회장이 올림픽 경기시설을 둘러보고 공통적으로 지적한 사항이었다. 서울은 나고야에 비해 올림픽 유치 준비는 상대적으로 늦었지만, 올림픽 개최 준비는 상대적으로 빨랐다. 이것이 서울의 강력한 경쟁력의 무기였다.[46]

전 국민의 열화와 같은 성원

또 한 가지 비밀은 국제 스포츠계에 강력한 영향력을 행사하는 스포츠 용구 브랜드인 아디다스의 사장 다슬러(Horst Dasler)를 서울올림픽 지지를 위한 후원 세력으로 끌어들였다는 점이다. 이 작업은 전직 대한체육회장 박종규가 담당했다. 다슬러 회장은 44표 득표를 장담할 정도로 자신의 영향력을 과시했고, 서울을 지원하는 거래의 대가로 미주 지역 올림픽 방송 중계권 및 올림픽 후원사 선정권을 요구했다.[47]

사마란치(Juan Antonio Samaranch) IOC 위원장은 서울의 88올림픽 유치 성공을 다음과 같이 평가했다.

"한국은 당시 상당수 IOC 회원국과 외교 관계가 없었다. 북한과의 적대

---

45 박해남(2018), 69쪽.

46 박해남(2018), 69쪽.

47 이방원, 『세울 꼬레아』, 행림출판, 1989, 30~33쪽.

관계도 감점 요인이었다. 더구나 나고야는 서울보다 먼저 유치 활동에 들어갔고, 일본은 1964년 도쿄올림픽을 치른 경험도 있었다. 이런 악조건이 있었지만 한편에는 한국 국민의 열화와 같은 지지가 있었다. 나고야는 시 혼자서 뛰었지만 서울은 한국 정부와 온 국민이 진정으로 선정되기를 염원했다. 이런 점이 IOC 위원들의 마음을 움직인 것이다."[48]

서울올림픽 이전까지 올림픽을 개최한 16개국 중 1968년의 멕시코를 제외한 15개국은 모두 선진국이었다. 한국의 유치 전략은 세계의 화약고인 한반도에서 서울올림픽을 통해 평화를 심는다는 것과, 올림픽이 선진국의 전유물이 되어서는 안 된다, 개도국에서도 열려야 한다는 논리 두 가지였다. 이 유치 전략이 제3세계 국가, 비동맹국의 마음을 움직였다. 그 결과 한국은 제2차 세계대전 후 독립한 개도국 중 최초로 올림픽 개최지로 선정된 것이다.

거의 모든 국무위원은 물론, 개최 도시 대표인 서울시장의 반대를 무릅쓰고 올림픽 유치 결단 내리고 국가 총력전을 전개하여 유치에 성공한 것은 대통령의 결단 덕분이었다. 노신영은 "올림픽 유치에 대한 찬반양론이 격돌하는 상황에서 전두환 대통령의 확고한 의지와 지도력 없었다면 이같은 큰일은 해낼 수 없었다. 88서울올림픽 서울 유치의 일등 공신은 전두환 대통령"이라고 회고했다.

"올림픽은 하늘이 우리에게 준 선물"

전두환 대통령은 누구보다 승부욕에 불타는 인간형이었다. 전 세계에서 '최강의 전사(戰士)'라 불리는 특수부대인 패스파인더(Pathfinder) 과정까지 수료한 만능 스포츠맨이었다. 그의 강인한 의지 덕분에 불가능의 벽

---

48 중앙일보, 2005년 11월 7일.

을 뚫고 올림픽 유치에 성공하여 국격(國格)을 한 차원 높이는 성취를 이뤄낸 것이다. 아시안게임과 올림픽 유치의 의미와 관련, 전두환은 다음과 같이 회고했다.

"86, 88을 우리가 어떻게 유치했습니까. 우리 한민족이 하도 고생을 많이 하고 잘해보려고 해도 안 되고 하니 하늘이 큰 선물로 준 것인데, 이런 걸 활용 못하는 민족은 이 지구상에 살아남을 수 없어요. 살아남아도 종노릇밖에 할 게 없어요. 이것을 우리가 소화하지 못하면 후손에게뿐 아니라 나라와 역사에 죄를 짓는 거요."[49]

"우리가 올림픽을 하면 자동적으로 16일간 텔레비전을 돌려서 전 세계 40억 인구가 보게 됩니다. 그 선전비를 돈으로 따지면 얼마가 되겠어요. 그게 바로 우리 국력이고, 경제력이고, 우리 제품에 대한 보장이 됩니다."[50]

"아시안게임, 88올림픽, 이런 걸 놓치는 지도자는 국민과 역사에 죄를 짓고 씻을 수 없는 오류를 범하는 것입니다."[51]

운동권, 학계는 올림픽 결사 반대

바덴바덴에서 승전보가 날아오자 대다수 국민은 열광했지만, 한쪽에서는 반대 의견이 분출되었다. 1981년 10월 23일 서울대 학생들은 "88올림픽 유치는 국민을 수탈하여 국제적 고립을 회피하려는 전술이다"라는 구호를 외쳤고, 같은 날 이화여대 학생들도 "올림픽 개최는 공산권 불참과 적자 손실밖에 얻지 못할 것이다", "올림픽 개최는 정치적이고 허무일 뿐이다"라고 비판했다.

---

49 김성익, 앞의 책, 35~36쪽.
50 김성익, 앞의 책, 41쪽.
51 김성익, 앞의 책, 92쪽.

1983년 6월 15일 연세대에 뿌려진 '참다운 민주와 자유를 위한 투쟁의 길에서'라는 유인물은 올림픽 유치를 다음과 같이 격렬하게 비판했다.

"군부에 적개심을 가지고 있는 국민에게 자신의 정당성을 부여받지 못하고 있음을 느낀 전두환 정권은 철저한 대외 종속에 의해 경제잉여를 선진 자본주의국에 빼앗기고 있는 이 상황에서 86아시안게임, 88올림픽 및 IPU(국제의회연맹) 총회를 유치하여 자신의 국제적 지위를 인정받기 위해 엄청난 외화를 소비하여 회원국 대표들에게 매춘과 매수를 일삼았으며, 그로 인한 국민들의 강한 반발을 무마하기 위해 환상적인 구호와 엄청난 물량의 선전 공세에 전력을 기울이고 있다."[52]

운동권 학생뿐만 아니라 학계도 올림픽 유치와 메달 획득으로 상징되는 5공의 스포츠 정책에 비난 일색이었다. 이들은 전두환 정권은 불필요하고 있어서는 안 될 잉여 군사정권으로서, 집권 과정에서부터 엄청난 국민의 희생이 따를 수밖에 없었다고 평가한다. 따라서 집권 과정은 물론, 통치 체제의 정당성을 확보하지 못한 제5공화국의 최대의 정치적 과제는 통치 체제의 필요성을 국민에게 알림으로써 정권을 안정적으로 유지하는 것이었다고 비판한다.[53]

그들은 정권의 정통성 확보를 위해 국민의 권위주의 체제로의 순응이나, 체제의 능력을 정당화하기 위한 노력을 가장 효과적으로 드러낼 수 있는 분야 중의 하나가 스포츠였다고 주장한다.[54] 86·88 대회가 갖는 정치적 선전효과인 국위 선양과 국민 통합을 바탕으로 정권 유지와 체제 안정을 기하려 했다는 것이다. 그 결과 엘리트 스포츠를 집중적으로 육성함으

---

52 박해남, 2018, 227쪽.

53 김영명, 『한국현대정치사』, 을유문화사, 1999, 246~247쪽.

54 이종원, 「제5공화국의 스포츠정책 연구」, 서울대학교 대학원 박사학위 논문, 2002, 81쪽.

제5공화국 전두환 시대 2

로써 국민 다수의 행복과 건강한 삶에 기여하는 '국리민복'을 위한 스포츠와는 거리가 먼 방향으로 스포츠 정책이 결정되었다는 것이다.[55]

뿐만이 아니다. 정권 획득의 정당성과 국민적 지지를 확보하지 못한 제5공화국 정부가 국민의 비판적 관심을 다른 곳으로 돌리고, 정권의 정당화를 위한 획기적인 계기 마련을 위해 스포츠에 적극적인 관심을 기울일 수밖에 없었다는 주장도 있다.[56] 또, 5공화국이 출범과 더불어 갖게 되는 정통성의 취약과 지배력의 허약성을 은폐하기 위해 스포츠를 활용했다는 주장도 있다.[57]

이런 이유 때문에 김영삼 당시 야당 총재는 기자회견에서 "올림픽은 국력의 낭비"라고 공개적으로 반대했다.[58] 요약하면 전두환은 스포츠를 이용하여 '탈정치화' 및 '우민화'를 시도했다는 것이다. 그 결과 5공의 스포츠 정책은 영화 및 성(性) 산업과 한 묶음이 되어 이른바 '3S(Sports, Screen, Sex) 정책'으로 불리기도 했다.[59]

전두환이 올림픽 유치한 이유

그렇다면 전두환이 전 국민의 탈정치화, 우민화를 위해 서울올림픽을 유치한 것이 사실일까? 서울올림픽을 유치하고, 이의 성공을 위해 자신의 모든 것을 바친 전두환의 본심은 무엇이었을까?

1987년 2월 2일 청와대 수석비서관 회의에서 전두환은 서울올림픽과 관련하여 "우리나라는 역사적으로 힘이 없어서 중국 대륙, 소련, 일본에게

---

55 이종원(2002), 3쪽.

56 송형석·김홍식, 「한국 엘리트 스포츠 발달의 정치적 배경에 관한 연구」, 서울대학교 체육연구소 논집 제10권 2호, 1997, 86쪽.

57 고광헌, 『스포츠와 정치』, 푸른나무, 1988, 98쪽.

58 이종률, 「전두환론」, 함성득 편, 『한국의 대통령과 권력』, 나남출판, 2000, 59쪽.

59 박해남(2018), 4쪽.

동네북이었다. 우리도 GNP 1조 달러가 되면 남을 지배할 수 있다. 1단계로 1천억 달러를 이루어야 한다. 내가 대통령 되고 나서 큰 소원이 GNP 1천억 달러 달성이었다"라면서 이렇게 말했다.

"1천억 달러를 돌파해서 올림픽을 성공시키면 1천억 달러에서 2천억 달러로 가는 데 일본은 7년 걸렸지만 우리는 7년도 안 걸립니다. 일본이 1964년 동경올림픽 때 GNP가 830억 달러였어요. 올림픽을 치르면 동구권에도 길이 뚫립니다. 이 길이 뚫리면 우리는 잘하면 5~6년 만에 GNP를 두 배로 늘릴 수 있어요. 1995~96년에 2천억 달러가 되면 통일의 길이 열리게 돼요. (중략) 우리나라가 국제사회, 세계 역사에서 빛을 보는 국가로 성장합니다."[60]

전두환은 "올림픽이 끝나면 중공과의 교역이 현재 13억 달러에서 100억 달러가 되는 건 간단하다"라고 말했다. "소련 시장이 인구 2억 6천만이니 우리 신발이 1억 달러어치가 들어가고 있고, 헝가리도 유고도 우리와 합작하려 하고 있다"면서 "올림픽이 끝나면 새로운 시장이 세 개나 더 생긴다"[61]라고 밝혔다. 서울올림픽을 준비하면서 올림픽 후 북방외교를 통한 시장 확대까지 내다보고 있었던 것이다.

서울올림픽 유치, 5공의 스포츠 정책에 대한 학계의 부정적인 견해와는 달리 일반인들의 평가는 지극히 우호적이다. 1988년과 2008년, 한 언론이 수행한 '한국의 위대한 업적'에 관한 설문조사에서 서울올림픽이 모두 2위에 올랐다.[62]

또 서울올림픽을 긍정적 측면으로 바라보는 연구도 만만치 않다. 김병로

---

60 김성익, 앞의 책, 291~292쪽.

61 김성익, 앞의 책, 384쪽.

62 박해남(2018), 1쪽.

를 비롯하여 박경호, 옥광, 박장규는 서울올림픽을 계기로 사회주의권 국가들과의 관계 개선이라는 긍정적 변화를 몰고 왔다는 연구를 내놓았다. 이윤근, 김명수는 올림픽이 경제성장의 촉매제가 되었다는 사실을 증명해 냈다. 한국개발연구원(KDI)과 임태성 등은 올림픽이 우리 사회에 다방면의 긍정적 효과를 가져왔음을 설문조사를 통해 밝혀냈다. 강신표는 올림픽이 한국 문화의 정체성을 재발견하고 재창조하는 계기였다는 연구 결과를 내놓았다.

그렇다면 전두환이 정권 유지와 체제 안정을 위해, 정권의 정당화와 지배력의 허약성을 은폐하기 위해 스포츠를 이용한 것이 사실일까?

한국의 올림픽 메달 도전사

이에 대한 본격적인 탐구에 앞서, 과연 한국이 올림픽에서 어떤 성적을 거두었는지부터 따져보도록 하겠다. 한국은 1947년부터 꾸준히 올림픽에 참가했으나, 올림픽 금메달은 1976년 몬트리올 올림픽에서 양정모 선수가 레슬링에서 따낸 1개뿐이었다.

전두환 대통령은 한국이 과연 서울올림픽에서 금메달을 몇 개나 딸 수 있을까를 심각하게 고민했다. 힘들고 어렵게 서울올림픽을 유치하고, 막대한 예산을 퍼부어 준비한 대회가 외국 선수들의 잔치판이 되면 국가의 위신에도 문제가 발생한다. 우리가 큰돈 들여 마련한 잔치에서 한국 선수들이 좋은 성적을 거둬야 국민도 용기백배하지 않겠는가.

그리하여 전두환과 5공의 올림픽 준비는 첫째, 경기장 건설과 대회 운영 준비, 둘째, 메달 획득을 위한 국가대표선수의 경기력 향상으로 방향이 잡혔다.

전두환은 무슨 일이든 목표한 기한 내에 최소의 희생과 투자로 확실한 성과를 내도록 훈련받은 군 지휘관 출신 대통령이었다. 그는 올림픽의 성공적 개최를 위한 시설 건설과 함께, 한국 선수들의 메달 획득을 위한 특단의 대책 마련에 나섰다. 이를 위해 철저한 기획 및 계획(Planning and program) 시스템을 가동했다.

전 대통령은 3개월마다 청와대에서 대통령이 직접 올림픽 준비 상황 보고회의를 주재했다. 한편에선 "체력 향상을 통한 국력 신장"을 적극 강조하고 나섰다. 그는 틈나는 대로 국가대표 선수 훈련장인 태릉선수촌을 방문하여 선수와 코치진을 격려했고, 전문가와 체육진흥을 위한 갖가지 시책을 협의했다.

이런 노력 끝에 1982년 12월 31일 국민체육진흥법 4차 전면 개정 법률이 공포되었다. 이 법은 86아시안게임, 88서울올림픽 준비를 위한 재정적, 조직적 지원 체제 확보가 주요 내용이었다. 나아가 스포츠 경기력 향상을 위해 엘리트 스포츠에 대한 적극 지원을 하기 위한 법이었다.

전두환 대통령은 1983년 국정연설에서 "산업 입국 못지않게 체육을 통해 국력을 떨치는 것도 중요하다"라고 역설하고 올림픽에서 우수한 성적을 거두기 위한 프로그램을 본격 가동했다. 현대경제연구원이 발표한 '올림픽 메달의 경제적 가치와 시사점' 보고서에 의하면 올림픽 메달 1개 획득의 경제적 가치는 최소 1,950억 원에서 최대 2,690억 원으로 추정했다.

올림픽 메달의 경제적 가치 추정 결과

	추정결과	
	최소	최대
올림픽 메달 1개의 경제적 가치	1,950억 원	2,690억 원
① 국민통합 및 사기진작 효과	70억 원	430억 원
② 기업의 이미지 제고 효과	120억 원	200억 원
③ 국가브랜드 홍보 및 국격 상승효과	1,760억 원	2,060억 원

출처: 현대경제연구소, 「올림픽 메달의 경제적 가치와 시사점」, 『현안과 과제』16–33호, 2016년 8월 3일.

이 보고서는 또 올림픽에서의 메달 획득은 국민통합과 사기진작, 기업의 홍보 효과는 물론, 대한민국의 국가 브랜드를 높이는 등 무형의 경제적 효과가 발생한다고 분석했다. 하지만 올림픽에서 한국 선수가 메달, 그중에서도 금메달을 목에 거는 것은 말처럼 쉬운 일이 아니다.

한국인이 올림픽에 출전한 것은 1932년 로스앤젤레스 올림픽부터였다. 이때는 일본 통치를 받던 시기여서 일본 선수단의 일원으로 출전했다. 1936년 베를린 올림픽에서 한국인으로서는 최초로 손기정 선수가 마라톤에서 올림픽 신기록으로 금메달, 남승룡 선수가 동메달을 획득했다. 두 선수 모두 일본 대표팀으로 출전했기 때문에 시상식에서 일장기가 올라가고, 국가로 기미가요가 연주되었다.

최초의 금메달은 1976년 양정모

대한민국 국명으로 올림픽에 출전한 첫 대회는 1948년 스위스 동계올림픽이었다. 이 대회에 한국 선수 세 명이 참가했고, 같은 해 열린 런던 하계올림픽에는 대한민국 이름으로 50명의 선수와 임원이 출전했다. 런던 올림픽에서 대한민국은 한수안이 복싱 플라이급에서, 김성집이 역도 미들급에서 동메달을 획득하여 최초의 메달로 기록되었다. 이후에도 올림픽 금메달과의 인연은 아득히 멀었다.

건국 이후 한국 선수가 올림픽에서 금메달을 목에 건 것은 1976년 몬트리올 올림픽 때다. 이 대회에서 양정모 선수가 레슬링 자유형 62kg급에서 금메달을 차지했다. 양정모 선수가 올림픽 최초의 금메달을 목에 건 날은 1976년 8월 1일이었다. 무더운 일요일 아침, 방송들은 정규 프로그램을 중단하고 경기 실황을 중계했다.

아나운서가 흥분된 목소리로 "국민 여러분 기뻐해주십시오. 한국 레슬링 양정모 선수가 드디어 금메달을 목에 걸었습니다"라는 소식을 전하자 전국이 흥분의 도가니로 변했다. 이날은 일요일이어서 신문 휴간일이었다. 언론은 일제히 호외를 발행하여 감동의 장면을 국민에게 전했다. 이날 자 한국일보 호외 기사는 다음과 같았다.

"광복의 달 첫날 첫 휴일 아침에 전해진 양정모 선수의 금메달 쟁취 소식은 마치 광복과도 비슷한 감격과 흥분의 밀물을 전국에 몰아왔다. 시민들은 가정에서, 거리에서, 일터에서 그리고 피서지에서 일제히 건국 이후 첫 금메달을 축하했다."

몬트리올 올림픽에서 한국은 양정모의 금메달 외에도 장은경 선수가 유도 라이트급에서 은메달, 조재기 선수가 유도 무제한급에서 동메달, 그리고 복싱·레슬링·유도에서 각각 동메달 등 총 6개의 메달을 획득, 건국 이후 역대 최다 메달을 수확했다. 메달 종합 순위도 19위로, 역사상 처음으로 20위 안에 들게 되었다.

조선일보는 '올림픽의 개가(凱歌)'라는 사설을 통해 "체력은 국력이라는 상징을 그대로 빌린다면, 이번 몬트리올 올림픽대회는 이제 우리 국력이 세계 19위라는 것을 선명히 상징한 축전이 됐다"라고 기쁜 마음을 전했다. 양정모 선수의 금메달은 어려운 삶을 살아가던 국민에게 큰 희망과 용기를 주는 기폭제 역할을 했다. 그의 투혼은 국민에게 "우리도 세계 정상에 오를 수 있다"는 자신감을 심어주기에 충분했다.

이후 열린 1980년 모스크바 올림픽은, 소련의 아프가니스탄 침공에 대한 항의 표시로 서방 국가들이 불참하면서 반쪽 대회로 치러졌다. 한국도 서방 국가들과 보조를 맞춰 모스크바 올림픽에 불참했다.

LA올림픽이 반쪽이 된 이유

1984년 미국에서 열린 LA올림픽이 반쪽 대회로 치러진 것은 1983년 9월 1일 소련 공군기의 미사일 공격으로 대한항공 KAL 007편이 격추 당한 사건이 발단이었다. 이 전대미문의 사건으로 246명의 승객과 23명의 승무원 등 탑승객 269명 전원이 사망했다. 그런데 사망자 중에는 미국 하원의원 로런스 패튼 맥도널드(Lawrence Patton McDonald)를 비롯하여 LA 출신 사업가 4명이 포함되어 있었다. 연방의회와 캘리포니아 주 의회는 1984년 LA올림픽에서 소련 선수 배제를 결의했다.[63] 이를 계기로 소련을 비롯한 동구권 공산국가들이 대거 불참하면서 반쪽 대회로 치러졌다.

한국은 LA올림픽에서 6개의 금메달을 수확했으나 반쪽 대회여서 금메달의 의미는 크게 퇴색했다. 서울올림픽에서 한국은 금메달 12개를 수확했다. 이 수치는 개최국 프리미엄의 영향력 덕분이라는 의견 때문에 큰 주목을 받지는 못했다.

한국이 진정한 스포츠 강국의 진면목을 보여준 것은 1992년 바르셀로나 올림픽이다. 이 대회에서 금메달 12개를 획득하면서 빛을 발하기 시작했다. 베이징(2008), 런던(2012) 올림픽에선 역대 올림픽 중 가장 많은 13개씩 금메달을 수확했다. 동계올림픽에서도 1992년부터 메달 수확을 시작해 토리노(2006)와 밴쿠버(2010) 올림픽에서 각각 6개의 금메달을 따냈고, 한국은 쇼트트랙 분야에서 세계적 강국으로 등장했다.

스포츠 강국 도약의 주인공은 전두환

1980년대 이후 한국은 매번 올림픽 열릴 때마다 세계 4~10위권에 올라 스포츠 강국의 위상을 과시했다. 스포츠를 통해 국위 선양에 성공했고, 대한민국을 세계만방에 홍보했으며, 북한을 압도하고 한국을 식민 지배했던 일본을 추월하기도 했다. 그렇다면 1980년대를 기점으로 어떻게 이런 극적인 변화가 일어나게 되었을까? 전두환 정부가 짧은 시간에 올림픽에서 화

---

63 윤득헌, 『올림픽의 정치』, 레인보우북스, 2009, 192쪽.

려한 성과를 거둘 수 있었던 결정적 비결은 무엇이었을까?

올림픽 유치에 성공한 전두환 정부는 '체육입국'을 선언했다. 말로만 선언한 것이 아니라 1983년 『행정백서』에 "정부는 산업입국 못지않게 체육을 통해 국위를 떨치는 체육입국이 매우 중요하다"라는 내용을 담았다. 이로써 전두환 정부는 스포츠의 중요성을 산업과 동격으로 끌어올렸다. 국가가 체육을 통해 나라의 근본을 삼는다는 이 선언은 세계적으로도 이례적인 일이었다.[64] 체육(스포츠)입국, 스포츠강국, 선진체육입국 등으로 표현되는 스포츠정책의 목적을 해결하기 위한 최종 대상이 86·88 양 대회의 성공적 개최였다.[65]

'체육입국'을 실천에 옮기기 위해 전두환 대통령은 전임자인 박정희 대통령이 경제개발에 적용하여 고도성장에 성공한 '발전국가(developmental state) 시스템'을 스포츠에 도입했다. 박정희는 단기간에 근대화를 성취하기 위해 국가가 민간 부문과 시장을 통제하고 이끄는 '지도받는 자본주의'를 지향했다. 즉 시장경제 원칙하에 짧은 기간 내에 근대화를 성취하기 위해 국가가 시장에 전략적으로 개입하는 방식이다. 이것이 '발전국가 시스템'의 핵심 본질이다. 학자들은 이 방법론을 동아시아의 기적, 위로부터의 혁명, 혹은 한강의 기적이라고 표현한다.

근대화 과정에서 영국과 미국은 자유방임적 경제를 운영한 반면, 후발국인 독일과 일본은 빠른 속도로 선발국인 영국과 미국을 따라잡기 위해 국가 주도 경제개발 방식을 채택했다. 즉 정부가 시장과 민간 부문에 개입하여 계획을 수립하고 통제하고 선도한 것이다. 한국은 독일과 일본의 성공 사례를 참고하여 국가 주도하에 중화학공업 건설을 추진하여 단기간

---

64 이종원, 2002, 88~89쪽.
65 이종원, 2002, 97쪽.

내에 성장가도를 달리게 되었다.

전두환 정부는 이 방법론을 스포츠에 도입했다. 즉, 단기간 내에 올림픽에서 우수한 성적을 거두기 위해 정부 주도하에 엘리트 스포츠 육성에 전력투구했다. 스포츠가 국력의 결전장 비슷한 분위기로 흘러가면서 국가 간, 선수 간에 경쟁이 치열했다. 엘리트 선수가 밤낮으로 열심히 훈련해도 노력한 만큼 성과를 내는 것이 쉽지 않은 시대가 된 것이다.

스포츠과학연구소 출범시켜

스포츠는 "열심히 뛰고 던지고 달리는" 것만으로는 국제대회에서 우수한 성적을 거두기 힘들다. 스포츠에 과학을 접목시켜 선수 개개인의 능력을 최고치로 끌어올리는 작업이 선행되어야 한다. 당시 해외에선 스포츠와 과학의 접목을 통해 선수 개개인의 역량을 극대화함으로써 국제대회에서 우수한 성적을 거두는 치열한 경쟁이 벌어지고 있었다.

스포츠 과학화를 위해서는 상당한 예산이 투입되어야 하므로 민간 분야에서는 쉽게 접근하기 힘들었다. 정부는 국가대표 선수들의 경기력 향상을 지원하기 위해 스포츠과학연구소를 확대 강화했다. 한국 스포츠 과학화의 본격적 출발은 1980년 12월 29일 태릉선수촌 내에 스포츠과학연구소의 건립이었다. 1982년 3월 체육부가 발족하면서 체육부 내에 체육과학국을 설치했고, 체육과학국 주도하에 86아시안게임, 88서울올림픽에 대비하여 전국 대학에 14개의 스포츠과학연구소를 연이어 설립했다.

이때부터 국내에 스포츠과학화의 불꽃이 피어오르기 시작했다. 정부 차원에서 스포츠 과학화에 예산을 투입하여, 국가대표 선수들의 경기력 향상을 지원한 것이다. 또 국고가 지원되는 대한체육회 국내 사업비의 70.4%를 소수정예의 국가대표 선수 육성에 투입하여 엘리트 스포츠를 적극 이끌었다.

대한체육회 1985년도 국고지원 사업 중 국내 사업비

분야	비율
대표선수 양성비	20%
신인선수 육성비	11.7%
선수촌 시설비	19%
선수촌 운영비	5.5%
가맹 경기 단체 및 시도지부 운영비	6.2%
기관운영비	8%

출처: 이종원, 「제5공화국의 스포츠정책 연구」,
서울대학교 대학원 박사학위 논문, 2002, 159쪽 내용을 표로 정리.

엘리트 스포츠 육성 정책 도입

엘리트 스포츠 성공 요인 연구의 세계적 권위자인 베를 드 보처스 (Veerle de Bosscher) 브뤼셀 자유대학 교수는 엘리트 스포츠 육성에 성공하여 원하는 성과를 내려면 다음 9가지 여건이 충족되어야 한다는 연구 결과를 발표했다.

첫째, 재정적 지원(국내외 훈련비), 시설 유지비(트레이닝 센터 및 경기장 등), 둘째, 엘리트 스포츠 관련 정책(우수 선수 선발, 세계 최고 수준으로 길러내기 위한 육성시스템의 정책화), 셋째, 스포츠 참여 및 저변 확대, 넷째, 선발-육성, 다섯째, 은퇴 후 지원, 여섯째, 선진화된 훈련 시설, 일곱째, 뛰어난 지도자의 지도, 여덟째, 각종 대회에 참가하여 경기력 확인, 아홉째, 경기력 증진에 도움이 될 과학적 연구의 지원이다.

남상우 충남대 스포츠과학과 교수는 여기에 스포츠를 응원하고 즐기는 문화, 지속적인 시스템 업그레이드라는 두 가지 요인이 더 추가되어야 엘리트 스포츠 육성이 성공할 수 있다고 말한다. 전두환 정부는 보처스 교수의 9가지 여건과 남상우 교수의 두 가지 추가 요인을 완벽하게 충족시켜 엘리트 스포츠 육성에 성공했다는 평가를 받았다.

스포츠 분야에 '발전국가 시스템' 도입

전두환 정부가 엘리트 스포츠 육성에 성공한 보다 근원적인 이유가 있다. 5공 정부는 스포츠를 서구처럼 민간 영역에 일임하지 않았다. 그렇다고 해서 동구권 사회주의·공산주의 국가들처럼 국가 영역으로 끌어들여 민간 영역을 제외하지도 않았다. 5공 정부는 국가가 목표를 할당하고 지원하고, 규율을 잡고, 인센티브를 제공하는 방식으로 스포츠 분야에 개입했다. 말하자면 공산주의 방식과 서구 방식 사이에 존재했던 '제3의 스포츠 육성 방식'을 추구한 것이다.

이를 위해서는 스포츠 분야에 상당한 투자, 즉 돈이 필요했다. 5공은 범정부 차원에서 마른 수건을 비틀어 짜듯 제로 베이스 예산 편성, 예산 동결 정책을 펼치는 상황에서 스포츠 분야에까지 넉넉하게 예산을 투입할 여력이 없었다. 스포츠 분야의 발전국가 시스템이 원활하게 작동하도록 전두환 정부는 기업을 스포츠에 적극 참여시켰다.

5공 정부는 체육 단체장 임명에 개입했으며, 체육인 복지 향상, 신인 선수 발굴에 정부가 적극 앞장섰다. 국가대표팀 전임 코치제도를 도입하고, 체육인 연금을 두 배 이상으로 인상하는 등 체육진흥 정책을 국가가 주도했다. 뿐만 아니라 국내에서 인기 있는 스포츠 분야인 축구·야구·씨름 분야의 프로팀 창단을 유도하여 범국민적 스포츠 열기를 조성했다.

5공 정부는 1981년 10월 21일, 기업별 금메달 책임제를 도입했다. 국내를 대표하는 대기업에게 스포츠 분야 중 한 종목씩 세계 수준으로의 육성을 맡기는 합작 시스템을 발동한 것이다. 일종의 시스템 매칭 방식이었다. 정부가 국가적 목표를 위해 기업에 협조를 요청하면 기업은 물불 안 가리고 협조했다. 대신 정부는 그런 기업을 최대한 지원하고 밀어주었다.

대기업 총수들에게는 해당 종목에 대한 전례 없는 투자를 통해 확실한
성과를 만들어내야 한다는 과제가 부여되었다. 해당 기업 오너들은 1982년
부터 스포츠계 연간 총예산 150억 원의 절반 정도를 찬조하여 자기가 맡은
분야의 수준 향상을 위해 전력투구했다. 1983년부터는 기업의 지원 비중
을 스포츠계 1년 예산의 3분의 2로 높였다. 재벌 기업의 종목 담당 체제는
1988년까지 계속 이어져 서울올림픽 당시 정식종목이었던 23개 종목협회
의 협회장 전원이 대기업 혹은 공기업 임원이었다.

스포츠 종목협회 협회장

종목	이름	소속	종목	이름	소속
역도	박건배	해태그룹	카누	문박	럭키금성
테니스	조중건	대한항공	농구	김상하	삼양사
사이클	민경주	기아자동차	하키	정태수	한보그룹
사격	이우재	한국통신	레슬링	이건희	삼성그룹
탁구	최원석	동아그룹	육상	박정기	한국전력
양궁	정몽구	현대그룹	축구	김우중	대우그룹
승마	이건영	한국마사회	조정	허신구	럭키금성
유도	박용성	두산그룹	수영	이명박	현대그룹
핸드볼	김종하	고합그룹	체조	고준식	포항제철
복싱	김승연	한화그룹	펜싱	조내벽	라이프그룹
배구	김중배	한일합섬	요트	이석희	대우그룹
근대5종	권영각	주택공사			

출처: 박해남, 「서울올림픽과 1980년대의 사회정치」,
서울대학교 대학원 사회학과 박사학위 논문, 2018, 119쪽.

제5공화국 전두환 시대 2

기업인들이 한 종목씩 지원 맡아

스포츠 분야의 '발전국가 시스템'은 1984년 로스앤젤레스 올림픽부터 진가를 발휘하기 시작했다. 이 대회에서 한국은 금메달 6개, 은메달 6개, 동메달 7개로 종합 10위를 기록, 세계적인 스포츠 강국 반열에 오르기 시작했다. 한국은 서울 올림픽(1988년)에 이어 동계올림픽(2018년 평창), 월드컵(2002년) 등 세계 3대 스포츠 대회를 성공적으로 치렀고, 축구·야구·골프·피겨 스케이팅·양궁·쇼트트랙·펜싱·배드민턴 분야에서 세계적인 스타를 보유한 국가로 올라섰다.

2024년 파리올림픽에서 금메달 행진을 이어간 펜싱 분야의 후원사는 SK텔레콤, 양궁 후원사는 현대자동차였다. 1985년 정몽구 회장이 대한양궁협회장에 취임한 후 40년간 현대자동차는 양궁 발전을 위해 그룹 차원에서 인공지능(AI), 비전 인식, 3D 프린팅 기술까지 모든 것을 전폭 지원했다. 그 결과 양궁은 파리올림픽에서 열린 5개 분야 전 종목에서 금메달을 석권했고, 역대 올림픽에서 금메달 27개를 수확했다. 이런 성과는 전두환 대통령이 앞장서서 스포츠 분야에 발전국가 시스템을 도입한 결과였다.

3

흑자 올림픽을 위한 노력

전두환 대통령은 서울올림픽 유치의 주역이었을 뿐만 아니라, 대회의 성
공적 개최를 위해 필요한 경기장과 교통시설, 숙박과 대회 운영에 필요한 기
자재와 프로그램, 선수단의 안전, 올림픽 관광객들을 위한 관광 인프라에
이르기까지 모든 준비를 완벽하게 추진한 주역으로도 기억되어야 한다.

전 대통령은 범국가적 차원에서 올림픽을 지원하기 위해 1981년 12월
31일 서울올림픽대회조직위원회법을 제정했다. 이어 정부 차원의 지원을
위해 1982년 3월 체육부를 신설했고, 국무총리와 국무위원이 참여한 지원
위원회를 설치했다. 체육부의 설치 목적은 "국민체육의 체계적 진흥과 체
육의 국민 저변 확대로 국민 단합의 분위기를 조성하고 86아시안게임과
88서울올림픽 개최 등 날로 증가하는 국제경기에 효과적으로 대처하기
위해서"였다.[66]

최신 시설의 경기장 건설

이 목적에 부합하기 위해 체육부는 대회의 효율적 준비, 국민체육에 대

---

66 체육청소년부, 『체육청소년행정 10년사』, 체육청소년부 기획관리실, 1992, 566쪽.

한 장·단기 계획 수립, 우수 선수 발굴 및 육성, 체육진흥사업, 서울올림픽에 필요한 국제규격의 경기시설 건설을 지원했다. 정부 차원의 노력과 전폭적인 지원으로 1984년 9월 29일 올림픽 개·폐회식이 열리는 서울올림픽 주경기장이 완공되었다. 이어서 서울 송파구 올림픽 공원 내에 최신의 체조·펜싱·수영·테니스·사이클 경기장이 속속 들어섰다. 서울올림픽 때 사용된 수영장과 사이클 경기장은 최고의 경기장으로 선수와 전문가들로부터 극찬을 받았다.

서울올림픽 개최가 결정되었을 때 서울은 도시의 품격, 호텔 등 숙박, 교통, 위생, 미관, 친절한 서비스 등에서 자신 있는 분야가 하나도 없었다. 때문에 스포츠 시설뿐만 아니라 개최 도시인 서울의 근대화를 위한 정비사업도 동시에 추진되었다.

1981년 9월 30일 바덴바덴에서 올림픽 개최권을 따내고 돌아온 박영수 서울시장은 기자회견에서 "오늘부터 나무를 심기 시작하면 7년 후에는 숲을 볼 수 있을 것"이라고 발언했다. 그는 서울올림픽에 대비하여 시민정신을 익히는 일과 나무를 심는 일을 두 가지 핵심 사업으로 꼽았다.[67] 그가 말한 '나무'와 '숲' 발언은 대규모 조경 사업, 도시경관의 개조가 진행될 것을 알리는 신호탄이었다.[68]

초라한 서울, 국제도시로 환골탈태

1980년대 초 서울시 주택 중 15.5%는 불량주택이었다. 도시행정학자 손정목은 당시 서울의 상황을 다음과 같이 기록하고 있다.

'두 개의 국제행사에 참가하기 위해 또 겸사겸사 한국을 관광하기 위해

---

67 경향신문, 1981년 10월 5일.
68 박해남, 2018, 179쪽.

찾아올 수많은 외국인에게 보이기에 서울은 아직도 너무나 보잘 것 없었다. 인구 규모는 이미 900만에 육박하여 지구상 어느 곳에 내놓아도 손색없는 대도시였지만, 그 시가지 모습은 낡고 초라했다. 중심 시가지인 종로, 을지로, 퇴계로 변에는 낡고 나지막한 건물들이 즐비했고 뒷골목으로 한 발짝 들어가면 무질서와 불결과 악취가 뒤엉켜 있었다. 중심 시가지를 벗어나 변두리로 나가면 온 산허리를 온통 메운 무허가 건물이 바다를 이루고 있었다.[69]

올림픽은 도심지, 불량주택지구, 한강, 강남과 잠실 등 수도 서울의 경관을 대대적으로 바꾸는 계기였다. 김포공항에서 여의도를 거쳐 도심으로 이어지는 길목에 있는 귀빈로(마포로) 등 주요 간선도로변과 도심 중요 지역에서 재개발이 이루어졌다. 또 불량주택 재개발사업이 1983년부터 합동 재개발 방식으로 활성화되어 1985년 9개에서 32개 재개발 구역으로 확대됐다. 이렇게 말끔해진 서울의 주요 장소는 마라톤 구간과 성화 봉송로로 채택되어 방송을 통해 세계인의 눈에 전달됐다.[70]

서울올림픽을 계기로 서울과 대한민국을 현대적 대도시로 변모시키기 위해 전 행정부처가 동원되었다. 보건사회부는 여관의 고급화, 재래식 화장실의 수세식으로의 교체, 오물처리방식 개선, 접객업소(식당 등)의 위생을 획기적으로 개선했다. 교통부는 공항시설 보강, 올림픽에 대비한 관광 개발 계획을 수립했다. 문화공보부는 민족박물관 건립, 국립미술관, 국립국악원, 서울 및 지역 박물관 증축에 나섰다. 그것은 한마디로 거대한 도시 개조 프로젝트였고, 1980년대 도시정책에 있어 빼놓을 수 없는 중요한

---

69 손정목, 앞의 책, 186쪽.

70 '88올림픽 30주년, 올림픽은 서울을 어떻게 변화 발전시켰는가', 서울역사박물관, https://museum.seoul.go.kr/www/board/NR_boardView.do?bbsCd=1015&seq=20180302131709634&sso=ok

제5공화국 전두환 시대 2

부분을 차지하고 있는 것이 올림픽이었다.[71]

한강을 살려라

서울올림픽을 통해 무엇보다 빼놓을 수 없는 혁명적 변화의 모습을 보여준 것은 한강이었다. 서울올림픽은 발전하는 한국의 모습, 즉 '한강의 기적'을 전 세계에 보여주기 위해 각종 경기장을 비롯하여 많은 올림픽 관련 시설을 한강 주변에 배치했다. 한강을 끼고 마라톤 코스가 지정되었으며, 올림픽 개막행사의 시작이 한강에서 펼쳐지도록 계획되어 있었다. 한강의 기적을 세계에 선보이기 위해서는 강물이 깨끗해야 하고, 주변 경관을 아름답게 정비해야 했다.[72]

인구 1천만에 달하는 서울 같은 대도시 한복판에 폭이 1km가 넘는 큰 강이 가로질러 흐르는 도시는 세계적으로도 흔치 않다. 하지만 올림픽 유치 당시 한강의 상태는 참혹하고 끔찍했다. 1960년대부터 시작된 산업화로 인해 공장폐수와 서울 시민이 사용하는 생활폐수가 그대로 한강으로 흘러 들어가 수질은 엉망으로 변했고 악취가 심각했다. 겨울이면 하상이 바닥을 드러내고, 여름 폭우가 쏟아지면 홍수를 반복해서 겪어야 하는 골치 아픈 존재였다. 한강변에 난립한 무허가 판자촌도 문제였다.

시인 서정주는 1987년 전두환 대통령의 56회 생일을 맞아 '처음으로'라는 송시를 지었는데, 그 시의 첫 구절이 "한강을 넓고 깊고 또 맑게 만드신 이여"로 시작한다. 오늘날 서울시민이 도시 공원으로 휴식을 즐기고, 한강에 유람선이 떠다니며, 맑고 깨끗한 강물이 흐르는 한강의 원조는 전두환이란 뜻이다.

---

71 박해남, 2018, 179~181쪽.
72 전두환 회고록(2), 앞의 책, 556~557쪽.

그는 제1공수단장 시절 한강 백사장에 착지하는 낙하훈련을 자주 했다. 이때 골재 채취를 위해 파헤쳐놓은 웅덩이에 빠지는 경우가 종종 있었는데 숨조차 제대로 쉴 수 없을 만큼 악취가 심했다. 전두환이 한강 개발에 앞장선 이유는 한강을 이대로 두고는 제대로 된 올림픽을 치르기 힘들다는 자각 때문이었다.

한강종합개발의 핵심 사업은 저수로(低水路) 정비 사업이었다. 저수로란 가뭄 때에도 물이 흐르는 하천 부지의 얕은 부분을 뜻한다. 암사동에서 행주대교까지 36km 구간을 폭 725~1,175m, 기준 수심 2.5m의 저수로로 만든다. 그리고 서울시의 모든 주택·아파트·공장에서 나오는 오염된 물은 분류하수관로를 통해 하수처리장으로 흘려보내 정화시킨 후 깨끗한 물만 저수로로 흘려보낸다. 이를 위해 양쪽 강기슭을 따라 트럭이 다닐 수 있을 정도의 초대형 하수관을 묻고, 중랑·탄천·안양·난지에 4개 하수처리장을 건설한다.

상류와 하류에 수중보를 설치해 계절에 상관없이 수로에 물이 가득 차서 흐르게 한다. 강 양쪽에 조성되는 고수부지를 공원화하여 도시 환경을 개선한다. 또 하상을 준설하는 과정에서 나오는 토사를 이용하여 8차선의 강변 도시고속화도로(올림픽대로)를 건설하는 것이 주된 내용이었다.

문제는 1조 원에 달하는 막대한 재원을 조달할 여력이 없었다. 재원 마련에 고심하던 중 정주영 현대건설 회장이 한강의 모래와 자갈을 독점 채취할 수 있도록 해주면 현대건설이 최소의 예산으로 한강 개발을 하겠다고 건의했다.

깨끗한 물이 흐르는 공원으로 변모한 한강

귀가 번쩍 뜨인 전두환 대통령은 김성배 서울시장에게 김포공항에서 미사리 조정경기장까지 한강의 골재 채취권을 10대 건설회사에 나눠주는 조건으로 해당 구역의 한강을 최소한의 예산지원으로 개발토록 하는 방안을 추진하라고 지시했다. 공사가 끝난 후 보고받은 바에 의하면 골재를 팔아 충당할 수 있었던 비용은 모두 1,962억 원으로, 한강종합개발에 들어간 총 공사비 9,560억 원의 20%에 해당했다.[73]

1982년부터 시작된 한강종합개발사업은 4년 후인 1986년 9월 10일, 아시안게임을 앞두고 준공되었다. 한강 바닥을 준설하는 과정에서 파낸 골재가 남산 크기만 했고, 굴삭기와 불도저 등 동원된 장비가 100만 2천 대, 투입된 공사 인력이 연인원 420만 명이었다. 이 사업을 통해 그동안 버려졌던 고수부지 210만 평이 체육공원과 녹지로 재탄생했고, 한강에는 유람선이 운항을 개시했다.[74]

또 폭우가 내려도 여간해서는 범람 현상이 일어나지 않게 되었으며, 무엇보다 오염 없는 깨끗한 물이 흐르는 한강의 모습을 되찾았다는 점이다. 한강종합개발사업을 통해 진정한 한강의 기적이 완성된 것이다.

기업인 아이디어로 흑자 올림픽 성공

서울올림픽에서 한국은 개최국의 이점을 최대한 살려 금메달 12개로 세계 4위에 올랐다. 서울올림픽의 메달 성적이나 슬로건보다 더 중요했던 것은 흑자 올림픽을 구현했다는 사실이다. 서울올림픽조직위 발표에 의하면 총 지출은 5,224억 원, 수입은 9,028억 원으로 3,414억 원의 흑자를 기록했다. 이 흑자분으로 정부는 국민체육진흥공단을 만들었다.[75] 서울올림픽을 준비하는 과정에서 직접비보다 간접비가 훨씬 많이 들어갔는데, 위의

---

73 전두환 회고록(2), 앞의 책, 558~559쪽.

74 전두환 회고록(2), 앞의 책, 562~563쪽.

75 중앙일보, 2008년 9월 17일.

수치는 직접비만을 계산한 것이다.

서울올림픽 총수입과 지출

수입		지출	
입장권 판매(330만매)	275억 원	시설비	2,378억 원
방영권	2,247억 원	기획 및 안전	501억 원
휘장 및 기념품 사업	745억 원	문화식전	325억 원
기념주화 및 메달	1,352억 원	선수 및 기자촌	309억 원
기념우표	29억 원	기술비	311억 원
복권판매	1,118억 원	홍보비	228억 원
광고	265억 원	수익사업비	370억 원
선수촌 입촌비	139억 원	기관운영비	695억 원
기타	442억 원	인력 및 물자	107억 원
분양대금, 성금, 기부금	2,416억 원		
계	9,028억 원	계	5,224억 원

출처: 서울올림픽조직위원회, 『제24회 서울올림픽대회 공식보고서』, 1989, 826쪽.

몬트리올 올림픽이 막대한 적자를 기록한 사례와는 정반대로 서울올림픽이 흑자올림픽을 실현한 근본 동력은 올림픽 유치 및 운영 과정에 기업인을 대거 포함시켰기 때문이다. 정부는 88올림픽 민간추진위원장에 당시 전경련 대표를 맡고 있던 정주영 현대그룹 회장을 임명했다. 5공의 국무위원들이 올림픽을 개최하면 막대한 적자를 안게 된다는 '올림픽의 저주'에 벌벌 떨 때 정주영 회장의 생각은 달랐다. 그는 "유치 못하는 것이 바보지, 유치만 한다면 우리 형편에 맞춰 적자 안 나게 계획해서 얼마든지 치러낼 수 있다"라고 확신했다.[76] 그의 흑자올림픽 계획은 이랬다.

---

[76] 정주영, 앞의 책, 268쪽.

제5공화국 전두환 시대 2

'지하철이나 도로 공사 등은 올림픽이 아니더라도 어차피 해야 할 일이니 올림픽 경비로 계산할 필요가 없었고, 경기장도 숙소도 올림픽을 위해서만 다시 지을 필요가 없었다. 이미 만들어져 있는 모든 민간 시설을 동원해서 써도 충분했다. 경기장은 각 도시나 대학의 것들을 규격에 맞게 개보수해서 활용하면 될 일이고, 선수촌은 좋은 부지에 민간 자본을 끌어들여 아파트를 지어 미리 팔아놓고 먼저 올림픽에 쓰면 정부 돈을 한 푼도 안 들이고 숙소 문제를 해결할 수 있지 않은가. 기자촌이나 프레스센터는 예를 들어, 어떤 기업이 새 빌딩을 지을 예정이면 빌딩을 지어 기자들이 먼저 쓰게 하면 된다는 식의 굵은 구상들을 나는 우선 먼저 해놓았다.'[77]

서울올림픽이 민주화 가능케 해

2022년 스위스 로잔대 연구팀이 발표한 논문 '올림픽과 월드컵의 구조적 적자'에 의하면 1964년부터 2018년 사이 열린 올림픽과 월드컵 43개의 총 비용은 1,200억 달러(약 166조 5천억 원). 반면에 이익은 700억 달러(약 97조 1천억 원)에 그쳤다.[78]

이 논문에 의하면 2004년 아테네 올림픽도 43억 달러 적자, 2012년 런던 올림픽도 52억 달러 적자를 기록했다. 그리스는 아테네 올림픽을 위해 국내총생산(GDP)의 3.4%를 지출했는데, 이것이 결국 2015년 채무 불이행(디폴트)을 선언한 배경 중의 하나가 되었다. 반면에 서울올림픽은 최다(最多)의 참여, 최고(最高)의 경기 운영, 최대(最大)의 수익으로 수치화된 3최 올림픽이었다.

스포츠용품 산업 또한 88서울올림픽을 계기로 급성장한 분야 중의 하

---

77 정주영, 앞의 책, 268~269쪽.
78 「100년 만의 파리올림픽…적자뿐인 '메가 이벤트' 이번엔 다를까」, 한겨레신문, 2024년 7월 23일.

나다. 전두환 대통령은 88올림픽 때 경기 연맹 책임자들이 국산 용구를 최대한 사용할 수 있도록 국제 스포츠 단체의 승인을 받으려고 독려했다.[79] 덕분에 88서울올림픽 27개 종목에 사용된 896개의 경기도구품목의 72%인 647개 품목을 국산제품으로 사용했다.

이 비율은 1972년 뮌헨 올림픽의 75%에 이어 두 번째로 높은 비율이며, 1984년 LA올림픽의 33%, 1980년 모스크바올림픽의 60%, 1976년 몬트리올올림픽의 30% 비율보다 월등히 높다. 올림픽을 통해 국산 스포츠용품의 품질이 향상되고 국제적 인지도도 높아짐에 따라 수출이 크게 증가했고 관련회사는 국제적 스포츠용품 회사로 성장했다.[80]

1987년 6·29 선언과 88서울올림픽은 동전의 양면이다. 서울올림픽은 결과적으로 민주화의 보증자 역할을 수행했다. 1987년 민주화 시위 때 전두환 정부와 민주화 추진 세력은 "서울올림픽이 실패해서는 안 된다"라는 대명제에 무언의 합의를 했다. 서울올림픽의 성공적인 개최를 위해 집권세력은 군을 동원한 시위 진압을 포기했고, 민주화 세력은 극한투쟁을 자제했다. 이런 균형점에서 노태우의 6·29 선언을 통해 집권 세력과 민주화 세력의 타협을 통한 한국식 민주화가 성공할 수 있었던 것이다.

전두환 대통령은 여러 차례 공언했던 대로 1988년 2월 25일 퇴임하여, 건국 이후 최초로 평화적 정권교체 약속을 지켰다. 퇴임 직전 전 대통령은 태릉선수촌을 방문하여 서울올림픽에 대비하여 훈련 중인 국가대표 선수들을 격려했다. 평화적 정권교체로 인해 서울올림픽 개회 및 운영, 사후관리는 후임자인 노태우 대통령에게 인계되었다.

덕분에 서울올림픽은 한국의 민주화를 압살했다고 알려진 3대 군사 독

---

79 김성익, 앞의 책, 34쪽.
80 이달희(2011), 116쪽.

재정권의 합작품으로 기록되었다. 박정희의 구상 및 계획 추진 시동, 전두환의 대회 유치 성공, 올림픽 관련 시설 건설 및 준비, 노태우의 성공적 개최 및 사후관리로 진행된 대하드라마였다.

올림픽 개막식 불참당한 전두환

1988년 9월 17일 노태우 대통령은 전 세계 161개국 1만 4천여 명의 선수와 임원이 참가한 가운데 잠실의 서울올림픽 주경기장에서 제24회 서울올림픽대회 개회를 선언했다. 이날 개막된 서울올림픽은 지난 두 대회(1980년 모스크바, 1984년 로스앤젤레스)가 반쪽 대회로 치러지며 상처를 입은 반면, 북한을 제외한 공산권 국가 모두가 참여하여 인류의 축제의 장이 되었다.

불행하게도 1988년 9월 17일 잠실 메인스타디움에서 열린 서울올림픽 개막식에 서울올림픽 유치의 주인공이자, 대회의 성공적 개최를 위해 7년 세월을 고군분투한 전두환 전 대통령은 초대받지 못했다. 아니, 초대를 받았지만 전두환이 거절했다. 이 내용은 조갑제의 다음과 같은 글을 통해 확인된다.

'올림픽 개회식을 일주일 앞둔 1988년 9월 10일, 박세직 올림픽 조직위원장이 초청장을 가지고 전두환 전 대통령의 연희동 자택을 찾았다. 전두환은 담담하게 이야기했다.

"내가 참관하느냐 않느냐로 잡음이 일고 있는 것은 내가 원하는 바가 아니다. 그런 까닭으로 나는 개회식 참석 요청을 정중히 사양한다."

박 위원장은 붉어진 눈시울을 보이지 않으려고 고개를 들지 못하고 있었

다고 한다. 그는 "바쁜 일이 많을 텐데 어서 가라"면서 자리에서 일어났다.[81]

덕분에 서울올림픽의 진짜 주역 전두환은 집에서 텔레비전 통해 서울올림픽 개막식과 폐막식을 지켜보았다. 당시의 서글픈 장면을 부인 이순자 여사는 자서전에 다음과 같이 기록해놓았다.

"40억 세계인이 하나가 되어 자신이 그토록 원하던 대로 바로 대한민국의 수도 서울에서 이념과 체제, 반목의 벽을 뛰어넘어 인류 화합이라는 대용광로 속에 융화되는 감격스러운 축제에 막상 올림픽 유치와 준비를 총지휘한 그이(전두환)의 모습은 보이지 않고, 서울올림픽을 '나치 히틀러의 베를린 올림픽'이라고 비난했던 야당 정치인들이 귀빈석을 차지하고 있었다. 우리나라가 세계를 깜짝 놀라게 할 저력으로 160개 참가국 중에서 당당히 4위를 차지했을 때도 그이의 남다른 감격의 외침을 들어준 것은 함께 거실에 있던 가족들뿐이었다."[82]

서울올림픽의 슬로건은 '세계는 서울로, 서울은 세계로'였다. 서울올림픽은 제2차 세계대전 이후 독립한 나라에서 최초로 열리는 뜻깊은 의미가 담겨 있었다. 160개국에서 모인 선수들은 전쟁의 폐허를 딛고 일어나 '한강의 기적'을 이룩한 한국의 수도 서울에서 냉전의 벽을 넘어 위대한 화합의 큰 걸음을 내딛었다.

서울올림픽은 군사문화의 마지막 불꽃

서울올림픽을 지켜본 세계인들은 세 가지 점에서 신선한 충격을 받았다.

---

81 조갑제, 「파리올림픽을 앞두고 다시 생각하는 88서울올림픽과 전두환의 순정」, 『월간조선』, 2024년 7월호.

82 이순자 자서전, 『당신은 외롭지 않다』, 자작나무숲, 2017, 489쪽.

첫째, 한국의 완벽한 대회 준비와 빈틈없는 진행에 놀랐고, 둘째, 2만 7천여 명 자원봉사자의 열성적인 참여에 놀랐으며, 셋째, 온 국민이 보여준 뜨거운 응원과 깨끗한 시민정신에 깊은 감동을 받았다. 바로 전 해인 1987년, 국민의 힘으로 민주화를 이루고, 대통령 직선제를 쟁취했다는 자신감이 세계인들에게 한국의 저력을 보여주겠다는 시민의식으로 승화된 덕분이었다.

서방 언론들은 서울올림픽을 통해 한국인들이 독일인의 조직력, 미국의 자본주의적 감각을 접목시켜 대회 운영 및 흑자올림픽을 성공시킨 점에 신선한 충격을 받았다. 또 세계인들은 텔레비전을 통해 식민지와 분단, 전쟁과 폐허, 가난으로 상징되던 후진국이자 독재국가라고 알려진 한국에서 역대 그 어떤 올림픽보다 훌륭하게 대회가 치러지는 모습을 지켜보았다.

서울올림픽은 1961년부터 시작된 대한민국 개발연대의 상승곡선이 정점에 이른 순간을 상징한다. 특히 일사불란한 조직과 효율, 능률과 생산성을 중시하는 군사문화의 마지막 불꽃이자, 한국 근대화의 찬란한 섬광이었다. 세계 정치사의 흐름을 냉전에서 탈냉전으로 바꾸는 데 결정적인 역할을 한 올림픽이자, 개발도상국에게 꿈을 심어주고 그들을 격려 고무시켜 준 희망의 이벤트였다.

서울올림픽 참가를 위한 교섭 과정에서 사회주의권 국가들과의 외교 접촉이 활발하게 진행되었다. 이른바 북방외교의 시동이 걸린 것이다. 서울올림픽 준비 과정에서 초미의 관심사는 공산권의 핵심인 소련과 중국의 참가 여부였다. 이 와중에 1983년 5월 5일 중국 민항기가 공중 납치돼 춘천 군용 비행장에 불시착하는 사건이 발생했다.

선양(瀋陽) 공항을 출발, 상하이(上海)로 향하던 중국민항(CAAC) 소속 호커 트라이던트 2E(CA-296편)가 대만으로 망명을 요구하는 6명의 납치범에게 공중납치 당했고, 이 비행기는 춘천의 미군기지 캠프 페이지 비행장에 불시착했다.

당시 한중간에는 외교관계가 없었으나 중국 정부는 사상 최초로 선투(沈圖) 민항총국장을 단장으로 하는 33명의 대규모 교섭 대표단을 한국에 파견하여 직접 외교 교섭에 나섰다. 회담장 테이블에는 태극기와 오성홍기가 걸렸고, 협상 내내 대한민국과 중화인민공화국이란 공식 국호를 사용했다.

협상이 진행되는 동안 우리 정부는 민항기 승객을 극진히 예우했다. 숙소를 워커힐로 옮기고 시장, 산업현장을 견학시키고, 귀국 때는 선물 보따리를 안겨 중국으로 돌려보냈다. 한중 교섭을 통해 피랍 승객과 승무원, 항공기는 중공 측으로 송환했다. 중국 측은 납치범들의 인도도 요청했으나 이들에 대한 재판 관할권은 한국이 행사하기로 합의했다. 협상 결과에 따라 중국 국적 승객들은 5월 16일 귀국했다. 국가 관계를 생각하면 기체와 승객, 납치범을 대만으로 보내는 것이 맞지만 중국의 올림픽 참가, 외교 관계 개선이라는 전략적 측면에서 5공 정부가 결단을 내린 것이다.

북방외교 촉발시킨 서울올림픽

허화평의 증언에 의하면 이를 고맙게 생각한 중국의 최고 권력자 덩샤오핑(鄧小平)이 비밀리에 전두환 대통령에게 중국계 미국인 안나 셔놀트 여사를 특사로 파견하여 감사의 메시지를 전했다. 셔놀트 여사의 남편은 2차 세계대전 당시 히말라야 산맥을 넘어 중국에 군수물자를 수송했던 플라잉 타이거즈(flying tigers) 비행단의 책임자 클레어 셔놀트(Claire Lee Chennault)였다.

안나 셔놀트는 국제사회에서 명성이 자자했던 중국계 로비스트였다. 그런 사람을 한국에 보내 덩샤오핑은 전 대통령에게 "양국 간에 좋은 관계 개선이 있기를 바란다"는 메시지를 전했다.[83] 이후 중국은 미수교국인 한국에서 열리는 86아시안게임과 88서울올림픽에 대규모 선수단을 파견했다.

88서울올림픽 참가 문제를 교섭하는 과정에서 동구권 사회주의 국가들과의 외교 접촉이 잦아졌다. 1987년 헝가리가 서울에 무역사무소를 개설했고, 서울올림픽 직후 공식 외교 관계를 맺기로 합의했다. 소련은 한국과 공식적 접촉뿐 아니라 비공식적인 민간교류도 없는 상황에서 대규모 선수단과 볼쇼이발레단, 모스크바 필하모닉 오케스트라를 포함한 문화사절단, 많은 한국전문가를 한국에 보냈다. 두 나라 간 스포츠 교류는 1985년부터 시작되었으며 1985년에만 소련 고위 체육인사, 선수단이 8차례나 한국을 방문했다.[84]

헝가리는 1989년 2월 1일, 사회주의권 국가 중 최초로 한국과 공식 수교한 국가가 되었다. 1989년 11월 1일에는 폴란드, 같은 해 12월 27일에는 유고슬라비아, 1990년 3월 22일에는 체코슬로바키아, 3월 23일 불가리아, 3월 30일 루마니아, 1991년 8월에는 알바니아와 수교하여 동유럽 7개국과 모두 외교 관계를 정상화했다.

1990년 9월 30일에는 소련과 정식 수교했고, 1992년 8월 24일 중국과도 정식 외교 관계가 수립되었다. 1991년 남북한이 유엔에 동시 가입한 것도 88서울올림픽을 계기로 행해진 북방외교의 성공이라 할 수 있다.[85] 이러한 외교적 성과들을 통해 한국의 국제적 지위는 격상되었으며, 한국 국민은 해외 진출에 더 큰 자신감을 갖게 되었다.[86]

무엇보다 서울올림픽은 전쟁을 치르고 분단된 작고 못사는 나라라는 이

---

83 연세대학교 국가관리연구원 편, 앞의 책, 126쪽.

84 이달희(2011), 114쪽.

85 이달희(2011), 114쪽.

86 이달희(2011), 115쪽.

미지가 짧은 기간 내에 급성장하여 올림픽을 성공적으로 개최한 나라라는 이미지로 바뀌어 한국의 국제적 지위를 격상시켰다. 이는 한국 제품에 대한 신뢰도를 높여 수출시장 확대 등 여러 긍정적인 효과를 가져왔다.[87]

사회주의 붕괴에 기여한 서울올림픽

서울올림픽이 사회주의의 도미노 식 붕괴에 기여했다는 것이 학계의 공론이다. 이런 공론을 입증하는 증언 중의 하나가 삼성전자 사장을 역임한 강진구의 자서전 『삼성전자 신화와 그 비결』에서 발견된다. 강진구 사장은 첨단기술 수집을 위해 소련을 자주 방문했다. 그 와중에 소련의 중요 인물들과 깊이 사귀게 되었는데, 소련연방의 차관을 지낸 한 인사가 전한 서울올림픽 관련 증언이 눈길을 끈다.

소련의 차관은 서울올림픽 관광단의 일원으로 선발되어 소련 선수단과 함께 배를 타고 인천항에 입항했다. 관광단의 대부분은 그처럼 소련 정부관리, 연구기관의 연구원, 정보기관 요원들이었다. 그들에게는 남한 정부나 단체가 초대하는 공식석상에의 참석뿐만 아니라, 개별적으로 이곳저곳을 샅샅이 살피고 오라는 사전 지침이 주어졌다. 예를 들면 길을 가다 아무 집이나 예고 없이 방문하여 한국인들이 어떻게 살고 있는지 직접 눈으로 확인하라는 임무였다.

문제의 소련 차관은 일부러 서울 빈민촌을 찾아갔다. 집의 외양은 허름했지만 안에 들어가 보니 TV, 냉장고, 세탁기 등 가전제품이 다 있고, 냉장고 안에도 식품이 풍족한 것에 놀랐다. 자기가 살고 있는 아파트 면적이 13평 정도여서 그와 비슷한 아파트를 찾아가 봤다. 가전제품은 물론, 가재도구가 자기 것보다 더 나아 보였다. 냉난방도 갖춰져 있어 절로 탄성이 나

---

87 이달희(2011), 116쪽.

제5공화국 전두환 시대 2

왔다. 아! 한국 사람들은 잘 사는구나. 그 소련 차관의 심정을 강진구의 자서전에서 인용, 소개한다.

'서울올림픽을 참관한 우리들의 마음은 착잡했다. 터놓고 얘기는 못했지만, 공산주의 체제 자체에 문제가 있음이 분명하다는 결론을 제각기 품고 귀국했다. 우리가 귀국하자 한국이 잘산다, 공산주의에 문제가 있다는 소문이 삽시간에 확산되었다. 우리들은 지금까지 공산주의에 대한 이론과 신조를 곧이곧대로 믿고 살아왔는데, 그것이 와르르 무너지는 소리가 들리는 듯 했다.

당시 소련연방 대통령 고르바초프(Mikhail Gorbachev)가 페레스트로이카(perestroika, 개혁)와 글라스노스트(Glasnost, 개방)를 부르짖고 있었지만 이미 때는 늦었다. 소련인 대부분의 머릿속에는 이제 소련은 글렀다, 이래 가지고는 망한다는 생각이 팽배해졌다.[88]

베를린 장벽 철거 현장에서 불린 '손에 손잡고'

사회주의 국가들은 전쟁으로 폐허가 되었던 나라가 자신들보다 잘 살고 있는 모습을 텔레비전을 통해 목격하며 충격을 받았다. 그것이 사회주의 계획경제 체제에 대한 불만으로 폭발하여 동구권 붕괴의 에너지를 제공한 것이다. 서울올림픽 1년 후 베를린 장벽 철거 현장에서 불린 노래가 서울올림픽 주제가 '손에 손잡고(Hand in hand)'였다는 사실은 많은 의미를 우리에게 전해준다.

이런 이유 때문에 IOC와 국제스포츠연맹(ISF)은 서울올림픽에 대해 정치, 이념, 인종, 빈부, 종교 등을 초월한 범세계적인 인류애를 실현한 문화,

---

88 강진구, 앞의 책, 275~277쪽.

예술, 평화의 올림픽이었다고 평가했다. 사마란치 IOC 위원장은 "이번 서울 대회는 올림픽 사상 올림픽 이념을 실현한 가장 훌륭하고도 가장 세계적인 경기였다"라고 극찬했다. 영국의 일간지 더 타임스는 "2주일간의 경기가 끝나자 한국과 그 수도 서울을 88올림픽 개최지로 선정한 것은 잘한 일이었음이 입증됐고, 한국은 대회를 명예롭게 치렀으며, 한국 국민의 따뜻한 환영과 정성 어린 환대에 대한 칭찬이 자자하다"라고 보도했다.

영국 더 타임스의 스포츠 부장을 역임한 저명한 올림픽 전문기자이자 『올림픽과 IOC의 공식 역사(The Official History of the Olympic Games and the IOC)』의 저자인 데이비드 밀러(David Miller)는 "나는 1988년 서울올림픽 폐회식이 거의 끝나갈 무렵 식장을 걸어 나오면서 한국에 대한 진한 사랑을 느꼈다. 가장 대규모의 대회를 치르면서도 그들은 완벽한 주인 역할을 했다"라고 찬사를 보냈다.[89]

서울올림픽을 통해 한국의 진면목이 세계에 알려지면서 국가 브랜드 가치가 상승하기 시작했다. 또 북방외교를 통해 한국인과 동구권 사회주의 국가들과의 경제 교류가 본격화되면서 한국의 경제활동 공간이 전보다 두 배나 확대되었다. 전두환 시대에 비로소 한미일 동맹 체제를 군건히 하여 국민국가 건설에 필요한 국가안보(Security)를 해결했다. 중화학공업 구조조정과 IT 생태계 건설로 산업적 토대(Economy)를 건설했으며, 6·29 선언을 통해 평화적 정권교체를 실현하여 제도화된 정치질서의 창출(Democracy)이 완성되었다.

이로써 이승만의 건국으로 시작된 대한민국의 국가 건설(State Building)이 완성 단계에 들어섰다. 최장집 고려대 명예교수는 "5공 없이 민주화는

---

89 「새로운 문화시대를 연 1988년 서울 올림픽」, 국민체육진흥공단, https://m.blog.naver.com/kspo2011/221361455815.

없다. 5공 없이 오늘날의 민주화가 가능했겠는가"라고 말한다. 최장집의 발언처럼 대한민국 근대화의 완성은 문민 지도자들이 '폭력으로 정권을 찬탈'했다고 비난 매도하는 군사 지도자 전두환 덕분이었다는 것이 누구도 부인할 수 없는 '불편한 진실'이다.

4

전두환의 민주화 대장정

1985년 2·12 총선을 나흘 앞둔 2월 8일, 정치에서 은퇴하겠다는 성명을 내고 미국으로 떠났던 김대중이 가족과 함께 귀국했다. 미국에 있던 김종필 전 공화당 총재도 같은 달 귀국했다. 전두환 정부의 정치 자유화 조치로 3김 정치 시즌이 다시 개막된 것이다. 2·12 총선은 김영삼·김대중 두 정치인이 중심이 되어 급조된 신한민주당 돌풍이 화제였다. 신한민주당은 2·12 총선에서 관제 야당, 민정당 2중대 소릴 듣던 민한당을 제치고 제1야당으로 부상했다. 이때부터 정국의 화두는 개헌에 방점이 찍혔다.

한편에선 대학가에서 좌경 친북, 친공 세력이 대대적으로 조직화되기 시작했다. 전학련(전국학생총연합)을 비롯하여 1985년 5월 미국문화원을 점거한 삼민투(민족통일 민주쟁취 민중해방투쟁위원회), 1986년 4월 결성된 자민투(반미자주화 반파쇼 민주화 투쟁위원회), 민민투(반제 반파쇼 민족민주투쟁위원회) 등의 이름이 낯설지 않게 되었다. 주체사상을 추종하는 이들 세력은 '민주화 투쟁'이라는 위장막을 걸치고 반미, 반정부 투쟁을 이끌었다.

내각제 개헌에 관심 가졌던 전두환

야당의 개헌 강공이 계속되자 5공 헌법에 대한 군은 신념으로 일관했던 전두환 대통령은 1986년 1월 국정연설에서 "개헌 문제는 평화적 정권 이양의 선례를 만들고 서울올림픽을 치른 후 논의하는 것이 바람직하다"라는 입장을 밝혔다. 차기 대선은 현행 헌법에 의해 대통령 선거인단에 의한 간선제로 치르고, 서울올림픽이 끝난 후 개헌을 할 것인지 말 것인지를 결정하자는 뜻이었다.

국민 직선제가 되어야 자신들의 당선이 가능할 것으로 믿는 3김 중심의 야당은 이 제안을 전면 거부하고 "대통령을 우리 손으로 직접 뽑자"는 슬로건을 앞세워 직선제 개헌을 위한 1천만 서명운동으로 맞섰다.

4월 초 유럽 순방에 나선 전두환 대통령은 선진 유럽 국가들이 내각제를 채택하고 있는 점을 발견한다. 특히 대처 영국 총리의 내각제 관련 설명에 크게 마음이 끌렸다. 대처 총리는 영국은 고유한 역사적 배경 때문에 극심한 지역감정이 지금까지 남아 있는 것이 큰 문제라고 말했다. 그 결과 축구 대표팀조차 단일 국가 대표팀을 구성할 수 없어 각 지역 대표팀이 따로따로 출전한다는 것이다. 대처 총리는 지역감정의 골이 깊은 영국이 내각제 대신 국민 직선의 대통령 중심제를 선택했다면 국론분열과 국력 낭비가 대단했을 것이라고 설명했다.

서독, 프랑스, 스위스 방문에서도 비슷한 경험을 한 전 대통령은 "내각제가 민주주의 꽃"이란 말에 크게 공감했다. 그 결과 만약 자신의 임기 중 개헌을 하게 된다면 내각제가 최선이라는 결심을 굳혔다. 4월 21일 귀국한 전 대통령은 4월 29일, 윤보선, 최규하 전임 대통령을 청와대로 초청하여 정국을 대화로 풀겠다고 약속했다.

"여야 합의하면 임기 중 개헌"

다음 날인 4월 30일 전두환 대통령은 3당 대표를 청와대로 초청하여 "국회에서 여야가 합의해 건의하면 재임 중 개헌에 반대하지 않겠다"라는 입장을 밝혔다. 여야 합의에 의한 임기 내 개헌을 약속한 것이다. 전두환이 내각제에 기대를 건 이유는 10·26 사건을 경험한 때문이었다. 대통령제의 경우 대통령이 사망하거나 유고 상태가 되면 국가 존망이 위태로울 정도로 대혼란에 빠질 수 있다는 두려움이 내각제로 돌아선 결정적 이유였다.

이날 전 대통령은 개헌은 반드시 국민적 합의의 바탕에서 해야 한다는 점, 야당과 합의를 위해 최대한 노력하되, 끝까지 합의가 안 되면 현행 헌법으로 갈 수밖에 없다는 점을 명백히 밝혔다. 이날 회동을 통해 7월 30일 여야 합의하에 헌법특위가 공식 발족되었다. 신민당은 8월 4일 대통령중심제와 직선제를 골자로 하는 개헌안을 확정했다. 대통령 임기는 4년으로, 1차 중임을 허용하는 것이 주요 내용이었다.

민정당은 8월 18일 내각책임제 헌법안 요강을 확정 발표했다. 국회는 임기 5년의 단원제를 채택하고, 수상의 불신임과 국회 해산은 선출한 지 2년 내에는 불가능하게 하는 내용이었다. 이로써 장외에서 격돌하던 개헌 논의가 제도권 안으로 들어오게 되었으나, 여야가 지향하는 방향은 내각제와 대통령제로 완전 달랐다.

지향점이 180도 달랐으니 여야 모두 자당 입장만 주장할 뿐, 접점을 찾는 데 실패했다. 시간이 흐를수록 김영삼·김대중의 직선제 개헌 주장에 부딪혀 논란만 거듭하자 전두환은 여야 합의에 의한 개헌은 불가능하다고 판단하게 되었다. 9월 20일, 새로 지어진 잠실 올림픽 주경기장에서 아시안게임 개막식이 열렸다.

강경노선으로 치닫는 야권의 직선제 개헌 투쟁을 방치하면 평화적 정권 이양과 올림픽 개최에 심각한 차질이 빚어질 것을 우려한 전 대통령은

9월 말, 장세동 안기부장에게 비상시국 대처방안을 마련하라고 지시했다. 군에는 비상시 대비계획 수립을 지시했다. 이 와중인 10월 14일, 국회 본회의에서 유성환 신민당 의원이 "반공은 국시가 아니다"라는 발언을 하여 구속되면서 정국이 얼어붙었다.

1986년 10월 28일에는 전국 27개 대학 운동권 학생 1,500여 명이 건국대 건물에 모여 전국반외세반독재애국학생투쟁연합(애학투련)을 발족시켰다. 경찰이 해산 작전을 위해 학교 내로 진입하자 운동권 학생들은 교내 5개 건물을 점거하고 농성을 벌였다. 그들은 전두환 정권을 지원하는 미국 대통령과 일본 총리 화형식을 거행하고, '반외세 자주화, 반독재 민주화, 조국통일'의 3대 구호를 내걸고 경찰과 대치했다.

10월 31일 헬리콥터와 최루탄, 소방수를 동원하여 진압 작전을 개시한 경찰에 의해 67시간 만에 시위대는 해산되었다. 농성 중이던 학생 1,525명이 연행되었고, 이 가운데 1,288명이 구속되었다. 단일 사건 구속자 수로는 세계 최고 기록이었다. 곧이어 북한이 금강산댐 착공식을 하여, 수공(水攻) 위협이 조성되었다.

합의 개헌 불가능하자 4·13 호헌 선언

시국이 난마처럼 얽혀가자 11월 2일, 전두환 대통령은 11월 8일 자정을 기해 비상조치 시행을 준비시켰다. 곳곳에 정보망을 가동하고 있던 김대중은 이 소식을 접하자 11월 5일, "현 정권이 직선제 제의를 수락하고 건국대 사태와 관련한 학생들을 용공으로 몰아 탄압하는 것을 중지하면 13대 대통령 선거에 출마하지 않겠다"라고 선언했다. 정치적 라이벌인 김영삼은 "나는 김 의장(김대중)과 똑같이 민주화만 된다면 모든 것을 희생해도 좋다고 생각한다"고 밝혔다. 이로써 전두환 대통령은 준비했던 비상조치를 유보시켰다.

1986년 6월 경기도 부천경찰서 수사과 조사계 소속 형사가 서울대 의류학과 4학년 때 제적되어 경기도 부천의 가스배출기 제조업체에 위장 취업했던 권인숙 씨를 두 차례 성고문하는 충격적인 사건이 발생했다. 1987년 새해 들어 신민당 내 일부 온건세력과 내각제 개헌을 위한 협상 가능성을 타진하던 와중에 경천동지할 사건이 또다시 발생했다.

1987년 1월 14일 서울 남영동 대공분실에서 경찰 수사관들이 서울대 언어학과 3학년생 박종철 군을 조사하던 중 물고문하여 사망케 하는 사건이 발생했다. 수사 당국은 고문 경찰관 2명을 구속하는 것으로 사건을 덮었다. 민정당과 정부는 도덕성에 치명상을 입었고, 정국은 급속도로 냉각되었다.

개헌과 관련한 정치권의 논의가 진전되지 못하고 1년여 허송세월하자 전두환 대통령은 합의 개헌을 이루기에는 적기를 놓쳤다고 판단, 1987년 4월 13일 특별담화를 발표했다. 개헌 논의를 중단하고 5공 헌법에 의한 정치 일정을 추진하여 단임을 실천한다는 호헌(護憲) 방침을 밝힌 것이다.

이 담화가 발표되자 예상했던 대로 야당을 비롯한 재야세력, 운동권 대학생들이 강력 반발했다. 시민단체의 호헌 반대성명, 시국선언이 줄을 이었다. "내 손으로 대통령을 뽑자"라는 슬로건은 전두환이 약속대로 단임을 실천하고 떠날 것이냐에 대한 의심으로 이어졌다. 1988년의 서울올림픽이 평화적 정권교체를 미루는 빌미가 될 것이라고 우려하는 목소리가 만만치 않았다.

노태우를 후계자로 지명

1987년 5월 17일, 정의구현 사제단 소속 김승훈 신부가 박종철 군 물고문 사망 관련자 축소 은폐 사실을 폭로했다. 치안본부 5차장 박처원의 주도 아래 모두 5명이 가담한 고문치사 사건을 2명만 고문에 가담한 것으로 꾸미고, 구속된 2명에게는 거액의 돈을 주어 무마시켰다는 내용이었다. 이로써 정국은 대폭발의 뇌관이 작렬했다.

5월 23일, 재야인사들이 박종철 고문살인 은폐조작 규탄 범국민대회 준비위원회를 발족시켰다. 야권은 5월 27일 '민주헌법쟁취 국민운동본부'를 결성하고 4·13 호헌조치 거부 투쟁을 선언했다. 이때부터 대학가를 중심으로 '독재타도, 호헌철폐'를 외치는 시위가 뜨겁게 전개되었다.

전두환 대통령은 후계 구도 선정 과정에서 여러 사람을 물망에 올려놓고 장고를 거듭했다. 그는 자신의 후임자가 갖춰야 될 자격은 서울올림픽 성공과 선진국 창조 과업을 위해 정치사회 안정과 국민 단합을 이뤄낼 수 있는 정치 지도자로서의 역량과, 국민의 생존권을 보장할 수 있는 안보 역량으로 보았다. 나아가 지도자는 군부로부터 신뢰와 존경을 받는 사람이어야 한다고 생각했다.[90]

거리에서 호헌 반대, 직선제 개헌을 주장하는 시위가 일고 있던 6월 2일, 전두환 대통령은 민정당 간부들을 청와대 상춘재로 초청하여 육사 동기이자 군 출신이며, 오랜 친구인 노태우를 당의 대통령 후보로 지명했다. 모든 참석자가 예상했던 일이라는 듯 박수로 동의를 표시했고, 노태우 대표는 감격해서 눈물을 흘렸다.[91]

군을 잘 알아야 지도자 자격 있어

이날 전 대통령은 노태우를 차기 대통령 후보로 추천한 이유를 다음과 같이 밝혔다.

"남북이 사생결단으로 대치하고 있는 우리의 특수 상황에서 군부의 신

---

90 김성익, 앞의 책, 375쪽.
91 전두환 회고록(2), 앞의 책, 611쪽.

뢰와 존경, 그리고 군사 지식은 매우 필요한 조건입니다. 그리고 어려운 문제에 직면하여 단안을 내릴 수 있는 결단력과 용기는 물론, 국민적 에너지를 결집시킬 수 있는 지도력과 이러한 모든 책임을 수행할 수 있는 건강 등 여러 가지 조건이 구비되어야 할 것입니다. (중략) 노태우 후보는 그동안 국군보안사령관 등 군의 주요 지휘관을 역임해서 누구보다 군부를 잘 알고 탁월한 안보 식견을 갖추고 있으며, 내무 장관과 정무 장관, 체육부 장관 등 행정부의 직책을 맡아 정부 조직에 정통할 뿐 아니라, 올림픽 조직위원장과 국회의원, 집권당 대표위원 등을 거쳐 당과 정치인의 생리를 알고 체험을 쌓음으로써 국정을 책임질 수 있는 정치 지도자의 경륜을 두루 쌓았습니다."[92]

전두환은 신군부를 배경으로 대통령에 오른 군 출신 지도자다. 육사 11기 선두 주자로서 누구보다 군의 생리와 원칙, 철학을 깊이 이해하고 있었다. 그런 존재였음에도 불구하고 그는 재임 중 가장 무서운 존재는 '군대'라고 보았다. 1986년 11월 1일, 3부 요인과의 대담에서 전두환은 군에 대한 속내를 다음과 같이 토로했다.

"군대라는 데가 이상한 뎁니다. 내가 대통령이 되고 난 지금도 솔직히 무서운 단체가 군대입니다. 장군들은 내가 잘 아니까 그렇지만, 젊은 간부들은 패기가 대단해요. 그래야 전투를 하거든요. 저 사람들이 꿈틀하면 막을 길이 없습니다."[93]

그처럼 무서운 단체인 군부의 지지가 없으면 대통령에 당선되어도 정권 유지가 어렵다는 것이 전두환 대통령의 확고한 철학이었다.

전두환이 노태우를 민정당의 대통령 후보로 지명하고 공표한 것은

---

92 김성익, 앞의 책, 379쪽.
93 김성익, 앞의 책, 209~210쪽.

1987년 6월 2일이었지만, 마음속으로 노태우를 낙점한 것은 그보다 훨씬 전이었다. 이러한 결정을 누구에게도 내색하지 않았고, 이때부터 노태우가 적절한 경험과 경륜을 쌓아 지도자로서의 자질을 키울 수 있도록 물심양면으로 배려했다.

군에 남아 있기를 원하는 노태우를 설득하여 예편과 동시에 정무 장관에 기용했고, 올림픽 유치에 성공하자 신설된 체육부 장관에 임명해 올림픽 준비업무를 총괄하도록 했다. 이어 전국의 행정조직 관리 경험을 쌓도록 하기 위해 내무부 장관에 임명했다. 노태우가 내무부 장관 시절 이권과 관련된 문제에 개입되어 있다는 보고가 올라왔다. 전두환은 그를 청와대로 불러 주의를 준 다음 올림픽조직위원장으로 자리를 옮겨주었다.

노태우에게 후계자 수업시킨 전두환

이것은 후계자를 위한 단계적 '대통령 수업'이었다. 후임자가 아무런 계획이나 준비 없이 어느 날 갑자기 대통령직을 맡게 되어 많은 고생을 했던 자신의 경험을 되풀이해선 곤란하다는 이유 때문이었다.[94] 전두환은 장세동 안기부장에게 비밀리에 노태우 주변에 이권을 가지고 접근하는 사람들을 차단하라는 임무를 주었다. 노태우가 민정당 대표가 된 후 업자들이 들락거리자 장세동 부장이 그 업자들을 불러 경고했다. 노태우는 이런 일들이 자신을 견제하려는 것으로 오해하여 불편해했다.[95]

남덕우 전 총리, 노신영 총리, 장세동 안기부장 등이 후계자로 거론되자 노태우는 안절부절했다. 노신영이 총리 재직 시절 총리공관 별채가 새로 지어져 전두환 대통령이 집들이에 초대받아 갔고, 그 뒤에도 서너 차례

---

94 전두환 회고록(2), 앞의 책, 616쪽.

95 전두환 회고록(2), 앞의 책, 617쪽.

더 방문했다. 이 소식을 접한 노태우는 크게 상심했다. 전두환 대통령은 노태우에게 민정당 대표를 맡기기 위해 1985년 2·12 총선에 지역구 출마를 권유했다. 지역구에서 당선되면 단숨에 정계 거물로 등장하여 자연스럽게 차기 대통령 후보로 거론될 수 있다는 계산을 한 것이다.

노태우는 서울 지역구 출마는 자신 없다면서 거절했다. 서울이 자신 없으면 지역 연고가 있는 대구에 출마하라고 권했다. 이것도 어렵다고 고사하여 결국 전국구로 공천했다. 노태우는 이 일을 두고도 자신을 야당이 우세한 지역에 보내 망신을 주려 했다고 반발했다. 안전한 길만 찾아다니는 노태우의 패기 없고 허약한 모습은 6·29 선언 과정에서도 여실히 드러났다.[96]

후계자와 관련한 직접적인 언급은 없었지만 전두환이 노태우를 열심히 챙겨주자 노태우는 적임자가 아니라는 말들이 많았다. 특히 노태우의 후계자 선택은 재고할 필요가 있다는 뜻을 확고히 전해준 사람은 김정렬 전 국방부 장관이었다. 전두환 대통령은 6·29 선언 직후인 1987년 7월, 군의 대선배인 김정렬을 5공의 마지막 국무총리로 임명했다.

노태우를 반대한 김정렬 총리

김정렬은 전두환이 노태우를 후계자로 공식화하기 직전, 전 대통령과 단독으로 만난 자리에서 "노태우를 잘 아십니까?" 하고 물었다. 전두환이 "잘 안다"고 말하자 "노태우를 확실히 믿을 수 있는 사람이라고 생각하십니까?"라고 물었다. 전두환이 "확실히 믿을 수 있는 사람"이라고 답하자 이번에는 "노태우가 대통령직을 잘 해낼 수 있다고 믿으십니까?"라고 물었다.[97]

전두환은 이 질문이 "노태우를 전적으로 믿어서는 안 된다"라는 반어

---

96 전두환 회고록(2), 앞의 책, 619쪽.
97 전두환 회고록(2), 앞의 책, 622쪽.

법이었다는 사실을 그때는 깨닫지 못했다. 김정렬 총리는 전두환이 수십 년간 친구로 사귀어오면서 전혀 몰랐던 노태우의 다른 면모를 보았기 때문에 무례할 수도 있는 질문을 세 차례나 대통령에게 한 것 아닐까.

전두환 대통령이 김성익 비서관에게 밝힌 바에 의하면 '6·29 선언'으로 명명된 직선제 개헌 관련 아이디어를 처음 구상한 것은 1985년 말 한 원로 언론계 인사와의 면담에서였다.[98] 이 언론인은 홍진기 중앙일보 회장이었다. 홍진기 회장은 전두환에게 대통령이 아닌 여당 후보(예를 들어 노태우)와 국민적 지지를 받는 야당 후보(예를 들어 김영삼, 김대중)가 대통령 선거인단 투표에 의한 간선제로 대결하면 여당 후보가 절대 불리하다는 점을 논리정연하게 설명했다.

홍 회장의 설명에 의하면 간선제의 경우 여당은 7천 명에 달하는 선거인단을 선출하는 과정에서 막대한 비용이 소요되어 간접선거의 취지를 크게 훼손할 우려가 있고, 게다가 선거인단을 운영하고 사후 관리하는 데도 잡음이 발생할 소지가 많다고 했다. 홍 회장의 설명 요지는 다음과 같이 정리된다.

"여당은 선거인단 후보에게 정치자금을 대줘야 하는데 비해 야당은 자기네 선거인 후보들에게 한 푼도 안 줘도 된다. 여당 선거인은 그 지역에서 신망받는 인사가 선출된다는 보장도 없고, 선거인이 되어봤자 돌아가는 이익이 없으므로 당과 행정부에서 밀어 주기만 기다린다. 야당은 정권 획득을 위해 필사적으로 뛸 것이니 정신적 자세 면에서 비교가 안 된다."

간선제 선거의 위험성 깨달은 전두환

이런 설명을 들은 전 대통령은 차기 대선을 간선으로 치르면 여당 후보

---

98 직선제 관련 부분은 김성익, 앞의 책, 447~455쪽 내용을 참조하여 정리한 것임.

가 오히려 불리해질 수도 있다는 문제점을 파악했고, 이때부터 직선제를 염두에 두기 시작했다. 1986년 들어 여러 경로를 통해 대통령 직선제로 대결해도 여당이 충분히 승리할 수 있다는 의견들이 전두환 대통령에게 전해졌다. 영부인 이순자 여사도, 미국 유학 중이던 장남 전재국도 "유권자 대부분이 직선제를 원하고 있다"라는 의견을 전했다.

1986년 말, 여야 합의개헌 전망이 어렵게 돌아가자 장세동 안기부장은 여당이 일방적으로 내각제 개헌 강행은 불가능하다는 점을 대통령에게 보고했다. 전 대통령은 핵심 고위 간부 몇 사람과 대응 방안을 논의하는 자리에서 "합의개헌도 어렵고 내각제로의 일방적 개헌도 어려우면 직선제는 어떤가" 하고 제안했다. 민정당 측에서 좀 더 시간을 두고 합의개헌을 추진하도록 맡겨달라는 의견을 내놓으면서 직선제 이슈는 잠복됐다.

1987년 6월 9일 연세대에서 '6·10 대회 출정을 위한 범연세인 총궐기대회'를 마치고 시위 도중 연세대 경영학과 2학년생 이한열 군이 경찰이 쏜 최루탄에 뒷머리를 맞아 혼수상태에 빠졌다. 병원으로 실려간 이한열 군은 1987년 7월 5일 사망했다.

다음 날인 6월 10일, 민주헌법쟁취 국민운동본부가 주관하는 대규모 시위가 서울시청 광장에서 열렸다. 이날부터 "우리 손으로 직접 대통령을 뽑자"는 슬로건을 앞세워 직선제 개헌 쟁취를 위한 대대적인 시위가 연일 계속됐다. 6월 '민주화 항쟁'의 시작이었다.

같은 날 민정당은 서울올림픽공원 내 실내체육관에서 전당대회를 열어 노태우 민정당 대표를 대통령 후보로 지명했다. 이날 저녁, 일부 시위대가 명동성당으로 피신하면서 5일에 걸친 명동성당 농성이 시작되었다.

전두환 대통령이 1987년 6월 들어 직선제 개헌을 결심한 계기는 6월 10일이었다. 이날을 계기로 직선제 개헌 요구가 뜨겁게 분출되었고, 이 상황에서 여당이 간선제로 밀어붙이다 야당에서 어느 누가 치고 나오면 뒤집힐 위험이 있다고 본 것이다. 그는 6·10 대회 이후 적절한 시기에 직선제를 수용하기로 생각을 굳혔다.

6월 11일, 청와대 대접견실에서 우수학회 대표 초청 오찬에서 전두환 대통령은 의미심장한 발언을 했다. "내가 7년 동안 대통령 하면서 군대를 한 번도 안 써먹었다. 지금도 명령해서 비상계엄을 하든지 위수령을 하면 싹 쓸어버릴 수 있다. 하지만 바둑을 두다가 잘 안 된다고 자꾸 쓸고 하면 바둑은 안 늘고 성격만 나빠진다. 바둑에 지더라도 연구를 해서 페어플레이로 나가야 한다"고 밝혔다.[99]

전두환의 심리전

박정희는 1961년 5월 16일에 군을 동원하여 혁명에 성공한 후에도 필요할 때마다 비상계엄, 위수령, 긴급조치로 정치적 위기를 넘겼다. 반면에 전두환은 재임 중 단 한 번도 군대를 동원하여 정치적 목적을 이룬 사례가 없었다. 이것이 박정희와 전두환의 큰 차이였다. 군이라는 물리적 수단을 동원하지 않고 정치적 타협을 통해 시국 문제를 풀어가려는 전두환의 이날 발언이 '6·29 선언'을 통해 역사의 물줄기를 민주화 정착으로 돌리는 결정적 역할을 하게 된다.

이날부터 전두환 대통령은 고도의 인내심을 발휘했다. 시위가 격화되어 학생 시위대 300여 명이 명동성당으로 들어가 농성하자 6월 14일 새벽, 전두환 대통령은 단신으로 학생들이 농성 중인 명동성당을 기습 방문하려 했다. 이유는 두 가지였다. 첫째 성당에 있는 신부, 성직자들에게 야단을 쳐서 이들이 종교인으로서 정당한 활동을 하도록 주의를 주고, 둘째 학생들에게 훈시하여 농성을 풀고 내보내려는 목적이었다.

---

99 김성익, 앞의 책, 386쪽.

명동성당이 성역처럼 되어 있으니 경찰을 투입하여 시위대를 강제 해산시킬 수도 없는 상황에서 자신이 위험을 무릅쓰고 들어가 학생들을 설득하려 한 것이다. 이 계획은 이날 새벽까지 자지 않고 있던 둘째 아들 전재용 씨의 만류로 포기했다.

대신 날이 밝자 전 대통령은 군 지휘관과 치안 책임자들을 청와대로 소집했다. 이날 전 대통령은 "경찰력으로 감당하지 못하면 군이 나올 수밖에 없다. 이렇게 되면 국민의 자유를 일부 유보하는 조치를 취해야 하고, 올림픽에도 지장을 주며, 민주주의도 당분간 표류할 수밖에 없다"라면서 군 지휘관들에게 비상시 계획에 의거하여 군 출동 준비를 지시했다. 하지만 다음과 같은 여운을 남겼다.

"오늘 만반의 준비를 해야 내일부터 정세를 관망하면서 언제든지 행동할 수 있는 태세가 되지 않겠느냐 해서 여러분을 오늘 모이게 한 것입니다. 군은 돌아가서 즉각 출동 준비를 갖춰야 합니다. 그것 때문에 오라고 했는데 경찰이 자신 있다고 하니…"

이어 참석자들에게 다음과 같이 당부했다.

"나는 집권욕이나 정권욕 없이 민주주의를 한번 해보겠다는 생각뿐이다. 평화적으로 정부를 이양하고, 전 인류의 축제인 올림픽을 지구상에서 가장 긴장된 지역인 한반도에서 성공시킴으로써 긴장 완화를 도모하고 동족 간의 전쟁을 억제하여 숙원인 선진국으로 나아가자. 발전된 국력을 바탕으로 통일을 이루자."[100]

이어 전 대통령은 군 주요 지휘관과 치안 관계자를 소집하여 군 출동 준비를 지시하고, 군이 나서면 민주주의는 끝장나니 어떻게 하든 경찰력으로 막으라고 지시했다. 또 "명동성당은 오늘 자정을 기해 포위를 풀어라.

---

100 김성익, 앞의 책, 394~395쪽.

안 잡을 테니 나가도록 설득하라"라고 발언했다. 이날 전 대통령은 시위 대상자들을 상대로 여차하면 군을 동원할 수도 있다는 식으로 겁을 주는 고도의 심리전을 펼치고 있음을 엿볼 수 있는 장면이다.

6월 15일, 노태우에게 직선제 수용 제안

6월 16일 저녁 전두환 대통령은 국무위원 전원을 부부 동반으로 청와대로 초청하여 만찬을 함께 했다. 전 대통령은 군대가 일어나지 않는 한 정권이 절대 쓰러지지 않는다면서 자신감을 가질 것을 당부했다. 이어 "우리가 힘이 들어도 군을 동원해서 문제를 해결하는 역사가 반복되게 해서는 안 된다", "비상대권을 발동하여 힘으로 쓸어버리면 속은 후련할지 몰라도 역사는 퇴보한다"라고 강조했다. 평화적 정권교체의 기틀을 다지고, 올림픽을 성공시켜야 한다는 간절한 바람이 느껴지는 발언이다.

민주화를 요구하는 시위가 점점 가열되자 6월 15일을 전후하여 김윤환 정무1수석, 박영수 비서실장, 김용갑 민정수석 등이 직선제 수용과 김대중 사면 복권을 강력히 건의했다.[101] 직선제로 정국의 분위기를 반전시킬 타이밍이 무르익었다고 판단한 전두환 대통령은 6월 15일 저녁, 노 대표를 안가로 불러 만찬을 함께 했다.[102]

이날 전두환은 노 대표에게 직선제 개헌 수용, 김대중 사면 복권, 언론기본법 폐지, 지방자치제 실시, 노동관계법 개정 등을 내놓고 노 후보를 설득했다. 노태우는 "김대중을 풀어놓고 그와 싸워서 이길 자신이 없다"라며 완강히 반대했다. 심지어 그는 "직선제를 받아들이라고 하면 대통령 후보를 포함한 모든 공직에서 사퇴하겠다"라며 반발했다. 전 대통령은 직선제

---

101 전두환 회고록(2), 앞의 책, 628쪽.
102 전두환 회고록(2)에는 6월 17일 오전 10시 청와대 집무실에서 노태우 대표를 만나 직선제 개헌을 권유한 것으로 되어 있다. 전두환 회고록(2), 앞의 책, 629쪽.

가 더 유리하다는 점을 누누이 설명했다.[103]

전두환 회고록은 이날 두 사람의 대화 장면에 대해 "노 대표는 순간 낭패스러운 표정을 지으며 일언지하에 (대통령 직선제를) 반대한다고 했다. 간선제 선거를 통해 어렵지 않게 당선될 것으로 기대하면서 선거 전략을 구상하고 있었을 노 대표에게 나의 지시는 엄청난 충격을 주었을 것"이라고 기록하고 있다.[104]

전 대통령은 필사즉생 필생즉사(必死卽生, 必生卽死)란 용어까지 사용해가며 "노 후보가 직선제를 받아들이면 영웅이 된다. 내가 당선을 보장한다"라고 설득했고, "대선에 나가는 사람은 국민 앞에 나서기만 하면 된다. 조직 관리나 자금 지원은 내가 다 해준다"라고 설득했다. 노 후보는 "시간을 달라"라고 요구했다. 거절 의사를 간접적으로 표현한 것이다.

참모들, '직선제 수용' 건의

6월 17일 저녁, 전두환 대통령은 민정당 대통령 후보를 비롯한 민정당 관계자들과 안가에서 만찬을 함께 했다. 노태우의 대통령 후보 지명을 축하하기 위한 자리였다. 그는 친구이자 차기 대통령 후보 노태우에 대해 "내가 나를 아는 것보다 노 대표가 나를 더 잘 알고, 내가 노 대표를 더 잘 안다. 그렇지만 잘 안다고 대통령을 시켜주는 건 아니다", "내가 술 마시면 실수를 잘 해. 내가 실수하면 노 대표가 무서운 사람이라 뒤처리를 다 해", "노태우 후보는 이 나라를 구출하고 발전시킬 수 있는 분이다. 우리나라는 전략전술을 모르는 대통령이 나오면 안 된다" 등등 솔직한 감정을 토로했다.

6월 18일 김용갑 민정수석이 보다 직설적으로 직선제 수용을 건의했다.

---

103 김성익, 앞의 책, 452쪽.
104 전두환 회고록(2), 앞의 책, 629~630쪽.

그는 "지금 중산층 시민 60%가 사회적 혼란을 걱정하고 있다. 민주화의 결단을 내리면 이들 60%가 여당을 지지한다. 대통령 선거는 반드시 이길 수 있다"라며 직선제 개헌을 건의했다. 전두환은 "노태우 대표에게 가서 그대로 설명하여 이해시켜보라"라고 지시했다.

그 사이 노태우는 이재형 국회의장을 찾아가 "직선제로는 어려우니 이재형 의장이 전 대통령을 만나 대통령 마음을 바꿀 수 있도록 도와달라"라고 요청했다. 이재형 의장은 "내 마음에도 직선제가 들어 있다. 직선제를 해도 이길 수 있다는 믿음으로 대통령의 결심을 따르라"라고 충고했다.[105]

재야 세력은 6월 18일을 '최루탄 추방결의 날'로 정해 전국적으로 대규모 시위를 벌였다. 특히 부산 지역에서 시위가 격렬하여 8만여 시위대가 시내 중심부를 6시간 동안 장악, 6월 19일 새벽에는 시청을 위협하는 상황이 벌어졌다.

6월 19일, 비상조치권 발동 준비

6월 19일 아침 일찍, 경찰력으로 시위 진압은 한계에 왔으니 군 동원이 필요하다는 건의를 받은 전 대통령은 10시 30분, 군 고위 간부들을 소집했다. 전 대통령은 비상조치권 발동을 전제로 각지에 파견할 부대와 배치 장소, 주요 시설 등을 보고 받았다. 이날 전 대통령이 구상한 비상조치란 계엄령보다 한 단계 위의 조치로서 군 동원도 할 수 있고, 군법회의도 할 수 있으며, 정당 해산까지 가능한 것이었다.[106]

이를 위해 대전과 대구에 1개 사단, 전남·광주에 2개 여단, 부산에 1개 사단과 1개 연대, 서울에 4개 연대를 주요 대학에 6월 20일 새벽 4시까지

---

105 전두환 회고록(2), 앞의 책, 632~633쪽.
106 김성익, 앞의 책, 418쪽.

배치한다는 계획이었다. 19일 밤 8시 비상 국무회의를 소집하여 비상조치권 발동 절차를 밟고, 밤 9시 생방송을 통해 비상조치에 관한 담화를 발표한다는 계획도 세워졌다.

사태는 긴박하게 돌아갔으나 청와대 분위기는 활기찼다. 게다가 군을 동원한 비상조치를 점검한 직후인 이날 오후 2시, 릴리 주한 미국대사와 면담 계획이 예정대로 진행되었다. 군이 출동하게 되면 민주화 열기가 사실상 꺼지거나, 군과 시민·학생이 충돌하여 제2의 광주사태가 재연될 가능성도 배제할 수 없게 된다. 군을 동원하는 순간, 5공화국의 명예는 그것으로 사라질 수도 있었다.

군 출동을 위한 만반의 준비가 완료된 상황에서 전두환 대통령은 권복경 치안본부장에게 전화를 걸어 경찰력만으로 대처할 수 있는지를 물었다. 권복경 본부장은 자신 있다고 보고했다. 결국 이날 오후 4시, 전 대통령은 병력 출동을 유보하라고 지시했다.[107] 이날의 급박했던 정황에 대해 전두환은 다음과 같은 증언을 남겼다.

"이날 나의 병력 출동 명령은 어디까지나 양동 전술이었다. 올림픽 때문에 내가 결코 군대를 동원하지 못할 것으로 생각해서 상황을 극한으로 몰아가고 있는 세력에게 경고를 보내는 동시에, 망설이고 있는 노태우 대표로 하여금 파국에 이르기 전에 나의 결심대로 직선제를 조속히 수용하도록 결단하라고 촉구하는 뜻이었다. 일석이조를 노린 양면 동시 공격이었던 것이다."[108]

군 출동설이 파다하게 나돌던 6월 19일, 김용갑 민정수석이 노태우 후보를 찾아가 직선제를 받아들이라고 권했으나 설득에 실패했다는 보고를

---

107 전두환 회고록(2), 앞의 책, 635쪽.
108 전두환 회고록(2), 앞의 책, 635~636쪽.

제5공화국 전두환 시대 2

받았다. 전두환 대통령은 즉시 노 대표를 청와대로 불렀다. 오후 5시, 배석자 없이 두 사람이 독대했다.

6월 19일, 노태우 직선제 수용 결정

이날 노 대표는 직선제 수용 지시를 따르겠다고 결심을 밝혔다. 그리고는 "제가 직선제 수용을 포함한 민주화 조치를 건의드리면 각하께서는 크게 노해서 호통을 치는 모습을 보여주면 더욱 효과가 있겠습니다. 그렇게 해주십시오"라고 요구했다.

이것은 직선제 제안과 김대중 사면 복권 조치가 전두환의 결단에 의한 것이 아니라, 노태우가 고심 끝에 내놓은 산물로 만들어달라는 요구였다. 직선제 개헌이라는 역사적 결단의 월계관을 자기가 차지하겠다는 선언이나 마찬가지였다. 이 말을 들었을 때의 전두환의 심정은 어땠을까? 그의 회고록에 다음과 같이 기록되어 있다.

"노 대표가 너무한다는 생각이 들었다. 내가 임기의 마지막을 장식하는 영단이라는 평가를 받을 수 있는 기회를 포기하고 모든 영광을 노 대표에게 몰아주겠다는데, 노 대표는 그것도 모자라 나를 권력 집착에서 헤어나지 못하는 사람으로 만들려는 것인가."[109]

어쨌든 6월 19일, 노태우가 직선제 개헌을 수용하겠다고 결심했으니, 이제 이를 어떻게 발표할 것인가 하는 형식만 남은 셈이 되었다. 이처럼 어려운 과정을 거쳐 노태우는 직선제 개헌을 수용했고, 노태우 후보 캠프에서 2주일에 걸쳐 내용을 보다 구체화하는 실무 작업을 하여 완성된 것이 6·29 선언이다.

이 2주일간 전 대통령과 노 후보의 비밀 회동이 6월 17일(청와대 대식

---

[109] 전두환 회고록⑵, 앞의 책, 635쪽.

당), 6월 19일(청와대 별관), 6월 24일(청와대 별관), 6월 27일(청와대 별관) 네 차례 있었고, 서면 연락과 전화 통화가 수시로 있었다.[110] 심지어 6월 29일 발표 날짜도 전두환이 잡아주었다.

"직선제 해도 여당이 승리한다"

전 대통령은 "6·29 선언은 나 혼자 구상하고 결심해서 노 대표에게 이 야기한 것이다. 당시 박영수 비서실장이나 몇몇 수석비서관들도 직선제 건의를 했지만, 그때는 이미 내가 노 대표에게 얘기한 뒤였다"라고 증언했 다.[111] 전 대통령의 직선제와 관련한 증언 중 주요 부분을 소개한다.

"내 손으로 대통령을 뽑겠다는 직선제 민의를 우리가 받아준다고 해서 야당한테 패하지 않는다. 직선제로 밀어제끼면 이기게 되어 있다. 나는 확 신을 갖고 있다. 내가 그동안 직선제를 어떻게 받아들일까 명분이 없어서 못하고 있었다. 직선제를 받는 것은 야당과 언론의 급소를 찌르자는 거야. 박 대통령은 혁명을 하고 나서도 윤보선 대통령과 직선으로 싸워서 이겼 지 않나.

민주주의를 해보자는 게 내 소신이고 내 철학이야. 자유당과 공화당 정 권을 거치면서 역사적으로 겪어온 악순환을 내 시대에 끊고 반체제니 반 정부니 하는 세력을 직선제를 가지고 일단 정리하겠다는 것이 내 생각이 다. 내 다음 대통령이 우리나라를 선진국으로 발전시키고 올림픽도 잘 치 르고 국력 신장을 시켜야 하는데, 그러자면 우리나라 상황으로 보아 노 대 표 같은 인물이 일관성 있게 밀고 나가도록 내가 키워주어야 된다. 나는

---

110 김성익, 앞의 책, 455쪽.
111 김성익, 앞의 책, 451쪽.

제5공화국 전두환 시대 2

그런 건의에 반대하다가 할 수 없이 받아들인 것으로 되어도 그걸로 나라 잘되는 일이 있으면 아무 상관이 없다."[112]

전두환은 직선제로 대통령 선거를 치르면 여당 후보가 반드시 승리할 수 있다고 보았다. 그 근거는 김영삼·김대중의 분열은 필연적이며, 설령 야권 후보가 단일화되어도 결과는 동일하다고 판단했다. 그 이유와 관련하여 전두환은 다음과 같이 증언했다.

"내가 대통령을 하면서 야당 사람들과 만나서 깊이 있는 얘기를 들어보면 양김 씨(김영삼, 김대중)는 서로 안 믿는다고 했다. 철천지 원수라는 거였다. 나는 양김 씨가 야당 후보로 단일화되어도 서로 열심히 뛰어주는 게 아니라, 서로 못되게 할 것으로 보았다. 김대중을 풀어주는 게 야당 세력을 약화시키는 작용을 하게 된다고 생각했다. 남의 눈을 의식해서 뭉치는 것처럼 보이는 것과, 마음을 움직여 진심으로 하나로 합치는 것과는 다르기 때문이다."[113]

발표 방식 노태우에게 전권 위임

정권 핵심부에서 극비리에 정국 전환을 위한 비장의 카드를 준비하고 있었기에 거리에서 민주화 시위가 가열되어도 전두환 대통령은 눈 하나 깜짝하지 않았다. 그는 기회가 날 때마다 군과 경찰 관계자, 고위 관료, 기업인, 종교인들과 만나 자신감을 불어넣어주느라 바빴다.

모든 준비가 완료되자 전두환 대통령은 여론 청취를 명분으로 각계 인사들과 만나 대화를 시작했다. 6월 24일 오전에 김영삼 통일민주당 총재와

112 김성익, 앞의 책, 441~442쪽.
113 김성익, 앞의 책, 451~452쪽.

만났다. 김영삼은 직선제 개헌을 요구했고, 전 대통령은 "4·13 호헌조치는 사실상 철회하겠다"라고 밝혔다.

이어 오후에 만난 이만섭 한국국민당 총재는 "직선제 개헌을 하고 김대중을 사면 복권하여 동교동, 상도동 머리 처박고 싸우게 하고, 이쪽은(민정당) 정정당당하게 물가 안정, 올림픽 가지고 심판을 받는 게 좋다"라는 의견을 제시했다. 이에 대해 전 대통령은 "직선제를 해도 민정당이 질 염려는 없다"라면서 "뭘 하더라도 나는 하루도 더 안 한다(임기를 연장하지 않겠다는 뜻)"라고 발언했다.

야당 대표들을 만난 뒤 그날 저녁, 전두환은 노 대표를 다시 불렀다. 노 대표는 확실하게 "직선제를 받아들이겠다"라고 했다. 전두환 대통령은 "노 대표가 발표할 구체적인 내용에 대해서는 전권을 위임할 테니 노 대표가 책임지고 알아서 준비하라"라고 말했다. 이와 관련한 전두환의 회고다.

"6·29 선언의 성공을 위해 노 후보가 구상하고 주도하는 정치적 제안이라면 그것이 아무리 파격적인 조치라 하더라도 모두 받아주겠다고 약속했다. 나는 이미 모든 가능한 민주화 조치를 실행할 결의가 되어 있었다. 그 엄청난 선언이 누구 이름으로 실행되어야 하느냐 하는 계산 같은 것은 나의 고려에는 없었다."[114]

6월 26일, 전국 33개 시에서 180만 명이 시위에 참여했다. 경찰서 2개소, 파출소 29개소, 민정당 지구당사 4개소 등이 투석과 화염병 투척으로 파괴되거나 불탔다. 전두환은 회고록에서 1987년 6월은 자신의 대통령 임기 중 가장 어려웠던 시기였다고 밝혔다.[115]

노 후보가 6·29 선언을 발표하기 나흘 전인 6월 25일, 전 대통령은 이종

---

114 전두환 회고록(2), 앞의 책, 639~640쪽.
115 전두환 회고록(2), 앞의 책, 614쪽.

률 공보수석에게 "까짓것 한번 풀자. 김대중 사면, 임기 내 직선제 개헌으로 가자"라고 직선제 속내를 외부 인사에게 처음 밝혔다. 이틀 후인 6월 27일 오전에는 이종률 공보수석과 김성익 통치사료 담당 비서관에게 직선제 수용 담화문 작성을 지시했다.

"지는 게 이기는 것"

이날 전 대통령은 두 사람에게 "인간사에선 지는 것이 이기는 것"이라며 "힘 있는 사람이 양보하는 게 미덕이다. 시국을 수습하는 데 체면이 문제 될 게 없다. 직선제를 받는 것은 양보나 후퇴라기보다 굉장한 포용이다. 힘으로 하지 않고 국민의 마음을 사는 게 제일 좋은 전략"이라고 말했다.[116] 6·29 선언의 내용을 비서관들에게 공식으로 처음 밝힌 것이다.

6월 28일, 전 대통령은 김성익 비서관을 불러 담화문 작성에 참고하도록 6·29 선언 내용과 후속 일정을 구체적으로 알려주면서 6·29 선언에 대한 자신의 심정을 솔직하게 토로했다. 이날 6·29 선언과 관련, 노태우 후보가 직선제 개헌을 터뜨리고, 7월 1일 전두환 대통령이 숙고하는 모습을 갖춰 이를 수락하는 것으로 일정이 정해졌다.

다음 날인 6월 29일, 노태우 후보가 직선제 개헌을 요구하는 선언문을 발표하여 전국이 흥분의 도가니가 되었다. 제목은 '국민 대화합과 위대한 국가로의 전진을 위한 특별 선언'이었다. 8개 항으로 정리된 6·29 선언문은 대통령 직선제, 김대중 사면 복권 등 야권이 요구해온 내용은 물론, 국민의 자유와 권리를 보다 폭넓게 보장할 수 있는 제도적 개혁 과제들을 포함하고 있었다. 국민과 야당의 기대와 요구를 훨씬 뛰어넘는 내용이었다.[117]

---

116 김성익, 앞의 책, 431쪽.
117 전두환 회고록(2), 앞의 책, 643쪽.

노태우 후보가 발표한 6·29 선언문의 초안은 박철언이 썼고, 완성 단계
에선 노재봉, 이홍구, 김학준 등 서울대 정치학과 교수들이 참여했다. 노
후보는 자신의 선언이 받아들여지지 않으면 대통령 후보를 포함한 모든
공직을 사퇴하겠다고 발표했다. 당시 여당이었던 민정당은 이 선언을 당의
공식 입장으로 인정했다.

김영삼 총재는 "정치적 기적이 일어났다. 훌륭한 결단이다. 이 시대 국민
에게 희망의 안겨주는 발표로, 전적으로 환영한다"라고 소감을 밝혔다. 김
대중 민추협 공동의장은 "인간에 대한 신뢰감이 생긴다"라고 했고, 사회
각계에서는 대환영 일색이었다.

7월 1일, 전두환 대통령은 노태우 대표가 발표한 내용을 전폭적으로 수
용한다는 7·1 특별담화를 발표했다. '민주 발전 국민화합조치'란 제목으로
발표된 내용은 여야가 대통령 직선제에 합의하여 개헌이 확정되면 새 헌
법에 따라 제13대 대선을 임기 중에 실시하고, 평화적으로 정부를 이양하
겠다는 것이었다. 또 대폭적인 사면 복권을 통해 시국과 관련되어 구속된
사람들은 소수 극렬 사범을 제외하고 전부 석방하겠다고 밝혔다.[118]

민주화 영웅이 된 노태우

6·29 선언으로 인해 계획했던 대로 노태우는 영웅이 되었고, 4·13 호헌
조치는 폐기되었다. 전두환은 7·1 특별담화를 발표한 당일 오후 2시, 주요
국무위원과 3군 총장, 검찰총장, 치안본부장 등 주요 인사들을 소집하여
7·1 특별담화 후속 조치를 지시했다. 이날 전 대통령은 9월에는 6월보다
더 큰 시위가 일어날 것으로 예상하며 정부와 여당인 민정당이 늘 한 수
앞서 나가면서 선제 공격을 해야 한다고 당부했다.

---

118 전두환 회고록(2), 앞의 책, 644쪽.

7월 7일 시도지사 및 치안 관계자들과의 대담에서 전 대통령은 "저 사람들(야당 및 재야인사를 뜻함-저자 주)은 직선제로 만족하지 않는다. 9월 개학이 되면 정부 타도를 위한 결정적 승부를 걸어올 것"이라고 예상했다. 그는 "아무리 대규모 시위가 일어나도 민주주의를 탄생시키기 위해 산고를 겪어야 한다"면서 "시장, 도지사 여러분이 사명감을 가지고 있으면 어떤 일이 있어도 계엄령 같은 쉬운 방법을 택하지 않고 극복해나갈 수 있다"라고 당부했다.[119]

6·29 선언에 따른 후속 조치로 7월 9일, 김대중 사건 및 광주 사태 관련자 등 시국사범 2,335명에 대한 사면 복권과 문익환 목사 등 시국사범 177명이 석방되었다. 전두환 대통령은 7월 10일 이미 예고한 대로 민정당 총재직을 노태우 후보에게 넘겨주었다.

그가 당 총재직을 넘긴 이유는 노태우 후보의 정치적 위상을 강화하기 위한 조치였다. 이때부터 대통령과 당 총재 권력이 노태우에게 이양되기 시작했다. 7월 13일에는 평화적 정부 이양을 위한 정치 일정을 중립적 입장에서 엄정하게 집행해나간다는 의지를 보여주기 위해 민정당 당적을 가진 장관들을 모두 중립적 인사로 교체했다.

김대중, 출마 선언

6·29 선언으로 직선제 개헌이 현실화되면서 초미의 관심사는 김대중의 대선 출마 여부였다. 김대중 당시 민추협 공동의장은 1986년 11월 5일, 앞서 소개한 대로 대선 불출마 선언을 했다. 그런데 김대중은 6·29 선언이 발표되자 다음 날부터 미묘한 발언 퍼레이드를 이어갔다.

그는 7월 1일 측근에게 "내가 이번에 안 나오면(대선 출마를 하지 않으면

---

119 김성익, 앞의 책, 468쪽.

이란 뜻-저자 주) 배신자, 민족 반역자라고 공격하는가 하면, 심지어 일가족이 분신자살하겠다고까지 나와요. 요새 우리 집에 전화가 너무 많이 걸려 와 내가 잠을 잘 수가 없어요"라고 말했다.

7월 5일 일본 아사히신문과의 인터뷰에서는 "나의 '출마 문제에는 관심이 없다'는 말이 신문에 전해진 뒤 번의를 요구하는 일반 국민의 전화가 수백 차례나 걸려 왔다. 정치가로서 이같은 여론에 등을 돌릴 수는 없을 것이다. 불출마 입장이 옳은 것인가 아닌가는 복권이 실현된다면 지방을 돌면서 여러 사람의 이야기를 들어보면서 생각해보고 싶다"라고 말을 바꿨다.

7월 17일 김대중은 그동안의 '불출마 선언'을 번복하고 13대 대통령 선거 출마를 선언했다. 이유는 "불출마 선언은 전두환 씨가 직선제 제의를 수락하고 건국대 사태 관련 학생들을 용공으로 몰아 탄압하는 것을 중지하면 안 나갈 수 있다고 한 것인데, 상대방이 즉각 이를 거절하였으므로 내가 약속을 어겼다고 생각하지 않는다"라는 주장이었다. 그는 오히려 김영삼이 서독 방문 때 "김대중이 사면 복권되면 대통령 후보로 밀겠다"라고 발표한 사실을 들어 자기에게 후보 자리를 양보하라고 공세를 펼쳤다.

야당 지지자들은 오매불망 김영삼·김대중 단일화를 통한 정권교체를 갈망했다. 때문에 두 사람의 단일화는 시간문제라고 낙관했다. 그런 생각은 순진한 기대였음이 밝혀지는 데는 오랜 시간이 필요하지 않았다.

7월 말부터 헌법 개정 작업을 위해 여야 8인 정치협상이 시작되었다. 대통령 직선제를 주요골자로 하는 개헌 작업이 진행되던 8월 들어 전국에서 노동자들의 시위가 대폭발했다. 8월 9일 강원도에서 광원 1,200여 명이 고한역을 점거하고 농성하는 바람에 태백선이 불통되었고, 현대자동차, 현대중공업 등 대규모 사업장에서 휴업, 파업, 분규가 일어났다. 전두환 대통령이 예상했던 대규모 시위가 현실화된 것이다.

8월 10일 수석비서관 회의를 주재한 전 대통령은 "근로자들에게 잘해주고 있는 기업에선 노사분규가 없다", "기업도 돈을 벌면 근로자들에게 인간다운 대우를 해야지 종업원들을 종 부리듯 해서는 안 된다"라면서 다음과 같이 말했다.

"사실은 기업주들도 혼이 좀 나 봐야 돼요. (중략) 맨날 기업들이 문제가 나면 경찰 등 기관이 해결해주니⋯. 돈은 자기들이 다 벌고 근로자에게는 안 해주고⋯. 기업주들이 그동안 근로자들에게 군림하듯이 해왔는데 이번 사태를 계기로 경영 근대화가 될 겁니다."[120]

여야 합의 개헌안 확정

노사분규의 평지풍파 속에서 헌법 개정 작업을 시작한 지 한 달 만인 1987년 8월 31일, 여야 합의에 의한 개헌안이 마련되었다. 9월 18일 여야 공동으로 헌법 개정안이 국회에서 발의되었고, 9월 21일 개헌안 공고를 거쳐 10월 12일 국회에서 개헌안을 의결했다. 국회 의결을 거친 개헌안은 10월 27일 국민투표를 통해 총유권자 78.2%의 투표와 투표자 93.1%의 찬성으로 확정되었고, 10월 29일 공포되었다.

제9차 개정 헌법은 대통령 직선제를 도입한 것 외에도, 개정 전 헌법에 비해 국민의 기본권을 강화하고 통치권 행사의 절차적 정당성을 강조하는 내용을 많이 보완한 것이 특징이다. 통치 구조 면에서는 대통령 직선제를 도입하고, 대통령 임기를 5년 단임으로 규정했으며, 대통령의 비상조치권 및 국회 해산권을 폐지하여 대통령의 권한을 약화시켰다. 반면에 국정감사권의 부활 등 국회의 권한을 크게 강화한 것이 특징이었다.

전두환 대통령은 정권 이양을 위한 준비를 추진했다. 한편에선 열심히

---

120 김성익, 앞의 책, 480쪽.

정치자금을 모금하여 노태우 후보 진영을 도왔다. 전두환은 "여러 가지 어려운 가운데 내가 자금을 만들어 당에서 계산할 때 이만하면 되겠다는 정도의 자금을 지원해주었다"[121]라고 말했다. 전두환이 이런 노력을 기울여가며 노태우의 당선을 위해 고군분투한 것은 누구도 부인할 수 없는 사실이었다.

제13대 대선일이 1987년 12월 16일로 공고되었다. 이제 초미의 관심사는 양김 단일화였다. 야당 지지자들은 1980년 서울의 봄이 엉망이 된 실수를 교훈 삼아 "YS(김영삼)·DJ(김대중)는 무슨 수를 써서라도 단일화하라"면서 압력을 가했다. 두 사람은 "1980년과 같이 우매한 일을 하여 국민이 걱정하지 않도록 표결 대결 없이 단합할 것"이라고 공언했다.

그러나 내면을 들여다보면 단일화는 깨질 수밖에 없었다. 후보 단일화 문제와 관련하여 김대중은 다음과 같이 토로했다.

'솔직히 나는 YS 측과 합의가 잘 되면 대선에 안 나가려 했다. 유력 언론사 사장이 우리에게 역할 분담을 제안했다.

"두 분(DJ·YS)이 대통령 후보와 민주당 당수를 하나씩 나눠 하시라."

나는 대통령 후보가 되면 더 좋겠지만, "그렇게 하겠다"며 당수를 맡는 방안을 수용했다. YS 측은 거부했다. 후보와 당수를 독식하고자 했다. 우리쪽(동교동계)에 대놓고 "김대중이 대통령 후보가 되면 공산당이라며 군부가 쿠데타를 한다. 그래서 양보할 수 없다"는 군부 불신론까지 들먹였다.'[122]

김영삼·김대중 단일화 불발

10월 25일 김영삼·김대중이 함께 참여하는 고려대 시국 토론회가 주목

---

121 김성익, 앞의 책, 572쪽.
122 김대중 육성 회고록(16), "'87년 대선, 우리는 서로 싸우다 졌고 국민은 나를 원망했다", 중앙일보, 2023년 8월 29일.

제5공화국 전두환 시대 2

을 받았다. 이 자리에서 야당 후보 단일화 발표가 나오길 기대한 것이다. 고려대 민주광장에서 진행된 토론회에 참석한 두 사람은 단상에 나란히 앉았다. 하지만 시종일관 서로 외면한 채 한마디 대화도 나누지 않았다.

그로부터 사흘 후인 10월 28일, 김대중은 여의도 여성백인기념관에서 기자회견을 갖고 "광주·대전·인천 등의 집회와 고려대 집회에서 절대다수의 국민이 나를 지지하고 있는 점을 확인하고 재야 세력의 추천을 받아 후보로 나섰다"라면서 대선 출마를 공식 선언했다.

이날 김대중은 국민 화해, 정의 경제, 군부 중립, 자주 외교, 통일 추진 등 5대 공약을 제시했다. "네 사람이 모두 나오면 김대중이 이긴다"라는 4자 필승론이 평민당과 김대중 후보의 구상이었다. 후보 단일화가 최종 결렬된 과정에 대한 김대중의 증언이다.

'대선 두 달쯤 앞두고 YS가 대통령 후보 단일화를 위해 전당대회에서 경선할 것을 제의했다. 나는 공정한 경선을 위해 200여 개 지구당 중 미창당된 30여 곳은 우리 쪽에 달라고 했다. 그것도 거절당했다. 단일화 협상은 깨졌다. 나와 나를 지지하는 의원들은 민주당에서 집단 탈당하고, 11월 평화민주당(평민당)을 창당해 대통령 후보로 나서게 됐다.'[123]

야권 분열로 승리한 노태우

이로써 전두환의 예상대로 야권 분열 상태에서 대선이 진행되었다. 제13대 대선은 노태우(민주정의당), 김영삼(통일민주당), 김대중(평화민주당), 김종필(신민주공화당) 후보의 4파전이었다. 노태우는 '이제는 안정입니다'와 '보통 사람', 김영삼은 '군정종식'과 '친근한 대통령, 정직한 정부', 김대중은 '평민은 평민당 대중은 김대중'을 구호로 내걸었다.

---

123 김대중 육성 회고록(16), 중앙일보, 2023년 8월 29일.

전두환은 11월 6일 민정당 의원들과의 만찬에서 "이번 대통령 선거는 별로 초조하지 않다"라면서 결전장은 서울이니 서울에 총력을 기울여야 한다고 참석자들을 독려했다. 11월 9일 수석비서관 회의에서는 김대중이 열세라면서 김대중이 열세가 되면 야당 후보가 단일화되거나 김영삼으로 집중될 우려가 있다면서 "앞으로 공략 목표를 김대중보다는 김영삼에 두어야 한다"라고 말했다.[124]

대선이 치열하게 진행되는 와중에도 경쟁력을 가지게 된 한국의 수출액은 나날이 늘었다. 이날 수석비서관 회의에서 박영철 경제수석의 보고에 의하면 수출이 하루 1억 달러씩 증가하여 작년 같은 기간에 비해 63%가 늘어 수출 총액이 380억 달러, 수입은 344억 달러를 기록했다. 연말에는 무역흑자가 100억 달러로, 당초 목표 85억 달러를 크게 넘어설 것이라고 보고했다.[125]

11월 29일 노태우 후보는 광주 유세 과정에서 시민들로부터 돌 세례를 받는 수모를 당했다. 그 직후 전두환 대통령은 비밀리에 노 후보 자택을 방문하여 "내가 열 번 스무 번 죽어도 관계없으니 신경 쓰지 말라. 나를 죽여서 당신이 당선될 수 있으면 무엇이든지 하라. 내 친척 문제를 유세장에서 쳐버려라"라고 말했다.[126]

12월 16일 치러진 대선 개표 결과 야권 표가 세 갈래로 분산되면서 노태우 후보는 불과 36.64%의 득표로 당선되었다. 2위는 28.03%를 얻은 김영삼 후보가 차지했고, '4자 필승론'을 외친 김대중은 27.04%를 득표하여 3위를 기록했다. 유권자들이 전두환과 제5공화국을 근본적으로 실패한 정

124 김성익, 앞의 책, 542~543쪽.

125 김성익, 앞의 책, 546쪽.

126 김성익, 앞의 책, 571쪽.

부라고 생각했다면 과연 전두환이 후계자로 지명한 노태우가 대통령에 당선될 수 있었을까?

정치보복 각오하고 권력 내려놓다

전두환 대통령은 6·29 선언을 구상하여 직선제 개헌을 이뤄냈고, 자신의 예상대로 정권 재창출에 성공했다. 그런 점에서 전두환은 선수를 쳐서 기선을 제압하는 공격형 리더십의 달인이었다. 하지만 아무리 능력이 뛰어나도 권력의 정점에 있던 사람이 퇴임을 위해 권력을 내려놓는 행위는 장수가 갑옷을 벗고 무기를 내려놓는 것과 같다. 그는 10월 2일, 3사 체육대회를 참관한 후 관계자들과 환담에서 "우리나라에서는 대통령이 보통 용기가 없으면 평화적 정부 이양을 못한다"라며 다음과 같이 토로했다.

"내가 신이 아닌 이상 잘못된 분야도 많은데, 후임자가 그것을 시비하고 얼마든지 정치보복을 할 수 있기 때문에 평화적인 정부 이양을 쉽게 못하는 겁니다. 나는 정치보복을 각오하고 있어요. 그러나 평화적 정부 이양은 꼭 한 번은 해야 돼. 민주주의 발전을 위해서는 전통을 세워야 해요."[127]

그는 임기 말이 되자 평화적 정권교체가 얼마나 어려운 과업인가를 실감하게 된다. 그러한 마음을 솔직하게 육성으로 토로한 것이 1988년 1월 7일 청와대 출입기자단과의 송별 만찬석상이었다. 이날의 주요 발언 요지를 소개한다.

"작년부터 박정희 대통령이 이래서 정권을 이양할 수 없었겠구나, 이해가 갔어요. 내가 정권을 내놓는다고 하면 잘못이 있더라도 덮어주고 보호해주려고 해야 하는데 (정권을) 내놓는다니까 까뒤집고 해요. (중략) 나가는 사람, 가만있는 사람 약을 올리면 이성을 잃게 되어 있어요. 여기서 맞

---

127 김성익, 앞의 책, 524쪽.

아 죽는 게 창피 안 당하고 더 행복한 거 아니냐고 생각할 수 있어요. 감정이 북받쳐서 순순히 내놓을 기분이 아닐 때도 있었어요. 상당한 인내심이 필요했어요."[128]

그는 1월 14일 언론사 편집국장들과의 오찬 석상에서는 "어떤 수모라도 참고 견디겠다는 각오가 없으면 대통령을 내놓을 수가 없다. 노태우가 모든 것을 잘 봐줄 것이라고 기대하지 않는다"라고도 했다.[129] 1988년 1월 30일 퇴임을 앞둔 전두환 대통령은 외신기자들과의 회견에서 퇴임 후의 계획을 다음과 같이 밝혔다.

"우선 나가서 푹 쉬고 싶습니다. 대통령 될 꿈도 안 꾼 사람이 대통령 하자니 대통령 되고 싶었던 사람이 된 것보다 훨씬 피곤했습니다. 또 대통령은 국민 중에서 가장 자유가 박탈된 사람입니다. 그만두면 잃었던 자유를 되찾는 것입니다. 그래서 내자와 자식들이 희망에 부풀어 있습니다. 내 본집으로 이사 간다고 생각하니 즐겁습니다."[130]

퇴임 전날 태릉선수촌 방문

전두환은 퇴임 하루 전인 2월 24일 태릉선수촌을 방문하여 올림픽 준비 상황을 점검하고 선수단과 임원들을 격려했다. 그는 퇴임하는 순간까지 올림픽의 성공을 위해 최선을 다했다. 그날 오후 6시, 서울 힐튼호텔에서는 전두환 대통령의 이임식 겸 환송 만찬 행사가 열렸다. 이날 전두환은 "이제 본인이 역사의 구속으로부터 풀려나는 시간이 다가오고 있습니다. 이제 본인이 그 무거웠던 책임자의 고독으로부터 해방되는 시간이 다가오고

---

128 김성익, 앞의 책, 598쪽.
129 김성익, 앞의 책, 599쪽.
130 최재욱, 「1988년 2월 25일 퇴임 날의 청와대 앞뜰-내가 본 그때 그 순간의 대통령 전두환」, 월간조선 편집부 편, 앞의 책, 262쪽.

있습니다. … 그 시간은 본인이 진심으로 소원했던 시간이며, 또 그러한 소원이 이루어지게 된 것을 본인은 매우 행복하게 생각합니다"[131]라고 소감을 밝혔다.

전두환은 퇴임 후 제일 해보고 싶은 일은 "계획 없이 민가에 들어가 된장 반찬으로 저녁을 얻어먹고 아무 데나 누워 자고 막걸리도 마시고 하는 것"이라고 밝혔다.[132] 또 국민 여론을 수렴해서 진정시키는 역할, 학교 가서 강의도 하고 토의도 하는 '활동하는 전직 대통령'을 꿈꾸었다.

전 국민 축복 속에 청와대 걸어 나와

2월 25일 오전 9시. 전두환 내외는 청와대 본관 현관으로 나가 노태우 대통령 내외를 맞았다. 그리고 집무실로 가서 자신이 7년 반 동안 앉았던 자리를 노 대통령에게 인계했다. 오전 11시 10분. 청와대 현관 앞뜰에서 전·현 두 대통령은 작별의 악수를 나누었다. 전두환 내외는 노 대통령 내외의 환송을 받으며 어린 손녀의 손을 잡고 청와대에서 나왔다. 대한민국 건국 이래 최초로 전직 대통령과 현직 대통령 간의 정권 교체였다.

전두환은 평화적인 상태에서 전 국민의 축복을 받아가며 제 발로 걸어나간 첫 번째 대통령이 되었다. 광화문-시청 앞-서소문-신촌에서는 시민들이 떠나는 전직 대통령에 따뜻한 격려의 박수를 보냈다. 인파 속에서 퇴임 대통령의 행렬을 뒤따르던 5공의 마지막 국무총리 김정렬은 "참으로 복 많은 어른이셔"라고 말했다.[133]

전두환 내외는 7년 반 만에 연희동 자택으로 돌아갔다. 하지만 퇴임 대

---

131 최재욱, 앞의 책, 262쪽.
132 김성익, 앞의 책, 173쪽.
133 최재욱, 앞의 책, 262쪽.

대통령에 당선되고부터 다짐한 평화적 정권 교체를 이루어냈다.
전두환이 노태우를 민정당의 대통령 후보로 지명하고 공표한 것은 1987년 6월 2일이었지만,
마음속으로 노태우를 낙점한 것은 그보다 훨씬 전이었다.
이러한 결정을 누구에게도 내색하지 않았고, 이때부터 노태우가 적절한 경험과 경륜을 쌓아
지도자로서의 자질을 키울 수 있도록 물심양면으로 배려했다.

많은 이들의 축하를 받으며 7년 반 만에 연희동 자택에 들어서는 전두환 내외.
그는 퇴임 후 제일 해보고 싶은 일은 "계획 없이 민가에 들어가 된장 반찬으로 저녁을 얻어먹고
아무 데나 누워 자고 막걸리도 마시고 하는 것"이었다.
또 국민 여론을 수렴해서 진정시키는 역할, 학교 가서 강의도 하고 토의도 하는
"활동적인 전직 대통령"을 꿈꾸었다.

통령의 자유는 너무나 짧았다. 한국의 정치인들이 자유민주주의 원리 원칙을 충실히 따를 것이라고 낭만적으로 생각한 것은 전두환의 환상이자 착각이었다는 사실을 깨닫는 데는 오랜 시간이 필요하지 않았다.

5

퇴임, 그리고 고난의 행군

예상했던 대로 전두환은 퇴임 이후 '5공 청산'이란 평지풍파에 휘말렸다. 정치권이 퇴임 대통령 전두환의 행보에 촉각을 곤두세운 이유는 두 가지로 추측된다. 첫째는 5공화국의 정치 파행은 소란스럽고 기억하기 싫었을지 몰라도, 경제에 관한 한 최고의 성과를 국민 개개인에게 가져다주었기 때문이다.

제5공화국 전두환 시대 7년 5개월의 역사적 의미는 박정희가 건설한 중화학공업을 구조조정하고, IT산업이란 또 하나의 성장 동력을 창출해냈으며, 인플레 억제를 통해 물가를 안정시켰다. 게다가 올림픽을 유치하고 준비하는 과정에서 수도 서울이 국제도시로 환골탈태했고, 국가 브랜드 가치가 크게 높아졌다. 한국인의 기상이 오대양 육대주를 뛰어넘어 남극 대륙에까지 뻗어나간 질풍노도의 시대였다. 그 결과 이승만, 박정희 시대 추진되었던 '한강의 기적'을 실질적으로 완성하여 국민 개개인의 호주머니를 두둑하게 불려 전 국민의 70% 이상을 중산층으로 만든 그 성과는 그 누구도 부인하기 힘든 업적이었다.

58세 퇴임 대통령의 존재감

또 하나 의미심장한 이유는 전두환이 퇴임할 때의 나이가 58세였다는 사실이다. 만약 후임 정권이 국민의 지지를 잃게 될 경우 전두환에 대한 향수가 일어나지 말란 보장이 없다. 정치권 인사들 중에서 전두환이란 개성 강한 지도자가 환갑도 안 된 나이에 퇴임하여 고향에서 낚시나 하며 노후생활을 즐길 것으로 상상한 사람은 찾아보기 힘들었다.

결론은, 전두환이 마음만 먹는다면 또다시 정치 활동에 뛰어들 가능성을 배제할 수 없다. 권력에 대한 집착, 권력 상실에 대한 불안감은 권력의 자리에 올라 있는 사람일수록 더 강한 것이 고금동서의 진리다. 특히 전두환의 물심양면의 지원을 받아 대통령에 당선된 후임자 노태우 입장에서는 개성 강한 전임자의 존재가 대단히 껄끄러웠을 것이다.

전두환이 퇴임하자마자 '5공 청산'의 태풍이 몰아닥친 것은 건국 이래 단 한 번도 평화적 정권 교체가 이루어지지 못했던 한국의 독특한 정치 상황이 빚어낸 당연한 귀결이었다. 가장 먼저 공격의 대상이 된 것은 국가원로자문회의였다.

이 기구는 전두환 대통령 재임 시절 존재했던 '국정자문회의'의 명칭을 바꾸면서 인원을 늘리고 기능을 다소 강화한 대통령 자문기구였다. 1987년 6·29 선언 이후 여야 합의를 통해 마련한 6공 헌법에도 명시되어 있는 헌법기구였다. 기능이 강화됐다고 하지만, 기본적으로 대통령이 자문을 요청하는 경우 의견을 내는 것이 주요 기능이어서 권력 행사와는 거리가 먼 자문기구에 불과했다.[134] 현직 대통령이 활용하지 않으면 아무런 일도 할 수 없는 유명무실한 기구였다는 뜻이다.

국가원로자문회의 의장은 직전 대통령이 맡게 되어 있어서 전두환이

---

134 전두환 회고록(3), 앞의 책, 141쪽.

퇴임과 동시에 의장이 되고, 5년 후에는 노태우 대통령이 그 자리에 오르게 되어 있었다. 정파가 다른 대통령의 당선으로 인해 정권이 바뀌더라도 전직 대통령들과 국가 지도자급 인사들로 구성된 국가원로자문회의가 잘 기능하면 국민화합과 국론의 조정·통일을 기하게 됨으로써 현직 대통령의 국정 수행에도 힘을 보탤 수 있는 기구였다.[135]

노태우 진영은 국가원로자문회의에 대해 고도로 과민하게 반응했다. 전두환이 의장을 맡게 된 국가원로자문회의가 상왕부(上王府) 구실을 하기 위해 설치된 것이라며 공격의 표적으로 삼은 것이다. 언론과 정치권에선 전경환 새마을회장의 비리 문제를 집중적으로 파헤쳤다. 전경환 비리를 앞세운 파상적인 공격은 전두환을 국가원로자문회의에서 물러나도록 압력을 행사하기 위한 일종의 성동격서(聲東擊西)였다.

국가원로자문회의에 대한 거부감

3월 8일 노태우 정부에서 총무처 장관에 임용된 김용갑은 국가원로자문회의 기구 및 권한 축소를 발표했다. 3월 18일 정보기관 관계자가 은밀히 전경환에게 "세상이 시끄러우니 여론이 가라앉을 때까지 잠시 외국에 나가 있으라"며 출국을 종용했다. 그것이 정부의 요구라는 말에 설득당한 전경환은 당장 그날 저녁 서둘러 일본행 비행기에 올랐다. 공항에는 누군가에게 정보를 제공받은 기자가 그 장면을 지켜보았고, 다음 날 언론에 '전경환 해외도피'란 제목으로 대대적으로 보도했다.

동생의 비밀 출국 소식을 알게 된 전두환은 안현태 전 경호실장에게 관계당국의 협조를 받아 당장 데려오도록 하라고 지시했다. 전경환은 이틀 만인 3월 20일 김해공항을 통해 황급히 귀국했다. 노태우 진영은 전경환

---

135 전두환 회고록(3), 앞의 책, 143쪽.

제5공화국 전두환 시대 2

에 대한 구속수사가 불가피하다는 여론을 조성하는 데 성공했다.

소란의 와중에 전두환은 퇴임 후 이미 받아놓은 레이건 대통령의 방미 초청 계획에 따라 출국해야 했다. 전두환은 3월 23일 레이건 미국 대통령과 면담했고, 3월 24일엔 슐츠 미 국무장관과 대화를 나누었다. 이날 슐츠 장관과 면담에서 전두환은 "내가 정권을 내놓으니 언론에서 우리 집안을 치기 시작하는데, 그런 게 평화적 정부 이양을 하기 힘든 원인 중의 하나"라고 토로했다.[136]

전두환 미국 방문 중 전경환 전격 구속

그가 미국 방문 기간 중이던 3월 31일, 전두환의 동생 전경환이 새마을 비리 문제로 검찰에 구속됐다. 충격적인 동생의 구속 소식을 들은 전두환은 4월 3일, '5공 청산 정국'과 관련하여, 특히 자신과 노태우 대통령과의 관계에 대해 수행원들에게 솔직한 감정을 토로했다. 이날 발언 내용을 정리하여 소개한다.

"노 대통령과 나는 친형제보다 소중한 관계다. 내가 사관학교 생도 시절부터 많은 친구가 있었지만 노 대통령과는 뜻이 맞았고, 성장해서는 정치노선과 이념이 딱 맞았다. 군에 있을 때도 상부상조하며 살아왔고, 내가 대통령이 된 후에는 누구보다 노태우를 대통령으로 만들기 위해 노력해왔다. 내가 남모르게 키운 것이다. 노 대통령도 인내심을 가지고 겉으로 나타내지 않고 주의하면서 내가 지시한 것을 잘 지켜왔고, 그래서 오늘날 대임을 인수할 수 있었다.

우리 두 사람의 관계는 형제보다 더 가까운 관계고 정치노선이나 우정의 면에서나 누구와 비교할 수 없을 정도의 관계가 되었다. 대권을 잡으면

136 김성익, 앞의 책, 628쪽.

변한다고 하는데 노태우는 대권이 아니라 천하에 없는 것을 잡아도 변할 수 없는 사람이다.

전두환 없는 노태우는 있을 수 없다. 5공과 6공의 단절은 있을 수 없다. 노 대통령은 5공화국 민정당에서 큰 사람이다. 5공, 6공을 단절하는 개념으로 하면 자승자박이 된다. 한 발 앞을 못 내다보는 근시안적 태도다. 우리가 관용하고 포용할 줄 아는 민족인데 끝난 사람을 보호해주고 부담 없이 지낼 수 있는 좋은 전통을 확립했으면 하는 게 희망이야. 다 끝난 사람, 힘없는 사람을 짓밟는 것은 비겁한 거야. 권력을 가지고 있을 때 그렇게 해야지…".137

전두환은 '5공 청산' 여론은 노태우 진영이 촉발시켰지만, 이것이 걷잡을 수 없이 확대되고 있는 이유는 야권과 체제 변혁을 추구하는 좌파 재야 세력의 노태우 정부 흔들기로 이해했다. 이런 핵심 본질을 이해하지 못한 노 대통령 주변 인사들이 전임 대통령의 영향력이 강하므로 기를 꺾어야 노 대통령 위상이 올라간다는 잘못된 생각에서 언론에 관련 정보를 흘려 문제를 키웠을 가능성을 제기했다.138

그는 "국가원로자문회의 의장직을 내놓으면 화살이 노 대통령에게 향하게 되고, 그렇게 되면 노 대통령 물러나라는 상황까지 악화될 수 있다"라면서 이렇게 말했다.

"내가 버티는 데까지 버티고 여론의 악역이 된다고 해도 노 대통령에게 가는 화살을 막는 방패가 될 수 있다면 그대로 밀고 나가는 게 나을 수 있어. 내가 원로회의 의장으로 버티고 있는 한 화살이 정부로 가기는 어려울 것이다. (중략) 바람막이를 할 사람은 끝까지 해야 돼. 여론만 듣고 통치할

---

137 김성익, 629~633쪽.
138 김성익, 앞의 책, 634쪽.

제5공화국 전두환 시대 2

수는 없어."[139]

국가원로자문회의 의장직 사퇴 종용

국내에서 동생의 구속 등 평지풍파가 일자 전두환은 미국 일정을 중단하고 4월 10일 서둘러 귀국행 비행기에 올랐다. 그 비행기에 노 대통령의 메시지를 갖고 서울에서 급히 달려온 박태준 포항제철 회장이 동승했다. 박 회장은 전경환의 비리 관련 자료들을 보여주면서 동생을 구속할 수밖에 없었던 이유를 설명했고, 전두환에게 국가원로자문회의 의장직 사퇴를 종용했다.[140]

여기서 잠시 시선을 전두환의 퇴임 후 구상으로 돌려보겠다. 외무부 서남아 차석 서기관으로서 아웅산 사건의 실무를 담당했던 최병효는 2006년부터 2008년까지 로스앤젤레스 총영사로 재직했다. 2007년 1월, 전두환 전 대통령이 가족과 함께 사적인 미국 방문을 위해 LA에 도착했다. 외무부는 LA총영사관에 그의 개인적 미국 방문을 알리면서 예우는 공관장이 알아서 하라고 했다.

최병효 총영사는 하루 종일 전두환과 골프를 치고 오찬을 함께하며 많은 대화를 나누었다. 그는 전두환에게 1983년 10월의 버마 방문 때 외무부 담당 실무자로서 대통령을 수행했고, 사후 처리를 담당한 사실을 소개했다. 버마, 아웅산 이야기가 나오자 달변이었던 전두환의 입이 굳게 닫혔다.

최병효는 연세대 국제학대학원 겸임교수를 역임했고, 외교관에서 은퇴 후 우석대, 순천향대 아세아학부, 한양대 국제학부에서 국제정치, 외교 과목을 10년간 강의한 국제정치학자의 시각에서 전두환의 퇴임 후 행보와

---

139 김성익, 앞의 책, 635쪽.
140 전두환 회고록(3), 앞의 책, 142~143쪽.

관련, 그는 버마의 네윈을 따르려 한 것으로 보았다. 즉, 퇴임 후 자신이 좌지우지할 수 있는 사람을 대통령으로 내세우고 자신은 당 의장(혹은 국정자문회의 의장)으로서 실권을 행사하는 버마의 네윈식 정치를 이상적인 모델로 생각했던 것 같다는 견해였다.[141] 이를 위해 실무진의 검토 대상지역도 아니었던 버마를 억지로 방문했다가 아웅산 대참사를 겪었다는 주장이다.

최병효는 버마 사건 후에도 그가 버마식 당 의장 제도에 계속 미련을 가지고 이를 추진하려 했었다는 구체적 증거로 정구호 경향신문사 사장의 지시로 경향신문 정경연구소 장연호 기획위원 등이 극비리에 작성했다는 '88년 평화적 정권교체를 위한 준비 연구'라는 비밀 보고서를 제시했다.

'전두환 장기집권 시나리오'

2017년 5·18기념재단이 캘리포니아대학(UCLA) 동아시아 도서관에서 '88년 평화적 정권교체를 위한 준비 연구'라는 제목의 보고서를 발견했다. '전두환의 장기집권 시나리오'로 알려진 이 문건은 1988년 평화적 정권교체를 통해 전두환이 물러나고, 대통령에서 퇴임한 후에도 계속 민정당 총재를 맡아 후임 대통령에게 지도력을 행사하기 위한 구체적 방법론을 제시하고 있다.

이 보고서에 의하면 후임 대통령은 당 내외에 세력 기반이 없는 인물을 발탁하여 부총재를 맡도록 하며, 전두환이 당 의장으로 실권을 행사한다, 민정당은 최소 2000년까지 집권한다는 시나리오였다. 중앙일보가 보도한 이 문건의 요지는 다음과 같다.[142]

---

141 최병효, 앞의 책, 274쪽.
142 「88정권교체 준비 연구서 요지」, 중앙일보, 1988년 11월 12일.

제5공화국 전두환 시대 2

- 88정권 교체 준비 전제와 방안
- 대통령이 직접 후계자를 육성, 선정한 다음 현행 헌법에 따라 후임 대통령을 선출함. 대통령은 퇴임 후에도 민정당 총재직을 맡으며 후임 대통령은 부총재직을 겸임토록 하여 당 총재의 지도하에 있게 함.
- 이를 위한 여건 조성 방안으로 홍보·시책·사조직을 통하여 전 대통령의 이미지와 리더십을 더욱 강화하고 민정당의 압도적 강화와 야당 세력의 분산·강화를 실현하며 88년까지의 여러 정국 불안 요인들을 억제하기 위한 대책을 강구함
- 후계자 육성과 선정
- 후계자의 조건은 ①전 대통령에 대한 충성심이 확고한 인물이어야 함. ②야심이 없고 대인관계가 무난한 인물이면서 행정능력과 정치 감각을 일정 수준 이상 구비한 인물이어야 함. ③중산층 출신의 민간인이 바람직함. 단 민간인을 후계자로 선정해서는 군부의 충성심 확보가 도저히 불가능하다고 전망될 경우 군 출신 인사를 지명할 수도 있으나, 이 경우 조기 예편시켜 군부 내 인맥과 단절시켜야 함. ④의원직·각료직 등 요직을 고루 역임케 하거나 역임한 인사가 바람직함. ⑤학벌 등 배경 세력이 약한 인사가 더 적절함. ⑥연령은 현재 60대 초반의 인사가 바람직함.
- 후계자의 선정은 ①84~85년 중에 3~4명의 후계자 후보를 내심으로 선정, 만약 후보대상이 국회의원 경력이 없는 경우에는 12대 총선에 지역구를 맡겨 선거를 치르게 함. 이들 후보를 상대로 전 대통령에 대한 충성심, 행정역량, 인간관계를 계속 평가함. ②87년 초반에 후계자를 최종 선정, 국무총리 또는 당 부총재에 임명. ③87년 하반기에 있을 대통령 후보지명 대회까지는 후계자 선정이 명백히 드러나지 않게 하는 것이 좋음.

전두환은 네윈식 상왕 꿈꾸었나?

그 후 노태우가 후계자로 지명되는 과정을 추적해보면 이 보고서와 비슷한 방향으로 진행되었음을 부인하기는 어렵다고 본다. 하지만 사마천이 『사기(史記)』에서 이르듯, 한 하늘에 두 개의 태양이 떠오를 수는 없는 법이다. 정치란 살아 꿈틀거리는 생물과 같아서 아무리 계획이나 기획이 훌륭해도 세상만사가 예정된 계획대로 흘러가지는 않는다는 것이 고금동서의 진리다.

현행 헌법을 고수하여 정권 재창출을 하려던 전두환 대통령의 1987년 4·3 호헌조치는 민주화 항쟁을 촉발시켰고 여론의 압력, 시민의 거센 저항에 직면했다. 1987년 6·29 선언은 전두환 대통령의 결단 형식으로 추진되었지만, 사실상 최고 권력자가 국민의 뜻을 수용하여 평화적 정권교체의 단서를 연 것이다. 그 결과 직선제 개헌이 관철되었고, 김대중이 사면 복권되었다.

전두환이 아무리 네윈식 상왕 정치를 구상했어도 그가 퇴임과 더불어 대통령이라는 권한과 권위를 내려놓는 순간, 그는 '권력의 갑옷'을 벗고 맨몸으로 황야에 선 초라한 개인이 되는 것이 법치사회의 원리원칙이다. 전두환이 7년 5개월에 걸쳐 고군분투하며 양산해 낸 중산층은 이러한 법치사회의 원리원칙, 민주 의식으로 무장한 시민이었다. 그러한 각성된 시민층이 두텁게 존재했기에 1987~1988년의 한국은 제3장에서 소개한 헌팅턴의 '민주화의 제3의 물결'을 거스를 수 없는 시대적 상황에 직면한 것이다.

전두환은 미국에서 급거 귀국한 지 사흘 후인 4월 13일, 국가원로자문회의 의장직을 비롯하여 민정당 명예총재직 등 일체의 공직을 사퇴했다. 이것으로 전직 대통령의 '고난의 행군'이 마감된 것은 아니었다. '5공 청산' 정국이 대폭발을 일으킨 것은 노태우 정부 출범 두 달 후 처러진 제13대 총선(4·26 총선)이었다.

노태우 고집으로 4·26 총선 참패

여야는 협상을 통해 13대 총선은 대선에서 여당이 승리하면 2월에, 야당이 승리하면 4월에 실시하기로 합의했다. 노태우가 당선됐으니 총선은 2월에 치러야 했다. 전두환 대통령은 1988년 초, 총선 일자를 2월 9일로 정했다. 당시 야권은 대선 패배 이후 김영삼과 김대중은 자신들의 소속 정당에서 사퇴 압력에 밀려 당 총재직에서 물러나는 등 지리멸렬 상태였다.

여야 합의대로 2월에 총선이 실시되었다면 대선 승리의 여세를 몰아 민정당에 대단히 유리한 결과가 나왔을 것이다. 불행인지 다행인지 노태우 진영은 의도적으로 총선 기일을 늦췄다. 2월 총선을 실시하면 2월 25일까지 현직 대통령인 전두환이 공천에 개입할 가능성을 우려한 것이다. 결국 총선 날짜는 노태우의 고집으로 4월 26일로 결정됐다.

게다가 한 선거구에서 1~4명씩 선출하는 중선거구제가 당론이었음에도 불구하고 여야 협상으로 1구 1인 소선거구제로 선거법을 타결했다. 새 선거법은 전두환이 퇴임한 후인 3월 8일 국회를 통과했다. 게다가 공천 과정에서 '전두환 측 인물'로 낙인찍힌 권익현, 권정달, 윤길중, 봉두완, 정석모 등 민정당 활동에 크게 기여해온 인재뿐만 아니라 이재형 전 당 대표, 노신영 전 총리 등 유력자들을 대거 공천에서 탈락시켰다. 특히 당 대표를 지냈던 권익현의 공천 탈락은 큰 충격이었다.

언론은 이를 '금요일의 대학살', '전두환 그림자 지우기'로 보도했다. 총선을 통해 전두환 세력을 일거에 민정당에서 몰아내고 노태우 세력으로 판갈이를 구상한 것이다. 중선거구제에 익숙해 있던 민정당은 대선 승리에 도취되어 정치 상황을 낙관했다. 그러한 낙관이 비관으로 바뀌는 데는 오랜 시간이 필요하지 않았다.

4·26 총선 결과는 총 299석의 의석 중 민정당 125석, 김대중의 평화민주당 70석, 김영삼의 통일민주당 59석, 김종필의 신민주공화당 35석이었

다. 여당 125석 대 야당 172석, 집권 여당이 과반 의석에 미달하는 여소야대 상황이 된 것은 30여 년 만에 처음 겪는 일이었다.

대선 참패로 정계 은퇴 위기에 몰렸던 세 김 씨는 개선장군이 되어 정계로 복귀했고, 노태우 대통령은 출범 직후부터 정국의 주도권을 세 김 씨에게 빼앗기고 질질 끌려다니는 신세로 전락했다. 원 구성을 마치자 3개 야당이 공조하여 5공특위와 광주특위를 구성하기 위한 특별법을 통과시켰다. '5공 비리 청산' 태풍이 휘몰아쳤다.

전두환의 연희동 자택으로 시위대가 접근하려 하자 일반인의 출입이 차단되었다. 4·26 총선 대패 이후 5공 청산의 광풍이 날로 거세지자 노태우 진영은 전두환을 해외로 쫓아내기 위한 공작을 개시했다. 시중에 '전두환 해외 도피설'이 파다하게 나돌았다. 연희동 전두환 자택에서 김포공항으로 통하는 비밀 지하통로가 있다거나, 전두환이 여수항을 통해 밀항 시도, 한미 1군단 지역으로 피신 기도 등등을 적은 유인물이 살포되기도 했다.

"감옥 가는 한이 있어도 해외 망명은 없다"

전직 대통령이 해외로 망명한다는 것은 개인의 치욕일 뿐만 아니라, 국가의 수치요 헌정사의 퇴행이 된다. 한국인들은 이승만 대통령이 4·19로 하야하여 이화장으로 돌아간 후 하와이로 망명한 것으로 알고 있다. 이승만은 망명한 것이 아니라 당분간 휴식을 취하기 위해 옷가지 몇 점 가지고 떠난 것이다. 이를 '정치적 망명'으로 조작한 것은 당시의 정치권과 언론의 합작품이었다.

시중에 전두환 해외 도피설이 파다하게 나돌자 연희동 측은 "감옥에 가는 한이 있어도 망명은 없다"라고 못을 박았다. 세상이 온통 '5공 비리'의 성토장이 되어 전두환을 물고 뜯을 때 김정렬 전 국무총리가 연희동을 찾아왔다. 그는 1년 전 전두환에게 던졌던 질문을 반복하듯 다시 내놓았다.

"노태우를 아십니까?"

"노태우를 확실히 믿을 수 있는 사람이라고 생각하십니까?"

"지금도 노태우를 믿으십니까?"[143]

1년 전과 질문 내용이 달라진 부분은 마지막에 '지금도'라는 세 글자가 추가된 것이었다.

올림픽이 끝나고 국회에서 5공특위, 광주특위가 활동을 본격화하자 전두환을 등 떠밀어 스위스로 내보내기 위한, 사실상의 추방 공작이 시도되었다. 이른바 '레만호 계획'이다. 이와 관련, 전두환은 회고록에서 "내가 그들의 요구를 받아들였다면, 미리 스위스 은행으로 거액의 비밀 자금을 빼돌려놨다고 몰아붙이기 위한 목적"이라고 밝혔다.[144]

해외 추방 공작이 "죽어도 이 땅에서 죽는다"라는 전두환의 강력한 거부로 실패하자 이번에는 지방으로 몰아내기 작업이 개시되었다. 윤길중 민정당 대표, 정호용 의원, 권익현 전 민정당 대표가 연희동으로 찾아와 연희동을 떠나 수양해줄 것을 권유했다. 말이 좋아 권유일 뿐 연희동을 떠나 시골로 낙향, 은둔하라는 강요였다.

이 방법도 거부당하자 노태우 진영은 검찰과 국세청을 동원하여 전두환 친인척들을 압박하고 나섰다. 노태우 대통령이 순방외교를 위해 출국하기 전날인 11월 2일 밤, 이순자 여사가 영부인 김옥숙 여사에게 전화를 걸어 검찰이 전두환 친인척에 대한 무리한 수사를 하는 것 같다며 수사 상황을 알아봐줄 것을 부탁했다. 그러자 노태우 대통령이 곧바로 전두환에게 전화를

---

143 전두환 회고록(2), 앞의 책, 622쪽.

144 전두환 회고록(3), 앞의 책, 162쪽.

걸어 위로하면서 "형님(전기환)은 걱정 안 해도 된다"고 했다.[145]

대통령이 그렇게 약속해놓고는 자신이 해외에 나가 있는 동안 평지풍파가 일어났다. 11월 7일 전두환의 사촌 동생 전순환이 구속되었고, 처남 이창석 회사에 대한 세무사찰이 시작되었다. 11월 12일엔 친형 전기환, 사촌동생 전우환, 동서 홍순두가 구속되었고, 이틀 후에는 처남 이창석이 구속되었다.

해외 망명 거부하자 지방으로 내쫓기 작전

'5공 청산' 관련 검찰수사 덕분에 전두환의 측근과 친인척 47명 구속, 29명이 불구속 입건되었다. 엉뚱한 사람들까지 피해가 심각해지자 전두환은 더 이상 희생을 막아야 한다는 책임감에 시달렸다. 결국 전두환은 청와대 방침을 수용하겠다는 최종 의사를 공식적으로 전달했다. "외국으로 가는 것을 제외한 모든 방법으로 임기 중 발생했던 과오들에 대해 무한 책임을 지겠다"는 내용이었다.

이 의사가 전해지자 노태우 진영에선 전두환의 '재산 내역'을 공개할 것을 요구하더니, 급기야 '전 재산 헌납'을 요구했다. 청와대 밀사로 온 이원조는 전 재산을 국고에 헌납하겠다는 내용을 대국민담화문에 반드시 명시해줄 것을 요구했다. 전두환은 "전 재산 헌납 강요는 있을 수 없는 요구"라고 거절했다. 그런데 그날 석간신문이 일제히 "전두환 전 재산 헌납"을 머리기사로 보도했다.[146]

---

145 전두환 회고록(3), 앞의 책, 171~172쪽.
146 이순자 회고록, 앞의 책, 492~493쪽.

'5공 청산' 기획자는 노태우

그제야 전두환은 5공 청산 정국이라는 광풍이 야당이나 언론이 아니라 노태우 진영의 치밀한 기획 연출이란 사실을 적나라하게 깨달았다. 당시 상황에 대한 이순자 여사의 회고다.

"남편은 그날 처음으로, 자신을 보호하고 싶지만 정치적 상황 때문에 불가피하게 어려운 결심들을 하고 있다고 철썩같이 믿었던 친구 노 대통령이, 어떤 이유에서건 자신이 서울을 떠나 사라져주기를 원한다는 사실을 비로소 알게 되었다. 그날 밤 허탈한 모습으로 밤새워 생각에 잠기던 그이는 나에게 서울을 떠나자고 말했다. 그리고 기왕에 가는 것, 사람들이 찾아오기 힘든 첩첩산중으로 가자고 했다."[147]

전두환이 '사과, 재산 헌납, 낙향'을 수용하는 조건으로 노태우 측은 5공 청산 종결을 확실히 보장하기로 했다. 종결이란 정치적 사법적 처리의 종결을 의미하는 것이었다. 그 결과 '사과'는 연희동을 떠나는 날 기자회견을 통해 발표하고, 이 장면을 TV로 생중계하기로 했다.

'재산 헌납'은 국가원로자문회의 의장으로 사용하기 위해 가지고 있던 자금 89억 원을 헌납하기로 했다. 6공 측은 최소 100억 원 이상은 돼야 국민이 납득할 수 있을 것이라며 청와대가 50억을 보태겠다고 했다. 6공 측은 연희동 자택까지 내놓을 것을 요구했으나 "가족들은 어디서 살라는 말이냐"라는 항의에 헌납 재산목록에서 제외되었다.

'낙향'은 사찰에 은둔하는 것으로 결정했다. 백담사가 은둔 장소로 등장한 것은 서의현 조계종 총무원장의 추천이었다. 추천은 서의현 총무원장이 했지만, 그곳을 은둔지로 정한 사람은 전두환이었다. 백담사가 가장 열악한 시설과, 가장 험한 지형이었기 때문이다. 1988년 11월 23일, 전두환

---

147 이순자 회고록, 앞의 책, 495쪽.

은 대국민 사과문을 발표하고 백담사로 떠났다.

이순자 여사는 개울 건너편에서 처음 본 백담사 풍경을 "외나무다리를 건너면 저승 같았다"라고 표현했다. 전기도 수도도 없는 적막한 설악산 자락 말사(末寺)의 요사채에 두 평쯤 되는 퇴락한 공간이 전직 대통령의 거처로 정해졌다.

백담사 도착 사흘째부터 전두환 내외는 새벽 예불을 시작했다. 새벽 3시가 되면 일어나 방 아랫목 대야에 떠다놓은 물을 수건에 적셔 몸을 씻고 법당으로 가 얼음장 같은 마루에 엎드려 108배를 했다. 전두환 내외는 1989년 새해를 맞아 음력 정월 초하루부터 '국태민안과 영가천도'를 위한 백일기도를 시작했다. 백일기도를 마감하는 '회향법회'가 열린 날은 1989년 5월 16일이었다.

전기도, 수도도 없는 절간에 유배

백담사 요사채는 습기 때문에 사람 살 집이 못 됐다. 첫겨울 기온은 영하 30도, 하늘 아래 제일 추운 곳이었다. 샘물이 얼어 터져 개울물을 마셨다. 비가 많이 오면 백담사 앞 나무다리가 계곡물에 쓸려 내려갔다. 나중에 돌다리가 만들어졌다. 돌다리엔 전두환 전 대통령이 '수심교(修心橋)'라는 이름을 새겼다.[148]

여름에는 가장 고통스러운 것이 벌레들이었다. 방충망을 해도 벌레가 매일 한 쓰레받기 정도 나왔다. 매일같이 모기, 벌레의 습격에 시달렸다. 남편과 함께 귀양살이를 한 이순자 여사는 쇠파리에 물려 다리가 부어오르고 열이 올라 하루 종일 몸져누웠다.

1989년 8월 9일, 통치사료 담당 비서관이었던 김성익이 미국 연수를 떠

---

148 「"박정희 같았으면 목숨 끊었다" 전두환 분노의 백담사 유배」, 중앙일보, 2025년 4월 27일.

1988년 11월 23일, 전두환은 대국민사과문을 발표하고 백담사로 떠났다.
가장 열악한 시설과 가장 험한 지형, 전기도 수도도 들어오지 않는 곳,
적막한 설악산 자락 말사의 요사체에 두 평쯤 되는 퇴락한 공간이
전직 대통령 내외의 거처로 정해졌다.
전두환 내외는 이곳에서 스님들과 함께 생활하며
틈틈이 글을 쓰고 생각에 잠기며 2년 1개월 9일간 머물렀다.

나기 전, 백담사로 인사를 하러 갔다. 이날 전두환은 권력무상, 인생무상의 심정에서 김성익에게 이런 증언을 했다.

"김재규가 박 대통령을 죽인 것은 탐심과 권력투쟁 때문이다. 차지철과 권력투쟁을 하느라 앙심을 품어서 죽여놓고 권력을 잡으려고 한 것이다. 나중에 변호사들이 그를 가리켜 민주인사 운운하는데, 장군이란 일반인에게도 존경받고 젊은이들에게 지표가 되어야 해. 그런데 김재규는 사감(私感) 때문에, 박 대통령 덕으로 6사단장, 6관구 사령관, 충주비료 사장을 거치고도 권력투쟁을 하다가 자기가 졌다고 박 대통령을 죽였다. 그러면 그 자리를 그만두고 나왔어야지.

나도 장군인데 장군이 이 무슨 망신이냐. 부하에게 할 말이 없었다. 김재규는 자기 마음에 안 들면 자기가 모시는 국가원수를 시해하는 전통을 남겼다. 우리는 배신하는 게 하나의 나쁜 전통으로 되어버렸다. 역사적으로 볼 때, 민족정신으로 볼 때 부끄럽고 창피한 일이다. 노태우를 대통령 시켜서 좋은 교훈을 남기면 김재규가 저지른 것이 커버되어 김재규는 돌연변이의 탕아가 되고, 정식으로 사관학교 나온 사람은 권력도 잘 물려주고 전임자 잘 대우하고 오순도순 잘해나간다는 것을 교훈으로 입증시킬 기회가 될 것이라고 생각했다."[149]

1989년 12월 15일 노태우 대통령은 김대중 평화민주당 총재, 김영삼 통일민주당 총재, 김종필 신민주공화당 총재를 초청하여 청와대에서 영수회담을 열고 5공 청산을 마무리하기로 정치적으로 합의했다. 이날 4인은 첫째, 5공 비리와 5·18 광주민주화운동 유혈진압 관련자의 공직사퇴 및 고발 조

---

149 김성익, 앞의 책, 647쪽.

치, 둘째, 광주시민의 명예회복 및 보상 위한 입법 추진, 셋째, 전두환 전 대통령 국회 증언 등 11개 사항에 합의했다. 청와대 영수회담의 합의에 따라 전두환 전 대통령의 국회 증언을 TV로 생중계하기로 결정했다. 이 합의에 따라 전두환은 백담사에서 나와 1989년 12월 31일 국회 증언대에 섰다.

5공 청산 마무리 위해 국회 증언대 올라

백담사에 유배 중이던 전두환은 1989년의 마지막 날인 12월 31일, 5공 비리특위와 5·18광주특위 합동청문회에 출석하여 증언했다. 이때 전두환은 "광주민주화운동 유혈진압은 나와는 무관"하다고 발언하자 야당 의원들이 심한 야유와 폭언을 퍼부었다. 이철용 평민당 의원은 전두환을 향해 돌진하면서 "발포 쟁점부터 밝혀! 살인마 전두환!"을 외쳤고, 노무현 통일민주당 의원은 명패 투척 사건을 일으켜 청문회 스타로 탄생했다. 이 행위로 유명세를 탄 노무현은 결국 대통령에 당선되었다. 난리법석 끝에 5공 청산은 정치적으로 마무리되었다.

국회 증언을 마치고 다시 백담사로 돌아온 지 22일 후인 1990년 1월 22일, 노태우 대통령은 3당 합당을 발표했다. 노태우의 민정당과 김영삼의 통일민주당, 김종필의 신민주공화당이 한편이 된 것이다. 정치판에서는 영원한 적도, 영원한 동지도 없다는 잠언을 실감케 해준 일대 사건이었다.

전직 대통령이 전기도 안 들어오고 제대로 된 화장실도 없는 곳에 산다는 소식이 전해지면서 전두환에 대한 동정론이 일기 시작했다. 백담사를 찾는 방문객이 폭증했다. 하루 4천여 명이 몰리던 방문객이 5천 명, 어떤 날은 8천 명이 백담사가 위치한 용대리를 찾기도 했다.

1991년 1월 18일은 전두환의 회갑이었다. 만약 전직 대통령이 그때까지 귀환하지 못하고 회갑을 삭풍이 몰아치는 백담사에서 맞는다면? 이 경우 현실 정치에 대한 불만과 불신이 백담사에 유배 중인 전직 대통령에 대한 동정 여론으로 확산될 우려가 제기되자 정치권은 아연 긴장했다.

그렇다고 전두환을 다시 연희동으로 귀환시키는 것도 큰 부담이었다. 노태우 정부에 실망하고 3당 합당으로 불만이 쌓여가는 친여 세력이 전두환을 구심점으로 결집할 가능성을 배제할 수 없었기 때문이다. 노태우 진영은 대안을 준비했다.

연희동 아닌, 제3의 장소로 가라

1990년 9월 27일 정구영 민정수석이 노태우 대통령의 친서를 들고 백담사를 찾았다. 친서의 요지는 연희동이 아닌 다른 장소로 옮기라는 내용이었다. 청와대는 '장기 해외여행, 제3의 장소'를 계속 언론에 흘려 전두환을 압박했다. 전두환은 "청와대가 제3의 장소를 고집한다면 나는 이곳에서 한 발자국도 움직이지 않겠다"라는 뜻을 분명히 밝혔다.

1990년 12월 24일 성탄절 전야 밤 9시 뉴스에서 노태우 대통령은 "전직 대통령이 연희동 사저로 돌아와 평화로운 생활을 하기를 희망한다"라는 메시지를 발표했다. 사흘 후인 12월 27일, 김영일 민정수석이 백담사를 방문, 하산 날짜가 12월 30일로 잡혔다는 사실을 알렸다. 2년 1개월 8일, 날수로는 769일 만에 전직 대통령 전두환의 백담사 유폐가 해제되어 연희동 자택으로 돌아갔다.

이것으로 전직 대통령의 고난이 종료됐다면 독이 오른 한국의 정치판을 너무 순진하고 우습게 보는 것이다. 보다 심각하고 폭력적이고, 법치주의마저 무너뜨리는 폭거 방식의 정치보복 제2라운드가 시작된 것은 김영삼 정부 출범 직후부터였다. 1993년 2월 25일 김영삼 대통령 취임식 두 달여 후인 4월 중순, 주영복 전 국방부 장관은 전두환 측의 민정기 비서관에게 "김영삼 정권이 기성 정치권에 대한 대대적인 물갈이를 계획하고 있다. 기성 정치권 가운데 5·6공 세력에게 궤멸될 정도의 타격을 가해 도태시킨

다는 것이다. 이를 위해 12·12와 5·18 문제를 동원할 것"이란 메시지를 전해주었다.[150]

김영삼 대통령은 5월 13일, '5·18 광주민주화 운동'에 관한 담화문을 발표했다. 그는 이 담화에서 "광주 문제는 우리의 법체계 안에서 가능하고, 형평의 원칙에 비추어 법적인 모든 조치를 취해나갈 것"이라면서 "그 처리는 역사의 평가에 맡기자"고 말했다. 1993년 8월 초에는 언론 인터뷰에서 "12·12, 5·18을 역사의 판단에 맡기자고 한 생각에는 변함이 없다"고 발언하여 사법적 대응을 할 뜻이 없음을 분명히 밝혔다. 이때까지는 1989년 12월 15일의 '5공 청산'에 대한 정치적 합의가 그런대로 유지된 셈이다.

민간인들이 12·12, 5·18 고소 고발

그로부터 두 달여 후인 1993년 7월 19일, 민간 차원에서 법적 문제가 제기되었다. 12·12 사건의 피해자를 자처하며 김영삼 진영에 가담해 1987년 대선 때 통일민주당 부총재로 추대됐던 정승화를 비롯한 22명이 전두환을 포함한 34명을 "12·12는 하극상에 의한 군사적 반란이니 이를 처벌해달라"고 검찰에 고소한 것이다.

검찰은 1년 3개월간의 수사 끝에 1994년 10월 29일, 기소유예 처분을 내렸다. 즉, 피의자의 범죄 혐의를 인정하지만, 여러 정상 사유를 참작하여 기소하지 않고 사건을 종결한 것이다. 고소고발인들은 검찰의 기소유예 처분에 불복하여 헌법재판소에 제소했다. 헌재는 1995년 1월 20일, 기소유예 조치는 공소권 남용으로 볼 수 없다고 소원을 기각했다.

이번에는 5·18 관련자인 정동년 등이 1994년 5월 13일 전두환을 포함

---

150 전두환 회고록(3), 앞의 책, 313~314쪽.

한 17명을 내란죄 등으로 서울지검에 고소했다. 서울지검은 1년 2개월간의 수사 끝에 전원에게 '공소권 없음' '불기소 처분' 결정을 내렸다. 검찰의 입장은 1979년 10·26 이후 신군부 주도로 취해진 일련의 행위와 조치들은 전형적인 통치행위로서 이것이 내란죄 등에 해당되는지의 여부를 판단할 사법 심사의 대상이 될 수 없다는 것이었다.

어쨌거나 고소고발인들의 항고와 재항고가 모두 기각되자 마지막으로 검찰의 불기소 처분이 위헌이라며 헌재에 헌법소원을 냈다. 이것마저 헌재가 기각하면서 12·12와 5·18 사건은 법률적으로 완전히 종결되었다.

이렇게 되자 대학가와 운동권, 재야단체, 야당에서는 12·12와 5·18 관련자 처벌을 위한 특별법을 제정하라며 성명을 발표하고, 가두 서명운동을 벌이는 등 분위기를 띄웠다. 1995년 가을이 되자 KBS, MBC, SBS TV 방송사들이 경쟁적으로 1979~1980년 격동기를 주제로 한 드라마를 제작하여 방영하기 시작했다.

드라마라는 매체를 십분 활용하여 사실을 왜곡하고 허구의 상상이 빚어낸 내용들이 여과 없이 전파를 타고 시청자 안방에 퍼져나갔다. 시청자들은 이것이 허구의 드라마인지, 실제의 내용을 다루는 다큐멘터리인지 구분하지 못했다. 작가들이 허구와 상상으로 빚어낸 내용들이 '역사적 사실'로 둔갑하기 시작한 것이다.

김영삼은 3당 합당을 통해 집권당인 민자당 대통령 후보에 올랐고, 어린 시절부터 꿈이었던 대통령에 오르는 데까지 성공했다. 그는 국가라는 큰 조직을 이끌 수 있는 리더십 교육을 전혀 받은 적이 없는 인물이었다. 게다가 수십 년 풍찬노숙하며 정치인으로 활동해왔지만, 집권 후 민정계 출신이 수적으로 우위에 있는 당을 장악하지 못했다.

문민정부 리더십의 한계 노출

무엇보다 집권 초부터 바다와 육지, 하늘, 지하에서 연이어 초대형 사건·사고가 이어져 김영삼의 리더십에 치명타를 가했다. 민자당의 한 축을 이루었던 김종필 계파는 김영삼의 리더십에 절망한 나머지 1995년 전면적인 지방자치제 실시로 처음 치르게 되는 6·27 지방선거를 앞두고 2월 9일 연쇄 탈당하여 자유민주연합을 창당했다.

김영삼 정부 사건 사고 일지

일시	사건·사고명	희생자
1993년 3월 28일	무궁화호 열차 전복(경부선 구포역)	승객 78명 사망, 198명 중경상
6월 10일	연천 예비군 훈련장 폭발 사고	20명 사망
7월 26일	목포 아시아나항공 733편 추락	68명 사망 5명 부상
10월 10일	서해 훼리호 침몰	292명 사망
1994년 10월 21일	성수대교 붕괴 사고	32명 사망, 17명 부상
10월 24일	충주호 유람선 제5호 화재사고	25명 사망, 33명 부상, 1명 실종
12월 7일	서울 아현동 도시가스 폭발 사고	12명 사망, 65명 부상, 1명이 실종
1995년 4월 28일	대구 지하철공사장 가스 폭발	101명 사망, 202명 부상
6월 29일	삼풍백화점 붕괴 사고	502명 사망, 937명 부상, 20명 실종

1995년 6·27 지방선거에서 김영삼의 민자당은 15개 광역단체 가운데 홈그라운드나 다름없는 영남지역 3개 시·도를 제외하면 경기도와 인천에서 겨우 승리, 5개 광역단체장을 확보하는 데 그쳤다. 반면, 김대중의 민주당은 호남 지역 3개 단체장 외에 서울에서 승리하여 4개 단체장을 확보했다. 김종필의 자민련도 텃밭인 충청 지역 3개 단체장 외에 강원도에서 승리, 4개 단체장을 확보했다.

6·27 지방선거 참패 이틀 뒤 발생한 삼풍백화점 붕괴 사고로 민심이 흉

흥한 와중에, 14대 대선에서 패배한 후 정계은퇴를 선언했던 김대중이 7월 18일 정계복귀를 선언하고 새정치국민회의를 창당했다. 1997년에는 15대 대선, 1996년 4월에는 15대 총선이 예고되어 있다. 국면 돌파를 위한 특단의 조치가 필요한 상황이었다.

서석재 장관의 '비자금 발언' 파문

이 무렵 주영복 전 국방장관이 연희동을 찾아왔다. 그는 김영삼 대통령이 정치적 위기 타개를 위해 12·12와 5·18을 다시 문제 삼아 전두환, 노태우 두 전직 대통령을 사법처리하고, 5·6공 핵심 인사들을 총선에 출마하지 못하도록 한 다음 정계개편을 통해 민주계 중심의 정권을 재창출한다는 보고서가 김영삼에게 보고되었다는 정보를 전했다.[151]

주영복의 불길한 정보는 그로부터 얼마 후부터 현실화되기 시작했다. 1995 8월 3일, 김영삼 대통령의 최측근 중 한 명인 서석재 총무처 장관이 기자들과 식사를 하는 자리에서 "전직 대통령 중 한 사람이 4천억 원을 100억 원 단위로 쪼개 시중은행 40개의 가·차명계좌에 숨겨놓았다"라고 발언했다.

서석재 장관의 발언은 여론몰이를 위한 일종의 떡밥이었다. 노태우는 서석재 장관의 발언이 보도되어 일파만파의 파장이 일자 "이런 해괴하고 황당한 얘기를 도저히 납득할 수 없다. 세계에서 가장 잘 참는 나도 이젠 못 참는다"라며 반격에 나섰다. 이 발언 직후 1992년 14대 대선 때 민자당 대표였던 김종필 씨 측근이 연희동 측 민정기 비서관에게 '노태우 4천억 원 비자금설'과 관련한 다음과 같은 내용을 알려주었다.

"1992년 대통령 선거를 앞두고 박태준 씨가 선거자금으로 6,300억 원을

---

151 전두환 회고록(3), 앞의 책, 321쪽.

조성했는데 경선이 무산되자 이를 노태우 대통령에 그대로 전달했다. 노태우 대통령은 이 가운데 2,300억 원을 김영삼 후보에게 건네주고, 나머지 4천억 원을 자신이 보유하고 있었다. 노태우 측이 차명계좌로 관리하고 있던 이 4천억 원을 실명화하기 위해 금진호 씨를 통해 김영삼 측에 의사를 타진했던 것이 '전직 대통령 4천억 원 비자금설'의 진상이다."[152]

노태우 대통령이 김영삼 후보에게 대선자금으로 3천억 원을 주었다는 사실은 1996년 3월 6일 김대중 새정치국민회의 총재가 관훈 클럽 초청 토론회에서 발언하는 등 정가에서는 이미 '알려진 비밀'이었다. 김영삼 대통령은 만약 이 문제를 계속 파고 들면 자기에게 부메랑이 되어 날아올 칼날임을 잘 알고 있었다. 때문에 서석재 장관의 발언을 해프닝으로 간주하여 그를 장관직에서 해임하는 것으로 사건을 덮었다.

박계동 의원의 폭로 이어져

그것은 본심을 숨기기 위한 정치적 제스처였다. 김영삼은 확전을 자제하는 척하면서 또 다른 회심의 카드를 준비했다. 이번에는 야당 의원이 동원됐다. 10월 19일, 박계동 민주당 의원이 국회 대정부질의에서 두 달 전 서석재 장관이 제기한 노태우 비자금 4천억 원설을 또다시 폭로했다. 서석재 발언 때와 달라진 것은 박 의원이 신한은행 서소문 지점에 차명으로 예치된 100억 원의 예금계좌 조회표를 증거물로 제시했다는 점이다.

서석재 장관 때는 해임으로 사건을 서둘러 진화했던 김영삼의 청와대였다. 이번에는 입장을 바꿔 김영삼 대통령은 노태우 비자금에 대한 수사를 지시했고, 대대적인 여론몰이로 노태우를 압박했다. 박계동 의원이 노태우 비자금을 폭로한 날 한겨레신문은 사설에서 비자금 사건과 관련, "김영삼

---

152 전두환 회고록(3), 앞의 책, 322~323쪽.

대통령은 쿠데타 세력과의 단절을 결단하라"라고 촉구하는 사설을 게재했다. 김영삼 측의 여론몰이 공작으로 노태우는 사면초가 상태로 몰렸다.

구체적 단서가 드러나자 검찰은 본격 수사를 하지 않을 수 없게 되었다. 박계동 의원의 폭로 9일 후인 10월 27일, 노태우는 "재임 중 통치자금 5천억 원을 조성했고, 남은 돈은 1,700억 원"이라는 요지의 대국민 사과문을 발표했다.

흥미로운 사실은 노태우가 대국민 사과를 발표하기 직전, 중국 순방 중이던 김대중 새정치국민회의 총재가 급거 귀국했다. 그는 "14대 대선 때 노태우에게 정치자금 20억 원을 받았다. 20억 원 외에는 한 푼도 받지 않았다"라고 자백했다. 노태우에게 비자금 수수는 자신의 정치생명을 끝장낼 수 있는 핵폭탄이었다. 그런데 누가 묻지도 않았음에도 불구하고 김대중은 왜 20억 비자금 수수 사실을 자백했을까?

김대중이 노태우 비자금 20억 원을 받았다는 사실을 자백하자 민자당 부대변인 이연석 의원은 "5·18 광주학살의 주역이라고 비난했던 노태우로부터 돈을 받았다는 것은 독립운동 하면서 일본 헌병에게 돈 받은 것이나 다름없는 행위"라고 비난했다. 강삼재 민자당 사무총장은 김대중 씨가 노태우로부터 받은 돈은 20억 원이 아니라 '20억 원+알파'라고 날카롭게 공격했다. 김영삼은 훗날 자신의 회고록에서 "김대중 씨는 노태우 씨가 먼저 폭로할까 봐 겁에 질렸는지 20억 원을 받았다고 먼저 발표했으나 그 금액이 20억인지 200억인지 의혹이 있다"라고 썼다.

김대중 총재의 본심은?

난감해진 김대중은 "20억 원 외에 노태우에게 단 한 푼도 안 받았다. 김영삼 씨가 1992년 14대 대선 때 사용한 선거자금을 비롯해 1992년 3당 합당 때 노태우 대통령으로부터 받은 자금, 그리고 노태우 대통령이 퇴임하면서 남겨놓은 돈의 사용처를 밝혀라"라며 역공에 나섰다.

자민련의 김종필 씨도 두 팔 걷어붙이고 김영삼 성토에 나섰다. 14대 대선 때까지는 같은 민자당 소속이었고, 김종필계 사람들이 선거대책위에 참여하고 있었기 때문에 김영삼의 대선자금 모금과 지출 내역을 알 수 있는 위치에 있었다. 김대중의 새정치국민회의와 김종필의 자민련은 연일 성명을 내고 김영삼을 향해 공격의 화살을 퍼부었다.

이로써 노태우 비자금은 김영삼의 심장을 겨냥한 칼날이 되었다. 만약 노태우 비자금을 성역 없이 추적하면 김영삼이 노태우로부터 받은 대선자금은 물론, 김대중이 노태우에게 받은 '20억 원+알파'의 진상이 백일하에 드러날 위기에 처했다. 검은 자금으로 얼룩진 김영삼과 김대중의 정치적 생명을 끝장낼 수도 있는 공멸의 시한폭탄이 작동을 개시한 것이다. 그 시한폭탄의 기폭장치를 쥐고 있는 사람은 노태우였다.

김대중의 급거 귀국과 '20억 원 수수설'을 실토한 정치적 함의는 "야당 후보였던 내가 이 정도 액수를 받았는데, 노태우 아래서 대통령 후보가 된 김영삼 당신은 얼마나 많은 돈을 받았겠는가는 세상 사람들이 다 안다. 조사하면 김영삼 당신도 무사하지 못하니 알아서 막으라"는 강력한 시그널이었다.

공멸 위기에 몰린 김영삼·김대중

김영삼·김대중은 서로 견원지간이면서도 위기가 닥치면 의기투합하는 특이한 관계였다. 위기가 닥치자 "김영삼·김대중이 노태우에게 받은 검은 돈의 실체"라는 시중 여론을 한 방에 잠재울 핵폭탄급 이슈가 필요했다. 두 사람이 기사회생하여 반격의 결정타를 날릴 회심의 카드가 바로 5·18 특별법이었다.

그동안 12·12와 5·18에 대한 김영삼의 입장은 역사의 심판에 맡기자는 것이었다. 자기가 정치적 위기에 몰리자 역사고 뭐고 안면몰수하고 생존본능이 작동했다. 11월 24일, 김영삼 대통령은 강삼재 민자당 사무총장에게 5·18 특별법을 제정하라고 지시했다. 김영삼 대통령의 지시가 있자 검찰은 11월 30일, 서울지검에 '12·12 및 5·18 특별수사본부'를 설치하고 자신들이 세 차례나 무혐의, 기소유예, 불기소 처분을 내린 사건에 대한 전면 재수사에 착수했다.

12·12와 5·18은 1995년 8월 15일로 공소시효가 만료돼 법적 처벌이 불가능한 상황이었다. 따라서 특별법 제정은 공소시효 연장이 화두였는데, 이것은 소급입법을 금지한 헌법에 저촉된다는 점이 문제로 제기되었다. 헌법을 개정하지 않으면 안 되는 난감한 상황이 되자 보수 언론에서는 이를 "국면 전환과 국면 돌파의 정치공학적 의도가 분명히 엿보이는 특별법"이라고 비판했다.

5·18 특별법이 소급입법이어서 위헌이라는 비판이 제기되자, 위헌 시비를 피하기 위해 개헌을 불사하겠다던 김영삼의 청와대는 개헌안 통과가 현실적으로 불가능하다는 판단에 따라 11월 30일, 개헌을 포기하고 위헌 논란을 무릅쓰고 특별법 입법을 추진한다는 방침을 정했다.

'5·18 민주화운동에 관한 특별법'의 제정 목적은 전두환과 노태우 일당을 군사반란, 광주시민 학살 및 비자금을 조성하여 사욕을 챙긴 악덕 파렴치범으로 구속함으로써 자신들을 겨냥한 '정치자금' 시한폭탄의 기폭장치를 제거하려는 것이었다. 여기에 덤으로 소위 '역사바로세우기' 작업을 통해 좌파를 지지층으로 끌어안는 부수효과도 기대할 수 있었다.

이 점을 정확하게 간파한 단체는 참여연대였다. 이 단체는 1995년 11월 25일자 성명을 통해 5·18 특별법이 김영삼·김대중의 검은 자금을 숨기기 위한 꼼수라는 사실을 다음과 같이 냉정하게 지적했다.

"우리는 5·18 특별법 제정 발표가 대선자금 수사에 관한 검찰의 수사범위가 사실상 이원조 씨 개인 비리 문제 등으로 축소되는 시점과 맞물려 이루어진 점에 주목한다. 행여라도 5·18 특별법 제정 발표가 1992년 대선자금에 대한 수사를 축소하고, 관련 재벌총수들의 사법처리를 회피하기 위해 국민 관심 호도 수단이 되어서는 안 된다."

전두환, '골목 성명'으로 저항

사실 김영삼이 12·12와 5·18 문제를 선거의 핵심 이슈로 들고 나온 것은 '군정종식'을 슬로건으로 내건 13대 대선이었다. 그 선거에서 두 사건의 책임자로 지목된 노태우가 대통령에 당선됨으로써 5공의 정통성 문제에 대한 국민의 심판은 사실상 끝났다. 게다가 전두환은 퇴임 후 사과, 재산 헌납, 2년여 백담사 유배, 노태우와 3김의 합의에 의한 국회 청문회 증언으로 이미 정치적으로도 종결된 이슈였다.

노태우는 뇌물수수 혐의로 11월 14일 건국 이래 전직 대통령으로는 최초로 구속됐고, 검찰은 12월 1일, 전두환에게 다음 날 오후 3시, 검찰에 출두하라고 통보했다. 이 소식을 접한 전두환은 이성을 잃은 김 대통령의 조치에 순응해서는 안 된다는 생각에서 12월 2일 오전 9시, 연희동 집 앞 골목에 서서 측근, 가족과 함께 밤새워 작성한 성명을 낭독했다. 이른바 '골목 성명'의 내용 중 일부를 소개한다.

"저는 대한민국의 전임 대통령 자격으로 김 대통령의 취임식에 참석해서 격려를 아끼지 않았었고 김 대통령이 저를 방문했을 때에는 조언도 했던 기억이 납니다. 그런데 취임 후 3년이 다 되어가는 지금에 와서 김 대통령은 갑자기 저를 내란의 수괴라 지목하며 과거 역사를 전면 부정하고 있습니다. 만일 제가 국가의 헌정질서를 문란케 한 범죄자라면 이러한 내란세력과 합당해 대통령에 당선된 김 대통령 자신도 이에 대한 응분의 책임

1995년 12월 2일 오전 9시,
연희동 집 앞 골목골목에서 밤새워 작성한 성명을 낭독하는 전두환 전 대통령.
언론이 '골목 성명'이라 이름 붙인 이 성명에는 김영삼 정권의 '역사바로세우기'의 부당성을 담았다.
고향 합천으로 내려간 그를 검찰은 다음 날 새벽 체포, 안양교도소에 수감했다.
구속 사유는 뇌물 수수와 군 형법상 군사 반란 및 5·18 학살죄였다.

을 져야 하는 것이 순리가 아닙니까."[153]

이어 그는 "5·18 특별법을 강행하면 소급입법에 의한 정치 보복의 악순환 되풀이되는 헌정사의 씻을 수 없는 오점을 남길 것"이라고 강하게 비판하고 동작동 현충원에 들러 참배를 마치고 고향 합천으로 내려갔다. 자신에게 씌워진 죄목에 대한 형량은 사형뿐이어서 일단 구속되면 앞으로 선영을 참배할 기회가 영원히 박탈될지 모르는 상황이었기 때문이다.

검찰은 사전구속영장을 발부받아 3일 새벽 합천으로 달려와 전두환을 체포, 안양교도소에 수감했다. 구속 사유는 뇌물수수와 군 형법상 군사반란 및 5·18 학살죄였다. 구속되는 순간부터 전두환은 단식 투쟁으로 맞섰다. 그는 회고록에서 "단식은 단순한 시위가 아니라 국가와 국민과 역사를 위한 산화(散華) 과정"이었다고 한다.[154] 단식 28일째인 12월 29일, 그는 병원 화장실에서 탈진한 채 쓰러져 혼수상태가 되었다.

5·18 특별법 제정되다

12월 19일 국회는 '5·18 민주화운동 등에 관한 특별법'을 제정했다. 12·12와 5·18 사건 주모자와 공범자의 공소시효 정지, 내란 및 군사반란죄 처벌이 핵심이었다. 이 법의 제2조는 1979년 12·12와 1980년 5·18 전후 발생한 헌정질서 파괴 범죄행위에 대해 1993년 2월 24까지 공소시효 진행이 정지된 것으로 규정하고 있고, 향후 반란죄, 내란죄, 집단학살 등 헌정질서 파괴범의 공소시효를 영구히 배제하는 '헌정질서 파괴범죄의 공소시효 등에 관한 특례법'도 별도로 제정했다.

---

153 전두환 회고록(3), 앞의 책, 328쪽.
154 전두환 회고록(3), 앞의 책, 341쪽.

또 제5조는 정부가 5·18 정신 계승을 위한 기념사업을 추진토록 규정했으며, 제6조는 '5·18 관련자 보상 등에 관한 법률'에 따른 보상을 배상으로 볼 것, 제7조는 5·18민주화운동과 관련하여 상훈(賞勳)을 받은 자에 대하여 심사한 결과 오로지 5·18민주화운동을 진압한 것이 공로로 인정되어 받은 상훈은 '상훈법' 제8조에 따라 서훈을 취소하고, 훈장 등을 환수하도록 규정했다.

김영삼 정부는 이 특별법에 의거하여 5·18 기념사업 추진, 관련자 배상, 5·18 관련 상훈 및 서훈의 취소 결정을 내렸다. 5·18 특별법은 김영삼·김대중이 노태우 비자금 수렁에서 탈출하기 위해 만들어낸 희대의 작품이었다. 김대중은 이 기회를 이용하여 특별법에 5·18 희생자 및 피해자들을 보상하는 내용을 잔뜩 집어넣는 데 성공함으로써 호남 주민들의 숙원을 단숨에 처리하는 해결사 역할을 훌륭히 수행했다. 이로써 그는 '20억+알파'로 추락했던 명예회복에 성공했고, 호남 맹주 자리를 수성하는 데 성공했다.

법조인들은 5·18 특별법 소급입법에 반발했다. 판사 출신 유수호 자민련 의원(유승민 의원의 부친)은 1996년 12월 19일 국회에서 "5·18 특별법은 명백한 헌법 위반이고 이 나라 헌정질서 파괴하는 법안"이라고 통렬하게 비판했다.

헌법재판소, "위헌 아니다" 판결

수사와 재판이 진행되는 과정에서 장세동, 최세창 두 사람은 12·12사건에 대한 공소시효 정지를 규정한 특별법 제2조에 대한 위헌법률심판 제청을 담당 재판부에 제출했다. 이것이 받아들여져 1월 19일 헌재에 위헌 신청을 했다. 헌법재판소는 한 달 만인 1996년 2월 16일 '합헌' 결정을 내렸다.

헌재 재판관 9명 중 합헌 의견은 4명(김진우·이재화·조승형·정경식), 위헌 의견은 5명(김용준·고중석·김문희·황도연·신창언)으로 나타나 어느 쪽도 3분의 2를 충족시키지 못했다. 결국 "위헌 결정 위해서는 재판관 6명 이상 찬성"이라는 헌재법에 의거, 공소시효 조항이 합헌 결정이 났다. 1995년 1월 공소시효와 관련한 검찰의 결정이 정당하다는 결정을 내렸던 헌재가 11개월 후엔 소급법이 헌법에 위배되지 않는다고 결정을 내린 것이다.

이로써 재판은 일사천리로 진행되어 전두환은 1심에서 내란 수괴 혐의로 사형, 2심에서는 무기징역과 추징금 2,205억 원을 선고받았다. 특히 2심 재판장은 판결문을 통해 광주에서 시위대를 향한 발포와 전두환은 아무 관련이 없으며, 광주 재진입 작전계획을 수립하고 수행하는 데도 관련이 없다는 사실을 밝혔다. 역설적으로 전두환은 김영삼이 기획한 '역사바로세우기' 재판을 통해 '양민학살의 명령자'라는 누명을 벗게 되었다.

결국 형량은 2심 결과대로 확정되었고, 이후 사면으로 출소했으나 경호를 제외한 전직 대통령으로서의 예우 박탈과 추징금은 그대로 유지되었다. 노태우는 징역 17년과 추징금 2,628억 원을 선고받았다.

대선 자금의 진실

저자는 지난 1999년 월간조선 기자 시절 노태우 전 대통령의 '육성회고록'을 연재하기 위해 연희동을 1년여 출입했다. 당시 노태우 전 대통령은 비자금 사건으로 2년여 수감생활을 하던 중 1997년 12월 퇴임을 앞둔 김영삼 대통령이 '국민 대화합'을 명분으로 특별 사면하여 연희동 사저(私邸)에서 칩거하고 있었다. 노태우 대통령은 대한민국 정치판에서 '돈이 작동하는 원리'를 설명했고, 이 와중에 자신이 징역형을 선고받은 비자금 문제도 털어놓았다.

비자금 문제의 출발은 1987년 대선이었다. 자신이 민정당 대통령 후보로 결정되자 전두환 대통령은 노태우 후보를 불렀다. 전두환 대통령은 "대통령 후보가 자금 마련을 위해 여기저기 돌아다니는 것은 바람직하지 못한 일"이라면서 "모든 책임은 내가 지고 무덤까지 갈 것이니 반드시 정권 재창출에 성공해달라"면서 대선 자금을 전달했다.

당시 전두환 대통령이 준비한 대선 자금은 후보 개인이 집행하는 돈, 그리고 공조직(즉 정당 조직) 가동비로 구성되어 있었다. 노태우 후보는 전두환 대통령으로부터 후보 개인이 집행하는 자금 1천억 원을 수령했고, 공조직 가동비(1천억 원이 넘을 것으로 추정되나 정확한 액수는 기억하지 못함)는 당시 여당이었던 민정당으로 전달되었다고 한다. 전두환은 정권 재창출을 위해 2천억 원+알파를 준비한 셈이다. 전두환 대통령은 정치자금과 관련하여 다음과 같은 증언을 남겼다.

"옛날에는 기업이 정치와 유착되어 녹색 업체라는 게 있었어요. 이들 업체는 국세청이 조사를 하지 않았어요. 거기서 정치자금을 거두었어요. 그게 권력형 부정부패이지. 내가 대통령으로 들어와서 그걸 없애니 업체에서는 처음에 굉장히 긴장했어요. 내 재임 7년간 맑아졌어요. (중략) 누가 단두대를 만들면 제가 먼저 당한다더니 내가 해놓고 내가 당하는 거야. 정치자금 좀 달라고 했더니 영수증을 써주면 좋겠다고 해요. 이 지구상에 영수증 주고 정치자금 받는 데가 어디 있겠어요. 내 틀에 내가 걸린 것이지만 잘했다고 생각해요."[155]

1992년 대선 때 김영삼에게 3,000억 원 지원

노태우 대통령이 저자와의 인터뷰에서 밝힌 바에 의하면 박 대통령 시절 정치자금(통치자금)은 청와대 비서실과 당 재정부, 중앙정보부에서 조성했다. 그런데 세 곳 모두에서 누수현상이 발생했다. 청와대 경호실 작전차장보 시절 이런 현상을 목격한 전두환과 노태우는 정치자금은 대통령

---

155 김성익, 앞의 책, 568쪽.

이 직접 관리해야 누수현상 생기지 않을 것으로 보았다. 자신들이 집권하자 이를 실천에 옮겨 대통령이 직접 정치자금을 조성하는 역할을 맡게 되었다고 한다. 노태우는 정치자금 관리를 독실한 가톨릭 신자인 이현우 경호실장에게 맡겼다.

노태우는 자신의 회고록에서 1990년 초 3당 합당 이후 당 운영비 외에 3당 합당의 주역인 김영삼, 김종필, 그리고 박태준에게 매달 적지 않은 정치자금을 제공했다고 밝혔다. 특히 김영삼에겐 두 사람보다 더 고액을 제공했다고 한다. 김영삼은 대선 후보로 결정된 후 노태우 대통령에게 4천억~5천억 원 규모의 대선 자금을 요구했다.

노 대통령은 금진호 상공부 장관과 이원조 의원에게 김영삼의 대선을 도우라고 지시했다. 그 결과 금진호, 이원조 두 사람이 각각 1천억 원 정도의 대선자금을 조성하여 제공했다. 대선 막바지에 이르자 김영삼 후보는 자금이 모자란다며 긴급 도움을 요청했다. 노태우는 금진호 장관을 통해 한꺼번에 1천억 원을 보내주었다. 노태우는 김영삼 진영에 대선자금으로 3천억 원을 조성해 도운 셈이다.

노태우가 이처럼 김영삼 후보를 위해 거액을 지원한 것은 자기가 전임자인 전두환 대통령에게 비슷한 지원을 받은 전례가 있었기 때문이다. 노태우의 긴급 지원으로 한숨 돌린 김영삼 후보는 밤중에 노 대통령에게 전화를 걸어 "이제 살았습니다. 고맙습니다"라고 감사의 인사를 전했다. 뿐만 아니라 1993년 2월 25일 청와대를 떠나면서 후임 김영삼 대통령의 통치를 돕기 위해 청와대 금고 안에 100억 원 이상의 돈을 넣어두었다고 회고록에서 밝혔다.

남은 대선자금 이현우 안기부장에게 관리 맡겨

노태우가 김영삼의 대선을 지원하는 과정에서 제2이동통신사업자 선정 문제로 관계가 크게 틀어졌다. 노태우의 사돈인 최종현 선경그룹(현 SK그룹) 회장이 대주주로 참여한 대한텔레콤이 제2이동통신 사업자로 선정되면서 특혜 시비가 불거진 것이다. 김영삼 후보는 자신의 대선 가도에 큰 장애 요인이 발생했다며 강력 반발했고, 노태우는 김영삼에게 등 떠밀리다시피하여 1992년 9월 18일 민자당을 탈당했다. 이어 10월 9일 공정한 대선 관리를 명목으로 현승종 한림대 총장을 국무총리에 임명하고 중립 내각을 출범시켰다.

대선 후 이현우 안기부장의 보고에 의하면 예상외로 많은 정치자금 남아 있었다. 탈당과 중립내각 구성, 김영삼에 대한 인간적 배신감으로 공조직 가동비를 당에 전달하지 못하는 등 전두환 시절처럼 전폭적인 대선 자금을 지원하지 못했기 때문이었다. 이 자금을 대통령 당선인 김영삼에게 인수인계하려 시도했으나 김영삼은 인수인계를 논의하지도 않았고, 당선 후 청와대를 찾아오지도 않았다.

노태우는 남은 돈의 처리 방법을 두고 고민하던 중 이현우 안기부장에게 "장차 나라를 위해 요긴하게 쓰일 테니 잘 관리하라"면서 맡겼다. 이현우 부장은 부하 직원들에게 시중은행의 가·차명계좌 이용하여 분산 예치해두었다가 서석재 장관, 박계동 의원의 폭로로 그 실체가 드러났다.

노태우 회고록에 의하면 사실은 김영삼이 금융실명제를 전격 단행하고 실행하는 과정에서 김영삼 정부는 노태우 비자금의 실체를 인지했다고 한다. 노태우는 이 기회에 정부 측과 상의해 돈 문제 정리를 시도했다. 그런데 김영삼 정부 측에서 이를 문제 삼지 않겠다는 메시지가 왔다.

노태우는 금진호 의원을 통해 돈 사용을 희망한 대우, 한보, 쌍용 등에 상당액을 대여하고 이자를 받기로 했다. 노태우 바지금 사건이 발생했을 때 노태우 측은 자금내역을 검찰에 제출했다. 당시 노태우 측이 검찰에 제출한 자료에 의하면 보유 현금은 1,218억 원과 이자, 채권은 김우중 대우그룹 회장 등 5개 기업주에 대여한 원금 1,539억 원과 이자였다. 원금이 2,756억

제5공화국 전두환 시대 2

원, 이자까지 포함하면 4천억 원이 넘는 거액이었다.

검찰은 이 자금에 대해 압류만 해놓고 채권 회수 노력은 하지 않았다. 그 사이, 외환위기가 발생하여 채무기업들이 도산하면서 채권 회수를 못해 미납액이 발생했다.

김영삼 대선 자금은 수사 제외

여기서 유의해야 할 점은 노태우가 전격 구속된 후 검찰은 "김영삼 대통령 대선 자금은 수사 대상에서 제외한다"라고 발표한 사실이다. 이 발표가 나오자 노태우 대통령에게 정치자금을 주었던 기업인들이 일제히 액수를 부풀려 검찰에 진술하기 시작했다. 예를 들면 50억 원을 낸 기업인이 100억 원을 주었다고 액수를 부풀려 진술한 것이다.

대선 과정에서 김영삼은 노태우로부터 후속 자금이 오기를 학수고대했다. 그런데 예고되었던 공조직 가동비 등이 전달되지 않자 기업인들에게 손을 벌려 대선자금 모금에 나섰다. 이 사실이 수사를 통해 밝혀지면 김영삼 대통령도 유죄로 몰릴 상황이 되자 검찰은 김영삼 대통령 대선 자금의 수사를 제외한다고 밝힌 것이다. 결국 검찰과 청와대는 기업들이 김영삼 측에게 제공한 대선자금을 노태우에게 준 것으로 뒤집어씌우기 위해 이런 조치를 취한 것으로 추측된다.

노태우는 저자와의 인터뷰에서 검찰 수사 과정에서 기업 총수들이 자신에게 주었다고 진술한 금액이 크게 부풀려지는 것 보면서 한탄했다고 밝혔다. "내가 이 액수를 부인하면 대기업 회장들과 대질신문을 해야 하는데, 그렇게 되면 나라꼴이 뭐가 되겠나" 이런 심정에서 모든 것을 자신이 끌어안고 감옥으로 갔다고 토로했다.

검찰과 기업 총수들은 김영삼·김대중에게 제공한 정치자금을 전두환·노태우에게 준 것으로 뒤집어씌워 금액을 짜 맞췄다. 전두환 비자금도 노태우와 거의 동일한 방식으로 처리되었다. 때문에 전두환, 노태우 대통령에게 부과된 뇌물수수 관련 추징금은 일종의 시한폭탄이 되었고, 역대 대통령들은 정확한 진상이 폭로될 것을 우려하여 제대로 추징하지 못하고 잊혀지기만을 기다리며 폭탄 돌리기를 이어갔다. 전두환에 대한 추징금을 받아내겠다면서 재산 압류 조치를 취한 사람은 박근혜 대통령이었다.

김영삼은 자신을 향한 대선자금 칼날을 부러뜨리기 위해 온갖 무리수를 동원하여 5·18 특별법을 제정했다. 위헌 논란을 딛고 전두환, 노태우를 잡아넣어 비자금 칼날은 간신히 피했으나 합법적인 수사행위였던 12·12를 군사반란으로 둔갑시키고, 5·18을 성역으로 만들어 대한민국 체제 파괴에 결정적 전기를 마련했다. 한국인들은 이런 사람을 민주화 영웅이라면서 열심히 추모하고 있다.

민주주의 발전을 위한 전통을 수립하기 위해 전두환은 정치보복을 각오해가며 평화적 정권교체를 이루었다. 그 대가로 전두환은 자신이 우려했던 대로 퇴임 후 후임자들에게 처절하게 짓밟히는 신세가 되었다. 그가 자신에게 닥칠 고난이 살아서는 물론, 죽어서까지 계속될 것을 알았다면 그는 과연 평화적 정권교체에 동의할 수 있었을까?

6

한강의 기적을 완성한 전두환 시대

일본의 한국 정치 전문가인 다나카 아키라(田中明)는 1992년『한국 정치를 투시한다』라는 저서를 출간했다. 다나카 아키라의 분석에 의하면 1270년 고려 무인 정권의 몰락 이후 한민족 역사는 붓을 든 선비 문인 세력이 칼을 든 무인 세력을 찍어 누르고 통치하는 문민통치(文治)의 연속이었다. 이러한 문민 우위 통치구조는 지구상에서 예외 중의 예외에 속하는 일이었다.[156]

조선 500년에 이어 1948년 대한민국 탄생, 제2공화국까지도 붓잡이 문인들이 권력의 핵심을 장악한 문치의 유토피아였다. 1961년 박정희 장군의 쿠데타 이전까지 한국 사회에서 군인들이 권력을 장악한다는 것은 상상하기 힘든 일이었다.

군인 통치는 한국사에서 예외의 시대

한국 정치 역사에서 박정희와 전두환의 등장은 고려 무인 정권 이후

---

[156] 다나카 아키라(田中明) 지음, 윤학준 역,『한국정치를 투시한다-한 일본 지식인이 본 한국』, 길안사, 1995, 10쪽.

700년 만의 대이변이었다. 박정희는 '독립된 국가'란 개념조차 생소했던 문인 중심의 사농공상(士農工商) 신분 구조를 뒤엎고 공상농사(工商農士)의 실사구시 가치관을 우선하는 테크노크라트(technocrat)의 나라로 한국을 변모시켰다.

박정희 18년 집권 기간을 포함하여 전두환, 노태우까지를 아우르는 30년 군사정권은 문치에 익숙했던 한국인들에겐 너무나 어색한, 때로는 충격적인 시기였다. 다나카 아키라는 군인들이 통치하는 무치 시스템은 한국 역사에서 '예외 중의 예외의 시대'였으므로 군 출신 노태우의 퇴임 이후에는 자연스럽게 한국인의 기질에 적합한 문치의 시대로 회귀할 것으로 예언했다.

그의 예언은 1992년 대선에서 '군정 종식'을 슬로건으로 내건 김영삼의 당선으로 적중했고, 김영삼은 자신의 정부를 '문민정부'로 선포했다. 문민정부란 군인 출신이 아닌 일반 국민이 수립한 정부라는 뜻으로, 이전의 군인 출신 정권과의 차별성을 강조하기 위한 신조어였다. 문민정부라는 용어에는 민간정권은 선(善)이요, 군사정권은 악(惡)이라는 이분법적 의미가 내포되어 있었다.

이승만의 정치 사상적 배경은 미국이다. 그는 미국에서 엘리트 교육을 받고 30여 년 미국에 거주하며 의식이 미국화된 지도자였다. 그의 통치 리더십의 밑바탕에는 조지워싱턴대학, 하버드대학, 프린스턴대학에서 습득한 시장경제와 자유민주적 전통이 깔려 있었다. 요약한다면 이승만은 아이비리그 리더십의 전형이었다.

박정희는 일제 치하에서 대구사범학교를 졸업하고 신경군관학교와 일본 육사에서 군국주의 교육을 받았다. 일본 발전 모델에 익숙한 지도자란 뜻이다. 전두환과 그의 후임자 노태우는 한국의 4년제 정규 육사가 배출한 리더다. 신생국 대한민국의 국가안보를 책임지고 자유 민주 체제를 수호하기 위한 군대의 필요성을 절감한 이승만 대통령은 육사 11기부터 웨스트포인트라 불리는 미국 육군사관학교 커리큘럼을 도입하여 운영했다.

육사 교육을 비롯한 우리 군의 모든 제도는 미군 시스템을 그대로 도입했다. 군의 운용에 필요한 원칙과 교본은 미국식 자유민주주의를 기본으로 삼았기 때문에 군대 내의 의사결정 구조는 민주적 사고방식과 절차 등을 담고 있었다. 노태우는 한국군은 미국 군대의 영향을 받아 문민통제와 민주주의 원칙이 체질화되었고, 인생관 확립에도 중요한 요소로 작용해왔다고 한다. 전두환·노태우를 비롯한 육사 11기 이후의 장교단은 웨스트포인트형 리더십의 소유자들이었다는 뜻이다.

노태우는 군 생활을 마치고 사회에 나와 많은 직책을 맡았다. 그는 정당이나 사회단체 활동을 하면서 군에 있을 때보다 민주주의가 더 잘 작동되는 사례를 경험한 적은 없었다고 한다. 그는 군인이기 때문에 비민주적이고, 민간 정치인이기 때문에 민주적이라고 생각하는 것은 잘못된 선입관이라고 비판했다.

의식주 해결되어야 민주주의 가능

1973년부터 1977년까지 주한 미국대사관에서 군사·정치 담당 외교관으로 근무했던 폴 클리블랜드(Paul Matthews Cleveland)는 한국에서 중산층의 성장에 따라 필연적으로 정치적 민주화가 진전될 것으로 전망했다. 의식주 문제가 해결되면 그다음 관심은 정치적 자유로 향하기 마련이다. 권위주의 정권이 한 사회에서 신속한 경제성장을 이루는 데 성공했다면, 그 정권은 더 많은 자율성과 행동의 자유를 요구하는 민주화 세력과 부딪치는 것은 역사의 필연이다.

배고픈 민중들은 민주주의보다 당장 허기를 면할 수 있는 밥과 빵을 더 갈망한다. 지도자들은 당장 빵을 제공하지 못하면 '희망'이라는 허상의 빵이라도 제공해야 한다. 미국의 정치학자이자 민주주의의 석학으로 꼽히는 로버트 달(Robert A. dahl)은 각 나라의 정치적 고도화와 민주주의 혁명은 국민소득 4천~7천 달러 사이에 전개되었다고 분석했다. 즉, 서구식 자유민주주의 제도가 정상 작동하려면 이를 가능케 하는 물적 기반과, 탄탄한 중산층의 형성, 그리고 민주시민의식이 필수적이란 뜻이다.

한국에서 로버트 달이 지적한 정치적 고도화와 민주주의 혁명이 가능할 정도의 요건이 충족된 것은 전두환 정부 말기에서 노태우 정부 시절이었다. 이 시기에 6·29 선언을 통해 민주화로 이행한 모습을 보면 로버트 달의 지적은 설득력이 있다.

한국 민주화의 폭발이었던 6·29 선언을 끌어낸 주역은 박정희·전두환의 경제 제일주의가 탄생시킨 중산층이었다. 1960년대 초 20% 미만이었던 한국의 중산층은 박정희·전두환 정부 시절의 경제성장 덕분에 1980년대 초 40%를 넘었고, 전두환 집권기의 경제 호황에 힘입어 그 비율이 70%로 계속 늘었다.

오스트리아 태생의 영국 철학자 칼 포퍼(Karl Raimund Popper)는 어떻게 하면 피를 흘리지 않고 타락한 권력을 제거할 수 있는가를 고민한 철학자다. 자유민주주의가 최선의 정치제도라고 인정받는 이유는 피를 흘리지 않고 선거를 통해 정권을 교체할 수 있다는 점 때문이다.

1980년과 1987년의 차이

1980년 '서울의 봄' 때는 시민들이 대학생들의 민주화 시위에 참여하지 않고 관망했다. 민주화보다는 '먹고 사는 문제'가 더 절박한 시대였기 때문이었을 것이다. 1987년에는 학생들이 이끈 시위에 30~40대 화이트칼라 직장인(속칭 넥타이 부대)들이 대거 참여했다.

5공 후반기에 시민들이 전두환 정부에 등을 돌리고 저항의 대열에 합류한 것은 전두환 정부의 노력으로 먹고 사는 문제가 해결된 덕분이다. 그 결과 중산층은 인간의 기본권과 개인의 자유를 바탕으로 한 민주화 가치관에 눈을 떴다. 이를 훼손하는 지배 엘리트들의 부정부패와 비민주성, 폭력성, 정권의 거짓과 은폐에 분노했고, 이를 해결하기 위해 거리로 나선 것이다.

6·29 선언으로 한국도 1987년부터는 무력을 동원한 쿠데타나 정변이 아닌, 선거를 통해 피를 흘리지 않고 권력 교체가 가능한 나라가 되었다. 자유민주주의 역사와 전통이 거의 없었던 한국에서 정변이나 쿠데타가 아닌, 국민과 권력의 타협으로 민주화를 성취한 것은 기적이나 다름없었다. 이로써 폴 클리블랜드의 전망이 한국에서 실현되었다.

1980년대는 정치적으로는 격변기였지만, 경제적으로는 최고 정점이었고, 자신감 넘치는 시대였다. 전두환 정부는 박정희 정부 시절 중화학공업화 과정에서 도입한 대외 채무를 거의 다 해결하고 무역수지 흑자국을 노태우에게 물려주었다. 여야 합의에 의해 제정된 제6공화국 헌법 덕분에 국회와 정당정치가 활성화되었고, 권위주의 정권하에서 유보되었던 개인의 기본적 자유도 상당 수준 보장되었다.

전두환 임기 마지막 해였던 1987년 1,289억 달러였던 국민총생산(GNP)은 노태우 재임 마지막 해인 1992년에는 2,900억 달러로 2.25배 증가했다. 같은 기간 자동차 보유 대수는 71만 8,000대에서 320만 대로 네 배 증가, 전화 회선은 1,022만 회선에서 1,900만 회선으로 선진국 수준에 올랐다. 주택보급률도 1991년에는 74.2%로 중산층 이하 국민도 내 집 마련의 꿈을 실현했다.

한국경제 최고 정점은 1987~1988년

수치상으로 볼 때 한국경제의 최고 정점은 전두환·노태우 시절이었다. 노태우 임기 시작 연도인 1988년은 한국 현대사의 황금기였다. 경제는 빠른 속도로 성장했고, 서울올림픽을 통해 한국의 진면목이 전 세계에 알려지면서 국가 브랜드 가치가 크게 상승했다. 냉전 질서가 급격하게 무너지고 북방외교로 한국인들과 동구권 사회주의 국가들과의 경제 교류가 시작되었다.

전두환·노태우 시대에 비로소 국민국가 건설에 필요한 국가안보 해결(Security), 산업적 토대 건설(Economy), 제도화된 정치질서의 창출(Democracy)이 결실을 보게 된다. 서울올림픽을 성공시킴으로써 이승만의 건국으로 시작된 대한민국 국가건설(State Building)이 완성 단계로 들어선 것은 문민 지도자가 아니라 군사 지도자들 덕분이었다.

1983년 한국일보와 갤럽 여론조사에서 자신을 중산층이라고 답변한 사람은 63%였다. 1985년 조선일보 조사에선 70%, 1986년 동아일보 조사에서는 77%가 자신을 중산층이라고 응답했다.[157] 전 국민의 중산층화. 이것이 5공의 위대한 업적이었다. 무엇보다 중산층은 정치적으로는 급격한 체제 변혁을 거부하는 안정 희구 세력이었다는 점에서 이 여론조사 결과는 주목할 만한 수치였다.

전두환은 회고록에서 자신의 일생을 통틀어 1986년이 가장 행복했던 때라고 회고했다. 취임 초 나라 형편이 어려워 잠을 제대로 이룰 수 없었는데, 6년 만에 국제수지 흑자를 달성했고, 물가를 한 자릿수로 정착시킨 가운데 12.5%라는 고도성장을 이룩했기 때문이다. 도매 물가 상승률은 마이너스 3.5%, 소비자 물가 상승률 3.3%로 안정되었고, 31억 3천만 달러의 무역수지 흑자를 기록했다. 무역수지 흑자분을 가지고 23억 달러의 외채를 상환했다.

특히 이 해에 사상 처음으로 국민저축률이 32%를 기록, 투자율을 넘어

---

157 김성익, 앞의 책, 388쪽.

제5공화국 전두환 시대 2

섰다. 전두환은 1986년은 우리 경제사에서 국제수지 흑자 원년으로 기록되어야 할 의미 있는 한 해라고 기억했다. 그래서 "당장 대통령을 그만둬도 여한이 없다"라고 회고했다.[158]

1987년 말 경제 성적표는 더욱 화려하고 견실했다. 성장률 12.8%, 도매물가 상승률 0.5%, 무역흑자 114억 달러, 1인당 GNP 3,098달러, 국민총생산 1,284억 달러 등 주요 경제지표가 거의 두 배씩 증가했다. 1980년대 한국의 평균 경제성장률은 8.8%로, 같은 기간 중 세계 경제성장률 평균치 3%에 비해 세 배나 높은 고도성장을 달성했다. 1980년부터 1990년 사이에 한국이 1인당 GDP 면에서 추월한 나라는 모두 22개국이다.[159]

국민의 75%가 중산층

전두환이 대통령에서 퇴임한 1988년 1인당 GNP는 4천 달러를 넘어섰고, 1 가구 1 전화, 마이카 시대가 열렸다. 통신산업은 시설이나 서비스 면에서 세계 최선진국 수준이어서 '통신 천국' 소릴 듣는 나라가 되었다. 국민의 75%가 스스로를 중산층으로 인식했다. 이로써 그가 꿈꾸었던 "1인당 GNP 2,500달러를 넘어 내 집 마련의 꿈을 가지고 주거에 불안을 느끼지 않는 가운데 소형차 정도를 굴리는" 중산층 형성의 꿈이 실현되었다.

고도성장이 지속되면 소득 분배가 다소 악화되는 것이 일반적 경향이다. 그러나 한국은 1980년대에 평균 10% 가까운 고도성장을 하면서도 소득 분배를 나타내는 지니계수(Gini Coefficient)는 꾸준히 하향 추세를 보여 소득 분배가 대폭 개선되었다. 한국에서 1980년대 소득 분배가 개선된 이유는 물가 안정으로 실질소득이 개선되고, 서민 생활이 안정되었

---

158 전두환 회고록(2), 앞의 책, 73쪽.
159 KDI 원로들의 증언 편찬위원회, 앞의 책, 328~329쪽.

을 뿐만 아니라, 고도 경제성장에 따른 새로운 일자리 창출 때문으로 해석되었다.[160]

이런 결과가 대통령 혼자의 노력으로 이루어낸 것이 아니었음은 두말할 나위 없다. 그러나 전두환이 경제 제일주의 원칙과, 그에 따른 안정화 정책을 위해 효율적 리더십을 발휘하지 않았다면 이러한 결과는 기대하기 어려웠을 것이다.[161] 전두환은 5공 경제정책의 성공 요인과 관련하여 다음과 같은 증언을 남겼다.

"지난 7년 동안 내가 대통령으로서 정말 인기 없는 정책만 골라가면서 해왔습니다. 그런 건의를 여러분(각 부 장관들-저자 주)이 용기 있게 해주었으므로 내가 다 받아서 인기를 생각하지 않고 7년간 밀어왔기 때문에 경제를 구해낸 것입니다. 용기가 없으면 못합니다."[162]

전두환 시대에 한국은 내실 있는 성장을 거듭했다. 정치적으로는 소란스러웠고, 일부 정치인들의 현실정치 참여기회를 제한함으로써 암울했는지는 몰라도, 경제적으로는 욱일승천의 시대였다. 날마다 한국 경제는 약진을 거듭했다. "외채에 짓눌려 경제가 파멸할 것"이라는 기존의 통념을 깨끗이 날려버리고 황금기를 구가했다. 그런 호황기는 외환위기 직전인 1990년대 중반까지 10여 년 계속됐다.

전두환은 퇴임 전까지 대통령으로서의 업무를 성실하게 수행했다. 대선과 정권교체, 권력 이양으로 어수선하던 1987년 12월 31일 자정을 넘어 청와대를 출발한 전두환은 불시에 종합청사 당직실을 찾아갔다. 이어 치안본부와 시경, 중구청을 시찰한 후 군부대를 방문, 병사들과 라면을 끓여

---

160 KDI 원로들의 증언 편찬위원회, 앞의 책, 332쪽.

161 최돈규, 「한국 군장성 출신 대통령들의 정치적 리더십에 관한 비교연구-박정희, 전두환, 노태우의 정치적 리더십 유형」, 경남대학교 대학원 정치외교학과 박사학위 논문, 2007, 94쪽.

162 김성익, 앞의 책, 589쪽.

제5공화국 전두환 시대 2

먹었다. 이것이 퇴임을 맞는 1988년 1월 1일의 첫 식사였다. 이날 당직자들이 대통령의 질문에 만족할 만한 답변을 하여 기분이 좋았다고 회고했다.

국민 호주머니 두둑히 불려준 시대

한국인들이 박정희 시절의 근대화 성과는 모든 국민이 잘 이해하는 편이다. 경부고속도로, 포항제철, 산림녹화 사례를 통해 누구도 박정희 재임 시절 근대화 혁명에 대해서는 이의를 제기하지 않는다. 반면에 전두환 시절 추진된 중화학공업 구조조정은 물론 전자교환기(TDX), 반도체, 국가기간전산망 개발, 정보고속도로 건설 등은 잘 모른다. 아니, 알려고 하지도 않는다.

전두환은 숱한 격랑을 헤치고 국가의 체질 개선에도 성공했다. 박정희 정부가 구축한 중화학공업은 고통스런 구조조정 작업 끝에 국제 경쟁력 확보에 성공했고, 전자교환기와 반도체, 국가기간전산망 사업의 개시로 IT 산업은 날개를 달았다. 오대양 육대주 한국인들의 발길이 닿지 않는 곳이 없었고, 올림픽 유치 덕분에 국가 브랜드 가치는 날이 갈수록 높아졌다.

국내 수준에 머물던 기업들은 글로벌 경쟁력을 갖추고 해외에서 명성을 쌓았고, 제조업 대폭발로 일자리는 매년 50만 개씩 거침없이 늘어났다. 필자는 1985년 2월 대학을 졸업했는데, 4학년 2학기 들어서자마자 서너 군데 취업에 성공하여 행복한 고민에 쌓였다. 기업에서는 졸업을 하지 않은 상태임에도 불구하고 "한시가 급하니 빨리 출근해달라"고 요청할 정도였다.

무엇보다 중요한 것은 전두환 시대야말로 자유시장경제의 전성기이자 한국 자본주의의 황금기였다는 사실이다. 개방화·자율화·안정화 정책을 통해 정부의 시장 개입을 최소화하고, 국내 시장을 활짝 개방했으며, 기업과 국민을 옥죄고 있던 정책과 제도들을 과감히 폐기했다. 통화를 억제하여 인플레의 악몽을 진정시킨 것은 정치적 인기 따위는 신경도 쓰지 않은 전두환과 김재익 아니었다면 감히 꿈도 꾸지 못했을 과제였다. 이승만·박정희 정부에서 추진해왔던 한강의 기적을 완성시켜 전 국민의 호주머니를 두둑하게 불려준 시대, 그것이 제5공화국 전두환 시대의 진면목이었다.

전두환 집권의 역사적 의미

전두환 재임 7년 동안 한국에서는 근본적인 변화가 일어났다. 박정희 시대와 마찬가지로 상무 정신이 폭발했고, 해외 진출의 진취적 기상이 용솟음쳤으며, 사농공상(士農工商)에서 상공농사(商工農士)의 신분구조로의 전이가 일어나 선진국 진입의 토대를 마련하는 데 성공한 기적의 시대, 혁명의 시기였다.

조선 500년은 성리학 원리주의의 만연이라는 문명사적 예외의 시대였다. 김영삼 대통령은 자신의 정부를 '문민정부'로 선언했는데, 그 용어 속에는 문민정부는 선(善)의 시대, 군사정부는 악(惡)의 시대라는 논리와 철학이 짙게 깔려 있었다.

그러한 논리가 국민에게 수용된 이유는 군 출신 지도자 박정희·전두환 대통령의 집권 과정에서 정통성에 대한 시비가 발생했기 때문이다. 20세기 들어 전 세계에서 발생한 쿠데타 중에서 국가의 번영, 국민의 삶의 질 향상, 빈곤 탈출, 복지와 교육수준의 획기적인 상승에 결정적으로 기여한 성공 사례는 케말 파샤(튀르키예, 1920), 나세르(이집트, 1952), 박정희(한국, 1961)의 쿠데타를 꼽는다.

케말 파샤와 나세르는 왕정을 전복하고 공화정 건설까지는 성공했지만, 자기 나라를 산업화·근대화하는 작업까지는 이르지는 못했다. 박정희의 5·16은 국가 개조와 산업화에 성공함으로써 세계에서 가장 성공한 쿠데타라는 평가를 받았다. 하지만 박정희도 '한강의 기적'을 완성하지 못한 채

1979년 10·26 사건으로 역사 무대에서 퇴장했다.

전두환은 육사 출신 지도자로서 박정희가 총애한 신군부의 주역이었고, 박정희의 발전 전략을 계승한 '박정희의 정치적 아들'이었다. 전두환이 7년간 재임 중 박정희의 중화학공업을 구조 조정하여 건실하게 성장시켰고, 수출주도형 공업화 전략을 내실 있게 추진했으며, 반도체·전자교환기·컴퓨터 국산화 개발로 IT산업을 일으켰다.

전두환 재임기에 중화학공업과 IT산업이라는 두 문명축이 건설되면서 한국은 선진국 도약의 결정적 전기를 맞게 된다. 그 결과 전 국민의 중산층화, 국가 브랜드 가치 상승, 국민의 실질소득을 늘려주었다. 전두환 정권이 있었기에 명실상부한 한강의 기적이 완성된 것이다.

박정희는 통 크게 군대를 동원해 합헌적 정부를 붕괴시키고 정권을 장악한 후 자신의 행위를 '혁명'으로 정의했다. 반면에 전두환은 모든 절차를 합헌적 테두리 안에서 최규하 대통령의 재가를 받아가며 시행했다. 전두환도 재임 7년 5개월간 중화학공업 국가를 IT 기반의 정보통신 국가로 변모시켰다. 전두환 재임 시절, 박정희 못지않은 혁명적 변화가 일어난 것이다.

안병만 한국외국어대 교수(후에 교육부장관)는 1998년 정치·행정학자 204명을 대상으로 역대 대통령 평가 설문조사를 실시했다. 그 결과 '개인적으로는 싫어하지만 통치자로서는 존경한다'라는 답이 박정희(44.5%)에 이어 전두환(21.8%)이 2위로 나타났다.[163]

군 출신 전두환이 경제에 모든 것을 바친 이유는 무엇이었을까? 다음과 같은 전두환의 증언이 그 의문에 대한 정답이 아닐까 생각한다.

"정치를 왜 합니까. 모든 국민이 풍요롭게 살고 자유와 인권을 누리고

---

163 안병만b, 『역대 정부의 정책평가와 신정부의 정책과제』, 한국행정학회, 춘계학술대회 발표논문집, 1998, 266쪽.

살게 하기 위해서입니다. 국민이 못 먹고 사는 나라에 무슨 민주주의가 있습니까. 굶어 죽는데 민주주의가 필요합니까?"[164]

민주주의에 대한 그의 철학은 간단했다. "기업이 잘되고, 경제가 잘돼야 민주주의가 되지 굶는 데 무슨 민주주의가 되겠는가"[165] 이것이 전두환의 민주주의에 대한 핵심 철학이었다.

164 김성익, 앞의 책, 623쪽.
165 김성익, 앞의 책, 223쪽.

군사통치 vs 문민통치

고비용-저효율의 저주 시작되다

제6공화국은 한국인에게 낯선 제도였던 자유민주주의가 뿌리를 내리는 과정이 순탄치 않다는 사실을 보여주는 시대였다. 문민 시스템의 정착을 위해 치러야 할 대가는 결코 만만치 않았던 것이다.

속내용이야 어찌되었든 민주화 항쟁이 6·29 선언으로 이어졌고, 국민이 원하는 직선제가 시행되었다. '피플 파워'의 주체세력들은 더 많은 정치적 자유와 권리를 요구했고, 한편에선 그동안 억눌렸던 노동자들의 욕구가 폭발했다.

노태우 정부, 김영삼 정부 내내 노동자들이 처우개선을 요구하며 자행한 불법 파업과 휴업, 농성, 작업거부 사태 등 노동운동의 회오리가 한국 사회를 강타했다. 노사분규나 학원 시위 현장에서 불법 행위가 자행되어도 '민주화 시대'를 앞세워 공권력이 이를 억제하지 않다 보니 국가 무력화 현상이 곳곳에서 발생했다. 이때부터 정부의 권위에 도전하고 법과 질서를 지키지 않는 것이 민주주의라는 왜곡된 행동 양태가 만연하기 시작했다.

노사분규를 스스로 해결해야 했던 사용자 측은 전투적 노조의 임금 인상 요구를 수용한 결과 전 산업 분야에서 생산성 향상을 초월하는 임금 인상이 시작되었다. 1987년 9%대였던 임금 상승률은 1988~1990년까지 3년 동안 연평균 24%씩 가파르게 올랐다.

전 산업 분야에서 노동생산성을 뛰어넘는 임금 인상 러시가 벌어지면서 한국의 임금 수준은 아시아에서 일본 다음으로 높아졌다. 임금이 오르면서 물가도 덩달아 올랐다. 전두환 정부가 임기 내내 사력을 다해 안정시켜 3% 이하로 유지되었던 물가는 1990~1992년 사이 13%에서 19%까지 뛰었다.

경제 이론으로 볼 때 임금 상승은 소비 여력 상승으로 인한 경기 활성화 등 장점도 많다. 임금 상승과 함께 생산성도 함께 향상되면 모든 문제는 해결된다. 하지만 노태우·김영삼·김대중 정부 시절 한국의 급격한 임금 상승은 생산성 향상과 연결되지 못했다. 그 결과 한국산 제품의 원가 상승, 그로 인한 국제시장에서의 경쟁력 저하 현상을 피할 수 없었다. 한국의 고질병으로 지적된 고비용-저효율의 저주가 시작된 것이다.

고비용-저효율 구조로 인해 한국경제의 생명선이나 다름없는 수출 증가율은 1987년 36%, 1988년 28%에서 1989년에는 2.6%로 급락했다. 1986년부터 흑자로 돌아섰던 무역수지도 1990년 50억 달러 적자, 1992년에는 100억 달러 적자로 반전되었다.

지역 맹주 시대 개막

한국인들은 반도에서 오랜 기간 정착 생활을 해온 결과 산업화·근대화의 시대임에도 불구하고 원시 부족적, 씨족적 사고방식에서 해방되지 못했다. 소위 민주화 지도자란 사람들은 영남·호남·충청 등 출신 지역을 연고로 붕당을 형성하고 "우리가 남이가", "충청도 핫바지론", "호남 소외론"을 외치며 지역감정을 부추겼다. 그 결과 사회구조적 시스템이 지연·학연·혈연에 의해 좌우되는 근본적 한계에 부딪혔다.

1992년 12월 대선에서 당선된 김영삼은 자신의 출신 지역인 경남에서 71.4%, 부산에서 60.4%의 지지를 받았지만, 호남에서는 불과 4.0% 득표에 그쳤다. 김대중 후보는 출신 지역인 광주에서 95%, 전라남북도에서 88% 등 호남을 석권했다. 지연·혈연·학연에 의한 전근대적 준봉투표(遵奉投票) 현상이 만연한 결과다. 지역감정의 치유에 앞장서야 할 정치인들은 자신들의 정치적 이해관계를 위해 오히려 지역감정을 적극 부추기는 선봉에 섰다.

지금 이 순간까지 한국 사회의 고질병으로 뿌리박힌 지역감정은 민주 대 반민주라는 정치 투쟁 구도가 무너지면서 그 대체제로 자리 잡은 특이한 현상이다. 민주화 지도자들의 권위주의가 지역주의와 결합하면서 한국의 정치 지형은 지역을 기반으로 한 조선시대식 붕당 체제로 회귀했다.

선거로 국가지도부를 구성하고, 국민의 대표를 선출하는 대의 민주제도를 운영하는 나라에서 특정 지역에서 그 지역 출신 정치인에게 90% 이상 몰표가 쏟아지는 경이로운 현상이 40여 년 계속되고 있는 것은 정치·사회·문화·심리적 분석을 요하는 심각한 이슈다. 지역 기반의 붕당정치는 필연적으로 지역 이기주의와 접목되어 정치 후진화, 민주주의 퇴보, 지대(地代)추구적 통치행위를 불러올 수밖에 없다.

민주화 시대의 개막과 더불어 정치 지도자로 등장한 김영삼·김대중 시대는 30여 년 계속됐던 군사통치 체제의 종언을 고하고, 조선조 이래 익숙한 먹물 붓잡이들의 문민통치 시대로의 회귀를 알리는 장엄한 팡파르였다.

민주주의는 만병통치약이었나?

오랜 권위주의 통치에 식상해 있던 국민이 머리에 그린 유토피아는 '민주화된 한국'이었다. 유권자들은 국민 직선으로 군 출신이 아닌, 민간 대통령이 선출되면 정통성 논란에서 벗어나 확고한 국가 미래 비전을 제시해줄 것으로 기대했다.

이 땅의 유권자들은 민간 정치인이 집권하여 민주화가 되면 권위주의 시대보다 경제가 더 빨리 발전하고, 정의가 강물처럼 흐르는 사회가 실현되어 더 부강해질 것이며, 사람답게 사는 세상이 될 것이라고 믿었다. 민주화 정부가 한국 사회에 내재된 제반 모순을 일거에 해결해주는 만병통치약이라고 생각한 것이다.

김영삼 정부의 출범은 군부가 중심이 된 산업화 세력과 지식인·정치인 그룹이 중심이 된 민주화 세력이 대결과 갈등의 시대를 마감하고 화합과 번영의 시대로 나간다는 역사적 의미가 담겨 있었다. 제6공화국 정부는 출범 과정에서 정통성 시비를 불러온 전두환 정권과는 달리 국민 직선에 의해 다수 국민들의 축복을 받아 가며 출범했다. 하지만 민간 정권이 군사정권보다 더 능력이 뛰어나고 효율적인 집단이 아니라는 사실을 깨닫는 데는 오랜 시간이 필요하지 않았다.

김영삼 정부는 6·29선언 이후 여야 합의로 제정된 민주 헌법, 완성 단계에 돌입한 산업화의 결실, 노태우 시절 정비된 사회간접자본, 박정희·전두환·노태우 시절 탄탄하게 형성된 중산층, 세계 12위 규모의 경제력을 유산으로 물려받았다.

사회 각 분야가 발전하여 각자 역할을 수행하는 선진국과는 달리 후진국이나 개발도상국은 자원·인재·기술·경험·자본 부족 상태에서 국가 건설을 시작할 수밖에 없었다. 게다가 한국의 산업화·민주화 과정은 압축 성장의 상징과도 같았다. 선진국들이 150~200년 걸쳐 이룩한 과정을 30여 년에 걸쳐 달성하는 속성의 과정이었다. 말이 좋아 압축 성장이지 150~200년 과정을 30년에 이루는 과정에서 수많은 모순, 시행착오, 갈등의 발생을 피할 수 없었다.

모든 것이 결핍된 상황에서 국력을 총동원하기 위해서는 국가의 모든 계획과 집행이 지도자와 중앙정부가 영도하는 방식으로 진행될 수밖에 없었다. 이 과정에서 개인보다는 집단이, 과정의 정당성보다는 결과가, 협의를 통한 의견 수렴보다는 상부의 지시가 중요한 가치로 평가되었다. 정실 자본주의, 정경유착, 관치금융, 개발독재, 권위주의 정권의 탄생은 불가피한 일이었다. 민간 정치 지도자가 선거로 당선되어 통치하는 민주화 시대는 사회 각 분야의 비정상을 정상으로 돌려놓는 고통스러운 과정을 거쳐야 했다.

문민 독재의 등장

이승만은 아이비리그 리더십, 박정희는 일본 육사 리더십, 전두환은 웨스트포인트 리더십 교육의 수혜자였다. 반면에 김영삼을 비롯하여 제6공화국을 이끈 민간 지도자들은 거대화되고 현대화된 국가 조직을 이끌 만한 리더십과 전문지식을 교육받을 기회가 없었다. 그들을 보좌한 세력도 독학과 지하 서클에서의 음습한 좌파 주체사상 이념 교육, 가두투쟁으로 단련된 전체주의의 화신들이었다.

박정희·전두환·노태우 등 군 출신 지도자는 국가적 대사의 결정 과정에서 각종 대안을 검토하고 전문가의 의견을 중시하는 리더십의 전형을 보였다. 반면에 민간 정치인들은 특정 목표를 설정하고 정치력을 동원하여 이를 해결하려는 민심 우선형 리더십이었다.

박정희 시절 추진한 한일 국교 정상화, 고속도로와 제철소 건설, 중화학공업 추진 과정이나 전두환 시절 물가 안정 정책에서 보듯 국가 효율을 높이는 정책과 인기 위주의 포퓰리즘 정책은 대척점에 서 있다. 정부가 인기 위주의 정책을 추진하면서 국가 효율성을 제고하는 것은 현실적으로 불가능하다.

군사정권 지도자들은 국가의 백년대계에 필요한 정책의 경우 민심을 거스르면서까지 일을 추진해냈다. 반대 의견을 제압하는 과정에서 정적(政敵)이 양산될 수밖에 없었다.

반면에 민심 우선형 리더십은 국민이 좋아하는 정책만 골라서 시행하고, 국민에게 피와 땀과 눈물, 고통을 요구하는 정책이나 개혁 어젠다 따위는 철저히 회피했다. 그 결과 정권의 인기가 높아졌을지는 모르나, 국가와 사회의 효율성, 생산성, 경쟁력은 현저히 퇴보했다.

국민들은 30여 년 만에 등장한 민주화 정권이 산업화 세력과 민주화 세력을 포용하여 국가 에너지를 결집시켜 선진국 도약의 과제를 성취하기를 기대했다. 그러나 김영삼·김대중 정권은 자신들이 '권위주의의 화신'이라고 비판했던 박정희·전두환 식 1인 지배체제를 답습했다.

민간 지도자들이 권위주의 통치 스타일에서 벗어나지 못한 이유는 민주화 투쟁 과정에서 강력한 리더십이 필요했기 때문이다. 문민 정권의 구조도 군사정권과 마찬가지로 1인 지배를 벗어나지 못한 결과 국가의 주요 정책이 법과 제도의 뒷받침이나 전문가의 판단보다는 대통령 개인의 선호에 의해 좌우됐다. 대통령과 국회가 민주적 절차에 의해 구성되었지만, 권력이 행사되고 정책이 입안·결정·집행되는 과정은 권위주의 체제를 그대로 답습한 것이다. 그 결과 법치가 아닌 인치(人治)가 만연하여 김영삼·김대중은 '문민 독재'라는 비판에 직면했다.

문민정부, 국민교육헌장 폐지

국민교육헌장은 박종홍·안호상 등 당대의 석학들이 총동원되어 작성한 내용을 국회의 만장일치 동의를 거쳐 1968년 12월 5일 박정희 대통령이 발표한 국민교육의 지표였다. 해방 이후 한국은 국민교육에 대한 이념과 목적, 철학과 가치관의 부재 상태였다. 교육의 목표를 물으면 홍익인간(弘益人間), 즉 널리 인간 세계를 이롭게 하는 인간의 육성이 고작이었다.

고조선의 건국이념이었던 홍익인간은 교육의 목표에서 '무엇을, 어떻게, 누구를 위해서, 어떤 방법으로'가 빠져 있었다. 그 결과 추상적이며 보편적인 교육에 머무를 수밖에 없었다. 이처럼 과거지향적 국민교육을 전면 혁신하여 이 시대에 대한민국에 태어난 국민은 무엇을 어떻게 해야 하는지를 선명하게 제시하기 위해 제정된 것이 국민교육헌장이다.

1973년 3월 30일 대통령령으로 국민교육헌장 선포일인 12월 5일을 정부 주관 기념일로 제정했다. 문민정부를 자처한 김영삼 정부는 1994년부터 국민교육헌장을 교과서에서 삭제하고 정부 공식 법정기념일로 지내오던 선포기념식 행사를 폐기했다. 노무현 정부가 출범한 2003년 11월 27일에는 국민교육헌장 선포기념일마저 폐지했다.

국민교육헌장 폐지를 주장하는 세력은 국민교육헌장이 일본의 교육 칙령을 베꼈다고 주장한다. 이런 주장은 일본의 교육 칙령과 국민교육헌장을 비교도 해보지 않고 엉터리 선동을 한 것이다. 국민교육헌장은 일제의 교육 칙령을 베낀 것이 아니라, 막스 베버(Max Weber)의 근대화 담론이라는 사상적 토대 위에, 피히테(Johann Gottlieb Fichte)의 애국주의 담론이 추가되어 작성된 것이다.

"공익과 질서를 앞세우며 능률과 실질을 숭상하고", "자유와 권리에 따르는 책임과 의무를 다하며, 스스로 국가건설에 참여하고" 등등의 깊은 철학과 가치관이 점점이 배어 있는 것이 국민교육헌장이었다. 박정희 대통령은 막스 베버가 주장한 경제발전의 정신적 토대를 세워 경제 발전과 근대화를 추구하고자 이 헌장을 제정 반포한 것이다.

지금 다시 읽어봐도 명문인 국민교육헌장이 폐지된 후 새로운 교육지표는 제시되지 않았다. 그 결과 교육의 목표·목적·가치·철학·이념이 통째로 사라지면서 어떤 인간을 무엇을 위해 길러낼 것인지 누구도 알 수 없는 세상이 되었다. 그 혼란의 와중에 동성애 조장, 성 평등, 헬 조선, 흙수저 금수

저 등등 계급투쟁적 좌파 교육 이념이 파고들어 자기 나라의 정통성과 건국 정신을 말살하는 교육이 횡행하는 사회로 타락했다.

이후 한국은 교육의 이념·목적·철학과 방향이 없는 나라가 되었다. 그러는 사이 좌익 민중사관이란 바이러스가 퍼져나가면서 대한민국의 근간인 자유민주 체제와 국가 정통성이 뿌리째 흔들리는 위급 상황을 맞게 되었다.

계획이 사라진 나라

김영삼 대통령은 1997년, IMF의 구제 금융을 받는 조건으로 총 7차에 걸쳐 35년간 계속되면서 대한민국의 근대화 기둥이 되어 왔던 경제개발계획을 폐기하고 재정정책 및 공공재 관리 등 꼭 필요한 사안 이외에는 정부 개입을 없앴다. 경제개발 5개년 계획이 폐기되면서 국가 경제개발에 반드시 필요한 리더십, 잘 짜인 개발 계획, 유능한 관료 집단도 통째로 망가졌다. '기획 및 계획의 나라 대한민국'의 신화가 붕괴된 것이다.

이후 한국은 국가 차원의 장기 발전계획이 존재하지 않는 나라가 되었다. 5년 주기로 대통령이 바뀔 때마다 전임 정권 때 세운 국가 핵심정책과 전략 비전은 폐기됐다. 새로 당선된 세력들은 자신들 입맛에 맞는 정책을 세우고 추진하기 위해 나라를 벌집 쑤시듯 해왔다.

5년 주기로 국가의 핵심 정책과 전략, 비전과 철학, 가치관을 송두리째 뒤집고 원점에서부터 새로 출발하는 혼란이 35년째 반복되었다. 덕분에 한국은 국가가 나아가야 할 방향, 미래에 국가가 도달해야 목표를 실종한 나라가 되었다. 누구도 국가의 미래를 고민하지 않는 '무뎃포(無鐵砲)'의 나라로 돌변한 것이다.

국수적 민족주의 시대 개막

정치학자 박효종은 김영삼 정부의 출범을 '진보형 민족주의 시대의 개막'이라고 설명했다. 박효종이 말한 진보 개념은 잘못된 것이다. 그들은 진보세력이 아니라 주자성리학적 가치관을 바탕으로 위정척사, 쇄국, 대륙지향의 사고로 똘똘 뭉친 수구 퇴보세력이었다.

김영삼뿐만 아니라 김대중·노무현·문재인 등 민간 정치 지도자들은 문민과 도덕 가치관을 무기로 사회를 민주 대 반민주, 문민 대 군부, 부자 대 서민, 진보 대 보수, 가진 자와 못 가진 자의 대결 구도로 몰고 갔다. 한국 사회를 적과 동지로 편 가름한 것이다. 민간 출신 지도자들이 재임 기간 내내 정치적 목적에 의해 부추긴 선악의 대결 구도는 심각한 사회갈등을 일으켰다.

김영삼 정부는 한편에서는 세계화 시대를 선포하고, 다른 편에서는 국수적 민족주의 광풍을 일으켰다. 진정한 세계화는 세계 시장에서 살아남기 위한 피나는 노력으로 국제경쟁력을 확보할 때 가능하다. 이런 기본 상식이 결여되면 위정척사 쇄국 논리에 함몰될 수밖에 없다.

김영삼 정부는 문민정부가 상해 임시정부의 법통을 이어받았고, 그 이전 제1공화국에서부터 제6공화국의 노태우 정권까지는 '부끄럽고 청산되어야 할 역사'라고 주장했다. 문민정부가 상해 임정의 법통을 이어받았다는 주장은 대한민국의 건국과 역대 정부의 정통성을 정면으로 부정하는 선언이었다. 상해 임정의 법통을 이어받은 문민정부가 '신한국'을 창조한다는 이데올로기를 상징화하기 위해 '역사바로세우기'라는 작업이 정권 차원에서 강제되었다.

김영삼 정부는 광복 50주년을 맞은 1995년, 민족정기를 회복한다는 명목으로 다음과 같은 사업을 정열적으로 추진했다.

- 역대 대통령의 집무실이었던 청와대 옛 본관 건물 철거
- 국책사업으로 옛 조선총독부 건물(국립중앙박물관) 폭파 철거
- 전국 명산에 일제가 박았다는 '풍수 침략의 증거'인 쇠말뚝 제거 및 일제가 개악(改惡)했다는 고유지명 찾기 작업
- 황국신민 양성을 목적으로 만든 '국민학교' 명칭을 '초등학교'로 바꾸기
- 남산 제모습 찾기 사업의 일환으로 남산 외인 아파트 폭파 철거(공영 방송으로 전국에 생중계)
- 상해 임정 요인 유해 봉환
- 독립유공자 확대(거의 대부분 사회주의, 공산주의 계열 독립운동가)
- 중국 현지의 임시정부 청사 복원

민족정기 회복을 위한 첫 사업은 국립중앙박물관으로 사용되던 중앙청 건물을 '구 조선총독부 건물'이라면서 폭파 철거한 일이었다. 문제의 건물은 1926년부터 1945년까지 조선총독부 건물로 사용되었고, 해방 후엔 미군정청 청사로, 1948년에는 제헌의회 설립, 대한민국 건국이 선포된 역사의 현장이다. '역사바로세우기'와 '민족정기 수립' 차원에서 진행된 조선총독부 건물 철거는 대한민국 건국 현장과 근대화의 상징을 없애는 결과를 가져왔다.

김영삼 정권의 '역사바로세우기' 정책을 이어받은 김대중 정권은 더욱 더 해괴한 '제2의 건국'을 대대적으로 선전했다. 역사바로세우기, 제2의 건국을 한마디로 요약하면 군사 정권과 문민 정권 중 누가 더 도덕적이냐를 놓고 벌이는 도덕 쟁탈전이었다.

경제 리더십 붕괴

김영삼 정부가 출범한 1993년은 구소련 및 동구권 사회주의 몰락, 독일 통일로 인한 냉전 구도의 붕괴, 문명의 중심축이 대서양에서 태평양을 건너 동아시아로 이동하여 태평양 시대가 도래하는 등 여러 사건이 겹쳐 일어난 해였다.

산업구조가 굴뚝산업 중심의 산업사회에서 인터넷 온라인을 기반으로 한 정보화 사회로 이동했고, 전자산업의 패러다임이 아날로그에서 디지털로 바뀌는 전환기였다.

한국은 문명사적 대전환 과정에 수동적으로 끌려간 것이 아니라, 변화를 이끌어가는 주역이었다. 전두환 정부 시절 전자교환기와 4MD램 반도체를 독자 기술로 개발하고 전송망을 혁신하는 등 미래를 위한 준비를 확실히 한 결과다. 정보통신 등 지식기반산업의 주도권을 쥔 한국은 아시아 태평양 시대의 중심국으로 떠오르기 시작했다.

김영삼 대통령 재임 기간에는 공산주의 경제권에 속했던 소련과 동유럽, 세계 최대의 시장인 중국이 시장경제로 편입되었다. 이로써 국경 없는 경제 전쟁이 시작되었고 세계화가 대세로 등장했다. 세계화란 국경과 무역 장벽을 걷어내고 약육강식의 무한 경쟁이 시작되었음을 뜻한다. 이러한 세계화 질서를 위해 1995년 1월 1일 세계무역기구(WTO)가 탄생했다.

김영삼 정부는 세계화를 국정의 핵심 과제로 선언했다. 세계화는 시대적 당위였기에 저항 없이 수용되었다. 하지만 국제사회가 요구하는 것이 무엇인지에 대한 기초적인 준비도 없이 정부 주도로 세계화 전략이 강제되었다.

박정희 시절 완성된 한국형 발전전략의 핵심은 외국에서 자본과 기술, 기계와 원료를 수입해다가 근면하고 우수한 저임 노동력을 투입하여 제품을 생산해서 수출로 국부를 창출하는 전략이었다. 한국 국제경쟁력의 원천은 근면하고 우수한 저임 노동력이었다. 문제는 노태우 정부 시절부터 임금 상승이 계속되는 동안 한국보다 노동비용이 훨씬 싼 중국·동남아·동유럽 국가들이 세계무대에 속속 등장했다는 사실이다. 한국의 고비용-저효율 구조는 한국 경쟁력의 원천을 무너뜨리기 시작했다.

최악의 무역 적자 기록한 1996년

고비용보다 더 심각한 문제는 저효율이었다. 제조업 취업자 1인당 생산액이 7만 5,000달러로 일본(20만 5,000달러)의 36% 수준, 종업원 1인당 부가가치 증가율은 1995년 19.2%에서 1996년에는 1.1%로 급락했다. 선진국의 첨단 기술을 따라가지 못하고, 중국 등 개발도상국의 추격으로 인해 넛 크래커(호두 까는 기계) 사이에 끼인 호두 신세를 면치 못할 가능성이 높다는 부즈 알랜 보고서의 경고가 나온 것이 1997년이다.

국정의 사령탑인 김영삼 대통령의 경제정책은 일관성을 상실했다. 가장 중요한 문제는 고비용-저효율 구조의 개혁이었으나 취임 초에는 선(先) 경기부양-후(後) 경제개혁을 선언했다. 1994년에는 국가경쟁력 강화를 명분으로 기업에 대한 규제 완화와 자율화 정책으로 돌아섰다. 김영삼 정부의 자율화 정책은 대기업들의 소원이었던 '문어발식 사업 확장'이 가능하도록 문호를 개방하는 신호탄이었다.

고비용-저효율 구조로 무역 적자가 급증하는 상황에서 김영삼 정부가 대기업에 대한 투자 제한을 철폐하자 대기업들은 대대적인 설비투자에 나섰다. 그 결과 석유화학 및 조선은 과잉 설비율이 215%, 반도체와 철강은 46%나 됐다. 자동차 생산능력은 1992년 말 180만 대에서 1997년 말에는 448만 대로 240%나 폭증했다.

대기업의 투자자금은 대부분 국내외 금융기관에서 차입으로 충당했다. 1991년 초 국내 5대 대기업은 기업별로 5조 원 정도 부채를 안고 있었는데, 1997년 IMF 사태가 터질 때는 각각 24조~25조 원으로 무려 5배나 늘었다.

경제 환경이 난마처럼 얽힌 상황에서 1995년 수출이 1,250억 달러를 기록, 1,000억 달러 고지를 돌파했다. 한국의 1인당 소득도 같은 해 1만 달러를 넘었다. 1960년대 중반 100달러도 채 안 되던 1인당 국민소득이 30여 년 만에 100배 증가한 사례는 전 세계 역사를 통틀어 지금까지는 한국밖에 없었다. 장밋빛 분위기에 젖은 김영삼 정부는 1995년 3월 선진국 경제협력기구(OECD) 가입을 신청했다.

김영삼 정부는 OECD 가입을 위해 무역·금융·투자 부문을 자유화, 개방화했다. 이 과정에서 외국인 직접투자는 제한하고, 은행의 외환 차입과 주식시장 대외 개방 등 단기성 국제금융거래는 자유화했다. 정부는 소규모 투자신탁회사 24개를 종합금융사(종금사)로 전환하고 국제 금융업무 취급을 허가했다. 이로써 정부가 외국으로부터 자본 차입을 통제할 수 없게 되었다.

경험이 부족한 종금사들은 외국 금융기관에서 단기 외채를 빌려다 동남아에 장기 투자 사업을 벌이는 과정에서 단기 외채가 1,000억 달러에 이르렀다. 1994년부터 1996년 사이 한국의 외채는 두 배로 늘었다. 1995년 수출 1,000억 달러 돌파로 축제 분위기에 들떴던 한국은 1996년 무역수지 적자가 237억 달러로 역대 최악을 기록했다. 이는 GDP의 5% 수준에 달하는 엄청난 수준이었다. 1997년 1/4분기에는 74억 2,000만 달러의 무역 적자를 기록했다. 분기별 사상 최악의 적자였다.

외환위기는 경제 리더십 붕괴의 대가

한국은 1996년 10월 OECD 정식 회원국이 되었다. 그로부터 두 달 후 외환위기 경고등이 켜졌다. 위기 탈출을 위해서는 당장 원화를 평가절하하여 수출경쟁력을 높이는 것이 급선무였다. 원화를 평가절하하면 1995년 말 달성한 1인당 소득 1만 달러의 장밋빛 환상이 신기루처럼 사라져버린다. 김영삼 정부는 '1인당 소득 1만 달러'를 유지하기 위해 원화 평가절하를 시행하지 않았다.

자고 일어나면 늘어나는 무역 적자를 메꾸기 위해 빚을 내서 빚을 막는 '외채 돌려막기'가 시작되었다. 덕분에 외채는 1993년 440억 달러에서 1997년 말에는 무려 1,500억 달러로, 김영삼 임기 중에 세 배 이상 폭증했다.

1997년 7월 태국에서 발생한 외환위기 태풍이 동남아를 강타했다. 위기 타개를 위해 금융개혁위원회는 5개월 작업 끝에 13개의 금융개혁법안을 마련했으나 국회는 상정을 거부했다. 이 모습을 지켜본 국제 금융기관들은 "한국은 믿을 수 없는 나라"라고 선언했다. 외국 자본의 한국 대탈출이 시작됐다.

주식시장이 폭락하고 수많은 중소기업이 쓰러지는 아비규환의 와중에 외환보유고는 220억 달러에서 70억 달러로 줄어 국가부도 직전 상황에 몰렸다. 김영삼 정부는 IMF로부터 570억 달러의 구제 금융을 지원받아 간신히 국가부도 위기를 넘겼다.

외환위기 충격파로 1998년 1월 한 달 동안 3,000개 이상의 중소기업이 도산했고, 산업시설 가동률은 65%에 머물렀다. 1998년 경제성장률은 마이너스 6.7%로 1953년 이래 최악을 기록했다. 같은 해 1인당 국민소득은 6,800달러로 쪼그라들었다. 한국이 자부했던 고도 경제성장이 신기루처럼 사라졌다.

북한 핵 개발 도운 6공화국 대통령들

북한 핵무기와 미사일 개발의 주역은 김일성·김정일·김정은 등 북한의 세습 군주들이다. 잊지 말아야 할 사실은 대한민국 6공화국 지도자들의 조공 및 부역, 협조, 이적 행위가 북한 핵·미사일 개발에 결정적 도우미 역할을 했다는 사실이다.

북한 핵 부역, 이적 행위의 1번 타자는 노태우였다. 노태우는 1991년 12월 31일, 북한과 '한반도 비핵화에 관한 공동선언'을 발표했다. 이 선언에 따라 남북한은 핵무기의 시험·제조·생산·보유·접수·저장·사용을 금지하고 핵에너지를 오직 평화의 목적에만 이용하기로 했다. 핵 재처리 시설 및 우라늄 농축시설 보유를 금지하며, 비핵화 검증을 위한 동시 상호사찰, 핵 통제 공동위원회 구성·운영에 합의했다.

이 선언을 근거로 북한은 1992년 핵 확산 금지협정(NPT)에 가입했고, 국제원자력기구(IAEA)의 핵 사찰을 받았다. 비핵화 선언문의 문구는 화려했지만, 이 문서가 쓰레기통에 처박히는 데는 1년이 채 안 걸렸다. 1992년 IAEA가 북한의 핵 개발 의혹을 제기한 것이다. 자신들의 핵 개발 사실이 폭로되자 북한은 팀스피릿 훈련 재개를 빌미로 남북고위급회담을 결렬시켰고, 한반도 비핵화 공동선언은 휴지조각이 되었다. 순진한 '보통 사람' 노태우는 북한 핵 개발을 위한 시간만 벌어주었다.

북한 핵 개발을 도운 이적 행위 2번 타자는 김영삼이었다. 1994년 5월 8일 북한은 5MW 원자로를 정지시키고 플루토늄을 다량 함유한 연료봉을 교체했다. 이로써 제1차 북핵 위기가 발생했다. 클린턴 미국 대통령은 북한 영변 핵시설 폭격이라는 초강수를 준비했다. 미국의 북한 공격이 초읽기에 들어간 순간, 김영삼 대통령은 1994년 6월 17일 클린턴 대통령과 통화에서 "북한 핵시설을 폭격하면 한반도에서 전면전이 벌어질 것"이라면서 강력 반대했다.

미국은 북폭 계획을 철회하여 한반도에서 전쟁이 일어나지는 않았지만, 핵 보유를 천명한 북한의 핵 공갈에 생존을 위협당하는 비참한 신세로 전락했다. 김영삼의 반대로 물리적 해결책을 포기한 미국은 1994년 10월 21일 스위스 제네바에서 한국을 제끼고 북한과 핵 문제 해결을 위한 합의문을 발표했다.

미국은 북한이 핵 프로그램을 포기하는 대가로 경수로 원전 2기 건설과 중유 제공을 약속했다. 김영삼은 북한 신포에 건설되는 경수로 원전 건설 비용 60억 달러 중 3분의 2인 40억 달러를 떠안았다.

김대중의 5억 달러 비자금, 핵 개발 전용 의혹

제3의 부역자는 김대중이다. 2000년 6월 13일부터 15일까지 평양에서 남북 정상회담이 열렸다. 하지만 남북 정상회담에서 김대중과 김정일은 북한 핵·미사일 문제는 거론조차 하지 않았다. 김대중 대통령 퇴임 직전, 남북 정상회담을 위해 김정일에게 5억 달러를 비밀 송금한 사실이 폭로되었다. 5억 달러 비밀 송금은 정부의 승인 절차도 없었고, 국회와 협의도 하지 않았다. 김정일에게 제공된 5억 달러 비자금의 상당 부분은 핵과 미사일 개발에 사용된 것으로 추정됐다.

2002년 10월 북한은 방북한 제임스 켈리(James Kelly) 미 국무부 동아태 차관보에게 우라늄 농축(HEU)에 의한 핵 개발 사실을 시인하여 제2차 북한 핵 위기가 폭발했다.

제2차 북핵 위기 한복판에 제4의 부역자 노무현이 대통령에 취임했다. 북핵 문제와 관련하여 노무현 정부는 북한 대변인을 자처했다. "북한의 핵 개발은 협상용 카드에 불과한데 미국이 과잉 대응하고 있다"라는 식이었다. 북한은 2005년 2월 핵 보유를 선언했다. 북핵 위기가 발등에 떨어진 불이었음에도 불구하고 노무현 정부는 개성공단 사업을 확대하여 북한에 현금 지원을 계속했고, 비료까지 보냈다. 북핵 문제를 유엔 안보리에 회부하는 것도 반대했다.

2006년 10월 9일 오전 10시 35분, 북한은 함경북도 길주군 풍계리에서 첫 번째 핵실험을 강행했다. 북핵 대변인이나 다름없는 노무현 대통령은 북한의 핵실험에도 불구하고 "북핵 위협을 과장해서는 안 된다. 북한의 핵무기 개발로 한반도의 군사 균형은 깨지지 않았다"라고 주장했다.[1]

김대중·노무현 정부 10년 동안 남북협력기금으로 9조 3,000억 원을 조성하여 그중 8조 2,000억 원을 집행했다. 이 밖에도 금강산관광, 개성공단 사업, 민간 차원의 대북 지원, 김대중 정부의 5억 달러 비밀 송금 등을 합치면 어마어마한 금액이 북한으로 흘러갔다. 이 자금이 김정일 정권에게 제공되어 한국과 국제사회를 위협하는 핵무기와 장거리 미사일 개발에 사용됨으로써 한국의 국가안보가 결정적인 위협을 받는 상황이 됐다.[2]

제5의 부역자는 이명박이다. 그도 전임자들과 마찬가지로 금강산 관광 입산료, 개성공단 비용을 김정일에게 갖다 안겼다. 이 돈이 핵·미사일 개발 비용으로 전용된 것은 당연한 일이었다.

북한은 2009년 4월 장거리 미사일 발사에 이어, 5월 25일 제2차 핵실험을 강행했고, 2010년 3월 26일에는 우리 해군 천안함을 폭침시켜 46명의 해군 장병이 전사했다. 그제야 정신이 들었는지 이명박 정부는 천안함 폭침 두 달 후인 5월 24일, 대북 신규 투자 금지, 대북 지원사업 보류, 국민의 방북 불허, 북한 선박의 남한 해역 운항이 금지하는 5·24 조치를 취했다. 하지만 개성공단만은 예외였다. 이명박 정부 내내 개성공단을 통해 연간 1억 달러 이상의 달러 현금이 북한에 제공되었다.

박근혜 '통일 대박'의 꿈, 쪽박으로 전락

제6의 부역자는 박근혜였다. 그도 전임자의 정책을 답습하여 개성공단 가동을 통해 북한에 매년 1억 달러의 현금을 제공했고, 그 돈으로 북한은

---

1 동아일보, 2006년 11월 3일.
2 「좌파 정부 10년 남북협력기금 펑펑 써 뭘 남겼나」, 조선일보, 2008년 12월 17일.

열심히 핵·미사일 개발 및 성능개량에 열을 올렸다. 박근혜 대통령의 '통일 대박' 꿈은 2016년 1월 6일 쪽박이 되었다. 저들이 '수소폭탄 실험'이라고 주장하는 4차 핵실험이 강행된 것이다.

미몽에서 깨어난 박근혜는 2016년 2월 10일, 김정은 정권이 핵·경제 병진 노선을 고집하면 국제사회와 공조하여 레짐 체인지(Regime Change·정권 교체)에 나서겠다고 선언했다. 이와 함께 개성공단 전면 중단을 선언했다. 북한의 핵·미사일 능력을 원천 봉쇄하려면 현금 지원을 끊는 것이 가장 확실한 수단이라고 그제야 정신을 차린 것이다.

박근혜가 긴급명령을 발동하여 개성공단을 폐쇄하고 레짐 체인지를 선언하자 남한의 좌익 진영은 "이것은 대통령 탄핵 사유에 해당한다"라면서 아우성쳤다. 그로부터 몇 개월 후 박근혜 대통령은 실제로 탄핵되었다.

제7의 부역자는 문재인 대통령이다. '핵무기 없는 평화로운 한반도'를 대북정책 목표로 정한 문재인 대통령은 2018년 4월 27일 판문점에서 김정은과 정상회담에서 "남과 북은 완전한 비핵화를 통해 핵 없는 한반도를 실현한다는 공동의 목표를 확인한다"는 '판문점 선언'을 발표했다. 이 선언은 언어의 유희에 불과했다.

문재인은 2017년 6월 트럼프 대통령과의 한미 정상회담에서 "북한이 방어적 목적으로 핵을 개발하고 있다"고 발언하여 파문을 일으켰다. 문재인의 이 발언을 액면 그대로 해석하면 "북핵은 방어용인데 굳이 폐기시키기 위해 노력할 필요가 있는가"라는 말 아닐까? 6공 대통령들의 북핵 지원 이적행위와 관련한 책임은 누가, 어떻게 물어야 할 것인가.

정치의 경제화 vs 경제의 정치화

박정희·전두환으로 상징되는 군사정권 지도자들의 국정 운영 철학은 "권력은 총구가 아니라 경제에서 나온다"라는 것이었다. 이를 위해 경제발전에 국정의 최우선 가치를 부여했다. 학자들은 이런 정책을 '정치의 경제화'로 정의했다.

문민 지도자들이 이끄는 제6공화국의 최우선 의제는 경제가 아니라, 민주주의의 정착이었다. 때문에 국가 백년대계를 위한 계획(전략) 수립이나, 국가구조의 혁신 같은 통치의 본질적 과업이 아니라, 포퓰리즘에 입각한 권력 획득에 목숨을 걸었다. 이를 위해 그들은 '정치의 경제화' 정책을 뒤집어 '경제의 정치화'를 추구했다.

그들이 권력 투쟁의 무기로 등장시킨 것이 조선시대 주자성리학자들이 사용한 '도덕'이었다. 오구라 기조(小倉紀藏) 교토대 교수는 조선왕조 폐망 100년이 훨씬 지난 지금까지 한국인의 정신세계를 지배하는 것은 주자성리학이라고 단언한다.[3] 조선에서 선비(士)란 학문 하는 사람, 특히 벼슬을 하지 않는 사람을 뜻한다. 권력과 부를 멀리하고 오로지 학문의 세계에 침잠하여 이상을 추구하는 재야의 반골(反骨)이 선비정신의 표상이다. 정권을 담당하거나 정계에 진출할 마음은 전혀 없고, 현실 비판에 주력하는 재야 지식인 이미지다.

오구라 교수가 관찰한 한국은 완전무결한 도덕만이 대접받는 사회다. 때문에 자신의 삶이 얼마나 도덕적인지를 끊임없이 다른 사람에게 표현하지 않으면 안 된다. 이런 풍토에서 권력투쟁이란 도덕을 앞세워 권력을 쟁취한 세력이 얼마나 도덕적이지 않은가를 폭로하는 싸움이다. 상대의 도덕을 싸잡아 비난할수록 '훌륭한 선비'가 된다.

오구라 교수는 4색 당파(노론·소론·남인·북인)가 벌인 당쟁은 아직 완전히 주자학화 되지 않은 조선을 어떻게 하면 급진적으로 주자학화 할 것인가를 둘러싼 철학적 경쟁이었다고 분석한다. 같은 의미에서 1960년대 이

---

3   오구라 기조, 조성환 옮김, 『한국은 하나의 철학이다』, 모시는 사람들, 2017.

래의 민주화 운동, 반독재 운동은 지식인과 학생들의 사대부 지향과 선비 지향이라는 두 측면의 산물이라고 말한다. 전자는 군인 정권(武)에 대항하는 문(文)의 정치권력 지향이요, 후자는 독재 부패 정권에 대한 도덕적 결벽 지향이다.

군사정권과 민주화

박정희는 무력을 동원하여 정권을 장악했다. 그의 집권 과정은 전형적인 쿠데타에 해당한다. 전두환도 10·26으로 인한 박정희 대통령 시해, 권력 공백, 5·18 광주의 혼란을 거쳐 대통령에 올랐다.

1980년 '서울의 봄' 당시 김영삼·김대중 등 문민 세력은 자신들의 집권이 당연한 귀결이라고 확신했다. 그들 시각에서 볼 때 폭압적 수단을 동원해 군사정권을 연장시킨 전두환은 도저히 용서할 수 없는 대역죄인이었다. 죽어서도 평온한 안식처를 찾지 못하고 있는 전두환 대통령의 모습을 보면 문민 세력의 저주가 어느 정도인지 실감할 수 있을 것이다.

이와 관련, 5공 창출의 주역 중 한 사람이었던 허화평은 5공 주역들은 어떤 경우에도 정통성 콤플렉스, 즉 강박관념을 지녔거나 의식하지 않았다고 한다. 이유는 자신들은 불법 부당하게 정권을 장악하지 않았으며, 5공 출범에 대한 국민의 암묵적 지지가 있었기 때문이라는 입장이다.

그는 5공 정권에 대한 정통성 시비는 반(反)박정희, 반(反)전두환 세력 등 반군(反軍) 정서에 젖어 있는 정치인들과 공론을 좋아하는 민간 엘리트들(교수, 언론인, 관료)의 비판을 위한 저질 구실에 근거한 데서 비롯된 현상으로 보았다. 이런 현상은 존재하고 있는 진실, 실재하고 있는 사실들을 부인하거나 무시할 수 없기 때문에 생겨나는 현상이라는 견해다.

허화평은 고려시대 이후 민족 심성에 뿌리 깊이 박혀진 문존무비(文尊武卑) 정서가 현재까지도 굳건히 건재하고 있다고 밝혔다. 이런 정서는 조선조 지배층, 특히 주자성리학에 세뇌된 노론을 중심으로 한 사림 세력에 의해 심화되었고, 건국 이후 오늘에 이르기까지 반정부 운동권 출신들인 병역 미필자들이 정치무대를 지배하면서 더욱 노골화되었다고 지적한다.

민주공화국이 건재하려면 군의 명예를 존중하고 상무정신을 고양해야 만 한다. 박정희, 전두환은 군을 거쳐 간 한때의 과객이었을 뿐, 대한민국 은 국민의 군이란 사실을 잊지 말아야 한다. 주권국가가 존재하는 한 군은 필수불가결의 존재다. 허화평은 반군 정서야말로 국가 자해행위라는 사실 을 깊이 인식해야 한다고 말한다.

박정희, 전두환 정권이 남긴 교훈은 역사에서 책임은 일방적일 수 없다 는 점이다. 민주당과 장면 정권의 무능 부패로 인한 정치 사회적 혼란이 5·16을 초래했다. 10·26 이후 김영삼, 김대중을 비롯한 정치 지도자들의 비협조와 국민 선동, 10·26으로 인한 국난과 정치 사회 혼란이 전두환 정 권을 탄생시켰다.

이런 상황에서 어느 쪽의 책임이 더 큰 것일까? 원인 제공자일까, 아니 면 집권자일까?

허화평은 원인 제공자의 책임이 더 크다고 말한다. 이것은 과거의 문제 가 아니라 대한민국의 미래와도 관련된 주요 이슈가 될 것이다. 앞으로의 과제는 정치보복이자, 명백한 정치 재판이었던 김영삼 정부 시절의 소위 '역사바로세우기' 재판의 진상을 재조명해야 한다. 이러한 무법, 탈법, 헌정 질서 파괴적 소급입법을 통해 제5공화국 탄생을 '정권찬탈의 결과'로 낙인 찍은 판결을 '역사적 사실(historical fact)'에 근거하여 바로잡을 때 진정한 정치 발전을 기약할 수 있을 것이다.

유권자들의 책임 의식

서구 민주주의 역사에서 참정권은 오랜 세월 엄청난 피의 대가로 쟁취한 것이다. 반면에 1948년 8월 15일 대한민국의 출범 이래 한국의 유권자들은 참정권을 공짜로 선물받았다. 나라는 건국되었지만 참정권이 무엇인지, 선거란 어떤 의미가 있는지 유권자들은 알지 못했다.

목숨 건 투쟁이 아니라, 거저 줍다시피 유권자 권리를 획득한 한국인이다. 따라서 그들은 국가의 운명을 결정짓는 선거가 다가오면 과연 누가 나라를 건실하게 이끌 지도자인지 이성적이고 합리적인 판단이 아니라, 인기투표하듯 투표했다. 과거에는 고무신과 막걸리가 표심의 근원이라면, 최근에는 그것이 포퓰리즘으로 바뀌었을 뿐이다.

그 결과 대한민국의 정체성을 훼손하고, 수십 년 피땀 흘려 쌓아온 경제적 성과를 하루아침에 망쳐놓고, 헌법상 국가의 적(敵)에게 '같은 민족'이라는 감상에 젖어 핵 개발을 하도록 돕는 사람을 대통령으로 선출한 것은 다름 아닌 이 나라 유권자들이었다.

퓰리처상을 수상한 뉴욕타임스의 저명한 저널리스트 니콜라스 크리스토프(Nicholas Kristof)는 "박정희 정권은 비록 민주화 운동을 억압했지만, 경제발전을 통해서 역설적이게도 오늘날의 한국 다원주의의 근간이 되는 중산층을 창출함으로써 한국 민주주의에 크게 기여했다"라고 평했다.[4]

누가 더 유능한 정권이었는가?

대한민국의 산업화·근대화를 일군 주역은 박정희와 전두환이다. 두 사람이 존재하지 않았다면 이 나라의 경제발전은 불가능했다는 것이 많은

---

4 조이제, 「한국의 근대화」, 조이제·카터 에커트 편저, 『한국 근대화, 기적의 과정』, 월간조선사, 2005, 47쪽.

사람의 일관된 평가다. 그렇다면 다음과 같은 의문이 제기된다.

아직도 준봉투표 수준에 머물고 있는 이 나라 유권자들의 의식구조로 미루어 짐작할 때 과거 남로당 출신의 삐쩍 마르고 빈농 출신 육군 소장이 출마했다면 그를 대통령으로 선택했을까? 아니 그가 대통령 후보 반열에나 오를 수 있었을까? 이 나라 유권자들은 비호감형 대머리에, 학벌도 변변치 않은 육군 소장 전두환을 대통령으로 당선시킬 수 있었을까?

군사 쿠데타와 정변이라는 비상적 수단으로 대통령에 오른 박정희·전두환은 국민의 선택이나 열망과는 전혀 관련 없이 권력을 장악하여 대통령직을 수행했다. 그들은 국민이 원치 않는, 아니 전 국민이 결사 저항한 한일 수교, 월남 파병, 중화학공업 건설, 경부고속도로 건설, 일본으로부터 안보경협자금 요구를 통해 이 나라를 반석 위에 올려놓았다. 포퓰리즘이 아니라 국민에 피와 땀과 눈물을 요구했고, 열심히 노력하여 더 많은 땀을 흘린 사람에게 더 많은 혜택을 제공하는 정의의 신상필벌 원칙을 엄격히 시행했다.

국민이 원치 않는 정책, 지지리도 인기 없는 정책을 욕을 얻어먹어가며 일관되게 시행한 결과 얻어진 과실로 전 국민의 실질소득이 증가하여 중산층이 두터워졌고, 그 결과 우리 사회에 자유민주주의 제도가 정착되었다. 과연 이처럼 한국을 튼튼하게 발전시킨 군 출신 지도자가 한국 유권자들의 선거에 의해 집권했는가?

이제 양식 있는 한국인이라면 비정상적으로 집권한 군사정권 지도자와, 유권자들의 공식 선거에 의해 선출된 민주화 지도자 중 누가 더 국가와 사회 발전에 지대한 공헌을 했는가를 합리적이고 이성적으로 판단할 때가 왔다.

참고문헌

'1·2차 석유파동과 경기 침체', 『대한유화 50년사』, https://50th.kpic.co.kr/View.asp?M
M=303101&BN=700301&SQC=200614230657828763.

'88올림픽 30주년, 올림픽은 서울을 어떻게 변화·발전시켰는가', 서울역사박물관,
https://museum.seoul.go.kr/www/board/NR_boardView.do?bbsCd=1015&seq=2
0180302131709634&sso=ok.

「"박정희 같았으면 목숨 끊었다" 전두환 분노의 백담사 유배」, 중앙일보, 2025년 4월
27일.

「88정권교체 준비 연구서 요지」, 중앙일보, 1988년 11월 12일.

「새로운 문화시대를 연 1988년 서울올림픽」, 국민체육진흥공단, https://m.blog.naver.
com/kspo2011/221361455815.

「정보통신 강국의 기틀을 세우다-행정전산망용 주전산기 II(TiCOM) 개발」, ETRI 45th
Anniversary, https://www.etri.re.kr/45th/sub05_5.html.

6월 항쟁을 기록하다 편집위원회 저, 『6월 항쟁을 기록하다』, 민주화운동기념사업회,
2007.

KDI 원로들의 증언 편찬위원회, 『KDI, 자율·경쟁·개방의 시대를 열다』, 나남, 2023.

강경식, 『국가가 해야 할 일, 하지 말아야 할 일』, 김영사, 2010.

강만수, 『현장에서 본 한국경제 30년』, 삼성경제연구소.

강명도, 『평양은 망명을 꿈꾼다』, 랜덤하우스코리아, 1995.

강성학, 『카멜레온과 시지프스』, 나남출판, 1995.

강신구, 「박정희 대통령 과학기술 초석 놓고 전두환 이어 김대중 대통령 변화기 진입」,
『월간 과학과 기술』, 2002년 8월, 한국과학기술단체총연합회.

강신표, 「서울올림픽과 바르셀로나 올림픽 비교연구: 성화봉송과 TV 중계」, 『인제대학
교 인문사회과학논총』, 제4집, 1호, 1997.

강원택, 『제5공화국』, 역사공간, 2024.

강준만, 『한국 현대사산책 1980년대 편 제1권』, 인물과 사상사, 2003.

강진구, 『삼성전자 신화와 그 비결』, 고려원, 1996.

강창성, 『군벌정치』, 해동문화사, 1991.

강창희, 『열정의 시대: 강창희 정치 에세이』, 중앙북스, 2009.

경제기획원a, 『개발연대의 경제정책-경제기획원 20년사』, 경제기획원, 1982.

경제기획원b, 『외채백서』, 경제기획원, 1986.

경향신문사, 『실록 제5공화국-(3)복지·과학기술 편』, 경향신문사, 1987.

계엄사 편찬위원회, 『계엄사: 10·26 사태와 국난극복』, 1982, 육군본부.

고광헌, 『스포츠와 정치』, 푸른나무, 1988.

고나무, 『전두환-아직 살아 있는 자』, 북콤마, 2013.

고모다 마유미(薦田眞由美), 「한일 '안보경협' 분석: 역사적 전개와 이론적 함의」, 고려
    대학교 대학원 정치외교학과 박사학위 논문, 2013.

고승철·이완배, 『김재익 평전』, 미래를 소유한 사람들, 2014.

과학기술부, 『70-90년대 주요 과학기술정책이 과학기술발전과 산업발전에 기여한 성
    과조사 분석』, 과학기술부, 2007.

과학기술부a, 『특정연구개발사업 20년사』, 과학기술부, 2003.

과학기술부b, 『과학기술 40년사』, 과학기술부, 2008.

과학기술처, 「기술주도정책 추진의 현황과 과제」, 국가기록원(관리번호 : C11M04404),
    1983.

과학기술처, 『과학기술연감』, 과학기술처, 1981.

과학기술처, 『과학기술행정 20년사』, 과학기술처, 1987.

과학기자 모임 편, 『신한국 과학기술을 위한 연합보고서』, 희성출판사, 1993.

구본호·이규억 편, 『한국경제의 역사적 조명』, 한국개발연구원, 1991.

구상회, 「무기체계 연구개발과 더불어 30년」, 『국방과 기술』, 225~233호, 1998.

구상회, 『한국의 방위산업』, 세종연구소, 1998.

구영록 외, 『미국과 동북아』, 서울대학교 미국학연구소, 1984.

구영철, 「미국과 동북아」, 『미국과 동북아』, 서울대학교 미국학연구소, 1984.

국가안전보장회의, 『일본방위력 증강과 한일안보협력 방안』, 국가안전보장회의, 1981.

국무총리기획조정실 편, 『행정백서 1981』, 대한민국 정부, 1981.

국방과학연구소a, 『국방과학연구소 약사(제1권)』, 국방과학연구소, 1989.

국방과학연구소b, 『국방과학연구소 50년사』, 2020.

국방부, 『육곡사업의 어제와 오늘 그리고 내일』, 국방부, 1994.

국보위 상임위, 『광주사태 진상조사 보고』, 1980년 6월 16일.

국회사무처, 『국가보위입법회의 사료』, 국회사무처, 1995.

권영성, 「제5공화국 헌법의 특색」, 『고시연구』 1980년 12월.

길윤형, 『26일 동안의 광복』, 서해문집, 2022.

김경훈, 『서울올림픽사 제1권-서울올림픽 유치』, 국민체육진흥공단, 2000.

김광모, 「박정희의 핵개발정책(2)-국가안위 절박 상황 결단」, 『경제풍월』, 2017년 2월호.

김광석, 『국방획득정책』, 국방대학교, 2011.

김대중 육성 회고록(16), "87년 대선, 우리는 서로 싸우다 졌고 국민은 나를 원망했다", 중앙일보, 2023년 8월 29일.

김대중a, 『김대중 자서전』1, 삼인, 2010.

김대중b, 『김대중 자서전』2, 삼인, 2010.

김대환, 「국제 경제 환경의 변화와 중화학공업의 전개」, 박현채·정윤형·이경의·이대근 편, 『한국경제론』, 까치, 1987.

김동노, 「국가의 정당성 결여와 생활 세계의 왜곡」, 『현상과 인식』 21권 1호, 1997.

김동택, 「5·18의 국제적 배경-한미관계를 중심으로」, 『5·18 민중사』, 광주광역시 5·18 사료편찬위원회, 도서출판 고령, 2001.

김명희, 「한국의 국민형성과 가족주의의 정치적 재생산: 한국전쟁 좌익 관련 유가족들의 생애 체험 및 정치사회화 과정을 중심으로」, 『기억과 전망』 21호, 민주화운동기념사업회, 2009.

김백유, 「제5공화국 헌법의 성립 및 헌법발전」, 『일감법학』제34호, 건국대학교 법학연구소, 2016년 6월.

김병로, 「통일환경과 통일담론의 지형 변화: 정부 통일방안을 중심으로」, 『통일문제연구』제26집 1호, 2014.

김석준, 『현대 대통령 연구1』, 대영출판사, 2002.

김선덕, 『실록 대한민국 국군 70년』(상), 도서출판 다물 아사달, 2015.

김성보 외 지음, 『한국현대생활문화사 1980년대 : 스포츠공화국과 양념통닭』, 창비, 2021.

김성익, 『전두환 육성증언』, 조선일보사, 1993.

김수길, 「김재익과 문희갑」, 월간중앙, 1989년 9월호.

김순양, 「정치적 격변기의 과도정부기구의 구성과 활동에 대한 연구: 국가보위비상대책위원회와 국가보위입법회의를 중심으로」, 『한국사회와 행정연구』33(1), 2022, 1-31.

김시현, 「한국 방위산업 체계의 변천과정 연구-제도, 조직, 기술의 공진화를 중심으로」, 부산대학교 대학원 박사학위 논문, 2020.

김영명, 『고쳐 쓴 한국현대정치사-정치변동의 역학』, 을유문화사, 1996.

김영명, 『한국의 정치변동』, 을유문화사, 2006.

김영명, 『한국현대정치사』, 을유문화사, 1999.

김영삼, 『김영삼 회고록: 민주주의를 위한 나의 투쟁2』, 백산서당, 2000.

김영섭 외 지음, 『과학대통령 박정희와 리더십』, 엠에스미디어, 2010.

김영우 외 지음, 『한국 과학기술정책 50년의 발자취』, 과학기술정책관리연구소, 1997.

김용삼, 『박정희의 옆얼굴-사람을 사랑한 대통령』, 기파랑, 2018.

김용삼a, 「제5공화국 탄생기 정사(正史) : 최규하 대통령은 전두환이 내민 김대중·김대중 체포장에 서명했다」, 『월간조선』, 1999년 1월호.

김용삼b, 「제5공화국 탄생기 정사(正史) : 최규하는 왜 하야했는가, 김대중은 누가 살렸는가」, 『월간조선』, 1999년 2월호.

김용삼c, 「신현확의 현대사 심장부 증언 : "10·26 직후 김종필과 담판하여 JP의 대통령 출마 만류…격론 벌이고 결별…1980년 최규하는 신군부가 자신을 민다고 오판"」, 『월간조선』, 1999년 2월호.

김용삼d, 『박정희 혁명(1)』, 지우출판, 2019.

김용삼e, 『박정희 혁명(2)』, 지우출판, 2019.

김용일, 「국가긴급권으로서 계엄에 관한 비교법적 연구」, 동국대학교 대학원 법학과 박사학위 논문, 2015.

김용훈·윤지웅, 「과학기술행정체제의 변화와 정합성」, 『행정논총』제46권 4호, 2008.

김원, 「부마항쟁과 도시하층민: '대중독재론'의 쟁점을 중심으로」, 『한국학』 제29집 제2호, 2006.

김원식, 「주전산기의 개발 현황 및 전망」, 『체신』 통권 460호, 1994년 1월호.

김인호 회고록, 『명과 암 50년-한국경제와 함께(1)』, 기파랑, 2019.

김종영, 「포퓰리즘과 네거티브 전략의 수사적 고찰-나치당의 경우를 중심으로」, 『텍스트언어학』 통권 25호, 한국텍스트언어학회, 2008.

김종필a, 『김종필 증언록(1)』, 와이즈베리, 2016.

김종필b, 『김종필 증언록(2)』, 와이즈베리, 2016.

김지일, 「포기와 연루를 넘어서-한국의 미사일 개발과 한미동맹 딜레마」, 고려대학교 대학원 정치외교학과 박사학위 논문, 2016.

김진, 『청와대비서실』, 중앙일보사, 1992.

김진배, 「군출신 대통령 인물 비교연구(상) : 박정희·전두환·노태우」, 월간조선, 1988년 6월호.

김충남, 『대통령과 국가경영 : 이승만에서 김대중까지』, 서울대학교 출판문화원, 2012.

김충식, 『남산의 부장들』, 폴리티쿠스, 2012.

김태일, 「유신체제를 어떻게 볼 것인가」, 『역사비평』, 역사비평사, 1995.

김행선, 『1980년대 전두환 정권의 수립: 국가보위비상대책위원회와 국가보위입법회의를 중심으로』, 선인, 2015.

김형아 지음·신명주 옮김, 『유신과 중화학공업-박정희 양날의 선택』, 일조각, 2005.

김호균, 「장관의 역할에 관한 연구」, 서울대학교 대학원 행정학과 박사학위 논문, 2001.

김호진, 『한국정치체제론』, 박영사, 2003.

나카소네 야스히로 저, 성완종 번역, 『정치가는 역사의 법정에 선 피고』, 한송, 1998.

남기현, 「'경무대 앞 발포사건' 책임자 처벌 재판에 관한 고찰」, 덕성여대 인문과학연구소, 『인문과학연구』, 제22집, 2016.

남덕우 외 지음, 『80년대 경제개혁과 김재익 수석-20주기 추모기념집』, 삼성경제연구소, 2003.

남덕우, 『경제개발의 길목에서』, 삼성경제연구소, 2009.

남상우, 「거시경제」, 한국경제60년사 편찬위원회, 『한국경제 60년사 I: 경제일반』, 2010.

노순규, 「정보관련 법제화와 정보보호」, 『월간 정보화사회』, 한국정보통신산업협회, 1998년 5·6월호.

노신영, 『노신영 회고록』, 고려서적, 2000.

노재현, 『청와대 비서실(2)』, 중앙일보사, 1993.

노태우a, 『노태우 회고록(상): 국가, 민주화, 나의 운명』, 조선뉴스프레스, 2011.

노태우b, 해설 조갑제, 『노태우 육성회고록』, 조갑제닷컴, 2007.

다나카 아키라(田中明) 저·윤학준 역, 『한국정치를 투시한다-한 일본 지식인이 본 한국』, 길안사, 1995.

대통령비서실, 『전두환 대통령 연설문집-제5공화국 출범 편 1980년 8월~1981년 4월』, 대통령비서실, 1981.

대한민국재향군인회, 『12·12 5·18 실록』, 1997, 대한민국재향군인회 호국정신 선양운동본부.

돈 오버도퍼 저, 뉴스위크 한국판 편집국 번역, 『두 개의 코리아』, 중앙일보사, 1998.

동아일보사, 『5공평가 대토론회: 현대사를 어떻게 볼 것인가(6)』, 동아일보사, 1994.

리처드 워커 지음, 이종수·황유석 옮김, 『한국의 추억-워커 전 주한 미국대사 회고록』, 한국문원, 1998.

마상윤·박원곤, 「데탕트기의 한미갈등-닉슨, 카터와 박정희」, 『역사비평』, 2009년 봄호.

매슈 B. 리지웨이 지음, 박권영 옮김, 『리지웨이의 한국전쟁』, 플래닛미디어, 2023.

모준영, 「5·16은 전 세계에서 가장 성공한 쿠데타」, 『박정희정신』제8호, 2018년 4~6월 (계간).

문만용, 『한국 과학기술 연구체제의 진화』, 들녘, 2017.

문정인, 오코노기 마사오 공편, 『시장·국가·국제체제』, 아연출판부, 2002.

문화공보부a, 『국가보위비상대책위원회는 왜 설치되었는가』, 문화공보부, 1980.

문화공보부b, 『국보위 백서』, 국가보위비상대책위원회, 1980.

미래창조과학부, 『과학기술 40년사』(상), ㈜휴먼컬처아리랑, 2008.

박경호·옥광·박장규, 「한국 스포츠외교의 태동-서울올림픽 유치의 유산」, 『체육사학회지』 제16집 2호, 2011.

박병영, 「한국 정부-기업 관계의 다양성과 그 결정 요인-1980년대 섬유, 자동차, 반도체산업 연구」, 연세대학교 대학원 사회학과 박사학위 논문, 1999.

박보균, 『청와대비서실3』, 중앙일보사, 1994.

박승덕, 『살며 생각하며』, 좋은 땅, 2020.

박실, 『박정희 대통령과 미국대사관』, 백양출판사, 1993.

박영구, 「1980년 중화학공업 조정에 대한 경제사적 평가」, 『외대논총』 제14집, 부산외국어대학교, 1996.

박영대, 「한국의 1980년대 초반 외채위기 극복 요인에 관한 연구-'신냉전'의 영향을 중심으로」, 서울대 대학원 사회학과 석사학위 논문, 2013.

박원곤, 「미국의 대한정책 1974~1975년-포드 행정부의 동맹정책 전환」, 『세계정치』 제31집 제2호, 2010.

박원곤, 「카터 행정부의 대한정책-10·26을 전후한 도덕 외교의 적용」, 『한국정치학회보』, 제43집 2호, 2009.

박원곤, 「카터 행정부의 도덕주의 외교와 한국정책: 1979년 카터 대통령 방한의 재해석」, 『미국학』 제30집, 2007.

박윤주, 「1989-1989-2001년 미국-이란 관계 개선의 실패: 미국의 중동지역정책 및 대이란 외교정책을 중심으로」, 서울대학교 대학원 석사학위 논문, 2018.

박인숙, 「카터 행정부와 '봉쇄군사주의'의 승리」, 『미국사연구』 제27집, 2008.

박정연, 「한국의 원자력 역사에 관한 기술사회시스템 분석, 1955~2017: 고리1호기의 일생을 중심으로」, 부산대학교 대학원 과학기술학협동과정 박사학위 논문, 2019.

박준복, 『한국 미사일 40년의 신화, 자주국방 그리고 꿈을 이룬 사람들』, 일조각, 2011.

박천오, 「기존 장관 임면 관행의 정책·행정상 폐단과 시정방안」, 『한국행정학보』 제29집 제4호, 1995.

박철언a, 『바른 역사를 위한 증언1』, 랜덤하우스중앙, 2005.

박철언b, 『바른 역사를 위한 증언2』, 랜덤하우스중앙, 2005.

박철호, 「제5공화국 권위주의 정치체제의 변화과정 연구」, 서울대학교 대학원 박사학위 논문, 1993.

박해남, 「서울올림픽과 1980년대의 사회정치」, 서울대학교 대학원 사회학과 박사학위 논문, 2018.

박현채·정윤형·이경의·이대근 편, 『한국경제론』, 까치, 1987.

박호성, 「1980년대 한국 민주주의의 전개」, 한국학중앙연구원 편, 『1980년대 한국사회 연구』, 백산서당, 2005.

방승주, 「위헌입법의 현황과 대책」, 한국법학원, 『저스티스』 106호, 2008년 9월.

배성인 외, 『유신을 말하다』, 나름북스, 2013.

백선엽, 「밴 플리트 장군과 한국군」, 국방부 군사편찬연구소, 『군사(軍史)』, 제57호, 2005년 12월.

백지운, 『항미원조-중국인들의 한국전쟁』, 창비, 2023.

브루스 커밍스, 김동노 외 번역, 『브루스 커밍스의 한국 현대사』, 창작과 비평사, 2001.

사공일, 『세계속의 한국경제』, 김영사, 1993.

새뮤얼 헌팅턴 지음a, 허남성·김국헌·이춘근 역, 『군인과 국가』, 한국해양전략연구소, 2011.

새뮤얼 헌팅턴 지음b, 강문구·이재영 옮김, 『제3의 물결: 20세기 후반의 민주화』, 2011, 인간사랑.

서우덕·신인호·장삼열, 한국방위산업학회, 『방위산업 40년 끝없는 도전의 역사』, 플래 닛미디어, 2017.

서울올림픽조직위원회, 『제24회 서울올림픽대회 공식보고서』, 1989.

서울특별시, 『서울올림픽 백서』, 1990.

서정욱, 「국가기간전산망사업의 회고와 발전방향」, 한국지능정보사회진흥원,

『정보화정책저널』, https://www.nia.or.kr/site/nia_kor/ex/bbs/View. do?cbIdx=65684&bcIdx=3254

성경륭, 「한국 정치민주화의 사회적 기원: 사회운동론적 즙근」, 『한국 정치·사회의 새 흐름』, 경남대학교 극동문제연구소, 1993.

세계기획 엮음, 『1980년대 세계정세의 인식』, 세계, 1984.

셰릴 페이어, 「1980년대의 IMF」, C. 푸르타도 외 저, 정윤형 편역, 『제3세계와 외채위기』, 창작과비평사, 1985

손기섭, 「한일 안보경협 오교의 결정과정」, 『국제정치논총』 제49집 1호, 2009.

손정목, 『서울도시계획 이야기3』, 한울, 2003.

손호철, 「한국 민주화 실험 비교연구: '1980년의 봄'과 '1987년 6월'을 중심으로」, 『한국 정치연구』9, 1999.

손호철, 『현대 한국정치: 이론, 역사, 현실, 1945~2011』, 이매진, 2011.

송영우, 「레이건 독트린과 국제정치」, 『정치논총』, VOL 20 NO.1, 1986.

송용선·이태희, 「일본의 대한국 정부개발원조 정책」, 『목원대학교 논문집』, vol.30, 1996.

송재호, 「제5공화국에 있어서의 한일 관계」, 동서대학교 대학원 일본지역연구과 석사 학위 논문, 2008.

송형석·김홍식, 「한국 엘리트 스포츠 발달의 정치적 배경에 관한 연구」, 서울대학교 체육연구소 논집 제10권 2호, 1997.

시드니 후크 저, 민석홍 역, 『역사와 인간』, 을유문화사, 2000.

신경은, 「전두환 정부 시기 전략무기 개발정책의 전환-현무(NHK-2) 미사일 개발 중단 및 재개 사례」, 서울대학교 대학원 정치외교학부, 2023.

신욱희, 『순응과 저항을 넘어서-이승만과 박정희의 대미정책』, 서울대학교 출판문화 원, 2010.

신윤희, 『12·12는 군사반란인가?』, 도서출판 be, 2012.

신인호, 『무내미에는 기적이 없다-국방과학연구소와 한국형 신무기 개발』, 국방일보, 2003.

신종대, 「서울의 환호, 평양의 좌절과 대처: 서울올림픽과 남북관계」, 『동서연구』 제25집 3호, 2013.

신철식, 『신현확의 증언: 아버지가 말하고 아들이 기록한 현대사의 결정적 순간들』, 메 디치, 2017.

신향숙, 「제5공화국의 과학기술 정책과 박정희 시대 유산의 변용」, 『한국과학사 학회지』 제37권 3호, 2015, 한국과학사학회.

신현익, 「전두환 군부정권 성립 과정에서의 미국의 역할」, 고려대학교 대학원 정치외교학과 박사학위 논문, 2006.

심상용, 「한국 발전주의 복지체제 형성 연구: 억압적 발전주의 생산레짐과 비공식 보장의 복지체계」, 『사회복지정책』, 제37집 제4호, 한국사회복지정책학회, 2010.

심융택, 『굴기-실록·박정희 경제강국 굴기 18년 (10)핵개발 프로젝트』, 동서문화사, 2015.

심지연·김민전, 「선거제도 변화의 전략적 의도와 결과」, 한국정치학괴, 『한국정치학회보』 36, 2002년 5월.

안동만·김병교·조태환, 『백곰, 도전과 승리의 기록-대한민국 최초의 지대지 미사일 개발 이야기』, 플래닛미디어, 2016.

안두환, 「군부 권위주의 체제 내 권력승계에 관한 연구-박정희에서 전두환, 전두환에서 노태우로의 권력승계를 중심으로」, 연세대 대학원 정치학과 석사학위 논문, 2019.

안병만a, 「대통령과 정책- 정책속의 정치, 정치속의 정책: 역대 통치자의 자질과 정책 성향 연구」, 『한국행정학회 학술발표논문집』, 한국행정학회, 1992.

안병만b, 『역대 정부의 정책평가와 신정부의 정책과제』, 한국행정학회, 춘계학술대회 발표논문집, 1998.

안철현, 『한국현대정치사』, 새로운 사람들, 2009.

양승택, 『전전자 교환기 개발사업 총괄보고서』, 한국전자통신연구소, 1985.

엄정식, 「카터 행정부 시기 대한무기이전 정책의 변용-백곰 미사일의 개발과 F-5E/F 공동생산의 합의」, 서울대학교 대학원 정치외교학부 박사학위 논문, 2012.

연세대학교 국가관리연구원 편, 『한국대통령 통치구술사료집(2) 전두환 대통령』, 선인, 2013.

오구라 기조, 조성환 옮김, 『한국은 하나의 철학이다』, 모시는 사람들, 2017.

오구라 카즈오(小倉和夫) 지음, 조진구·김영근 옮김, 『한일 경제협력자금 100억 달러의 비밀』, 디오네, 2015.

오기평, 『한국외교론』, 오름, 1994.

오동룡, 「박정희의 원자폭탄 개발 비밀 계획서 원문 발굴」, 『월간조선』, 2003년 8월호.

오명, 『30년 후의 코리아를 꿈꿔라』, 웅진지식하우스, 2009.

오원철, 『한국형 경제건설 제5권』, 기아경제연구소, 1996.

오코노기 마사오 공편, 『시장·국가·국제체제』, 아연출판부, 2002.

월간조선부 엮음, 『비록 한국의 대통령』, 조선일보사, 1993.

윌리엄 글라이스틴 지음·황정일 옮김, 『알려지지 않은 역사』, 중앙M&B, 1999.

유귀훈, 『호암의 마지막 꿈』, 블루메가수스, 2018.

유병용·홍순회·이달순 외, 『한국현대정치사』, 집문당, 1997.

유병현, 『한미연합사 창설의 주역, 유병현 회고록』, 조갑제닷컴, 2013.

유상운, 「국가연구개발사업의 시행과 전개-반도체 개발 컨소시엄을 중심으로, 1980-
      2010」, 서울대학교 대학원 박사학위 논문, 2019.

유순례, 「서울올림픽 정신, 올림픽 헌장에 기록되다」, 『월간조선』, 2011년 7월호.

유일상, 「사이비 언론과 사이비 기자 파문」, 언론중재위원회, 『언론중재』, 1989년 봄호
      (통권 제30호).

육군사관학교, 『대한민국 육군사관학교 50년사(1946~1996)』, 육군사관학교, 1996.

육사 30년사 편찬위원회, 『대한민국 육군사관학교 30년사』, 육군사관학교, 1978.

윤득현, 『올림픽의 정치』, 레인보우북스, 2009.

윤상철, 『1980년대 한국의 민주화 이행과정』, 서울대학교 출판부, 1997.

윤석순 외, 『희망의 대륙, 남극에 서다』, 위즈프레스, 2008.

이경서, 『박정희의 자주국방』, 이른아침, 2023.

이기윤, 『별-대한민국 육군사관학교 60년』, 북앳북스, 2006.

이달희, 「한국의 스포츠외교정책 결정과정 분설-88서울올림픽과 2002월드컵 사례연
      구를 중심으로」, 경북대학교 대학원 정치학과 박사학위 논문, 2011.

이대규·황규희·김인혁, 『비교군부정치개입론』, 동아대학교 출판부, 2001.

이도성, 『남산의 부장들(3)』, 동아일보사, 1993.

이동희, 『오! 화랑대』, 대학문화사, 1982.

이만섭, 『나이 정치 인생 반세기: 이승만에서 노무현까지-파란만장의 가시밭길 헤치며
      50년』, 문학사상사, 2004.

이만희, 『EPB는 기적을 낳았는가: 한국 산업정책의 이상과 현실』, 해돋이, 1993.

이무석, 『정신분석의 이해』, 전남대 출판부, 1995.

이방원, 『세울 꼬레아』, 행림출판, 1989.

이병천, 「개발국가론 딛고 넘어서기」, 『경제와 사회』, 2003년 봄호, 2001.

이병철, 『호암자전』, 중앙일보사, 1986.

이상우, 「박정희와 전두환, 독재자의 성적표」, 신동아 1989년 5월호.

이석제, 『각하 우리 혁명합시다』, 서적포, 1995.

이수현 편, 『대통령의 성공조건 II』, 동아시아연구원, 2002.

이수훈, 「반주변부적 국가발전의 성공과 좌절」, 한국비교사회연구회 편, 『동아시아의 성공과 좌절』, 전통과 현대, 1998.

이순자 엮음, 『시대의 선각자 김재익』, ㈜운송신문사, 1998.

이순자 자서전, 『당신은 외롭지 않다』, 자작나무숲, 2017.

이완범, 「박정희 정부의 교체와 미국, 1979~1980」, 『1980년대 한국사회연구』, 백산서당, 2005.

이우진·김성주 공저, 『현대한국정치론』, 사회비평사 1996.

이윤근·김명수, 「서울올림픽이 한국의 정치, 경제, 사회에 미친 영향」, 『한국교육문제 연구』 제6집, 1990.

이윤기, 『별』, ㈜북앳북스, 2006.

이윤섭, 『박정희 정권의 핵무기 개발 비사, 자주국방을 위한 도전』, 출판시대, 2019.

이장규a, 『그런 선거는 져도 좋다-전두환의 공을 논함』, 기파랑, 2022.

이장규b, 『경제는 당신이 대통령이야-전두환 시대 경제비사』, 올림, 2008.

이장규c, 『대통령의 경제학』, 기파랑, 2012.

이재춘, 『외교관으로 산다는 것』, 기파랑, 2011.

이정환, 「박정희 저격사건의 한일관계: 국제구조의 제약과 국내 정치의 영향」, 현대일 본학회, 『일본연구논총』 제37호, 2013.

이정훈, 『한국의 핵주권-그래도 원자력이다』, 글마당, 2014.

이종원, 「제5공화국의 스포츠정책 연구」, 서울대학교 대학원 박사학위 논문, 2002.

이종재, 『재벌이력서』, 한국일보사, 1993.

이종찬, 『숲은 고요하지 않다: 이종찬 회고록 1』, 한울, 2015.

이종호, 「원전 수출 시장 전망 및 수출 추진체계 강화 방안」, 『에너지 포커스』, 2022년 가을호(제19권 제3호), 에너지경제연구원.

이종훈, 『한국은 어떻게 원자력 강국이 되었나-엔지니어 CEO의 경영수기』, 나남, 2012.

이준구, 「한국의 연합국방 전략선택과 방위산업발전사 분석」, 『한국정치외교사논총』, vol. 39, 2017, 특별기획호.

이천균, 『국제수지와 국제금융』, 비봉출판사, 1994.

이철호, 「국가폭력과 인권침해」, 『공법논총』 6호, 한국국가법학회, 2010년 8월.

이태희, 「일본의 대한 차관협상(1981~1983)의 배경과 과정 연구」, 고려대 석사학위 논문, 1992.

이현덕, 「과학기술이 미래다」, 전자신문, 2023년 2월 8일~2025년 7월 9일.

이혜영 편, 『1980년대 혁명의 시대』, 새로운 세상, 1999.

임상규, 「우리나라 과학기술행정체제의 진화에 관한 연구」, 중앙대 행정학과 박사학위 논문, 2006.

임상혁, 「삼청교육대의 위법성과 민사상 배상」, 『법과 사회』제22호, 법과 사회 이론학회, 2002년 상반기.

임태성, 「서울올림픽이 한국의 사회변동에 미친 영향: 실증적 분석을 중심으로」, 한양대학교 체육학과 박사학위 논문, 1993.

임현진 편저, 『제3세계 자본주의 그리고 한국』, 법문사, 1987.

임현진·송호근 공편, 『전환의 정치, 전환의 한국사회』, 사회비평사, 1995.

장상철, 「한국의 개발국가, 1961-1992: 성장의 역설과 국가-기업관계의 변화」, 연세대학교 사회학과 박사학위논문, 1999.

장석윤, 『탱크와 피아노-육사 11기는 말한다』, 행림출판사, 1994.

장성호, 「한국 군부의 정치 개입과 권력 획득에 관한 비교 연구-구군부와 신군부 세력을 중심으로」, 건국대학교 대학원 정치학과, 박사학위 논문, 2000.

장진규·홍순기, 「연구개발과 기술도입의 경제효과 및 상호관계 분석」, 『기술경영경제학회지』 Vol2, No.1, 과학기술정책관리연구소, 1994.

장태완 지음, 이원복 엮음, 『12·12 쿠데타와 나』, 이콘출판사, 2024.

전국경제인연합회 편, 『한국경제정책 40년사』, 전국경제인연합회, 1986.

전두환 지음, 민정기 책임정리, 『전두환 회고록(1): 혼돈의 시대』, 자작나무숲, 2017.

전두환 지음, 민정기 책임정리, 『전두환 회고록(2): 청와대 시절 1980-1988』, 자작나무숲, 2017.

전두환 지음, 민정기 책임정리, 『전두환 회고록(3): 황야에 서다 1988-현재』, 자작나무숲, 2017.

전재성, 「미사일기술 통제 레짐(MTCR)과 미국의 미사일 정책: 국제제도론적 분석과 대북 정책에 대한 현실적 함의」, 『국제정치논총』, 제39집 3호, 2000.

정구호, 『민족사의 새 지평-전두환 대통령의 통치이념』, 경향신문 정경연구소, 1983.

정규재·김성택, 『이 사람들 정말 큰일 내겠군』, 한국경제신문사, 1998.

정기웅, 「전두환 정부의 외교정책과 1988년 서울올림픽」, 함택영·남궁곤 편, 『한국 외

교정책: 역사와 쟁점』, 사회평론, 2010.

정병삼, 「사관생도들의 규정 준수에 영향을 미치는 요인」, 『국방정책연구』 제30권 제2호, 2014년 여름(통권 제104호).

정승화, 『12·12사건 정승화는 말한다』, 까치, 1987.

정윤재, 『정치리더십과 한국 민주주의』, 나남출판, 2003.

정일권, 『정일권회고록』, 고려서적, 1996.

정재경, 『위인 박정희』, 집문당, 1992.

정주영, 『이 땅에 태어나서-나의 살아온 이야기』, 솔출판사, 1998.

정준명, "한반도는 반도체", 월간중앙, 201년 1월호.

정진석, 『총성 없는 전선』, 한국문원, 1999.

정해구, 『전두환과 80년대 민주화운동: '서울의 봄'에서 군사정권의 종말까지』, 역사비평사, 2011.

정홍식, 『한국 IT정책 20년-천 달러 시대에서 만 달러 시대로』, 전자신문사, 2007.

조갑제, 「파리올림픽을 앞두고 다시 생각하는 88서울올림픽과 전두환의 순정」, 『월간조선』, 2024년 8월호.

조갑제, 「한일경협의 세지마의 발상」, 『월간조선』, 1990년 8월호.

조갑제a, 『유고(有故)! 1·2』, 한길사, 1987.

조갑제b, 『박정희: 한 근대화 혁명가의 비장한 생애(13)』, 조갑제닷컴, 2015.

조갑제c 『제5공화국: 전두환의 신군부, 정권을 향해 진격하다』, 월간조선사, 2005.

조갑제d, 「전두환의 인맥과 금맥」, 월간조선 1988년 5월호.

조동준, 「전두환, 카터를 농락하다」, 월간조선, 1996년 8월호.

조선일보사a, 『총구와 권력: 5·18 수사기록 14만 페이지의 증언』, 월간조선, 1999년 1월호 특별부록.

조선일보사b, 『한국현대사 비자료 125건』, 월간조선, 1996년 1월호 별책부록.

조성관, 「'전시(戰時)사관학교' 육군종합학교 출신 장교 7288명」, 주간조선, 2010년 6월 29일.

조성렬, 「나카소네 야스히로(中曽根康弘)의 '전후정치의 총결산' 노선」, 성균관대학교 대학원 정치외교학과 석사학위 논문, 1992.

조양현, 「제5공화국 대일외교와 한일 역사 갈등: 1982년 일본 교과서 왜곡 사건을 사례로」, 『일본연구논총』 제49호, 현대일본학회, 2019.

조영길, 『자주국방의 길』, 플래닛미디어, 2019.

조윤제, 「아시아 금융위기와 한국경제의 선택」, 『계간 사상』, 1998년 겨울호.

조이제·카터 에커트 편저, 『한국 근대화, 기적의 과정』, 월간조선사, 2005.

조철화a, 「1970년대 초반 박정희의 독자적 핵무기 개발과 한미관계」, 『평화연구』 제9호, 2000.

조철화b, 『박정희 핵외교와 한미관계 변화』, 고려대학교 대학원 정치외교학과 박사학위 논문, 2000.

조현빈, 「전략적 경제협력과 동맹의 정치경제: 미-이스라엘 및 미-호주 FTA를 중심으로」, 서울대 외교학과 석사학위 논문, 2007.

존 위컴 지음, 김영희 감수, 『12·12와 미국의 딜레마』, 중앙 M&B, 1999.

주태산, 『경제 못 살리면 감방 간데이: 한국의 경제부총리 그 인물과 정책』, 중앙M&B, 1998.

지만원, 『12·12와 5·18-수사기록으로 본 다큐멘터리 역사책 압축본』상·하, 도서출판 시스템, 2018.

진실화해를 위한 과거사정리위원회 편, 『진실화해위원회 종합보고서』4, 진실화해를 위한 과거사정리위원회, 2006.

짐 하우스만 저, 정일화 역, 『한국 대통령을 움직인 미군 대위』, 한국문원, 1995.

천금성, 『황강에서 북악까지』, 동서문화사, 1981.

천금성b, 「국보위 설치와 5공 탄생 내막」, 『월간 다리』, 1989년 11월호.

체육청소년부, 『체육청소년행정 10년사』, 체육청소년부 기획관리실, 1992.

최돈규, 「한국 군장성 출신 대통령들의 정치적 리더십에 관한 비교연구-박정희, 전두환, 노태우의 정치적 리더십 유형」, 경남대학교 대학원 정치외교학과 박사학위 논문, 2007.

최병효, 『그들은 왜 순국해야 했는가-버마 암살폭발사건의 외교적 성찰』, 박영사, 2021.

최성빈·고병성·이호석, 「한국 방위산업의 40년 발전과정과 성과」, 『국방정책연구』, 제26권 제1호, 2010.

최중화 인터뷰, 「"통전부 부부장이 빈에서 내게 전두환 암살 지시"」, 중앙선데이, 2008년 9월 7일.

최진, 「대통령 리더십과 국정운영 스타일의 심리학적 상관관계-한국 역대 대통령의 비교분석」, 고려대학교 대학원 행정학과 박사학위 논문, 2005.

최형섭, 『불이 꺼지지 않는 연구소-한국 과학기술 여명기 30년』, 조선일보사, 1995.

특집, 「국산 주전산기의 개발, 어디까지 왔나」, 『체신』 통권 420호, 1994년 1월호.

폴 F. 브레임 지음, 육군교육지원사령부 자료지원처 번역실 옮김, 『승리의 신념』, 도서출판 봉명, 2001.

프로이드, 『정신분석 입문』, 거암, 1983.

하순봉 회고록, 『나는 지금 동트는 새벽에 서 있다: 대한민국 현대정치 현장 리포트-박정희에서 이명박까지』, 연장통, 2010.

하원, 『청와대 24시: 출입기자가 본 전두환 대통령』, 정음사, 1985.

한국개발연구원, 『서울올림픽의 의의와 성과』, 1989.

한국공작기계산업협회(SIMTOS), 「Special ②-방위산업 현황과 동향」, 2025년 5월 26일, https://simtos.org/kor/media/info_view.do?BIdx=6615.

한국군사혁명사편찬위원회, 『한국 혁명재판기록사총사』, 국학자료원, 2001.

한국대통령평가위원회·한국대통령학연구소, 『한국의 역대 대통령 평가』, 조선일보사, 2002.

한국원자력50년사 편찬위원회, 『한국원자력 50년사』, 한국원자력학회, 2010.

한국원자력연구소, 『한국원자력연구소 30년사』, 한국원자력연구소, 1990.

한국전력공사, 『살아있는 전력사 II』, 한국전력공사, 1998.

한국중공업주식회사, 『한중발전사』, 한국중공업, 1995.

한국행정연구원, 『전두환 정부: 대한민국 역대 정부 주요 정책과 국정운영(3)』, 대영문화사, 2014.

한남 박정기, 『에너토피아』, 지혜의 가람, 2014.

한동윤, 「민정당 창당작전」, 월간조선, 1988년 10월호.

한민선, 「김광호 전 부회장이 말하는 '삼성 반도체 신화'」, 『월간중앙』, 2011년 10월호.

한배호, 『한국정치변동론』, 법문사, 1997.

한승조, 『한국정치의 지도자들』, 대정진, 1992.

한용원, 「군부의 정치개입과 그 내부의 파벌」, 『광장』, 1991년 여름.

한필순, 「[원자력연구 회고] 원자로 도입에서 수출까지」, 경제풍월, 2014년 12월 1일

한필순, 『맨손의 과학자 한필순』, 비따북스, 201.

함성득 편, 『한국의 대통령과 권력』, 나남출판, 2000.

함성득·양다승, 「한국 대통령의 과학기술 리더십 연구: 민주화 이전과 이후의 비교론적 관점에서」, 『한국정치학회보』 제46집 제1호, 2012.

합동통신사, 『합동연감』 1961년 판, 1961.

한유림, 『반도체로 세계를 세계를 제패한다』, 유정, 1996.

허화평, 『허화평 5공실록』, 새로운 사람들, 2025.

허화평, 『허화평, 굽은 길도 바로 간다』, 새로운 사람들, 1999.

현대경제연구소, 「올림픽 메달의 경제적 가치와 시사점」, 『현안과 과제』16-33호, 2016년 8월 3일.

현대의전연구소, 『대한민국 대통령 취임사(史)-최대 이승만 대통령부터 19대 문재인 대통령까지』, 박문사, 2022.

현원복, 『대통령과 과학기술-한국 역대 대통령의 과학기술 리더십』, 과학사랑, 2005.

현인택, 「한국의 대외 안보환경 변화에 대한 대응전략 패턴 연구」, 『KRIS 총서』, 1993.

호사카 마사야스(保阪正康) 지음, 정선태 옮김, 『쇼와육군』, 글항아리, 2016.

홍덕화, 「한국 원자력산업의 형성과 변형」, 서울대학교 대학원 사회학과, 박사학위 논문, 2016.

홍성주·송위진, 『현대한국의 과학기술 정책』, 들녘, 2017.

홍영유, 『4월혁명 통사』5권, 천지창조, 2010.

황성현, 「한국의 1980년대 긴축 재정정책 연구」, 『예산정책연구』4권 2호, 2015년 11월호.

황일도, 「김정일, 1982년 아프리카 가봉에서 전두환 암살 노렸다-"특수부대 1급 킬러 3인, 폭발물 테러 위해 20일간 4000km 잠행"」, 신동아, 2004년 5월호.

제5공화국 전두환 시대 2
한강의 기적을 완성하다

초판 1쇄 발행 | 2026년 4월 27일

지은이 김용삼
펴낸이 정의선
펴낸곳 자작나무숲

출판등록 제406-2017-000008호
주소 경기도 파주시 문발로 165
전화 02-394-5982(편집) 031-955-6980(마케팅)
팩스 031-955-6988

ISBN 979-11-88656-15-8 (04300)
      979-11-88656-13-4 (04300) (전 2권)

• 책값은 표지 뒷면에 있습니다.
• 잘못된 책은 구입하신 서점에서 교환해 드립니다.